Windholz et al.

Praxishandbuch KI-VO

Natascha Windholz et al.

Praxishandbuch KI-VO

Künstliche Intelligenz rechtskonform im privaten und öffentlichen Bereich einsetzen

Mit Beiträgen von
Kristina Altrichter, Gabriele Bolek-Fügl, Karin Bruckmüller, Alexandra Ciarnau, Veronica Cretu, Julia Eisner, Julia Fuith, Valerie Hafez, Isabella Hinterleitner, Manuela Machner, Renate Rechinger, Sabine Singer, Merve Taner, Theresa Tisch, Natascha Windholz, Carina Zehetmaier, Klaudia Zoltzmann-Koch

HANSER

MIX
Papier aus verantwortungsvollen Quellen
FSC® C083411

Print-ISBN: 978-3-446-48194-7
E-Book-ISBN: 978-3-446-48197-8
E-Pub-ISBN: 978-3-446-48360-6

Bibliografische Information der Deutschen Nationalbibliothek:
Die Deutsche Nationalbibliothek verzeichnet diese Publikation in der Deutschen Nationalbibliografie; detaillierte bibliografische Daten sind im Internet unter http://dnb.d-nb.de abrufbar.

Vilshofener Straße 10 | 81679 München | info@hanser.de
www.hanser-fachbuch.de
Lektorat: Sylvia Hasselbach
Coverkonzept: Marc Müller-Bremer, www.rebranding.de, München
Covergestaltung: Tom West
Titelmotiv: © AdobeStock / Maxim_Kazmin
Herstellung: le-tex publishing services GmbH, Leipzig
Satz: Eberl & Koesel Studio, Kempten
Druck: CPI Books GmbH, Leck
Printed in Germany

Inhalt

Vorwort

KI ist eigentlich kein neues Thema, die Wurzeln dieser vermeintlich „innovativen“ Technologie gehen in die 1950er Jahre zurück. Ins Bewusstsein der breiten Öffentlichkeit ist KI jedoch tatsächlich erst mit der Veröffentlichung verschiedenster Modelle generativer KI zum Erzeugen von Bildern, Texten, Musik oder etwa Code gelangt.

Die KI-Verordnung der EU war und ist ein wesentlicher Meilenstein auf dem Weg zu menschenrechtsfreundlicher und innovationsfördernder Compliance beim Einsatz von KI in Unternehmen, in der Verwaltung oder auch bei der Strafverfolgung. Bereits 2018 hat sich die EU-Kommission mit KI auseinandergesetzt und eine Mitteilung zu KI in Europa veröffentlicht. 2021, also drei Jahre später, wurde dann der erste Entwurf zur KI-Verordnung veröffentlicht. Das Aufkommen von „General Purpose AI“ und generativer KI in der Öffentlichkeit und die Möglichkeit der Verwendung von KI durch die breite Öffentlichkeit, haben den Verhandlungen zur KI-Verordnung nochmals eine neue Wendung gegeben. Dadurch sind neue Fragen entstanden, ob und wie solche KI-Modelle geregelt werden sollten. Nach einer politischen Einigung im Dezember 2023 wurden die finalen Texte im Juli 2024 im Amtsblatt der EU veröffentlicht. Das Ziel war, noch vor der EU-Wahl im Juni 2024 die neue KI-Verordnung auf den Weg zu bringen.

Das Praxishandbuch zur KI-Verordnung entstand in erster Linie innerhalb des Netzwerks von *Women in AI Austria*. Die Beiträge der Mitglieder spiegeln deren unterschiedliche fachliche Hintergründe wider.

Women in AI Austria ist ein österreichischer Verein, dessen Ziel es ist, die Teilnahme und Repräsentation von Frauen und Mädchen im Bereich der Künstlichen Intelligenz zu erhöhen. Wir setzen uns außerdem dafür ein, dass Diversität der Geschlechter in der KI auf Basis eines digital-humanistischem Ansatzes gefördert wird. Vereinsmitglieder sind ausschließlich natürliche Personen, unabhängig von deren Geschlecht, Ausbildung oder Beruf. Alle Mitglieder sind freiwillig tätig. Der Verein wurde 2020 als

Teil des globalen Netzwerks von *Women in AI* gegründet und seine Mitglieder sind an der Forschung beteiligt, geben Stellungnahmen in der Politik ab, verteilen Schulungsmaterial, organisieren Veranstaltungen und repräsentieren den Verein auf Veranstaltungen. Women in AI Austria strebt danach, ein interdisziplinäres Setting zur Verfügung zu stellen, in dem Menschen sich über KI austauschen können.

Spezialistinnen, Unternehmerinnen und Juristinnen von Women in AI Austria und aus verschiedensten Fachgebieten haben ihr Wissen, ihre Expertise, ihre Zeit und ihre Mühe eingebracht, um gemeinsam das vorliegende Handbuch zu gestalten und zu veröffentlichen. Ziel war, nicht nur die KI-Verordnung zu analysieren, sondern auch Rechtsgebiete zu betrachten, mit denen es wesentliche Überschneidungen gibt, Anwendungsfälle zu analysieren und herauszuarbeiten, was es bedeutet KI, in bestimmten Branchen oder Sektoren einzusetzen. Denn die KI-Verordnung war und wird nie ein „Standalone-Gesetz" sein. Sie strahlt vielmehr aus auf verschiedenste Vorgaben zu Produkten und vor allem Datenschutzfragen und das Thema geistiges Eigentum. Ohne das Netzwerk von Women in AI Austria () und das vielfältige, breit gefächerte Wissen der Autorinnen über KI wäre das vorliegende Handbuch nicht zustande gekommen. Folgen Sie uns auch gerne auf LinkedIn ()

Herzlichen Dank an *Women in AI Austria* und an die Autorinnen für Ihren Einsatz!

Natascha Windholz Wien, im August 2024

1 Was ist KI und wie unterscheiden sich Datenwissenschaft und Datenanalytik?

Gabriele Bolek-Fügl

Künstliche Intelligenz steht im Mittelpunkt einer Revolution, die nicht nur die Art und Weise verändert, wie Maschinen denken und lernen, sondern auch unser Verständnis von Intelligenz selbst herausfordert. Diese Revolution wird angetrieben durch große Datenmengen und die außerordentliche Rechenleistung moderner Computer, die komplexe statistische Berechnungen in einer Geschwindigkeit und Präzision ausführen können, die lange Zeit unvorstellbar war.

Dabei hat KI viele Gesichter. Von einfachen Programmen, die einzelne Aufgaben mit einer Genauigkeit ausführen, die menschliches Können übertrifft, bis hin zu komplexen Systemen, die lernen, sich anzupassen und Entscheidungen zu treffen, die an den menschlichen Geist erinnern.

Die zunehmende Digitalisierung kann uns von repetitiven und ermüdenden Aufgaben befreien und uns Freiräume geben, kreativer und strategischer zu agieren. Wer in einem Bereich nur wenig Talent oder Erfahrung hat, kann dies mit virtuellen Assistenten ausgleichen. Die KI bietet Möglichkeiten, unsere Fähigkeiten zu erweitern und unsere Grenzen zu verschieben. Um die Vorteile jedoch voll auszuschöpfen, müssen wir lernen, effektiv mit KI zu arbeiten.

Doch was genau macht eine Maschine „intelligent“? Ist es ihre Fähigkeit, menschliche Sprache zu erkennen und darauf zu reagieren? Ihre Effizienz in Millisekunden Entscheidungen zu treffen, die ein Mensch nur mit Mühe und nach langem Abwägen treffen könnte? Oder ist es die Fähigkeit, aus Erfahrungen zu lernen und sich über die Zeit zu verbessern?

Tatsächlich umfasst KI ein Spektrum von Technologien, die so vielfältig sind wie die Definitionen, die sie zu erfassen suchen. Beginnen wir also den Weg in die Welt der KI mit einem Blick auf die grundlegenden Komponenten und die verschiedenen Techniken, die unter dem Begriff „Künstliche Intelligenz“ zusammengefasst werden.

1.1 Die Bausteine der KI

Im Bereich der KI werden oft Namen und Begriffe verwendet, ohne die genauen Definitionen und Hintergründe zu kennen. Doch in der Welt der Mathematiker und Mathematikerinnen sowie Informatiker und Informatikerinnen, den Architekten und Architektinnen als auch Baumeistern und Baumeisterinnen der KI, ist Präzision unerlässlich. Es werden klare, eindeutige Definitionen benötigt, um die Grenzen des Möglichen zu erweitern und die nächste Generation intelligenter Systeme zu entwickeln.

Bei der Entwicklung jedes KI-Systems gibt es Komponenten, die unabhängig von der spezifischen Technik oder dem Anwendungsfall notwendig sind. Diese Bausteine bilden das Fundament, auf dem komplexere KI-Algorithmen aufgebaut werden können. Sehen wir uns daher diese Komponenten von KI-Systemen an und definieren die zugehörigen Details:

Tabelle 1.1 Übersicht wichtiger KI-Komponenten

Komponente	Beschreibung	Wichtigkeit	Komplexität	Anpassbarkeit
Daten	Informationen für das Lernen und die Entscheidungsfindung	Hoch	Variabel	Hoch
Algorithmen	Verfahren oder Methoden zur Verarbeitung von Daten	Hoch	Hoch	Hoch
Rechenleistung	Zur Verarbeitung großer Datenmengen und komplexer Berechnungen	Hoch	Mittel	Mittel
Speicher	Notwendig für die Speicherung von Daten, Modellen und Ergebnissen	Mittel	Niedrig	Mittel
Messung und Modelloptimierung	Wichtig für die Bewertung der Effektivität von KI-Modellen und deren Optimierung	Hoch	Hoch	Hoch
Schnittstellen zur Interaktion	Ermöglichen die Interaktion zwischen Menschen und KI-Systemen	Mittel	Mittel	Hoch

Komponente	Beschreibung	Wichtigkeit	Komplexität	Anpassbarkeit
Sicherheit und Datenschutz	Schützen Daten vor unbefugtem Zugriff und Missbrauch, gewährleisten die Einhaltung rechtlicher Standards	Hoch	Hoch	Mittel

Wichtigkeit: Die Beurteilung „Hoch" bedeutet, dass diese Komponente sehr wichtig im Kontext auf das richtige und leistungsstarke Arbeiten eines KI-Systems ist. Mittel und Niedrig bezeichnen weniger wichtige Kriterien.

Komplexität: Die Bewertung bezieht sich auf den Schwierigkeitsgrad, mit dem zuverlässig richtige oder performante Ergebnisse von der KI erzeugt werden.

Anpassbarkeit: Die Bewertung zeigt an, wie flexibel ein Unternehmen die Komponenten einer KI an seine eigenen Bedürfnisse und Aufgabenstellungen anpassen kann.

Betrachten wir nun die einzelnen Komponenten genauer. Die folgenden Ausführungen stellen nur die wichtigsten Aspekte dar und haben keinen Anspruch auf Vollständigkeit.

1.1.1 Daten

Daten sind der Brennstoff für KI-Modelle. Ähnlich wie bei einem Fahrzeug würde das KI-Modell ohne Daten keinen Nutzen bringen können. Sie liefern die benötigten Informationen, um Muster zu erkennen, Entscheidungen zu treffen und aus Erfahrungen zu lernen.

> Daten sind das Lebenselixier der KI. Ohne Daten hätte die KI keinen Bezugspunkt, um zu analysieren, zu lernen oder sich zu verbessern. Der Qualität der eingesetzten Daten kommt daher eine besondere Bedeutung zu! Ist die Qualität nicht ausreichend hoch, werden keine guten Ergebnisse erzielbar sein.

Von einfachen Datensätzen bis zum heutigen Big-Data-Ansatz

Die Verfügbarkeit und die Qualität von Daten haben in den letzten Jahren stetig zugenommen. Die Entwicklung des Internets und digitaler Technologien hat eine exponentielle Zunahme der Datenmenge und Vielfalt bewirkt, die KI-Systeme heute zum Lernen und Analysieren nutzen.

Daten müssen immer im Kontext ihrer Verwendung betrachtet werden, um ihre Bedeutung und ihren Wert zu verstehen. Der Kontext gibt Aufschluss darüber, was Daten repräsentieren, in welchem Rahmen sie gesammelt wurden und wie sie interpretiert werden sollen. Zum Beispiel könnte die Zahl 9 je nach Kontext eine Temperatur (in Grad Celsius), eine Länge (in Zentimetern), eine Zeitdauer (in Minuten) oder eine Vielzahl anderer Messungen darstellen.

Bei der Datenanalyse und in der künstlichen Intelligenz ist der Kontext ausschlaggebend, um korrekte Schlussfolgerungen zu ziehen und zutreffende Prognosen zu erstellen. Modelle erfordern ein Training mit Daten, die nicht nur genau und bereinigt sind, sondern auch in einem passenden Rahmen dargeboten werden. Der Kontext beeinflusst daher direkt das Ergebnis eines KI-Modells:

Tabelle 1.2 Ziele und Herausforderungen für den Kontext der KI-Ergebnisgenerierung

Bereich	Ziel	Herausforderung	Beispiel
Datenauswahl	Auswahl von Daten, die relevant und repräsentativ für das Problem sind.	Unzureichende oder verzerrte Daten können zu schlechten Modellleistungen führen.	Auswahl von Patientendaten für ein KI-Modell zur Vorhersage von Diabetes.
Feature-Engineering	Entwicklung und Transformation von Merkmalen, um die Informationsdarstellung für das Modell zu verbessern.	Überanpassung (Overfitting) auf Trainingsdaten und Vernachlässigung der Generalisierbarkeit.	Erstellung von Zeitfenstern für das Kaufverhalten von Kunden in einem KI-Modell zur Vorhersage von Verkäufen.
Modellinterpretation	Analyse und Erklärung der von einem KI-Modell produzierten Ergebnisse.	Die Nachvollziehbarkeit und Überprüfung der Entscheidungsprozesse von komplexen Modellen wie tiefe neuronale Netzwerke sind oft schwer durchzuführen.	Interpretation der Kreditwürdigkeitsbewertung in einem Finanzmodell.

Je nachdem, in welchem Format die Daten vorliegen, kann der Kontext besser oder schlechter erkannt und verarbeitet werden.

- **Strukturierte Daten** sind in einem vordefinierten Format organisiert, meist in Tabellenform, was ihre Analyse und Verarbeitung erleichtert. Beispiele hierfür sind Datenbanken und Excel-Tabellen.
- **Unstrukturierte Daten** hingegen haben kein vordefiniertes Format oder Struktur. Sie umfassen Texte, Bücher, Bilder, Videos und mehr. Die Verarbeitung dieser Daten erfordert komplexere Methoden, da zuerst eine Strukturierung notwendig ist.

Für das Training von KI-Modellen sind umfangreiche und gut aufbereitete Datensätze erforderlich. Diese Datensätze werden in drei Hauptkategorien unterteilt:

1. **Trainingsdatensätze** sind die Daten, auf denen das Modell trainiert wird. Sie bilden die Grundlage für das Lernen von Mustern und Zusammenhängen.
2. **Validierungsdatensätze** werden verwendet, um die Leistung des Modells während des Trainings zu bewerten und die Parameter anzupassen.
3. **Testdatensätze** dienen dazu, die endgültige Leistung des Modells zu evaluieren. Sie müssen unabhängig von den Trainings- und Validierungsdaten sein, um eine objektive Bewertung zu gewährleisten.

Zudem ist die Qualität der Daten entscheidend für die Leistungsfähigkeit von KI-Modellen. Hochwertige Daten sind akkurat, vollständig, konsistent und aktuell. Mangelhafte Datenqualität führt zu unzuverlässigen Modellen, die verzerrte oder falsche Ergebnisse liefern. Oft merkt man erst an den Ergebnissen nach der Trainingsphase, dass die Datenqualität nicht ausreichend für den beabsichtigten Anwendungszweck ist, und muss die Daten dann nachbearbeiten.

Eine weitere große Herausforderung stellt die gesetzeskonforme Verarbeitung von sensiblen und personenbezogenen Daten sowie Daten von Minderheiten dar. Lösungsansätze wie Anonymisierung von Daten und Methoden zur Bias-Minderung müssen in jedem Projekt diskutiert und implementiert werden. Möglichkeiten und Kriterien dazu sind Gegenstand in den nachfolgenden Kapiteln.

1.1.2 Algorithmen

Ein Algorithmus ist eine präzise definierte Vorschrift oder eine Reihe von Anweisungen zur Lösung eines Problems oder zur Durchführung einer Aufgabe. Ganz grundsätzlich kann man sich einen Algorithmus wie ein Rezept in einem Kochbuch vorstellen: Er gibt eine Schritt-für-Schritt-Anleitung, wie man von einem Anfangszustand (rohe Kartoffel) zu einem gewünschten Endzustand (Pommes frites) gelangt.

In der Informatik besteht ein Algorithmus aus einer endlichen Folge von wohldefinierten, ausführbaren Schritten, die eine Aufgabe oder ein Problem lösen. In der KI sind Algorithmen die Verfahren oder Methoden, die genutzt werden, um aus Daten zu lernen, eine Aufgabe zu lösen, Vorhersagen und Entscheidungen zu treffen oder Muster in Daten zu erkennen.

Ein momentan besonders populärer Bereich der KI ist das maschinelle Lernen bzw. Machine Learning. Im Gegensatz zu einem Programmierer oder einer Programmiererin, der bei regelbasierter Software jede Anweisung explizit ausformulieren muss, lernt ein KI-System beim Machine Learning aus den bereitgestellten Daten und identifiziert selbstständig Muster, um die zugrunde liegenden Regeln daraus abzuleiten.

Hier sind einige Schlüsselkonzepte, die beim maschinellen Lernen häufig angewendet werden:

- **Überwachtes Lernen (Supervised Learning)**

  Dies ist eine der gängigsten Kategorien von KI-Algorithmen, bei denen das Modell aus einem Datensatz lernt, der bereits die richtigen Antworten (Labels) enthält. Ziel ist es, Vorhersagen für neue, unbekannte Daten zu treffen (z. B. Spam-Erkennung oder Preisvorhersage).

- **Unüberwachtes Lernen (Unsupervised Learning)**

  Hierbei lernt das Modell aus Daten ohne vorgegebene Labels, um Muster oder Strukturen selbstständig zu erkennen. Typische Anwendungen sind die Gruppierung von Datenpunkten basierend auf Ähnlichkeiten (z. B. Kundensegmentierung).

- **Halbüberwachtes Lernen (Semi-supervised Learning)**

  Eine Mischform, bei der das Modell mit einem Datensatz trainiert wird, der sowohl markierte als auch unmarkierte Daten enthält. Diese Technik ist nützlich, wenn markierte Daten begrenzt oder teuer zu erhalten sind.

- **Verstärkendes Lernen (Reinforcement Learning)**

  Bei diesem Ansatz lernt ein Agent, wie er in einer Umgebung handeln soll, um eine Belohnung zu maximieren. Es basiert auf dem Prinzip von Versuch und Irrtum und findet Anwendung in Bereichen wie Spiele (z. B. Schach) und autonome Fahrzeuge.

- **Deep Learning**

  Ein Subset des maschinellen Lernens, das auf tiefen neuronalen Netzen basiert. Diese Netze sind in der Lage, komplexe Muster in großen Datenmengen zu erkennen. Anwendungen umfassen Bild- und Spracherkennung sowie natürliche Sprachverarbeitung (NLP).

- **Transfer Learning**

  Hierbei wird Wissen aus einem Bereich auf einen anderen übertragen, was besonders nützlich ist, wenn für die Zielanwendung nicht genügend Trainingsdaten verfügbar sind. Dieses Konzept hat in Deep Learning, insbesondere bei der Verarbeitung von Bildern und Sprache, an Bedeutung gewonnen.

1.1.3 Rechenleistung

Moderne KI-Techniken, insbesondere Deep Learning, erfordern erhebliche Mengen an Rechenleistung. Diese Leistung ist notwendig, um die großen Mengen an Daten zu verarbeiten und die komplexen Berechnungen der mathematischen Methoden durchzuführen, die für das Training von KI-Modellen erforderlich sind.

Die Rechenleistung ist über die letzten Jahrzehnte exponentiell angestiegen, getrieben durch Fortschritte in der Halbleitertechnologie (bekannt als Mooresches Gesetz[1)]) und Innovationen in der Computerarchitektur. Von den frühen Tagen der Großrechner bis zu den heutigen hochleistungsfähigen GPUs (Grafikprozessoren) hat die zunehmende Verfügbarkeit von Rechenleistung die Komplexität der KI-Modelle, die wir heute trainieren können, drastisch verbessert.

Zudem lässt sich für das Training von KI-Modellen Cloud-Technologie nutzen, um die Anschaffung eines eigenen Servers zu vermeiden. Auf diese Weise ermöglicht es die flexible Inanspruchnahme von Rechenleistung genau nach aktuellem Bedarf. Diese ist beim Training wesentlich höher als im Betrieb.

1.1.4 Speicher

Speicher findet in allen Bereichen der künstlichen Intelligenz Anwendung; angefangen von der Speicherung großer Trainingsdatensätze für maschinelles Lernen bis hin zur Speicherung von Zustandsinformationen in Echtzeitanwendungen wie autonomen Fahrzeugen.

Um Daten zu speichern, auf sie zuzugreifen und sie zu verarbeiten, benötigen KI-Systeme eine angemessene Speicherkapazität sowohl für den kurzfristigen Speicher (für die aktuelle Datenverarbeitung) als auch für den langfristigen Speicher (für die Speicherung von Modellen und Ergebnissen). Die Weiterentwicklung von Speichertechnologien hat die Möglichkeiten von KI-Systemen daher maßgeblich beeinflusst. Während bei magnetischen Bändern die Zugriffszeiten sehr langsam waren, ist bei modernen Solid-State-Drives (SSDs) und In-Memory-Datenbanken die Speicherkapazität erhöht und der Zugriff beschleunigt.

---

1 Mooresches Gesetz: Formuliert von Gordon Moore, Mitbegründer von Intel, im Jahr 1965. Es besagt, dass sich die Anzahl der Transistoren auf einem Mikrochip etwa alle zwei Jahre verdoppelt, was eine entsprechende Zunahme der Rechenleistung bedeutet (siehe „Algorithmen für Dummies“ von John Paul Mueller, Luca Massaron[1]).

1.1.5 Messung und Modelloptimierung

Die Messung der Leistungsfähigkeit und die Optimierung von KI-Modellen sind entscheidende Schritte im Entwicklungsprozess künstlicher Intelligenz. Sie gewährleisten, dass Modelle nicht nur präzise Vorhersagen treffen, sondern auch effizient und unter realen Bedingungen einsetzbar sind. Es ist wichtig, die Leistung von KI-Modellen zu bewerten, um ihre Genauigkeit, Effizienz und Fairness sicherzustellen. Durch die Bewertung können Schwachstellen identifiziert und Verbesserungen vorgenommen werden. Optimierungstechniken sind notwendig, um die Modelle zu verbessern und ihre Leistung auf spezifische Anforderungen anzupassen.

Die kontinuierliche Messung und Optimierung sind auch unverzichtbar für die Entwicklung verantwortungsvoller KI-Modelle. Nur so kann sichergestellt und nachgewiesen werden, dass KI-Systeme ihre Aufgaben auf faire und nachvollziehbare Weise erfüllen.

Nachweise werden durch vorher definierte Kontrollhandlungen festgestellt und archiviert.

1.1.6 Schnittstellen zur Interaktion

Benutzerschnittstellen (UI) und Programmierschnittstellen (API) sind notwendig, um den Menschen die Interaktion mit KI-Systemen zu ermöglichen. Sie erleichtern die Eingabe von Daten, die Konfiguration von Modellen und den Zugriff auf die Ergebnisse der Datenverarbeitung oder Entscheidungsfindung durch die KI.

Die Interaktionsschnittstellen sollten für die jeweilige KI-Anwendung und die individuelle Benutzergruppe angepasst sein. Beim persönlichen Assistenten oder Kundenservice-Bot für eine nicht technisch ausgebildete Kunden- und Kundinnengruppe ist die UI intuitiv zu halten, während bei komplexen Steuerungssystemen für Robotik und Smart-Geräten für Techniker und Technikerinnen mehr Vorkenntnisse erwartet werden können. Diese Beispiele veranschaulichen, wie unterschiedliche Schnittstellen die Zugänglichkeit und Benutzerfreundlichkeit von KI-Systemen verbessern und helfen, Fehler zu vermeiden. Außerdem sollten die folgenden Aspekte zusätzlich Berücksichtigung finden:

- **Barrierefreiheit:** Gewährleistung, dass KI-Schnittstellen für alle Nutzer zugänglich sind, einschließlich Menschen mit Handicap und besonderen Bedürfnissen.
- **Natürlichkeit der Interaktion:** Entwicklung von Schnittstellen, die eine natürliche und intuitive Kommunikation ermöglichen.
- **Datenschutz und Sicherheit:** Sicherstellung, dass die Interaktion mit KI-Systemen die Privatsphäre der Nutzer und Nutzerinnen schützt.

Zukünftige Entwicklungen könnten immersive Technologien wie Virtual Reality (VR) und Augmented Reality (AR) umfassen, die neue Arten der Interaktion ermöglichen. Fortschritte könnten zu individuelleren und adaptiven Schnittstellen führen, die sich an die Präferenzen und Bedürfnisse des jeweiligen Benutzers bzw. der Benutzerin anpassen.

1.1.7 Sicherheit und Datenschutz

Da KI-Systeme oft mit sensiblen oder personenbezogenen Daten arbeiten, sind robuste Sicherheits- und Datenschutzmaßnahmen unerlässlich. Diese Maßnahmen schützen die Informationen vor unbefugtem Zugriff und Missbrauch und gewährleisten die Einhaltung rechtlicher und ethischer Standards.

Grundlegende Risiken und gesetzliche Anforderungen sind:

- **Datenschutz:** Es müssen Konzepte wie Datenminimierung, Zweckbindung und Transparenz umgesetzt werden, damit sichergestellt ist, dass personenbezogene Daten geschützt und vertraulich behandelt werden.
- **Urheberrecht:** Es sollte der Nachweis geführt werden, dass die verwendeten Daten und Werke nicht urheberrechtlich durch andere Personen geschützt sind und die Organisation die Nutzungsrechte für die Verwendung besitzt.
- **Sicherheitsrisiken in KI-Systemen:** Es müssen Maßnahmen gesetzt werden, um Bedrohungen und Angriffsszenarien gegen KI-Systeme zu bemerken und zu verhindern. Ein Beispiel dafür sind die Adversarial Attacks, bei denen Eingabedaten durch die Benutzer bzw. Benutzerinnen manipuliert eingegeben werden, um falsche Vorhersagen oder Entscheidungen zu provozieren. Dieses Risiko muss durch die Analyse der Eingabedaten minimiert werden.
- **Verschlüsselung und Anonymisierung:** Es müssen Techniken zum Schutz von Daten, sowohl bei der Übertragung als auch bei der Speicherung, implementiert werden. Für personenbezogene und sensible Daten sollte eine Anonymisierung[2)] oder Pseudonymisierung[3)] der Daten in Betracht gezogen werden.

---

[2] Hierbei wird die Verlinkung zwischen einer Person und ihren Daten irreversibel gelöscht. Anhand der Daten kann niemand identifiziert werden.

[3] Bei der Pseudonymisierung werden die Namen und andere Identifikationsmerkmale durch ein Kennzeichen ersetzt, damit eine Zuordnung zwischen einer Person und seinen Daten nur durch berechtigte Personen möglich ist. Beispiele hierfür sind ein Autokennzeichen oder eine Kundennummer.

Wichtig ist es zu dokumentieren, welche Schutzmaßnahmen zu welchem Zweck implementiert wurden und wie der Schutz während des gesamten Lebenszyklus der KI gewährleistet bleibt. Dafür sind Kontrollhandlungen zu definieren und deren Einhaltung nachvollziehbar zu archivieren.

Sicherheit und Datenschutz sind entscheidende Aspekte, die den Erfolg und die Akzeptanz von KI-Technologien prägen. Durch die kontinuierliche Anpassung an neue Bedrohungen und die Einhaltung strenger Datenschutzstandards können KI-Systeme vertrauensvoll und verantwortungsbewusst eingesetzt werden.

1.2 Datenwissenschaft und Datenanalytik

Begriffe wie „Datenwissenschaft" und „Datenanalytik" werden oft austauschbar verwendet, obwohl es spezifische Unterschiede gibt. Während die Datenwissenschaft ein breiteres Feld ist, das sich mit der Erstellung von Modellen und Algorithmen zur Datenanalyse beschäftigt, konzentriert sich die Datenanalytik mehr auf die Interpretation konkreter Daten, um unmittelbare Fragen zu beantworten. In der folgenden Tabelle werden die Unterschiede anhand grundsätzlicher Kriterien dargestellt:

Tabelle 1.3 Unterscheidung von Datenwissenschaft und Datenanalytik

Kriterium	Datenwissenschaft	Datenanalytik
Primäres Ziel	Entdeckung von Mustern und Vorhersage zukünftiger Trends und Verhaltensweisen durch Analyse von Daten.	Interpretation von historischen Daten, um konkrete Fragen zu beantworten oder Probleme zu lösen.
Schwerpunkte	Datenaufbereitung, -exploration, -modellierung, maschinelles Lernen, Vorhersageanalysen.	Datensammlung, Datenbereinigung, deskriptive Analyse, Berichterstattung.
Methoden und Techniken	Maschinelles Lernen, (Deep Learning) Lernalgorithmen, statistische Modelle, Datenmining.	Statistische Analysen, explorative Datenanalyse, Visualisierungswerkzeuge, Process Mining.
Anwendungsbeispiele	Entwicklung neuer Produktideen, Betrugserkennung, Risikomanagement, personalisierte Empfehlungssysteme.	Verkaufs- und Marktanalysen, Kundenverhaltensanalysen, operative Effizienz, Qualitätskontrolle.
Benötigte Skills	Statistik, maschinelles Lernen, Programmierung (z. B. Python, R), Datenbankkenntnisse, Geschäftsverständnis.	Statistik, analytisches Denken, Kenntnisse in BI-Tools (z. B. Tableau, Power BI), Grundkenntnisse in Programmierung.

Die Datenwissenschaft beschäftigt sich also mit der Erhebung, Bereinigung und Analyse von Daten, um Muster zu erkennen, Vorhersagen zu treffen und Entscheidungen auf der Grundlage großer Datensätze zu treffen. Datenwissenschaftler und -wissenschaftlerinnen verwenden dazu komplexe Algorithmen, maschinelles Lernen und statistische Methoden, um mit Daten zu arbeiten. Sie suchen nach Antworten auf Fragen, die noch nicht gestellt wurden, und schaffen neue Wege zur Datennutzung.

Die Datenanalytik konzentriert sich mehr auf die Verarbeitung und Analyse bestehender Daten aus den Verarbeitungsprozessen einer Organisation, um konkrete Fragen zu beantworten, die das Geschäftsfeld betreffen. Datenanalytiker und -analytikerinnen verwenden statistische Werkzeuge und Techniken, die Unternehmen dabei helfen sollen, operative Entscheidungen zu treffen. Im Gegensatz zur Datenwissenschaft, die oft explorativer und zukunftsorientierter ist, ist die Datenanalytik in der Regel zielgerichteter und auf die Lösung spezifischer Probleme ausgerichtet.

Es gibt aber keine „fixen“ Definitionen dieser Begriffe, da das Feld der Datenwissenschaft und -analytik sich schnell weiterentwickelt und die Grenzen zwischen den Disziplinen oft fließend sind. Unternehmen sollten bei Stellenausschreibungen und Positionsbeschreibungen die präzisen Aufgabenbereiche und Einsatzgebiete angeben, damit es nicht zu unerfüllbaren oder enttäuschenden Erwartungen führt.

1.3 Entwicklung von KI in KMUs

Der Einsatz von künstlicher Intelligenz bietet gerade für kleine und mittelständische Unternehmen (KMUs) sowie Start-ups erhebliche Vorteile und Chancen. Mit KI-Technologien können sie Prozesse automatisieren, Effizienzen steigern und innovative Produkte oder Dienstleistungen entwickeln, die einen Wettbewerbsvorteil darstellen können.

Für KMUs eröffnet der Einsatz von KI die Möglichkeit, Ressourcen effizienter zu nutzen, indem der Belegschaft ein KI-Assistent zur Seite gestellt wird, der zeitaufwendige Aufgaben übernimmt und Entscheidungsfindungsprozesse durch datengetriebene Einsichten unterstützt. Dies kann zu einer signifikanten Kostensenkung und einer verbesserten Kundenbetreuung führen.

Start-ups, die mit KI experimentieren, können maßgeschneiderte Lösungen entwickeln, die auf spezifische Branchenbedürfnisse zugeschnitten sind, und so neue Märkte erschließen oder bestehende Märkte disruptiv beeinflussen.

Darüber hinaus fördert der Einsatz von KI in beiden Unternehmensarten eine Kultur der Datenfokussierung und Innovation. Dies ist für das langfristige Wachstum und die Anpassungsfähigkeit an sich schnell ändernde Marktbedingungen unerlässlich. In einer Welt, in der Daten zur neuen wichtigsten Ressource geworden sind, bieten KI-Technologien KMUs und Start-ups die Werkzeuge, um diese wertvollen Ressourcen zu nutzen und zukunftssichere Geschäftsmodelle zu entwickeln.

Der Einsatz von KI in KMUs und Start-ups birgt also erhebliches Potenzial, stellt diese jedoch auch vor signifikante Herausforderungen. Eine der Hauptproblematiken ist die Rekrutierung und Bindung von qualifiziertem Personal, das die Entwicklung und Implementierung von KI-Technologien beherrscht. Weitere Herausforderungen sind:

- **Rekrutierung von Experten und Expertinnen**
  - Fachkräftemangel: Es gibt einen globalen Mangel an Experten und Expertinnen im Bereich KI und maschinelles Lernen. Dies macht es für KMUs und Start-ups besonders schwierig, talentierte Fachkräfte zu gewinnen, die mit den neuesten Technologien und Methoden vertraut sind.
  - Wettbewerb mit Großunternehmen: Start-ups und KMUs stehen im Wettbewerb mit großen, etablierten Unternehmen um KI-Talente. Großunternehmen können oft attraktivere Gehälter, Benefits und Karriereentwicklungsmöglichkeiten bieten.
- **Finanzielle Ressourcen**
  - Hohe Kosten: Die Entwicklung und Implementierung von KI-Lösungen können teuer sein, insbesondere wenn es um die Anschaffung der notwendigen Hardware oder Software geht. Für Start-ups und KMUs mit begrenzten Budgets kann dies eine erhebliche Barriere darstellen.
  - ROI-Unsicherheit: Die Investition in KI birgt Unsicherheiten bezüglich des Return on Investment (ROI), besonders wenn das Unternehmen neu in diesem Bereich ist. Dies kann zu Zögern bei der Allokation von Ressourcen führen.
- **Daten und Datenschutz**
  - Datenqualität und Verfügbarkeit: Effektive KI-Systeme erfordern große Mengen qualitativ hochwertiger Daten. Viele KMUs und Start-ups haben jedoch Schwierigkeiten, Zugang zu solchen Daten zu erhalten oder diese in einer nützlichen Weise zu sammeln und zu verarbeiten.
  - Datenschutzbestimmungen: Die Einhaltung von Datenschutzgesetzen wie der DSGVO kann für Unternehmen, die mit personenbezogenen Daten arbeiten, eine Herausforderung darstellen. Die Entwicklung von KI-Systemen, die diese Anforderungen erfüllen, erfordert spezifisches Wissen und Ressourcen.
  - IT Security: Die Implementierung und kontinuierliche Gewährleistung von IT Sicherheitsmaßnahmen in der Infrastruktur der Organisation benötigt erfahrene Spezialisten, teure Software und zeitliche Ressourcen. Dies gilt auch für die Integration von Sicherheitsmerkmalen in Software bzw. KI-Produkte.
- **Technologische Integration**
  - Prozessintegration: Die Integration von KI-Lösungen in bestehende Geschäftsprozesse und -systeme kann komplex und herausfordernd sein. Kompatibilitätsprobleme und der Bedarf an maßgeschneiderten Lösungen können die Implementierung verzögern oder verteuern.

    - Kontrollen: Die Definition interner Kontroll- und Steuerungsmaßnahmen für digitale Services kann eine Herausforderung für KMUs oder Start-ups darstellen, weil mit einer kleinen Belegschaft viele Tätigkeiten umgesetzt werden. Oftmals sind die Kenntnisse oder die Personen für die Umsetzung von Funktionstrennungen oder des Vier-Augen-Prinzips im Unternehmen nicht vorhanden.
- **Wissens- und Kulturwandel**
    - Etablierte kleine Unternehmen: Die Einführung von KI erfordert oft einen kulturellen Wandel innerhalb der Organisation. In KMUs kann dies schnell zu Ängsten und Widerstand führen, wenn die Belegschaft nicht angemessen geschult wird.
    - Start-ups: In neuen, technologiegetriebenen Unternehmen herrscht oft eine Stimmung von Innovation und Neuanfang vor, ohne auf Kontinuität in der Verwendung von Tools zu achten oder darauf, dass die Nutzung sicher (im Sinne von Betriebsgeheimnissen, Datenschutz etc.) sowie gesetzeskonform (entsprechend dem Urheberrecht, den Nutzungsrechten) erfolgt.
    - Wissensaufbau: Die technologischen Zyklen und neuen KI-Produkte kommen in immer kürzeren Abständen, und es ist herausfordernd, neben der täglichen Arbeit up to date zu bleiben. Gerade in kleineren Unternehmen sind der kontinuierliche Wissensaufbau bei den Spezialisten und Spezialistinnen und der Transfer zur restlichen Belegschaft oft schwer umzusetzen.

Diese Herausforderungen unterstreichen die Notwendigkeit für Start-ups und KMUs, strategische Partnerschaften zu erwägen, externe Beratung und Unterstützung in Anspruch zu nehmen und in die Ausbildung und Weiterbildung ihrer Belegschaft zu investieren. Trotz dieser Hindernisse bietet die Integration von KI aber große Möglichkeiten, Geschäftsprozesse zu optimieren, neue Wachstumschancen zu erkunden und auf lange Sicht wettbewerbsfähig zu bleiben.

> Die EU-Kommission wird Leitlinien für die praktische Umsetzung der KI-VO erarbeiten und dabei den Bedürfnissen von KMU einschließlich Start-up-Unternehmen besondere Aufmerksamkeit schenken (Art. 96 KI-VO).

Die folgende Checkliste für den Einsatz von KI in Start-ups und KMUs kann dabei helfen, strukturiert vorzugehen und sicherzustellen, dass alle wichtigen Aspekte zur Planung des Einsatzes von KI in der Organisation berücksichtigt werden:

- **Bedarfsanalyse und Zielsetzung für KI-Initiativen**
    - Definieren Sie klare Ziele für den Einsatz von KI in Ihrem Unternehmen.
    - Identifizieren Sie spezifische Probleme oder Prozesse, die durch KI verbessert werden könnten.

  - Bewerten Sie den aktuellen technologischen Stand des Unternehmens und den Reifegrad in Bezug auf KI.
  - Diskutieren Sie im Team potenzielle Risiken und ethische Bedenken im Zusammenhang mit dem Einsatz von KI, einschließlich Datenschutz und der Auswirkungen auf die Arbeitsplätze.
- **Markt- und Technologierecherche**
  - Welche aktuellen und zukünftigen Trends in der KI-Technologie haben Auswirkungen auf Ihre jeweilige Branche?
  - Recherchieren Sie verfügbare KI-Tools und -Lösungen, die auf Ihre Bedürfnisse zugeschnitten sind oder werden können.
  - Stellen Sie eine Liste der verfügbaren KI-Technologien und -Plattformen zusammen, die für das Geschäftsmodell des Unternehmens relevant sind.
  - Bewerten Sie die Marktreife und Zuverlässigkeit der potenziellen KI-Technologien.
  - Recherchieren Sie die Zuverlässigkeit und den Ruf verschiedener Anbieter von KI-Technologien.
  - Identifizieren Sie, wie Wettbewerber KI-Technologien nutzen, und bewerten Sie deren Erfolge und Misserfolge.
  - Welche KI-basierten Produkte oder Dienstleistungen sind in Ihrem Marktsegment gefragt, und welche Kundenbedürfnisse können adressiert werden?
- **Ressourcenplanung**
  - Prüfen Sie, ob die notwendigen finanziellen und personellen Ressourcen für die Implementierung und Wartung von KI-Lösungen vorhanden sind.
  - Planen Sie Schulungen für Ihr Team, um das nötige Wissen für den erfolgreichen Umgang mit KI-Technologien aufzubauen.
  - Beurteilen Sie, ob die aktuelle IT-Infrastruktur des Unternehmens geeignet ist, um neue KI-Lösungen zu unterstützen, oder ob Upgrades erforderlich sind.
- **Datenvorbereitung**
  - Stellen Sie sicher, dass Sie Zugriff auf qualitativ hochwertige Daten haben, die für das Training von KI-Modellen verwendet werden können.
  - Prüfen Sie die Daten auf Vollständigkeit, Genauigkeit, Aktualität und Relevanz in Bezug auf den KI-Anwendungsfall.
  - Für das Training leistungsfähiger KI-Modelle ist oft eine große Menge an Trainingsdaten erforderlich. Stellen Sie sicher, dass genügend Daten verfügbar sind, um robuste Modelle zu entwickeln, und beachten Sie auch die Diversität der Daten.
  - Prüfen Sie bestehende Datenschutz- und Datensicherheitsanforderungen, um Compliance zu gewährleisten.

  - Bereiten Sie die Daten mit Techniken wie Normalisierung, Skalierung und Kodierung von kategorischen Daten vor, um die Daten für das Training von KI-Modellen vorzubereiten.
  - Organisieren Sie die Datenspeicherung effizient, um schnellen Zugriff und einfache Verwaltung zu ermöglichen.
- **Auswahl der KI-Lösung**
  - Entscheiden Sie, ob eine maßgeschneiderte KI-Lösung entwickelt oder eine am Markt verfügbare KI-Software genutzt werden soll.
  - Vergleichen Sie verschiedene Anbieter und Produkte hinsichtlich Leistung, Kosten und Unterstützung.
  - Klären Sie die gesetzlichen Vorgaben, die bei der Implementierung der vorgesehenen KI-Technologie berücksichtigt werden muss.
  - Untersuchen Sie, wie sich die potenziellen KI-Lösungen in die bestehende Technologielandschaft integrieren lassen.
- **Pilotprojekt und Evaluation**
  - Starten Sie mit einem Pilotprojekt, um die Wirksamkeit und Integration der KI-Lösung zu testen.
  - Messen Sie die Ergebnisse und den Einfluss der KI-Lösung auf die definierten Zielsetzungen.
  - Vergessen Sie nicht, die gesetzlichen Anforderungen sowie spezifische vertragliche Regelungen mit in die Evaluierung aufzunehmen.
  - Bewerten Sie die Risiken in Bezug auf Datenschutz und Datensicherheit für die spezifische KI-Lösung.
  - Dokumentieren Sie Lerneffekte und Best Practices aus dem Pilotprojekt und transferieren Sie Wissen aus dem Projekt.
- **Integration und Skalierung**
  - Integrieren Sie die KI-Lösung in bestehende Systeme und Arbeitsabläufe.
  - Schulen Sie die Belegschaft, damit sie angemessen mit der KI und den generierten Ergebnissen umgehen können.
  - Planen Sie die Skalierung der KI-Lösung, um weitere Bereiche Ihres Unternehmens abzudecken.
- **Kontinuierliche Überwachung und Optimierung**
  - Richten Sie Prozesse für die kontinuierliche Überwachung der KI-Leistung ein.
  - Richten Sie Kontrollhandlungen zum Nachweis der gesetzeskonformen Umsetzung ein.
  - Nutzen Sie Feedback und Leistungsdaten, um die KI-Lösung kontinuierlich zu verbessern.

- **Datensicherheit und Ethik**
  - Implementieren Sie starke Sicherheitsmaßnahmen zum Schutz von KI-gestützten Systemen und Daten.
  - Erarbeiten Sie mit Spezialisten und Spezialistinnen die Datenhaltung und -verarbeitung.
  - Entwickeln Sie eine robuste Datenarchitektur, die das Wachstum und die Skalierbarkeit der Daten effektiv unterstützt. Denken Sie dabei auch an Archivierungsanforderungen.
  - Berücksichtigen Sie ethische[4)] Aspekte und Auswirkungen des KI-Einsatzes auf Mitarbeiter und Mitarbeiterinnen, Kunden und Kundinnen sowie die Gesellschaft.
- **Feedback und Anpassung**
  - Sammeln Sie regelmäßig Feedback von Nutzern und Nutzerinnen als auch von Stakeholdern zur KI-Lösung.
  - Fangen Sie nicht zu spät an, Feedback von (potenziellen) Kunden und Kundinnen einzuholen.
  - Seien Sie bereit, Anpassungen vorzunehmen, um die Effektivität und Akzeptanz der KI zu maximieren.

Diese Checkliste dient als Rahmen für Start-ups und KMUs, die planen, KI-Technologien in ihre Geschäftsprozesse zu integrieren. Der Schlüssel zum Erfolg liegt in einer sorgfältigen Konzeption, der Auswahl der richtigen Technologien und der kontinuierlichen Bewertung der Auswirkungen auf das Unternehmen.

Quellen

[1] Mueller, J. P., Massaron, L. in *Algorithmen für Dummies*, (2017) WILEY-VCH Verlag, Weinheim

[2] IEEE 7000 – 2021, *Model Process for Addressing Ethical Concerns during System Design* (2021) IEEE Computer Society, Piscataway, New Jersey

[3] HEG-KI, *Ethics Guidelines for Trustworthy AI* (2018), Europäische Kommission, abgerufen unter *https://ec.europa.eu/futurium/en/ai-alliance-consultation.1.html* im Mai 2024

[4] Zur Unterstützung können z. B. der Standard IEEE 7000 – 2021 [2] oder die EU Ethics Guidelines for Trustworthy AI [3] genutzt werden.

2 Geopolitik der künstlichen Intelligenz

Veronica Cretu

Definitionen

- **Geopolitik gemäß der Encyclopædia Britannica**: „the study of how geography and economics have a influence on politics and on the relations between nations; the political and geographic parts of something."
- **Geopolitik gemäß dem Cambridge Dictionary**: „the study of the way a country's size, position, etc. influence its power and its relationships with other countries political activity as influenced by the physical features of a country or areas of the world.
- **OECD-Definition von KI-Systemen** (Stand März 2024): „An AI system is a machine-based system that, for explicit or implicit objectives, infers, from the input it receives, how to generate outputs such as predictions, content, recommendations, or decisions that can influence physical or virtual environments. Different AI systems vary in their levels of autonomy and adaptiveness after deployment."

Unter Berücksichtigung der oben genannten Definitionen kann die *Geopolitik von KI* wie folgt definiert werden:

Die Geopolitik von KI untersucht, wie Systeme der künstlichen Intelligenz – d. h. maschinenbasierte Einheiten, die in der Lage sind, Vorhersagen, Inhalte, Empfehlungen oder Entscheidungen zu generieren, die sich sowohl auf physische als auch auf virtuelle Umgebungen auswirken – den Einfluss, die wirtschaftlichen Strategien und die Beziehungen zwischen Nationen über die traditionellen geografischen und wirtschaftlichen Faktoren hinaus verändern.

Die Geopolitik von KI untersucht daher, wie sich die Eigenschaften, Fähigkeiten und der Einsatz von KI-Technologien auf die globale Machtdynamik auswirken, die strategische Positionierung von Ländern, die internationale Zusammenarbeit und den

Wettbewerb beeinflussen. Sie umfasst die Rolle der KI bei der Verbesserung oder Herausforderung des wirtschaftlichen und militärischen Status von Nationen, bei der Gestaltung politischer Entscheidungen und bei der Neudefinition der geopolitischen Landschaft in einer Welt, in der die technologische Vorherrschaft zunehmend die nationale Souveränität und die internationalen Beziehungen bestimmt. Sie spiegelt die Fähigkeit einer Nation wider, in der Technologie führend oder innovativ zu sein, insbesondere in Bereichen wie künstliche Intelligenz (KI), Cybersicherheit und digitale Infrastruktur, und verdeutlicht damit ihre Macht, ihren Einfluss und ihre Autorität sowie ihre strategische Autonomie [8][1] auf der globalen Bühne.

2.1 Entstehende Landschaft von KI-Vorschriften

In den letzten Jahren hat sich die Welt in einen Wettlauf um KI gestürzt, der von einer Mischung aus Hoffnungen auf wirtschaftliche Vorteile, Sicherheitsverbesserungen, technologische Durchbrüche, ethischen Fortschritt und bessere Gesellschaften angetrieben wurde und nach wie vor wird.

Regierungen rund um den Globus haben erkannt, dass eine Führungsrolle im Bereich der KI ihnen entscheidende strategische Vorteile verschaffen kann, und investieren daher massiv, um ihre Position als Vorreiter dieser transformativen, technologischen Revolution zu sichern. Die KI-Landschaft ist jedoch nach wie vor bemerkenswert vielfältig und spiegelt den unterschiedlichen Reifegrad der Regierungsansätze und -strategien auf der ganzen Welt wider – von Regierungen mit robusten, zukunftsorientierten KI-Strategien bis hin zu jenen, die das Potenzial der KI noch nicht richtig erkannt haben, ist die ganze Spannbreite vertreten.

Stanford's Artificial Intelligence Report 2023 [3], eine Untersuchung von Gesetzgebungsdokumenten aus 127 Ländern, zeigt einen deutlichen Anstieg bei der Verabschiedung von Gesetzen, in denen „künstliche Intelligenz" erwähnt wird, und zwar steigend von einem einzigen Gesetzentwurf im Jahr 2016 auf 37 im Jahr 2022. Ebenso zeigt eine Untersuchung der parlamentarischen Diskussionen über KI in 81 Ländern, dass die Verweise auf KI in der Gesetzgebung seit 2016 um das 6,5-Fache gestiegen sind.

---

[1] Das Konzept der strategischen Autonomie, wie es von Josep Borrell, dem Hohen Vertreter der EU für Außen- und Sicherheitspolitik und Vizepräsidenten der Europäischen Kommission, formuliert wurde, unterstreicht seine langjährige Anwendung im militärischen Bereich, der historisch gesehen auf Fragen der europäischen Sicherheit und Verteidigung beschränkt ist. Borrell bezeichnet die strategische Autonomie als einen kritischen „Prozess des politischen Überlebens" für die Europäische Union und plädiert dafür, die ihr zugrunde liegende Logik auf eine breitere Palette von Sektoren auszudehnen, die über den traditionellen militärischen Bereich hinausgehen, wie z. B. die technologische und digitale Entwicklung und die Datenverwaltung. *https://carnegieeurope.eu/2021/08/12/eu-s-rise-as-defense-technological-power-from-strategic-autonomy-to-technological-sovereignty-pub-85134*

Bild 2.1 Anzahl von Vorschriften in Zusammenhang mit KI pro Land

Aus den Untersuchungsergebnissen des KI-Index geht hervor, dass die Gesetzgebungstrends des Jahres 2022 dem weltweiten Trend zur verantwortungsvollen und ethischen Integration von KI in den gesellschaftlichen Rahmen folgen. Die Länder entwickeln Gesetze, die nicht nur den Fortschritt der künstlichen Intelligenz fördern, sondern auch darauf abzielen, ihre Risiken zu mindern, die Sicherheit zu gewährleisten und einen gerecht verteilten Nutzen für die gesamte Gesellschaft zu fördern.

- Die Bedeutung und die Auswirkungen der künstlichen Intelligenz auf verschiedene Bereiche der Gesellschaft – von der Kreativwirtschaft bis hin zur nationalen Sicherheit – werden klar erkannt. Die Länder bemühen sich aktiv um die Schaffung eines Rechtsrahmens, der nicht nur die Entwicklung der KI fördert, sondern sich auch mit ihren potenziellen Risiken und Auswirkungen befasst. Mit dem Erlass von Gesetzen und Bestimmungen werden die Herausforderungen und Chancen einer sich rasch entwickelnden KI-Revolution angegangen.
- Die Länder unternehmen erhebliche Anstrengungen, um ihre rechtlichen Rahmenbedingungen als Reaktion auf die rasche Entwicklung der KI und ihre Auswirkungen auf die Gesellschaft zu modernisieren.
- Die Gesetzgebung spiegelt ein breites Spektrum von KI-Anwendungen wider, von der Förderung der Kreativwirtschaft und des Bildungswesens bis hin zur Gewährleistung der nationalen Sicherheit und der Förderung einer fairen und diskriminierungsfreien Entscheidungsfindung in der öffentlichen Verwaltung.
- Mehrere Länder sind dabei, Bestimmungen zum Schutz vor dem Missbrauch von KI einzuführen, wobei der Schwerpunkt auf Sicherheit, Ethik und der Minimierung von Vorurteilen bzw. Bias liegt.

- Mit der Einführung von Schulungsprogrammen wird der Notwendigkeit Rechnung getragen, Arbeitskräfte auf die KI-getriebene Zukunft vorzubereiten und zu schulen.

Der Globale KI-Index [17] ist eine weitere umfassende Metrik, die den Stand der künstlichen Intelligenz in 62 Ländern bewertet. Er umfasst 111 Indikatoren, die aus 28 öffentlichen und privaten Datenquellen sowie aus Informationen von 62 Regierungen stammen und sieben Untersäulen abdecken: Talent bzw. Fähigkeiten, Infrastruktur, Betriebsumfeld, Forschung, Entwicklung, Regierungsstrategie und kommerzielle Sektoren.

	Overall	Talent	Infrastructure	Operating Environment	Research	Development	Government Strategy	Commercial	Scale	Intensity
United States	10...	100.0	100.0	82.8	100.0	100.0	90.3	100.0	10...	60.5
China	61.5	30.0	92.1	99.7	54.7	80.6	93.5	43.1	67.8	39.3
Singapore	49.7	56.9	82.8	85.7	48.8	24.4	81.8	26.2	28.1	10...
United Kingdom	41.8	53.8	61.8	79.5	38.1	19.8	89.2	20.0	34.6	52.8
Canada	40.3	46.0	62.1	93.1	34.0	18.9	93.4	18.9	31.9	56.9
South Korea	40.3	35.1	74.4	91.4	24.3	60.9	91.9	8.3	31.3	57.3
Israel	40.0	45.5	60.5	85.1	24.8	22.2	31.8	40.5	23.5	76.1
Germany	39.2	57.0	68.2	90.7	29.3	19.5	93.9	10.3	34.7	46.4
Switzerland	37.7	44.5	68.0	81.9	41.3	24.9	9.0	13.3	23.5	71.6
Finland	34.9	34.5	73.0	97.7	27.4	13.1	82.7	9.5	24.2	62.0
Netherlands	34.5	45.2	65.7	90.3	27.1	15.7	71.8	7.9	25.5	55.5
Japan	33.9	38.0	80.8	92.4	18.6	22.2	80.3	6.8	32.2	36.4
France	32.8	41.5	68.9	84.2	21.4	8.9	87.3	10.8	29.5	39.7
India	31.4	86.2	34.7	91.1	12.0	7.6	56.0	8.9	33.7	20.0
Australia	30.9	34.2	54.3	53.8	34.4	11.7	83.3	7.0	23.6	47.5
Denmark	30.5	30.6	67.5	100.0	19.4	8.8	75.0	8.3	23.3	50.9
Sweden	30.3	33.7	62.2	99.9	22.4	11.4	47.0	8.6	22.5	50.1
Luxembourg	29.2	24.0	74.9	90.4	19.4	7.5	66.8	8.8	19.0	53.1
Ireland	28.8	31.8	60.8	88.0	13.6	19.2	71.7	8.6	20.1	49.6
Spain	27.7	31.5	65.2	80.2	14.5	4.3	93.4	4.7	24.6	34.5
Austria	27.7	27.6	57.0	94.7	21.3	7.4	63.1	5.8	21.7	44.0
Belgium	26.6	27.4	55.3	84.8	21.9	5.1	57.0	6.6	21.6	41.4

Bild 2.2 Länder mit den meisten Punkten im Global AI Index

Die Daten aus diesem Index zeigen Folgendes deutlich:

- Die Vereinigten Staaten führen die globale KI-Landschaft mit optimalen Werten in den Bereichen Fähigkeiten bzw. Talent und Entwicklung an, was ihr robustes KI-Ökosystem widerspiegelt, das von führenden Universitäten und Technologieunternehmen unterstützt wird.

- China zeigt insgesamt eine starke Leistung, insbesondere in den Bereichen Infrastruktur und Regierungsstrategie, was auf die erheblichen staatlichen Investitionen und die strategische Priorisierung von KI zurückzuführen ist.
- Obwohl es sich um ein kleines Land handelt, belegt Singapur einen Spitzenplatz mit guten Ergebnissen in den Bereichen Infrastruktur und Betriebsumfeld, was auf günstige Bedingungen für das KI-Wachstum hinweist.
- Die europäischen Länder weisen unterschiedliche Stärken auf. Länder wie Finnland zeichnen sich durch eine hervorragende Infrastruktur aus, was auf eine solide Grundlage für KI-Technologien hindeutet, während andere wie Deutschland eine starke Regierungsstrategie haben, die ihre nationalen KI-Agenden vorantreiben könnte.
- Indien sticht im Vergleich zu seinem Gesamtranking mit einem bemerkenswert hohen Fähigkeiten- bzw. Talentwert hervor.
- In der Säule Handel gibt es bemerkenswerte Unterschiede: Einige Länder wie die Vereinigten Staaten schneiden hervorragend ab, während andere trotz starker staatlicher Unterstützung und Fähigkeiten zurückbleiben, möglicherweise aufgrund unterschiedlicher industrieller Strategien oder Marktbedingungen.
- Der Index unterscheidet zwischen „Umfang" und „Intensität" der KI-Aktivitäten, wobei einige Länder bei der Intensität hoch punkten (wie Israel), auch wenn ihr Umfang nicht so groß ist, was auf eine konzentrierte und starke KI-Fähigkeit schließen lässt.
- Österreich zeigt eine solide Leistung im Bereich „Operatives Umfeld". Allerdings sind die Werte Österreichs in den Bereichen Fähigkeiten und Regierungsstrategie im Vergleich zum operativen Umfeld relativ niedrig.

Der Government AI Readiness Index 2023 [1] zeigt, dass die internationale Zusammenarbeit im Bereich der KI-Governance und -Ethik im Jahr 2023 ein deutliches Wachstum verzeichnet. Das Jahr war auch durch eine steigende Zahl von KI-Gipfeln und -Initiativen gekennzeichnet, die ein wachsendes globales Bewusstsein und konzertierte Aktionen zum Verständnis der gesellschaftlichen Auswirkungen von KI zeigen.

Zu den bemerkenswerten Ereignissen gehörten die Einleitung des Hiroshima AI-Prozesses auf dem G7-Gipfel im Mai [18] und der *britische KI-Sicherheitsgipfel* [4] im November 2023. Diese und andere Zusammenkünfte unterstrichen das globale Engagement für die Gestaltung der zukünftigen KI-Governance.

Eine Reihe von Vorschlägen für Richtlinien und Prinzipien für KI wurden gemacht, darunter die *International Guiding Principles for Advanced AI Systems* der G7 [11] und die *Bletchley-Erklärung des UK AI Safety Summit* [16]. Diese neuen Vorschläge gesellen sich zu einer Reihe etablierter Rahmenwerke und Empfehlungen, die auf eine ethische KI-Entwicklung abzielen, wie etwa die *KI-Prinzipien 2019 der OECD* [5], die UNESCO-Empfehlung zur Ethik der künstlichen Intelligenz von 2021 [15]. Die Rolle der UNESCO bei der Förderung der KI-Ethik durch Methoden wie die *„Readiness Assessment Methodology“ (RAM)* [19] und die *ethische Folgenabschätzung* [15] war von zentraler Bedeutung. Die UNESCO hat eine erste Gruppe von 50 Ländern, vor allem Entwicklungsländer, bei der Umsetzung dieser Methoden unterstützt. Diese Initiative, die der Ethik potenziell Vorrang vor der Entwicklung umfassender nationaler KI-Strategien einräumt, könnte die Art und Weise revolutionieren, wie Regierungen weltweit an KI herangehen, insbesondere was den öffentlichen Dienst betrifft.

Auch die regionalen Bemühungen im Bereich der künstlichen Intelligenz haben sich verstärkt. In Lateinamerika und der Karibik wurde die *Erklärung von Santiago* von zwanzig Ländern [13] im Jahr 2023 unterzeichnet, während die Länder des südlichen Afrikas 2022 in Namibia zusammenkamen, um sich auf die *Windhoek-Erklärung* [21] zu einigen, in der regionale Maßnahmen zur KI in den Bereichen Daten, Bildung und Governance betont werden.

Der Beginn des Jahres 2024 ist durch zwei wichtige Entwicklungen im Bereich der KI-Governance gekennzeichnet:

- Am 13. März 2024 genehmigte das Europäische Parlament [10] die Verordnung über künstliche Intelligenz, den ersten Rechtsrahmen für KI überhaupt, der die Risiken der KI adressiert und Europa in die Lage versetzt, weltweit eine führende Rolle zu übernehmen.
- Das *Rahmenübereinkommen über künstliche Intelligenz, Menschenrechte, Demokratie und Rechtsstaatlichkeit* [7] wurde am 14. März 2024 vom Europaratsausschuss für künstliche Intelligenz fertiggestellt. Der Textentwurf wird dem Ministerkomitee zur Annahme vorgelegt und zu einem späteren Zeitpunkt zur Unterzeichnung aufgelegt.

Mit der KI-Verordnung wird die Position der EU zwar durch die technologische Dominanz der USA und Chinas infrage gestellt, doch ist sie aufgrund ihres regulatorischen Einflusses von zentraler Bedeutung.

2.2 Das Rennen um die KI-Regulierung – die großen Drei

Derzeit liefern sich die EU, die USA und China einen Wettlauf um die Regulierung von KI, wobei jedoch jedes Land andere Ziele verfolgt [Scarre, P und Chilukiri, V [20]].

- Die KI-Verordnung der EU verfolgt eine umfassende, „risikobasierte“ Strategie, die sich auf die Minimierung sozialer Schäden konzentriert, wie z. B. die Diskriminierung bei KI-gesteuerten Einstellungsverfahren. Dieser Ansatz zielt darauf ab, die mit KI-Technologien verbundenen Risiken durch detaillierte Regulierung zu mindern, wobei der Schutz gesellschaftlicher Werte und der Menschenrechte im Vordergrund steht.

- Chinas Ansatz zur Regulierung von KI konzentriert sich auf die Stärkung der staatlichen Kontrolle über Informationen. Die Vorschriften sollen die staatliche Autorität durchsetzen und sicherstellen, dass die KI-Entwicklung mit den staatlichen Interessen und Sicherheitsbelangen in Einklang steht, anstatt in erster Linie die Innovation im KI-Sektor zu fördern.
- Die USA sind noch dabei, ihre Haltung zu KI-Governance zu definieren. Die KI-Durchführungsverordnung der Biden-Regierung ist zwar ein wichtiger erster Schritt, eine umfassende Regulierung erfordert jedoch gesetzgeberische Maßnahmen. Die USA streben einen Rechtsrahmen an, der ein Gleichgewicht zwischen der Notwendigkeit eines offenen und wettbewerbsfähigen KI-Ökosystems, der Sicherheit und der Kontrolle schädlicher KI-Technologien herstellt und gleichzeitig die technologische Führungsrolle beibehält und der strategischen Herausforderung durch China begegnet.

Tabelle 2.1 Übersicht über die KI-Regulierungswerke in EU, USA und China

Weltweit führend in der KI-Governance	Ansatz für KI-Governance
Europäische Union (EU)	Der EU-Ansatz für die KI-Governance ist umfassend und umsichtig und stützt sich auf mehrere Interessengruppen. Er zielt darauf ab, den technologischen Fortschritt mit ethischen Erwägungen und dem Vertrauen der Öffentlichkeit in Einklang zu bringen. Der Ansatz der EU umfasst die Konsultation und Einbeziehung eines breiten Spektrums von Akteuren, darunter KI-Entwickler und KI-Entwicklerinnen, Nutzer und Nutzerinnen, Behörden, Wissenschaftlerinnen und Wissenschaftler und die Zivilgesellschaft, um sicherzustellen, dass die KI-Verordnung und andere KI-Maßnahmen umfassend sind und die Anliegen aller Beteiligten berücksichtigen. Dieser kooperative Ansatz spiegelt die vielfältigen Interessen und Werte der europäischen Bürgerinnen und Bürger wider. Die Europäische Union ist entschlossen, mit der KI-Verordnung einen weltweiten Maßstab zu setzen, der ihr Potenzial widerspiegelt, bei der Schaffung internationaler Standards führend zu sein. Im Wettbewerb um die technologische Führungsrolle ist Europa jedoch mit der starken Konkurrenz der Technologiegiganten aus den USA und China konfrontiert. Das Bekenntnis der EU zur technologischen Souveränität wird daher durch die Notwendigkeit größerer Investitionen und das Fehlen eines europäischen Gegenstücks zum „Silicon Valley", das große Technologieunternehmen beherbergt, infrage gestellt. „Das Streben der EU nach einheimischen KI-Innovationen unterstreicht die entscheidende Bedeutung von KI für die Stärkung der europäischen technologischen Souveränität und die Verringerung strategischer Abhängigkeiten." (Carnegie Europe, März 2024)

Tabelle 2.1 Übersicht über die KI-Regulierungswerke in EU, USA und China *(Fortsetzung)*

Weltweit führend in der KI-Governance	Ansatz für KI-Governance
	Wichtige Bestimmungen der EU-KI-Verordnung: Zweck der KI-Verordnung ist es, „das Funktionieren des Binnenmarkts zu verbessern, indem ein einheitlicher Rechtsrahmen insbesondere für die Entwicklung, das Inverkehrbringen, die Inbetriebnahme und die Nutzung von Systemen der künstlichen Intelligenz in der Union im Einklang mit den Werten der Union geschaffen wird, um die Einführung einer auf den Menschen ausgerichteten und vertrauenswürdigen künstlichen Intelligenz zu fördern und gleichzeitig ein hohes Schutzniveau für die Gesundheit, die Sicherheit und die in der Charta verankerten Grundrechte, einschließlich der Demokratie und der Rechtsstaatlichkeit, zu gewährleisten, Schutz der Umwelt, gegen schädliche Auswirkungen von Systemen der künstlichen Intelligenz in der Union und zur Förderung der Innovation. Diese Verordnung gewährleistet den freien, grenzüberschreitenden Verkehr von KI-basierten Waren und Dienstleistungen und hindert die Mitgliedstaaten daran, die Entwicklung, Vermarktung und Nutzung von Systemen der künstlichen Intelligenz (KI-Systeme) zu beschränken, es sei denn, sie werden durch diese Verordnung ausdrücklich zugelassen“. „Die künstliche Intelligenz sollte eine Technologie sein, die den Menschen in den Mittelpunkt stellt. Sie sollte als Werkzeug für den Menschen dienen, mit dem letztlich das menschliche Wohlergehen gesteigert werden soll.“ Die KI-Verordnung der EU schlägt einen Regelungsrahmen vor, der KI-Systeme nach dem Grad ihres Risikos klassifiziert: ▪ Unannehmbare Risiken sind verboten (z. B. soziale Bewertungssysteme und manipulative KI). ▪ Der größte Teil des Textes befasst sich mit der Regulierung von KI-Systemen mit hohem Risiko. ▪ Ein kleinerer Teil befasst sich mit KI-Systemen mit begrenztem Risiko, für die Transparenzpflichten gelten: Entwicklerinnen und Entwickler sowie Betreiber müssen sicherstellen, dass die Endnutzer und -nutzerinnen wissen, dass sie mit KI interagieren (Chatbots und Deepfakes). ▪ Das geringste Risiko ist unreguliert (einschließlich der meisten KI-Anwendungen, die derzeit auf dem EU-Binnenmarkt erhältlich sind, wie z. B. Spam-Filter). Die meisten Verpflichtungen treffen die Anbieter (also insbesondere Entwickler) von KI-Systemen mit hohem Risiko. Nutzer sind natürliche oder juristische Personen, die ein KI-System beruflich einsetzen, nicht

Weltweit führend in der KI-Governance	Ansatz für KI-Governance
	aber betroffene Endnutzer und -nutzerinnen. Anbieter von KI-Modellen für allgemeine Zwecke müssen sich an bestimmte Dokumentations- und Transparenzstandards halten, insbesondere wenn ihre KI-Systeme als Systeme mit systemischen Risiken eingestuft werden.
	Die KI-Verordnung verbietet in Artikel 5 bestimmte Arten von KI-Systemen: ▪ KI, die das Verhalten durch unterschwellige Techniken manipuliert oder Schwachstellen ausnutzt und dadurch erheblichen Schaden verursacht. ▪ Systeme, die Personen auf der Grundlage sensibler Attribute klassifizieren, ohne angemessenen Kontext oder dass Strafverfolgungsbehörden eine entsprechende Kategorisierung vornehmen. ▪ Praktiken der sozialen Bewertung, die negative Folgen für den Einzelnen haben („Social Scoring"). ▪ KI, die kriminelles Verhalten allein auf der Grundlage von Profilen vorhersagt, ohne konkrete, faktische Verbindungen zu tatsächlichen kriminellen Aktivitäten. ▪ Die nicht gezielte Sammlung von Gesichtserkennungsdaten für Datenbanken. ▪ KI, die Emotionen in Arbeits- oder Bildungsumgebungen ableitet, mit Ausnahme von medizinischen oder Sicherheitsanwendungen. ▪ Biometrische Identifizierung aus der Ferne in Echtzeit („RBI", Remote Biometric Identification) durch Strafverfolgungsbehörden im öffentlichen Raum, mit engen Ausnahmen für dringende Angelegenheiten wie die Suche nach vermissten Personen oder die Verhinderung unmittelbarer Bedrohungen, einschließlich schwerer Verbrechen. Das Gesetz schreibt ein strenges Verfahren für die Bewertung und Genehmigung risikoreicher KI-Anwendungen vor, insbesondere für solche, die in der Strafverfolgung und der öffentlichen Überwachung eingesetzt werden. Diese Systeme müssen einer Grundrechts-Folgenabschätzung unterzogen werden und vor ihrem Einsatz die erforderlichen Genehmigungen erhalten, um sicherzustellen, dass ihre Anwendung sowohl rechtmäßig als auch ethisch einwandfrei ist. Die Verordnung legt großen Wert auf den Schutz der Grundrechte des Einzelnen und die Wahrung der Transparenz bei der Nutzung von KI-Systemen. Dazu gehören eine klare Kommunikation mit der Öffentlichkeit über den Einsatz potenziell eingreifender Technologien wie der biometrischen Identifizierung in Echtzeit und die Gewährleistung, dass KI-Systeme keine Vorurteile aufrechterhalten oder die Privatsphäre sowie andere Grundrechte und Grundfreiheiten verletzen.

Tabelle 2.1 Übersicht über die KI-Regulierungswerke in EU, USA und China *(Fortsetzung)*

Weltweit führend in der KI-Governance	Ansatz für KI-Governance
Vereinigte Staaten von Amerika	Die Vereinigten Staaten behaupten sich, indem sie weltweit die höchsten privaten Gesamtinvestitionen in diesem Bereich tätigen. Im Jahr 2022 werden die USA 47,4 Mrd. USD an KI-Investitionen bereitstellen, das ist etwa 3,5-mal so viel wie China, das den nächsthöchsten Investitionsbeitrag leistet. In den Vereinigten Staaten gibt es auch die meisten neu gegründeten KI-Unternehmen, die die Gesamtzahl der Unternehmen in der EU und im Vereinigten Königreich um fast das Doppelte und China mit 3,4-mal so vielen Unternehmen übersteigen [9]. Im Oktober 2023 erließ Präsident Biden eine Durchführungsverordnung [12], die darauf abzielt, die Vereinigten Staaten zu einem führenden Land im Bereich der künstlichen Intelligenz (KI) zu machen und gleichzeitig deren Risiken zu beherrschen. Diese Durchführungsverordnung setzt neue Standards für die Sicherheit von KI, betont den Schutz der Privatsphäre, die Förderung von Gleichberechtigung und Bürgerrechten, den Schutz von Verbrauchern, Verbraucherinnen, Arbeitnehmerinnen und Arbeitnehmern, die Förderung von Innovation und Wettbewerb und die Stärkung der amerikanischen Führungsrolle auf globaler Ebene. Zu den Hauptzielvorgaben der Executive Order gehören: ▪ Die Entwickler und Entwicklerinnen der leistungsfähigsten KI-Systeme sollten verpflichtet werden, die Ergebnisse ihrer Sicherheitstests und andere wichtige Informationen mit der US-Regierung zu teilen. ▪ Das National Institute of Standards and Technology (NIST) wird strenge Standards für umfangreiche Tests festlegen, um die Sicherheit vor der öffentlichen Freigabe zu gewährleisten. ▪ Schutz vor den Risiken des Einsatzes von KI bei der Entwicklung gefährlicher biologischer Materialien durch die Entwicklung strenger neuer Standards für das Screening biologischer Synthesen. ▪ Schutz der Amerikanerinnen und Amerikaner vor KI-gestütztem Betrug und Täuschung, durch Festlegung von Standards und bewährte Verfahren zur Erkennung von KI-generierten Inhalten und zur Authentifizierung offizieller Inhalte. ▪ Auseinandersetzung mit dem Diskriminierungs- und Voreingenommenheitspotenzial von KI in verschiedenen Sektoren und Bereitstellung klarer Leitlinien zur Abschwächung dieser Risiken. ▪ Sicherstellung, dass KI den Verbrauchern nützt, ohne Schaden anzurichten, und Förderung einer positiven Veränderung des Gesundheits- und Bildungswesens durch KI.

Weltweit führend in der KI-Governance	Ansatz für KI-Governance
	▪ Betrachtung der Auswirkungen von KI auf Arbeitskräfte, Förderung der Berufsausbildung und der Entwicklung bewährter Verfahren zur Maximierung der Vorteile der KI für die Arbeitnehmerinnen und Arbeitnehmer. ▪ Ziel, Amerikas Führungsrolle bei der KI-Innovation durch die Unterstützung von Forschung und die Gewährleistung eines wettbewerbsfähigen KI-Ökosystems zu erhalten. ▪ Ausbau der internationalen Zusammenarbeit zur Förderung des sicheren und verantwortungsvollen Einsatzes von KI weltweit, um sicherzustellen, dass der Einsatz von KI mit Sicherheitsstandards und ethischen Erwägungen in Einklang steht. ▪ Bietet den Bundesbehörden Leitlinien für die Beschaffung und den Einsatz von KI, um sicherzustellen, dass der Einsatz von KI durch die Regierung sicher, ethisch vertretbar und effektiv ist. Diese Exekutivverordnung stellt einen umfassenden Ansatz für KI dar, der ein Gleichgewicht zwischen dem Bedarf an Innovation und der Notwendigkeit herstellt, die ethischen und sicherheitsrelevanten Herausforderungen, die durch KI-Technologien entstehen, zu bewältigen (siehe Abschnitt 9.2.2 für weitere Einzelheiten zur Exekutivverordnung).
China	China meldet für 2022 Investitionen in Höhe von 13,4 Milliarden Dollar in KI [9]. Auf der Grundlage des Papiers über KI-Governance in China [2]: Chinas Ansatz zur KI-Governance zeichnet sich dadurch aus, dass es ein ausgewogenes Verhältnis zwischen der Unterstützung der KI-Entwicklung und der behördlichen Kontrolle zur Abmilderung sozialer und wirtschaftlicher Gefahren anstrebt. Die chinesische Regierung hat ihre regulatorische Aufmerksamkeit für KI schrittweise erhöht und dabei einen gezielten Ansatz gewählt, der darauf abzielt, Innovationen nicht zu ersticken. Dieser Ansatz umfasst hohe Anforderungen an die Cybersicherheit und den Datenschutz, wobei die meisten Regulierungsdokumente in dieser Phase nicht verbindlich und experimentell sind. Es wird erwartet, dass mit der Zeit konkretere Anforderungen in künftige KI-Gesetze und Verordnungen auf Provinzebene aufgenommen werden, um die Rechtsvorschriften für alle Sektoren zu präzisieren. Das Papier beleuchtet die wichtigsten Phasen der KI-Regulierung in China: ▪ Jahre 2017 – 2020: Zunächst setzte China auf die Selbstregulierung der Industrie und auf strategische Möglichkeiten für KI, indem es grundlegende politische Maßnahmen einführte, ohne strenge regulatorische Barrieren aufzuerlegen.

Tabelle 2.1 Übersicht über die KI-Regulierungswerke in EU, USA und China *(Fortsetzung)*

Weltweit führend in der KI-Governance	Ansatz für KI-Governance
	▪ Jahre 2020 – 2022: In diesem Zeitraum wurden nationale Standards für KI-Technologien und Anwendungen des maschinellen Lernens formuliert, was eine Verlagerung hin zu einer direkten staatlichen Beteiligung an der KI-Governance widerspiegelt. ▪ Von 2022 bis heute: In letzter Zeit hat sich der Schwerpunkt auf den Erlass spezifischer, verbindlicher Vorschriften für einzelne Branchen und Technologien verlagert, angeführt von der chinesischen Cyberspace-Verwaltung („Cyberspace Administration of China", kurz CAC). Dieser Trend zu gezielteren und sektorspezifischen Regelungen dürfte sich mit der Schaffung eines KI-Gesetzes fortsetzen. Pilotstädte wie Shenzhen [14] und Shanghai [6] haben eine Vorreiterrolle beim Erlass von Vorschriften zur Förderung der KI-Entwicklung übernommen und auf lokaler Ebene Verwaltungsexperimente durchgeführt, um KI-Investitionen und die politische Zustimmung der Zentralregierung zu gewinnen. Hauptpfeiler der chinesischen KI-Governance: ▪ Inhaltsmoderation: Verwaltung von Online-Inhalten mit Schwerpunkt auf Rückverfolgbarkeit, Authentizität und Einschränkung von Informationen, die gegen geltende Vorschriften verstoßen. ▪ Datenschutz: wird im Rahmen der KI-Governance kurz angesprochen, wobei auf die Bestimmungen der bestehenden Datenschutzgesetze zurückgegriffen wird, um die Verarbeitung personenbezogener Daten in KI-Diensten abzudecken. ▪ „Algorithmic Governance": Gewährleistung von Sicherheit, Ethik und Klarheit von Algorithmen, mit besonderem Schwerpunkt auf Sicherheitsbewertungen, ethischen Standards und transparenter Leistungserbringung. Mit einem sich entwickelnden Rahmen, der darauf abzielt, die KI-Innovation zu unterstützen und gleichzeitig ihre potenziellen Risiken zu bewältigen, spiegelt Chinas Governance-Modell die staatliche Aufsicht und das Wachstum der Branche im breiteren Kontext der digitalen und Daten-Governance wider.
Vergleich EU vs. USA vs. China	Umfang: ▪ Der KI-Verordnung der EU ist ein umfassender Rechtsrahmen, der KI-Systeme auf der Grundlage ihrer Risikostufen einordnet und eine Reihe von Anforderungen für verschiedene Kategorien von KI-Anwendungen vorsieht. Er zielt darauf ab, die Risiken zu mindern, indem er KI-Systemen mit hohem Risiko strenge Verpflichtungen auferlegt, wobei der Schwerpunkt auf dem Schutz der Grundrechte und der Gewährleistung der Sicherheit liegt.

Weltweit führend in der KI-Governance	Ansatz für KI-Governance
	▪ Die Executive Order von Präsident Biden ist eine Verwaltungsanweisung, die den Ansatz der US-Regierung zur Förderung von KI-Innovationen bei gleichzeitiger Beherrschung ihrer Risiken umreißt. Sie betont die nationale Sicherheit, die wirtschaftliche Wettbewerbsfähigkeit, den Schutz der Privatsphäre, die Gleichberechtigung und die ethische Nutzung von KI und weist spezifische Maßnahmen in allen Bundesbehörden an. ▪ China fördert die staatliche Aufsicht und konzentriert sich dabei auf die Aufrechterhaltung der sozialen Ordnung, die wirtschaftliche Entwicklung und die Verbesserung der staatlichen Kontrolle über Informationen. Regulatorischer Ansatz: ▪ Die EU legt Wert auf einen präventiven, risikobasierten Regulierungsansatz, der versucht, potenzielle Schäden im Zusammenhang mit KI-Technologien vorbeugend zu adressieren, und sich dabei insbesondere auf soziale Risiken wie Diskriminierung konzentriert. ▪ Die in der Exekutivverordnung formulierte US-Strategie zielt auf die Förderung von Innovation und Wettbewerbsfähigkeit im KI-Sektor ab, wobei auch Sicherheits- und ethische Bedenken berücksichtigt werden. Sie schlägt einen flexibleren, anpassungsfähigen Rahmen vor, der sich mit den KI-Technologien weiterentwickeln soll. ▪ Chinas Ansatz umfasst sowohl unterstützende Maßnahmen für die KI-Entwicklung als auch aufsichtsrechtliche Regelungen zur Risikominderung, wobei der Schwerpunkt auf der Moderation von Inhalten, Datenschutz und der algorithmischen Steuerung liegt. Umsetzung und Durchsetzung: ▪ Die EU-KI-Verordnung ist so konzipiert, dass es in allen EU-Mitgliedstaaten direkt anwendbar ist und einheitliche Regeln und Pflichten für KI-Systeme festlegt, die von den nationalen Aufsichtsbehörden durchgesetzt werden. ▪ Die U. S. Executive Order weist Bundesbehörden an, Standards, Richtlinien und Maßnahmen zu entwickeln und umzusetzen, um die verantwortungsvolle Entwicklung und den Einsatz von KI sicherzustellen. Sie ruft zur Zusammenarbeit mit dem Kongress auf, um einen solideren Rechtsrahmen zu schaffen, der einen stärker dezentralisierten und sektorspezifischen Ansatz hervorhebt. ▪ China verwendet eine Mischung aus verbindlichen Vorschriften und unverbindlichen Standards, wobei die Provinzregierungen und die Selbstkontrolle der Industrie in der Anfangsphase eine wichtige Rolle spielen und mit der Zeit zu konkreteren und gezielteren Vorschriften übergehen.

Tabelle 2.1 Übersicht über die KI-Regulierungswerke in EU, USA und China *(Fortsetzung)*

Weltweit führend in der KI-Governance	Ansatz für KI-Governance
	Führungsqualitäten: ▪ Während sowohl die EU als auch die USA den globalen Charakter der KI-Herausforderungen und die Notwendigkeit einer internationalen Zusammenarbeit anerkennen, positioniert die KI-Verordnung der EU die EU als Standardsetzerin in der globalen KI-Governance und strebt danach, internationale Normen und Praktiken zu beeinflussen. ▪ Der Ansatz der USA konzentriert sich gemäß der Exekutivverordnung darauf, die Führungsrolle der USA bei der KI-Innovation zu erhalten und die sichere und ethische Nutzung von KI sowohl im Inland als auch international zu gewährleisten. Er unterstreicht die Rolle der USA bei der Gestaltung globaler Rahmenwerke und Standards durch bilaterale und multilaterale Verbindlichkeiten. ▪ China legt den Schwerpunkt auf die innerstaatliche Kontrolle und den strategischen Einsatz von KI für die nationale Entwicklung und das soziale Management, wobei es sich darauf konzentriert, sich seine eigenen Regeln für den Cyberspace festzulegen und sich gleichzeitig an der internationalen Zusammenarbeit zu beteiligen, um globale Standards und Normen zu beeinflussen.

Quellen

[1] 2023 Government AI Readiness Index

[2] AI Governance in China: Strategies, Initiatives, and Key Considerations. URL *https://www.twobirds.com/en/insights/2024/china/ai-governance-in-china-strategies-initiatives-and-key-considerations* – abgerufen am 31. 03. 2024

[3] AI Index Steering Committee, Institute for Human-Centered AI, Stanford University: The AI Index 2023 Annual Report. URL *https://aiindex.stanford.edu/wp-content/uploads/2023/04/HAI_AI-Index-Report_2023.pdf* – abgerufen am 31. 03. 2024

[4] AI Safety Summit 2023 – GOV.UK. URL *https://www.gov.uk/government/topical-events/ai-safety-summit-2023* – abgerufen am 31. 03. 2024

[5] AI-Principles Overview. URL *https://oecd.ai/en/principles* – abgerufen am 31. 03. 2024

[6] [Aktuelle Nachrichten] Der vollständige Text der „Shanghai-Vorschriften zur Förderung der Entwicklung der Industrie für künstliche Intelligenz" wurde angekündigt_Shanghai Enterprise Service Cloud. URL *https://www-ssme-sh-gov-cn.translate.goog/public/news!loadNewsDetail.do?id=2c91c28d83647d7001837da955a60a55&_x_tr_sl=auto&_x_tr_tl=de&_x_tr_hl=de&_x_tr_pto=wapp* – abgerufen am 31. 03. 2024

[7] Artificial Intelligence, Human Rights, Democracy and the Rule of Law Framework Convention – Artificial Intelligence – *www.coe.int*. URL *https://www.coe.int/en/web/artificial-intelligence/-/artificial-intelligence-human-rights-democracy-and-the-rule-of-law-framework-convention* – abgerufen am 31. 03. 2024 – Artificial Intelligence

[8] Csernatoni, Raluca: The EU's Rise as a Defense Technological Power: From Strategic Autonomy to Technological Sovereignty. URL *https://carnegieeurope.eu/2021/08/12/eu-s-rise-as-defense-technological-power-from-strategic-autonomy-to-technological-sovereignty-pub-85134* – abgerufen am 31. 03. 2024 – Carnegie Europe

[9] Csernatoni, Raluca: Charting the Geopolitics and European Governance of Artificial Intelligence. URL *https://carnegieeurope.eu/2024/03/06/charting-geopolitics-and-european-governance-of-artificial-intelligence-pub-91876 – abgerufen am* 31. 03. *2024-03-3*1 – Carnegie Europe

[10] EU Parliament IMCOLIBE: Draft Compromise Amendments on the Draft Report Artificial Intelligence Act.

[11] Hiroshima Process International Guiding Principles for Advanced AI system | Shaping Europe's digital future. URL *https://digital-strategy.ec.europa.eu/en/library/hiroshima-process-international-guiding-principles-advanced-ai-system* – abgerufen am 31. 03. 2024

[12] House, The White: FACT SHEET: President Biden Issues Executive Order on Safe, Secure, and Trustworthy Artificial Intelligence. URL *https://www.whitehouse.gov/briefing-room/statements-releases/2023/10/30/fact-sheet-president-biden-issues-executive-order-on-safe-secure-and-trustworthy-artificial-intelligence/* – abgerufen am 31. 03. 2024 – The White House

[13] InvestChile: Chile leads regional initiative on ethical Artificial Intelligence. URL *https://blog.investchile.gob.cl/chile-ethical-artificial-intelligence* – abgerufen am 31. 03. 2024

[14] Netzwerk des Volkskongresses von Shenzhen. URL *https://www-szrd-gov-cn.translate.goog/szrd_zlda/szrd_zlda_flfg/flfg_szfg/content/post_834707.html?_x_tr_sch=http&_x_tr_sl=auto&_x_tr_tl=de&_x_tr_hl=de&_x_tr_pto=wapp* – abgerufen am 31. 03. 2024

[15] Recommendation on the Ethics of Artificial Intelligence – UNESCO Digital Library. URL *https://unesdoc.unesco.org/ark:/48223/pf0000380455.:~:text=Member%20States%20should%20put%20in,or%20social%20inequalities%2C%20prejudice%2C%20the* – abgerufen am 31. 03. 2024

[16] The Bletchley Declaration by Countries Attending the AI Safety Summit, 1 – 2 November 2023. URL *https://www.gov.uk/government/publications/ai-safety-summit-2023-the-bletchley-declaration/the-bletchley-declaration-by-countries-attending-the-ai-safety-summit-1-2-november-2023* – abgerufen am 31. 03. 2024 – GOV.UK

[17] The Global AI Index. URL *https://www.tortoisemedia.com/intelligence/global-ai/* – abgerufen am 31. 03. 2024 – Tortoise

[18] The Hiroshima AI Process: Leading the Global Challenge to Shape Inclusive Governance for Generative AI. URL *https://www.japan.go.jp/kizuna/2024/02/hiroshima_ai_process.html* – abgerufen am 31. 03. 2024 – The Government of Japan – JapanGov

[19] Using the RAM as a tool to ensure trustworthy AI | UNESCO. URL *https://www.unesco.org/en/articles/using-ram-tool-ensure-trustworthy-ai* – abgerufen am 31. 03. 2024

[20] What an American Approach to AI Regulation Should Look Like. URL *https://time.com/6848922/ai-regulation/* – abgerufen am 31. 03. 2024 – TIME

[21] Windhoek Statement on Artificial Intelligence in Southern Africa, Windhoek (Namibia), 9 September 2022 – UNESCO Digital Library. URL *https://unesdoc.unesco.org/ark:/48223/pf0000383197* – abgerufen am 31. 03. 2024

3 KI-Verordnung: Rechte und Pflichten

Gabriele Bolek-Fügl, Veronica Cretu, Julia Fuith,
Merve Taner, Natascha Windholz, Carina Zehetmaier

Carina Zehetmaier

In der Ära der digitalen Revolution hat die künstliche Intelligenz ihren festen Platz als treibende Kraft hinter unzähligen Innovationen und Verbesserungen in verschiedenen Lebensbereichen eingenommen. Von der Optimierung industrieller Prozesse über die Personalisierung der Nutzer- und Nutzerinnenerfahrung in digitalen Medien bis hin zur Unterstützung in der medizinischen Diagnostik – die Fähigkeiten von KI-Systemen erscheinen grenzenlos. Doch mit dieser rasanten Entwicklung gehen auch bedeutende ethische und rechtliche Herausforderungen einher, insbesondere im Hinblick auf die Wahrung der Grundrechte.

Die KI-VO basiert grundlegend auf der Idee, Grundrechte zu schützen, die Sicherheit zu gewährleisten und Demokratie, Rechtsstaatlichkeit sowie die Umwelt zu schützen. Das Gesetz stellt das weltweit erste umfassende KI-Gesetz dar (siehe Kapitel 2 „Geopolitik") und zielt darauf ab, die potenziellen Vorteile der KI für die Gesellschaft zu nutzen, während gleichzeitig die Risiken, die mit bestimmten KI-Systemen verbunden sind, gemindert werden.

Der risikobasierte Ansatz zur Klassifizierung von KI-Systemen in verschiedene Kategorien stellt sicher, dass regulatorische Bemühungen auf KI-Anwendungen konzentriert werden, die erhebliche Auswirkungen auf die Sicherheit und die Grundrechte von Personen haben, wie sie durch die EU-Charta der Grundrechte geschützt sind. Die Verordnung führt hochriskante KI-Systeme auf, wobei die Verpflichtungen für Anbieter solcher Systeme detailliert werden, einschließlich der Notwendigkeit einer Konformitätsbewertung, bevor diese Systeme auf den Markt gebracht oder anderweitig in Betrieb genommen werden können.

Darüber hinaus verbietet die Verordnung bestimmte KI-Praktiken, die als inakzeptabel erachtet werden, weil sie den Werten der EU widersprechen, indem sie Grundrechte verletzen. Beispiele hierfür sind soziale Bewertungssysteme, die Ausnutzung von Schwachstellen durch unterschwellige Techniken und bestimmte Verwendungen der Echtzeit-Fernbiometrieerkennung.

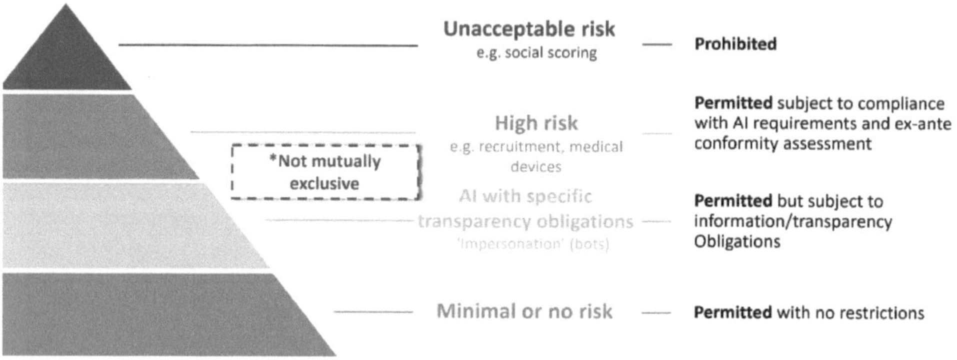

Bild 3.1 Ein risikobasierter Ansatz zur Regulierung
(Quelle: © Europäische Kommission)

Vorgaben zur Zusammenarbeit mit Behörden, die Neuetablierung von Behörden (insbesondere KI-Büro) und hohe Strafen runden das Bild ab.

3.1 Einführung zur KI-VO

Gabriele Bolek-Fügl

Grundsätzliches zur KI-VO

Die EU-Verordnung zur Regulierung von künstlicher Intelligenz, bekannt unter der Bezeichnung AI Act oder KI-Verordnung, trägt den vollständigen, offiziellen Titel „Verordnung (EU) 2024/1689 des Europäischen Parlaments und des Rates vom 13. Juni 2024 zur Festlegung harmonisierter Vorschriften für künstliche Intelligenz“ und wurde am 12. Juli 2024 im EU-Amtsblatt veröffentlicht. Die KI-VO gilt gem. Art. 113 KI-VO ab dem 2. August 2024, bestimmte Vorgaben treten jedoch erst später in Geltung.

Am 13. März 2024 hat das Europäische Parlament die KI-VO angenommen. Die Zustimmung des Rates der EU fand im Mai 2024 statt. Am 12. Juli 2024 wurde die Verordnung im Amtsblatt der EU veröffentlicht und trat 20 Tage danach, am 2. August 2024 in Kraft, um dann grundsätzlich zwei Jahre später angewendet zu werden (Art. 113 KI-VO und ErwG 179 KI-VO). Allerdings treten einige Bereiche zu anderen Fristen in Kraft, siehe dazu Absatz „Geltungsbeginn der KI-VO“.

Als Verordnung werden die Bestimmungen der KI-VO unmittelbar in allen EU-Mitgliedstaaten in allen ihren Teilen wirksam, ohne dass eine Überführung in nationales Recht erforderlich ist (Art. 113 KI-VO).

Geltungsbeginn der KI-VO

In ErwG 179 KI-VO wird weiter ausgeführt, dass „Angesichts des unannehmbaren Risikos, das mit der Nutzung von KI auf bestimmte Weise verbunden ist, sollten" einige Bestimmungen schon früher angewendet werden, wie die Regelungen über verbotene Systeme. Im Gegensatz dazu ist vorgesehen, dass die Vorschriften für die in Art. 6 Abs. 1 KI-VO gelisteten Hochrisikosysteme erst drei Jahre nach Inkrafttreten gelten.

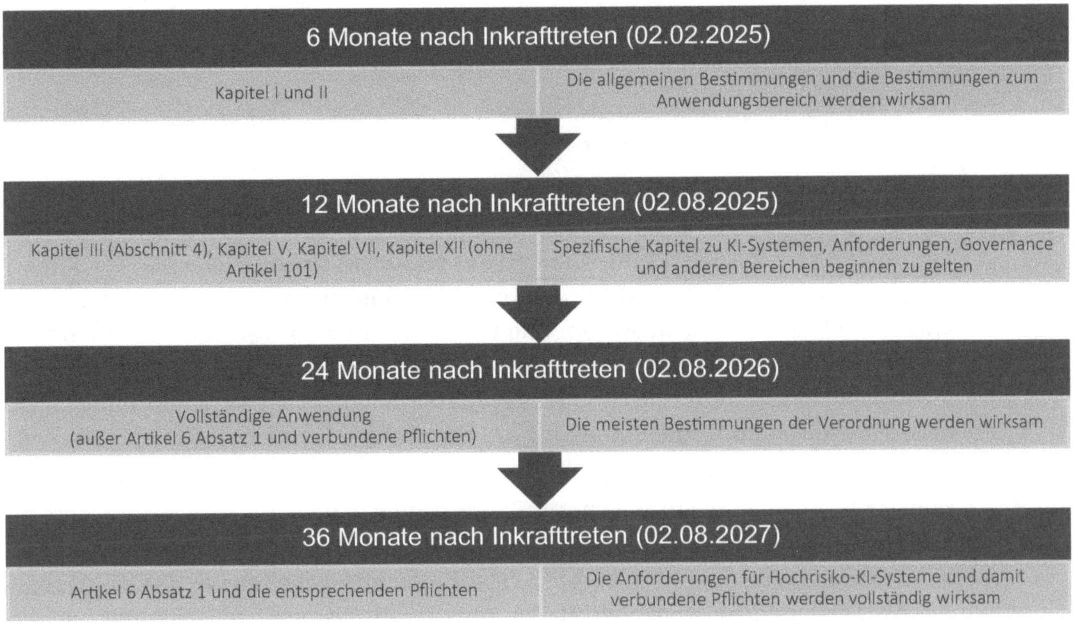

Die Übersicht verdeutlicht den abgestuften Zeitplan für das Inkrafttreten der verschiedenen Abschnitte der Verordnung. Dieser stufenweise Ansatz gibt allen Beteiligten, von KI-Entwicklern und KI-Entwicklerinnen und Anbietern bis hin zu Nutzerinnen und Nutzern, die Möglichkeit, sich auf die neuen Vorgaben vorzubereiten und sicherzustellen, dass ihre Systeme und Abläufe den neuen Anforderungen genügen. Die unterschiedlichen Zeitrahmen für das Inkrafttreten einzelner Kapitel spiegeln das Bestreben wider, eine Balance zwischen sofortigem Schutz der Bürgerinnen und Bürger und der Bereitstellung einer angemessenen Implementierungsfrist für die Unternehmen zu finden.

Ziele der KI-VO

Die EU-Verordnung zur künstlichen Intelligenz ist ein umfassendes Regelwerk, das darauf abzielt, die Entwicklung und Nutzung von KI-Systemen in Europa zu formen. Sie stellt einen entscheidenden Schritt dar, um sowohl Innovationen als auch Vertrauen in die Technologie zu fördern, indem es ein ausgewogenes Verhältnis zwischen dem Schutz des öffentlichen Interesses, Schutz der Sicherheit und Grundrechte und der Unterstützung des technologischen Fortschritts anstrebt.

Funktionieren des Binnenmarkts	Auf Menschen ausgerichtete und vertrauenswürdige KI	Hohes Schutzniveau vor schädlichen Auswirkungen	Innovation zu unterstützen
• einheitlicher Rechtsrahmen in allen Mitgliedstaaten • harmonisierter Binnenmarkt • grenzüberschreitender freier Warenverkehr	• Schutz persönlicher Daten • Gewährleistung der Sicherheit • Gewährleistung der Gesundheit • Schutz der Grundrechte • Kompetenzen aufbauen	• Schutz der Demokratie • Schutz der Rechtsstaatlichkeit • Grundrechte • Umweltschutz • Beschäftigung fördern	• die Entwicklung • das Inverkehrbringen • die Inbetriebnahme • die Verwendung von KI-Systemen • Unterstützung von KMUs und Start-ups

Bild 3.2 Ziele der EU-KI-VO

Ein wesentliches Ziel der EU-KI-VO ist es, das reibungslose Funktionieren des Binnenmarktes zu gewährleisten. Dies wird durch die Einführung einheitlicher Regeln für die Entwicklung, das Inverkehrbringen und die Nutzung von KI-Systemen innerhalb der Europäischen Union erreicht. Ein solcher harmonisierter Ansatz verhindert eine Fragmentierung des Marktes durch unterschiedliche nationale Gesetze und fördert eine kohärente Anwendung und Einhaltung der Vorschriften über Landesgrenzen hinweg.

Ein weiteres zentrales Element der Verordnung ist die Förderung einer menschenzentrierten und vertrauenswürdigen KI. Das bedeutet, dass die Entwicklung und der Einsatz von KI-Technologien im Einklang mit den grundlegenden Werten und Rechten stehen müssen, die in der Europäischen Union hochgehalten werden. Dazu gehören der Schutz der persönlichen Daten, die Gewährleistung der Sicherheit und Gesundheit der Bürgerinnen und Bürger sowie der Schutz der Demokratie und der Rechtsstaatlichkeit.

Art. 1 Abs. 1 KI-VO

Zweck dieser Verordnung ist es, das Funktionieren des Binnenmarkts zu verbessern und die Einführung einer auf den Menschen ausgerichteten und vertrauenswürdigen künstlichen Intelligenz (KI) zu fördern und gleichzeitig ein hohes Schutzniveau in Bezug auf Gesundheit, Sicherheit und die in der Charta der Grundrechte verankerten Grundrechte, einschließlich Demokratie, Rechtsstaatlichkeit und Umweltschutz, vor schädlichen Auswirkungen von Systemen der künstlichen Intelligenz (KI-Systeme) in der Union zu gewährleisten und die Innovation zu unterstützen.

Auch in ErwG 6 KI-VO wird gefordert, „dass KI eine menschenzentrierte Technologie ist. Sie sollte den Menschen als Instrument dienen und letztendlich das menschliche Wohlergehen verbessern“. Somit besteht die eindeutige Forderung der EU darin, künstliche Intelligenz als ein Werkzeug zu nutzen, um die Lebensqualität der Menschen zu steigern; sei es durch die Erleichterung von Arbeitsprozessen, die Verbesserung der Gesundheitsversorgung, die Steigerung der Effizienz in verschiedenen Sektoren oder durch die Unterstützung bei der Bewältigung globaler Herausforderungen wie dem Klimawandel oder Ressourcen- und Energieeffizienz (ErwG 4 KI-VO).

Anwendungsbereich der KI-VO

Artikel 2 der KI-VO definiert den Geltungsbereich der Verordnung und schließt im Wesentlichen alle KI-Systeme ein, die in der EU erstellt, vertrieben und betrieben oder auf Personen angewendet werden, die sich innerhalb der Union befinden (Art. 2 Abs. 1 lit g KI-VO).

Die nachstehende Übersicht verdeutlicht die Anwendungsbereiche der Verordnung sowie jene Bereiche, auf die es keine Anwendung findet:

Tabelle 3.1 Anwendungsbereich der EU KI-VO

Anwendungsbereich der KI-VO	Nicht im Anwendungsbereich
▪ Anbieter, die KI-Modelle mit allgemeinem Verwendungszweck in Verkehr bringen (Art. 2 Abs. 1 lit a KI-VO) ▪ Anbieter und Betreiber von KI-Systemen, unabhängig davon, ob sie ihren Sitz in der EU oder in einem Drittland haben, sofern die Systeme in der EU genutzt werden bzw. das Ergebnis in der EU verwendet wird (Art. 2 Abs. 1 lit a bis c KI-VO) ▪ Produkthersteller, die KI-Systeme zusammen mit ihrem Produkt unter ihrem eigenen Namen oder ihrer Handelsmarke in Verkehr bringen oder in Betrieb nehmen (Art. 2 Abs. 1lit e KI-VO) ▪ KI-Systeme, die in der EU in Verkehr gebracht, in Betrieb genommen oder verwendet werden. Dies gilt für die Anbieter, Betreiber, Einführer und Händler von KI-Systemen (Art. 2 Abs.1 KI-VO) ▪ Bevollmächtigte von Anbietern, die nicht in der EU niedergelassen sind (Art. 2 Abs. 1lit f KI-VO)	▪ KI-Systeme, die für persönliche, nichtkommerzielle Aktivitäten von Einzelpersonen genutzt werden (Art. 2 Abs.10 KI-VO) ▪ KI-Systeme, die in Bereichen eingesetzt werden, die nicht unter das Unionsrecht fallen (z. B. die nationale Sicherheit), sowie KI-Systeme, die ausschließlich zu militärischen Zwecken oder der nationalen Sicherheit entwickelt oder verwendet werden (Art. 2 Abs. 3 KI-VO) ▪ KI-Systeme, die für den alleinigen Zweck der Forschung und Entwicklung entwickelt und betrieben werden (Art. 2 Abs. 6 KI-VO) ▪ KI-Systeme für Forschungs-, Test- und Entwicklungstätigkeiten, bevor diese auf den Markt gebracht oder in Betrieb genommen werden, außer Tests unter realen Bedingungen (Art. 2 Abs. 8 KI-VO) ▪ Behörden in Drittländern und internationale Organisationen, sofern angemessene Garantien hinsichtlich des Schutzes von Personen bestehen (Art. 2 Abs. 4 KI-VO)

KI-Systeme, die bestimmte Risiken für die Gesundheit, Sicherheit oder Grundrechte der Bürgerinnen und Bürger darstellen, werden Hochrisiko-KI-Systeme bezeichnet.

Art. 2 Abs. 2 KI-VO präzisiert die Anwendungsbereiche und Ausnahmen für Hochrisiko-KI-Systeme, die in Verbindung mit Produkten stehen, welche unter spezifische Harmonisierungsrechtsvorschriften der Union fallen, wie sie in Anhang I Abschnitt B der Verordnung aufgeführt sind. Dieser Absatz stellt klar, dass für diese spezifischen Hochrisiko-KI-Systeme nur Art. 112 KI-VO (Bewertung und Überprüfung) des KI-Aktes gilt. Art. 57 KI-VO (KI-Reallabore) findet Anwendung, jedoch nur insofern, als die Anforderungen an Hochrisiko-KI-Systeme im Rahmen der genannten Harmonisierungsrechtsvorschriften der Union integriert wurden.

Diese Regelung spiegelt das Bestreben wider, Überschneidungen oder Konflikte zwischen der KI-VO und bestehenden, bereits harmonisierten Rechtsvorschriften der EU zu vermeiden. Es wird anerkannt, dass bestimmte Produkte, die KI-Technologie beinhalten oder als solche gelten, bereits durch andere EU-Richtlinien oder EU-Verordnungen reguliert sein können. Der spezifische Verweis auf Art. 112 KI-VO und die bedingte Anwendung von Art. 57 KI-VO sollen sicherstellen, dass die Einhaltung der Anforderungen für Hochrisiko-KI-Systeme in Einklang mit den bereits bestehenden harmonisierten Rechtsrahmen erfolgt, ohne dass es zu einer redundanten oder widersprüchlichen Regulierung kommt.

In ErwG 9 KI-VO werden weitere harmonisierte EU-Vorschriften genannt, die unberührt bleiben. Explizit sind es die „Bereiche Datenschutz, Verbraucherschutz, Grundrechte, Beschäftigung, Arbeitnehmerschutz und Produktsicherheit", „einschließlich des Gesundheitsschutzes und der Sicherheit am Arbeitsplatz sowie der Beziehungen zwischen Arbeitgebern und Arbeitnehmern".

Art. 2 Abs. 11 KI-VO verstärkt die Anliegen, indem er fordert, „Rechts- oder Verwaltungsvorschriften beizubehalten oder einzuführen, die für die Arbeitnehmer im Hinblick auf den Schutz ihrer Rechte bei der Verwendung von KI-Systemen durch die Arbeitgeber vorteilhafter sind".

In Art. 2 Abs. 12 KI-VO wird ausgeführt, dass KI-Systeme, die jedem frei zur Verfügung gestellt werden und deren Quellcode offen einsehbar und verwendbar ist (Open Source), nicht den Regeln der KI-VO unterliegen, mit Ausnahme der folgenden Fälle:

- Das Open-Source-KI-System wird als Hochrisiko eingestuft: Hochrisiko-KI-Systeme haben potenziell ernste Auswirkungen auf die Sicherheit, Gesundheit oder Grundrechte der Menschen. Wenn ein solches System, auch wenn es Open Source ist, in der EU vermarktet oder eingesetzt wird, muss es den strengen Anforderungen der KI-VO entsprechen.
- Das KI-System fällt unter Art. 5 KI-VO oder Art. 50 KI-VO: Beide Artikel behandeln bestimmte Arten von KI-Systemen und deren Verwendung, die aufgrund ihrer möglichen Auswirkungen besonders reguliert werden. Artikel 5 handelt verbotene Praktiken im KI-Bereich ab und Artikel 50 die Transparenzpflichten für Anbieter

und Betreiber bestimmter KI-Systeme. Wenn ein Open-Source-KI-System in diese Kategorien fällt, unterliegt es ebenfalls den Vorschriften des Gesetzes.

Grundsätzlich schließt die Verwendung einer Open-Source-Lizenz die Anwendbarkeit der KI-VO nicht aus. Entscheidend sind die Art des Systems und der Kontext seiner Verwendung, insbesondere wenn es Risiken für Personen birgt oder unter die speziellen Bestimmungen von Art. 5 KI-VO oder Art. 50 KI-VO fällt.

3.1.1 Definition von KI-Systemen

Die Definition von KI-System im Rahmen der KI-VO ist bewusst breit angelegt, um ein weites Spektrum an Technologien und Anwendungsformen abzudecken und um mit der Regulierung bei der schnellen technischen Entwicklung Schritt halten zu können. Das soll sicherstellen, dass die Verordnung anwendbar bleibt, auch wenn sich die Technologie weiterentwickelt.

Gemäß der KI-VO umfasst der Ausdruck **KI-System** ein maschinengestütztes System, das für einen in wechselndem Maße autonomen Betrieb ausgelegt sind, das nach seiner Einführung anpassungsfähig sein kann und das aus den erhaltenen Eingaben für explizite oder implizite Ziele ableitet, wie Ergebnisse wie etwa Vorhersagen, Inhalte, Empfehlungen oder Entscheidungen hervorgebracht werden, die physische oder virtuelle Umgebungen beeinflussen können (Art. 3 Z 1 KI-VO).

Diese Begriffsbestimmung ist konzeptionell umfassend und schließt sowohl aktuelle als auch zukünftige Entwicklungen der KI-Technologie ein. Sie fokussiert auf Systeme, die Daten verarbeiten und interpretieren können, um Aufgaben auszuführen, Entscheidungen zu treffen oder Inhalte zu generieren, die menschliches Arbeiten simulieren oder ersetzen.

Ein **KI-Modell mit allgemeinem Verwendungszweck** ist definiert in Art. 3 Z 63 KI-VO als ein KI-Modell, das so konzipiert ist, dass es vielfältige Aufgaben übernehmen kann, anstatt auf eine spezifische Funktion beschränkt zu sein. Diese Modelle sind besonders flexibel und können in unterschiedlichsten Bereichen eingesetzt werden. Einige Schlüsseleigenschaften sind:

- **Erhebliche allgemeine Verwendbarkeit:** Das Modell ist nicht auf eine spezifische Anwendung oder Aufgabe beschränkt, sondern kann für eine breite Palette von Aufgaben eingesetzt werden. Diese Flexibilität unterscheidet es von KI-Systemen, die für spezifische Zwecke entwickelt werden.
- **Fähigkeit zur kompetenten Aufgabenerfüllung:** Es kann verschiedenste Aufgaben effektiv erfüllen. Das bedeutet, dass es in vielen verschiedenen Bereichen oder Kontexten nützlich und wirksam sein kann.

- **Integration in nachgelagerte Systeme oder Anwendungen:** Es kann in eine Vielzahl unterschiedlicher Systeme oder Anwendungen eingebettet werden. Das macht es zu einer vielseitigen Komponente, die in verschiedenen Produkten oder Dienstleistungen zur Anwendung kommen kann.
- **Training mit großen Datenmengen unter umfassender Selbstüberwachung:** Oft werden diese Modelle durch das Training mit umfangreichen Datenmengen entwickelt, wobei fortgeschrittene Techniken wie Selbstüberwachung zum Einsatz kommen können. Dies ermöglicht es dem Modell, aus einer großen Vielfalt von Informationen zu lernen und seine Fähigkeit zur Aufgabenerfüllung über verschiedene Domänen hinweg zu verbessern.
- **Ausnahme für Forschung und Entwicklung:** KI-Modelle, die ausschließlich für Forschungs- und Entwicklungszwecke oder für die Erstellung von Prototypen vor ihrer Markteinführung genutzt werden, fallen nicht unter diese Kategorie. Dies bedeutet, dass bestimmte Modelle, die noch in der Entwicklungsphase sind und für experimentelle oder Forschungszwecke eingesetzt werden, nicht als KI-Modelle mit allgemeinem Verwendungszweck angesehen werden.

Ein **KI-System mit allgemeinem Verwendungszweck** ist ein KI-System, das auf einem KI-Modell mit allgemeinem Verwendungszweck beruht und in der Lage ist, einer Vielzahl von Zwecken sowohl für die direkte Verwendung als auch für die Integration in andere KI-Systeme zu dienen (Art. 3 Z 66 KI-VO).

3.1.2 Rollen von natürlichen oder juristischen Personen

Die KI-VO definiert verschiedene Bezeichnungen für die Rollen, die durch eine natürliche oder juristische Person, Behörde, Einrichtung oder sonstige Stelle übernommen werden können. Unter dem Begriff **Akteur** werden diese zusammengefasst.

Die einzelnen Rollen in der KI-VO werden wie folgt bezeichnet:

Rolle	Bezeichnung	Pflichten
Anbieter (Art. 3 Z 3 KI-VO)	Entwickler bzw. Entwicklerinnen oder Auftraggeber der Entwicklung eines KI-Systems oder KI-Modells mit allgemeinem Verwendungszweck, der dieses unter seinem Namen oder seiner Marke in Verkehr bringt oder in Betrieb nimmt, sei es entgeltlich oder unentgeltlich.	Verantwortung für die Konformität des KI-Systems mit den Anforderungen der KI-VO, einschließlich der Durchführung einer Konformitätsbewertung, Bereitstellung der erforderlichen Dokumentation und Registrierung von Hochrisiko-KI-Systemen.

Rolle	Bezeichnung	Pflichten
Betreiber (Art. 3 Z 4 KI-VO)	Nutzer eines KI-Systems in eigener Verantwortung, außer bei persönlicher und nicht beruflicher Nutzung.	Sicherstellung der Einhaltung der Betriebsvorschriften des KI-Systems, insbesondere im Hinblick auf Transparenz- und Informationspflichten gegenüber den betroffenen Personen und die Einhaltung der Datenschutzvorschriften.
Bevollmächtigter (Art. 3 Z 5 KI-VO)	Eine von einem Anbieter schriftlich beauftragte Person, die in der EU ansässig ist und die Pflichten des Anbieters im Hinblick auf die Einhaltung der KI-VO übernimmt.	Übernahme der in der Verordnung festgelegten Pflichten im Namen des Anbieters, einschließlich der Gewährleistung der Konformität und der Durchführung erforderlicher Verfahren.
Einführer (Art. 3 Z 6 KI-VO)	Bringt ein KI-System, das unter dem Namen oder der Marke einer außerhalb der EU ansässigen Person steht, in der EU in Verkehr.	Stellt sicher, dass das in die EU eingeführte KI-System den Anforderungen der EU-KI-VO entspricht, bevor es auf dem Markt angeboten wird, einschließlich der Konformitätsbewertung und der Bereitstellung der erforderlichen Dokumentation.
Händler (Art. 3 Z 7 KI-VO)	Jede Person in der Lieferkette, die ein KI-System auf dem EU-Markt bereitstellt, mit Ausnahme des Anbieters oder Einführers.	Muss überprüfen, dass das KI-System mit den richtigen Kennzeichnungen versehen ist, die erforderlichen Dokumente vorliegen und der Anbieter des KI-Systems die EU-Anforderungen erfüllt hat.
Produkthersteller (Art. 2 Abs. 1 lit e KI-VO)	Bringt ein KI-System zusammen mit seinem Produkt unter ihrem eigenen Namen oder ihrer Handelsmarke in Verkehr oder in Betrieb.	Verantwortlich für die Sicherstellung, dass das Produkt, einschließlich des integrierten KI-Systems, vor dem Inverkehrbringen den geltenden EU-Sicherheits- und Konformitätsanforderungen entspricht.

Zudem bezeichnet der Begriff „nachgelagerter Anbieter“ einen Anbieter eines KI-Systems, einschließlich eines KI-Systems mit allgemeinem Verwendungszweck, das ein KI-Modell integriert, unabhängig davon, ob das Modell von ihm selbst bereitgestellt und vertikal integriert oder von einer anderen Einrichtung auf der Grundlage vertraglicher Beziehungen bereitgestellt wird (Art. 3 Z 68 KI-VO).

3.1.3 Phasen der Markteinführung

Die verschiedenen Phasen im Lebenszyklus eines KI-Systems umfassen nicht nur die Entwicklung und Nutzung von KI-Systemen, sondern vor allem auch deren Markteinführung. Die folgenden Phasen sind aus rechtlicher Sicht die Definitionen für die Einsatzphasen einer KI aus Art. 3 KI-VO:

Name der Phase	Erläuterung
Inverkehrbringen (Art. 3 Z 9 KI-VO)	Bezieht sich auf die erstmalige Bereitstellung eines KI-Systems oder eines KI-Modells mit allgemeinem Verwendungszweck auf dem Unionsmarkt. Es markiert den Zeitpunkt, ab dem ein neues Produkt zum ersten Mal kommerziell verfügbar gemacht wird.
Bereitstellung auf dem Markt (Art. 3 Z 10 KI-VO)	Bezeichnet die entgeltliche oder unentgeltliche Bereitstellung eines KI-Systems oder eines KI-Modells mit allgemeinem Verwendungszweck zum Vertrieb oder zur Verwendung auf dem Unionsmarkt im Rahmen einer Geschäftstätigkeit. Diese Phase umfasst die kommerzielle Distribution und Verfügbarkeit des Produkts.
Inbetriebnahme (Art. 3 Z 11 KI-VO)	Die Bereitstellung eines KI-Systems durch den Anbieter in der Union zum Erstgebrauch direkt an den Betreiber oder zum Eigengebrauch gemäß seiner Zweckbestimmung. Dies ist der Moment, in dem das KI-System tatsächlich aktiviert und für seinen beabsichtigten Zweck verwendet wird.
Rückruf eines KI-Systems (Art. 3 Z 16 KI-VO)	Jede Maßnahme, die auf die Rückgabe eines den Anbietern bereits zur Verfügung gestellten KI-Systems an den Betreiber oder dessen Außerbetriebsetzung oder Abschaltung abzielt.
Rücknahme eines KI-Systems (Art. 3 Z 17 KI-VO)	Jede Maßnahme, mit der verhindert werden soll, dass ein in der Lieferkette befindliches KI-System auf dem Markt bereitgestellt wird.

Die rechtlichen Definitionen der verschiedenen Phasen orientieren sich maßgeblich an der Anwendung im produktiven Einsatz der KI, da die Entwicklungs- und Testphase nicht Teil der Regulierung in der KI-VO ist. Wesentlich sind die Zeitpunkte der Übergänge von einer Phase in die andere, da sich diese auf die Verantwortlichkeit und Aufsichtspflichten auswirken.

Eine Ausnahme davon ist der **Test unter Realbedingungen**. Er ermöglicht den Entwicklerinnen und Entwicklern, wertvolle Einblicke in die praktische Anwendung und Effektivität ihres KI-Systems zu gewinnen, und hilft sicherzustellen, dass es den gesetzlichen Anforderungen entspricht, bevor es offiziell auf den Markt gebracht oder in Betrieb genommen wird. Dieser Testprozess zielt darauf ab, Daten und Erkenntnisse über die Funktionsweise des KI-Systems unter echten Bedingungen zu sammeln (Art. 3 Z 57 KI-VO).

3.1.4 Begriffe zur Nutzung von KI-Systemen

Nachfolgend sind die wesentlichen Begriffe angeführt und erläutert, die zentral für das Verständnis, die Nutzung und die Prozesse sind, die für die Entwicklung, Bewertung und Überwachung von KI-Systemen im Rahmen der KI-VO gelten. Sie bilden die Grundlage für ein robustes Sicherheits- und Qualitätsmanagement:

Nutzungsbezeichnung	Beschreibung
Zweckbestimmung (Art. 3 Z 12 KI-VO)	Dies bezieht sich auf die vom Anbieter festgelegte(n) Verwendung(en) oder Funktion(en) eines KI-Systems, wie sie in den Begleitunterlagen, Anleitungen oder Werbematerialien angegeben sind. Die Zweckbestimmung gibt vor, für welche Aufgaben oder unter welchen Bedingungen das KI-System konzipiert wurde.
Vernünftigerweise vorhersehbare Fehlanwendung (Art. 3 Z 13 KI-VO)	Ein Begriff, der Situationen beschreibt, in denen ein KI-System auf eine Weise verwendet wird, die vom Anbieter nicht beabsichtigt war, die sich aber aufgrund des Verhaltens von Endnutzerinnen und -nutzern oder einer vernünftigerweise vorhersehbaren Interaktion mit anderen Systemen ergeben können. Entwickler und Entwicklerinnen müssen also sowohl die Risiken, die sie kennen, als auch jene, die vernünftigerweise vorhersehbar sind, erkennen. Das umfasst die falsche Nutzung des KI-Systems, basierend darauf, wie Menschen normalerweise handeln. Dies beinhaltet Missbrauch oder unsachgemäße Verwendung des Systems, die zu Risiken oder Schäden führen könnten.
Konformitätsbewertung (Art. 3 Z 20 KI-VO)	Ein Verfahren, das sicherstellt, dass ein KI-System die in der Verordnung festgelegten Anforderungen erfüllt. Es beinhaltet die Überprüfung der technischen Dokumentation, die Prüfung der Sicherheits- und Risikomanagementprozesse und gegebenenfalls weitere Tests oder Inspektionen. Die Konformitätsbewertung kann intern oder extern durchgeführt werden.
Risikomanagement-System (Art. 9 Abs. 2 KI-VO)	Ein kontinuierlicher Prozess, der vom Anbieter eines KI-Systems eingerichtet wird, um Risiken, die mit der Verwendung des KI-Systems verbunden sind, kontinuierlich zu identifizieren, zu bewerten, zu mindern und zu überwachen. Dies beinhaltet Maßnahmen zur Vermeidung und Minderung von Risiken für die Gesundheit, Sicherheit und Grundrechte der Personen. „Risiko" ist die Kombination aus der Wahrscheinlichkeit des Auftretens eines Schadens und der Schwere dieses Schadens (Art. 3 Abs. 2 KI-VO).

Nutzungsbezeichnung	Beschreibung
Systemrisiko (Art. 3 Abs. 65 KI-VO)	Bezieht sich auf ein spezifisches Risiko, das mit den weitreichenden Fähigkeiten von allgemein verwendbaren KI-Modellen verbunden ist. Es entsteht durch deren potenzielle oder vorhersehbare negative Auswirkungen auf die öffentliche Gesundheit, Sicherheit, Grundrechte oder die Gesellschaft und kann erhebliche Folgen für den EU-Markt haben, indem es sich umfangreich entlang der Wertschöpfungskette ausbreitet.
Leistung eines KI-Systems (Art. 3 Z 18 KI-VO)	Bezieht sich auf die Fähigkeit eines KI-Systems, die festgelegten und erwarteten Aufgaben unter den vorgesehenen Betriebsbedingungen zu erfüllen. Die Leistung kann anhand verschiedener Kriterien wie Genauigkeit, Zuverlässigkeit, Robustheit und Effizienz gemessen werden. Die Bewertung der Leistung ist entscheidend, um sicherzustellen, dass das KI-System seine Zweckbestimmung erfüllt und keine unerwünschten Risiken birgt.
Wesentliche Veränderung (Art. 3 Z 23 KI-VO)	Eine wesentliche Änderung ist jede Modifikation eines KI-Systems nach dessen Inverkehrbringen oder Inbetriebnahme, die die Konformität mit den grundlegenden Anforderungen in Art. 8 ff. KI-VO, Anforderungen an Hochrisiko-KI-Systeme, beeinflussen könnte. Dazu gehören Änderungen an der Funktionsweise, der Einsatzumgebung oder in den Komponenten des Systems, die potenziell dessen Sicherheit, Leistung oder das Risikoprofil verändern. Wesentliche Änderungen erfordern eine erneute Bewertung der Konformität des KI-Systems.
CE-Kennzeichnung (Art. 3 Z 24 KI-VO)	Die CE-Kennzeichnung ist ein Zeichen, das darauf hinweist, dass ein Produkt, einschließlich eines KI-Systems, die geltenden EU-Vorschriften erfüllt und frei im Europäischen Wirtschaftsraum (EWR) vermarktet werden kann. Die Anbringung der CE-Kennzeichnung ist das Ergebnis eines Konformitätsbewertungsverfahrens, das bestätigt, dass das Produkt den EU-Sicherheits-, Gesundheits- und Umweltschutzanforderungen entspricht.
System zur Beobachtung nach dem Inverkehrbringen (Art. 3 Z 25 KI-VO)	Prozess oder Tätigkeit, der/die von Anbietern von KI-Systemen eingerichtet wird, um die Leistung und Sicherheit des KI-Systems kontinuierlich zu überwachen, nachdem es auf dem Markt eingeführt wurde. Dies umfasst die Erfassung und Analyse von Feedback der Nutzerinnen und Nutzer, die Überwachung von Vorfällen, die Identifizierung möglicher Sicherheitsprobleme und die Durchführung notwendiger Korrekturmaßnahmen. Das Ziel ist es, Risiken zu minimieren und sicherzustellen, dass das KI-System während seines gesamten Lebenszyklus sicher und wirksam bleibt.

3.1.5 Datenbezogene Bezeichnungen

Die KI-VO betont die Bedeutung von Transparenz und Nachvollziehbarkeit von KI-Systemen. Detaillierte Informationen über die verwendeten Daten helfen dabei, die Entscheidungen und Aktionen eines KI-Systems zu verstehen und nachzuvollziehen. Dies ist besonders wichtig für die Verantwortlichkeit und das Vertrauen in KI-Technologien.

Es ist daher essenziell, dass die Benennung der Daten präzise erfolgt, um stets über die korrekten Informationen zu sprechen. Für die Trainingsphase der KI werden daher folgende Bezeichnungen gemäß Art. 3 Z 29–32 KI-VO verwendet:

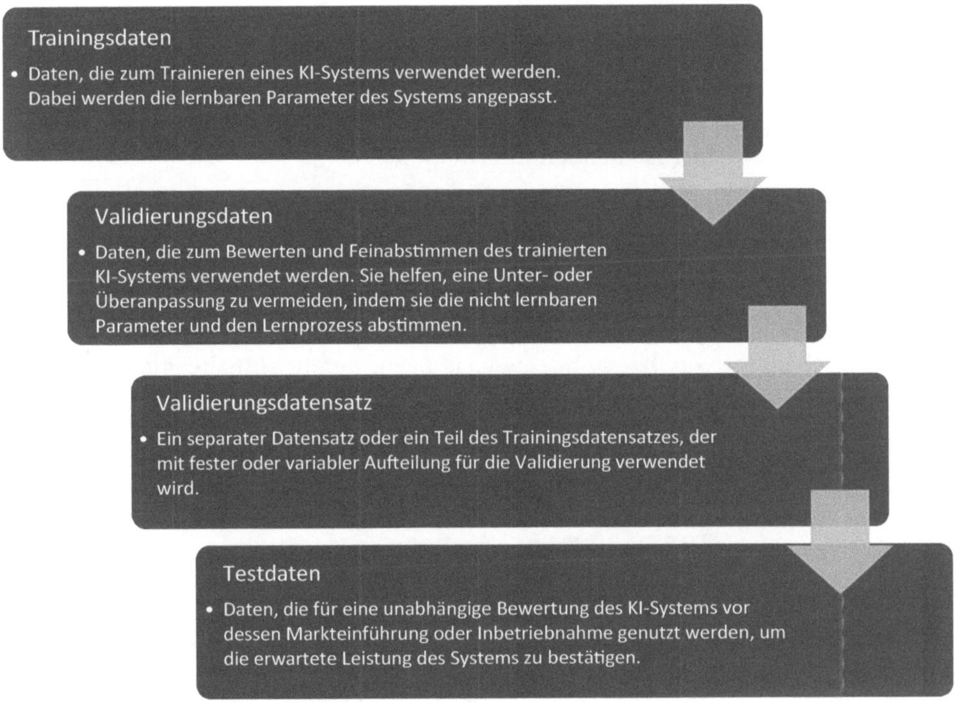

Bild 3.3 Bezeichnung der Daten für Trainings- und Testphase

Zugang zu hochwertigen Daten ist entscheidend, um die Funktionsfähigkeit und Sicherheit fortschrittlicher KI-Systeme zu gewährleisten, besonders wenn Modelle durch Daten trainiert werden. Dies ist notwendig, um zu garantieren, dass Hochrisiko-KI-Systeme ihren vorgesehenen Zweck erfüllen, sicher operieren und keine Diskriminierung verursachen, die gegen EU-Recht verstößt. Dazu sind qualitativ hochwertige Trainings-, Validierungs- und Testdatensätze unerlässlich, was wiederum effektive Daten-Governance- und Managementpraktiken voraussetzt. Diese Datensätze müssen in Bezug auf das Ziel des Systems nicht nur relevant und repräsentativ sein, sondern auch so fehlerfrei und vollständig wie möglich, einschließlich akkurater Kennzeichnungen (ErwG 67 KI-VO).

Für die Trainings-, Validierungs- und Testdatensätze von Hochrisiko-KI-Systemen sind spezifische Daten-Governance- und Datenmanagementverfahren unerlässlich, die genau auf den Zweck des Systems abgestimmt sind. Diese umfassen laut Art. 10 Abs. 2 KI-VO eine Reihe kritischer Schritte (Auswahl):

- die Auswahl und Begründung der zugrunde liegenden konzeptionellen Entscheidungen
- die Methoden der Datensammlung und -herkunft, einschließlich der Berücksichtigung des ursprünglichen Erfassungszwecks bei personenbezogenen Daten
- wichtige Datenaufbereitungsprozesse wie Anmerkungen, Kennzeichnung, Bereinigung, Aktualisierung, Erweiterung und Zusammenführung
- die Definition von Annahmen, insbesondere hinsichtlich der durch die Daten zu erfassenden und darzustellenden Informationen
- die Implementierung von Maßnahmen zur Identifizierung, Prävention und Milderung von erkannten Verzerrungen
- die Identifikation relevanter Datenlücken oder -mängel, die der Einhaltung der Vorschriften entgegenstehen, und Strategien zu deren Behebung

Eine Unterscheidung von Daten findet auch in Bezug auf ihre Inhalte und Zusammensetzung statt. Die folgende Tabelle enthält diesbezügliche Definitionen:

Begriff	Definition
Eingabedaten (Art. 3 Z 33 KI-VO)	Daten, die in ein KI-System eingespeist oder von diesem direkt erfasst werden und auf deren Grundlage das System ein Ergebnis generiert.
Biometrische Daten (Art. 3 Z 34 KI-VO)	Personenbezogene Daten, die physische, physiologische oder verhaltensbezogene Merkmale einer Person erfassen und mit speziellen technischen Verfahren gewonnen werden, z. B. Gesichtsbilder oder Fingerabdrücke.
Besondere Kategorien personenbezogener Daten (Art. 3 Z 37 KI-VO)	Kategorien personenbezogener Daten, die besonders sensible Informationen enthalten, wie in den EU-Datenschutzverordnungen festgelegt.
Personenbezogene Daten (Art. 3 Z 50 KI-VO)	Gemäß Art. 4 Nr. 1 DSGVO sind dies alle Informationen, die sich auf eine identifizierte oder identifizierbare natürliche Person („betroffene Person") beziehen.

Begriff	Definition
Nicht personenbezogene Daten (Art. 3 Z 51 KI-VO)	Daten, die keine personenbezogenen Daten im Sinne der DSGVO sind. Diese Daten beziehen sich nicht auf identifizierte oder identifizierbare natürliche Personen oder wurden so anonymisiert, dass die betroffene Person nicht oder nicht mehr identifiziert werden kann. Nicht personenbezogene Daten können frei verarbeitet und genutzt werden, solange dieser Prozess nicht gegen andere Gesetze verstößt oder die Anonymisierung aufhebt und Personen identifizierbar macht.
Sensible operative Daten (Art. 3 Z 38 KI-VO)	Operative Daten im Zusammenhang mit der Prävention, Aufdeckung, Untersuchung oder Verfolgung von Straftaten, deren Offenlegung die Integrität von Strafverfahren gefährden könnte.

Der Schutz sensibler und personenbezogener Daten ist von entscheidender Bedeutung, um die Privatsphäre, die Sicherheit und die Grundrechte der betroffenen Personen zu wahren. In einer Welt, in der Daten als das neue Öl gelten, können die Konsequenzen eines unzureichenden Schutzes der Daten für die betroffenen Personen gravierend sein. Von Identitätsdiebstahl über finanziellen Betrug bis hin zu unerwünschter Überwachung und Diskriminierung können die potenziellen Nachteile, die aus einem Missbrauch dieser Informationen entstehen können, reichen.

Darüber hinaus kann die unautorisierte Verwendung oder der Verlust personenbezogener Daten das Vertrauen in Technologien, Unternehmen und sogar in staatliche Institutionen erheblich untergraben.

Art. 3 Z 60 KI-VO

„Deepfake" bezeichnet Inhalte – sei es in Form von Bildern, Tonaufnahmen oder Videos –, die mittels künstlicher Intelligenz erzeugt oder manipuliert wurden. Diese Inhalte imitieren echte Personen, Objekte, Orte oder Ereignisse so überzeugend, dass sie einer unvorbereiteten Person als authentisch und wahrhaftig erscheinen könnten.

3.1.6 KI-Kompetenz

Es ist entscheidend, dass Entwickler und Entwicklerinnen („Anbieter") sowie Nutzer und Nutzerinnen („Betreiber") von KI-Systemen gewährleisten, dass ihre Teams und alle Personen, die in ihrem Auftrag mit diesen Systemen interagieren, über die erforderlichen Kompetenzen und Kenntnisse im Bereich der künstlichen Intelligenz verfügen (Art. 4 KI-VO). Dies beinhaltet technisches Verständnis, praktische Erfahrung sowie formelle Bildung und Fortbildungen. Dabei sollten folgende Schlüsselaspekte beachtet werden:

- **Technische Kenntnisse und Erfahrung:** Es ist wichtig, dass das Personal nicht nur grundlegendes Wissen über KI hat, sondern auch spezifische Erfahrungen mit den jeweiligen KI-Systemen sammeln kann.
- **Ausbildung und Schulung:** Mitarbeiter sollten durch Ausbildung und fortlaufende Schulungen auf dem neuesten Stand der Technik gehalten werden. Dies hilft sicherzustellen, dass sie die KI-Systeme effektiv und sicher nutzen können.
- **Kontext des Einsatzes:** Die spezifischen Bedingungen und der Rahmen, in dem die KI-Systeme genutzt werden sollen, müssen bei der Entwicklung von Kompetenzen berücksichtigt werden. Verschiedene Anwendungsbereiche können unterschiedliche Anforderungen und Herausforderungen mit sich bringen.
- **Zielgruppen:** Es ist auch wichtig, die Personen oder Gruppen zu berücksichtigen, für die oder an denen die KI-Systeme eingesetzt werden. Das Verständnis der Bedürfnisse und möglichen Risiken für diese Zielgruppen kann helfen, den Einsatz von KI-Systemen besser zu gestalten und anzupassen.

Es besteht die Notwendigkeit einer kompetenten Handhabung von KI-Systemen durch gut ausgebildetes Personal, um deren sichere und effektive Nutzung zu gewährleisten. Er unterstreicht auch, dass eine angemessene Schulung und Erfahrung essenziell sind, um die potenziellen Vorteile von KI-Technologien voll ausschöpfen und gleichzeitig Risiken minimieren zu können.

„KI-Kompetenz" umfasst gemäß Art. 3 Z 56 KI-VO die Fähigkeiten, die Kenntnisse und das Verständnis, die es Anbietern, Betreibern und Betroffenen unter Berücksichtigung ihrer jeweiligen Rechte und Pflichten im Rahmen dieser Verordnung ermöglichen, KI-Systeme sachkundig einzusetzen sowie sich der Chancen und Risiken von KI und möglicher Schäden, die sie verursachen kann, bewusst zu werden.

3.2 KI-Kompetenz für Anbieter

Veronica Cretu

Dieser Abschnitt bietet einen strukturierten Ansatz für KI-Kompetenz und betont die Notwendigkeit des kontinuierlichen Lernens und der Anpassung an die sich entwickelnde KI-Landschaft. Indem sie den vorgeschlagenen Rahmen befolgen, können Anbieter sicherstellen, dass ihre Mitarbeiter gut gerüstet sind, um mit KI-Technologien verantwortungsvoll und effektiv umzugehen. Darüber hinaus sind sie in der Lage, eine Kultur der ethischen KI-Nutzung zu fördern, Transparenz und Rechenschaftspflicht zu unterstützen und Innovationen innerhalb ihrer Organisationen voranzutreiben. Der Rahmen umreißt die wichtigsten Empfehlungen für die Verbesserung der digitalen Bereitschaft von Institutionen, die Verbesserung der digitalen Fähigkeiten von Mitarbeitern, die Förderung von Datenkompetenz, die Bereitstellung von KI-spezifischen Schulungen, die Förderung des kontinuierlichen Lernens, die Investition in die Entwicklung von Talenten, die Umsetzung von Strategien für das Änderungsmanagement und die Einrichtung von Praxisgemeinschaften. Diese Maßnahmen werden KI-Anbietern helfen, die Anforderungen der KI-VO zu erfüllen, robuste KI-Kompetenzen und einen verantwortungsvollen KI-Einsatz zu gewährleisten und letztlich zur Entwicklung einer besser informierten und ethisch aufmerksamen Belegschaft beizutragen.

3.2.1 Einführung

Die digitale Transformation, insbesondere durch den Einsatz von künstlicher Intelligenz (KI), ist sowohl für private als auch für öffentliche Organisationen zu einer Priorität geworden.

Regierungen nutzen die Technologie, um die Bedürfnisse der Bürger und Bürgerinnen besser zu verstehen und zu erfüllen. Damit dieser Wandel erfolgreich ist, ist ein umfassender und integrativer Ansatz erforderlich. Dies erfordert Veränderungen in den Führungsmodellen, Strukturen und Organisationen, um die neuen Herausforderungen und Chancen der digitalen Technologien zu bewältigen. Die Regierungen sind mit komplexen und unvorhersehbaren Herausforderungen konfrontiert, die den Druck auf den öffentlichen Sektor erhöhen.

Ein Bericht der Arbeitsgruppe zum Aufbau von KI-Kapazitäten [3] weist auf erhebliche Lücken in den **digitalen Kompetenzen** der Regierungen hin, insbesondere im globalen Süden. Das Scheitern von Projekten zur digitalen Transformation ist häufig auf eine unzureichende IT-Infrastruktur und politische Rahmenbedingungen sowie auf unzureichende digitale Kompetenzen und die Schwierigkeit, diese effektiv anzuwenden, zurückzuführen. Daher konzentrieren sich Regierungen weltweit auf die wesentlichen Kompetenzen – über Wissen, Fähigkeiten und Einstellungen hinaus –, die Beamte benötigen, um digitale Tools zu nutzen, digitale Transformationsprojekte zu entwickeln und umzusetzen und komplexe Governance-Themen effektiv anzugehen. Vielen öffentlichen Organisationen fehlt es an internem Fachwissen in den Bereichen KI und Datenanalyse, sodass sie sich bei KI-Projekten stark auf externe Berater und Organisationen verlassen. Diese Abhängigkeit ist teilweise auf die niedrigeren Gehälter im öffentlichen Sektor zurückzuführen, die es schwierig machen, Spitzenkräfte zu gewinnen und zu halten.

Außerdem muss der öffentliche Sektor beim Einsatz von KI **komplexe ethische und rechtliche Überlegungen** anstellen. Fragen wie Datenschutz, Voreingenommenheit und Rechenschaftspflicht sind von größter Bedeutung, was im Vergleich zum privaten Sektor, in dem solche Einschränkungen weniger ausgeprägt sind, eine weitere Schwierigkeit darstellt. Trotz dieser Herausforderungen wird im öffentlichen Sektor zunehmend erkannt, dass die KI-Kapazitäten ausgebaut werden müssen. Regierungen auf der ganzen Welt konzentrieren sich zunehmend auf den Aufbau der notwendigen digitalen Kompetenzen bei den Beamten, um KI effektiv nutzen zu können. Dazu gehört nicht nur der Erwerb technischer Fähigkeiten, sondern auch die Förderung einer Kultur, die den digitalen Wandel unterstützt.

Im Gegensatz dazu profitiert der **private Sektor** von höheren Gehältern und besseren Ressourcen, was Top-KI-Talente anlockt. Privatunternehmen haben Zugang zu einer fortschrittlichen Infrastruktur, einschließlich der für die KI-Entwicklung erforderlichen Hochleistungsrechnerressourcen. Die Kultur in Privatunternehmen ist oft auf schnelle Innovation und Risikobereitschaft ausgerichtet, sodass sie neue KI-Technologien schnell umsetzen und anpassen können. Die Mitarbeiter dieser Unternehmen verfügen in der Regel über umfassende Fähigkeiten, die sie in die Lage versetzen, anspruchsvolle KI-Systeme effektiv zu entwickeln, zu warten und zu betreiben. Nichtsdestotrotz ist der private Sektor mit der gleichen erheblichen **KI-Kompetenzlücke** konfrontiert wie der öffentliche Sektor. Basierend auf den Daten einer Umfrage, die 2023 von Access Partnership und Amazon Web Services (AWS) mit 3297 Mitarbeitern und 1340 Unternehmen in den USA durchgeführt wurde, haben 73 % der Arbeitgeber die Einstellung von KI-Fachkräften als Priorität, 75 % haben Schwierigkeiten, die benötigten Talente zu finden [11]. Die Nachfrage beschränkt sich nicht nur auf technische Fähigkeiten; auch kritisches und kreatives Denken wird hochgeschätzt. Leider ist die Mehrheit der Arbeitgeber und Arbeitnehmer unsicher, welche spezifischen KI-Kompetenzen sie anstreben sollen, und sie kennen die verfügbaren Schulungsprogramme nicht. Die gleiche Umfrage zeigt, dass bis 2028 mehr als 90 % der US-Unternehmen planen, KI-gestützte Lösungen in ihre Abläufe zu integrieren. Es wird davon ausgegangen, dass verschiedene Abteilungen von diesem Wandel profitieren werden, allen voran die IT-Abteilungen, gefolgt von Vertrieb, Marketing und Personalwesen. Zu den wichtigsten Vorteilen von KI gehören die Automatisierung von Aufgaben, die Verbesserung von Arbeitsabläufen, die Verbesserung der Kommunikation und die Unterstützung von Mitarbeitern beim Erlernen neuer Fähigkeiten.

Die Nachfrage nach KI-Fähigkeiten führt auch zu Veränderungen auf dem Arbeitsmarkt. Unternehmen sind bereit, Mitarbeiterinnen und Mitarbeitern mit KI-Kompetenz deutlich höhere Gehälter zu bieten, wobei IT-Mitarbeiter und IT-Mitarbeiterinnen potenziell 47 % mehr verdienen, so der AWS-Bericht. Dieser Trend erstreckt sich auch auf andere Abteilungen, was die breite Anwendbarkeit von KI-Fähigkeiten widerspiegelt. Nahezu 80 % der Arbeitnehmer und Arbeitnehmerinnen sind daran interessiert, KI-Fähigkeiten zu entwickeln, darunter auch ein erheblicher Anteil älterer Arbeitnehmer und Arbeitnehmerinnen, die einen Wert in der Weiterqualifizierung sehen. Es wird prognostiziert, dass KI die Produktivität grundlegend verbessern wird. 88 % der Arbeitnehmerinnen und Arbeitnehmer erwarten, dass sie KI bis 2028 täglich nutzen werden. Die Arbeitgeber und -geberinnen glauben, dass KI die Gesamtproduktivität um bis zu 49 % steigern könnte – ein bemerkenswerter Anstieg im Vergleich zu den jüngsten Produktivitätswachstumsraten.

Forschung aus dem Jahr 2023 von Coursera [7], an der 650 Führungskräfte aus den Bereichen L&D (**Learning & Development**) und HR (Human Resources) aus acht Ländern teilnahmen, zeigt eine deutliche Verschiebung hin zu mehr Investitionen in die Talententwicklung. Mehr als 95 % dieser Führungskräfte gaben an, dass die Budgets für L&D erhöht wurden, wobei 51 % der Führungskräfte L&D als strategische Geschäftsfunktion anerkennen.

Die wichtigsten Ergebnisse der Umfrage zeigen, dass L&D eine noch nie da gewesene Unterstützung durch die Führungsebene erfährt. Dieser Wandel unterstreicht die entscheidende Rolle, die L&D- und HR-Führungskräfte heute bei der Erreichung der Unternehmensziele spielen. Die Mehrheit der Führungskräfte gab an, dass die Budgeterhöhungen durch die Notwendigkeit bedingt sind, das Engagement der Mitarbeiter zu verbessern und wichtige Fähigkeiten zu entwickeln, die für die Erhaltung der Wettbewerbsfähigkeit unerlässlich sind. Insbesondere gaben 75 % der Führungskräfte an, dass die Unternehmensleitung Investitionen in L&D Priorität einräumt, um den Erfolg ihrer technologischen Ambitionen sicherzustellen.

Die Dringlichkeit der Umschulung und Höherqualifizierung wird von mehreren Faktoren bestimmt. Die Steigerung der Produktivität, die Wahrung der Wettbewerbsfähigkeit, die Förderung des Engagements der Mitarbeiterinnen und Mitarbeiter, die Anpassung an den technologischen Wandel und die Bindung der Mitarbeiterinnen und Mitarbeiter an das Unternehmen haben höchste Priorität. L&D- und HR-Führungskräfte konzentrieren sich auf geschäftliche und menschliche Fähigkeiten wie Projektmanagement, Führungsqualitäten, Anpassungsfähigkeit und Agilität, da diese für den sich wandelnden Arbeitsplatz entscheidend sind. Digital- und Datenkompetenzen stehen ebenfalls ganz oben auf der Prioritätenliste, was den laufenden digitalen Wandel widerspiegelt.

Interessanterweise wurden KI-Kompetenzen als geringere Priorität eingestuft: Nur 19 % der Führungskräfte betrachten sie als Hauptschwerpunkt, und nur 20 % verfügen über wirksame Messgrößen für KI-Kompetenzen. Dies liegt wahrscheinlich daran, dass viele Unternehmen noch in der Anfangsphase sind, wenn es darum geht, wie sie KI integrieren und nutzen können. Nichtsdestotrotz bieten die potenziellen Auswirkungen generativer KI auf verschiedene Jobrollen eine Chance für L&D- und HR-Führungskräfte, den Wandel voranzutreiben, indem sie mit Geschäfts- und Technologieführern zusammenarbeiten.

Eine der größten Herausforderungen für L&D-Führungskräfte ist die Schaffung sinnvoller Lernerfahrungen inmitten einer überwältigenden Menge an verfügbaren Inhalten, ein Phänomen, das als „Content-Chaos" bezeichnet wird. Fast die Hälfte der Führungskräfte bezeichnete dies als ihre größte Herausforderung und begründete dies damit, dass durch zu viele zu messende Lerninitiativen zu wenig Zeit für die strategische Planung bleibt. Dennoch werden Leistungs- und Produktivitätsverbesserungen zusammen mit der Entwicklung von Fähigkeiten als Schlüsselindikatoren für den Programmerfolg angesehen. Besonders bemerkenswert ist, dass 46 % der Führungskräfte berichteten, dass ihre Mitarbeiterinnen und Mitarbeiter die im Rahmen von L&D-Programmen erworbenen Fähigkeiten im Vergleich zum Vorjahr verstärkt bei ihrer täglichen Arbeit einsetzen. Die Erkenntnisse aus diesem Bericht dienen als Katalysator für neue Ideen, die es Unternehmen ermöglichen, engagiertere und flexiblere Belegschaften aufzubauen, die bereit sind, künftige Herausforderungen zu bewältigen.

Alles in allem ist es wichtig zu erwähnen, dass die Forschung zur KI-Kompetenz noch in den Kinderschuhen steckt und es nur wenig Literatur zu diesem Thema gibt [8].

Nichtsdestotrotz sind die aus diesen und anderen neuen Erkenntnissen gewonnenen Einsichten in die KI-Kompetenz von entscheidender Bedeutung für die Abstimmung mit der KI-VO, die die Entwicklung und den Einsatz von KI in der gesamten Europäischen Union regeln soll. Das Gesetz betont hohe Standards für Transparenz, Verantwortlichkeit und ethische Erwägungen und unterstreicht die Notwendigkeit robuster KI-Kompetenzen. Die Behebung der im Bericht aufgezeigten erheblichen Lücken bei den digitalen Kompetenzen ist für die Einhaltung der KI-VO unerlässlich. Sowohl der öffentliche als auch der private Sektor müssen in die **Aus- und Weiterbildung** investieren, um sicherzustellen, dass ihre Arbeitskräfte auf diese strengen Anforderungen vorbereitet sind. Darüber hinaus deckt sich der Schwerpunkt des Gesetzes auf ethischen und rechtlichen Erwägungen mit den Herausforderungen, mit denen der öffentliche Sektor konfrontiert ist, was den Bedarf an gezielten Initiativen zum Aufbau von Kapazitäten unterstreicht. Die zunehmenden Investitionen in L&D, die von der Notwendigkeit organisatorischer Agilität angetrieben werden, spiegeln einen proaktiven Ansatz wider, um die Anforderungen der KI-VO zu erfüllen und einen verantwortungsvollen und effektiven KI-Einsatz zu gewährleisten.

3.2.2 Definition von KI-Kompetenz

Wichtig ist zunächst die Definition von **Alphabetisierung**. Der UNESCO zufolge ist der Erwerb von Lese- und Schreibfähigkeiten kein einmaliger Akt. Über das herkömmliche Konzept der Lese-, Schreib- und Rechenfertigkeiten hinaus wird Alphabetisierung heute als Mittel zur Identifizierung, zum Verständnis, zur Interpretation, zur Schaffung und zur Kommunikation in einer zunehmend digitalen, textvermittelten, informationsreichen und sich schnell verändernden Welt verstanden. Die Lese- und Schreibfähigkeit ist ein Kontinuum des Lernens und der Beherrschung des Lesens, Schreibens und des Umgangs mit Zahlen während des gesamten Lebens und ist Teil eines umfassenderen Spektrums von Fähigkeiten, zu denen digitale Fähigkeiten, Medienkompetenz, Bildung für nachhaltige Entwicklung und Weltbürgertum sowie berufsspezifische Fähigkeiten gehören. Die Lese- und Schreibkompetenzen selbst erweitern und entwickeln sich in dem Maße, wie die Menschen mehr und mehr mit Informationen und Lernen durch digitale Technologien in Berührung kommen [9].

Alphabetisierung, ein grundlegendes Menschenrecht, umfasst kognitive, sprachliche, soziale, affektive, relationale und kulturelle Fähigkeiten [5]. Sie geht über das bloße Entschlüsseln und Verstehen von Texten hinaus und fördert das kritische Denken und ein tieferes Verständnis von Informationen.

KI-Kompetenz ist, ähnlich wie allgemeine Kenntnisse, unerlässlich, um sich in der modernen Welt zurechtzufinden, zumal KI immer stärker in verschiedene Lebensbereiche integriert wird.

So wie die traditionelle Alphabetisierung ein Menschenrecht ist, kann die KI-Kompetenz als ein entscheidendes Recht im digitalen Zeitalter angesehen werden. Sie ermöglicht es dem Einzelnen, KI-Technologien zu verstehen, mit ihnen zu interagieren und sie kritisch zu bewerten, um sicherzustellen, dass er in einer zunehmend KI-getriebenen Welt nicht den Anschluss verliert. KI-Kompetenz befähigt die Menschen, die weitreichenden Auswirkungen von KI auf die Gesellschaft zu erfassen, und fördert das kritische Denken über ihre Auswirkungen und Anwendungen.

Die KI-Kompetenz umfasst die **Fähigkeit, KI-Anwendungen zu verstehen, anzuwenden, zu überwachen und kritisch zu reflektieren, ohne KI-Modelle entwickeln zu müssen**. Sie weist Parallelen zu anderen Formen der technologischen Kompetenz auf, wie z.B. digitale Kompetenz, Medienkompetenz und Datenkompetenz [8].

Der Begriff „AI Literacy" (auf Deutsch KI-Kompetenz) wurde erstmals 2015 in einem Online-Artikel verwendet und erschien kurz darauf in einem empirischen Artikel [12]. KI-Kompetenz wird definiert als *„eine Reihe von Kompetenzen, die es dem Einzelnen ermöglichen, KI-Technologien kritisch zu bewerten, effektiv mit KI zu kommunizieren und zusammenzuarbeiten und KI als Werkzeug online, zu Hause und am Arbeitsplatz zu nutzen"* [10]. KI-Kompetenz richtet sich in erster Linie an Lernende ohne Informatikhintergrund und unterstreicht die Notwendigkeit, dass die allgemeine Bevölkerung über KI-Kompetenzen verfügt. Da KI Bereiche wie Bildung, Gesundheitswesen, Verkehr, Sozialwesen, Marketing und andere durchdringt, wird das Verständnis von KI sowohl für die persönliche als auch für die berufliche Interaktion mit der Technologie entscheidend.

Andere Quellen [2] weisen darauf hin, dass KI-Kompetenz ein ganzheitliches Paket von Kompetenzen umfasst, die es dem Einzelnen ermöglichen, nicht nur KI-Tools zu nutzen, sondern auch **den breiteren Kontext, in dem KI funktioniert, kritisch zu bewerten und zu verstehen**. Durch die Entwicklung von technischen Fertigkeiten, kritischem Denken und kontextbezogenem Verständnis kann der Einzelne effektiv mit KI-Technologien umgehen, fundierte Entscheidungen treffen und zu einer verantwortungsvollen Entwicklung und Nutzung von KI in der Gesellschaft beitragen.

Zusammenfassend lässt sich sagen, dass die Förderung von KI-Kompetenz den Menschen hilft, sich in der zunehmend von KI angetriebenen Welt besser zurechtzufinden und ihre Fähigkeit zu verbessern, sich kritisch mit KI-Technologien auseinanderzusetzen und sie in verschiedenen Bereichen effektiv einzusetzen.

3.2.3 KI-Kompetenz und die Bestimmungen der KI-VO

Die Vermittlung von Kenntnissen über künstliche Intelligenz (KI) ist ein entscheidender Faktor für den verantwortungsvollen Einsatz und Betrieb von KI-Systemen.

Art. 4 KI-VO besagt: *„Die Anbieter und Betreiber von KI-Systemen ergreifen Maßnahmen, um nach besten Kräften sicherzustellen,* ***dass ihr Personal und andere Personen, die in ihrem Auftrag mit dem Betrieb und der Nutzung von KI-Systemen befasst sind, über ein ausreichendes Maß an KI-Kompetenz verfügen,*** *wobei ihre technischen Kenntnisse, ihre Erfahrung, ihre Ausbildung und Schulung und der Kontext, in dem die KI-Systeme eingesetzt werden sollen, sowie die Personen oder Personengruppen, bei denen die KI-Systeme eingesetzt werden sollen, zu berücksichtigen sind."*

Weitere Bestimmungen zum Thema KI-Kompetenz in der KI-VO:

- **ErwG 20 KI-VO:** *„Um den größtmöglichen Nutzen aus KI-Systemen zu ziehen und gleichzeitig die Grundrechte, Gesundheit und Sicherheit zu wahren und eine demokratische Kontrolle zu ermöglichen,* ***sollte die KI-Kompetenz Anbieter, Betreiber und betroffene Personen mit den notwendigen Konzepten ausstatten, um fundierte Entscheidungen über KI-Systeme zu treffen.*** *Diese Konzepte können in Bezug auf den jeweiligen Kontext unterschiedlich sein und das Verstehen der korrekten Anwendung technischer Elemente in der Entwicklungsphase des KI-Systems, der bei seiner Verwendung anzuwendenden Maßnahmen und der geeigneten Auslegung der Ausgaben des KI-Systems umfassen sowie – im Falle betroffener Personen – das nötige Wissen, um zu verstehen, wie sich mithilfe von KI getroffene Entscheidungen auf sie auswirken werden. Im Zusammenhang mit der Anwendung dieser Verordnung* ***sollte die KI-Kompetenz allen einschlägigen Akteuren der KI-Wertschöpfungskette die Kenntnisse vermitteln, die erforderlich sind, um die angemessene Einhaltung und die ordnungsgemäße Durchsetzung der Verordnung sicherzustellen.*** *Darüber hinaus könnten die umfassende Umsetzung von KI-Kompetenzmaßnahmen und die Einführung geeigneter Folgemaßnahmen dazu beitragen, die Arbeitsbedingungen zu verbessern und letztlich die Konsolidierung und den Innovationspfad vertrauenswürdiger KI in der Union unterstützen. Ein Europäisches Gremium für Künstliche Intelligenz (im Folgenden „KI-Gremium")* ***sollte die Kommission dabei unterstützen, KI-Kompetenzinstrumente sowie die Sensibilisierung und Aufklärung der Öffentlichkeit in Bezug auf die Vorteile, Risiken, Schutzmaßnahmen, Rechte und Pflichten im Zusammenhang mit der Nutzung von KI-Systemen zu fördern.*** *In Zusammenarbeit mit den ein-*

schlägigen Interessenträgern sollten die Kommission und die Mitgliedstaaten die Ausarbeitung ***freiwilliger Verhaltenskodizes erleichtern, um die KI-Kompetenz von Personen, die mit der Entwicklung, dem Betrieb und der Verwendung von KI befasst sind, zu fördern.****"*

- **Art. 3 Z 56 KI-VO:** *„... bezeichnet der Ausdruck „KI-Kompetenz" die Fähigkeiten, die Kenntnisse und das Verständnis, die es Anbietern, Betreibern und Betroffenen unter Berücksichtigung ihrer jeweiligen Rechte und Pflichten im Rahmen dieser Verordnung ermöglichen, KI-Systeme sachkundig einzusetzen sowie sich der Chancen und Risiken von KI und möglicher Schäden, die sie verursachen kann, bewusst zu werden."*
- **ErwG 91 KI-VO:** *„Angesichts des Charakters von KI-Systemen und der Risiken für die Sicherheit und die Grundrechte, die mit ihrer Verwendung verbunden sein können, ist es angezeigt, besondere Zuständigkeiten für die Betreiber festzulegen, auch im Hinblick darauf, dass eine angemessene Beobachtung der Leistung eines KI-Systems unter Realbedingungen sichergestellt werden muss. Die Betreiber sollten insbesondere geeignete technische und organisatorische Maßnahmen treffen, um sicherzustellen, dass sie Hochrisiko-KI-Systeme gemäß den Betriebsanleitungen verwenden, und es sollten bestimmte andere Pflichten in Bezug auf die Überwachung der Funktionsweise der KI-Systeme und gegebenenfalls auch Aufzeichnungspflichten festgelegt werden. Darüber hinaus sollten die Betreiber sicherstellen, dass die Personen, denen die Umsetzung der Betriebsanleitungen und die menschliche Aufsicht gemäß dieser Verordnung übertragen wurden,* ***über die erforderliche Kompetenz verfügen, insbesondere über ein angemessenes Niveau an KI-Kompetenz, Schulung und Befugnis, um diese Aufgaben ordnungsgemäß zu erfüllen****. Diese Pflichten sollten sonstige Pflichten des Betreibers in Bezug auf Hochrisiko-KI-Systeme nach Unionsrecht oder nationalem Recht unberührt lassen."*
- **ErwG 165 KI-VO:** *„Die Entwicklung anderer KI-Systeme als Hochrisiko-KI-Systeme gemäß den Anforderungen dieser Verordnung kann zu einer stärkeren Verbreitung ethischer und vertrauenswürdiger KI in der Union führen. Anbieter von KI-Systemen, die kein hohes Risiko bergen, sollten angehalten werden, Verhaltenskodizes – einschließlich zugehöriger Governance-Mechanismen – zu erstellen, um eine freiwillige Anwendung einiger oder aller der für Hochrisiko-KI-Systeme geltenden Anforderungen zu fördern, die angesichts der Zweckbestimmung der Systeme und des niedrigeren Risikos angepasst werden, und unter Berücksichtigung der verfügbaren technischen Lösungen und bewährten Verfahren der Branche wie Modell- und Datenkarten. Darüber hinaus sollten die Anbieter und gegebenenfalls die Betreiber aller KI-Systeme, ob mit hohem Risiko oder nicht, und aller KI-Modelle auch ermutigt werden, freiwillig zusätzliche Anforderungen anzuwenden, z. B. in Bezug auf die Elemente der Ethikleitlinien der Union für vertrauenswürdige KI, die ökologische Nachhaltigkeit,* ***Maßnahmen für KI-Kompetenz****, die inklusive und vielfältige Gestaltung und*

Entwicklung von KI-Systemen, unter anderem mit Schwerpunkt auf schutzbedürftige Personen und die Barrierefreiheit für Menschen mit Behinderungen, die Beteiligung der Interessenträger, gegebenenfalls mit Einbindung einschlägiger Interessenträger wie Unternehmensverbänden und Organisationen der Zivilgesellschaft, Wissenschaft, Forschungsorganisationen, Gewerkschaften und Verbraucherschutzorganisationen an der Konzeption und Entwicklung von KI-Systemen und die Vielfalt der Entwicklungsteams, einschließlich einer ausgewogenen Vertretung der Geschlechter. (…)"

- **Art. 66 lit. f KI-VO:** „*… die Kommission bei der **Förderung der KI-Kompetenz**, der Sensibilisierung und Aufklärung der Öffentlichkeit in Bezug auf die Vorteile, Risiken, Schutzmaßnahmen, Rechte und Pflichten im Zusammenhang mit der Nutzung von KI-Systemen unterstützen*".

3.2.4 Vorschlag für ein Reifegrad-Framework für KI-Anbieter

Einer der Ausgangspunkte für die Definition eines Reifegrad-Frameworks für KI-Kompetenz ist die Empfehlung zu Schlüsselkompetenzen für lebenslanges Lernen des Rates der Europäischen Union, die im Mai 2018 angenommen wurde [4]. In der Empfehlung werden acht Schlüsselkompetenzen genannt, die für die Bürgerinnen und Bürger im Hinblick auf persönliche Entfaltung, eine gesunde und nachhaltige Lebensweise, Beschäftigungsfähigkeit, aktive Bürgerschaft und soziale Eingliederung unerlässlich sind.

Digitale Kompetenz, eine der acht Kompetenzen, umfasst die selbstbewusste, kritische und verantwortungsvolle Nutzung von und den Umgang mit digitalen Technologien für das Lernen, die Arbeit und die Teilnahme an der Gesellschaft. Sie umfasst Informations- und Datenkompetenz, Kommunikation und Zusammenarbeit, Medienkompetenz, Erstellung digitaler Inhalte (einschließlich Programmierung), Sicherheit (einschließlich digitalem Wohlbefinden und Kompetenzen im Zusammenhang mit Cybersicherheit), Fragen des geistigen Eigentums, Problemlösung und kritisches Denken.

Wesentliche Kenntnisse, Fähigkeiten und Einstellungen im Zusammenhang mit dieser Kompetenz: Der Einzelne sollte verstehen, wie digitale Technologien Kommunikation, Kreativität und Innovation unterstützen können, und sich ihrer Möglichkeiten, Grenzen, Auswirkungen und Risiken bewusst sein. Sie sollten die allgemeinen Grundsätze, Mechanismen und die Logik verstehen, die den sich entwickelnden digitalen Technologien zugrunde liegen, und die grundlegende Funktion und Nutzung verschiedener Geräte, Software und Netzwerke kennen. Der Einzelne sollte sich kritisch mit der Gültigkeit, der Zuverlässigkeit und den Auswirkungen von Informationen und Daten auseinandersetzen, die mit digitalen Mitteln zur Verfügung gestellt werden, und sich der rechtlichen und ethischen Grundsätze bewusst sein, die mit dem Umgang mit digitalen Technologien verbunden sind.

Als Ausgangspunkt für den Aufbau digitaler Kapazitäten haben viele Regierungen, internationale Organisationen, Denkfabriken und Universitäten Kompetenzrahmen, Kurse und Lehrpläne entwickelt, die die Grundlagen für die Schulung von Beamten des öffentlichen Sektors zur digitalen Transformation schaffen sollen [3]. In der Analyse der UNESCO wurden die folgenden gemeinsamen Kompetenzen in den untersuchten Rahmenwerken identifiziert: *Digitale Führung; Problemerkennung; digitale Kompetenz; offene Daten; datengesteuerte Ansätze;* ***künstliche Intelligenz****; Menschenzentrierung; iterationsgestützte Verbesserungen bei der Produkt- und Dienstleistungsentwicklung.*

Für die Zwecke dieses Abschnitts wird das folgende Reifegrad-Framework für KI-Kompetenz vorgeschlagen. Der Rahmen kann leicht angepasst und erweitert werden. Indem er befolgt wird, können KI-Anbieter sicherstellen, dass ihre Mitarbeiter und andere relevante Personen über die notwendigen Kenntnisse, Fähigkeiten und Einstellungen verfügen, um KI-Systeme effektiv und ethisch korrekt zu entwickeln, einzusetzen und zu verwalten. Dies entspricht den Anforderungen von **Art. 4 KI-VO** und trägt dazu bei, eine Kultur der verantwortungsvollen Nutzung von KI zu fördern.

Tabelle 3.2 Reifegrad-Framework für KI-Kompetenz

Reifegrad	Wissen	Fertigkeiten	Haltungen	Auswirkungen für KI-Anbieter
Basisebene	Grundlegendes Verständnis von KI-Prinzipien, Terminologie und Konzepten. Kenntnis der KI-VO und ihrer Auswirkungen auf die Entwicklung und den Einsatz von KI.	Grundlegende Kenntnisse im Umgang mit digitalen Werkzeugen und Verständnis einfacher KI-Anwendungen. Grundlegende Datenkenntnisse, einschließlich grundlegender Praktiken der Datenerfassung, -speicherung und -sicherheit.	Offenheit für das Lernen über KI und ihre ethischen Implikationen. Bewusstsein für die Bedeutung des Datenschutzes, der Sicherheit und ethischer Überlegungen im Bereich der KI.	Implementierung von KI-Einführungsprogrammen für alle Mitarbeiter. Förderung einer Kultur des kontinuierlichen Lernens und der Neugierde auf KI. Sicherstellen, dass alle Mitarbeiter die Grundprinzipien der KI-VO kennen und verstehen.

Tabelle 3.2 Reifegrad-Framework für KI-Kompetenz *(Fortsetzung)*

Reifegrad	Wissen	Fertigkeiten	Haltungen	Auswirkungen für KI-Anbieter
Mittlere Stufe	Vertieftes Verständnis von KI-Algorithmen, Datenverarbeitungstechniken und ethischen Richtlinien. Vertrautheit mit den spezifischen Anforderungen der KI-VO, die für ihre Rolle relevant sind. Grundlegendes Verständnis von Design-Thinking-Prinzipien [13][1] und menschenzentriertem KI-Design [6][2].	Kenntnisse im Umgang mit KI-Tools und -Plattformen zur Datenanalyse und Entscheidungsfindung. Fähigkeit, mit großen Datenmengen umzugehen und sie zu analysieren und ihre Auswirkungen auf KI-Systeme zu verstehen. Verständnis für die Rolle der KI bei der Verbesserung betrieblicher Prozesse. Anwendung von Design-Thinking-Prinzipien auf KI-Projekte zur Verbesserung von Benutzererfahrung und Benutzerfreundlichkeit.	Kritischer Ansatz zur Bewertung von KI-Ergebnissen hinsichtlich Genauigkeit und Verzerrung. Verpflichtung zu ethischen KI-Praktiken und Einhaltung rechtlicher und regulatorischer Standards. Betonung der zentralen Rolle des Menschen bei der Entwicklung und dem Einsatz von KI.	Gezielte Schulungen zu fortgeschrittenen KI-Konzepten und -Werkzeugen anbieten. Förderung des kritischen Denkens und der ethischen Entscheidungsfindung bei KI-bezogenen Aufgaben. Sicherstellen, dass die Mitarbeiter in der Lage sind, die KI-VO zu interpretieren und anzuwenden sowie einen auf den Menschen ausgerichteten Ansatz in ihrer täglichen Arbeit zu verfolgen.
Fortgeschrittene Stufe	Umfassendes Verständnis von KI-Technologien, einschließlich maschinellem Lernen und neuronalen Netzen. Gründliche Kenntnis des KI-VO, einschließlich spezifischer Compliance-Anforderungen. Fortgeschrittenes Verständnis der Prinzipien des Design Thinking und ihrer Anwendung in der KI-Entwicklung.	Fähigkeit, anspruchsvolle KI-Lösungen zu entwickeln und umzusetzen. Fortgeschrittene Fähigkeiten zur Datenanalyse und Problemlösung. Führungsqualitäten bei der Verwaltung von KI-Projekten und -Initiativen, bei denen die Benutzererfahrung und das menschenzentrierte Design im Vordergrund stehen.	Eintreten für die ethische Nutzung von KI und den verantwortungsvollen Einsatz von KI-Systemen. Förderung von Transparenz und Rechenschaftspflicht bei KI-Prozessen und Entscheidungen. Engagement für die Entwicklung von KI-Systemen, die den menschlichen Bedürfnissen und ethischen Erwägungen Vorrang einräumen.	Entwicklung fortgeschrittener KI-Schulungsprogramme mit Schwerpunkt auf Führung und Innovation. Förderung einer Kultur der ethischen Nutzung von KI und der Transparenz. Sicherstellen, dass die Mitarbeiter in der Lage sind, KI-Projekte im Einklang mit der KI-VO und den Grundsätzen des Design Thinking durchzuführen.

Reifegrad	Wissen	Fertigkeiten	Haltungen	Auswirkungen für KI-Anbieter
Expertenebene	Beherrschung modernster KI-Technologien und -Innovationen. Expertenwissen über globale KI-Standards, Vorschriften und ethische Überlegungen, einschließlich der KI-VO. Verständnis des Umfelds der verschiedenen Interessengruppen, einschließlich der Perspektiven von Regierungen, Industrie, Wissenschaft und Zivilgesellschaft. Expertenwissen über Design Thinking-Prinzipien und menschenzentrierte KI [1][3] und deren strategische Anwendung in der KI.	Führende KI-Forschungs- und Entwicklungsinitiativen. Entwicklung und Umsetzung von KI-Politiken und -Strategien. Anleitung von Organisationen zu ethischen und konformen KI-Praktiken. Erleichterung der Zusammenarbeit und des Dialogs zwischen verschiedenen Interessengruppen, um KI-Politik und -Normen mit einem auf den Menschen ausgerichteten Ansatz zu gestalten.	Führungsrolle bei der Förderung des verantwortungsvollen Einsatzes von KI und der Beeinflussung der KI-Politik und -Normen. Engagement für kontinuierliches Lernen und Innovation im Bereich KI. Eintreten für integrative und partizipative Ansätze in der KI-Governance. Eintreten für integrative, partizipatorische und menschenzentrierte Ansätze in der KI-Governance. Priorisierung der Auswirkungen von KI auf das menschliche Wohlbefinden und das gesellschaftliche Wohl.	Unterstützung der kontinuierlichen beruflichen Weiterbildung von leitenden Mitarbeitern und Führungskräften im Bereich KI. Förderung der Teilnahme an globalen Diskussionen zur KI-Politik und an Aktivitäten zur Festlegung von Standards. Förderung von Beziehungen zwischen verschiedenen Interessengruppen, um sicherzustellen, dass bei der Entwicklung und dem Einsatz von KI unterschiedliche Perspektiven berücksichtigt werden. Sicherstellen, dass die Organisation bei der Entwicklung und dem Einsatz von KI unter ethischen und humanen Gesichtspunkten eine Vorreiterrolle einnimmt, indem sie sich mit verschiedenen Interessengruppen austauscht.

1 Design Thinking unterscheidet sich von anderen Innovations- und Ideenfindungsprozessen dadurch, dass es lösungsorientiert und nutzerzentriert und nicht problemorientiert ist. Das bedeutet, dass es sich auf die Lösung eines Problems konzentriert und nicht auf das Problem selbst.

2 Wenn man sich wirklich darauf konzentriert, menschliche Fähigkeiten zu erweitern, ist das menschenzentrierte KI [6]

3 Sieben Grundsätze für menschenzentrierte KI [1]

Wichtige Empfehlungen für KI-Anbieter zur Entwicklung und Förderung einer kontinuierlichen KI-Kompetenz innerhalb von Unternehmen

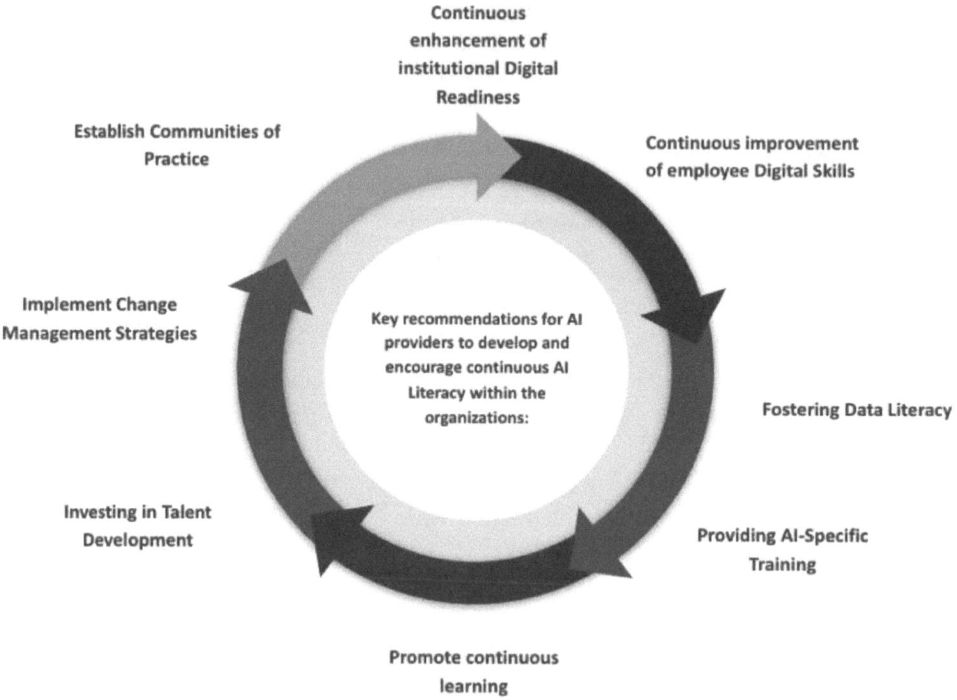

Bild 3.4 Zentrale Empfehlungen zur KI-Kompetenz

Kontinuierliche Verbesserung der institutionellen digitalen Bereitschaft innerhalb der Organisation: Durchführung einer umfassenden Bewertung der digitalen Bereitschaft, um Lücken in der technologischen Infrastruktur, den digitalen Richtlinien und den Governance-Rahmenbedingungen zu ermitteln. Entwicklung eines strategischen Plans zur Verbesserung der digitalen Leistungsbereitschaft, einschließlich der Modernisierung von IT-Systemen, der Einführung klarer digitaler Richtlinien und der Förderung einer Kultur, die die digitale Transformation unterstützt.

Kontinuierliche Verbesserung der digitalen Fähigkeiten der Mitarbeiterinnen und Mitarbeiter: Einrichtung von Schulungsprogrammen für digitale Fähigkeiten für alle Mitarbeiterinnen und Mitarbeiter, um sicherzustellen, dass sie die digitalen Werkzeuge beherrschen und digitale Prozesse verstehen. Entwickeln und implementieren von umfassenden Schulungen zur digitalen Kompetenz, die die wichtigsten digitalen Tools und Plattformen abdecken. Angebot an speziellen Schulungsmodulen, die auf die Aufgaben und Verantwortlichkeiten der Mitarbeiter abgestimmt sind. Ermutigung zur Teilnahme an Online-Kursen, Webinaren und Workshops zu neuen digitalen Trends.

Förderung der Datenkompetenz: Förderung der Datenkompetenz in der gesamten Organisation, um sicherzustellen, dass die Mitarbeiterinnen und Mitarbeiter Daten effektiv erfassen, analysieren und interpretieren und datengestützte Entscheidungen treffen können. Integrieren von Schulungen zur Datenkompetenz in den Einführungsprozess und in laufende berufliche Entwicklungsprogramme. Zugang zu Datenanalysetools und -ressourcen ermöglichen. Schaffen von datenorientierten Workshops und Seminaren, um die analytischen Fähigkeiten der Mitarbeiter zu verbessern.

Bereitstellung von KI-spezifischen Schulungen: Entwicklung gezielter KI-spezifischer Schulungsprogramme zum Aufbau von Fachwissen über KI-Technologien, ihrer Anwendung und ethischen Überlegungen dazu. Partnerschaften mit Hochschulen und Online-Plattformen, um KI-Zertifizierungsprogramme anzubieten. Durchführen interner KI-Workshops und -Schulungen, die von Branchenexperten geleitet werden. Entwickeln internen Fachwissens über KI. Sicherstellen, dass die Schulungen KI-Ethik, die Einhaltung von gesetzlichen Vorgaben und die praktische Anwendung von KI abdecken.

Förderung des kontinuierlichen Lernens: Schaffen einer Kultur des kontinuierlichen Lernens, um die Mitarbeiterinnen und Mitarbeiter auf dem neuesten Stand der KI und der digitalen Technologien zu halten. Bieten von Anreizen für Mitarbeiterinnen und Mitarbeiter, sich in KI und verwandten Bereichen weiterbilden und beruflich entwickeln. Einrichten einer internen Plattform für den Wissensaustausch, über die die Mitarbeiterinnen und Mitarbeiter Zugang zu den neuesten Forschungsergebnissen, Artikeln und Schulungsmaterialien haben. Fördern der Teilnahme an Konferenzen, Seminaren und Netzwerkveranstaltungen, die sich mit KI und digitalen Innovationen befassen.

Investitionen in die Talententwicklung: Sich auf die Entwicklung von Talenten innerhalb des Unternehmens konzentrieren, indem Mitarbeiterinnen und Mitarbeiter mit hohem Potenzial identifiziert werden und ihnen die Möglichkeit gegeben wird, ihre KI-Fachkenntnisse zu erweitern. Implementieren eines Mentoring- und Coaching-Programms, um die berufliche Entwicklung im Bereich KI zu fördern. Schaffen einer Talententwicklungspipeline für Rollen, die für KI-Initiativen entscheidend sind. Anbieten eines Rotationsprogramms und projektbasierter Lernerfahrungen, um Mitarbeiterinnen und Mitarbeiter mit verschiedenen Aspekten der KI vertraut zu machen.

Umsetzung von Change-Management-Strategien: Entwicklung und Umsetzung effektiver Change-Management-Strategien, um die Einführung von KI-Technologien und -Prozessen zu erleichtern. Einbindung der Mitarbeiterinnen und Mitarbeiter in den Veränderungsprozess durch Feedbackgespräche und Beteiligung an Pilotprojekten. Bereitstellung von Unterstützung und Ressourcen zur Bewältigung von Widerständen und zur Gewährleistung eines reibungslosen Übergangs zu KI-gestützten Arbeitsabläufen.

Einrichtung von Communities of Practice (CoP): Schaffen von Communities of Practice innerhalb des Unternehmens, um die Zusammenarbeit, den Wissensaustausch und die Innovation im Bereich KI zu fördern. Einrichten interner KI-Interessengruppen oder Foren, in denen Mitarbeiterinnen und Mitarbeiter über KI-Trends, Herausforderungen und bewährte Verfahren diskutieren können. Fördern der abteilungsübergreifenden Zusammenarbeit bei KI-Projekten, um unterschiedliche Perspektiven und Fachkenntnisse zu nutzen. Organisieren von regelmäßigen Meetings, Hackathons und Innovationsherausforderungen, um aktives Engagement und kontinuierliche Verbesserung der KI-Kompetenz zu fördern.

3.3 Risikobasierter Ansatz

Gabriele Bolek-Fügl

Die KI-VO teilt KI-Systeme in unterschiedliche Kategorien ein, je nachdem wie viel Risiko für Gesundheit, Sicherheit oder Grundrechte natürlicher Personen von diesen ausgeht.

Die Einordnung eines KI-Systems in die Risikokategorien im Sinne der KI-VO erscheint als der wichtigste Schritt für einen potenziellen Anbieter, der sein System in der EU auf den Markt bringen bzw. in Betrieb nehmen will.

3.3.1 Verbotene KI-Systeme

Das Kapitel II der KI-VO widmet sich den „Verbotenen Praktiken im Bereich der Künstlichen Intelligenz“. Laut der KI-VO sind spezifische Einsatzmöglichkeiten von KI untersagt, um die Gesundheit, die Sicherheit sowie die Grundrechte der Individuen zu wahren. Zu diesen untersagten Anwendungen von KI zählen:

a) **Praktiken der Manipulation:**

Das Inverkehrbringen, die Inbetriebnahme oder die Verwendung eines KI-Systems, um Personen durch subliminale Techniken oder durch Ausnutzung ihrer Schwächen zu einem Verhalten zu bewegen, das ihnen oder anderen signifikanten Schaden zufügen kann, ist verboten. Dies schließt KI-Anwendungen ein, die darauf abzielen, das menschliche Verhalten in einer Weise zu beeinflussen, die die Fähigkeit der Personen, eigenständige Entscheidungen zu treffen, untergräbt (Art. 5 Abs. 1 lit a KI-VO).

b) **Ausnutzung von Schwächen:**

Das Inverkehrbringen, die Inbetriebnahme oder die Verwendung eines KI-Systems, das speziell darauf ausgelegt ist, Schwächen einer bestimmten Gruppe von Personen aufgrund ihres Alters, ihrer physischen oder psychischen Verfassung auszunutzen, um diese Personen zu einem Verhalten zu bewegen, das ihnen oder anderen Schaden zufügen könnte oder mit hinreichender Wahrscheinlichkeit zufügen wird, ist ebenfalls verboten (Art. 5 Abs. 1lit b KI-VO).

c) **Soziale Bewertungssysteme:**

Das Inverkehrbringen, die Inbetriebnahme oder die Verwendung von KI für die Bewertung oder Klassifizierung der Vertrauenswürdigkeit von Personen auf der Grundlage ihres sozialen Verhaltens oder bekannter, abgeleiteter oder vorhergesagter persönlicher Merkmale über einen bestimmten Zeitraum, mit dem Ergebnis, dass bestimmte Personen oder Gruppen benachteiligt oder ausgegrenzt werden, ist untersagt. Dies gilt insbesondere, wenn solche Bewertungen zu einer ungerechten oder ungünstigen Behandlung in verschiedenen Lebensbereichen führen (Art. 5 Abs. 1lit c KI-VO).

Verboten ist die Schlechterstellung oder Benachteiligung bestimmter natürlicher Personen oder ganzer Gruppen von Personen

I. in sozialen Zusammenhängen, die in keinem Zusammenhang zu den Umständen stehen, unter denen die Daten ursprünglich erzeugt oder erfasst wurden (Art. 5 Abs. 1 lit c sublit i KI-VO),

II. in einer Weise, die im Hinblick auf ihr soziales Verhalten oder dessen Tragweite ungerechtfertigt oder unverhältnismäßig ist (Art. 5 Abs. 1 lit c sublit i KI-VO).

d) **Einschränkungen für risikobasierte Bewertungen durch KI:**

Es ist nicht gestattet, KI-Systeme zu vermarkten, in Betrieb zu nehmen oder zu nutzen, die darauf abzielen, die Wahrscheinlichkeit einer Straftatbegehung durch eine Person allein auf Basis von Profiling oder der Beurteilung ihrer persönlichen Merkmale vorherzusagen. Dieses Verbot greift nicht bei KI-Systemen, die menschliche Bewertungen unterstützen, sofern diese auf objektiven und verifizierbaren Fakten basieren, die direkt mit einer kriminellen Handlung zusammenhängen (Art. 5 Abs. 1 lit d KI-VO).

e) **Verbot der Erstellung von Gesichtserkennungsdatenbanken:**

Es ist untersagt, KI-Systeme auf den Markt zu bringen, in Betrieb zu nehmen oder zu nutzen, die durch das unspezifische Auslesen von Gesichtsbildern aus dem Internet oder von Überwachungsvideos Gesichtserkennungsdatenbanken erstellen oder erweitern (Art. 5 Abs. 1 lit e KI-VO).

f) **Einschränkungen bei der Emotionserkennung:**

das Inverkehrbringen, die Inbetriebnahme oder die Nutzung von KI-Systemen zur Erkennung oder Ableitung der Emotionen von Personen am Arbeitsplatz oder in Bildungseinrichtungen ist verboten, es sei denn, diese Systeme werden aus medizinischen oder Sicherheitsgründen eingeführt oder auf den Markt gebracht werden (Art. 5 Abs. 1 lit f KI-VO).

g) **Verbot der biometrischen Kategorisierung:**

Das Inverkehrbringen, die Inbetriebnahme oder Nutzung von KI-Systemen, die Personen auf der Grundlage biometrischer Daten kategorisieren, um Rückschlüsse auf Rasse, politische Einstellungen, Gewerkschaftszugehörigkeit, religiöse oder philosophische Überzeugungen, Sexualleben oder sexuelle Orientierung zu ziehen, ist verboten. Ausnahmen bestehen für die rechtlich zulässige Kennzeichnung oder Filterung von biometrischen Datensätzen, wie das Sortieren von Bildern nach biometrischen Merkmalen, oder für die Verwendung in der Strafverfolgung unter spezifischen Bedingungen (Art. 5 Abs. 1 g KI-VO).

h) **Echtzeit-Fernbiometrie in öffentlichen Räumen:**

Das Inverkehrbringen, die Inbetriebnahme oder die Verwendung von KI-Systemen zur Echtzeit-Fernbiometrie-Identifikation von natürlichen Personen in öffentlich zugänglichen Räumen zu Strafverfolgungszwecken ist nur unter streng definierten Bedingungen zulässig und im Allgemeinen verboten. Ausnahmen gelten nur in präzise definierten und eng begrenzten Situationen, die eine erhebliche Bedrohung für die Sicherheit oder schwerwiegende Verbrechen betreffen (Art. 5 Abs. 1 lit h KI-VO) wie:

I. Gezielte Suche nach bestimmten Opfern von Entführung, Menschenhandel oder sexueller Ausbeutung sowie Suche nach vermissten Personen (Art. 5 Abs. 1 lit h sublit i KI-VO)

II. Abwenden einer konkreten, erheblichen und unmittelbaren Gefahr für das Leben oder die körperliche Unversehrtheit natürlicher Personen oder einer tatsächlichen und bestehenden oder tatsächlichen und vorhersehbaren Gefahr eines Terroranschlags (Art. 5 Abs. 1 lit h sublit ii KI-VO)

III. Aufspüren oder Identifizieren einer Person, die der Begehung einer Straftat verdächtigt wird, zum Zwecke der Durchführung von strafrechtlichen Ermittlungen, der Verfolgung oder der Vollstreckung einer Strafe für die in Anhang II aufgeführten Straftaten, die in dem betreffenden Mitgliedstaat nach dessen Recht mit einer Freiheitsstrafe oder einer freiheitsentziehenden Maßregel der Sicherung im Höchstmaß von mindestens vier Jahren bedroht ist (Art. 5 Abs. 1 lit h sublit iii KI-VO)

> Die Nutzung von biometrischen Echtzeit-Fernidentifizierungssystemen in öffentlich zugänglichen Räumen für Strafverfolgungszwecke ist grundsätzlich gemäß Art. 5 Abs. 1 sublit h KI-VO verboten, außer in spezifischen und dringenden Situationen.

KI hat die Fähigkeit, Personen anhand ihres Aussehens und ihrer Bewegung zu erkennen. Im Falle einer Kindesentführung oder einer abgängigen Person aus einem Altenpflegeheim, könnte die Polizei biometrische Erkennungssysteme nutzen, um diese

Personen schnell in öffentlichen Räumen wie Bahnhöfen oder Einkaufszentren zu finden. Oder wenn eine konkrete Drohung für das öffentliche Sicherheitsgefühl besteht, etwa die unmittelbare Gefahr eines Terroranschlags, könnten solche Systeme eingesetzt werden, um einen Verdächtigen zu identifizieren, bevor er Schaden anrichten kann.

Allerdings müssen bei der Nutzung dieser Technologie gemäß Art. 5 Abs. 2 KI-VO strenge Kriterien beachtet werden:

a) Bewertung der Situation: Der Einsatz der Technologie muss notwendig sein, um einen erheblichen Schaden abzuwehren.

   Beispiel: Die Verwendung biometrischer Identifikation könnte in Betracht gezogen werden, wenn ein bekannter gefährlicher Flüchtiger in einer Großveranstaltung vermutet wird und ein hohes Risiko für die öffentliche Sicherheit besteht.

b) Bewertung der Folgen: Die Auswirkungen auf die Rechte und Freiheiten der Menschen müssen sorgfältig abgewogen werden. Es ist wichtig, die Privatsphäre und die Daten der Unbeteiligten zu schützen und sicherzustellen, dass die Technologie nicht zu weitreichend oder invasiv eingesetzt wird.

Außerdem müssen zusätzliche Schutzmaßnahmen eingehalten werden:

- Der Einsatz muss zeitlich, geografisch und bezüglich der betroffenen Personen streng begrenzt sein.
- Eine vorherige Bewertung der Auswirkungen auf die Grundrechte (Grundrechts-Folgenabschätzung) gemäß Art. 27 KI-VO ist erforderlich (siehe Abschnitt 3.4).
- Die Technologie muss gemäß Art. 49 KI-VO in der EU-Datenbank registriert werden, um Transparenz und Überwachung zu gewährleisten. In dringenden Fällen kann diese Registrierung nachträglich erfolgen.

Diese Regeln sollen sicherstellen, dass die Nutzung solch invasiver Technologien nur in wirklich notwendigen und gerechtfertigten Fällen erfolgt, um sowohl die öffentliche Sicherheit zu gewährleisten als auch die Privatsphäre und Freiheiten der Bürger zu schützen. Daher ist nach Art. 5 Abs. 3 KI-VO eine vorherige Genehmigung für die Nutzung biometrischer Echtzeit-Fernidentifizierung erforderlich:

- Jedes Mal, wenn eine Polizeibehörde plant, biometrische Echtzeit-Fernidentifizierungstechnologie in öffentlich zugänglichen Bereichen einzusetzen, muss sie zuerst eine Genehmigung einholen. Diese Genehmigung muss von einer Justizbehörde oder einer unabhängigen Verwaltungsbehörde im jeweiligen Land erteilt werden, basierend auf einer gründlichen Überprüfung des Antrags. Die Behörde entscheidet dann verbindlich, ob der Einsatz der Technologie genehmigt wird oder nicht.

- In sehr dringenden Situationen, in denen es keine Zeit gibt, die Genehmigung vor dem Einsatz zu erhalten, darf die Polizei die Technologie vorläufig nutzen. Sie muss jedoch innerhalb von 24 Stunden nach dem Einsatzbeginn eine Genehmigung beantragen. Wenn diese Genehmigung abgelehnt wird, muss die Nutzung sofort gestoppt und alle gesammelten Daten und Ergebnisse müssen gelöscht werden.
- Die Genehmigung wird nur erteilt, wenn überzeugende Beweise oder klare Hinweise darauf hinweisen, dass der Einsatz der Technologie für eines der zulässigen Ziele notwendig ist. Die Behörde muss auch sicherstellen, dass der Einsatz zeitlich, geografisch und hinsichtlich der betroffenen Personen streng begrenzt ist und nicht über das absolut Notwendige hinausgeht.
- Es muss berücksichtigt werden, dass keine Entscheidungen, die negative rechtliche Folgen für eine Person haben könnten, allein auf der Grundlage der Ergebnisse der biometrischen Identifizierung getroffen werden. Das bedeutet, dass die Ergebnisse dieser Technologie nur als ein Teil der Beweislage betrachtet werden dürfen.

Die Genehmigung und Nutzung von biometrischer Echtzeit-Fernidentifizierung in öffentlichen Bereichen für die Strafverfolgung sind also streng geregelt, um den Schutz der Privatsphäre und der Bürgerrechte zu gewährleisten. Nur in klar definierten und dringenden Fällen dürfen Behörden diese Technologie nutzen, und selbst dann müssen strenge Vorgaben eingehalten werden.

Unabhängig von bestimmten Ausnahmen, muss jede Nutzung eines Systems zur Echtzeit-Fernerkennung biometrischer Daten in öffentlichen Bereichen für polizeiliche Zwecke den zuständigen Behörden für Marktüberwachung und dem nationalen Datenschutz gemäß den spezifischen nationalen Regeln gemeldet werden. Diese Meldung muss bestimmte erforderliche Informationen enthalten, darf aber keine vertraulichen Einsatzdetails beinhalten (Art. 5 Abs. 4 KI-VO).

Jeder EU-Mitgliedstaat hat gemäß Art. 5 Abs. 5 KI-VO die Möglichkeit, innerhalb der durch das Gesetz festgelegten Grenzen und Bedingungen die Nutzung von biometrischen Echtzeit-Fernidentifizierungssystemen zu erlauben. Dies bedeutet, dass die Nutzung solcher Systeme nicht automatisch in jedem EU-Land erlaubt ist, sondern von den spezifischen Regelungen jedes Landes abhängt. Dazu müssen die Mitgliedstaaten folgende Handlungen setzen:

1. **Gesetzgebung:** Die Länder müssen in ihrem nationalen Recht detaillierte Vorschriften für den gesamten Prozess festlegen, nämlich von der Beantragung über die Genehmigung bis hin zur Nutzung solcher Systeme. Dazu gehören auch Regelungen zur Überwachung und Berichterstattung über den Einsatz dieser Technologien.

2. **Genehmigungszwecke:** Die nationalen Gesetze müssen klarstellen, für welche spezifischen Zwecke und unter welchen Umständen die Strafverfolgungsbehörden berechtigt sein können, diese Technologie einzusetzen. Dabei geht es zum Beispiel um die Suche nach vermissten Personen, die Abwehr von Gefahren für die öffentliche Sicherheit oder die Verfolgung bestimmter schwerer Straftaten.

3. **Mitteilung an die EU-Kommission:** Die Mitgliedstaaten sind verpflichtet, die EU-Kommission über ihre nationalen Regelungen zu informieren, und zwar spätestens 30 Tage nachdem diese Regelungen in Kraft getreten sind.

4. **Strengere nationale Vorschriften:** Darüber hinaus können die Länder auch strengere Regelungen erlassen als die, die auf EU-Ebene vorgesehen sind, solange diese im Einklang mit dem Unionsrecht stehen. Dies ermöglicht es den Mitgliedstaaten, auf nationaler Ebene zusätzliche Schutzmaßnahmen für die Privatsphäre und die Grundrechte der Bürgerinnen und Bürger vorzusehen.

Beispiel

Angenommen, ein Land entscheidet, dass biometrische Echtzeit-Fernidentifizierungssysteme nur für die Suche nach vermissten Kindern und die Verhinderung von Terroranschlägen genutzt werden dürfen. Die nationalen Gesetze würden dann detailliert beschreiben, wie eine Behörde eine Genehmigung für solch einen Einsatz beantragt, welche Kriterien erfüllt sein müssen und wie der Einsatz überwacht und dokumentiert wird. Zudem müssten sie der EU-Kommission diese Regelungen mitteilen und könnten entscheiden, unter keinen Umständen die Nutzung dieser Technologie zur Überwachung von Demonstrationen zu erlauben, selbst wenn dies auf EU-Ebene unter bestimmten Umständen zulässig wäre.

Art. 5 Abs. 6 KI-VO bezieht sich auf die Überwachung und Berichterstattung der Nutzung von biometrischen Echtzeit-Fernidentifizierungssystemen in öffentlich zugänglichen Räumen für Zwecke der Strafverfolgung durch die Mitgliedstaaten der Europäischen Union.

- Die nationalen Marktüberwachungsbehörden und die nationalen Datenschutzbehörden der EU-Mitgliedstaaten sind verpflichtet, der Europäischen Kommission jährliche Berichte vorzulegen.
- Diese Berichte beziehen sich auf die Nutzung biometrischer Echtzeit-Fernidentifizierungssysteme in öffentlichen Bereichen für Strafverfolgungszwecke.
- Die Berichte enthalten Informationen über die Anzahl der Fälle, in denen eine Justizbehörde oder eine unabhängige Verwaltungsbehörde über Genehmigungsanträge für den Einsatz dieser Technologie entschieden hat.
- Zudem wird in den Berichten das Ergebnis dieser Entscheidungen festgehalten, also ob die Anträge genehmigt oder abgelehnt wurden.

- Um sicherzustellen, dass die Berichte einheitlich sind und alle notwendigen Informationen enthalten, stellt die Europäische Kommission den Mitgliedstaaten sowie den Marktüberwachungs- und Datenschutzbehörden ein standardisiertes Muster für die Berichterstattung zur Verfügung.
- Diese jährliche Berichterstattung ermöglicht es, einen Überblick darüber zu bekommen, wie oft und unter welchen Umständen biometrische Echtzeit-Fernidentifizierungssysteme in der EU für Strafverfolgungszwecke eingesetzt werden.
- Sie dient der Transparenz und der Überwachung, um sicherzustellen, dass der Einsatz solcher Technologien im Einklang mit den gesetzlichen Anforderungen und den Grundrechten der Bürgerinnen und Bürger steht.

Die EU-Kommission ist gemäß Art. 5 Abs. 7 KI-VO dafür verantwortlich, jährlich Berichte über den Einsatz von biometrischen Echtzeit-Fernidentifizierungssystemen in öffentlich zugänglichen Bereichen zu Strafverfolgungszwecken zu veröffentlichen. Diese Berichte basieren auf den zusammengefassten (aggregierten) Daten, die aus den Jahresberichten der einzelnen EU-Mitgliedstaaten stammen. Diese nationalen Berichte enthalten Informationen über die Genehmigung und Nutzung solcher Systeme.

Wichtig ist, dass diese veröffentlichten Jahresberichte keine sensiblen operativen Informationen enthalten dürfen. Das bedeutet, dass Details, die die Sicherheitsmaßnahmen oder laufende Ermittlungen gefährden könnten, nicht offengelegt werden.

Der Zweck dieser Berichte ist es, Transparenz zu schaffen und der Öffentlichkeit, den politischen Entscheidungsträgern und anderen Interessengruppen einen Überblick über den Einsatz dieser Technologien in der EU zu geben. Es soll ein Verständnis dafür geschaffen werden, wie oft und unter welchen Bedingungen biometrische Identifizierung in der Praxis genutzt wird, ohne dabei die Arbeit der Strafverfolgungsbehörden zu kompromittieren.

Beispiel

Nehmen wir an, ein biometrisches Echtzeit-Fernidentifizierungssystem wird in einer Weise eingesetzt, die zwar den spezifischen Anforderungen dieses Artikels entspricht, aber gegen die Datenschutz-Grundverordnung (DSGVO) verstößt, weil sie nicht den Prinzipien der Datenminimierung oder der Zweckbindung folgt. In diesem Fall würde der Einsatz des Systems, trotz der Einhaltung der Anforderungen für den Einsatz zu Strafverfolgungszwecken, gegen die DSGVO verstoßen und somit unzulässig sein.

Der Zweck dieser Bestimmung ist es klarzustellen, dass die Einhaltung der spezifischen Anforderungen dieses Artikels nicht von der Verpflichtung befreit, auch alle anderen relevanten EU-Rechtsvorschriften zu beachten. Es unterstreicht die Notwendigkeit, ein breites Spektrum von Rechtsgrundlagen und -prinzipien zu berücksichtigen, wenn KI-Systeme, insbesondere solche mit erheblichen potenziellen Auswirkungen auf die Grundrechte, eingesetzt werden.

3.3.2 Hochrisiko-KI-Systeme

Julia Fuith

Die Verordnung über Künstliche Intelligenz (im Folgenden: KI-VO) teilt KI-Systeme in unterschiedliche Kategorien ein, je nachdem wie viel Risiko für Gesundheit, Sicherheit oder Grundrechte natürlicher Personen von diesen ausgeht.

Die Einordnung eines KI-Systems in die Risikokategorien im Sinne der KI-VO erscheint als der wichtigste Schritt für einen potenziellen Anbieter, der sein System in der EU auf den Markt bringen bzw. in Betrieb nehmen will. Eine Klassifizierung als hochriskantes KI-System zieht als Folge nach sich, dass es bestimmte Anforderungen erfüllen muss und dass auf den Anbieter bestimmte Verpflichtungen zukommen.

3.3.2.1 Einstufung von KI als Hochrisiko-KI-System

Wie kann also ein Anbieter eines KI-Systems feststellen, ob dieses als hochriskant einzustufen oder nicht zu klassifizieren ist? Der ursprüngliche Vorschlag der EU-Kommission [1] gibt außer der Unterscheidung zwischen jenen KI-Systemen, die Sicherheitsbauteile eines unter die in Anhang I KI-VO aufgeführten Harmonisierungsrechtsvorschriften der Union fallenden Produkts oder selbst ein solches Produkt sind, und jenen eigenständigen KI-Systemen, die unter Anhang III KI-VO fallen, keine weiteren Anhaltspunkte für die Einordnung.

Dies hat sich jedoch im Laufe der Verhandlungen dahingehend geändert, dass man erkannt hat, dass die ursprüngliche angedachte Bestimmung zur Klassifizierung von eigenständigen, unter Anhang III KI-VO fallenden KI-Systemen zu wenig Hilfestellung für Anbieter bietet, da sie zu allgemein formuliert scheint. Daher hat man sich dazu entschieden, detaillierte Kriterien in Art. 6 KI-VO [2] aufzunehmen, die festlegen, in welchen Fällen ein KI-System gemäß Art. 6 Abs. 2 nicht als hochriskant einzustufen ist (vgl. ErwG 52 KI-VO).

Art. 6 Abs. 3 KI-VO sieht vor, dass „abweichend von Absatz 2 ein in Anhang III genanntes KI-System nicht als hochriskant gilt, wenn es kein erhebliches Risiko der Beeinträchtigung in Bezug auf die Gesundheit, Sicherheit oder Grundrechte natürlicher Personen birgt, indem es unter anderem nicht das Ergebnis der Entscheidungsfindung wesentlich beeinflusst.

Unterabsatz 1 gilt, wenn eine der folgenden Bedingungen erfüllt ist:

a) das KI-System ist dazu bestimmt, eine eng gefasste Verfahrensaufgabe durchzuführen;

b) das KI-System ist dazu bestimmt, das Ergebnis einer zuvor abgeschlossenen menschlichen Tätigkeit zu verbessern;

c) das KI-System ist dazu bestimmt, Entscheidungsmuster oder Abweichungen von früheren Entscheidungsmustern zu erkennen, und ist nicht dazu gedacht, die zuvor abgeschlossene menschliche Bewertung ohne eine angemessene menschliche Überprüfung zu ersetzen oder zu beeinflussen; oder

d) das KI-System ist dazu bestimmt, eine vorbereitende Aufgabe für eine Bewertung durchzuführen, die für die Zwecke der in Anhang III aufgeführten Anwendungsfälle relevant ist."

In ErwG 53 KI-VO wird näher ausgeführt, was unter der Formulierung „nicht wesentliche Beeinflussung des Ergebnisses der Entscheidungsfindung" zu verstehen ist, nämlich dass dieses „keine wesentlichen Auswirkungen auf den Inhalt und damit das Ergebnis der Entscheidungsfindung hat, unabhängig davon, ob es sich um menschliche oder automatisierte Entscheidungen handelt." Des Weiteren skizziert dieser ErwG auch Beispiele für die oben genannten Kriterien und erklärt diese eingehender, um den Anbietern eine weitere Hilfestellung für die Einstufung ihres KI-Systems zu geben.

Unter den in Art. 6 Abs. 3 lit a KI-VO genannten KI-Systemen zur Durchführung einer eng gefassten Verfahrensaufgabe wäre laut ErwG 53 z. B. ein KI-System zu verstehen, „das unstrukturierte Daten in strukturierte Daten umwandelt, ein KI-System, das eingehende Dokumente in Kategorien einordnet, oder ein KI-System, das zur Erkennung von Duplikaten unter einer großen Zahl von Anwendungen eingesetzt wird".

Unter den in Art. 6 Abs. 3 lit b KI-VO genannten KI-Systemen zur Verbesserung einer zuvor abgeschlossenen menschlichen Tätigkeit wäre laut ErwG 53 z. B. ein KI-System zu verstehen, welches „die in zuvor verfassten Dokumenten verwendete Sprache verbessern soll, etwa den professionellen Ton, den wissenschaftlichen Sprachstil oder um den Text an einen bestimmten mit einer Marke verbundenen Stil anzupassen."

Unter den in Art. 6 Abs. 3 lit c KI-VO genannten KI-Systemen zur Erkennung von Entscheidungsmustern oder Abweichungen von früheren Entscheidungsmustern wären laut ErwG 53 z. B. KI-Systeme zu verstehen, „die in Bezug auf ein bestimmtes Benotungsmuster eines Lehrers dazu verwendet werden können, nachträglich zu prüfen, ob der Lehrer möglicherweise von dem Benotungsmuster abgewichen ist, um so auf mögliche Unstimmigkeiten oder Unregelmäßigkeiten aufmerksam zu machen."

Unter den in Art. 6 Abs. 3 lit d KI-VO genannten KI-Systemen für die Durchführung vorbereitender Aufgaben für die Zwecke der in Anhang III angeführten Anwendungsfälle wären laut ErwG 53 z. B. „intelligente Lösungen für die Bearbeitung von Dossiers, wozu verschiedene Funktionen wie Indexierung, Suche, Text- und Sprachverarbeitung oder Verknüpfung von Daten mit anderen Datenquellen gehören, oder KI-Systeme zur Übersetzung von Dokumenten" zu verstehen.

Da das Profiling von natürlichen Personen als ein erheblicher Eingriff in deren Grundrechte angesehen wird, wird in Art. 6 Abs. 3 KI-VO festgelegt, dass solche KI-Systeme immer als hochriskant einzustufen sind, auch wenn sie oben angeführte Kriterien erfüllen würden.

Stellen Anbieter fest, dass ihr KI-System ein oder mehrere der in Art. 6 Abs. 3 festgelegten Kriterien erfüllt, sind sie gemäß Art. 6 Abs. 4 KI-VO dazu verpflichtet, diese Bewertung vor dem Inverkehrbringen oder der Inbetriebnahme zu dokumentieren sowie das KI-System in der EU-Datenbank für hochriskante KI-Systeme im Sinne des Art. 49 Abs. 2 KI-VO zu registrieren. Auf Verlangen der zuständigen nationalen Behörde ist diese Dokumentation auch vorzulegen.

Die EU-Kommission hat die KI-VO als Rechtsakt entworfen, für den es möglich sein soll, dass gewisse Bestimmungen möglichst rasch an neue technologische Entwicklungen angepasst werden können. Dafür sind in den meisten Fällen delegierte Rechtsakte vorgesehen, die verfahrensrechtlich, anders als im ordentlichen Gesetzgebungsverfahren, schneller abgewickelt werden können. Im Falle der oben angeführten Kriterien des Art. 6 Abs. 3 ist es für die EU-Kommission daher gemäß Art. 6 Abs. 6 KI-VO möglich, delegierte Rechtsakte zu erlassen, die die Liste dieser Kriterien erweitert bzw. verändert oder auch streicht – dies unterliegt jedoch strengen Voraussetzungen, die in dem gegenständlichen Absatz näher ausgeführt werden.

Als zusätzliche Unterstützung für Anbieter ist in Art. 6 Abs. 5 KI-VO vorgesehen, dass die EU-Kommission – nach Konsultation des Europäischen Gremiums für KI – spätestens 18 Monate nach dem Inkrafttreten der Verordnung Leitlinien zur praktischen Umsetzung dieses Artikels und eine umfassende Liste praktischer Beispiele für Anwendungsfälle von Hochrisiko- und Nicht-Hochrisiko-KI-Systemen zur Verfügung stellen muss.

Des Weiteren können die Erwägungsgründe, die die einzelnen Bestimmungen der KI-VO näher ausführen, auch in diesem Fall eine zusätzliche Hilfestellung für die Auslegung des Art. 6 KI-VO bieten, um KI-Systeme „besser" als hochriskante Systeme, die unter Art. 6 Abs. 1 oder 2 fallen könnten, einordnen zu können. ErwG 46–63 führen näher aus, was sich der EU-Gesetzgeber bei der Formulierung der Bestimmungen zu den hochriskanten KI-Systemen (Art. 6 in Verbindung mit Anhang I und Anhang III) gedacht hat.

Wie weiter oben schon angeführt, unterscheidet Art. 6 KI-VO zwei unterschiedliche Arten von hochriskanten KI-Systemen:

Art. 6 Abs. 1 KI-VO betrifft jene KI-Systeme, die als Sicherheitsbauteile für ein Produkt verwendet werden, das bereits der Regulierung einer der in Anhang I angeführten EU-Rechtsakte unterliegt, oder die selbst ein solches Produkt sind und gemäß den in Anhang I angeführten einschlägigen EU-Rechtsakten einem Konformitätsbewertungsverfahren durch eine als Dritte auftretende Konformitätsbewertungsstelle (sogenannte „notifizierte Stelle") unterzogen wurden.

Die in Anhang I Abschnitt A KI-VO angeführten Harmonisierungsvorschriften, die auf dem New Legislative Framework basieren, betreffen (wie auch in ErwG 50 KI-VO angeführt) Produkte wie Maschinen, Spielzeuge, Aufzüge, Geräte und Schutzsysteme zur bestimmungsgemäßen Verwendung in explosionsgefährdeten Bereichen, Funkanlagen, Druckgeräte, Sportbootausrüstung, Seilbahnen, Geräte zur Verbrennung gasförmiger Brennstoffe, Medizinprodukte und In-vitro-Diagnostika.

Der EU-Gesetzgeber hatte mit dieser Bestimmung, nämlich Art. 6 Abs. 1 KI-VO, die Intention, den Fokus auf KI-Anwendungen, die eine tatsächliche Auswirkung auf die Sicherheit haben (und insbesondere auf die Sicherheit von Produkten), zu legen. Man wollte bereits etablierte und umfassende Rechtsvorschriften, die viele risikobehaftete Produkte regeln (Beispiele im vorherigen Absatz angeführt), berücksichtigen und sicherstellen, dass die KI-VO vollständig in die einschlägigen sektoralen Rechtsvorschriften integriert wird. Das geschieht dahingehend, dass etwa einschlägige Definitionen (z.B. „Sicherheitsbauteil") angeglichen werden, aber auch die Tatsache, dass man die Konformitätsbewertung des Produktes in den sektoralen Rechtsvorschriften als Kriterium für ein hohes Risikoniveau wertet sowie auf das Durchsetzungsinstrument der sektoralen Gesetzgebung zurückgreift.

Was heißt das konkret für Anbieter, deren KI-System ein solcher Sicherheitsbauteil eines Produkts darstellt oder das Produkt selbst ist, das unter einen der in Anhang I Abschnitt A KI-VO angeführten Rechtsakte fällt und für welche nach einem der angeführten EU-Rechtsakte ein Konformitätsbewertungsverfahren durch eine als Dritte auftretende Konformitätsbewertungsstelle durchgeführt werden muss? Ein solches KI-System wird als hochriskant im Sinne des Art. 6 Abs. 1 KI-VO klassifiziert. Daher haben Anbieter auch in diesem Fall die in Art. 16 ff. KI-VO aufgeführten Verpflichtungen einzuhalten (s. Abschnitt 3.3.2.2 Anforderungen an Hochrisiko-KI-Systeme). Interagiert das gegenständliche KI-System zudem mit Menschen, oder generiert es synthetische Audio-, Bild-, Video- oder Textinhalte, hat der Anbieter zusätzlich noch Transparenzpflichten gemäß Art. 50 KI-VO einzuhalten.

Steht der Sicherheitsbauteil eines KI-Systems oder das KI-System als Produkt selbst in Zusammenhang mit jenen EU-Rechtsakten, die unter Anhang I Abschnitt B KI-VO angeführt werden, ist gemäß Art. 2 Abs. 2 KI-VO nur Art. 112 KI-VO (Überprüfung der KI-VO, Änderung der Anhänge, Berichte zur KI-VO) anzuwenden. Die Nichtanwendung der restlichen KI-VO in diesem Fall begründet sich darin, dass sich die regulatorische Logik für KI und diese Rechtsakte erheblich unterscheiden. Beispiele für unter Anhang I Abschnitt B KI-VO fallende Bereiche sind z. B. Zivilluftfahrt, land- und forstwirtschaftliche Fahrzeuge, Kfz und ihre Anhänger, Schiffsausrüstung u. a.

Art. 6 Abs. 2 KI-VO sieht vor, dass alle jene KI-Systeme als hochriskant zu klassifizieren sind, die in einen der Bereiche des Anhangs III KI-VO fallen. Neben dem hohen Risiko der Schädigung von Gesundheit und Sicherheit oder der Grundrechte von Personen legt ErwG 52 KI-VO dem Anbieter nahe, sowohl „die Schwere des möglichen Schadens als auch die Wahrscheinlichkeit seines Auftretens zu berücksichtigen." Die Methodik und die Kriterien für die Bestimmung solcher Systeme ist laut ErwG 52 die gleiche, die für künftige Änderungen der Liste der Hochrisiko-KI-Systeme in Anhang III gemäß Art. 7 KI-VO vorgesehen ist, um dem rasanten Tempo der technologischen Entwicklung sowie den möglichen Änderungen bei der Verwendung von KI-Systemen

Rechnung zu tragen. Art. 7 KI-VO legt strenge Kriterien für das Erlassen von delegierten Rechtsakten durch die EU-Kommission betreffend das Hinzufügen oder Verändern sowie das Streichen von Anwendungsfällen des Anhangs III KI-VO fest.

Wie im vorherigen Absatz ausgeführt, ist ein KI-System unter anderem als hochriskant einzustufen, wenn dieses eine erhebliche Gefahr für die Grundrechte von Personen darstellt. In ErwG 48 KI-VO wird betont, dass es für die Klassifizierung eines KI-Systems als hochriskant besonders bedeutend ist, wie umfangreich die nachteiligen Auswirkungen auf die durch die Europäische Grundrechte-Charta [4] geschützten Grundrechte sind. Im gegenständlichen ErwG werden diese dann aufgelistet, dazu zählen etwa die Würde des Menschen, die Achtung des Privat- und Familienlebens, der Schutz personenbezogener Daten und viele mehr (siehe Abschnitt 3.4).

Nachfolgend soll skizziert werden, welche Bereiche bzw. Anwendungsfälle der Anhang III KI-VO umfasst. Des Weiteren werden einige Beispiele solcher Anwendungsfälle angeführt, um Anbietern näher zu illustrieren, welche KI-Systeme in der Praxis zukünftig tatsächlich in einen der in Anhang III angeführten Bereiche fallen könnten. An dieser Stelle wird – wie schon ausgeführt – noch einmal auf Art. 6 Abs. 5 KI-VO verwiesen, der eine Pflicht der EU-Kommission vorsieht, in diesem Zusammenhang Leitlinien für die praktische Umsetzung einschließlich einer Liste von Praxisbeispielen von hochriskanten und nicht hochriskanten Anwendungsfällen bis spätestens 18 Monate nach Inkrafttreten der KI-VO zur Verfügung zu stellen.

3.3.2.2 Anhang III

1. Biometrie, soweit ihr Einsatz nach einschlägigem Unionsrecht oder nationalem Recht zugelassen ist

a) biometrische Fernidentifizierungssysteme
Dazu gehören nicht KI-Systeme, die bestimmungsgemäß für die biometrische Verifizierung, deren einziger Zweck darin besteht, zu bestätigen, dass eine bestimmte natürliche Person die Person ist, für die sie sich ausgibt, verwendet werden sollen;

b) KI-Systeme, die bestimmungsgemäß für die biometrische Kategorisierung nach sensiblen oder geschützten Attributen oder Merkmalen auf der Grundlage von Rückschlüssen auf diese Attribute oder Merkmale verwendet werden sollen;

c) KI-Systeme, die bestimmungsgemäß zur Emotionserkennung verwendet werden sollen.

Was ist unter einem biometrischen Fernidentifizierungssystem zu verstehen? Art. 3 Abs. 41 KI-VO definiert dieses als ein KI-System, „das dem Zweck dient, natürliche Personen ohne ihre aktive Einbeziehung und in der Regel aus der Ferne durch Abgleich der biometrischen Daten einer Person mit den in einer Referenzdatenbank gespeicherten biometrischen Daten zu identifizieren“.

ErwG 54 KI-VO führt näher aus, warum die Einordnung von biometrischen Fernidentifizierungssystemen als hochriskant so wichtig erscheint: „Technische Ungenauigkeiten von KI-Systemen, die für die biometrische Fernidentifizierung natürlicher Personen bestimmt sind, können zu verzerrten Ergebnissen führen und eine diskriminierende Wirkung haben. Das Risiko solcher verzerrter Ergebnisse und solcher diskriminierender Wirkungen ist von besonderer Bedeutung, wenn es um das Alter, die ethnische Herkunft, die Rasse, das Geschlecht oder Behinderungen geht."

Im ursprünglichen Vorschlag der EU-Kommission [1] waren die unter Anhang III/1b) und c) angeführten Anwendungsfälle nicht vorgesehen, KI-Systeme zur biometrischen Kategorisierung und sowie jene zur Emotionserkennung unterlagen nur Transparenzpflichten. Im finalen Text der Verordnung [2] sind diese Anwendungsfälle dahingehend enthalten, dass KI-Systeme, die für die biometrische Kategorisierung nach sensiblen Attributen oder Merkmalen, die gemäß Art. 9 Abs. 1 DSGVO [3] auf der Grundlage biometrischer Daten geschützt sind, sowie KI-Systeme zur Emotionserkennung als hochriskant eingestuft werden. An dieser Stelle wird auf Abschnitt 3.3.1 zu den verbotenen Praktiken verwiesen, da andere Anwendungsfälle biometrischer Kategorisierung sowie Emotionserkennung im Sinne des Art. 5 KI-VO [2] verboten sind.

2. Kritische Infrastruktur

KI-Systeme, die bestimmungsgemäß als Sicherheitsbauteile im Rahmen der Verwaltung und des Betriebs kritischer digitaler Infrastruktur, des Straßenverkehrs oder der Wasser-, Gas-, Wärme- oder Stromversorgung verwendet werden sollen

Warum werden diese Systeme als hochriskant eingestuft? ErwG 55 KI-VO führt dazu aus, dass „Sicherheitsbauteile kritischer Infrastruktur, einschließlich kritischer digitaler Infrastruktur, verwendet werden, um die physische Integrität kritischer Infrastruktur oder die Gesundheit und Sicherheit von Personen und Eigentum zu schützen, die aber nicht notwendig sind, damit das System funktioniert. Ausfälle oder Störungen solcher Komponenten können direkt zu Risiken für die physische Integrität kritischer Infrastruktur und somit zu Risiken für die Gesundheit und Sicherheit von Personen und Eigentum führen." Als Beispiele für solche Systeme nennt der gegenständliche ErwG etwa Systeme für die Überwachung des Wasserdrucks oder Feuermelder-Kontrollsysteme in Cloud-Computing-Zentren.

3. Allgemeine und berufliche Bildung

a) KI-Systeme, die bestimmungsgemäß zur Feststellung des Zugangs oder der Zulassung oder zur Zuweisung natürlicher Personen zu Einrichtungen aller Ebenen der allgemeinen und beruflichen Bildung verwendet werden sollen;

b) KI-Systeme, die bestimmungsgemäß für die Bewertung von Lernergebnissen verwendet werden sollen, einschließlich des Falles, dass diese Ergebnisse dazu dienen, den Lernprozess natürlicher Personen in Einrichtungen oder Programmen aller Ebenen der allgemeinen und beruflichen Bildung zu steuern;

c) KI-Systeme, die bestimmungsgemäß zum Zweck der Bewertung des angemessenen Bildungsniveaus, das eine Person im Rahmen von oder innerhalb von Einrichtungen aller Ebenen der allgemeinen und beruflichen Bildung erhalten wird oder zu denen sie Zugang erhalten wird, verwendet werden sollen;

d) KI-Systeme, die bestimmungsgemäß zur Überwachung und Erkennung von verbotenem Verhalten von Schülern bei Prüfungen im Rahmen von oder innerhalb von Einrichtungen aller Ebenen der allgemeinen und beruflichen Bildung verwendet werden sollen.

In ErwG 56 KI-VO wird näher ausgeführt, warum die angeführten Anwendungsfälle im Bildungsbereich als hochriskant eingestuft werden, auch wenn der Einsatz von KI zur Förderung der Bildung und zum Erwerb digitaler Kompetenzen prinzipiell gutzuheißen ist. Die in Anhang III/3a–d KI-VO aufgelisteten Anwendungsfälle würden „über den Verlauf der Bildung und des Berufslebens einer Person entscheiden und können daher ihre Fähigkeit beeinträchtigen, ihren Lebensunterhalt zu sichern. Bei unsachgemäßer Konzeption und Verwendung können solche Systeme sehr intrusiv sein und das Recht auf Bildung sowie das Recht auf Nichtdiskriminierung verletzen und historische Diskriminierungsmuster fortschreiben, beispielsweise gegenüber Frauen, bestimmten Altersgruppen und Menschen mit Behinderungen oder Personen mit einer bestimmten rassischen oder ethnischen Herkunft oder sexuellen Ausrichtung“.

4. Beschäftigung, Personalmanagement und Zugang zur Selbstständigkeit

a) KI-Systeme, die bestimmungsgemäß für die Einstellung oder Auswahl natürlicher Personen verwendet werden sollen, insbesondere um gezielte Stellenanzeigen zu schalten, Bewerbungen zu sichten oder zu filtern und Bewerberinnen und Bewerber zu bewerten;

b) KI-Systeme, die bestimmungsgemäß für Entscheidungen, die die Bedingungen von Arbeitsverhältnissen, Beförderungen und Kündigungen von Arbeitsvertragsverhältnissen beeinflussen, für die Zuweisung von Aufgaben aufgrund des individuellen Verhaltens oder persönlicher Merkmale oder Eigenschaften oder für die Beobachtung und Bewertung der Leistung und des Verhaltens von Personen in solchen Beschäftigungsverhältnissen verwendet werden soll.

ErwG 57 KI-VO erklärt die Einordnung der unter Anhang III/4a und b KI-VO angeführten Anwendungsfälle als hochriskant damit, dass „diese Systeme die künftigen Karriereaussichten und die Lebensgrundlagen dieser Personen und die Arbeitnehmer- und Arbeitnehmerinnenrechte spürbar beeinflussen können". Auch bei diesen Anwendungsfällen bestehe die Gefahr der Fortschreibung von historischen Diskriminierungsmustern, ähnlich wie bei den in Anhang III/3 KI-VO genannten Anwendungsfällen. KI-Systeme, die zur Überwachung der Leistung und des Verhaltens dieser Personen dienen, könnten auch deren Grundrechte auf Datenschutz und Privatsphäre beeinträchtigen.

5. Zugänglichkeit und Inanspruchnahme grundlegender privater und grundlegender öffentlicher Dienste und Leistungen:

a) KI-Systeme, die bestimmungsgemäß von Behörden oder im Namen von Behörden verwendet werden sollen, um zu beurteilen, ob natürliche Personen Anspruch auf grundlegende öffentliche Unterstützungsleistungen und -dienste, einschließlich Gesundheitsdiensten, haben und ob solche Leistungen und Dienste zu gewähren, einzuschränken, zu widerrufen oder zurückzufordern sind;

b) KI-Systeme, die bestimmungsgemäß für die Kreditwürdigkeitsprüfung und Bonitätsbewertung natürlicher Personen verwendet werden sollen, mit Ausnahme von KI-Systemen, die zur Aufdeckung von Finanzbetrug verwendet werden;

c) KI-Systeme, die bestimmungsgemäß für die Risikobewertung und Preisbildung in Bezug auf natürliche Personen im Fall von Lebens- und Krankenversicherungen verwendet werden sollen;

d) KI-Systeme, die bestimmungsgemäß zur Bewertung und Klassifizierung von Notrufen von natürlichen Personen oder für die Entsendung oder Priorisierung des Einsatzes von Not- und Rettungsdiensten, einschließlich Polizei, Feuerwehr und medizinischer Nothilfe, sowie für Systeme für die Triage von Patienten bei der Notfallversorgung verwendet werden sollen.

In ErwG 58 KI-VO wird einerseits ausführlich erklärt, warum die Einstufung der KI-Systeme als hochriskant in diesem Bereich besonders wichtig ist und warum bestimmte aufgelistete Anwendungsfälle besonders in manche Grundrechte von Personen eingreifen können.

KI-Systeme nach Anhang III/5a KI-VO, die den Anspruch natürlicher Personen auf grundlegende staatliche Unterstützungsleistungen wie Gesundheitsleistungen, Leistungen der Sozialversicherung oder soziale Dienste in Fällen wie Mutterschaft, Krankheit, Arbeitsunfall, Pflegebedürftigkeit oder Alter und Arbeitsplatzverlust sowie Sozial- und Wohnungsunterstützung beurteilen, „können erhebliche Auswirkungen auf die Lebensgrundlage von Personen haben und ihre Grundrechte wie etwa das Recht auf sozialen Schutz, Nichtdiskriminierung, Menschenwürde oder einen wirksamen Rechtsbehelf verletzen" (ErwG 58 KI-VO).

KI-Systeme nach Anhang III/5b sollen als hochriskant eingestuft werden, „da sie den Zugang dieser Personen zu Finanzmitteln oder wesentlichen Dienstleistungen wie etwa Wohnraum, Elektrizität und Telekommunikationsdienstleistungen bestimmen“ (ErwG 58 KI-VO). Des Weiteren bestehe bei diesem Anwendungsfall auch die Gefahr der Diskriminierung und die Fortschreibung historischer Diskriminierungsmuster, wie etwa aufgrund der rassischen oder ethnischen Herkunft, des Geschlechts, einer Behinderung, des Alters oder der sexuellen Ausrichtung, oder die Gefahr neuer Formen von Diskriminierung.

Ausgenommen sollen hier aber KI-Systeme sein, „die nach Unionsrecht zur Aufdeckung von Betrug beim Angebot von Finanzdienstleistungen oder für Aufsichtszwecke zur Berechnung der Eigenkapitalanforderungen von Kreditinstituten und Versicherungsunternehmen verwendet werden“ (ErwG 58 KI-VO).

Der Anwendungsfall nach Anhang III/5c KI-VO war im ursprünglichen Vorschlag [1] nicht enthalten. Dieser wurde jedoch im Laufe der Verhandlungen in Anhang III aufgenommen, da die Entscheidung eines solchen KI-Systems „auch erhebliche Auswirkungen auf die Existenzgrundlage der Menschen haben und bei nicht ordnungsgemäßer Konzeption, Entwicklung und Verwendung schwerwiegende Konsequenzen für das Leben und die Gesundheit von Menschen nach sich ziehen kann, einschließlich finanzieller Ausgrenzung und Diskriminierung“ (ErwG 58 KI-VO).

KI-Systeme nach Anhang III/5d KI-VO werden als hochriskant eingestuft, „da sie in für das Leben und die Gesundheit von Personen und für ihr Eigentum sehr kritischen Situationen Entscheidungen treffen“ (ErwG 58 KI-VO).

6. Strafverfolgung, soweit ihr Einsatz nach einschlägigem Unionsrecht oder nationalem Recht zugelassen ist:

a) KI-Systeme, die bestimmungsgemäß von Strafverfolgungsbehörden oder in deren Namen oder von Organen, Einrichtungen und sonstigen Stellen der Union zur Unterstützung von Strafverfolgungsbehörden oder in deren Namen zur Bewertung des Risikos einer natürlichen Person, zum Opfer von Straftaten zu werden, verwendet werden sollen;

b) KI-Systeme, die bestimmungsgemäß von Strafverfolgungsbehörden oder in deren Namen oder von Organen, Einrichtungen und sonstigen Stellen der Union zur Unterstützung von Strafverfolgungsbehörden als Lügendetektoren oder ähnliche Instrumente verwendet werden sollen;

c) KI-Systeme, die bestimmungsgemäß von Strafverfolgungsbehörden oder in deren Namen oder von Organen, Einrichtungen und sonstigen Stellen der Union zur Unterstützung von Strafverfolgungsbehörden zur Bewertung der Verlässlichkeit von Beweismitteln im Zuge der Ermittlung oder Verfolgung von Straftaten verwendet werden sollen;

d) KI-Systeme, die bestimmungsgemäß von Strafverfolgungsbehörden oder in deren Namen oder von Organen, Einrichtungen und sonstigen Stellen der Union zur Unterstützung von Strafverfolgungsbehörden zur Bewertung des Risikos, dass eine natürliche Person eine Straftat begeht oder erneut begeht, nicht nur auf der Grundlage der Erstellung von Profilen natürlicher Personen gemäß Artikel 3 Absatz 4 der Richtlinie (EU) 2016/680 oder zur Bewertung persönlicher Merkmale und Eigenschaften oder vergangenen kriminellen Verhaltens von natürlichen Personen oder Gruppen verwendet werden sollen;

e) KI-Systeme, die bestimmungsgemäß von Strafverfolgungsbehörden oder in deren Namen oder von Organen, Einrichtungen und sonstigen Stellen der Union zur Unterstützung von Strafverfolgungsbehörden zur Erstellung von Profilen natürlicher Personen gemäß Artikel 3 Absatz 4 der Richtlinie (EU) 2016/680 im Zuge der Aufdeckung, Ermittlung oder Verfolgung von Straftaten verwendet werden sollen.

In ErwG 59 KI-VO wird näher ausgeführt, warum gerade im Bereich der Strafverfolgung bestimmte Anwendungsfälle als hochriskant eingestuft werden sollen.

KI-Systeme, die durch Strafverfolgungsbehörden verwendet werden, seien durch ein erhebliches Machtungleichgewicht gekennzeichnet und könnten für betroffene Personen massiv zu nachteiligen Auswirkungen auf die in der Charta [4] verankerten Grundrechte führen. In diesem Bereich scheint es besonders kritisch, wenn KI-Systeme etwa nicht den Anforderungen der KI-VO an die Qualität der Daten für das Training von KI-Systemen entsprächen, die Anforderungen an seine Leistung, Genauigkeit oder Robustheit nicht erfüllten oder wenn nicht ordnungsgemäß konzipiert und getestet würde, da dies zur Diskriminierung von betroffenen Personen führen könne. Bei mangelnder Transparenz, Erklärbarkeit und Dokumentation könnten die Ausübung wichtiger verfahrensrechtlicher Grundrechte wie etwa des Rechts auf einen wirksamen Rechtsbehelf und ein unparteiisches Gericht sowie das Verteidigungsrecht und die Unschuldsvermutung behindert werden.

Aus diesen Gründen werden die unter Anhang III/6a-e KI-VO angeführten Anwendungsfälle als hochriskant eingestuft.

7. Migration, Asyl und Grenzkontrolle, soweit ihr Einsatz nach einschlägigem Unionsrecht oder nationalem Recht zugelassen ist:

a) KI-Systeme, die bestimmungsgemäß von zuständigen Behörden oder in deren Namen oder Organen, Einrichtungen und sonstigen Stellen der Union als Lügendetektoren verwendet werden sollen oder ähnliche Instrumente;

b) KI-Systeme, die bestimmungsgemäß von zuständigen Behörden oder in deren Namen oder von Organen, Einrichtungen und sonstigen Stellen der Union zur Bewertung eines Risikos verwendet werden sollen, einschließlich eines Sicherheitsrisikos, eines Risikos der irregulären Einwanderung oder eines Gesundheitsrisikos, das von einer natürlichen Person ausgeht, die in das Hoheitsgebiet eines Mitgliedstaats einzureisen beabsichtigt oder eingereist ist;

c) KI-Systeme, die bestimmungsgemäß von zuständigen Behörden oder in deren Namen oder von Organen, Einrichtungen und sonstigen Stellen der Union verwendet werden sollen, um zuständige Behörden bei der Prüfung von Asyl- und Visumanträgen sowie Aufenthaltstiteln und damit verbundenen Beschwerden im Hinblick auf die Feststellung der Berechtigung der den Antrag stellenden natürlichen Personen, einschließlich damit zusammenhängender Bewertungen der Verlässlichkeit von Beweismitteln, zu unterstützen;

d) KI-Systeme, die bestimmungsgemäß von oder im Namen der zuständigen Behörden, oder Organen, Einrichtungen und sonstigen Stellen der Union, im Zusammenhang mit Migration, Asyl oder Grenzkontrolle zum Zwecke der Aufdeckung, Anerkennung oder Identifizierung natürlicher Personen verwendet werden sollen, mit Ausnahme der Überprüfung von Reisedokumenten.

ErwG 60 KI-VO begründet die Einstufung der unter Anhang III/7a–d KI-VO angeführten Anwendungsfälle als hochriskant dahingehend, dass die in diesem Bereich eingesetzten KI-Systeme Menschen in prekären Lagen betreffen würden, die vom Ergebnis der Maßnahmen der zuständigen Behörden abhängig seien. Daher seien hier die Genauigkeit, der nichtdiskriminierende Charakter und die Transparenz dieser KI-Systeme für die Wahrung der Grundrechte der betroffenen Personen (insbesondere die Rechte auf Freizügigkeit, Nichtdiskriminierung, Schutz des Privatlebens und personenbezogener Daten, internationaler Schutz und gute Verwaltung) wichtig.

KI-Systeme im Bereich Migration, Asyl und Grenzkontrolle, die unter einen der unter Anhang III/7a – d KI-VO angeführten Anwendungsfälle fallen, sollten einschlägigen Verfahrensvorschriften der Union entsprechen sowie nicht zur Umgehung internationaler Verpflichtungen wie z. B. aus der Genfer Flüchtlingskonvention verwendet werden. Des Weiteren seien der Grundsatz der Nichtzurückweisung sowie das Recht auf internationalen Schutz einzuhalten (ErwG 60 KI-VO).

8. Rechtspflege und demokratische Prozesse

a) KI-Systeme, die bestimmungsgemäß von einer oder im Namen einer Justizbehörde verwendet werden sollen, um eine Justizbehörde bei der Ermittlung und Auslegung von Sachverhalten und Rechtsvorschriften und bei der Anwendung des Rechts auf konkrete Sachverhalte zu unterstützen, oder die auf ähnliche Weise für die alternative Streitbeilegung genutzt werden sollen;

b) KI-Systeme, die bestimmungsgemäß verwendet werden sollen, um das Ergebnis einer Wahl oder eines Referendums oder das Wahlverhalten natürlicher Personen bei der Ausübung ihres Wahlrechts bei einer Wahl oder einem Referendum zu beeinflussen. Dazu gehören nicht KI-Systeme, deren Ausgaben natürliche Personen nicht direkt ausgesetzt sind, wie Instrumente zur Organisation, Optimierung oder Strukturierung politischer Kampagnen in administrativer oder logistischer Hinsicht.

KI-Systeme in diesem Bereich werden nach ErwG 61 KI-VO als hochriskant eingestuft, da diese Systeme erhebliche Auswirkungen auf die Demokratie, die Rechtsstaatlichkeit, die individuellen Freiheiten sowie das Recht auf einen wirksamen Rechtsbehelf und ein unparteiisches Gericht haben können. Im Zusammenhang mit dem Anwendungsfall in Anhang III/8a KI-VO wird in ErwG 61 KI-VO betont, dass ein solches KI-System im Justizbereich die Entscheidungsgewalt von Richtern oder die Unabhängigkeit der Justiz stets nur unterstützen, aber nie ersetzen könne. Die endgültige Entscheidungsfindung müsse eine von Menschen gesteuerte Tätigkeit bleiben. KI-Systeme für rein begleitende Verwaltungstätigkeiten wie etwa die Anonymisierung oder Pseudonymisierung gerichtlicher Urteile, Dokumente oder Daten, die die tatsächliche Rechtspflege in Einzelfällen nicht beeinträchtigen, sollten nicht als hochriskant eingestuft werden.

Der in Anhang III/8b KI-VO angeführte Anwendungsfall war im ursprünglichen Vorschlag [1] nicht enthalten. Dieser wurde jedoch in Anhang III aufgenommen, um den „Risiken eines unzulässigen externen Eingriffs in das in Artikel 39 der Charta [4] verankerte Wahlrecht und nachteiligen Auswirkungen auf die Demokratie und die Rechtsstaatlichkeit zu begegnen“ (ErwG 62 KI-VO).

Quellen

[1] Europäische Kommission, Vorschlag für eine Verordnung zur Festlegung harmonisierter Vorschriften für Künstliche Intelligenz (Gesetz über Künstliche Intelligenz) und zur Änderung bestimmter Rechtsakte der Union (COM/2021/206 final), 21. 04. 2021.

[2] Verordnung (EU) 2024/1689 vom 13. Juni 2024 zur Festlegung harmonisierter Vorschriften für künstliche Intelligenz und zur Änderung der Verordnungen (EG) Nr. 300/2008, (EU) Nr. 167/2013, (EU) Nr. 168/2013, (EU) 2018/858, (EU) 2018/1139 und (EU) 2019/2144 sowie der Richtlinien 2014/90/EU, (EU) 2016/797 und (EU) 2020/1828 (Verordnung über künstliche Intelligenz), ABl. L, 2024/1689, 12. 07. 2024.

[3] Verordnung (EU) 2016/679 vom 27. April 2016 zum Schutz natürlicher Personen bei der Verarbeitung personenbezogener Daten, zum freien Datenverkehr und zur Aufhebung der Richtlinie 95/46/EG (Datenschutz-Grundverordnung), ABl. L 119 vom 04. 05. 2016, S. 1.

[4] Charta der Grundrechte der Europäischen Union, ABl. C 326 vom 26. 10. 2012, S. 391.

3.3.2.3 Anforderungen an Hochrisiko-KI-Systeme

Natascha Windholz

Die Klassifizierung, wann eine Hochrisiko-KI vorliegt, wurde im vorhergehenden Abschnitt 3.3.2.1 beschrieben, aber sobald die Klassifizierung feststeht, muss das Hochrisiko-KI-System bestimmte Anforderungen erfüllen. Diese werden in Art. 8 ff. KI-VO dargestellt.

Art. 8 KI-VO selbst verweist in Abs. 1 lediglich darauf, dass der Stand der Technik zu berücksichtigen ist und ein Risikomanagementsystem wie in Art. 9 KI-VO beschrieben vorhanden sein muss. Abs. 2 hält explizit fest, dass gemäß Anhang 1 Abschnitt A KI-VO der Anbieter sicherstellen muss, dass das Produkt zunächst die Anforderung dieser spezifischen Norm erfüllen muss und die Anforderungen der KI-VO bez. Hochrisiko-KI quasi „on top“ dazukommen. Beispielsweise müsste ein Medizinprodukt, dessen Sicherheitskomponente ein Hochrisiko-KI-System ist, zunächst die Anforderungen der Medizinprodukte-Verordnung erfüllen und in weiterer Folge die Anforderungen des Art. 8 ff. KI-VO. Um sich die doppelte Arbeit zu ersparen, dürfen Anbieter die Erfüllung der Anforderungen der KI-VO in ihre Produktdokumentation gemäß der anwendbaren Norm des Anhang I integrieren. Um das angeführte Beispiel fortzuschreiben, der Anbieter müsste also nicht zwei Dokumentationen führen, eine nach Medizinprodukte-Verordnung und eine gemäß KI-VO, sondern darf die Dokumentation der KI-VO in jene gemäß Medizinprodukte-Verordnung integrieren.

3.3.2.3.1 Risikomanagementsystem

Jedes Hochrisiko-KI-System muss gemäß Art. 9 KI-VO ein Risikomanagementsystem haben, welches über den gesamten Lebenszyklus des KI-Systems hinweg geplant, durchgeführt, aufrechterhalten und regelmäßig überprüft wird.

Betrachtet werden müssen nur solche Risiken, die durch die Entwicklung oder Konzeption des Hochrisiko-KI-Systems oder durch die Bereitstellung ausreichender technischer Informationen angemessen gemindert oder behoben werden können. Völlig unvorhersehbare Risiken (im Risikomanagement auch als „schwarze Schwäne“ bezeichnet) müssen nicht betrachtet werden.

Die KI-VO erwartet vom Betreiber das notwendige technische Know-how, um Risiken beseitigen oder verringern zu können, die mit der Verwendung des Hochrisiko-KI einhergehen.

Checkliste: Schritte im Risikomanagement

1. Ermittlung und Analyse der bekannten und vorhersehbaren Risiken
   - *Prüffrage: Welche Risiken hat das Hochrisiko-KI-System für Gesundheit, Sicherheit oder Grundrechte, wenn es entsprechend seiner Zweckbestimmung verwendet wird?*
2. Abschätzung und Bewertung der Risiken
   - *Prüffrage: Welche Risiken können entstehen, wenn das Hochrisiko-KI-System entsprechend seiner Zweckbestimmung oder im Rahmen einer vernünftigerweise vorhersehbaren Fehlanwendung verwendet wird?*
3. Bewertung anderer möglicherweise auftretender Risiken
   - *Prüffrage: Wie können Risiken, die nach Inverkehrbringen durch Auswertung der Daten aus dem Beobachtungssystem gemäß* Art. 72 KI-VO *mitigiert werden?*
4. Ergreifung geeigneter und gezielter Risikomanagementmaßnahmen
   - *Prüffrage: Welche Maßnahmen können zur Bewältigung der festgestellten Risiken aus der ersten Frage ergriffen werden?*
   - *Prüffrage: Werden Auswirkungen und mögliche Wechselwirkungen gebührend berücksichtigt?*

- *Prüffrage: Werden solche Maßnahmen ergriffen, die dazu führen, dass das mit einer bestimmten Gefahr verbundene Restrisiko sowie das Gesamtrestrisiko vertretbar eingestuft werden können?*
  - *Subfrage: Werden, soweit technisch möglich, die Risiken durch geeignete Konzeption und Entwicklung des KI-Systems beseitigt oder verringert?*
  - *Subfrage: Werden angemessene Minderungs- und Kontrollmaßnahmen zur Bewältigung eines nicht auszuschließenden Risikos ergriffen?*
  - *Subfrage: Werden die erforderlichen Informationen gemäß Art. 13 bereitgestellt bzw. erfolgt eine Schulung der Betreiber?*
- *Prüffrage: Wurde das KI-System getestet, um die am besten geeigneten Maßnahmen zu ermitteln? (siehe* Abschnitt 3.8.3 *zu Tests außerhalb von KI-Reallaboren)*
  - *Subfrage: Wurde das System während des gesamten Entwicklungsprozesses getestet oder zumindest vor Inverkehrbringen/Inbetriebnahme?*
- *Prüffrage: Wurde berücksichtigt, ob das KI-System wahrscheinlich nachteilige Auswirkungen auf Personen unter 18 Jahren oder auf andere schutzbedürftige Gruppen hat?*
- *Prüffrage: Wurden im Risikomanagementprozess weitere anwendbare Rechtsvorschriften beachtet?*

3.3.2.3.2 Daten und Data Governance

Daten und Datensätze sind eine zwingende Voraussetzung für den Einsatz von KI-Systemen. Die Arten von Daten wurden bereits in Abschnitt 3.1 beschrieben.

Für die verschiedenen Arten von Daten, d. h. Trainings-, Validierungs- und Testdatensätze, müssen Data Governance und Datenverwaltungsverfahren gemäß Art. 10 KI-VO etabliert werden, die für die Zweckbestimmung des Hochrisiko-KI-Systems geeignet sind. Die Daten und Datensätze müssen also Qualitätskriterien erfüllen, die auf den Zweck des Hochrisiko-KI-Systems zugeschnitten sind. Die Datensätze müssen je nach Verwendungszweck die notwendigen besonderen geografischen, kontextuellen, verhaltensbezogenen oder funktionalen Merkmale aufweisen, die bei der bestimmungsgemäßen Verwendung des Hochrisiko-KI-Systems typisch sind.

Im Wesentlichen beschreibt die KI-VO zwei Arten von Data Governance, einmal die allgemeine Data Governance und dann wiederum die personenbezogene Data Governance, mit besonderem Blick auf besondere Kategorien von personenbezogenen Daten gemäß Art. 9 DSGVO, wenn damit Bias bekämpft werden soll.

Allgemeine Data Governance:

- Konzeptionelle Entscheidungen mit Blick auf die Zweckbestimmung des KI-Systems
- Datenerfassungsverfahren und Herkunft der Daten (inklusive ursprünglicher Zweck der Datenerfassung, wenn es sich um personenbezogene Daten handelt)
- Datenaufbereitungsvorgänge, wie Kommentierung, Kennzeichnung, Bereinigung, Aktualisierung, Anreicherung und Aggregierung

- Aufstellung von Annahmen, insbesondere in Bezug auf die Informationen, die mit den Daten erfasst und dargestellt werden sollen
- Bewertung der Verfügbarkeit, Menge und Eignung der benötigten Datensätze
- Untersuchung im Hinblick auf mögliche Verzerrungen (Bias, vor allem wenn dieser sich auf Gesundheit, Sicherheit oder Grundrechte auswirken bzw. zu einer Diskriminierung führen kann)
- Maßnahmen zur Erkennung, Verhinderung und Abschwächung dieser Verzerrungen
- Ermittlung relevanter Datenlücken oder Mängel und wie diese behoben werden können

Zur Erkennung von Korrektur von Verzerrungen bzw. Bias dürfen Anbieter ausnahmsweise besondere Kategorien von personenbezogenen Daten verarbeiten, wobei sie dazu auch angemessene Schutzmaßnahmen treffen müssen.

Data Governance bei besonderen Kategorien von personenbezogenen Daten:

- Notwendigkeit der Verarbeitung zur Erkennung und Korrektur, da diese anders nicht effektiv durchgeführt werden können
- Vorliegen technischer Beschränkungen, die die Weiterverwendung verhindern, z. B. Pseudonymisierung
- Vorliegen angemessener Sicherheitsvorkehrungen, wie strenge Zugriffskontrollen und Dokumentation, um Missbrauch zu verhindern und um sicherzustellen, dass nur befugte Personen Zugang zu dieser Art von Daten haben
- Keine Übermittlung an Dritte bzw. kein Zugang durch Dritte
- Löschung der Daten, sobald die Verzerrung korrigiert wurde oder das Ende der Speicherfrist erreicht ist, je nachdem, was zuerst eintritt
- Führung des Verfahrensverzeichnisses gemäß Art. 30 DSGVO mitsamt Dokumentation der Gründe, warum die Datenverarbeitung für die Erkennung und Korrektur des Bias notwendig ist

Eine Checkliste ist in Abschnitt 4.1.1 abgebildet.

3.3.2.3.3 Technische Dokumentation

Gemäß Art. 11 KI-VO muss die technische Dokumentation des Hochrisiko-KI-Systems vor Inverkehrbringen/Inbetriebnahme erstellt und auf dem neuestens Stand gehalten werden. Aus ihr muss die Erfüllung des Art. 8 ff. hervorgehen und in klarer und verständlicher Form abgefasst werden. Sie enthält zumindest die in Anhang IV KI-VO genannten Angaben.

Für KMUs besteht hier insofern eine Erleichterung, als dass sie diese Dokumentation in vereinfachter Art und Weise bereitstellen kann. Zu diesem Zweck stellt die EU-Kommission noch ein vereinfachtes Formular zur Verfügung.

Handelt es sich um ein Hochrisiko-KI-System gemäß Anhang I Abschnitt A KI-VO, so muss eine einzige Dokumentation erstellt werden, welche die Anforderungen der spezifischen Rechtsvorschrift enthält wie auch der KI-VO. Die gemeinsame technische Dokumentation ist verpflichtend, während das Führen eines gemeinsamen Risikomanagementsystems gemäß Art. 9 KI-VO lediglich eine Kann-Vorschrift darstellt.

3.3.2.3.4 Aufzeichnungspflichten und Protokollierung

Ein Hochrisiko-KI-System muss so gestaltet sein, dass während des gesamten Lebenszyklus die automatische Aufzeichnung von Ereignissen möglich ist.

Checkliste: Vorgaben an Protokollierungsfunktionen

- Ermittlung von Funktionen, die entweder zu einem Verfahren gemäß Art. 79 KI-VO (Umgang mit KI-Systemen, die ein Risiko bergen) oder zu einer wesentlichen Änderung führen
- Erleichterung der Beobachtung des KI-Systems nach Inverkehrbringen (siehe Art. 72 KI-VO)
- Überwachung des Betriebs des Hochrisiko-KI-Systems (siehe Art. 26 KI-VO)

Zusätzliche Vorgaben für Hochrisiko-KI-Systeme gemäß Anhang III lit. a KI-VO (**Biometrische Fernidentifizierung**)

- Aufzeichnung der Verwendung des Systems (Datum und Uhrzeit, Zeitraum der Verwendung)
- Referenzdatenbank zum Datenabgleich
- Eingabedaten, mit denen die Abfrage zu einer Übereinstimmung geführt hat
- Identität der an der Überprüfung der Ergebnisse beteiligten natürlichen Person (siehe Art. 14 Abs. 5 KI-VO)

3.3.2.3.5 Transparenz und Bereitstellung von Informationen für die Betreiber

Auf die Transparenzpflichten wird in Abschnitt 3.5.2 eingegangen.

3.3.2.3.6 Menschliche Aufsicht

Hochrisiko-KI-Systeme müssen so konzipiert und entwickelt werden, dass sie **während ihres gesamten Lebenszyklus** von natürlichen Personen **wirksam** beaufsichtigt werden können, wozu auch Instrumente einer Mensch-Maschine-Schnittstelle verwendet werden dürfen. Die menschliche Aufsicht dient der Verhinderung bzw. Minimierung der Risiken für Gesundheit, Sicherheit oder Grundrechte. Dabei sollen vor allem Risiken beachtet werden, die selbst bei bestimmungsgemäßer Nutzung oder vorhersehbaren Fehlanwendungen entstehen und diese trotz Einhaltung der Art. 8 ff. KI-VO fortbestehen.

Bei Festlegung der **Aufsichtsmaßnahmen** müssen die Risiken, der Grad der Autonomie und der Kontext der Nutzung des Hochrisiko-KI-Systems berücksichtigt werden. Art. 14 KI-VO sieht folgende Arten von Vorkehrungen vor:

- Einbau von Vorkehrungen durch den Anbieter, Inverkehrbringen oder Inbetriebnahme, sofern technisch machbar
- Bestimmung der Vorkehrungen durch den Anbieter, damit diese vom Betreiber umgesetzt werden können

Das KI-System muss so entwickelt sein und zur Verfügung gestellt werden, dass die menschliche Aufsicht **wirksam** durchgeführt werden kann. Dazu muss die menschliche Aufsicht in der Lage sein:

- Verständnis der Fähigkeiten und Grenzen des Hochrisiko-KI-Systems und Überwachung des Betriebs, samt der Möglichkeit des Erkennens und Behebens von Anomalien, Fehlfunktionen und unerwarteter Leistung
- Bewusstsein hinsichtlich eines Automatisierungsbias (siehe Abschnitt 7.1 Diskriminierung), insbesondere wenn das System Informationen oder Empfehlungen abgibt, aufgrund dessen natürliche Personen Entscheidungen treffen
- Richtige Interpretation des Ergebnisses des Systems, wobei vorhandene Interpretationsinstrumente und -methoden berücksichtigt werden müssen
- Entscheidung, das System in bestimmten Situationen nicht zu verwenden oder das Ergebnis nicht zu beachten, außer Kraft zu setzen oder rückgängig zu machen
- Eingriff in das System mittels Stopptaste

Systeme zur **biometrischen Fernerkennung** gemäß Anhang III Nr. 1 lit. A KI-VO dürfen nicht so gestaltet werden, dass ausschließlich das System eine Entscheidung hinsichtlich der Identifizierung trifft, sondern immer ein Mensch eingebunden ist, der die notwendige Kompetenz, Ausbildung und Befugnis hat, getrennt die Identifizierung zu prüfen und über diese zu entscheiden.

3.3.2.3.7 Genauigkeit, Robustheit und Cybersicherheit

Die **Entwicklung und Konzeption** des Systems gemäß Art. 15 KI-VO erfolgt so, dass ein angemessenes Maß an Genauigkeit, Robustheit und Cybersicherheit erreicht wird und dieses während der gesamten Lebenszeit des Systems aufrechterhalten werden kann.

Die Kennzahlen zur Genauigkeit müssen in der beigefügten Gebrauchsanweisung zum System beigefügt werden.

Hinsichtlich der Widerstandsfähigkeit des Systems verlangt die KI-VO, dass das System so widerstandsfähig wie möglich gegenüber Fehlern, Störungen oder Unstimmigkeiten ist. Dazu müssen die notwendigen technischen und organisatorischen Maßnahmen zum Schutz des Systems ergriffen werden. Die Robustheit kann durch

technische Redundanz erreicht werden, also z.B. durch Sicherheitspläne oder Störungssicherheitspläne. Systeme, die nach Inverkehrbringen/Inbetriebnahme „dazulernen", müssen so entwickelt werden, dass das Risiko verzerrter Ergebnisse, die künftige Vorgänge beeinflussen („Rückkoppelungsschleifen"), so gering wie möglich gehalten und Risikominderungsmaßnahmen ergriffen werden.

Das Hochrisiko-KI-System muss **widerstandsfähig** gegenüber Versuchen Dritter sein, die Verwendung, Ergebnisse oder die Leistung durch Ausnutzung von Schwachstellen zu verändern. Die ergriffenen Maßnahmen zur Cybersicherheit müssen dem Einzelfall und den Risiken des Systems angemessen sein. Konkret soll aber verhindert werden:

- **Data Poisoning:** Manipulation des Trainingsdatensatzes
- **Model Poisoning:** Manipulation vortrainierter Komponenten, die beim Training verwendet werden
- **Model Evasion/Adversarial Examples:** Verwendung von Eingabedaten, die das Modell zu Fehlern verleiten sollen
- **Erkennung und Verhütung von Angriffen** auf vertrauliche Daten oder Modellmängel

3.3.2.3.8 Pflichten der Anbieter, Betreiber und anderer Beteiligter

Tabelle 3.3 Anbieter

Artikel	Pflicht/Anforderung
Art. 6 ff. KI-VO	Anforderungen erfüllen, insbesondere ▪ Berücksichtigung des Stands der Technik ▪ Produktanforderungen (vgl. Anhang I Abschnitt A) ▪ Risikomanagementsystem ▪ Data Governance ▪ (technische) Dokumentation ▪ Aufzeichnungspflichten und Protokollierung
Art. 16 lit. A KI-VO	Namen/Handelsnamen/eingetragene Handelsmarke und Kontaktanschrift auf Hochrisiko-KI-System (falls nicht möglich, auf Verpackung/Dokumentation)
Art. 17 KI-VO	**Qualitätsmanagementsystem** Schriftliche Dokumentation, die zumindest folgende Punkte enthält: ▪ Konzept zur Einhaltung der KI-VO und allenfalls anderer Regulierungen (vgl. Anhang I und III KI-VO) ▪ Konformitätsbewertungsverfahren, Change-Management ▪ Entwurf, Entwurfskontrolle, Entwurfsprüfung des Systems ▪ Entwicklung, Qualitätskontrolle, Qualitätssicherung

Artikel	Pflicht/Anforderung

	▪ Untersuchungs-, Test- und Validierungsverfahren
	  ▪ Durchführung vor, während und nach Entwicklung des Systems, Dokumentation der Häufigkeit der Durchführung
	▪ Anwendbare technische Spezifikationen und Normen
	▪ Datenmanagement
	  ▪ Datengewinnung, -erfassung, -analyse, -kennzeichnung, -speicherung, -filterung, -auswertung, -aggregation, Vorratsdatenspeicherung etc.
	▪ Risikomanagementsystem gemäß Art. 9 KI-VO (siehe Kapitel 3.3.2.2.1)
	▪ Beobachtungssystem gemäß Art. 72 KI-VO (siehe Abschnitt 3.10.7 Beobachten nach Inverkehrbringen des KI-Systems)
	▪ Verfahren zur Meldung von schwerwiegenden Vorfällen gemäß Art. 73 KI-VO (siehe Abschnitt 3.10.8 Austausch von Informationen überschwerwiegende Vorfälle)
	▪ Kommunikation mit den zuständigen Behörden
	▪ Systeme und Verfahren für die Aufzeichnung sämtlicher einschlägiger Dokumentationen und Informationen
	▪ Ressourcenmanagement, Versorgungssicherheit
	▪ Rechenschaftsrahmen, der die Verantwortlichkeiten der Leitung und des sonstigen Personals in Bezug auf das Qualitätsmanagement regelt (z. B. RACI-Matrix)
	Das Qualitätsmanagementsystem darf sich an der Größe der Organisation des Anbieters orientieren, zu beachten ist jedoch, dass der Grad der Strenge und das Schutzniveau des Systems dabei miteinbezogen werden müssen. Das Qualitätsmanagementsystem gemäß KI-VO darf in das Qualitätsmanagementsystem für andere, sektorspezifische Rechtsvorschriften integriert werden (siehe insb. Anhang 1 KI-VO). Es muss also kein „doppeltes" oder zweites Qualitätsmanagementsystem für die Erfüllung der KI-VO geführt werden, es darf kombiniert bzw. erweitert werden.

Art. 18 KI-VO	Aufbewahrung der **Dokumentation**: ▪ Technische Dokumentation gemäß Art. 11 KI-VO ▪ Dokumentation des Qualitätsmanagementsystems gemäß Art. 17 KI-VO ▪ Dokumentation über genehmigte Änderungen durch notifizierte Stellen ▪ Entscheidungen und sonstige Dokumente von notifizierten Stellen ▪ EU-Konformitätserklärung gemäß Art. 47 KI-VO (siehe Abschnitt 3.5.2 Konformitätsbewertungsverfahren) Die Aufbewahrung erfolgt für mindestens zehn Jahre ab Inverkehrbringen/Inbetriebnahme.

Tabelle 3.3 Anbieter *(Fortsetzung)*

Artikel	Pflicht/Anforderung
Art. 19 KI-VO, Art. 12 KI-VO	**Protokolle** gemäß Art. 12 KI-VO aufbewahren Mindestdauer der Aufbewahrung ist sechs Monate, es sei denn, andere auf den Anbieter anwendbare Rechtsvorschriften sehen keine andere Frist vor.
Art. 43 KI-VO	**Konformitätsbewertungsverfahren** von Inverkehrbringen/Inbetriebnahme durchführen
Art. 47 KI-VO	Ausstellung einer **EU-Konformitätserklärung**
Art. 48 KI-VO	Anbringen **CE-Kennzeichnung** an System/Verpackung/Dokumentation
Art. 49 Abs. 1 KI-VO	Erfüllung der **Registrierungspflichten**
Art. 20 KI-VO, Art. 79 KI-VO	Ergreifen der **Korrekturmaßnahmen**, Bereitstellung der erforderlichen Informationen Hat ein Anbieter Grund zur Annahme, dass sein System nicht (mehr) der KI-VO entspricht, so muss er entweder die Konformität wiederherstellen (z. B. Updates einspielen) oder fähig sein, das System zurückzunehmen, zu deaktivieren oder zurückzurufen. Er informiert außerdem den Händler oder gegebenenfalls die Betreiber, Bevollmächtigte oder Einführer. Wird dem Anbieter bewusst, dass sein System ein Risiko birgt (vgl. Art. 79 KI-VO, siehe Abschnitt 3.10.11), führt er – allenfalls gemeinsam mit dem meldenden Betreiber – eine Untersuchung der Ursachen durch und informiert die zuständigen Behörden und gegebenenfalls die notifizierte Stelle, die die Bescheinigung gemäß Art. 44 KI-VO ausgestellt hat, über die Art der Nichtkonformität und bereits ergriffene Maßnahmen.

Art. 21 KI-VO	**Nachweis** der Erfüllung der Anforderungen des Art. 6 ff. KI-VO, Zusammenarbeit mit den zuständigen Behörden (bei Anfragen)
	▪ Übermittlung sämtlicher Informationen und Dokumentationen, die zum Nachweis der Compliance des Hochrisiko-KI-Systems erforderlich sind:
	  ▪ leicht verständliche Sprache
	  ▪ Amtssprache des betreffenden Mitgliedstaates
	▪ Zugang zu automatisch erzeugten Protokollen (auf Anfrage)

Richtlinien (EU) 2016/2102 und (EU) 2019/882	Sicherstellung der **Barrierefreiheitsanforderungen**

Tabelle 3.4 Bevollmächtigte der Anbieter von Hochrisiko-KI-Systemen

Artikel	Pflicht
Art. 22 Abs. 1, 2, 3 KI-VO	Anbietern mit Niederlassung in **Drittland/Nicht-EU-Land** ▪ Schriftliche Bestellung eines in der EU niedergelassenen Bevollmächtigten ▪ Beauftragung ▪ Ermöglichen der Erfüllung der Aufgaben durch Bevollmächtigten ▪ Ermächtigung des Bevollmächtigten, neben oder anstelle des Anbieters als Ansprechpartner für die zuständige Behörde zu dienen ▪ Beendigung des Auftrages, wenn der Anbieter Grund zur Annahme hat, dass der Bevollmächtigte seine Aufgaben nicht erfüllt (Meldung an Marktüberwachungsbehörde und/oder notifizierte Stelle)
Art. 22 Abs. 3 KI-VO	**Aufgaben** des Bevollmächtigten ▪ Zurverfügungstellung der Beauftragung ▪ Amtssprache des Mitgliedstaates ▪ Überprüfung, ob die EU-Konformitätserklärung und die technische Dokumentation gemäß Art. 11 erstellt wurden ▪ Sicherstellung der Durchführung des Konformitätsbewertungsverfahrens
Art. 22 Abs. 3 KI-VO	**Unterlagen**, die der Bevollmächtigte bereithalten muss ▪ Bereithaltung der Kontaktdaten des Anbieters (mind. zehn Jahre) ▪ Exemplar der EU-Konformitätserklärung ▪ technische Dokumentation ▪ allenfalls ausgestellte Bescheinigungen der notifizierten Stelle ▪ Übermittlung der genannten Unterlagen an die zuständige Behörde (auf Anfrage) ▪ Zugang zu automatisierten Protokollen gemäß Art. 12 KI-VO (auf Anfrage) ▪ Zusammenarbeit mit der zuständigen Behörde (auf Anfrage) ▪ Sicherstellung der Einhaltung der Registrierungspflichten gemäß Art. 49 KI-VO ▪ Sicherstellung der Richtigkeit der in Anhang VIII Abschnitt A KI-VO aufgeführten Informationen

Tabelle 3.5 Einführer

Artikel	Pflicht
Art. 23 Abs. 1 KI-VO	Sicherstellung, dass das KI-System der KI-VO entspricht, durch **Überprüfung** folgender Unterlagen: ▪ Durchführung der Konformitätsbewertung gemäß Art. 43 KI-VO durch den Anbieter ▪ Erstellung der technischen Dokumentation gemäß Art. 11 KI-VO und Anhang IV KI-VO durch den Anbieter ▪ Vorhandensein der CE-Kennzeichnung, der EU-Konformitätserklärung und der Gebrauchsanweisungen ▪ Benennung eines Bevollmächtigten gemäß Art. 22 Abs. 1 KI-VO

Art. 23 Abs. 2 KI-VO	Bei **Verdacht auf Nichteinhaltung** der KI-VO, Verdacht auf gefälschtes KI-System oder gefälschte Dokumentation:
	▪ Inverkehrbringen erst nach Herstellung der Konformität
	▪ Bei risikobehafteten KI-Systemen (vgl. Art. 79 KI-VO) informiert der Einführer
	  ▪ den Anbieter,
	  ▪ die Bevollmächtigten und
	  ▪ die Marktüberwachungsbehörde.

Art. 23 Abs. 3 KI-VO	Bekanntgabe folgender Informationen auf der **Verpackung** oder gegebenenfalls der beigefügten Dokumentation ▪ Name ▪ eingetragenen Handelsnamen ▪ eingetragene Handelsmarke ▪ Anschrift, unter der Einführer im Zusammenhang mit dem System kontaktiert werden kann
Art. 23 Abs. 4 KI-VO	Sicherstellung der notwendigen **Lagerungs- oder Transportbedingungen** (sofern anwendbar)
Art. 23 Abs. 5 KI-VO	**Aufbewahrung** folgender Unterlagen für zehn Jahre ab Inverkehrbringen oder Inbetriebnahme: ▪ Exemplar der Bescheinigung der notifizierten Stelle ▪ gegebenenfalls Gebrauchsanweisung ▪ EU-Konformitätsbewertung
Art. 23 Abs. 6 und 7 KI-VO	**Zusammenarbeit** mit der zuständigen **Behörde** (auf deren Anfrage): ▪ Übermittlung der bereitgehaltenen Unterlagen (Art. 23 Abs. 5 KI-VO) ▪ Informationen und Dokumentationen, die erforderlich sind, um die Konformität des Hochrisiko-KI-Systems nachweisen zu können, in einer leicht verständlichen Sprache ▪ Sicherstellung, dass der Behörde die technische Dokumentation zur Verfügung gestellt werden kann ▪ Erarbeitung und Zusammenarbeit hinsichtlich der Ergreifung von Maßnahmen, die die vom System ausgehenden Risiken verringern oder abmildern

Tabelle 3.6 Händler

Artikel	Pflicht

Art. 24 Abs. 1 KI-VO	**Vor Bereitstellung auf dem Markt:**
	▪ Sicherstellung, dass das System mit der notwendigen CE-Kennzeichnung versehen ist
	▪ Kopie der EU-Konformitätserklärung ist beigefügt.
	▪ Gebrauchsanweisung ist beigefügt.
	▪ Erfüllung der Pflichten des Anbieters:
	  ▪ Bekanntgabe folgender Informationen auf der Verpackung oder ggf. der beigefügten Dokumentation
	    – Name
	    – eingetragener Handelsname
	    – eingetragene Handelsmarke
	    – Kontaktanschrift
	  ▪ Qualitätsmanagementsystem (siehe Art. 17 KI-VO)
	▪ Erfüllung folgender Pflichten des Einführers:
	  ▪ Bekanntgabe folgender Informationen auf der Verpackung oder ggf. der beigefügten Dokumentation
	    – Name
	    – eingetragener Handelsname
	    – eingetragene Handelsmarke
	    – Anschrift, unter der Einführer im Zusammenhang mit dem System kontaktiert werden kann

Art. 24 Abs. 2 und Abs. 4 KI-VO	Bei **Verdacht auf Nichteinhaltung** der KI-VO aufgrund der Informationen, die dem Händler zur Verfügung stehen:
	▪ Inverkehrbringen erst nach Herstellung der Konformität
	▪ Bei risikobehafteten KI-Systemen (vgl. Art. 79 KI-VO) informiert der Einführer
	  ▪ den Anbieter,
	  ▪ die Bevollmächtigten und
	  ▪ die Marktüberwachungsbehörde
	▪ Ergreifen der erforderlichen **Korrekturmaßnahmen**, um Konformität herzustellen
	▪ Rücknahmen oder Rückruf des Systems
	▪ Sicherstellung, dass Anbieter, Einführer oder jeder andere die notwendigen Korrekturmaßnahmen ergreift
	▪ Bei **risikobehafteten KI-Systemen** (vgl. Art. 79 KI-VO) informiert der Händler
	  ▪ den Anbieter,
	  ▪ den Einführer
	  ▪ zuständige Behörde der Mitgliedstaaten, in denen er das System bereitgestellt hat

Tabelle 3.6 Händler *(Fortsetzung)*

Artikel	Pflicht
Art. 24 Abs. 3 KI-VO	Sicherstellung der notwendigen **Lagerungs- oder Transportbedingungen** (sofern anwendbar)
Art. 24 Abs. 5 und Abs. 6 KI-VO	**Zusammenarbeit** mit der zuständigen **Behörde** (auf Anfrage): ▪ Übermittlung sämtlicher Informationen und Dokumentation in Bezug auf die oben genannten Pflichten ▪ Nachweis der Konformität des KI-Systems ▪ Erarbeitung und Zusammenarbeit hinsichtlich der Ergreifung von Maßnahmen, die die vom System ausgehenden Risiken verringern oder abmildern

Tabelle 3.7 Verantwortlichkeiten entlang der KI-Wertschöpfungskette

Artikel	Pflicht
Art. 25 Abs. 1 und Abs. 2 KI-VO	Händler, Einführer, Betreiber oder sonstige Dritte werden in folgenden Fällen zu Anbietern eines Hochrisiko-KI-Systems und müssen daher die **Anbieterpflichten** des Art. 16 KI-VO erfüllen: ▪ In Verkehr gebrachtes bzw. in Betrieb genommenes System wird mit eigenem Namen/Handelsmarke versehen (unabhängig von etwaigen vertraglichen Vereinbarungen). ▪ Wesentliche Änderung des KI-Systems (nur wenn es sich weiterhin um ein Hochrisiko-KI-System gemäß Art. 6 ff. handelt) ▪ Änderung eines ursprünglich nicht hochriskanten KI-Systems bzw. KI-Systems für allgemeine Zwecke, sodass es zu einer Einstufung als Hochrisiko-KI-System gemäß Art. 6 ff. KI-VO kommt Die **Neu-Einstufung** führt dazu, dass der ursprüngliche Anbieter nicht mehr als Anbieter gilt. Der Erstanbieter ist dazu verpflichtet, mit dem neuen Anbieter zusammenzuarbeiten und ihm alle notwendigen Informationen zu Verfügung zu stellen, die er zur Herstellung der Konformität benötigt, es sei denn, er kann beweisen, dass er eindeutig festgelegt hat, dass sein KI-System nicht in ein Hochrisiko-KI-System umgewandelt werden darf und er daher nicht dazu verpflichtet ist, die Dokumentation zu übergeben. Geistiges Eigentum, vertrauliche Geschäftsinformationen, Geschäftsgeheimnisse sind zu schützen.

Artikel	Pflicht
Art. 25 Abs. 3 KI-VO	Bei **Sicherheitsbauteilen** von Hochrisiko-Systemen (vgl. Anhang 1 Abschnitt A KI-VO) gilt der Produkthersteller als Anbieter des Hochrisiko-KI-Systems und muss den Anbieterpflichten nachkommen bei: ▪ Inverkehrbringen des Systems gemeinsam mit dem Produkt unter dem Namen bzw. der Handelsmarke des Produktherstellers ▪ Inbetriebnahme des Systems gemeinsam mit dem Produkt unter dem Namen bzw. der Handelsmarke des Produktherstellers, nachdem das Produkt in Verkehr gebracht wurde Geistiges Eigentum, vertrauliche Geschäftsinformationen, Geschäftsgeheimnisse sind zu schützen.
Art. 23 Abs. 4 KI-VO	**Vereinbarung** zwischen ▪ Anbieter eines Hochrisiko-KI-Systems und ▪ des Dritten, der ein KI-System, Instrumente, Dienste, Komponenten oder Verfahren bereitstellt, die in einem Hochrisiko-KI-System verwendet oder integriert werden. Notwendiger **Inhalt**, damit Anbieter des Hochrisiko-KI-Systems seinen Pflichten nachkommen kann: ▪ Informationen ▪ Fähigkeiten ▪ technischer Zugang ▪ Unterstützung ▪ anerkannter Stand der Technik Keine Anwendung bei Instrumenten, Diensten, Verfahren oder Komponenten, die nicht als KI-Modell mit allgemeinem Zweck der Öffentlichkeit unter einer Open-Source-Lizenz zur Verfügung gestellt werden.

Tabelle 3.8 Pflichten der Betreiber von Hochrisiko-KI-Systemen

Artikel	Pflicht

Art. 26 Abs. 1, Abs. 3, Abs. 6, Abs. 12 KI-VO	**Sicherstellungen**:
	▪ Geeignete technische und organisatorische Maßnahmen, dass das System nur gemäß der beigefügten Gebrauchsanweisung und gemäß Abs. 3 und 6 verwendet werden kann
	  ▪ Sonstige Pflichten des Betreibers nach EU-Recht oder nationalem Recht bleiben unberührt (siehe Abs. 3).
	  ▪ Aufbewahrung von automatisch erzeugten Protokollen für angemessenen Zeitraum (je nach Zweckbestimmung des Systems unterschiedlich, aber mindestens sechs Monate; siehe. Abs. 6)
	Zusammenarbeit mit den zuständigen Behörden hinsichtlich der Umsetzung der KI-VO

Tabelle 3.8 Pflichten der Betreiber von Hochrisiko-KI-Systemen *(Fortsetzung)*

Artikel	Pflicht
Art. 26 Abs. 2 KI_VO	**Menschliche Aufsicht:** ▪ Einsatz kompetenter Personen, die über die notwendige Ausbildung und Befugnis verfügen ▪ Unterstützung dieser Personen
Art. 26 Abs. 4 KI-VO	Verwendung repräsentativer Eingabedaten Wahrung der Zweckbestimmung des KI-Systems
Art. 26 Abs. 5 KI-VO	**Überwachung des Betriebs** des Hochrisiko-KI-Systems: ▪ Beachtung der Gebrauchsanweisung ▪ Bei Bedarf, Information des Anbieters gemäß Art. 72 KI-VO ▪ Bei Verdacht auf risikobehaftete KI (vgl. Art. 79 KI-VO), unverzügliche Information an den Anbieter oder Händler und die zuständige Marktüberwachungsbehörde, inkl. Aussetzen der Verwendung ▪ Information des Anbieters, des Einführers bzw. Händlers und der zuständigen Marktüberwachungsbehörden bei schwerwiegenden Vorfällen
Art. 26 Abs. 7 KI-VO	Verwendung des Hochrisiko-KI-Systems am **Arbeitsplatz**: ▪ Information der Arbeitnehmervertreter ▪ Information der betroffenen Arbeitnehmer Das nationale Arbeitsrecht ist zu beachten und bei Bedarf eine Betriebsvereinbarung abzuschließen.
Art. 26 Abs. 8 KI-VO	Wahrung der **Registrierungspflichten** gemäß Art. 49 KI-VO Kontrolle, ob das Hochrisiko-System gemäß Art. 71 KI-VO in der EU-Datenbank registriert wurde (wenn nicht, muss von der Verwendung abgesehen und der Anbieter bzw. Händler informiert werden)
Art. 26 Abs. 9 KI-VO	Durchführung einer Datenschutz-Folgenabschätzung gemäß DSGVO bzw. Datenschutz-Richtlinie
Art. 26 Abs. 10 KI-VO	Betreiber von Hochrisiko-KI-Systemen zur **nachträglichen biometrischen Fernidentifizierung**: ▪ Antrag zur Genehmigung oder Nutzung unverzüglich oder binnen 48 Stunden bei der zuständigen Justizbehörde oder Verwaltungsbehörde, außer es handelt sich um die erstmalige Identifizierung eines potenziellen Verdächtigen auf Grundlage objektiver und nachprüfbarer Tatsachen in unmittelbarem Zusammenhang mit der Straftat ▪ Beschränkung auf das erforderliche Maß ▪ Bei Ablehnung des Antrags erfolgt die unverzügliche Einstellung der Verwendung und Löschung der bereits gesammelten personenbezogenen Daten.

Artikel	Pflicht
	▪ Keine Verwendung des Systems in nicht zielgerichteter Weise und ohne Zusammenhang mit einer Straftat, einem Strafverfahren oder einer bestehenden bzw. tatsächlichen und vorhersehbaren Gefahr einer Straftat oder für die Suche nach einer bestimmten vermissten Person ▪ Art. 9 DSGVO bzw. Art. 10 DSGVO bzw. der Datenschutz-Richtlinie sind zu beachten. ▪ Dokumentation der Verwendung des Systems in der einschlägigen Polizeiakte ▪ Zurverfügungstellung der Dokumentation der Verwendung der zuständigen Marktüberwachungsbehörde oder der zuständigen Datenschutzbehörde auf Anfrage (Ausnahme der Offenlegung sensibler operativer Daten in Zusammenhang mit der Strafverfolgung) ▪ Jahresbericht an Marktüberwachungsbehörden und zuständige Datenschutzbehörde (Ausnahme der Offenlegung sensibler operativer Daten in Zusammenhang mit der Strafverfolgung) ▪ Beachtung allfälliger strengerer nationaler Rechtsvorschriften
Art. 26 Abs. 11 KI-VO	**Information an die betroffenen natürlichen Personen**, dass ein KI-System eine Entscheidung über sie getroffen oder ein KI-System bei einer Entscheidung unterstützt hat

3.4 Grundrechtliche Folgenabschätzung

Carina Zehetmaier

Grundrechte, die fundamentale Prinzipien darstellen, auf denen demokratische Gesellschaften aufgebaut sind, geraten zunehmend unter Druck. Datenschutz, Meinungsfreiheit, Gleichberechtigung und das Recht auf Privatsphäre sind nur einige der Bereiche, in denen KI das Potenzial hat, negativ zu wirken. Die Dualität der KI als Instrument für Fortschritt und als potenzielle Bedrohung für individuelle Freiheiten stellt Gesetzgeber, Entwickler und die Gesellschaft vor komplexe Fragen und spiegelt zu einem gewissen Maße auch die Notwendigkeit der KI-VO wider: Das Ziel ist, ein Gleichgewicht zwischen technologischem Fortschritt und dem Schutz der Grundrechte zu schaffen.

Es fällt schwer, ein Grundrecht zu nennen, das potenziell nicht von KI berührt und möglicherweise verletzt werden könnte. Die Rolle der Technologie in modernen Überwachungssystemen, die Diskriminierungsrisiken durch algorithmische Entscheidungsfindung und die Herausforderungen im Datenschutz, die sich durch die Sammlung und Analyse riesiger Datenmengen ergeben, ist zentral.

3.4.1 KI-VO und Grundrechte

Um den Schutz der Grundrechte zu gewährleisten, stellt die KI-VO die Übereinstimmung mit der Charta der Grundrechte der Europäischen Union (der Charta) klar, dass die Entwicklung, Bereitstellung und Nutzung von KI-Systemen in der EU im Einklang mit den Grundrechten und Freiheiten in der Charta stehen.

Die Relevanz der Grundrechte bei der Entwicklung und im Einsatz von KI zu schützen kann aus **Art. 1 Abs. 1 KI-VO** entnommen werden, der den Zweck der Regulierung festlegt:

„... die Einführung einer auf den Menschen ausgerichteten und vertrauenswürdigen künstlichen Intelligenz (KI) zu fördern und gleichzeitig ein hohes Schutzniveau in Bezug auf Gesundheit, Sicherheit und die in ***der Charta der Grundrechte verankerten Grundrechte****, einschließlich Demokratie, Rechtsstaatlichkeit und Umweltschutz, vor schädlichen Auswirkungen von Systemen der künstlichen Intelligenz (KI-Systeme) in der Union zu gewährleisten und die Innovation zu unterstützen.“*

Betroffene Grundrechte der Charta

Die meisten, wenn nicht alle, in der Charta der Grundrechte der Europäischen Union aufgeführten Rechte könnten potenziell durch die Anwendung oder Auswirkungen von KI beeinflusst werden, da KI-Systeme zunehmend in verschiedene Aspekte des gesellschaftlichen, wirtschaftlichen und persönlichen Lebens integriert werden. Die Art und Weise, wie KI-Systeme konzipiert, entwickelt und eingesetzt werden, berührt direkt oder indirekt eine breite Palette von Rechten und Freiheiten. So erklärt ErwG. 48 KI-VO, dass *„das Ausmaß der nachteiligen Auswirkungen des KI-Systems auf die durch die Charta geschützten Grundrechte ... bei der Einstufung eines KI-Systems als hochriskant von besonderer Bedeutung“* ist. Weiterhin listet ErwG. 48 KI-VO auch durch KI-Systeme betroffene Rechte der Charta auf: *„die Würde des Menschen, die Achtung des Privat- und Familienlebens, der Schutz personenbezogener Daten, die Freiheit der Meinungsäußerung und die Informationsfreiheit, die Versammlungs- und Vereinigungsfreiheit, die Nichtdiskriminierung, das Recht auf Bildung, der Verbraucherschutz, die Arbeitnehmerrechte, die Rechte von Menschen mit Behinderungen, die Gleichstellung der Geschlechter, Rechte des geistigen Eigentums, das Recht auf einen wirksamen Rechtsbehelf und ein faires Gerichtsverfahren, das Verteidigungsrecht, die Unschuldsvermutung sowie das Recht auf eine gute Verwaltung“*. Hervorgehoben wird die Berücksichtigung der Schutzbedürftigkeit von Kindern, und bemerkenswert ist die explizite Nennung des Grundrechts *„auf ein hohes Umweltschutzniveau, das in der Charta verankert ist und mit der Unionspolitik umgesetzt wird, bei der Bewertung der Schwere des Schadens, den ein KI-System unter anderem in Bezug auf die Gesundheit und Sicherheit von Personen verursachen kann“*.

Hier sind einige Beispiele für in der Charta verankerte Grundrechte, die durch KI betroffen sein können, und wie diese Verletzung geschehen könnte:

- **Artikel 1 – Würde des Menschen**

  KI-Systeme, die Entscheidungen treffen, die grundlegende Aspekte des menschlichen Lebens betreffen, könnten die menschliche Würde beeinträchtigen, insbesondere wenn sie nicht transparent sind oder die inhärente Würde und Autonomie des Einzelnen nicht respektieren.

- **Artikel 3 – Recht auf Unversehrtheit**

  KI-Anwendungen z.B. im medizinischen Bereich könnten das Recht auf körperliche und geistige Unversehrtheit beeinflussen, z.B. durch Entscheidungen über Behandlungsmethoden.

- **Artikel 8 – Schutz personenbezogener Daten**

  KI-Systeme, die große Mengen personenbezogener Daten verarbeiten, betreffen direkt das Recht auf Datenschutz in Bezug auf die Sammlung, Speicherung, Verarbeitung und Weitergabe dieser Daten.

- **Artikel 21 – Nichtdiskriminierung**

  KI-Systeme können soziale und wirtschaftliche Ungleichheiten verstärken, wenn sie voreingenommene Daten nutzen, was zu diskriminierenden Entscheidungen führen kann, z.B. in Bereichen wie Einstellungsverfahren, Kreditvergabe oder Strafverfolgung.

- **Artikel 23 – Gleichheit von Frauen und Männern**

  KI kann unbeabsichtigt geschlechtsspezifische Vorurteile verstärken, wenn sie auf ungleichen Trainingsdaten basiert, was die Gleichstellung der Geschlechter beeinträchtigen kann.

- **Artikel 14 und Artikel 11 – Recht auf Bildung und Zugang zu Informationen**

  KI kann den Zugang zu Bildung und Informationen durch personalisierte Lernsysteme oder effiziente Informationsfilterung revolutionieren, birgt aber auch Risiken betreffend den Zugang zu Bildungseinrichtungen.

- **Artikel 13 – Freiheit der Kunst und Wissenschaft**

  KI wirft Fragen bezüglich des Urheberrechts und der kreativen Freiheit auf, insbesondere wenn sie Kunstwerke oder wissenschaftliche Inhalte generiert, was zu Debatten über die Anerkennung und den Schutz solcher Werke führt.

- **Artikel 47 – Recht auf einen wirksamen Rechtsbehelf und ein unparteiisches Gericht**

  Der Einsatz von KI in der Justiz und bei Entscheidungsprozessen kann die Effizienz und Genauigkeit steigern, aber auch Transparenz und Rechenschaftspflicht beeinträchtigen, wenn die Entscheidungsgrundlagen der KI nicht nachvollziehbar sind.

Die KI-VO erweitert den Anwendungsbereich der Charta auf den privaten Sektor

Die KI-VO bezieht sich hauptsächlich auf die Charta als zentralen Bezugspunkt für den Schutz der Grundrechte, weshalb sich auch diese Erörterung auf die in der Charta festgelegten Grundrechte fokussiert.

Grundrechte richten sich primär an den Staat und seine Organe und sind als Abwehrrechte der Bürger gegenüber staatlichen Eingriffen konzipiert. Sie legen fest, welche Handlungen der Staat unterlassen muss oder wie er zum Schutz bestimmter Rechte tätig zu werden hat. Sie verpflichten den Staat dazu, die Freiheit und die Rechte des Einzelnen zu respektieren und zu schützen.

Obwohl Grundrechte primär als Abwehrrechte gegen staatliche Eingriffe konzipiert sind, wird durch die Drittwirkung anerkannt, dass die in den Grundrechten verkörperten Werte und Prinzipien auch in privatrechtlichen Beziehungen relevant sein können. Dies geschieht einerseits durch das Erlassen einfacher Gesetze z. B. im Arbeitsrecht und andererseits durch die Prägung der Grundrechte der gesamten Rechtsordnung.

Die Charta legt die Grundrechte fest, die in der EU zu beachten sind. Es ist korrekt, dass die Charta in erster Linie die Organe, Einrichtungen und sonstigen Stellen der EU bindet. Sie gilt jedoch auch für die Mitgliedstaaten, allerdings nur dort, wo diese EU-Recht umsetzen. Dies schließt Situationen ein, in denen nationale Behörden oder Gerichte EU-Recht anwenden oder wenn nationale Gesetze auf EU-Recht basieren.

Die KI-VO erweitert den Anwendungsbereich der durch die Charta geschützten Grundrechte indirekt auf den privaten Sektor, indem er bestimmte Anforderungen und Verbote für die Entwicklung, den Einsatz und die Nutzung von KI-Systemen festlegt, die sowohl für öffentliche als auch für private Akteure gelten. Diese gesetzlichen Vorgaben sorgen dafür, dass private Akteure bei der Implementierung von KI-Technologien in bestimmten Bereichen die Grundrechte einhalten müssen, auch wenn sie ursprünglich nicht direkt durch die Charta gebunden sind.

3.4.1.1 Durchführung der Grundrechte-Folgenabschätzung

Technologie hat keinen Selbstzweck. Ihr Zweck kann nur sein, uns Menschen und unserem Planeten zugutezukommen. Ein menschenzentrierter Ansatz ist daher die Basis des Vertrauens in KI und damit der KI-VO. Die Durchführung von grundrechtlichen Folgenabschätzungen (engl. Fundamental Rights Impact Assessments, FRIAs) ist ein geeignetes Instrument, um sicherzustellen, dass der Mensch von der Konzeption über den laufenden Betrieb in das Zentrum der technischen Entwicklung gestellt wird. Kernkomponente dieses Rahmens ist es, Risiken für eine etwaige Gefährdung bzw. Verletzung von Grund- und Menschenrechten vor der Entwicklung zu identifizieren und mit geeigneten Maßnahmen gegenzusteuern.

Die Durchführung der grundrechtlichen Folgenabschätzung wurde von der Privatwirtschaft lange Zeit nahezu ignoriert. Die Einführung der grundrechtlichen Folgenabschätzung in der KI-VO markiert jedoch einen Wendepunkt, indem er diese Bewertungen für festgelegte Einsatzgebiete zu einem unverzichtbaren, Bestandteil der Entwicklung und Einführung v.a. von KI-Systemen mit hohem Risiko macht. Diese gesetzliche Anforderung zwingt Unternehmen, sich mit den tiefgreifenden Auswirkungen ihrer Technologien auf die Grund- und Menschenrechte auseinanderzusetzen und zu überlegen, wie diesen Risiken gegengesteuert werden kann.

Art. 27 Abs. 1 KI-VO bestimmt:

„Vor der Inbetriebnahme eines Hochrisiko-KI-Systems gemäß Artikel 6 Absatz 2 – mit Ausnahme von Hochrisiko-KI-Systemen, die in dem in Anhang III Nummer 2 (kritische Infrastruktur) aufgeführten Bereich verwendet werden sollen – führen Betreiber, bei denen es sich um Einrichtungen des öffentlichen Rechts oder private Einrichtungen, die öffentliche Dienste erbringen, handelt, und Betreiber von Hochrisiko-KI-Systemen gemäß Anhang III Nummer 5 Buchstaben b (Kreditwürdigkeitsprüfung und Kreditpunktebewertung) und c (Risikobewertung und Preisbildung Kranken- und Lebensversicherungen) eine Abschätzung der Auswirkungen, die die Verwendung eines solchen Systems auf die Grundrechte haben kann, durch."

Somit legt Art. 27 KI-VO spezifische Anforderungen für die Durchführung einer Grundrechte-Folgenabschätzung für die Nutzung hochriskanter KI-Systeme fest, bevor diese in Betrieb genommen werden. Diese Bestimmung zielt darauf ab, die Auswirkungen der Nutzung solcher Systeme auf die in der Charta festgelegten Grundrechte zu bewerten und sicherzustellen, dass angemessene Maßnahmen zum Schutz dieser Rechte ergriffen werden. Wie oben erklärt, gilt die Pflicht zur Durchführung einer Grundrechte-Folgenabschätzung sowohl für Betreiber, die öffentliche Einrichtungen oder private Einrichtungen sind, die öffentliche Dienste erbringen, sowie für Betreiber von Hochrisiko-KI-Systemen in bestimmten, in Anhang III des Gesetzes aufgeführten Bereichen (z.B. Kreditvergabe, siehe Abschnitt 3.3.2.1).

Laut Art. 27 KI-VO iVm ErwG 93 KI-VO liegt die Verantwortung, eine grundrechtliche Folgeabschätzung durchzuführen, vor allem auch bei den Betreibern von Hochrisiko-KI Systemen, da diese den konkreten Anwendungsfall des KI-Systems kennen:

„Während Risiken im Zusammenhang mit KI-Systemen einerseits aus der Art und Weise entstehen können, in der solche Systeme konzipiert sind, können sie sich andererseits auch aus der Art und Weise ergeben, in der diese Systeme verwendet werden. Betreiber von Hochrisiko-KI-Systemen spielen daher eine entscheidende Rolle bei der Gewährleistung des Schutzes der Grundrechte in Ergänzung der Pflichten der Anbieter bei der Entwicklung der KI-Systeme. Betreiber können am besten verstehen, wie das Hochrisiko-KI-System konkret eingesetzt wird, und können somit dank einer genaueren Kenntnis des Verwendungskontextes sowie der wahrscheinlich betroffenen Personen oder Personengruppen, einschließlich Gruppen schutzbedürftiger Personen, erhebliche potenzielle Risiken erkennen, die in der Entwicklungsphase nicht vorausgesehen wurden …"

Aus Art. 27 KI-VO ergibt sich, dass nur bestimmte Betreiber von Hochrisiko-KI Systemen die grundrechtliche Folgenabschätzung vor der Inbetriebnahme durchführen müssen:

1. Einrichtungen des öffentlichen Rechts
2. Private Einrichtungen, die öffentliche Dienste erbringen, z.B. Bildung, Gesundheitsversorgung, Sozialdienste, Wohnungswesen und Justizverwaltung
3. Betreiber von KI-Systemen zur Kreditwürdigkeitsprüfung und Kreditpunktebewertung natürlicher Personen, z.B. eine Bank (Anhang III Nummer 5 Buchstabe b)
4. Betreiber von KI-Systemen zur Risikobewertung und Preisbildung von Kranken- und Lebensversicherungen, z.B. Versicherungsunternehmen (Anhang III Nummer 5 Buchstabe b)

Explizit ausgenommen von der Verpflichtung, grundrechtliche Folgenabschätzungen durchzuführen, ist der Bereich kritischer Infrastruktur (Anhang III Nummer 2).

ErwG 96 KI-VO führt aus, warum auch private Einrichtungen, die öffentliche Dienstleistungen erbringen, in die Pflicht genommen werden: *„Für Einzelpersonen wichtige Dienstleistungen öffentlicher Art können auch von privaten Einrichtungen erbracht werden. Private Einrichtungen, die solche öffentliche Dienstleistungen erbringen, sind mit Aufgaben im öffentlichen Interesse verknüpft, etwa in den Bereichen Bildung, Gesundheitsversorgung, Sozialdienste, Wohnungswesen und Justizverwaltung. “*

Die grundrechtliche Folgeabschätzung zielt darauf ab, *„spezifische Risiken für die Rechte von Einzelpersonen oder Gruppen von Einzelpersonen, die wahrscheinlich betroffen sein werden“* vor der erstmaligen Verwendung und bei einschlägigen Änderungen des Systems zu ermitteln und im Vorfeld Maßnahmen zu bestimmen, die bei tatsächlichem Eintreten des Risikos zu ergreifen sind. In der Folgeabschätzung sollten *„die einschlägigen Verfahren des Betreibers, bei denen das Hochrisiko-KI-System im Einklang mit seiner Zweckbestimmung verwendet wird, genannt werden, und sie sollte eine Beschreibung des Zeitraums und der Häufigkeit, innerhalb dessen bzw. mit der das Hochrisiko-KI-System verwendet werden soll, sowie der Kategorien der natürlichen Personen und Gruppen, die im spezifischen Verwendungskontext betroffen sein könnten, enthalten“* (96 ErwG KI-VO).

Art. 27 Abs. 1 KI-VO legt zusätzlich den Rahmen fest, den der Betreiber für die grundrechtliche Folgenabschätzung zu befolgen hat:

a) ***eine Beschreibung der Verfahren*** *des Betreibers, bei denen das Hochrisiko-KI-System im Einklang mit seiner Zweckbestimmung verwendet wird;*

b) *eine Beschreibung* ***des Zeitraums und der Häufigkeit****, innerhalb dessen bzw. mit der jedes Hochrisiko-KI-System verwendet werden soll;*

c) *die* ***Kategorien der natürlichen Personen und Personengruppen****, die von seiner Verwendung im spezifischen Kontext betroffen sein könnten;*

d) ***die spezifischen Schadensrisiken**, die sich auf die gemäß Buchstabe c ermittelten Kategorien von Personen oder Personengruppen auswirken könnten, unter Berücksichtigung der vom Anbieter gemäß Artikel 13 bereitgestellten Informationen;*

e) *eine Beschreibung der Umsetzung von **Maßnahmen der menschlichen Aufsicht** entsprechend den Gebrauchsanweisungen;*

f) *die Maßnahmen, die bei Eintreten dieser Risiken zu ergreifen sind, einschließlich der Regelungen für die **interne Unternehmensführung und Beschwerdemechanismen**.*

Die spezifische Ausgestaltung dieser grundrechtlichen Folgenabschätzung kann je nach Kontext des KI-Systems und den betroffenen Grundrechten variieren. Eine genauere Ausgestaltung, wie eine KI-VO-konforme grundrechtliche Folgenabschätzung ausschauen wird, sollte spätestens drei Monate vor Geltung der Bestimmungen zu den Hochrisiko-Systemen, somit 21 Monate nach Inkrafttreten der KI-VO, am 2. Mai 2026, vom Europäischen Amt für KI bekannt gegeben werden.

In Erwartung dieser Vorgaben für Betreiber, soll hier ein erster Versuch dargeboten werden, den Prozess der grundrechtlichen Folgenabschätzung gemäß Art. 27 Abs. 1 KI-VO zu interpretieren:

1. **Analyse der KI-Systemfunktionen (lit a) und Einsatz (lit b):** Eine detaillierte Analyse der Funktionsweise des KI-Systems, einschließlich der verwendeten Daten, der Entscheidungsfindungsprozesse und der Art und Weise, wie Ausgaben generiert werden, ist notwendig. Dies hilft zu verstehen, wie das System konkret auf die Grundrechte Einfluss nehmen könnte. Erläuterung des Zeitraums und der Häufigkeit, in der das System verwendet werden soll. ErwG 96 KI-VO nimmt die Betreiber in die Pflicht, „bei der Durchführung dieser Bewertung … Informationen Rechnung tragen, die für eine ordnungsgemäße Abschätzung der Folgen relevant sind, unter anderem die vom Anbieter des Hochrisiko-KI-Systems in der Gebrauchsanweisung angegebenen Informationen“.

2. **Identifizierung der betroffenen Grundrechte und Kategorien der natürlichen Personen und Personengruppen (lit c):** Zunächst sollte bestimmt werden, welche Grundrechte der Charta durch den Einsatz des KI-Systems potenziell beeinträchtigt werden könnten. Dazu könnte man die Rechte der Charta einzeln durchgehen und eine Analyse durchführen, welche Rechte durch das etwaige System betroffen sein könnten. Ist beim Einsatz der KI-Anwendung die Einhaltung jedes einzelnen Rechts gewährleistet? Auf welche Menschen oder Gruppen könnte sich das KI-System in Betracht jedes einzeln identifizierten Rechtes negativ auswirken? Gibt es besonders schützenswerte Gruppen (z.B. Kinder oder Menschen mit körperlicher oder geistiger Beeinträchtigung), auf die Acht genommen werden muss?

3. **Bewertung der Risiken und Auswirkungen (lit d):** Basierend auf der Funktionsanalyse sollten die Risiken für jedes identifizierte Grundrecht und die etwaige betroffene Personengruppe bewertet werden. Dazu gehört die Bewertung der Wahrscheinlichkeit und Schwere möglicher negativer Auswirkungen auf die Verletzung der Grundrechte des Einzelnen und ganzer Gruppen. Wie wahrscheinlich ist eine Verletzung eines oder mehrerer Grundrechte, und kann ein Eingriff in das etwaige Grundrecht gerechtfertigt sein?

Gemäß Art. 27 KI-VO iVm ErwG 96 KI-VO sollte die Folgenabschätzung die „spezifischen Schadensrisiken" enthalten. Der Interpretation der Autorin nach liegt der Schaden in einer Rechtsverletzung der Rechte in der Charta. Um dies darzustellen, wird ein klassisches Beispiel im Zusammenhang mit KI-Systemen aufgegriffen: Diskriminierung einzelner Personen oder Personengruppen (siehe Abschnitt 7.1, Diskriminierung), wie z. B. durch das KI-Rekrutierungstool von Amazon, das männliche Kandidaten bevorzugte [4]. Hier könnte eine Verletzung des Art. 21 GCh (Nichtdiskriminierung) und Art. 23 GCh (Gleichheit von Männern und Frauen) vorliegen, sofern der Eingriff in das Grundrecht nicht durch Art. 52 Abs. 1 GCh (Tragweite der garantierten Rechte) gerechtfertigt ist.

Gemäß Art. 52 Abs. 1 GCh muss *„jede Einschränkung der Ausübung der in dieser Charta anerkannten Rechte und Freiheiten …* ***gesetzlich vorgesehen*** *sein* ***und den Wesensgehalt dieser Rechte und Freiheiten achten****. Unter Wahrung des Grundsatzes der* ***Verhältnismäßigkeit*** *dürfen Einschränkungen nur vorgenommen werden, wenn sie* ***notwendig*** *sind und den* ***von der Union anerkannten, dem Gemeinwohl dienenden Zielsetzungen oder den Erfordernissen des Schutzes der Rechte und Freiheiten anderer*** *tatsächlich entsprechen"*.

Hier gilt es zu prüfen, (1) ob durch den Einsatz der KI möglicherweise in ein Grundrecht der Charta eingegriffen wird und welche Personen oder Personengruppen dadurch in ihren Rechten beschnitten werden könnten und (2) ob ein Eingriff gegebenenfalls auch gerechtfertigt sein kann. Je höher die Wahrscheinlichkeit, dass in ein Grundrecht eingegriffen wird und es dafür keinen gerechtfertigten Grund laut Art. 52 Abs. 1 GCh gibt, desto höher ist das Risiko, im Rahmen der grundrechtlichen Folgenabschätzung zu bewerten.

In Abgrenzung zu **relativen Grundrechten**, die eben durch die in Art. 52 Abs. 1 GCh festgehaltenen Gründe eingeschränkt werden können, dürfen sogenannte **absolute Grundrechte** unter keinen Umständen beschränkt werden. Ein Beispiel für ein absolutes Grundrecht, das unter keinen Umständen beschränkt werden darf, ist Art. 1 GCh: *„Die Würde des Menschen ist unantastbar. Sie ist zu achten und zu schützen."* Wenn ein KI-System auf einem Bild Menschen und Objekte erkennen und einordnen soll und People of Color als „Gorilla" [9] darstellt, liegt der Meinung der Autorin eine Verletzung des Artikels 1 der Charter nahe, da einzelne Menschen und eine ganze Menschengruppe herablassend, erniedrigend dargestellt werden und somit direkt die Würde des Menschen betroffen sein kann. Für eine derartige Verletzung des Artikels 1 der Charta gibt es keine legitime Begründung, die einen Eingriff rechtfertigen könnte.

Harini Suresh und John Guttag beschreiben in ihrem Artikel „A Framework for Understanding Sources of Harm throughout the Machine Learning Life Cycle" den sogenannten Repräsentationsschaden, der oft die Basis für eine folgende diskriminierende Behandlung darstellen kann [12]. Gemäß ErwG 96 KI-VO sollte *„die Abschätzung … außerdem die spezifischen Schadensrisiken enthalten, die sich auf die Grundrechte dieser Personen oder Gruppen auswirken können"*. Hier müssen Repräsentationsschäden genauso in die Folgenabschätzung einfließen wie die Verteilungsschäden, wo sichergestellt werden muss, dass Güter gerecht verteilt werden und Zugang zu bestimmten Leistungen allen zusteht.

Gegebenenfalls kann im Rahmen dieses Schrittes auch festgestellt werden, dass das Risiko einer Verletzung eines Grundrechts zu groß ist, um mit der Entwicklung zu starten. Wie wird gewährleistet, dass potenzielle betroffene Rechte geschützt werden?

Beispiele für Bewertung potenzieller Schäden durch KI-Systeme und deren Auswirkungen auf die betroffenen Personen oder Personengruppen der Europäischen Grundrechte Agentur zeigt Bild 3.5.

Getting the future right: Artificial intelligence and fundamental rights

Annex II: Examples of theoretical assessment of harm and significant impact of AI or automated decisions

What happens if the output is wrong or if it works better in comparison with non-AI, human-based decisions?

EXAMPLES OF POTENTIAL HARM

Area	Potential false positive - examples		Potential false negative - examples		If it works better than human decisions on average - examples
	For an individual	At scale/for society	For an individual	At scale/for society	
Social welfare	If a person receives benefits without being entitled to them or receives benefits in excess of what they are entitled to		If a person does not receive any benefits or less than they are entitled to		• Better access to social welfare • Improved public administration
	No real negative consequences, unless the wrong decision is found out later and the person needs to pay back money.	Negative consequences for public administration, as this leads to practices not in line with good administration.	Increased poverty and lack of resources for individual to live a dignified life.	Potential shift in societal distribution of resources, which can potentially increase inequalities and social exclusion.	
Predictive policing	An innocent person is flagged to the police as a suspect		A person engaged in criminal activity is not identified		
	Potentially humiliating; can be associated with discrimination.	Could increase dissatisfaction with and lack of trust in the police; particularly affecting certain groups.	A person can continue with criminal activity without being sanctioned.	Potential for increased criminality in society, with significant implications for public safety and victimisation.	• More accurate predictive policing can result in higher levels of arrests of suspects/offenders, and a reduced risk of individuals' crime victimisation. • Reduced crime rates and higher levels of security.
Medical diagnosis	A diseases is diagnosed wrongly		A disease is not diagnosed		
	Wrong (potentially harmful) or unnecessary treatment – negative impact on health and human dignity.	Reduced trust in health system, including negative health implications if people stop going to the doctor. General level of health reduced.	Lack of treatment – negative impact on health, including life expectancy.	Overall increase in health problems in society, and potentially increased mortality rates.	• Higher levels of health
Targeted advertising	An ad is delivered via a website, but is not relevant to the individual		A potentially relevant ad is not delivered via a website		
	Person receives specific ads and misses information about offers they would potentially be interested in. Potential to receive offending content.	Ads replicate social stereotypes that do not offer equal access to a market. Potential negative economic impact as large parts of the potential customer-base is excluded. Potential manipulation of consumers and citizens. Widespread dissemination of potentially offensive content.	A potential consumer does not receive a relevant ad and misses information about offers they would potentially be interested in.	Less efficient targeted advertising would not contribute to increasing revenues for companies. Potential negative economic impact as large parts of the potential customer-base is excluded.	• Consumers are better informed about offers in different areas, such as products, services and jobs. • Increased economic revenue for companies.

Bild 3.5 Beispiele für die Bewertung potenzieller Schäden durch KI-Systeme und deren Auswirkungen auf die betroffenen Personen oder Personengruppen (Quelle: © FRA – European Union Agency for Fundamental Rights, 2020)

1. **Entwicklung von Minderungsstrategien durch Maßnahmen der menschlichen Aufsicht (lit e) und Interne Unternehmensführung und Beschwerdemechanismen (lit f):** In diesem Schritt gilt es, Maßnahmen zu überlegen, *„die im Falle eines Eintretens dieser Risiken zu ergreifen sind, einschließlich beispielsweise Unternehmensführungsregelungen in diesem spezifischen Verwendungskontext, etwa Regelungen für die menschliche Aufsicht gemäß den Gebrauchsanweisungen oder Verfahren für die Bearbeitung von Beschwerden und Rechtsbehelfsverfahren, da sie dazu beitragen könnten, Risiken für die Grundrechte in konkreten Anwendungsfällen zu mindern*" (ErwG 96 KI-VO). Das heißt, für identifizierte Risiken müssen Strategien entwickelt werden, um die Wahrscheinlichkeit des Eintretens zu verhindern und, falls dies nicht möglich ist, zu minimieren. Dies kann technische Anpassungen am KI-System, Überarbeitung der Datenbasis, zusätzliche Schutzmaßnahmen für die Datenverarbeitung und auch z. B. das Messen von Fairness beinhalten, bezieht sich aber auch auf Verfahren zur Überprüfung und Anfechtung von KI-Entscheidungen über Endnutzer und Endnutzerinnen.
2. **Maßnahmen der menschlichen Aufsicht (lit e):** Hochrisiko-KI-Systeme sollten so gestaltet werden, dass sie von Menschen bestmöglich nachvollzogen und überwacht werden können. Es ist genau zu prüfen und evaluieren, wie Menschen in die Systeme eingreifen können und müssen. Transparenz und Erklärbarkeit spielen hier eine genauso wichtige Rolle wie die Darstellung der Ergebnisse von KI-Systemen, um eine Basis für menschliche Aufsicht zu schaffen. Kommt aus einem System nur „Ja" oder „Nein", hat ein Mensch de facto keine Möglichkeit, das System noch das Ergebnis zu überprüfen. Hier empfiehlt es sich, Entscheidungen von KI-Systemen so darzustellen, dass ein Mensch selbst die Endentscheidung trifft, dafür aber die relevanten Informationen zur Hand hat, um überhaupt eine eigenständige Entscheidung zu treffen. Im Sinne der Transparenz könnte hier z. B. eine Konfidenzanzeige gemacht werden, um dem Nutzer die Information mitzuteilen, wie sicher das KI-System z. B. bei einer Klassifizierung ist.
3. **Interne Unternehmensführung und Beschwerdemechanismen (lit f):** Um die kontinuierliche Einhaltung der KI-Gesetzgebung sicherzustellen, braucht es eine geeignete Governance-Struktur (siehe Abschnitt 10.2) und auch Code of Conduct (siehe Abschnitt 10.5). Die Einführung von KI-Systemen im Unternehmen löst bei Menschen Ängste aus, u. a. um ihre eigenen Jobs, und stößt somit intern oft auf Widerstand. In anderen Worten, geht es hier darum, einen gewissen Prozess im Unternehmen zu begleiten, bedarf es auch Schulungen der Mitarbeitenden, um ihnen die Ängste zu nehmen und das Potenzial für Arbeitserleichterung und Weiterentwicklung aufzuzeigen. Nur wenn Mitarbeitende in diesen Prozess richtig eingebunden werden, sind sie auch in der Lage, die Systeme kritisch zu hinterfragen und nicht blind die maschinellen Ergebnisse anzunehmen. Es geht hier um die Frage des richtigen Grades des Vertrauens in die Technologie. Betreiber müssen sich in diesem Zusammenhang auch überlegen, wie sie Beschwerdemechanis-

men bestmöglich einrichten können, die es Stakeholdern wie Kundinnen und Kunden, Mitarbeitenden oder anderen Betroffenen ermöglichen, Bedenken oder Beschwerden hinsichtlich der Funktionsweise eines KI-Systems oder seiner Auswirkungen zu äußern. In Hinblick auf Endnutzer und -nutzerinnen ist eine offene Kommunikation über die Funktionsweise, die Limitierungen des KI-Systems und Beschwerdemaßnahmen fundamental, um das Risiko einer Grundrechtsverletzung zu minimieren und im Fall des Eintretens durch Beschwerdekanäle rechtzeitig zu reagieren.

Im Rahmen der grundrechtlichen Folgenabschätzung ist es von grundsätzlicher Bedeutung, möglichst viele Stakeholder – einschließlich der Endnutzer, Rechtsexperten und möglicherweise betroffener Personengruppen – in diesen Prozess einzubeziehen, um vollumfänglich potenzielle Auswirkungen und Risiken überhaupt zu erkennen. Die gesamte Folgenabschätzung sollte sorgfältig dokumentiert werden, einschließlich der getroffenen Annahmen, der durchgeführten Analysen und der geplanten Minderungsmaßnahmen.

Im Rahmen der grundrechtlichen Folgenabschätzung ist es wichtig, möglichst viele Stakeholder – einschließlich der Endnutzer und -nutzerinnen, Rechtsexperten und -expertinnen und möglicherweise betroffener Personengruppen – in diesen Prozess einzubeziehen, um vollumfänglich potenzielle Auswirkungen und Risiken überhaupt zu erkennen. Die gesamte Folgenabschätzung sollte sorgfältig dokumentiert werden, einschließlich der getroffenen Annahmen, der durchgeführten Analysen und der geplanten Minderungsmaßnahmen. Hierzu führt ErwG 96 KI-VO Folgendes aus: *„Um einschlägige Informationen einzuholen, die für die Durchführung der Folgenabschätzung erforderlich sind, könnten die Betreiber von Hochrisiko-KI-Systemen, insbesondere wenn KI-Systeme im öffentlichen Sektor verwendet werden, relevante Interessenträger, unter anderem Vertreter von Personengruppen, die von dem KI-System betroffen sein könnten, unabhängige Sachverständige und Organisationen der Zivilgesellschaft, in die Durchführung solcher Folgenabschätzungen und die Gestaltung von Maßnahmen, die im Falle des Eintretens der Risiken zu ergreifen sind, einbeziehen.“*

Gemäß Art. 27 Abs. 2 KI-VO gilt die in Art. 27 Abs. 1 KI-VO festgelegte Pflicht zur Durchführung der Grundrechte-Folgenabschätzung *für die erste Verwendung eines Hochrisiko-KI-Systems*“. Die Folgeabschätzung muss jedoch nicht jedes Mal von Null begonnen werden: *Der Betreiber kann sich in ähnlichen Fällen auf zuvor durchgeführte Grundrechte-Folgenabschätzungen oder bereits vorhandene Folgenabschätzungen, die vom Anbieter durchgeführt wurden, stützen. Gelangt der Betreiber während der Verwendung des Hochrisiko-KI-Systems zur Auffassung, dass sich eines der in Absatz 1 aufgeführten Elemente geändert hat oder nicht mehr auf dem neuesten Stand ist, so unternimmt der Betreiber die erforderlichen Schritte, um die Informationen zu aktualisieren.“*

Diese Pflicht gilt für die erstmalige Einführung eines hochriskanten KI-Systems, wobei sich Betreiber in ähnlichen Fällen auf zuvor durchgeführte Folgenabschätzungen – vor allem von den Anbietern – stützen können.

Eine regelmäßige Überprüfung der Folgenabschätzung ist empfehlenswert, um sicherzustellen, dass sie weiterhin relevant bleibt und neue Risiken Berücksichtigung finden. Ändern sich die Umstände oder sind die Informationen nicht mehr aktuell, müssen die Betreiber die notwendigen Schritte zur Aktualisierung der Informationen unternehmen (ErwG 96 KI-VO). Das bedeutet, dass in regelmäßigen Abständen begutachtet werden muss, ob sich die Rahmenbedingungen der Anwendung des KI-Systems verändert haben bzw. sich auf die Grundrechte auswirken können. Dafür braucht es ein Monitoring durch ausgewiesene, verantwortliche Personen und Systeme, die etwaige Änderung und Weiterentwicklung von KI-Systemen und deren Anwendungsbereich dokumentieren und sichtbar machen.

> *(3) Sobald die Abschätzung gemäß Absatz 1 durchgeführt wurde, teilt der Betreiber der Marktüberwachungsbehörde ihre Ergebnisse mit, wozu auch das Ausfüllen und die Übermittlung des in Absatz 5 genannten Musters als Teil der Mitteilung gehört. In dem in Artikel 46 Absatz 1 genannten Fall können die Betreiber von der Mitteilungspflicht befreit werden.*

Gemäß Absatz 3 sind Betreiber nach Durchführung der Abschätzung verpflichtet, die Ergebnisse der Marktaufsichtsbehörde mitzuteilen, einschließlich der Übermittlung eines standardisierten Fragebogens, der vom Büro für künstliche Intelligenz bereitgestellt wird, um die Erfüllung dieser Pflichten zu vereinfachen (siehe unten Abs. 5).

Art. 46 Abs. 1 KI-VO bestimmt die Ausnahmen vom Konformitätsbewertungsverfahren gem. Art. 43 KI-VO und legt folgendes fest: ... *auf ein hinreichend begründetes Ersuchen kann eine Marktüberwachungsbehörde das Inverkehrbringen oder die Inbetriebnahme bestimmter Hochrisiko-KI-Systeme im Hoheitsgebiet des betreffenden Mitgliedstaats aus außergewöhnlichen Gründen der öffentlichen Sicherheit, des Schutzes des Lebens und der Gesundheit von Personen, des Umweltschutzes oder des Schutzes wichtiger Industrie- und Infrastrukturanlagen genehmigen. Diese Genehmigung wird auf die Dauer der erforderlichen Konformitätsbewertungsverfahren befristet, wobei den außergewöhnlichen Gründen für die Ausnahme Rechnung getragen wird. Der Abschluss dieser Verfahren erfolgt unverzüglich.*" Das bedeutet, dass im Fall des Vorliegens der Kriterien des Art. 46 Abs. 1 KI-VO Betreiber von der Mitteilungspflicht gemäß Art. 27 Abs. 3 KI-VO befreit werden können. Der Meinung der Autorin nach besteht hier die Gefahr, dass diese Bestimmung von Mitgliedstaaten benutzt werden könnte, um den Schutz der Grundrechte auszuhöhlen und als Rechtfertigung für jeglichen in die Grundrechte eingreifenden Einsatz von KI-Systemen herangezogen werden könnte (siehe Abschnitt 3.5.2).

> *(4) Wird eine der in diesem Artikel festgelegten Pflichten bereits infolge einer gemäß Artikel 35 der Verordnung (EU) 2016/679 oder Artikel 27 der Richtlinie (EU) 2016/680 durchgeführten Datenschutz-Folgenabschätzung erfüllt, so ergänzt die Grundrechte-Folgenabschätzung gemäß Absatz 1 des vorliegenden Artikels diese Datenschutz-Folgenabschätzung.*

Wenn bereits eine Datenschutz-Folgenabschätzung gemäß der DSGVO oder der Richtlinie (EU) 2016/680 durchgeführt wurde, reicht es, wenn die Datenschutz-Folgenabschätzung durch die Grundrechte-Folgenabschätzung nach Art. 27 KI-VO erweitert wird. Zentral ist, dass die Datenschutz-Folgenabschätzung um eine umfassende Bewertung der Auswirkungen der KI-Systemnutzung auf die Grundrechte gewährleistet wird.

> *(5) Das Büro für künstliche Intelligenz arbeitet ein Muster für einen Fragebogen – auch mithilfe eines automatisierten Instruments – aus, um die Betreiber in die Lage zu versetzen, ihren Pflichten gemäß diesem Artikel in vereinfachter Weise nachzukommen.*

Wie oben bereits angesprochen, legt Absatz 5 des Art. 27 KI-VO fest, dass das Europäische Büro für künstliche Intelligenz ein Muster für einen Fragebogen ausarbeiten wird, um den Betreibern die Durchführung der grundrechtlichen Folgenabschätzung zu erleichtern.

Gemäß Art. 77 Abs. 2 KI-VO muss jeder Mitgliedstaat nationale Behörden oder öffentliche Stellen für die Einhaltung des Unionsrechts zum Schutz der Grundrechte bis zum 2. November 2024 benennen und in einer aktuell zu führenden und öffentlichen Liste verfügbar machen, die es der Kommission und den anderen Mitgliedstaaten zu übermitteln gilt.

Um die Verwirklichung der Grundrechte auf nationaler Ebene zu gewährleisten, sieht Art. 77 Absatz 1 EU-KI-VO Folgendes vor: *Nationale Behörden oder öffentliche Stellen, die die Einhaltung des Unionsrechts zum Schutz der Grundrechte, einschließlich des Rechts auf Nichtdiskriminierung, in Bezug auf die Verwendung der in Anhang III genannten Hochrisiko-KI-Systeme beaufsichtigen oder durchsetzen, sind befugt, sämtliche auf der Grundlage dieser Verordnung in zugänglicher Sprache und Format erstellte oder geführte Dokumentation anzufordern und einzusehen, sofern der Zugang zu dieser Dokumentation für die wirksame Ausübung ihrer Aufträge im Rahmen ihrer Befugnisse innerhalb der Grenzen ihrer Hoheitsgewalt notwendig ist. Die jeweilige Behörde oder öffentliche Stelle informiert die Marktüberwachungsbehörde des betreffenden Mitgliedstaats von jeder diesbezüglichen Anfrage*". Sollte diese Dokumentation nicht genügen, um festzustellen, ob ein Verstoß gegen das Unionsrecht zum Schutz der Grundrechte vorliegt, so kann die nationale Behörde oder öffentliche Stelle einen Antrag auf Durchführung eines technischen Tests des Hochrisiko-KI-Systems stellen, der von der Marktaufsichtbehörde in Zusammenarbeit mit der beantragenden Behörde bzw. Stelle innerhalb eines angemessenen Zeitraums durchzuführen ist (Art. 77 Abs. 3 KI-VO). Gemäß Absatz 4 wird diese Dokumentation im Einklang mit Art 78 KI-VO vertraulich behandelt.

Im ErwG 157 KI-VO wird hierzu ausgeführt, dass diese Verordnung „*die Zuständigkeiten, Aufgaben, Befugnisse und Unabhängigkeit der einschlägigen nationalen Behörden oder Stellen, die die Anwendung des Unionsrechts zum Schutz der Grundrechte überwachen, einschließlich Gleichstellungsstellen und Datenschutzbehörden*", nicht berührt.

3.4.1.2 Folgenabschätzung als Teil von KI-Governance

Die Durchführung von Folgenabschätzungen in Bezug auf die Grundrechte ist ein entscheidender Schritt hin zu einer menschenzentrierten KI-Governance (siehe Kapitel 10). Diese Prüfungen sind notwendig, um zu gewährleisten, dass die Entwicklung und der Einsatz von KI-Technologien im Einklang mit den in der Charta verankerten Rechten stehen. Eine solche Folgenabschätzung dient dazu, das Bewusstsein für die potenziellen Auswirkungen spezifischer KI-Anwendungen auf verschiedene Gesellschaftsbereiche zu schärfen und einen strukturierten Überblick über mögliche Risiken und deren Management zu gewährleisten. Es geht darum, eine durchdachte Planung, ein ethisches Design und eine verantwortungsvolle Implementierung von KI-Systemen zu fördern. Dies schließt die Förderung von Transparenz und Verantwortlichkeit ebenso ein wie die ethische Entscheidungsfindung. Eine grundrechtliche Folgenabschätzung sollte vor dem Einsatz des KI-Systems durchgeführt werden, aber auch regelmäßig während des Betriebes des KI-Systems im Auge behalten und bei etwaigen Änderungen überprüft werden.

Im Kern einer solchen Bewertung steht die frühzeitige Erkennung möglicher Grundrechtsverletzungen durch KI-Anwendungen. Jedes identifizierte Risiko muss sorgfältig abgewogen und bewertet werden, um geeignete Maßnahmen zur Risikominderung zu entwickeln. Dazu gehört auch die Einschätzung der Wahrscheinlichkeit einer Verletzung wie auch die Schwere einer möglichen Grundrechtsverletzung. Durch dieses Vorgehen kann ein ausgewogener und verantwortungsbewusster Umgang mit KI-Technologien gefördert werden, der die Rechte und Freiheiten des Einzelnen wahrt und stärkt.

Die Durchführung grundrechtlicher Folgenabschätzungen bei der Entwicklung und dem Einsatz von KI-Technologien ist ein zentrales Element für die Erreichung des Ziels einer menschenzentrierten KI-Governance und fördert Transparenz, Verantwortlichkeit und ethische Entscheidungsfindung während des gesamten KI-Planungs-, Design- und Implementierungsprozesses.

3.4.1.3 Bereits bestehende Tools für Grundrechts-Folgenabschätzung

Schon heute gibt es eine lange Liste an Tools von diversen Organisationen und Einrichtungen, die Prozesse abbilden, wie eine grundrechtliche Folgenabschätzung durchgeführt werden kann. Im Rahmen dieser Aufzählungen sollen ein paar Beispiele für Folgenabschätzungen dargeboten werden. Hier muss jedoch festgehalten werden, dass die Tools keine grundrechtliche Folgenabschätzung gemäß der EU-KI-VO darstellen.

Einige relevante Instrumente zur Durchführung von grundrechtlichen Folgenabschätzungen:

- *FRAIA* [13] – Das Fundamental Rights and Algorithms Impact Assessment wird derzeit von der niederländischen Verwaltung eingesetzt, um Folgenabschätzungen durchzuführen.

- *DEDA* [8] – Data Ethics Decision Aid ist ebenfalls im Einsatz der niederländischen Verwaltung.
- *Automatisierte Entscheidungssysteme im öffentlichen Sektor* [5] von Algorithm Watch Schweiz
- *Examining the Black Box* [1] des Ada Lovelace Institute und DataKind UK
- *National Institute of Standards and Technology AI Risk Management Framework* (NIST AI RMF) [3] der US-Regierung
- *Audit Framework for Algorithms* [11] des niederländischen Rechnungshofs
- *AI Ethics Impact Group: Von Prinzipien zur Praxis* [2] der AIEI Gruppe
- *Leitfaden Digitale Verwaltung und Ethik* [10] vom Bundesministerium für Kunst, Kultur, öffentlichen Dienst und Sport
- *Ethical Impact Assessment: A Tool of the Recommendation on the Ethics of Artificial Intelligence* [7] von der UNESCO zur Evaluierung der ethischen Auswirkungen
- *ALTAI Bewertungsliste für vertrauenswürdige KI* [6] der unabhängigen hochrangigen Expertengruppe für Künstliche Intelligenz eingesetzt von der Europäischen Kommission

Quellen

[1] Ada Lovelace Institute: Examining the Black Box.

[2] AI Ethics Impact Group: Von Prinzipien zur Praxis – VDE. URL *https://www.ai-ethics-impact.org/de*. – abgerufen am 13. 04. 2024

[3] AI Risk Management Framework. In: NIST (2021). – Last Modified: 2024-01-05T14:53-05:00

[4] Amazon scraps secret AI recruiting tool that showed bias against women. URL *https://finance.yahoo.com/news/amazon-scraps-secret-ai-recruiting-030000358.html* – abgerufen am 13. 04. 2024 – Yahoo Finance

[5] Automatisierte Entscheidungssysteme im öffentlichen Sektor – einige Empfehlungen. URL *https://algorithmwatch.ch/de/adm-offentlichersektor-empfehlungen/* – abgerufen am 13. 04. 2024 – AlgorithmWatch CH

[6] Best practices. URL *https://ec.europa.eu/futurium/en/ai-alliance-consultation/best-practices* – abgerufen am 13. 04. 2024 – FUTURIUM – European Commission

[7] Ethical Impact Assessment: A Tool of the Recommendation on the Ethics of Artificial Intelligence | UNESCO. URL *https://www.unesco.org/en/articles/ethical-impact-assessment-tool-recommendation-ethics-artificial-intelligence* – abgerufen am 13. 04. 2024

[8] Franzke, Aline Shakti; Muis, Iris; Schäfer, Mirko Tobias: Data Ethics Decision Aid (DEDA): a dialogical framework for ethical inquiry of AI and data projects in the Netherlands. In: Ethics and Information Technology Bd. 23 (2021), Nr. 3, S. 551 – 567

[9] Google Fotos bezeichnet Schwarze als Gorillas. In: Der Spiegel (2015)

[10] Leitfaden Digitale Verwaltung und Ethik. Praxisleitfaden für KI in der Verwaltung, Version 1.0

[11] Rekenkamer, Algemene: Understanding algorithms – Report – Netherlands Court of Audit. URL *https://english.rekenkamer.nl/publications/reports/2021/01/26/understanding-algorithms* – abgerufen am 13. 04. 12024 – Last Modified: 2021-02-18T11:52

[12] Suresh, Harini; Guttag, John V.: A Framework for Understanding Sources of Harm throughout the Machine Learning Life Cycle. In: Equity and Access in Algorithms, Mechanisms, and Optimization, 2021 – arXiv:1901.10002 [cs, stat], S. 1 – 9

[13] Zaken, Ministerie van Algemene: Fundamental Rights and Algorithms Impact Assessment (FRAIA) – Report – Government.nl. URL *https://www.government.nl/documents/reports/2021/07/31/impact-assessment-fundamental-rights-and-algorithms* – abgerufen am 13.04.2024 – Last Modified: 2022-05-04T15:19

3.5 Harmonisierte Normen, Konformitätsbewertung, Bescheinigungen und Registrierung

Gabriele Bolek-Flügl

Der Abschnitt 5 des Kapitels 3 der KI-VO, der die Artikel 40 – 49 KI-VO umfasst, definiert die Rahmenbedingungen für die Bewertung der Konformität von KI-Systemen. Dieser Schlüsselabschnitt verdeutlicht, wie Anbieter gewährleisten müssen, dass ihre KI-Systeme vor der Markteinführung den strengen EU-Standards für Sicherheit, Transparenz und dem Schutz der Grundrechte entsprechen.

Die Konformitätsbewertung soll das Vertrauen in KI-Technologien stärken und ein hohes Schutzniveau für alle natürlichen Personen sichern. Dadurch soll garantiert werden, dass KI-Systeme sicher, datenschutzfreundlich und diskriminierungsfrei sind, wodurch der sichere Einsatz in der Europäischen Union für die Gesellschaft gefördert wird.

Beispiel

Nehmen wir an, ein Unternehmen entwickelt ein KI-System zur Analyse von Bewerbungsunterlagen im Rekrutierungsprozess. Dieses System könnte als Hochrisiko-KI eingestuft werden, da es signifikante Auswirkungen auf die Chancen der Bewerber oder Bewerberinnen haben kann. Vor der Markteinführung muss das Unternehmen daher eine Konformitätsbewertung durchführen. Dies beinhaltet die Überprüfung der Genauigkeit des Systems, den Schutz der Daten der Bewerber bzw. Bewerberinnen und die Sicherstellung, dass das System keine diskriminierenden Entscheidungen trifft. Nach erfolgreicher Bewertung stellt das Unternehmen eine Konformitätserklärung aus und registriert das System in der EU-Datenbank. So wird sichergestellt, dass das System den EU-Vorschriften entspricht und vertrauensvoll eingesetzt werden kann.

Die folgende Tabelle bietet einen Überblick über die Schlüsselelemente des Abschnitts 5; angefangen bei den harmonisierten Normen, den Anforderungen an die Konformitätsbewertung bis hin zur Registrierung von KI-Systemen in einer speziellen EU-Datenbank:

Artikel	Stichwort	Erläuterung
Art. 40 KI-VO	Harmonisierte Normen	Hersteller und Anbieter von Hochrisiko-KI-Systemen, die sich an harmonisierte Normen halten, können einfacher nachweisen, dass ihre Produkte den Anforderungen der EU-Verordnung entsprechen.
Art. 41 KI-VO	Gemeinsame Spezifikationen	Beschreibt, wie die Europäische Kommission mit der Normung von Hochrisiko-KI-Systemen umgeht.
Art. 42 KI-VO	Vermutung der Konformität	Definiert die Kriterien, wann für ein Hochrisiko-KI-System die Anforderungen an Daten, Genauigkeit, Robustheit und Cybersicherheit angenommen werden darf.
Art. 43 KI-VO	Konformitäts-bewertung	Beschreibt das Verfahren, das Anbieter von Hochrisiko-KI-Systemen durchführen müssen, um die Konformität ihrer Systeme mit den Anforderungen der Verordnung zu gewährleisten.
Artikel 44 KI-VO	Bescheinigungen	Beschreibt die Bescheinigungen zur Konformität und deren Gültigkeitsdauer.
Artikel 45 KI-VO	Informationspflichten der notifizierten Stellen	Definiert die Informationspflichten der notifizierten Stelle gegenüber anderen Stakeholdern.
Artikel 46 KI-VO	Ausnahme vom Konformitäts-bewertungs-verfahren	Regelt, unter welchen Umständen die Marktüberwachungsbehörde ein Hochrisiko-KI-System genehmigen kann.
Artikel 47 KI-VO	EU-Konformitätserklärung	Verpflichtet Anbieter zur Ausstellung einer EU-Konformitätserklärung, die belegt, dass das KI-System den Anforderungen entspricht, bevor es in Verkehr gebracht wird.
Artikel 48 KI-VO	CE-Kennzeichnung	Beschreibt die Kriterien zur Kennzeichnung des KI-Systems.
Artikel 49 KI-VO	Registrierung	Erfordert die Registrierung von Hochrisiko-KI-Systemen (mit bestimmten Ausnahmen) durch den Anbieter oder seinen Bevollmächtigten in der EU-Datenbank vor dem Inverkehrbringen oder der Inbetriebnahme. Ebenso ist die Registrierung durch Betreiber bestimmter öffentlicher Dienste vor deren Einsatz vorgeschrieben.

Die wesentlichen Vorgaben für die Hersteller, Anbieter und Betreiber von KI-Systemen werden in den folgenden Abschnitten näher beleuchten.

3.5.1 Harmonisierte Normen und CE-Kennzeichnung

Art. 40 KI-VO behandelt die harmonisierten Normen und Standardisierungsergebnisse für Hochrisiko-KI-Systeme. Harmonisierte Normen sind technische Spezifikationen (Europäische Normen oder Teile davon), die von den europäischen Normungsorganisationen wie CEN, CENELEC oder ETSI auf Antrag der Europäischen Kommission ausgearbeitet werden. Sie sollen die Einhaltung grundlegender Anforderungen bestimmter EU-Richtlinien oder EU-Verordnungen erleichtern. Ein Produkt, Dienst oder Prozess, der mit einer harmonisierten Norm übereinstimmt, gilt als konform mit den entsprechenden Anforderungen der zugehörigen EU-Gesetzgebung.

Zum Zeitpunkt der Erstellung dieses Buches waren noch keine spezifischen Normen für die KI-VO fertiggestellt. Daher kann dieser Abschnitt nur Grundsätzliches zur Vorgehensweise behandeln.

> Die Normung sollte eine Schlüsselrolle dabei spielen, den Anbietern technische Lösungen zur Verfügung zu stellen, um im Einklang mit dem Stand der Technik die Einhaltung dieser Verordnung zu gewährleisten und Innovation sowie Wettbewerbsfähigkeit und Wachstum im Binnenmarkt zu fördern (ErwG 121 KI-VO).

Ein Beispiel für eine harmonisierte Norm ist EN ISO 12100, „Sicherheit von Maschinen". Diese Norm bietet Leitlinien zur Risikobewertung und Risikominderung bei der Konstruktion von Maschinen. Sie zielt darauf ab, die Sicherheit von Maschinenbetreibern und -nutzern zu gewährleisten.

Die Übereinstimmung mit diesen harmonisierten Normen ermöglicht es Herstellern, das CE-Kennzeichen auf ihren Produkten zu verwenden und damit zu signalisieren, dass das Produkt den Anforderungen der relevanten EU-Gesetzgebung entspricht. Dies erleichtert den freien Warenverkehr innerhalb des Europäischen Wirtschaftsraums.

Hochrisiko-KI-Systeme, die mit harmonisierten Normen oder Teilen davon übereinstimmen, die im Amtsblatt der Europäischen Union veröffentlicht wurden, gelten als konform mit den Anforderungen für Hochrisiko-KI-Systeme (Art. 8 ff. KI-VO) oder gegebenenfalls mit den Anforderungen über GPAI, sofern diese Anforderungen durch die Normen abgedeckt sind.

Bedeutung für Hersteller und Anbieter von Hochrisiko-KI-Systemen

Diese Anforderungen bedeuten, dass Hersteller und Anbieter von Hochrisiko-KI-Systemen einfacher nachweisen können, dass ihre Produkte den Anforderungen der KI-VO entsprechen, indem sie sich an die harmonisierten Normen halten. Dieses Verfahren soll dazu dienen, die Sicherheit, die Transparenz und den Schutz der Grundrechte innerhalb der EU zu gewährleisten, während gleichzeitig Innovation und Wachstum im Bereich der künstlichen Intelligenz gefördert werden.

Für wen ist das relevant?

Dies ist besonders relevant für Entwickler und Anbieter von Hochrisiko-KI-Systemen, die ihre Produkte auf dem europäischen Markt anbieten möchten, sowie für Normungsorganisationen und politische Entscheidungsträger im Bereich der digitalen Technologien.

Zusammenfassung der wichtigsten Anforderungen

1. **Konformitätsvermutung durch Einhaltung harmonisierter Normen (Art. 40 Abs. 1 KI-VO)**

   Wenn Hochrisiko-KI-Systeme mit den harmonisierten Normen übereinstimmen, die gemäß der Verordnung (EU) 1025/2012 veröffentlicht wurden, wird angenommen, dass sie den relevanten Anforderungen der EU-KI-VO entsprechen. Dies gilt, solange die Normen die spezifischen Anforderungen oder Verpflichtungen abdecken.

2. **Normungsaufträge der Kommission (Art. 40 Abs. 2 KI-VO)**

   Die Europäische Kommission wird unverzüglich Normungsaufträge erteilen, die alle relevanten Anforderungen der EU-KI-VO abdecken sollen. Diese Aufträge beinhalten auch die Berücksichtigung von Ressourceneffizienz und energieeffizienter Entwicklung von KI-Modellen. Die Kommission konsultiert dabei den Ausschuss und relevante Interessenträger.

3. **Konsistenz und Erfüllung der Anforderungen (Art. 40 Abs. 2 KI-VO)**

   Die von der Kommission erteilten Normungsaufträge sollen sicherstellen, dass die entwickelten Normen klar und konsistent sind und dass KI-Systeme oder KI-Modelle, die in der EU in Verkehr gebracht oder in Betrieb genommen werden, die in der Verordnung festgelegten Anforderungen erfüllen. Die europäischen Normungsorganisationen werden aufgefordert, ihr Engagement für die Erreichung dieser Ziele nachzuweisen.

4. **Förderung von Investitionen und Innovation (Art. 40 Abs. 3 KI-VO)**

   Die Beteiligten am Normungsprozess sollen Investitionen und Innovationen im Bereich KI fördern, insbesondere durch die Erhöhung der Rechtssicherheit und die Stärkung der Wettbewerbsfähigkeit des Unionsmarktes. Außerdem sollen sie zur globalen Zusammenarbeit in der Normung beitragen und sicherstellen, dass internationale Normen im Bereich KI mit den Werten, Grundrechten und Interessen der EU im Einklang stehen.

5. **Befugnisse der Kommission (Art. 41 KI-VO)**

   Artikel 41 ermöglicht es der EU, flexibel auf die Herausforderungen bei der Normung von KI-Systemen zu reagieren, damit auch ohne harmonisierte Normen ein hoher Sicherheits- und Ethikstandard aufrechterhalten werden kann.

CE-Kennzeichnung

Die CE-Kennzeichnung ist ein Symbol, das auf Produkten angebracht wird, um zu zeigen, dass diese den geltenden EU-Vorschriften entsprechen. Die CE-Kennzeichnung für Hochrisiko-KI-Systeme zeigt aber nicht nur die Einhaltung der spezifischen Anforderungen der KI-VO an, sondern auch die Konformität mit anderen anwendbaren EU-Vorschriften. Die Anbringung und die Art der CE-Kennzeichnung sollen derart gestaltet werden, dass sie für die Nutzerinnen und Nutzer leicht erkennbar und zugänglich sind, unabhängig davon, ob es sich um physische Produkte oder digital bereitgestellte Dienste handelt.

Art. 48 KI-VO regelt dabei die Kriterien:

1. **Allgemeine Grundsätze (Absatz 1)**

   Die Grundsätze für die CE-Kennzeichnung orientieren sich an den allgemeinen Grundsätzen, die in Artikel 30 der Verordnung (EG) Nr. 765/2008 festgelegt sind. Diese regeln bspw. die Anbringung der CE-Kennzeichnung, einschließlich ihrer Sichtbarkeit, Lesbarkeit und Dauerhaftigkeit.

2. **Digitale CE-Kennzeichnung für digital bereitgestellte KI-Systeme (Absatz 2)**

   Für Hochrisiko-KI-Systeme, die digital zur Verfügung gestellt werden, kann eine digitale Form der CE-Kennzeichnung verwendet werden. Diese muss leicht zugänglich sein, entweder direkt über die Benutzeroberfläche, über einen maschinenlesbaren Code oder über andere elektronische Mittel.

3. **Anbringung der CE-Kennzeichnung (Absatz 3)**

   Die CE-Kennzeichnung muss an Hochrisiko-KI-Systemen gut sichtbar, lesbar und dauerhaft angebracht werden. Wenn es die Art des KI-Systems nicht zulässt oder nicht rechtfertigt (z. B. wegen der Größe oder der Art der Nutzung), kann die Kennzeichnung stattdessen auf der Verpackung oder den begleitenden Dokumenten angebracht werden.

4. **Kennnummer der notifizierten Stelle (Absatz 4)**

   Wenn für die Konformitätsbewertung eines Hochrisiko-KI-Systems eine notifizierte Stelle herangezogen wurde, muss deren Kennnummer zusammen mit der CE-Kennzeichnung angegeben werden. Die Kennnummer wird entweder von der notifizierten Stelle selbst oder nach ihren Anweisungen vom Anbieter oder dessen Bevollmächtigten angebracht. Diese Nummer soll auch in Werbematerialien erscheinen, die darauf hinweisen, dass das KI-System die Anforderungen für die CE-Kennzeichnung erfüllt.

5. **Einhaltung weiterer EU-Rechtsvorschriften (Absatz 5)**

   Wenn ein Hochrisiko-KI-System zusätzlich unter andere EU-Rechtsvorschriften fällt, die ebenfalls eine CE-Kennzeichnung vorsehen, zeigt die CE-Kennzeichnung an, dass das KI-System auch diesen weiteren Anforderungen genügt.

Die CE-Kennzeichnung ist ein Verwaltungszeichen, das die Konformität eines Produkts mit der EU-Gesetzgebung und somit die Freiverkehrsfähigkeit innerhalb des Europäischen Wirtschaftsraums signalisiert. Für KI-Systeme, insbesondere solche, die als Hochrisiko eingestuft sind, bedeutet die CE-Kennzeichnung, dass das System die spezifischen Anforderungen der EU-Verordnung(en) erfüllt.

3.5.2 Konformitätsbewertungsverfahren

Das Konformitätsbewertungsverfahren ist primär für Anbieter von Hochrisiko-KI-Systemen relevant, um sicherzustellen, dass diese Systeme den strengen Anforderungen der KI-VO entsprechen, bevor sie auf dem Markt angeboten oder in Betrieb genommen werden. Andere KI-Systeme unterliegen weniger strengen Regelungen, wobei die genauen Anforderungen je nach Anwendungsbereich und Risikoprofil variieren können.

Für wen ist das relevant?

Dieser Artikel ist für Anbieter von Hochrisiko-KI-Systemen relevant, die sicherstellen müssen, dass ihre Systeme den Anforderungen der KI-VO entsprechen. Es hilft herauszufinden, welche Verfahren zur Bewertung der Konformität dieser Systeme durchgeführt werden müssen, und bietet Richtlinien zur Auswahl des passenden Verfahrens, abhängig von der Anwendung harmonisierter Normen oder gemeinsamer Spezifikationen und der Art des KI-Systems.

Bedeutung für Anbieter von Hochrisiko-KI-Systemen

Der Art. 43 KI-VO beschäftigt sich mit den Konformitätsbewertungsverfahren für Hochrisiko-KI-Systeme. Dafür muss folgender Ablauf eingehalten werden:

1. **Wahl des Konformitätsbewertungsverfahrens (Art. 43 Abs. 1 KI-VO)**

   Anbieter von bestimmten Hochrisiko-KI-Systemen (aufgelistet in Anhang III/1 KI-VO) können zwischen zwei Konformitätsbewertungsverfahren wählen, vorausgesetzt, sie haben entweder harmonisierte Normen oder gemeinsame Spezifikationen angewandt:

   a) eine interne Kontrolle gemäß Anhang VI KI-VO

   b) Bewertung des Qualitätsmanagementsystems und der technischen Dokumentation durch eine notifizierte Stelle gemäß Anhang VII KI-VO

2. **Notwendigkeit eines spezifischen Konformitätsbewertungsverfahrens (Art. 43 Abs. 1 KI-VO)**

   Wenn keine harmonisierten Normen oder gemeinsamen Spezifikationen vorhanden sind oder der Anbieter diese nicht (vollständig) angewandt hat, muss das Konformitätsbewertungsverfahren mit Beteiligung einer notifizierten Stelle durchgeführt werden.

3. **Auswahl einer notifizierten Stelle (Art. 43 Abs. 1 KI-VO)**

   Anbieter können eine notifizierte Stelle für die Konformitätsbewertung auswählen, außer das System wird von bestimmten öffentlichen Behörden (z.B. Strafverfolgung, Asylbehörde sowie sonstige Stellen der EU) genutzt; in diesem Fall übernimmt die spezifische Marktüberwachungsbehörde diese Rolle (Art. 74 Abs. 8 KI-VO bzw. Art. 74 Abs. 9 KI-VO).

4. **Interne Kontrolle für andere Hochrisiko-KI-Systeme (Art. 43 Abs. 2 KI-VO)**

   Für weitere in Anhang III KI-VO aufgeführte Hochrisiko-KI-Systeme (Nummer 2 bis 8) erfolgt die Konformitätsbewertung durch interne Kontrolle ohne die Beteiligung einer notifizierten Stelle. Dies umfasst KI-Systeme für:

   - kritische Infrastruktur
   - allgemeine und berufliche Bildung
   - Beschäftigung, Personalmanagement und Zugang zur Selbstständigkeit
   - Zugänglichkeit und Inanspruchnahme grundlegender privater und grundlegender öffentlicher Dienste und Leistungen
   - Strafverfolgung, soweit ihr Einsatz nach einschlägigem Unionsrecht oder nationalem Recht zugelassen ist
   - Migration, Asyl und Grenzkontrolle, soweit ihr Einsatz nach einschlägigem Unionsrecht oder nationalem Recht zugelassen ist
   - Rechtspflege und demokratische Prozesse

5. **Einhaltung anderer EU-Rechtsvorschriften (Art. 43 Abs. 3 KI-VO)**

   KI-Systeme, die unter andere EU-Harmonisierungsrechtsakte fallen, müssen die entsprechenden Konformitätsbewertungsverfahren befolgen, und die Anforderungen der KI-VO werden in diese Bewertungen einbezogen.

6. **Neubewertung bei wesentlichen Änderungen (Art. 43 Abs. 4 KI-VO)**

   Hochrisiko-KI-Systeme, die wesentlich geändert wurden, unterliegen erneut einem Konformitätsbewertungsverfahren, unabhängig davon, ob das geänderte System noch weiter in Verkehr gebracht oder vom derzeitigen Betreiber weitergenutzt werden soll. Änderungen, die im Rahmen des kontinuierlichen Lernprozesses nach Inverkehrbringen vorhergesehen wurden, gelten nicht als wesentliche Änderungen.

7. **Aktualisierung der Anhänge und Verfahren (Art. 43 Abs. 5 KI-VO)**

   Die Europäische Kommission kann delegierte Rechtsakte erlassen, um die Anhänge VI und VII sowie die Konformitätsbewertungsverfahren zu aktualisieren, insbesondere im Hinblick auf den technischen Fortschritt und die Bewertung der Effektivität der Verfahren.

Andere KI-Systeme

Für KI-Systeme, die nicht als Hochrisiko eingestuft sind, gibt es keine explizite Verpflichtung, ein Konformitätsbewertungsverfahren zu durchlaufen. Allerdings müssen auch diese Systeme die allgemeinen Anforderungen der Verordnung erfüllen, insbesondere in Bezug auf Transparenz und grundlegende Rechte.

Es wird erwartet, dass die Anbieter solcher Systeme selbst beurteilen, ob ihre Produkte den relevanten Bestimmungen der KI-VO entsprechen, aber sie müssen keinen formalen Konformitätsnachweis erbringen und keine CE-Kennzeichnung anbringen.

> Wichtig ist der Unterschied zwischen dem Einsatz eines KI-Systems und dessen Bereitstellung. Die Verpflichtung zur Durchführung eines Konformitätsbewertungsverfahrens liegt bei den Anbietern (denjenigen, die das System auf den Markt bringen oder in Betrieb nehmen), nicht bei den Betreibern, die das System nur verwenden.

> Betreiber von Hochrisiko-KI-Systemen müssen sich jedoch der spezifischen Anforderungen bewusst sein und sicherstellen, dass sie Systeme einsetzen, die konform sind und die CE-Kennzeichnung tragen.

Beispiel

Um die Anwendung von Art. 43 KI-VO zu veranschaulichen, betrachten wir ein fiktives Beispiel: ein Hochrisiko-KI-System in der medizinischen Diagnostik, einem Bereich, der üblicherweise als hochriskant gilt.

Schritt 1: Bestimmung des Hochrisiko-KI-Systems

- Ein Unternehmen, nennen wir es MedAI, entwickelt ein KI-System zur Diagnose seltener Krankheiten auf der Basis von Bildgebungsdaten. Dieses System fällt unter die in Anhang I Abschnitt A/1 KI-VO aufgeführten Hochrisiko-KI-Systeme.

Schritt 2: Überprüfung harmonisierter Normen und gemeinsamer Spezifikationen

- MedAI überprüft, ob für ihr KI-System harmonisierte Normen gemäß Art. 40 KI-VO oder gemeinsame Spezifikationen gemäß Art. 41 KI-VO vorhanden sind, die die Anforderungen erfüllen könnten. Sie finden eine harmonisierte Norm für die Sicherheit und Leistung medizinischer Software.

Schritt 3: Entscheidung über das Konformitätsbewertungsverfahren

- Da MedAI die harmonisierte Norm vollständig anwenden kann, befolgen sie die einschlägigen Konformitätsbewertungsverfahren aus diesem anwendbaren Rechtsakt.

Schritt 4: Durchführung der internen Kontrolle

- MedAI führt eine interne Kontrolle durch, die Folgendes umfasst:
  - eine Risikobewertung und -minderung gemäß der harmonisierten Norm
  - Erstellung einer umfassenden technischen Dokumentation, die aufzeigt, wie das KI-System die Anforderungen erfüllt
  - Durchführung interner Tests und Validierungsprozesse, um die Sicherheit und Wirksamkeit des Systems zu gewährleisten

Schritt 5: Anbringung der CE-Kennzeichnung

- Nach erfolgreichem Abschluss der internen Kontrolle bringt MedAI die CE-Kennzeichnung an ihrem Produkt an, was bedeutet, dass das KI-System den EU-Vorschriften entspricht und in der EU vermarktet werden kann.

Schritt 6: Markteinführung und Überwachung

- MedAI bringt das KI-System auf den Markt. Sie sind auch verpflichtet, eine kontinuierliche Überwachung durchzuführen, um sicherzustellen, dass das System weiterhin den Anforderungen entspricht, insbesondere wenn es Updates oder Änderungen am System gibt.

Durch die Anwendung der harmonisierten Norm konnte MedAI das Konformitätsbewertungsverfahren vereinfachen und auf der Grundlage einer internen Kontrolle durchführen. Dies ermöglichte es, die CE-Kennzeichnung zu erhalten und das Hochrisiko-KI-System innerhalb des Europäischen Wirtschaftsraums zu vermarkten.

3.5.3 Ausnahmen vom Konformitätsbewertungsverfahren

In Art. 46 KI-VO sind die Ausnahmen vom Konformitätsbewertungsverfahren für bestimmte Hochrisiko-KI-Systeme unter außergewöhnlichen Umständen geregelt.

Für wen und was fordert der Artikel?

Marktüberwachungsbehörden können das Inverkehrbringen oder die Inbetriebnahme bestimmter Hochrisiko-KI-Systeme genehmigen, wenn (Art. 46 Abs. 1 KI-VO):

- außergewöhnliche Gründe der öffentlichen Sicherheit oder des Schutzes von Leben, Gesundheit, Umwelt oder wichtiger Industrie- und Infrastrukturanlagen vorliegen
- diese Genehmigung zeitlich auf die Dauer der notwendigen Konformitätsbewertungsverfahren beschränkt ist.

Strafverfolgungs- und Katastrophenschutzbehörden dürfen in dringenden Fällen ein bestimmtes Hochrisiko-KI-System ohne vorherige Genehmigung in Betrieb nehmen, müssen aber die Genehmigung unverzüglich nachträglich beantragen (Art. 46 Abs. 2 KI-VO).

Welche Schritte müssen gesetzt werden?

Antragstellung (Art. 46 Abs. 3 KI-VO)

Ein hinreichend begründeter Antrag muss bei der Marktüberwachungsbehörde eingereicht werden, wenn eine Ausnahme vom Konformitätsbewertungsverfahren gewünscht wird.

- Genehmigungsverfahren (Art. 46 Abs. 3 KI-VO)

  Die Marktüberwachungsbehörde prüft, ob das KI-System den Anforderungen entspricht, und erteilt gegebenenfalls eine zeitlich begrenzte Genehmigung.

- Mitteilung und Überprüfung (Art. 46 Abs. 4 und 5 KI-VO)

  Die Marktüberwachungsbehörde informiert die Kommission und andere Mitgliedstaaten über erteilte Genehmigungen. Einwände können innerhalb von 15 Kalendertagen erhoben werden.

- Konsultation und Entscheidung (Art. 46 Abs. 5 KI-VO)

  Bei Einwänden werden Konsultationen zwischen der Kommission, dem betreffenden Mitgliedstaat und gegebenenfalls dem betroffenen Akteur durchgeführt. Die Kommission entscheidet dann, ob die Genehmigung gerechtfertigt ist. Diese Entscheidung wird allen betroffenen Parteien mitgeteilt.

- Rücknahme der Genehmigung (Art. 46 Abs. 6 KI-VO)

  Wird die Genehmigung von der Kommission als ungerechtfertigt angesehen, muss die Marktüberwachungsbehörde des Mitgliedstaats, die die Genehmigung erteilt hat, diese zurücknehmen.

- Spezifische Regelungen für bestimmte Produkte (Art. 46 Abs. 7 KI-VO)

  Für Hochrisiko-KI-Systeme, die in Zusammenhang mit Produkten stehen, die unter spezifische EU-Harmonisierungsrechtsvorschriften fallen (aufgelistet in Anhang I Abschnitt A KI-VO), gelten nur die Ausnahmen von den Konformitätsbewertungsverfahren, die in diesen spezifischen Rechtsvorschriften festgelegt sind.

3.5.4 EU-Konformitätserklärung

Die EU-Konformitätserklärung ist ein wesentlicher Schritt für die Markteinführung von Hochrisiko-KI-Systemen in der EU. Sie dient als Nachweis, dass ein KI-System den strengen Anforderungen der KI-VO entspricht und somit die öffentliche Sicherheit, den Schutz der Gesundheit und der Grundrechte gewährleistet.

Die sorgfältige Ausstellung und Aufbewahrung dieser Erklärung sichert nicht nur die regulatorische Compliance, sondern stärkt auch das Vertrauen in die Sicherheit und Zuverlässigkeit von KI-Systemen auf dem Markt.

Art. 47 KI-VO regelt die Ausstellung und Aufbewahrung der EU-Konformitätserklärung für Hochrisiko-KI-Systeme. Diese Erklärung ist ein wesentlicher Bestandteil des Konformitätsbewertungsverfahrens und hat für Anbieter solcher Systeme große Bedeutung.

Für wen ist das relevant?

Die EU-Konformitätserklärung ist für Anbieter von Hochrisiko-KI-Systemen essenziell. Mit dieser Erklärung bestätigen sie, dass ihr KI-System den in der KI-VO festgelegten Anforderungen entspricht.

Diese Erklärung ist ein Schlüsseldokument, das die Grundlage für die Zulassung eines Hochrisiko-KI-Systems im Europäischen Wirtschaftsraum bildet.

Kriterien und Schritte

1. Ausstellung der Erklärung (Art. 47 Abs. 1 KI-VO)
   - Anbieter müssen für jedes Hochrisiko-KI-System eine schriftliche, maschinenlesbare, physische oder elektronisch unterzeichnete EU-Konformitätserklärung ausstellen.
   - Die Erklärung muss für zehn Jahre ab Inverkehrbringen oder Inbetriebnahme des Systems aufbewahrt und den nationalen Behörden auf Anfrage zur Verfügung gestellt werden.
2. Inhalt der Erklärung (Art. 47 Abs. 2 KI-VO)
   - Sie muss bestätigen, dass das KI-System die spezifischen Anforderungen erfüllt, die in Abschnitt 2 der KI-VO definiert sind.
   - Die Erklärung enthält die in Anhang V festgelegten Informationen und wird in eine für die nationalen Behörden der Mitgliedstaaten verständliche Sprache übersetzt.
3. Harmonisierungsrechtsvorschriften (Art. 47 Abs. 3 KI-VO)

   Wenn das Hochrisiko-KI-System zusätzlich anderen EU-Harmonisierungsrechtsvorschriften unterliegt, die eine Konformitätserklärung erfordern, wird eine einzige EU-Konformitätserklärung für alle anwendbaren Rechtsvorschriften ausgestellt.
4. Verantwortung (Art. 47 Abs. 4 KI-VO)

   Mit der Ausstellung der EU-Konformitätserklärung übernimmt der Anbieter die Verantwortung für die Konformität des KI-Systems mit den festgelegten Anforderungen. Die Erklärung muss gegebenenfalls aktualisiert werden, um den neuesten Stand zu reflektieren.
5. Aktualisierung (Art. 47 Abs. 5 KI-VO)

   Die Europäische Kommission hat die Befugnis, durch delegierte Rechtsakte den Inhalt der EU-Konformitätserklärung zu aktualisieren, um sie an den technischen Fortschritt anzupassen.

Die EU-Konformitätserklärung ist für die Einführung von Hochrisiko-KI-Systemen in Europa unerlässlich. Sie bestätigt die Einhaltung der KI-VO und gewährleistet so die Sicherheit und den Schutz der Gesundheit sowie der Grundrechte. Ein gründlicher Umgang mit dieser Erklärung sichert die regulatorische Übereinstimmung und fördert das Vertrauen in die Sicherheit und Zuverlässigkeit von KI-Systemen auf dem Markt

3.5.5 Registrierung

Art. 49 KI-VO behandelt die Registrierungspflichten für Hochrisiko-KI-Systeme in einer speziellen EU-Datenbank. Dies ist vor deren Markteinführung oder Inbetriebnahme durchzuführen. Diese Vorgabe ist von zentraler Bedeutung, da sie Transparenz und Nachverfolgbarkeit für Hochrisiko-KI-Systeme im europäischen Binnenmarkt gewährleistet. Folgende Anforderungen und Schritte müssen dabei von den beteiligten Parteien gesetzt werden:

Für wen ist das relevant?

Anbieter (oder deren Bevollmächtigte) und Betreiber von Hochrisiko-KI-Systemen sind die Hauptzielgruppe dieses Artikels.

Kriterien und Schritte

1. Registrierung von Hochrisiko-KI-Systemen (Art. 49 Abs. 1 KI-VO)

   Anbieter (oder deren Bevollmächtigte) müssen ihr Hochrisiko-KI-System in der EU-Datenbank registrieren, bevor sie es auf den Markt bringen oder in Betrieb nehmen, mit Ausnahme der in Anhang III/2 KI-VO genannten Systeme.

2. Registrierung für Systeme, die nicht als hochriskant eingestuft werden (Art. 49 Abs. 2 KI-VO)

   Wenn der Anbieter entscheidet, dass ein System nicht den Hochrisiko-Kriterien nach Art. 6 Abs. 3 KI-VO entspricht, muss er es dennoch in der EU-Datenbank (Art. 71 KI-VO) registrieren.

3. Registrierung durch Betreiber (Art. 49 Abs. 3 KI-VO)

   Betreiber von Hochrisiko-KI-Systemen, die öffentliche Behörden oder Einrichtungen sind, müssen sich ebenfalls in der EU-Datenbank (Art. 71 KI-VO) registrieren, außer für die in Anhang II/2 KI-VO genannten Systeme.

4. Spezielle Registrierung für bestimmte Bereiche (Art. 49 Abs. 4 KI-VO)

   Für bestimmte Hochrisiko-KI-Systeme, die in sensiblen Bereichen wie Strafverfolgung und Grenzkontrolle eingesetzt werden, erfolgt die Registrierung in einem nicht öffentlichen Teil der EU-Datenbank. Zugang haben nur die Kommission und bestimmte nationale Behörden.

5. Nationale Registrierung (Art. 49 Abs. 5 KI-VO)

   Hochrisiko-KI-Systeme, die spezifisch in Anhang III/2 KI-VO genannt sind, müssen auf nationaler Ebene registriert werden.

Bedeutung der Registrierung

Die Registrierung ist ein wesentlicher Vorgang, um die Konformität von Hochrisiko-KI-Systemen mit den Anforderungen der KI-VO nachzuweisen. Sie ermöglicht eine effektive Marktüberwachung durch die zuständigen Behörden und trägt dazu bei, das Vertrauen in KI-Systeme zu stärken, indem sie sicherstellt, dass diese Systeme sicher und rechtskonform sind. Die detaillierte Registrierung hilft auch, eine klare Übersicht über Hochrisiko-KI-Systeme im europäischen Markt zu behalten, und erleichtert die Zusammenarbeit zwischen den Mitgliedstaaten und der Europäischen Kommission in Bezug auf die Überwachung und Durchsetzung der Vorschriften.

Die Registrierungspflicht trägt dazu bei, ein hohes Sicherheitsniveau und den Schutz der Grundrechte zu gewährleisten, indem sie fordert, dass ein Überblick aller Hochrisiko-KI-Systeme im europäischen Markt möglich ist und nur konforme Hochrisiko-KI-Systeme in der EU in Verkehr gebracht oder in Betrieb genommen werden.

3.6 Transparenzverpflichtungen in der KI-VO

Veronica Cretu

Die KI-VO schreibt Transparenzverpflichtungen vor, um nachteilige Auswirkungen abzumildern, das Vertrauen der Öffentlichkeit zu erhalten, die Rechenschaftspflicht zu gewährleisten und wirksame Rechtsbehelfe zu schaffen, um ein vertrauensvolles und rechenschaftspflichtiges Umfeld für die Einführung und Nutzung von KI zu schaffen.

Im Kontext der KI-VO bedeutet **Transparenz**, dass *KI-Systeme in einer Weise entwickelt und eingesetzt werden, die eine angemessene Nachvollziehbarkeit und Erklärbarkeit ermöglicht, wobei den Menschen bewusst gemacht wird, dass sie mit einem KI-System kommunizieren oder interagieren, und die Betreiber ordnungsgemäß über die Fähigkeiten und Grenzen dieses KI-Systems und die betroffenen Personen über ihre Rechte informiert werden.*

Transparenz ist besonders wichtig, um nachteilige Auswirkungen zu vermeiden, das Vertrauen der Öffentlichkeit zu erhalten und Rechenschaftspflicht und wirksame Rechtsmittel zu gewährleisten.

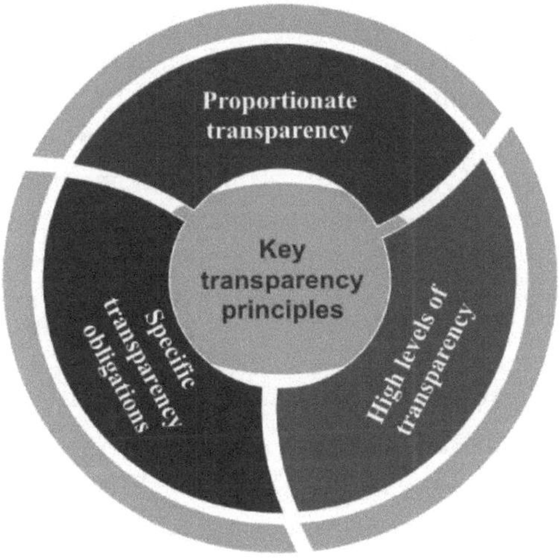

Bild 3.6
Prinzipien der Transparenz in der KI-VO

Die KI-VO erläutert zwar nicht ausdrücklich den theoretischen Rahmen oder die Typologie der Transparenz, aber sie legt differenzierte Transparenzanforderungen auf der Grundlage des Risikoniveaus und der spezifischen Anwendungsfälle von KI-Systemen fest, die effektiv die **Grundsätze der verhältnismäßigen, hochrangigen und spezifischen Transparenzverpflichtungen** beinhalten.

- **Grundsatz der verhältnismäßigen Transparenz**

  Der Grundsatz der **Verhältnismäßigkeit** ist ein allgemeiner Grundsatz des EU-Rechts. Er schränkt die Behörden bei der Ausübung ihrer Befugnisse ein, indem er von ihnen verlangt, ein Gleichgewicht zwischen den eingesetzten Mitteln und dem angestrebten Ziel herzustellen. Im Zusammenhang mit Grundrechten, wie dem Recht auf den Schutz personenbezogener Daten, ist die Verhältnismäßigkeit der Schlüssel für jede Einschränkung dieser Rechte [1].

  Die KI-VO schreibt vor, dass das Maß an Transparenz dem vom KI-System ausgehenden Risiko angemessen sein sollte, was dem Wesen der **verhältnismäßigen Transparenz** entspricht: Daher sollten verhältnismäßige Transparenzmaßnahmen vorgesehen werden, einschließlich der Erstellung und Aktualisierung von Unterlagen und der Bereitstellung von Informationen über das allgemeine KI-Modell für seine Nutzung durch die nachgeschalteten Anbieter.

- **Grundsatz der hohen Transparenz**

  Bei KI-Modellen für allgemeine Zwecke, die unter freien und quelloffenen Lizenzen veröffentlicht werden, sollte davon ausgegangen werden, dass sie ein **hohes Maß an Transparenz** und Offenheit gewährleisten, wenn ihre Parameter, einschließlich der Gewichte, die Informationen über die Modellarchitektur und die Informationen über die Modellnutzung öffentlich zugänglich gemacht werden (vgl. Art. 54 Abs. 5 KI-VO).

Für KI-Systeme, die erhebliche Risiken darstellen oder erhebliche Auswirkungen auf die Rechte des Einzelnen und gesellschaftliche Werte haben, verlangt die KI-VO ein höheres Maß an Offenheit. Dazu gehören eine ausführliche Dokumentation, klare Erklärungen der Fähigkeiten des KI-Systems, seiner Grenzen und der damit verbundenen Logik, insbesondere bei Systemen, die als hochriskant eingestuft werden. Damit wird sichergestellt, dass die Stakeholder Zugang zu umfassenden Informationen haben, um die Auswirkungen des KI-Systems umfassend zu bewerten, zu hinterfragen und zu verstehen (vgl. z. B. Abschnitt 3.3.2.3, Anforderungen an Hochrisiko-KI-Systeme).

- **Grundsatz der besonderen Transparenzpflichten**

  KI-Systeme, die dazu bestimmt sind, mit natürlichen Personen zu interagieren oder Inhalte zu generieren, können unabhängig davon, ob sie als Hochrisiko-Systeme eingestuft werden oder nicht, ein besonderes Risiko der Nachahmung oder Täuschung bergen. Unter bestimmten Umständen sollte die Nutzung dieser Systeme daher unbeschadet der Anforderungen und Verpflichtungen für KI-Systeme mit hohem Risiko **besonderen Transparenzpflichten** unterliegen, wobei gezielte Ausnahmen gelten sollten, um den besonderen Bedürfnissen der Strafverfolgung Rechnung zu tragen.

  Mit Art. 50 KI-VO werden spezifische Transparenzverpflichtungen für bestimmte Kategorien von KI eingeführt, z. B. für solche, die mit Menschen interagieren oder Inhalte erzeugen, die irreführend oder manipulativ sein könnten. Dieser Ansatz ist darauf zugeschnitten, besondere Bedenken im Zusammenhang mit verschiedenen KI-Anwendungen auszuräumen und ihre potenziellen negativen Auswirkungen abzumildern.

All diese Bestimmungen spiegeln das Engagement der EU wider, dafür zu sorgen, dass KI-Technologien in einer Weise eingesetzt werden, die sicher und ethisch vertretbar ist und die grundlegenden Menschenrechte respektiert.

In Artikel 6 ff. KI-VO werden unter dem Titel **Anforderungen an KI-Systeme mit hohem Risiko** in den folgenden Artikeln Transparenzanforderungen festgelegt:

- Art. 10 KI-VO: **Daten und Datenverwaltung**
- Art. 13 KI-VO: **Transparenz und Bereitstellung von Informationen für Einsatzkräfte**

Außerdem gelten Art. 53 KI-VO: **Transparenzverpflichtungen für Anbieter und Nutzer bestimmter KI-Systeme und GPAI-Modelle** und die in Art. 53 Abs. 1 KI-VO genannten Informationen aus Anhang XI KI-VO: technische Dokumentation für Anbieter von KI-Modellen für allgemeine Zwecke an nachgeschaltete Anbieter, die das Modell in ihr KI-System integrieren.

3.6.1 Leitlinien für die Umsetzung der Transparenzpflichten zu Daten und Datenverwaltung

Datenschutz und **Data Governance** bedeuten, dass KI-Systeme im Einklang mit den geltenden Vorschriften zum Schutz der Privatsphäre und des Datenschutzes entwickelt und eingesetzt werden und dabei Daten verarbeiten, die hohen Anforderungen an Qualität und Integrität genügen.

Der nachstehende Leitfaden soll Anbietern von KI-Systemen einen strukturierten Ansatz für die Einhaltung von Art. 10 KI-VO an die Hand geben, wobei der Schwerpunkt auf den Anforderungen an Daten und Data Governance für KI-Systeme mit hohem Risiko liegt.

Tabelle 3.9 Übersicht Art. 10 KI-VO

Bestimmungen des Art. 10 KI-VO	Wichtigste Ziele	Aktionen
Entwicklung auf der Grundlage hochwertiger Datensätze (Abs. 1)	Ermitteln Sie, ob Ihr KI-System als Hochrisiko-KI-System im Sinne der KI-VO eingestuft werden kann. Daten klassifizieren.	Bestimmung, ob das KI-System risikoreich ist. Klassifizieren der Datensätze in Trainings-, Validierungs- und Testkategorien.
Angemessene Praktiken der Datenverwaltung (Abs. 2)	Entwicklung eines Rahmens für die Datenverwaltung, der mit den Anforderungen von Art. 10 übereinstimmt.	Definieren von klaren Prozesse für die Datenerhebung, einschließlich der Beschaffung und des ursprünglichen Zwecks der Datenerhebung. Implementierung von Datenaufbereitungsprozessen wie Annotation, Kennzeichnung, Bereinigung und Aggregation, die für den beabsichtigten Zweck des KI-Systems geeignet sind. Bewerten der Datensätze auf ihre Relevanz, Repräsentativität und Fehlerfreiheit im Hinblick auf die Ziele des KI-Systems. Sicherstellung, dass die Datensätze die spezifischen Merkmale der Zielpopulation oder des Nutzungskontexts berücksichtigen.

Tabelle 3.9 Übersicht Art. 10 KI-VO *(Fortsetzung)*

Bestimmungen des Art. 10 KI-VO	Wichtigste Ziele	Aktionen
Bias-Erkennung und -Korrektur (Abs. 2 lit f, 2 lit g)	Einführung von Mechanismen zur Erkennung und Abschwächung von Verzerrungen in KI-Systemen.	Regelmäßige Überprüfung von Datensätzen und KI-Ergebnissen auf potenzielle Verzerrungen, die die Sicherheit oder Rechte beeinträchtigen oder zu Diskriminierung führen könnten. Umsetzung geeigneter Maßnahmen zur Erkennung, Vermeidung und Korrektur von Verzerrungen.
Relevanz und Repräsentativität der Datensätze (Abs. 3)	Sicherstellung von Datenqualität und Repräsentativität	Überprüfung, ob die Datensätze fehlerfrei und umfassend sind. Bestätigung, dass die Datensätze die beabsichtigte Anwendung und die demografische Zusammensetzung der Nutzer widerspiegeln.
Berücksichtigung besonderer Merkmale (Abs. 4)	Berücksichtigung der kontextuellen Relevanz	Einbeziehung relevanter geografischer, kontextbezogener und verhaltensbezogener Faktoren in Datensätze.
Verarbeitung besonderer Kategorien von personenbezogenen Daten (Abs. 5)	Verarbeitung besonderer Datenkategorien unter strengen Bedingungen	Bewertung der Notwendigkeit der Verarbeitung besonderer Datenkategorien zur Korrektur von Verzerrungen. Anwendung fortschrittlicher Sicherheits- und Datenschutzmaßnahmen. Gewährleistung einer strengen Zugangskontrolle und Datenlöschungspolitik. Begründen Sie die Verarbeitung besonderer Datenkategorien in der Dokumentation.
Anwendbarkeit auf die Entwicklung von Nicht-Ausbildungsmodellen (Abs. 6)	Anwendung auf Testdatensätze	Bei KI-Systemen, die nicht auf Modelltraining basieren, sollten die Testdatensätze mit den beschriebenen Governance-Praktiken abgestimmt werden.

Allgemeine Leitprinzipien für die Umsetzung von Art. 10 KI-VO:

- Eine detaillierte Dokumentation aller Schritte und Maßnahmen gewährleistet nicht nur die Einhaltung der Vorschriften, sondern trägt auch zu Transparenz und Rechenschaftspflicht bei.

- Data Governance und Bias-Reduzierung sind fortlaufende Prozesse. Regelmäßiges Überprüfen und Aktualisieren der Praktiken, ob sie im Einklang mit technologischen Fortschritten und Änderungen der gesetzlichen Anforderungen sind.
- Die relevanten Interessengruppen sind in die Entwicklung und Überprüfung des Data-Governance-Rahmens und der Strategien zur Vermeidung von Verzerrungen einzubeziehen. Dazu gehören Datenwissenschaftler, Rechts- und Compliance-Teams sowie potenziell betroffene Nutzer- und Nutzerinnengruppen.
- Es ist sicherzustellen, dass die Praktiken nicht nur mit der KI-VO, sondern auch mit anderen einschlägigen Vorschriften wie der DSGVO übereinstimmen. Besondere Aufmerksamkeit sollte der Verarbeitung besonderer Kategorien personenbezogener Daten gewidmet werden.
- Bevor auf besondere Kategorien personenbezogener Daten zur Aufdeckung und Korrektur von Verzerrungen zurückgegriffen wird, sollte geprüft werden, ob mit synthetischen oder anonymisierten Daten dasselbe Ziel erreicht werden kann.

3.6.2 Leitlinien für die Umsetzung der in Art. 13 KI-VO vorgesehenen Transparenzbestimmungen

Tabelle 3.10 Übersicht Art. 13 KI-VO

Bestimmungen des Art. 13 KI-VO	Wichtigste Ziele	Aktionen
Design und Entwicklung für Transparenz (Abs. 1)	Bewertung und Gestaltung im Hinblick auf Transparenz, Gewährleistung, dass die Gestaltung und Entwicklung von Hochrisiko-KI-Systemen die Transparenz fördern.	Bewertung der Funktionsweise des Systems, um sicherzustellen, dass die Betreiber die Ergebnisse des Systems verstehen und angemessen nutzen können. Bestimmung des erforderlichen Maßes an Transparenz auf der Grundlage der Komplexität des Systems und des Anwendungsfalls.
Anweisungen zur Verwendung in digitalen oder anderen Formaten (Abs. 2)	Entwicklung umfassender und benutzerfreundlicher Anleitungen für das Hochrisiko-KI-System.	Erstellen von Anleitungen in einem zugänglichen Format, das alle notwendigen Informationen enthält. Sicherstellung, dass die verwendete Sprache klar, prägnant und für alle Nutzer verständlich ist.

Tabelle 3.10 Übersicht Art. 13 KI-VO *(Fortsetzung)*

Bestimmungen des Art. 13 KI-VO	Wichtigste Ziele	Aktionen
Detaillierter Inhalt der Gebrauchsanweisung (Abs. 3)	Bereitstellung umfassender Informationen über das KI-System, um eine sachkundige Einführung und Nutzung zu gewährleisten.	Angeben der Kontaktdaten des Anbieters und ggf. des Bevollmächtigten. Beschreiben des Zwecks des KI-Systems, die Leistungskennzahlen, die Grenzen und das erwartete Maß an Genauigkeit, Robustheit und Cybersicherheit. Hervorheben der Umstände, unter denen die Leistung des Systems variieren können, und Erläutern der technischen Möglichkeiten zur Erklärung seiner Leistung. Angeben der Spezifikationen für die Eingabedaten und alle relevanten Informationen über die Trainings-, Validierungs- und Testdatensätze an.
		Notieren aller bekannten Änderungen ab der ersten Konformitätsbewertung an der Leistung des Systems. Erläutern der Maßnahmen zur menschlichen Aufsicht und technischen Unterstützung bei der Interpretation der Ergebnisse des KI-Systems. Bereitstellung von Informationen über den Bedarf an Computern und Hardware, die erwartete Lebensdauer des Systems und Wartungsprotokolle. Gegebenenfalls Beschreibung der Mechanismen innerhalb des KI-Systems zur Erfassung, Speicherung und Auswertung von Protokollen.

Bestimmungen des Art. 13 KI-VO	Wichtigste Ziele	Aktionen
Sicherstellung der Einhaltung der Vorschriften und Ermöglichung der Auslegung durch die Einsatzkräfte (durchgängig in Abs. 3)	Effektive Nutzung und Einhaltung der Vorschriften ermöglichen	Organisation von Schulungen für Einsatzkräfte zur Interpretation der Ergebnisse des KI-Systems. Anbieten von Unterstützung und Ressourcen, um Fragen zur Systemnutzung zu klären. Regelmäßiges Aktualisieren der Gebrauchsanweisung, um alle Änderungen oder Aktualisierungen des Systems zu berücksichtigen.

Allgemeine Leitprinzipien für die Umsetzung von Art. 13 KI-VO:

- Sicherstellen, dass die Gebrauchsanweisung und alle bereitgestellten Informationen auch für Personen mit unterschiedlichem technischem Wissen zugänglich sind. Erwägen der Verwendung von Multimedia-Elementen oder interaktiven Anleitungen für ein besseres Verständnis.
- Einrichtung eines Mechanismus zur regelmäßigen Aktualisierung der bereitgestellten Informationen auf der Grundlage von Rückmeldungen von Anwendern und Nutzern, technologischen Fortschritten und gesetzlichen Änderungen.
- Führen von detaillierten Aufzeichnungen über alle Schritte, die zur Einhaltung von Art. 13 KI-VO unternommen wurden, einschließlich Designentscheidungen, Entwicklungsprozesse und die Erstellung von Gebrauchsanweisungen. Diese Dokumentation ist für den Nachweis der Konformität gegenüber den Aufsichtsbehörden von entscheidender Bedeutung.
- Schaffung von Kanälen für den kontinuierlichen Austausch mit den Anwendern, um Erkenntnisse über die Transparenz des KI-Systems, mögliche Verbesserungen und den Klärungsbedarf zu gewinnen.
- Bei der Bereitstellung detaillierter Informationen darauf achten, dass Sicherheit und Datenschutz nicht beeinträchtigt werden.

3.6.3 Leitlinien zur Umsetzung der Transparenzpflichten für Anbieter und Bereitsteller bestimmter KI-Systeme und GPAI-Modelle

Tabelle 3.11 Übersicht Art. 52 KI-VO

Bestimmungen des Art. 52 KI-VO	Wichtigste Ziele	Aktionen
Transparenz für direkte Interaktion (Abs. 1 und 2)	Natürliche Personen informieren	Entwerfen von KI-Systemen, dass klar erkennbar ist, wann die Nutzerinnen und Nutzer mit KI interagieren. Implementieren und dokumentieren Sie für KI-generierte Inhalte maschinenlesbare Kennzeichnungssysteme, die auf eine künstliche Generierung oder Manipulation hinweisen.
Offenlegung gefälschter Inhalte (Abs. 4)	Künstliche Inhalte ankündigen	Die Betreiber sollten offenlegen, wenn Inhalte von KI generiert werden, insbesondere in Fällen von Deep Fakes, es sei denn, sie sind Teil genehmigter rechtlicher Aktivitäten oder werden redaktionell geprüft.
Zugänglichkeit von Informationen (Abs. 5)	Für Klarheit und Zugänglichkeit sorgen	Klare und verständliche Informationen über die KI-Interaktion am ersten Kontaktpunkt bereitstellen. Einhaltung von Zugänglichkeitsstandards, um sicherzustellen, dass die Informationen für alle Nutzerinnen und Nutzer verständlich sind.
Ausarbeitung von Verhaltenskodizes (Abs. 7)	Entwicklung und Befolgung von Verhaltenskodizes	Beteiligung an oder Befolgung von etablierten Verhaltenskodizes für die Erkennung und Kennzeichnung von KI-generierten Inhalten. In Verbindung setzen mit Branchengruppen oder Regulierungsbehörden, die an der Erstellung dieser Normen beteiligt sind.

Bestimmungen des Art. 52 KI-VO	Wichtigste Ziele	Aktionen
Technische Dokumentation für GPAI-Modelle (Anhang XI)	Vorbereitung einer umfassenden Dokumentation	Erstellung einer detaillierten technischen Dokumentation für GPAI-Modelle, einschließlich Beschreibungen des Modells, des Entwicklungsprozesses und der verwendeten Daten. Sicherstellen, dass die Dokumentation für nachgeschaltete Anbieter, die das Modell integrieren, leicht zugänglich ist.

Allgemeine Leitprinzipien für die Umsetzung von Art. 50 KI-VO:

- Regelmäßige Einholung von Rückmeldungen von Nutzerinnen und Nutzern bzw. Betreibern, um die Transparenzpraktiken zu verbessern und bei Bedarf anzupassen.
- Regelmäßige Überprüfung der Aktualisierungen der KI-VO und der damit zusammenhängenden Normen und Verhaltenskodizes, um eine kontinuierliche Einhaltung zu gewährleisten.
- Zusammenarbeit mit Branchengruppen, Regulierungsbehörden und Standardisierungsorganisationen, um zu bewährten Verfahren für KI-Transparenz beizutragen oder darüber informiert zu bleiben.
- Schulung von Mitarbeitern und Interessenvertretern über die Bedeutung von Transparenz bei KI-Einsätzen und über die wirksame Umsetzung dieser Anforderungen.
- Führen von gründliche Aufzeichnungen über die Bemühungen zur Einhaltung der Vorschriften, einschließlich der Designentscheidungen, die getroffen wurden, um die Nutzerinnen und Nutzer über KI-Interaktionen zu informieren, der Bemühungen zur Kennzeichnung von KI-generierten Inhalten und der für GPAI-Modelle erstellten technischen Dokumentation.

Quellen

[1] Necessity & Proportionality | European Data Protection Supervisor. URL *https://www.edps.europa.eu/data-protection/our-work/subjects/necessity-proportionality_en*. – abgerufen am 31. 03. 2024

3.7 General Purpose Artificial Intelligence (GPAI)

Merve Taner

Der Vorschlag für eine Verordnung mit harmonisierten Vorschriften für künstliche Intelligenz (**KI-VO-Vorschlag** bzw. **Erstentwurf**) wurde bereits am 21.04.2021 veröffentlicht. Die zunehmende Präsenz generativer KI-Anwendungen wie ChatGPT & Co stellten jedoch den Zeitplan für den europäischen Gesetzgeber auf den Kopf [6]. Vorschriften für die sogenannten „Allzweck-KI"-Modelle (*General Purpose AI-Models, GPAIs*) hatte der Gesetzgeber im Erstentwurf nicht bedacht.

Im Gesetzgebungsprozess verdeutlichte sich die Notwendigkeit einer gesonderten Regulierung. Der Gesetzgeber war sich jedoch in den Verhandlungen über den notwendigen Regulierungsgrad lange uneinig [10], sodass General Purpose AI-Modelle erst nachträglich in das KI-Gesetz aufgenommen wurden.

In diesem Abschnitt werden General Purpose AI-Modelle sowie -Systeme im Sinne der KI-VO näher beleuchtet.

3.7.1 ChatGPT: Beginn einer „KI-Revolution"? – Auswirkungen auf den Gesetzgebungsprozess

Am 30. November 2022 veröffentlichte Open AI den Chatbot ChatGPT und löste – wie kaum eine andere Technologie – bemerkenswerte Aufregung aus. Das Unternehmen selbst hatte zuvor ChatGPT intern als *niederschwellige Forschungs-Vorschau* eingestuft [5]. Doch die Erfolgsmeldungen rund um den Einsatz von ChatGPT überschlugen sich: So bestand ChatGPT die amerikanische Anwaltsprüfung, die Matura bzw. das Abitur oder erfand Präzedenzfälle in der angloamerikanischen Rechtsprechung, derer sich Anwältinnen und Anwälte in laufenden Gerichtsprozessen bedienten [9].

KI-Anwendungen gab es schon seit vielen Jahren. Die Veröffentlichung von ChatGPT Ende 2022 verhalf KI-Assistenzsystemen jedoch zur Sichtbarkeit, ermöglichte einen leichteren Zugang auch für die breite Masse [9] und bildete damit gewissermaßen einen *Meilenstein in der gesellschaftlichen Akzeptanz einer KI-Lösung* [2].

In gewisser Weise wurde *Künstliche Intelligenz* im weitesten Sinn mithilfe von ChatGPT kommerzialisiert, sodass mittlerweile meines Erachtens der Begriff „Künstliche Intelligenz" im alltäglichen Sprachgebrauch fast inflationär verwendet wird. Dabei handelt es sich bei der zugrunde liegenden Technologie von ChatGPT um ein Spezialgebiet der künstlichen Intelligenz: Large Language Models (LLM) [9], die ein spezielles Gebiet innerhalb der generativen KI darstellen [8].

Was sagt ChatGPT dazu?

*„**ChatGPT und ähnliche Systeme** haben in der Tat zur **Popularisierung und kommerziellen Nutzung** von künstlicher Intelligenz (KI) beigetragen. Diese Entwicklung hat den Begriff „künstliche Intelligenz" stärker in den Vordergrund des alltäglichen Sprachgebrauchs gerückt. Allerdings ist wichtig zu verstehen, dass **ChatGPT ein Beispiel für angewandte KI in einem Spezialgebiet**, nämlich dem des natürlichen Sprachverstehens und der Sprachgenerierung, darstellt. Die zugrunde liegende Technologie, **tiefgehendes maschinelles Lernen (Deep Learning), ist nur ein Aspekt** der breiten und vielfältigen Landschaft der KI-Forschung und -Anwendung. Die breite Aufmerksamkeit und Anwendung solcher Systeme* [können] ***kann zu einem inflationären Gebrauch** des Begriffs führen, **sollte aber auch als Chance gesehen werden, das Bewusstsein für die Tiefe und Komplexität des Feldes zu schärfen.**"*

Open AI, ChatGPT Plus, Version 4.0 (2023), abgefragt am 10. 03. 2024, 1. Prompt: „Meiner Meinung nach wurde „künstliche Intelligenz" im weitesten Sinn mithilfe von ChatGPT kommerzialisiert, sodass der Begriff künstliche Intelligenz im täglichen Sprachgebrauch fast inflationär verwendet wird. Dabei handelt es sich bei der zugrunde liegenden Technologie von ChatGPT um ein Spezialgebiet der künstlichen Intelligenz. Fasse deine Sichtweise pointiert zusammen."

ChatGPT: Auf die Anfrage, die vorangehende Aussage kritisch zu durchleuchten

„Die Aussage kann aus mehreren Perspektiven kritisch betrachtet werden:

1. ***Definition und Verständnis von KI:** KI ist ein breites Feld, das viele verschiedene Technologien und Ansätze umfasst, von einfachen Algorithmen bis zu komplexen neuronalen Netzwerken. Die Tatsache, dass ChatGPT und ähnliche Technologien popularisiert wurden, **könnte** tatsächlich **dazu beitragen**, das **öffentliche Interesse und das Verständnis für KI zu vertiefen**. Anstatt einer inflationären Verwendung könnte man argumentieren, dass die erhöhte Präsenz von KI im Alltag **zu einer präziseren** und **differenzierteren Diskussion** über verschiedene Aspekte der KI führt.*
2. ***Kommerzialisierung und Zugänglichkeit:** […] von KI-Technologien wie ChatGPT hat den **Zugang zu diesen fortgeschrittenen Tools erweitert** und nicht nur Unternehmen, sondern auch Einzelpersonen ermöglicht, von KI-gestützten Anwendungen zu profitieren. Dies könnte als eine **Demokratisierung der KI-Technologie** gesehen werden […]*
3. ***Innovationsförderung:** Durch […] das breite Interesse an KI-Technologien […] wird die Forschung und Entwicklung im Feld der KI weiter vorangetrieben. Dies führt zu schnelleren Innovationszyklen, verbesserten Technologien und neuen Anwendungsfällen, die ohne die Popularisierung und finanzielle Unterstützung durch kommerziellen Erfolg vielleicht nicht erreicht worden wären.*
4. ***Verantwortung und Ethik:** Eine kritische Betrachtung sollte auch die ethischen Aspekte und die Verantwortung im Umgang mit KI-Technologien einbeziehen. Die Popularisierung von KI wirft Fragen bezüglich Datenschutzes, Missbrauchspotenzials und der Auswirkungen auf den Arbeitsmarkt auf. […]*

Zusammenfassend lässt sich sagen, dass die Popularisierung von KI durch Technologien wie ChatGPT sowohl ***positive als auch herausfordernde Aspekte mit sich bringt****. Eine kritische Durchleuchtung sollte die vielfältigen Auswirkungen dieser Entwicklungen berücksichtigen und sowohl die Chancen als auch die Risiken in Betracht ziehen, um einen verantwortungsvollen Umgang mit KI zu fördern."*

Open AI, ChatGPT Plus, Version 4.0 (2023), abgefragt am 10. 03. 2024, 2. Prompt: „Durchleuchte diese Aussage kritisch."

3.7.2 Aufnahme von GPAI in die KI-VO

Der Vorschlag für die KI-VO wurde bereits am 21.04.2021, somit vor dem Hype rund um generative KI, veröffentlicht. Wenn man die rasanten technologischen Entwicklungen seither betrachtet, galt die Erstfassung der KI-VO schon bald als überholt.

Wie bereits eingangs erwähnt, wurde durch den Erfolg von LLMs eine gesonderte Regulierung erforderlich und herrschte große Uneinigkeit, da der Gesetzgeber einerseits Innovationen nicht erschweren, andererseits bekannten Risiken, wie die Offenlegung von Geschäftsgeheimnissen, oder personenbezogener Daten begegnen wollte [1].

Mit Verkündung der politischen Einigung am 09.12.2023 (Pressemitteilung) wurde erstmals mitgeteilt, dass für KI-Modelle mit allgemeinem Verwendungszweck (**Allzweck-KI** bzw. **General Purpose Artificial Intelligence-Modelle** oder kurz **GPAI**-Modelle) besondere Vorschriften eingeführt werden mit dem Ziel, Transparenz entlang der Wertschöpfungskette (*AI Value Chain*) zu schaffen. Zudem wurde die Einführung des zweistufigen Ansatzes für GPAIs mitgeteilt [7].

Im finalen Endspurt fanden die Definition von GPAI-Modellen und -Systemen, weiterhin Verpflichtungen, insbesondere Transparenzpflichten, auch tatsächlich Eingang in die KI-VO.

In Abschnitt 3.7.4 werden die konkreten Klassifizierungsmerkmale von GPAIs samt den damit eingehenden Verpflichtungen dargestellt.

Für sehr leistungsfähige Modelle, die systemische Risiken bergen könnten (GPAI-Modelle mit systemischem Risiko), bestehen zusätzliche verbindliche Verpflichtungen in Bezug auf das Risikomanagement, die Überwachung schwerwiegender Vorfälle, die Modellbewertung und Angriffstests. Auf GPAIs mit systemischem Risiko wird in Abschnitt 3.7.4 eingegangen.

Generative KI und Large-Language-Modelle

Analytische KI & Generative KI

KI-Lösungen im Bereich analytischer künstlicher Intelligenz sind weitgehend erprobt. Zu den ausgereiften KI-Technologien zählen Datenanalysen, Business-Intelligence-Lösungen (zur automatisierten Erstellung von Visualisierungen,

Dashboards, Storyboards), Anomalie-Erkennung, Datenqualitätsprüfung, Datenvalidierung und auch Betrugserkennung. Auch Klassifikationsmodelle beispielsweise zum Zweck der Erkennung und Kategorisierung von numerischen Daten, Texten oder Bildern gehören dazu [11].

Der analytischen KI steht die generative KI gegenüber. Diese Art der künstlichen Intelligenz dient dem Zweck, Content zu generieren. Large Language Models (LLMs) zum Erstellen von Texten (z. B. ChatGPT oder Google Gemini [vormals Google Bard]), Modelle zum Generieren von Bildern (Text to Image), Audioformaten oder Videos sind diesbezügliche Beispiele [11].

Large-Language-Modelle (LLMs)

Eine Form von KI sind Large Language Models. Bekannte Systeme sind insbesondere GPT-4 (Generative-Pre-Trained-Transformer-Serie entwickelt von OpenAI) und die darauf aufbauende Anwendung ChatGPT, PaLM 2 (Google), LLaMA 2 (Meta), Tongyi Qianwen 2.0 (Alibaba) und Luminous (Aleph Alpha).

LLMs können durch statistische Berechnungen das, was Menschen durch Semantik und das Verständnis von Kausalität sprachlich leisten. Sie erkennen Muster in der Sprache bzw. in Textdaten und verwerten diese mithilfe von Wahrscheinlichkeitsberechnungen. Ihr Einsatz erfolgt vermehrt im Natural-Language-Processing-(NLP-)Bereich. Hier liefern LLMs außerordentlichen Ergebnisse u. a. aufgrund der gigantischen Datenmengen, mit denen diese Modelle trainiert wurden. Dadurch sind die Systeme in der Lage, Inhalte zu produzieren, die den Anschein erwecken, als wären sie von Menschen verfasst. [4]

3.7.3 KI-Modelle und KI-Systeme für den allgemeinen Verwendungszweck

3.7.3.1 Einstufungsvorschriften für GPAI-Modelle

GPAI-Modelle werden in Art. 3 Z 63 KI-VO definiert:

GPAI-Modelle gemäß Art. 3 Z 63 KI-VO

General Purpose AI-Model (*„KI-Modell mit allgemeinem Verwendungszweck“*) ist *ein KI-Modell – einschließlich der Fälle, in denen ein solches KI-Modell mit einer großen Datenmenge unter umfassender Selbstüberwachung trainiert wird –, das eine erhebliche allgemeine Verwendbarkeit aufweist und in der Lage ist, unabhängig von der Art und Weise seines Inverkehrbringens ein breites Spektrum unterschiedlicher Aufgaben kompetent zu erfüllen, und das in eine Vielzahl nachgelagerter Systeme oder Anwendungen integriert werden kann, ausgenommen KI-Modelle, die vor ihrer Markteinführung für Forschungs- und Entwicklungstätigkeiten oder die Konzipierung von Prototypen verwendet werden* (Art. 3 Z 63 KI-VO).

Die Definition beschränkt sich auf die wesentlichen funktionalen Merkmale eines GPAI-Models:

I. allgemeine Verwendbarkeit (Allgemeinheit)

II. Fähigkeit, ein breites Spektrum unterschiedlicher Aufgaben kompetent zu erfüllen (vgl. ErwG 97 KI-VO)

Typischerweise werden GPAI-Modelle anhand großer Datenmengen mit verschiedenen Methoden trainiert, z.B.:

I. überwachtes Lernen (Supervised Learning)

II. unbeaufsichtigtes Lernen (Unsupervised Learning)

III. bestärkendes Lernen (Reinforcement Learning) (vgl. ErwG 97 KI-VO)

Sie können unterschiedlich auf den Markt gebracht werden:

I. in Bibliotheken

II. über Anwendungsprogrammierschnittstellen (APIs)

III. über direkten Download

IV. als physische Kopie (vgl. ErwG 97 KI-VO)

Die Modelle können verändert oder zu neuen Modellen verfeinert werden. Der Begriff der GPAI-Modelle soll klar definiert und vom Begriff der KI-Systeme abgegrenzt werden, um Rechtssicherheit zu schaffen (ErwG 97 KI-VO).

Große generative KI-Modelle für die Generierung von Inhalten (Text, Audio, Bild, Video) sind ein typisches Beispiel für GPAI-Modelle (ErwG 99 KI-VO).

Definition: GPAI-Systeme

General Purpose AI-System, („KI-System mit allgemeinem Verwendungszweck") *ein KI-System, das auf einem KI-Modell mit allgemeinem Verwendungszweck beruht und in der Lage ist, einer Vielzahl von Zwecken sowohl für die direkte Verwendung als auch für die Integration in andere KI-Systeme zu dienen* (vgl. Art. 3 Z 66 KI-VO).

KI-Modelle sind Bestandteile von KI-Systemen, jedoch für sich allein noch kein KI-System. Dazu bedarf es weiterer Komponenten (z.B. Nutzerschnittstelle). Die Regelungen für GPAIs gelten jedenfalls unabhängig davon, ob sie in KI-Systeme integriert werden.

Die Verpflichtungen treffen den Anbieter, sobald GPAI-Modelle auf den Markt gebracht werden. Integriert der Anbieter eines GPAI-Modells dieses in sein eigenes KI-System und stellt dieses am Markt bereit oder nimmt es in Betrieb, gelten zusätzlich zu den KI-System-Pflichten auch die GPAI-Verpflichtungen (ErwG 97 KI-VO).

AUSNAHME: Rein interne Prozessoptimierung

Wird ein eigenes GPAI-Modell **für rein interne Prozesse verwendet**, sind die Verpflichtungen nicht anwendbar. Gleiches gilt für KI-Modelle, die **vor ihrem Inverkehrbringen** ausschließlich zu **Forschungs-, Entwicklungs- und Prototyping-Zwecken** verwendet werden (ErwG 97 KI-VO; Art. 3 Z 63 KI-VO).

GEGENAUSNAHME: Produkte und Dienstleistungen für Dritte

Achtung: Die Ausnahme greift nicht, wenn GPAI-Modelle zwar für rein interne Prozesse eingesetzt werden, aber **wesentlich für die Bereitstellung eines Produkts oder einer Dienstleistung für Dritte** sind bzw. die Rechte natürlicher Personen beeinträchtigen (ErwG 97 KI-VO).

Art. 25 Abs. 1 lit c KI-VO (KI-Verantwortlichkeiten entlang der KI-Wertschöpfungskette) wurde dahingehend ergänzt, dass GPAIs an den risikobasierten Ansatz der KI-VO angeglichen werden. Anbieter solcher Systeme werden verpflichtet, den nachgelagerten Anbietern (*Downstream Provider*) von KI-Systemen mit hohem Risiko alle Informationen und Elemente zur Verfügung zu stellen (Art 25 Abs. 1 lit c KI-VO, Art 53 Abs. 1 lit b KI-VO, ErwG 101 KI-VO, Anhang XII KI-VO).

Nachgelagerte Anbieter

Anbieter eines KI-Systems, einschließlich eines KI-Systems mit allgemeinem Verwendungszweck, das ein KI-Modell integriert, unabhängig davon, ob das Modell von ihm selbst bereitgestellt und vertikal integriert wird oder von einer anderen Einrichtung auf der Grundlage vertraglicher Beziehungen bereitgestellt wird (Artikel 3 Z 68 KI-VO).

Wird ein GPAI-Modell in ein KI-System integriert oder ist es Teil eines KI-Systems, sollte dieses System als GPAI-System betrachtet werden, wenn es aufgrund dieser Integration für eine Vielzahl von Zwecken eingesetzt werden kann. Ein GPAI-System kann direkt verwendet oder in andere KI-Systeme integriert werden (ErwG 100 KI-VO).

3.7.3.2 Verpflichtungen

Verpflichtungen für alle GPAI-Modelle und GPAI-Modelle mit systemischem Risiko wurden erstmalig in die Kompromissvereinbarung aufgenommen, wie beispielsweise die Bewertung von Modellen, Durchführung von Risikobewertungen, Maßnahmen zur Risikominderung, die Gewährleistung eines angemessenen Cybersicherheitsschutz-Niveaus sowie die Meldung schwerwiegender Vorfälle an das Amt für künstliche Intelligenz und die zuständigen nationalen Behörden. Die wichtigsten **Pflichten für** alle Anbieter von *KI-Modellen mit allgemeinem Verwendungszweck* lauten in der Finalfassung der KI-VO wie folgt:

- **Erstellung und Aktualisierung der in** Anhang XI **aufgelisteten technischen Dokumentation** (Art. 53 Abs. 1 lit a KI-VO)
- Verpflichtung, diese dem **europäischen Büro für künstliche Intelligenz (AI-Office)** und den zuständigen nationalen Behörden **auf Anfrage zur Verfügung zu stellen (**Art. 53 Abs. 1 lit a KI-VO**)**
- Bereitstellung bestimmter Informationen und Dokumentation (Fähigkeiten und Grenzen des KI-Modells sowie Anhang VII) für **nachgelagerte Anbieter** zum Zwecke der Einhaltung der KI-VO (Art. 53 Abs. 1 lit b KI-VO)
- Einhaltung des **„EU"-Urheberrechts** (Art. 53 Abs. 1 lit c KI-VO)
- **die Verbreitung detaillierter Zusammenfassungen über die verwendeten Inhalte** (Art. 53 Abs. 1 lit d KI-VO)

Die genannten Pflichten gelten nicht für Anbieter von KI-Modellen, die im Rahmen einer freien und offenen Lizenz bereitgestellt werden. Diese Ausnahme gilt nicht für KI-Modelle mit allgemeinem Verwendungszweck mit systemischen Risiken (vgl. Art. 52 Abs. 2 KI-VO). Der EU-Kommission soll die Befugnis übertragen werden, die Anhänge im Wege delegierter Rechtsakte (wandelnder technologischer Entwicklungen) zu ändern (ErwG 101 KI-VO, Art 97 Abs 2. KI-VO).

Die Verpflichtungen in der KI-VO sind ganz grundsätzlich von der Rolle des Verpflichteten abhängig. Der Großteil der Verpflichtungen in der KI-VO trifft den Anbieter.

Anbieter (engl. Provider)

Anbieter ist eine natürliche oder juristische Person, Behörde, Einrichtung oder sonstige Stelle, die

- ein **KI-System oder ein KI-Modell für allgemeine Zwecke entwickelt** oder entwickeln lässt und
- diese unter ihrem **eigenen Namen** oder ihrer **eigenen Handelsmarke**
  - **in Verkehr bringt** oder **in Betrieb nimmt,**
  - unabhängig davon, ob dies entgeltlich oder unentgeltlich geschieht (vgl. Art. 3 Z 3 KI-VO).

Händler, Importeure, Betreiber oder sonstige Dritte werden als Anbieter eines Hochrisiko KI-Systems betrachtet, wenn sie den Verwendungszweck eines nicht als risikoreich eingestuften, bereits in Verkehr gebrachten oder in Betrieb genommenen KI-Systems, einschließlich eines KI-Systems *für allgemeine Zwecke,* so verändern, dass das KI-System zu einem risikoreichen KI-System gemäß Art. 6 KI-VO wird (Art. 25 Abs. 1 lit c KI-VO).

Anbieter von KI-Modellen mit allgemeinem Verwendungszweck nehmen entlang der KI-Wertschöpfungskette eine besondere Rolle und Verantwortung wahr: Die von ihnen bereitgestellten Modelle können die Grundlage für eine Reihe nachgelagerter Systeme bilden, die häufig von **nachgelagerten Anbietern** („Downstream-Anbieter") bereitgestellt werden. Dies erfordert ein gutes Verständnis der Modelle und ihrer Fähigkeiten, um die Integration solcher Modelle in ihre Produkte zu ermöglichen und ihre Pflichten zu erfüllen (ErwG 101 KI-VO).

Pflichten für Anbieter von allen KI-Modellen mit allgemeinem Verwendungszweck
DOKUMENTATIONSPFLICHTEN
Technische Dokumentation des Modells gemäß Art. 53 KI-VO
Erstellung und Aktualisierung der in Anhang XI KI-VO aufgelisteten technischen Dokumentation gemäß Art. 53 Abs. 1 lit a KI-VO: ▪ Pflicht, die technische Dokumentation des Modells, einschließlich des Trainings- und Testungsverfahrens und der Ergebnisse seiner Bewertung, zu erstellen und ▪ auf dem neuesten Stand zu halten, ▪ die mindestens die in Anhang XI aufgeführten Elemente enthält, um sie **dem Amt für künstliche Intelligenz und den zuständigen nationalen Behörden auf Anfrage zur Verfügung zu stellen.**
Information und Dokumentation für nachgelagerte Anbieter gemäß Art. 53 KI-VO
Informationen und Dokumentation für den nachgelagerten Anbieter gemäß Art. 53 Abs. 1 lit b KI-VO ▪ Pflicht, Informationen und Unterlagen für Anbieter von KI-Systemen zu erstellen, die beabsichtigen, das KI-Modell für allgemeine Zwecke in ihr KI-System zu integrieren, ▪ auf dem neuesten Stand zu halten und zur Verfügung zu stellen. **Die Informationen und Unterlagen müssen** die Anbieter von KI-Systemen in die Lage versetzen, **die Fähigkeiten und Grenzen des KI-Modells** für allgemeine Zwecke gut zu verstehen und ihren Verpflichtungen aus dieser Verordnung nachzukommen, und mindestens die in Anhang VII angeführten Elemente enthalten.
Berücksichtigung der Notwendigkeit, Geschäftsgeheimnisse und vertrauliche Geschäftsinformationen zu schützen (ErwG 107 KI-VO; Art. 53 Abs. 1 lit b KI-VO). Unbeschadet bleibt die Notwendigkeit, Rechte des geistigen Eigentums und vertrauliche Geschäftsinformationen oder Geschäftsgeheimnisse im Einklang mit dem Unionsrecht und dem nationalen Recht zu achten und zu schützen.

Pflichten für Anbieter von allen KI-Modellen mit allgemeinem Verwendungszweck
Detaillierte Zusammenfassung der für das Training verwendeten Inhalte gemäß Art. 53 Abs. 1 lit d KI-VO
Transparenz der Trainingsinhalte Um die Transparenz in Bezug auf die Daten zu erhöhen, die beim **Pre-Training und beim Training von KI-Modellen** für allgemeine Zwecke verwendet werden, einschließlich urheberrechtlich geschützter Texte und Daten, müssen Anbieter solcher Modelle eine **hinreichend detaillierte Zusammenfassung** der für das Training des Modells für allgemeine Zwecke **verwendeten Inhalte** erstellen und öffentlich zugänglich machen. Die **Zusammenfassung soll nicht technisch detailliert**, sondern allgemein umfassend sein, um Parteien mit berechtigten Interessen (einschließlich Urheberrechtsinhabern) die Ausübung und Durchsetzung ihrer Rechte nach dem Unionsrecht zu erleichtern, z. B. Auflistung der wichtigsten Datensammlungen oder -sätze, die für das Training des Modells verwendet wurden, **wie große private oder öffentliche Datenbanken** oder Datenarchive, und durch eine **Erläuterung anderer verwendeter Datenquellen**. Das Amt für künstliche Intelligenz sollte eine Vorlage für die Zusammenfassung zur Verfügung stellen. (ErwG 107 KI-VO; Art. 53 Abs. 1 lit d KI-VO).
URHEBERRECHT
Policy zur Einhaltung des Urheberrechts der Union (ErwG 104 KI-VO)
Pflicht, eine Policy/Strategie zur Einhaltung des Unionsrechts im Bereich des Urheberrechts einzuführen, Rechtsvorbehalte gemäß Art. 4 Abs. 3 der Richtlinie (EU) 2019/790 (Urheberrechtsrichtlinie) zu ermitteln, auch durch den Einsatz modernster Technologien (Art. 53 Abs. 1 lit c KI-VO).
Detaillierte Zusammenfassung
Pflicht, eine hinreichend detaillierte Zusammenfassung der für die Schulung des GPAI-Modells verwendeten Inhalte öffentlich zugänglich zu machen auf der Grundlage einer vom Amt für künstliche Intelligenz bereitgestellten Vorlage (siehe bereits oben).
Genehmigung bei urheberrechtlich geschützten Inhalten
▪ **Jede Nutzung urheberrechtlich geschützter Inhalte erfordert die Genehmigung des betreffenden Rechteinhabers, sofern nicht einschlägige urheberrechtliche Ausnahmen und Beschränkungen greifen.** Mit der Richtlinie (EU) 2019/790 wurden Ausnahmen und Beschränkungen eingeführt, die unter bestimmten Bedingungen Vervielfältigungen und Auszüge von Werken oder anderen Schutzgegenständen zum Zwecke des Text- und Data-Minings erlauben. ▪ **Rechteinhaber** können ihre Rechte an ihren Werken oder sonstigen Schutzgegenständen vorbehalten, um Text- und Data-Mining zu verhindern. Ausgenommen sind Zwecke der wissenschaftlichen Forschung. Wurde das Recht auf ein Opt-out ausdrücklich und in geeigneter Weise vorbehalten, müssen Anbieter von KI-Modellen für allgemeine Zwecke eine Genehmigung von den Rechteinhabern einholen, wenn sie Text- und Data-Mining mit solchen Werken durchführen wollen (ErwG 105 KI-VO).

3.7.4 GPAI-Modelle mit systemischem Risiko

Für leistungsstarke Modelle mit systemischen Auswirkungen („systemische Modelle") bestehen zusätzliche Anforderungen.

Da sich systemische Risiken aus besonders hohen Fähigkeiten ergeben, sollte ein GPAI-Modell als Modell mit systemischen Risiken gelten, wenn es über Fähigkeiten mit hohem Wirkungsgrad verfügt oder aufgrund seiner Reichweite erhebliche Auswirkungen auf den Binnenmarkt hat. Dies soll auf der Grundlage geeigneter technischer Instrumente und Methoden bewertet werden. Das gesamte Spektrum der Fähigkeiten eines Modells könnte besser verstanden werden, nachdem es auf dem Markt freigegeben wurde oder wenn die Nutzer mit dem Modell interagieren (ErwG 111 KI-VO).

3.7.4.1 Einstufungsvorschriften für KI-Modelle mit allgemeinem Verwendungszweck mit systemischem Risiko gemäß Art. 51 KI-VO

GPAI-Modell mit systemischem Risiko

Ein GPAI-Model ist als ein GPAI-Modell mit systemischem Risiko zu klassifizieren, wenn dieses

- *über* ***Fähigkeiten mit hoher Wirkungskraft*** (high-impact capabilities) *verfügt, die mithilfe geeigneter technischer Instrumente und Methoden, einschließlich Indikatoren und Benchmarks, bewertet werden (Quantitative Threshold)* (Art. 51 Abs. 1 lit a KI-VO).
- aufgrund einer Entscheidung der EU-Kommission von Amts wegen oder in Folge einer qualifizierten Warnung des wissenschaftlichen Gremiums, dass ein GPAI-Modell über Fähigkeiten oder Auswirkungen verfügt, die dem obigen Punkt (Art. 51 Abs. 1 lit a KI-VO) gleichwertig sind. Die Kriterien sind in Anhang XIII (Art. 51 Abs. 1 lit b KI-VO) aufgeführt.
  - *„Fähigkeiten mit hoher Wirkungskraft"* entsprechen den Fähigkeiten, die bei den fortschrittlichsten KI-Modellen mit allgemeinem Verwendungszweck festgestellt wurden oder diese übersteigen (Art. 3 Z 64 KI-VO, ErwG 111 KI-VO);
  - „Systemrisiko" bedeutet *ein Risiko, das für die* ***Fähigkeiten mit hoher Wirkungskraft*** *von KI-Modellen mit allgemeinem Verwendungszweck spezifisch ist* ***und aufgrund deren Reichweite*** *oder aufgrund* ***tatsächlicher oder vernünftigerweise vorhersehbarer negativer Folgen*** *für die öffentliche Gesundheit, die Sicherheit, die öffentliche Sicherheit, die Grundrechte oder die Gesellschaft insgesamt* ***erhebliche Auswirkungen auf den Unionsmarkt*** *hat, die sich in großem Umfang über die gesamte* ***Wertschöpfungskette hinweg verbreiten können*** (Art. 3 Z 65 KI-VO).

Von „Fähigkeiten mit hoher Wirkungskraft“ ist laut EU-Kommission auszugehen, wenn der kumulative Rechenaufwand für sein Training, gemessen in Gleitkommaoperationen (FLOPs), größer als 10^25 ist (Art. 51 Abs. 2 KI-VO).

„Gleitkommaoperation“ oder „FLOP“ (floating-point operation) beschreibt jede Rechenoperation oder jede Zuweisung mit Gleitkommazahlen, bei denen es sich um eine Teilmenge der reellen Zahlen handelt, die auf Computern typischerweise durch das Produkt aus einer ganzen Zahl mit fester Genauigkeit und einer festen Basis mit ganzzahligem Exponenten dargestellt wird (Art. 3 Z 67 KI-VO).

EINFACH GESAGT:

Die **kumulierte Menge** der **für das Training** des GPAI-Modells **verwendeten Berechnungen** ist eine der einschlägigen Näherungswerte für Modellfähigkeiten. Diese Menge setzt sich zusammen aus der Menge der verwendeten Berechnungen für die Tätigkeiten und Methoden, mit denen die Fähigkeiten des Modells vor der Einführung verbessert werden sollen, z. B. Vortraining, Generierung synthetischer Daten (*Synthetic Data Generation*) und Feinabstimmung (*Fine-Tuning*). Die Berechnungseinheit sind Gleitkommaoperationen „FLOPs" (ErwG 111 KI-VO).

Aus **Sicht der EU ist 10^25 FLOP ein passender Schwellenwert:**

- Die genannte Schwelle umfasst die derzeit fortschrittlichsten GPAI-Modelle, nämlich GPT-4 von OpenAI und wahrscheinlich Gemini von Google DeepMind. Fähigkeiten der Modelle oberhalb dieses Schwellenwerts sind noch nicht gut genug bekannt. Sie könnten systemische Risiken darstellen, und deshalb ist es sinnvoll, ihre Anbieter zusätzlichen Verpflichtungen zu unterwerfen. Die KI-VO kann geändert werden, um den FLOP-Schwellenwert zu aktualisieren (im Wege eines delegierten Rechtsakts gemäß Art. 97 KI-VO) [3].
- Die EU-Kommission ist verpflichtet, den Schwellenwert anzupassen und sich dabei an den technologischen Entwicklungen und den Fähigkeiten der fortschrittlichsten GPAI-Modelle zu orientieren, um mit dem Stand der Technik Schritt zu halten, wie beispielsweise:
  - die Verbesserung von Algorithmen oder
  - die Steigerung der Hardware-Effizienz (Art. 51 Abs. 3 KI-VO).

3.7.4.2 Verpflichtungen für GPAI-Modelle mit systemischem Risiko gemäß Artikel 55

Pflichten für Anbieter von KI-Modellen mit allgemeinem Verwendungszweck mit systemischem Risiko	
GPAI	**Bestehende Pflichten gemäß** Art. 53 KI-VO **für GPAI-Modelle** Zusätzlich zu den in Art. 53 und Art. 54 KI-VO angeführten Pflichten (siehe Abschnitt 3.7.3.2) müssen Anbieter von KI-Modellen mit allgemeinem Verwendungszweck mit systemischem Risiko nachfolgende Pflichten erfüllen (Art. 55 Abs. 1 KI-VO):
Verfahren	**Meldepflichten – Verfahren gemäß** Art. 52 KI-VO Erfüllt ein KI-Modell für allgemeine Verwendungszwecke die in Artikel 51 Abs. 1 lit a genannten Anforderungen, so hat der betreffende Anbieter dies ab Bekanntwerden (dass diese Anforderungen erfüllt sind oder erfüllt werden) der Kommission **unverzüglich spätestens innerhalb von zwei Wochen** zu melden. ▪ Diese Mitteilung enthält die erforderlichen Informationen, um nachzuweisen, dass die einschlägigen Anforderungen erfüllt sind. Die Kommission kann sie beschließen, sodass ein Modell mit systemischem Risiko einzustufen ist. ▪ Der Anteil kann den gegenteiligen Nachweis erbringen (Art. 52 Abs. 2 KI-VO), stimmt die Kommission dem nicht zu, gilt das GPAI-Modell als eines mit systemischem Risiko (Art. 52 Abs. 3 KI-VO). **Modellbewertung** Pflicht, eine Modellbewertung mit standardisierten Protokollen und Instrumenten, die dem Stand der Technik entsprechen, durchführen, wozu auch die Durchführung und Dokumentation von Angriffstests beim Modell gehören, um Systemrisiken zu ermitteln und zu mindern (Art. 55 Abs. 1 lit a KI-VO). **Mögliche systemische Risiken** Pflicht, mögliche systemische Risiken auf Unionsebene – einschließlich ihrer Ursachen –, die sich aus der Entwicklung, dem Inverkehrbringen oder der Verwendung von KI-Modellen mit allgemeinem Verwendungszweck oder KI-Modellen mit allgemeinem Verwendungszweck mit systemischen Risiko ergeben können, zu bewerten und zu mindern (Art. 55 Abs. 1 lit b KI-VO). **Schwerwiegende Vorfälle und mögliche Abhilfemaßnahmen** ▪ Pflicht, einschlägige Informationen über schwerwiegende Vorfälle und mögliche Abhilfemaßnahmen zu erfassen und dokumentieren und ▪ das Amt für künstliche Intelligenz und gegebenenfalls die zuständigen nationalen Behörden unverzüglich darüber unterrichten (Art. 53 Abs. 1 lit c KI-VO). **Cybersicherheit** Pflicht, ein angemessenes Maß an Cybersicherheit für die KI-Modelle mit allgemeinem Verwendungszweck mit systemischen Risiko und die physische Infrastruktur des Modells zu gewährleisten (Art. 55 Abs. 1 lit d KI-VO).

Anbieter von KI-Modellen mit allgemeinem Verwendungszweck mit systemischem Risiko können sich bis zur Veröffentlichung einer harmonisierten Norm auf Verhaltenskodizes stützen (Art. 55 Abs. 2 KI-VO). Verhaltenskodizes sind in Art. 56 KI-VO sowie Kapitel 10 (Art. 95 sowie 96 KI-VO) geregelt (siehe Abschnitt 3.7.3.2)

3.7.5 GPAI-Modelle und Hochrisiko-Systeme

General Purpose AI-Systeme werden als KI-Systeme definiert, die auf einem GPAI-Modell basieren und für eine Vielzahl von Zwecken eingesetzt werden können. So können GPAI-Systeme selbst als Hochrisiko-KI-Systeme eingesetzt werden oder als Teile solcher fungieren (ErwG 85 KI-VO). Anbieter von solchen GPAI-Systemen werden verpflichtet, den Downstream-Anbietern von Hochrisiko-KI-Systemen alle Informationen und Elemente zur Verfügung zu stellen, damit sie die entsprechenden Anforderungen erfüllen können (u.a. Konformitätsbewertung; ErwG 86 KI-VO, Artikel 25 Abs. 1 lit c KI-VO). Die Regelungen in Artikel 25 umfasst Vorschriften, um sie an den risikobasierten Ansatz der KI-VO anzugleichen (vgl. Art. 25 Abs. 1 lit c KI-VO).

Wird ein KI-System mit allgemeinem Verwendungszweck, das von einem Betreiber direkt für mindestens einen Zweck verwendet werden kann, als hochriskant eingestuft, sollten die Marktüberwachungsbehörden mit dem Amt für künstliche Intelligenz zusammenarbeiten, um Konformitätsbewertungen durchzuführen, und den Ausschuss und andere Marktüberwachungsbehörden entsprechend informieren (ErwG 161 KI-VO, Art. 75 Abs. 2 KI-VO).

3.7.6 Umsetzungsfrist und Strafen

Die Umsetzungsfrist in der KI-VO ist gestaffelt. Die Bestimmungen betreffend GPAI-Modelle und-Systeme sind bis 2. August 2025 (Art. 113 lit b KI-VO, ErwG 179 KI-VO). Für bereits in Verkehr gebrachte oder in Betrieb genommene KI-Systeme gilt gemäß Artikel 111 Abs. 3 KI-VO eine Umsetzungsfrist bis 2. August 2027.

In Art. 101 KI-VO werden die Geldbußen für Anbieter von KI-Modellen für allgemeine Zwecke im Falle von Verstößen gegen die Verpflichtungen oder die Nichteinhaltung der Durchsetzungsmaßnahmen festgelegt. Die EK kann gegen Anbieter von KI-Modellen mit allgemeinem Verwendungszweck Geldbußen von bis zu 3% ihres gesamten weltweiten Jahresumsatzes im vorangegangenen Geschäftsjahr oder EUR 15000000 verhängen (vgl. Art. 101 Abs. 1 KI-VO). **Der Höchstbetrag der Geldbußen wurde an jenen für Anbieter von KI-Systemen mit hohem Risiko angeglichen (vgl.** Art. 99 Abs. 4 KI-VO**).** Für Anbieter von KI-Modellen für allgemeine Zwecke gibt es eine zusätzliche Schonfrist, da im ersten Jahr nach Inkrafttreten der Vorschriften keine Geldbußen verhängt werden können (Art. 113 lit b KI-VO).

Quellen

[1] Anderl, Axel; Ciarnau, Alexandra: Sprach-KI als „systemisches Risiko". In: Der Standard (2023)

[2] Anderl, Axel; Ciarnau, Alexandra: Datenschutzrechtliche Herausforderungen bei Generativer KI. In: Ecolex Bd. 2023/12, S. 667

[3] Artificial Intelligence – Q&As. URL *https://ec.europa.eu/commission/presscorner/detail/en/qanda_21_1683* – abgerufen am 20. 04. 2024. – European Commission – European Commission

[4] Aschauer, Ricarda: (Juristische) Anwendungsmöglichkeiten von Large Language Models. In: Österreichische Richterzeitung 2024 Bd. 2024/1 – 2

[5] Brühl, Jannis: Künstliche Intelligenz: Was nach einem Jahr Chat-GPT-Hype bleibt. URL *https://www.sueddeutsche.de/wirtschaft/kuenstliche-intelligenz-chat-gpt-ki-open-ai-hype-1.6311444* – abgerufen am 20. 04. 2024 – Süddeutsche.de

[6] ChatGPT broke the EU plan to regulate AI. URL *https://www.politico.eu/article/eu-plan-regulate-chatgpt-openai-artificial-intelligence-act/* – abgerufen am 20. 04. 2024 – POLITICO

[7] Fülop, Tünde: AI Act: Das Ende europäischer Innovation oder Gefahr für den Datenschutz? – eine Relativierung. In: DaKo Bd. 2023/42, S. 82

[8] Gozalo-Brizuela, Roberto; Garrido-Merchan, Eduardo C.: ChatGPT is not all you need. A State of the Art Review of large Generative AI models, arXiv (2023) – arXiv:2301.04655 [cs]

[9] Kopetzky, Theodorich: Technische Hintergründe, Voraussetzungen und Funktionsweisen von KI-Assistenzsystemen. In: Österreichische Richterzeitung 2024 Bd. 1 – 2, S. 6

[10] Mukherjee, Supantha; Chee, Foo Yun; Coulter, Martin; Mukherjee, Supantha; Chee, Foo Yun: Generative AI a stumbling block in EU legislation talks – sources. In: Reuters (2023)

[11] Wegenstein, Karin; Waniczek, Mirko: KI als Game-Changer in der Finanz- und Controlling-Organisation. In: CFO aktuell Bd. 2023/6, S. 200

3.8 KI-Reallabore

Natascha Windholz

Die KI-VO soll trotz hoher Regulierung von KI **innovative Ideen, Entwicklungen oder Technologien** nicht bremsen oder gar verhindern. Um Innovation zu stärken und zu fördern, wurden sogenannte **„Regulatory Sandboxes"** eingeführt, in der deutschen Version der KI-VO „KI-Reallabore" genannt. Sie sollen eine kontrollierte Umgebung bieten, in der innovative KI-Systeme für einen beschränkten Zeitraum entwickelt, getestet oder validiert werden können, bevor sie in Verkehr gebracht oder in Betrieb genommen werden. Eine Sandbox kann auch das Testen unter realen Bedingungen beinhalten, welche in der Sandbox überwacht werden.

Art. 57 ff. KI-VO regelt die KI-Reallabore bzw. Sandboxes. Laut Definition in Art. 3 Z 55 KI-VO handelt es sich um einen von einer zuständigen Behörde geschaffenen kontrollierten Rahmen, der Anbietern oder potenziellen Anbietern von KI-Systemen die Möglichkeit gibt, innovative KI-Systeme nach einem sogenannten **Reallabor-Plan** für einen begrenzen Zeitraum unter behördlicher Aufsicht und gegebenenfalls unter realen Bedingungen, zu entwickeln, trainieren, validieren und zu testen. Der Anbieter und die zuständige Behörde einigen sich auf den Reallabor-Plan. Dieser beschreibt die Ziele, Bedingungen, zeitlichen Rahmenbedingungen, Methoden und Voraussetzungen für die Aktivitäten, die in der Sandbox durchgeführt werden. Der Plan für die Tests unter realen Bedingungen dagegen ist gemäß Art. 3 Z 53 KI-VO ein Dokument, das Ziele, Methodik, geografischen, bevölkerungsbezogenen und zeitlichen Umfang sowie die Überwachung die Organisation und die Durchführung von Versuchen unter realen Bedingungen beschreibt.

3.8.1 Einrichtung und Funktionsweise

Pro Mitgliedstaat muss **zumindest ein KI-Reallabor auf nationaler Ebene** bestehen, welche 24 Monate nach Inkrafttreten der KI-VO operativ sein muss, d. h. ab spätestens 2. August 2026. Diese Sandbox darf jedoch mit einem oder mehreren anderen EU-Mitgliedstaaten betrieben werden. Die EU-Kommission kann technische Unterstützung, Rat oder Werkzeuge für die Einführung oder den Betrieb eines Reallabors geben. Es dürfen zusätzliche Reallabore auf regionaler oder lokaler Ebene oder gemeinsam mit Behörden anderer Mitgliedstaaten etabliert werden. Die Mitgliedstaaten müssen dafür sorgen, dass die Behörden rechtzeitig mit den entsprechenden Ressourcen ausgestattet sind, um die Reallabore zu betreiben. Behörden dürfen auch gemeinsam ein Reallabor betreiben, vorstellbar wäre also, dass die zuständige KI-Behörde gemeinsam mit der zuständigen Datenschutzbehörde ein Reallabor betreibt.

Um ein Reallabor nutzen zu können, müssen die Anbieter einen Reallabor-Plan gemeinsam mit der zuständigen Behörde vereinbaren. Die Behörde kann, soweit angemessen, Anleitung, Überwachen und Unterstützung anbieten, um Risiken zu identifizieren, die in Zusammenhang mit Grundrechten, Gesundheit und Sicherheit bestehen. Sie hat außerdem hinsichtlich des Testprozesses, Risikominimierungsmaßnahmen und deren Wirksamkeit in Verbindung mit den Verpflichtungen und Vorgaben der KI-VO zu unterstützen.

Die zuständige Behörde muss außerdem Anbieter und angehende Anbieter von KI-Systemen hinsichtlich der regulatorischen Erwartung anleiten und wie sie die Vorgaben und Verpflichtungen der KI-VO zu erfüllen haben. Auf Anfrage der Anbieter muss die Behörde eine **schriftliche Bestätigung** der in der Sandbox erfolgreich durchgeführten Tätigkeiten ausstellen. Jedenfalls stellt die Behörde einen Bericht aus, welcher die durchgeführten Aktivitäten samt den Ergebnissen und Lernerfahrungen beschreibt. Diese Dokumentation darf von den Anbietern dazu verwendet werden, die Einhaltung der KI-VO im Konformitätsbewertungsverfahren oder bei anderen Marktüberwachungsverfahren zu demonstrieren. Dementsprechend müssen die Behörden oder notifizierten Stellen bis zu einem vertretbaren Grad positiv in die Bewertung mitaufgenommen werden.

Abschlussberichte dürfen von der EU-Kommission eingesehen werden, wenn sich Behörde und Anbieter darauf einigen, darf der Bericht auch veröffentlicht werden.

Die Einrichtung eines Reallabors verfolgt folgende **Ziele**:

- Verbesserung der Rechtssicherheit hinsichtlich der Einhaltung der KI-VO oder, wo anwendbar, anderer EU- oder Mitgliedstaats-Rechtsakte
- Unterstützung durch das Teilen von Best Practices durch die Kooperation mit den Behörden
- Förderung von Innovation und Wettbewerb und Ermöglichen der Entwicklung eines KI-Ökosystems
- Beitrag zum evidenzbasierten Lernen im Bereich der Regulierung
- Ermöglichen und Beschleunigen des Zugangs von KI-Systemen zum europäischen Markt, insbesondere für KMUs und Start-ups

Sofern ein KI-System personenbezogene Daten verarbeitet, muss die zuständige KI-Behörde sicherstellen, dass auch die Datenschutzbehörden in den Betrieb des Reallabors miteinbezogen werden.

Die Verwendung eines Reallabors lässt die anderen Befugnisse der Behörde unberührt. Erhebliche Risiken für Gesundheit, Sicherheit und Grundrechte, die während der Entwicklung oder dem Testen des KI-Systems identifiziert werden, müssen mithilfe von Risikominimierungsmaßnahmen mitigiert werden. Falls dies nicht möglich ist, kann die Behörde den Betrieb des Reallabors für eine bestimmte Zeit oder dauerhaft aussetzen.

Anbieter oder angehende Anbieter bleiben auch im Reallabor **haftbar für Schäden an Dritten**, die während der Versuche in der Sandbox stattfinden. Halten sie sich jedoch an den Plan und die Bedingungen für ihre Teilnahme und folgen in gutem Glauben der Anleitung der Behörde, dürfen keine Verwaltungsstrafen verhängt werden. Das gilt auch für andere am Reallabor beteiligte Behörden.

Die nationalen Behörden informieren das „AI Office“ (auf Deutsch Büro für künstliche Intelligenz, oder kurz KI-Büro) und dessen Vorstand, um ein Reallabor einzurichten, und können Unterstützung anfragen. Eine Liste der geplanten Reallabore ist öffentlich beim KI-Büro verfügbar, um die Interaktion und grenzüberschreitende Kooperation zu fördern.

Die nationalen Behörden berichten außerdem an das KI-Büro und dessen Vorstand jährlich, beginnend ein Jahr nach der Einrichtung des Reallabors und danach solange die Sandbox in Betrieb ist. Der Bericht beinhaltet den Fortschritt und die Ergebnisse der Implementierung der Sandbox, samt Best Practices, Vorfälle, Lessons Learnt und Empfehlungen zum Aufsetzen eines Reallabors.

Die EU-Kommission entwickelt eine Schnittstelle mit Informationen zu den Reallaboren, um Stakeholdern zu erlauben, mit den Reallaboren zu interagieren. Sie können auch Einwände bei den Behörden erheben, um nicht bindende Anleitungen hinsichtlich der Konformität von innovativen Produkten, Diensten, Geschäftsmodellen zu bekommen, die KI-Technologien enthalten.

Konkrete **Vorgaben zu den Funktionalitäten und Funktionsweisen** des Reallabors sind in Art. 58 KI-VO geregelt, um Einheitlichkeit innerhalb der EU zu gewährleisten. Zu diesem Zweck erlässt die EU-Kommission einen **Rechtsakt**, in dem Einrichtung, Entwicklung, Durchführung, Betrieb und Überwachung der Reallabore geregelt sind. Der Rechtsakt verwirklicht folgende Prinzipien:

- Eignung und Auswahl für die Teilnahme an einem Reallabor
- Verfahren für die Beantragung, Teilnahme, Überwachung und Beendigung einer Sandbox, eines Reallabor-Plans und den Abschlussbericht
- Teilnahmebedingungen für die Antragsteller

Der Rechtsakt soll sicherstellen, dass die Reallabore für alle angehenden Anbieter offen sind, sofern sie die Eignungs- und Teilnahmevoraussetzungen erfüllen. Diese Voraussetzungen müssen transparent und fair sein. Die Behörde, die das Reallabor anbietet, muss die Bewerber binnen drei Monaten über die Entscheidung zur Bewerbung informieren. Die Reallaabors sollen breiten und gleichberechtigten Zugang erlauben und der Nachfrage entsprechen. Bewerbungen können die Bewerberinnen und Bewerber auch partnerschaftlich mit Nutzerinnen und Nutzern sowie anderen Dritten abgeben. Die Modalitäten und Voraussetzungen für die Teilnahme müssen möglichst flexibel gehalten werden. Der Zugang zu einem Reallabor ist für KMUs und Start-ups gebührenfrei, Sonderkosten kann die Behörde jedoch in fairer und verhältnismäßiger Weise einfordern. Der Rechtsakt soll es angehenden Anbietern ermöglichen, die Lernergebnisse für die Verpflichtungen rund um die Konformitätsbewertung oder die freiwillige Bewerbung für einen Branchenstandard gemäß Art. 95 KI-VO. Die Reallabore sollen außerdem dazu verwendet werden können, andere relevante Akteure innerhalb des KI-Ökosystems einzubinden, wie etwa notifizierte Stellen oder ein Normungsinstitut. KMUs, Start-ups, Unternehmen, Innovatoren, Test- und Experimentiereinrichtungen, Forschung, Labore, Zentren für digitale Innovation, Kompetenzzentren oder Forschern soll der Zugang auch ermöglicht werden. Verfahren, Prozesse und verwaltungsrechtliche Vorgaben für die Bewerbung, Auswahl, Teilnahme und Beendigung der Teilnahme an einem Reallabor müssen simpel, einfach verständlich und klar kommuniziert werden, sodass auch KMUs und Start-ups mit limitierten rechtlichen und administrativen Ressourcen diese gut nachvollziehen können. Diese Vorgaben werden europaweit einheitlich sein, um eine Fragmentierung zu verhindern und damit die Teilnahme gleichermaßen in der EU anerkannt ist und dieselben rechtlichen Effekte hat. Die Teilnahme an einem Reallabor ist auf einen bestimmten Zeitraum begrenzt, der der Komplexität und Größe des Projekts entspricht, kann aber durch die Behörde verlängert werden. Die Reallabore ermöglichen die Entwicklung von Werkzeugen und Infrastruktur für das Texten, Benchmarking, Bewerten und Erklären der Dimensionen von KI-Systemen, insbesondere wenn es um regulatorisches Lernen hinsichtlich Genauigkeit, Robustheit und Cybersicherheit geht, um Maßnahmen, die getroffen werden können, um Risiken für Grundrechte, Umwelt und die Gesellschaft als Ganzes.

Sofern Behörden ein Testen unter realen Bedingungen in Betracht ziehen, welche in einem Reallabor beaufsichtigt werden, müssen sie sich mit den Teilnehmern auf die Teilnahmebedingungen einigen und Sicherstellungsmaßnahmen treffen, um Grundrechte, Gesundheit und Sicherheit zu schützen. Sie können dazu auch mit anderen Behörden kooperieren, um Konsistenz innerhalb der EU sicherzustellen.

3.8.2 Weiterverarbeitung von personenbezogenen Daten

Die Weiterverarbeitung von personenbezogenen Daten in bestimmten KI-Systemen von öffentlichem Interesse in Reallaboren ist unter den Voraussetzungen des Art. 59 KI-VO möglich.

Personenbezogene Daten, die rechtmäßig für andere Zwecke gesammelt wurden, dürfen für die Zwecke der **Entwicklung, des Trainings und des Testens von bestimmten KI-Systemen** in Sandboxes verwendet werden. Dafür müssen jedoch bestimmte Voraussetzungen erfüllt werden.

Das KI-System muss zur Wahrung von wesentlichen öffentlichen Interessen durch eine Behörde oder andere natürliche oder juristische Person öffentlichen Rechts oder des Privatrechts in einem der nachfolgenden Gebiete entwickelt werden:

- Öffentliche Sicherheit, öffentliche Gesundheit, einschließlich der Verhütung, Bekämpfung und Behandlung von Krankheiten und der Verbesserung des Gesundheitssystems
- Sicherstellung eines hohen Umweltschutzes und der Verbesserung der Umweltqualität, Schutz der Biodiversität, Verschmutzung sowie des grünen Wandels und des Klimaschutzes
- Energienachhaltigkeit
- Sicherheit und Resilienz von Transportsystemen und Mobilität, kritischer Infrastruktur und der Netzwerke
- Effizienz und Qualität der öffentlichen Verwaltung und öffentlichen Dienste

Die verarbeiteten Daten müssen notwendig für die Erfüllung der Voraussetzungen in Abschnitt III, Kapitel 2 der KI-VO (Anforderungen an Hochrisiko-KI-Systeme) sein. Allerdings ist die Verarbeitung nur zulässig, wenn diese Vorgaben nicht mithilfe von anonymisierten, synthetischen oder anderen nicht personenbezogenen Daten erfüllt werden können.

Es müssen außerdem effiziente **Überwachungsmaßnahmen** ergriffen werden, um hohe Risiken für die Rechte und Freiheiten der Betroffenen (vgl. Art. 4 Z 1 DSGVO), die während des Reallabor-Experiments auftauchen können, mitigieren zu können oder allenfalls die Verarbeitung überhaupt zu beenden. Sämtliche personenbezogene Daten, die in Zusammenhang mit dem Reallabor verarbeitet werden sollen, müssen in einem getrennten, isolierten und geschützten Umfeld unter der Kontrolle des zuständigen Anbieters liegen und nur von autorisierten Personen eingesehen werden. Die Anbieter können zwar die ursprünglich gesammelten Daten in Einhaltung der DSGVO teilen, aber die im Reallabor geschaffenen Daten dürfen nicht außerhalb des Reallabors geteilt werden. Das heißt, das Verarbeitungsergebnisse aus dem Reallabor, die personenbezogen sind, nicht weiterverwendet werden dürfen. Jede Verarbeitung personenbezogener Daten in Zusammenhang mit einem Reallabor darf nicht zu Maßnahmen oder Entscheidungen führen, die Betroffene beeinträchtigen oder deren Rechte in Bezug auf die Verarbeitung personenbezogener Daten einschränken. Personenbezogene Daten müssen durch angemessene technische und organisatorische Maßnahmen geschützt und gelöscht werden, sobald die Teilnahme am Reallabor beendet oder die Aufbewahrungsfrist abgelaufen ist. Logdaten und Protokolle, die bei der Verarbeitung im Reallabor entstanden sind, dürfen für die Dauer der Teilnahme am Reallabor aufbewahrt werden, es sei denn, EU- oder nationales Recht geben anderes vor. Eine detaillierte Beschreibung der Prozesse und Begründung des Trainings, Testens und Validierens des KI-Systems muss gemeinsam mit den Testergebnissen als Teil der technischen Dokumentation gemäß Anhang IV KI-VO aufbewahrt werden. Eine kurze Zusammenfassung des KI-Projekts, welches im Reallabor entwickelt wurde, seiner Ziele und erwarteten Ergebnisse muss auf der Website der zuständigen Behörde veröffentlicht werden. Diese Verpflichtung beinhaltet nicht sensible operative Daten in Zusammenhang mit der Tätigkeit von Strafverfolgungs-, Grenzkontroll-, Einwanderungs- oder Asylbehörden.

Diese genannten Vorgaben gelten auch für KI-Systeme in Reallaboren, die dem Zweck der Verhütung, Ermittlung, Feststellung oder Verfolgung von Straftaten oder der Vollstreckung strafrechtlicher Sanktionen dienen, einschließlich des Schutzes vor und der Abwehr von Gefahren für die öffentliche Sicherheit. Die Verarbeitung personenbezogener Daten erfolgt außerdem auf Grundlage eines spezifischen Rechtsaktes der Mitgliedstaaten oder der EU.

3.8.3 Tests außerhalb von KI-Reallaboren

Art. 60 KI-VO sieht außerdem Regeln für das **Testen von Hochrisiko-KI-Systemen unter Realbedingungen** außerhalb von Reallaboren vor. Anbieter bzw. angehende Anbieter dürfen solche Tests unter Einhaltung bestimmter Voraussetzungen gemäß einem Testplan durchführen. Es gelten jedoch die Verbote des Art. 5 KI-VO. Die genauen Elemente des Testplans für die reale Umgebung werden von der EU-Kommission durch einen Rechtsakt erlassen.

Anbieter oder angehende Anbieter dürfen das Testen von Hochrisiko-KI-Systemen unter realen Bedingungen jederzeit vor Inverkehrbringen oder Inbetriebnahme allein oder gemeinsam mit anderen testen. Das Testen erfolgt unbeschadet einer allenfalls unter nationalem oder EU-Recht notwendigen ethischen Prüfung.

Die Durchführung von Tests unter Realbedingungen darf von den Anbietern oder angehenden Anbietern nur unter bestimmten Voraussetzungen durchgeführt werden: Der Anbieter oder angehende Anbieter hat einen **Testplan** festgelegt und diesen der Marktaufsichtsbehörde der Mitgliedstaaten übermittelt, in denen der Test durchgeführt werden soll. Die Marktaufsichtsbehörde(n) hat das Testen unter Realbedingungen und den Testplan zu **bewilligen**. Hat die Marktaufsichtsbehörde binnen 30 Tagen nicht geantwortet, gilt der Test als bewilligt. Sieht nationales Recht keine explizite Genehmigung vor, muss der Test zumindest autorisiert werden. Handelt es sich um ein Hochrisiko-KI-System gemäß Annex III, Punkte 1, 6 und 7 in der Rechtsdurchsetzung, Migration, Asyl und Grenzkontrollmanagement und ein Hochrisiko-KI-System gemäß Anhang III Punkt 2 KI-VO, muss der Test in einer nicht öffentlichen EU-Datenbank mit einer EU-weit einzigartigen Identifikationsnummer registriert werden (vgl. Anhang IX KI-VO). Der Anbieter oder angehende Anbieter muss zwingend seinen **Sitz** oder zumindest einen gesetzlichen Vertreter in der EU haben. Daten, die für den Zweck des Testens unter Realbedingungen gesammelt und verarbeitet werden, dürfen nur in **Drittländer** außerhalb der EU übermittelt werden, wenn die entsprechenden anwendbaren Garantien des EU-Rechts eingehalten werden (vgl. z. B. Art. 48 ff. DSGVO). Das Testen unter Realbedingungen darf nicht länger als notwendig dauern, um die entsprechenden Ziele zu erreichen, aber keinesfalls länger als **sechs Monate**, die wiederum um maximal sechs Monate verlängert werden dürfen. Dies muss durch vorherige Meldung an die zuständige Marktaufsichtsbehörde geschehen und eine Erklärung beinhalten, warum die Verlängerung notwendig ist. Personen, die wegen ihres Alters, einer körperlichen oder geistigen Behinderung zu **vulnerablen Gruppen** zählen, müssen entsprechend geschützt werden. Wenn der Anbieter oder angehende Anbieter Tests unter Realbedingungen mit einem oder mehreren angehenden Betreibern organisiert, müssen letztere über alle Aspekte des Tests informiert werden, die notwendig für ihre Entscheidung über die Teilnahme sind. Sie sind außerdem hinsichtlich der Nutzung des KI-Systems zu instruieren. Der Anbieter oder angehende Anbieter und die Betreiber müssen eine **Vereinbarung** abschließen, die die Rollen und Verantwortlichkeiten für den Test unter Realbedingungen festlegt. Die Testsubjekte müssen eine informierte Einwilligung gemäß Art. 61 KI-VO abgeben. Handelt es sich um einen Test in Zusammenhang mit der Rechtsdurchsetzung und würde die Einholung einer Einwilligung dem Test zuwiderlaufen, darf darauf verzichtet werden, wenn der Test unter Realbedingungen keine negativen Effekte auf die Testsubjekte hat und die personenbezogenen Daten nach dem Test gelöscht werden. Der Test muss unter der Aufsicht des Anbieters oder angehenden Anbieters und der Betreiber mithilfe von qualifizierten Personen laufen. Die Vorhersagen, Empfehlungen oder Entscheidungen des KI-Systems können rückgängig gemacht oder ignoriert werden.

Jedes **Testsubjekt** kann ohne Angabe von Gründen vom Test Abstand nehmen und seine Einwilligung widerrufen und die Löschung der personenbezogenen Daten verlangen. Die zuständige Marktaufsichtsbehörde kann Untersuchungen vor Ort oder remote vornehmen, um den Ablauf der Tests zu kontrollieren. Jeder ernste Zwischenfall muss der Marktaufsichtsbehörde berichtet werden. Der Anbieter oder angehende Anbieter muss sofort Maßnahmen zur Milderung ergreifen oder, so diese scheitern, den Test aussetzen oder beenden. Der Anbieter oder angehende Anbieter muss einen Prozess festlegen, um das KI-System sofort zurückrufen zu können, wenn ein solcher Test beendet wird. Die Marktaufsichtsbehörde ist vom Ende oder von der Aussetzung eines Tests sowie über die finalen Ergebnisse zu informieren. Der Anbieter oder angehende Anbieter **haftet für alle Schäden**, die im Zuge der Teilnahme am Test in Realumgebung entstehen.

3.8.4 Einwilligungen zu Tests außerhalb von Reallaboren

Art. 61 KI-VO beinhaltet die Regeln für die informierte Einwilligung für Tests unter Realbedingungen außerhalb von Sandboxes. Eine solche Einwilligung muss **freiwillig** und **informiert** durch das Testsubjekt vor der Teilnahme am Test gegeben werden. Die Information muss prägnant, klar, relevant und verständlich sein. Das bedeutet, die **Natur** und die **Ziele** des Tests und **mögliche Unannehmlichkeiten**, die mit der Teilnahme verbunden sind, müssen klar dargelegt werden. Die Bedingungen, unter denen der Test stattfindet, und die **Dauer** der Teilnahme müssen beschrieben werden. Die Betroffenenrechte und Garantien hinsichtlich der Teilnahme sind zu erklären, insbesondere das Recht, die Teilnahme zu verweigern bzw. jederzeit die Einwilligung zum Test zu widerrufen, ohne dass dies negative Konsequenzen nach sich zieht oder eine Begründung verlangt. Die Modalitäten für die Beantragung der Aufhebung oder Nichtberücksichtigung etwaiger Vorhersagen, Empfehlungen oder Entscheidungen des KI-Systems müssen dargelegt werden sowie die EU-weit einheitliche Identifikationsnummer des Tests unter Realbedingungen und die Kontaktdaten des Anbieters oder seines gesetzlichen Vertreters, bei dem weitere Informationen eingeholt werden können. Die Einwilligung muss datiert und **dokumentiert** werden, der Betroffene oder seine gesetzliche Vertretung erhalten eine Kopie.

3.8.5 Erleichterungen für KMUs

Art. 62 KI-VO enthält Erleichterungen für Kleinanbieter und -betreiber, insbesondere KMUs und Start-ups. Die EU-Mitgliedstaaten sind verpflichtet, folgende Maßnahmen zu ergreifen: KMUs und Start-ups, die ein Büro oder eine Zweigstelle in der EU haben, bekommen **prioritären Zugang zu den Sandboxes**, sofern sie die Voraussetzungen und Auswahlkriterien erfüllen. Der prioritäre Zugang soll andere KMUs und Start-ups nicht davon abhalten, Zugang zu den Sandboxes zu erhalten. Die Mitgliedstaaten organisieren außerdem besondere **Sensibilisierungsmaßnahmen** für die Anwendung der KI-VO, die auf die Bedürfnisse der KMUs und Start-ups, aber auch der Betreiber und, wo angemessen, der lokalen Verwaltungsorgane zugeschnitten sind. Außerdem können die Mitgliedstaaten (neue) Kanäle für die Kommunikation mit KMUs und Start-ups, anderen Innovatoren und, wo notwendig, mit lokalen Verwaltungsorganen einrichten, um zu beraten und auf Anfragen im Zusammenhang mit der Implementierung der KI-VO, einschließlich der Sandboxes, zu antworten. Die Mitgliedstaaten können die Teilnahme von KMUs und anderen relevanten Stakeholdern in die Entwicklung von Standardisierungsprozessen einbinden.

Das neue **KI-Büro** unternimmt außerdem auch Anstrengungen: Auf Anfrage bietet es standardisierte Muster für die KI-VO an, es entwickelt und erhält eine Plattform, die Informationen rund um die KI-VO bietet. Das Office organisiert entsprechende Kommunikationskampagnen, um das Bewusstsein rund um die Verpflichtungen der KI-VO zu erhöhen. Es evaluiert und fördert die Zusammenführung von Best Practices.

Mikrounternehmen gemäß Art. 2 Abs. 3 des Annexes der Kommissionsempfehlung 2003/361/EC betreffend die Definition von Mikro-, Klein- oder mittleren Unternehmen, dürfen die Vorgaben von Art. 17 KI-VO vereinfacht erfüllen. Zu diesem Zweck entwickelt die EU-Kommission eigene Richtlinien.

3.9 Behörden

Natascha Windholz

Die Art. 28 ff. KI-VO unterscheiden zwischen notifizierenden Behörden, Konformitätsbewertungsstellen und notifizierenden Stellen. Die Mitgliedstaaten können sich entscheiden, dass die Überwachung durch eine nationale Akkreditierungsstele gem. Richtlinie (EC) No 765/2008 erfolgt.

3.9.1 Notifizierende Behörde

Notifizierende Behörden werden in jedem EU-Mitgliedstaat eingerichtet. Die Definition findet sich in Art. 3 Z 19 KI-VO. Diese Behörde ist für die Schaffung der Konformitätsbewertungsstellen und deren Überwachung zuständig. Es kann sich dabei auch um eine Akkreditierungsstelle nach der Marktüberwachungsverordnung handeln (Verordnung (EG) Nr. 765/2008). In Österreich sind das verschiedene Behörden, je nach Rechtsgebiet, Bundes- oder Länderzuständigkeit. Das kann z. B. die AGES, das Marktamt Wien oder die zuständige Sektion eines Bundesministeriums sein. Die bundesweite Koordination erfolgt durch das Bundesamt für Eich- und Vermessungswesen. In Deutschland ist die Situation ähnlich, um einen einheitlichen Vollzug zu gewährleisten, wurde der Arbeitsausschuss Marktüberwachung eingerichtet. Die Gesamtliste aller Marktüberwachungsbehörden ist bei der EU-Kommission [1] abrufbar.

Die Mitgliedstaaten müssen notifizierende Behörden so einrichten, dass sie strukturiert und organisiert arbeiten können. Interessenkonflikte mit Konformitätsbewertungsstellen müssen vermieden und die Objektivität und Unparteilichkeit der Behörde gewährleistet werden. Personen, die für die Behörde tätig sind, dürfen nicht gleichzeitig für eine Konformitätsbewertungsstelle arbeiten, noch dürfen die Behörden Tätigkeiten der Konformitätsbewertungsstellen übernehmen. Eine strikte Trennung ist vorgesehen. Die Behörde darf explizit keine Beratungsleistungen anbieten und muss die Vertraulichkeit gewährleisten. Die Mitgliedstaaten müssen die Behörde mit entsprechenden Ressourcen ausstatten, und das Personal muss die entsprechende Expertise aufweisen.

3.9.2 Konformitätsbewertungsstellen und notifizierte Stellen

Eine Konformitätsbewertungsstelle nimmt sämtliche Tätigkeiten in Zusammenhang mit Prüfung, Zertifizierung und Kontrollen durch und tritt als unabhängiger Dritter auf (vgl. Definition Art. 3 Z 21 KI-VO). Es handelt sich dabei dann um eine **notifizierte Stelle**, wenn sie gemäß KI-VO (oder anderen EU-Verordnungen bzw. -Richtlinien) benannt wurde. (vgl. Art. 3 Z 22 KI-VO).

Konformitätsbewertungsstellen müssen sich um die Notifizierung in dem Mitgliedstaat, in dem sie ansässig sind, bewerben.

Folgende Unterlagen müssen dem **Antrag** beiliegen:

- Beschreibung der Konformitätsbewertungstätigkeiten
- Beschreibung des bzw. der Konformitätsbewertungsverfahren
- Beschreibung der KI-Technologien, für die die Konformitätsbewertungsstelle Kompetenz hat
- falls vorhanden, Akkreditierungsurkunde, dass die Stelle die Anforderungen des Art. 31 KI-VO erfüllt
- falls vorhanden, bestehende Benennung als notifizierte Stelle gemäß anderer EU-Verordnungen bzw. -Richtlinien.

Ist keine Akkreditierungsurkunde gemäß Art. 31 KI-VO vorhanden, muss die Stelle nachweisen, dass sie die Vorgaben des Art. 31 KI-VO erfüllt.

Die notifizierten Stellen überprüfen die **Konformität von Hochrisiko-KI-Systemen**. Das bedeutet, dass die Stelle die notwendigen Ressourcen, ein entsprechendes Qualitätsmanagement und Vorgaben an die Verfahren hat, um diese Aufgabe wahrnehmen zu können. Die Organisationsstruktur muss so ausgestaltet sein, dass die Stelle vertrauenswürdige Ergebnisse bei ihren Konformitätsbewertungstätigkeiten gewährleisten kann. Die Stelle muss vom Anbieter unabhängig sein, d. h., es dürfen keine Personalüberschneidungen, wirtschaftlichen Interessen und kein Wettbewerbsverhältnis bestehen. Keine Person der Stelle, weder Top-Level-Management noch das Personal, dürfen beim Design, der Entwicklung, dem Marketing oder der Verwendung der Hochrisiko-KI direkt involviert sein oder eine Partei vertreten, die in diese Tätigkeiten eingebunden war. Dies gilt insbesondere für Beratungsdienstleistungen.

Die notifizierte Stelle dokumentiert die Durchführung der Verfahren und stellt die Vertraulichkeit sicher. Sie berücksichtigt beim Verfahren die Größe, den Sektor und die Struktur des Anbieters sowie die Komplexität des zu prüfenden KI-Systems. Besonders für kleine und Mikrounternehmen sollen die Kosten und administrativen Aufwände reduziert werden (vgl. Art. 34 KI-VO).

Die Erfüllung der Vorgaben des Art. 31 KI-VO wird angenommen, wenn die Stelle die Vorgaben in den relevanten EU-Rechtsakten erfüllt.

Eine Haftpflichtversicherung ist verpflichtend für notifizierende Stellen.

Das Notifizierungsverfahren ist in Art. 30 KI-VO geregelt. Notifizierende Behörden dürfen nur Stellen notifizieren, die die Anforderungen des Art. 31 KI-VO erfüllen. Über erfolgte Notifizierungen von Konformitätsbewertungsstellen ist die EU-Kommission zu informieren.

Eine **Notifizierung** enthält vollständige Angaben zu:

- den Konformitätsbewertungstätigkeiten
- dem bzw. den betreffenden Konformitätsbewertungsmodulen
- den betreffenden KI-Technologien
- den relevanten Kompetenznachweisen (entweder die Akkreditierung nach Art. 29 Abs. 2 KI-VO oder Nachweise zur Erfüllung von Art. 30 KI-VO)

Für allenfalls eingesetzte Zweigstellen oder vergebene Unteraufträge trägt die notifizierte Stelle die volle Verantwortung. Tätigkeiten dürfen nur mit Zustimmung des Anbieters übertragen werden.

Die notifizierte Stelle darf ihre Tätigkeiten erst aufnehmen, wenn weder die EU-Kommission noch andere Mitgliedstaaten keine Einwände innerhalb von zwei Wochen erheben, wenn es sich um eine Notifizierung gemäß Art. 29 Abs. 2 KI-VO, oder binnen zwei Monaten, wenn es sich um Nachweise gemäß Art. 30 Abs. 3 KI-VO handelt. Sollten Einwänden erhoben werden, hat die EU-Kommission sofort Konsultationen mit den betreffenden Mitgliedstaaten zu beginnen. Die EU-Kommission entscheidet, ob die Einwände berechtigt sind oder nicht, und richtet die Entscheidung an den Mitgliedstaat und die notifizierte Stelle.

Die EU-Kommission weist den notifizierten Stellen außerdem eine **Kennnummer** zu, die immer gleich ist, auch wenn die Stelle nach mehreren EU-Rechtsakten notifiziert ist. Das Verzeichnis der Stellen mitsamt den Kennnummern und den Tätigkeiten wird veröffentlicht.

Änderungen muss die Behörde der EU-Kommission unmittelbar anzeigen. Erweiterungen des Umfangs der Notifizierung müssen nach dem Verfahren gemäß Art. 29 und 30 KI-VO durchgeführt werden. Will eine Stelle ihre Bewertungstätigkeiten beenden, müssen notifizierende Behörde und die Anbieter informiert werden. Sollte eine Behörde den begründeten Verdacht haben, dass eine Stelle nicht mehr die Anforderungen des Art. 31 KI-VO erfüllt oder ihren Pflichten nicht nachkommt, hat sie unverzüglich Untersuchungen anzustellen. Die Behörde konfrontiert die Stelle mit ihren Bedenken und gibt ihr die Möglichkeit, Stellung dazu zu beziehen. Die Notifizierung kann in der Folge eingeschränkt, ausgesetzt oder teilweise oder ganz widerrufen werden. Die Behörde informiert außerdem die EU-Kommission, die notifizierte Stelle informiert die KI-Hersteller längstens binnen zehn Tagen. Die Behörde stellt außerdem sicher, dass Verfahrensunterlagen und Akten der Stelle aufbewahrt werden und bei Bedarf anderen Behörden bzw. Marktüberwachungsstellen auf Nachfrage zur Verfügung stehen.

Im Fall einer **Einschränkung, Suspendierung oder eines Widerrufs des Status als notifizierte Stelle** ist die Behörde verpflichtet:

- den Einfluss auf vergebene Zertifizierungen der Stelle zu untersuchen;
- einen Bericht an die EU-Kommission und die anderen Mitgliedstaaten über die Änderungen der Notifizierung binnen drei Monaten zu übermitteln;
- die Stellen dazu zu verpflichten, zu Unrecht ausgestellte Zertifikate zu suspendieren oder zu widerrufen;
- die EU-Kommission und die Mitgliedstaaten über suspendierte oder widerrufene Mitgliedstaaten zu informieren;
- den nationalen zuständigen Behörden der Mitgliedstaaten, in denen Anbieter ihren Sitz haben, über Zertifikate informieren, die suspendiert oder widerrufen wurden. Die dortigen Behörden ergreifen dann die notwendigen Schritte, um Risiken für Gesundheit, Sicherheit oder Grundrechte zu verhindern.

Unter bestimmten Voraussetzungen können gemäß Art. 36 KI-VO **Zertifikate** aufrechterhalten bleiben: Die notifizierende Behörde bestätigt innerhalb eines Monats nach Suspendierung oder Beschränkung, dass kein Risiko für Gesundheit, Sicherheit oder Grundrechte besteht, und die Behörde gibt einen Zeitplan und Aufgaben vor, um die Suspendierung oder Beschränkung aufzuheben. Die zweite Möglichkeit ist, dass die Behörde bestätigt, dass keine Zertifikate suspendiert werden und die notifizierte Stelle nach wie vor die Möglichkeit hat, die ausgestellten Zertifikate zu beaufsichtigen. Sollte das nicht der Fall sein, hat der Anbieter die Möglichkeit, der Behörde binnen drei Monaten eine andere notifizierte Stelle bekannt zu geben, die das Zertifikat in Zukunft beaufsichtigen wird.

Nichtsdestotrotz bleiben Zertifikate einer vormals notifizierten Stelle für neun Monate bestehen, wenn die zuständige Behörde dem Anbieter bestätigt, dass kein Risiko für Gesundheit, Sicherheit und Grundrechte in Zusammenhang mit dem fraglichen KI-System besteht; alternativ bestätigt eine andere notifizierte Stelle schriftlich, dass sie die sofortige Verantwortlichkeit für diese Systeme übernimmt und die Bewertung binnen zwölf Monaten ab dem Widerruf durchführt. Im ersten Fall kann die Frist um weitere drei Monate verlängert werden.

Die zuständige Behörde oder die notifizierte Stelle, die die Funktion der vormals notifizierten Stelle übernimmt, informiert die EU-Kommission, die Mitgliedstaaten und die anderen notifizierten Stellen umgehend von der Übernahme.

Darüber hinaus kann die EU-Kommission gemäß Art. 37 KI-VO alle Fälle, in denen sie Zweifel an der Kompetenz einer notifizierten Stelle bzw. der fortgesetzten Erfüllung der Stelle der Vorgaben des Art. 31 KI-VO hat, untersuchen. Die notifizierende Behörde muss der EU-Kommission alle relevanten Informationen in Zusammenhang mit der Notifizierung oder der Aufrechterhaltung der Kompetenz der notifizierten Stelle auf Anfrage übermitteln. Die EU-Kommission stellt die Vertraulichkeit einer solchen Untersuchung sicher. Wenn die EU-Kommission zu dem Schluss kommt, dass eine notifizierte Stelle nicht länger die Vorgaben erfüllt, informiert sie den notifizierenden Mitgliedstaat umgehend, damit dieser die notwendigen korrektiven Maßnahmen ergreift, inklusive, falls notwendig, Suspendierung oder Widerruf der Notifizierung. Ergreift der Mitgliedstaat nicht die erforderlichen Maßnahmen, kann die EU-Kommission mittels Durchführungsrechtsakt gemäß Art. 98 Abs. 2 KI-VO die Benennung aussetzen, einschränken oder widerrufen.

Gemäß Art. 38 KI-VO stellt die EU-Kommission die Koordination und Kooperation zwischen notifizierten Stellen sicher.

Konformitätsbewertungsstellen von Drittländern, mit denen die EU-Kommission ein Abkommen diesbezüglich geschlossen hat, können die Aufgaben von notifizierten Stellen unter der KI-VO übernehmen, vorausgesetzt, dass sie die Vorgaben des Art. 31 KI-VO erfüllen oder ein gleichwertiges Niveau gewährleisten.

Quellen

[1] European Commission. URL *https://single-market-economy.ec.europa.eu/single-market/goods/building-blocks/market-surveillance/organisation_en* – abgerufen am 20. 04. 2024

3.10 Governance in der KI-VO

Natascha Windholz

Die KI-VO sieht verschiedene Mechanismen vor, die deren einheitliche Interpretation sicherstellen und die Kooperation der Mitgliedstaaten gewährleisten sollen.

3.10.1 KI-Büro

Gemäß Art. 64 KI-VO ist die EU-Kommission verpflichtet, selbst Expertise und Fähigkeiten auf dem Gebiet der KI zu entwickeln. Die Mitgliedstaaten sollen die dem **KI-Büro** bzw. Büro für künstliche Intelligenz übertragenen Aufgaben ermöglichen und fördern. Das KI-Büro wurde per Kommissionbeschluss vom 24.1.2024 ins Leben gerufen.

3.10.2 KI-Gremium

Wesentlicher Bestandteil der Governance ist der – ebenfalls neue – **Europäische Gremium für künstliche Intelligenz** („European Artificial Intelligence Board“ oder „KI-Gremium“). Gemäß Art. 65 KI-VO besteht dieser aus je einem Stellvertreter pro Mitgliedstaat. Der Europäische Datenschutzbeauftragte nimmt als Beobachter teil. Das KI-Büro nimmt an den Treffen ebenfalls teil, hat aber kein Stimmrecht. Andere nationale oder EU-Behörden oder Körperschaften können eingeladen werden, wenn der Ausschuss Themen bespricht, die für diese relevant sind.

3.10.2.1 Zusammensetzung

Die Mitglieder, d.h. die **Stellvertreter und Stellvertreterinnen der Mitgliedstaaten**, werden für drei Jahre bestellt, wobei die Bestellung einmalig verlängert werden kann zu einer Gesamtdauer von sechs Jahren.

Die Mitgliedstaaten müssen sicherstellen, dass ihre Stellvertreterinnen und Stellvertreter die relevanten Zuständigkeiten und Befugnisse haben, um den Mitgliedstaat aktiv zu vertreten und im Ausschuss beizutragen. Der Stellvertreter bzw. die Stellvertreterin ist außerdem Single Point of Contact gegenüber dem Ausschuss und weiteren Stakeholdern. Der Stellvertreter bzw. die Stellvertreterin muss dazu befugt sein, die Konsistenz und Koordinierung zwischen den verschiedenen nationalen Behörden hinsichtlich der Implementierung der KI-VO abzuwickeln. Sie können Daten und Informationen erheben, um ihre Aufgaben gegenüber dem Ausschuss zu erfüllen.

Eine der ersten Aufgaben der designierten Mitglieder des Ausschusses wird es sein, die **Geschäftsordnung** mit einer Zweidrittelmehrheit zu beschließen. Insbesondere müssen der Auswahlprozess, die Dauer der Bestellung und die Aufgaben des Vorsitzes festgelegt werden, die Abstimmungsmodalitäten und die Organisation der Tätigkeiten des Ausschusses und seiner Arbeitsgruppen. Der Ausschuss muss sicherstellen, dass er objektiv und unparteilich arbeitet.

Eingerichtet werden jedenfalls **zwei ständige Arbeitsgruppen**. Diese dienen als Austauschplattform für die Marktaufsichtsbehörden und die notifizierenden Behörden jeweils für ihre Themen. Andere Arbeitsgruppen können vom Ausschuss ständig oder für eine bestimmte Dauer zur Klärung spezifischer Themen eingerichtet werden.

Den Vorsitz des Ausschusses hat ein gewählter Stellvertreter bzw. Stellvertreterin eines Mitgliedstaates. Das KI-Büro stellt das Sekretariat für den Ausschuss, organisiert die Treffen und bereitet die Agenda vor.

3.10.2.2 Aufgaben des KI-Gremium

Die Aufgaben des Ausschusses sind in Art. 66 KI-VO definiert. Der Ausschuss berät und assistiert der EU-Kommission und den Mitgliedstaaten, um die konsistente und effiziente Anwendung der KI-VO sicherzustellen. Explizit festgelegt sind folgende Aufgaben:

Der Ausschuss trägt zur **Koordination der zuständigen nationalen Behörden** bei und, je nach Vereinbarung mit den betroffenen Marktaufsichtsbehörden, unterstützt bei gemeinsamen Tätigkeiten der Marktüberwachungsbehörden gemäß Art. 74 Abs. 11 KI-VO.

Der Ausschuss sammelt technische und regulatorische Expertise sowie bewährte Vorgehensweisen unter den Mitgliedstaaten. Der Ausschuss berät hinsichtlich der Implementierung der KI-VO, insbesondere hinsichtlich der Durchsetzung der Regeln betreffend KI-Modelle für allgemeine Zwecke. Der Ausschuss trägt zur **Harmonisierung der Verwaltungspraxis** in den Mitgliedstaaten bei, einschließlich der Vorgehensweisen zu den Konformitätsbewertungsverfahren gemäß Art. 46 KI-VO, der Funktionsweisen der Reallabore und dem Testen unter Realbedingungen gemäß Art. 57 ff. KI-VO.

Auf Nachfrage der EU-Kommission oder aus eigener Initiative kann der Ausschuss **Empfehlungen und schriftliche Stellungnahmen** zu jedem relevanten Thema betreffend die Implementierung der KI-VO und ihrer konsistenten und effizienten Anwendung verfassen. Diese Empfehlungen oder Stellungnahmen sollen hinsichtlich der Entwicklung und Anwendung von Verhaltens- und Praxiskodizes gemäß der KI-VO oder gemäß den Richtlinien der EU-Kommission sein. Der Ausschuss kann außerdem Stellungnahmen zur Evaluierung der KI-VO abgeben, zu schweren Vorfällen, delegierten Rechtsakten und Änderungen des Anhang I KI-VO. Stellungnahmen sind auch zu technischen Spezifikationen und bereits bestehenden Standards möglich sowie zu harmonisierten Standards möglich. Der Ausschuss kann auch zu Trends Stellung beziehen, wie etwa der Wettbewerbsfähigkeit der EU, der Entwicklung von digitalen Fähigkeiten, Wertschöpfungsketten der KI usw.

Der Ausschuss unterstützt die EU-Kommission außerdem bei der **Förderung von KI-Kompetenzen**, des öffentlichen Bewusstseins und des Verständnisses für die Vorteile, Risiken, Schutzmaßnahmen sowie Rechte und Pflichten im Zusammenhang mit der Nutzung von KI-Systemen.

Der Ausschuss entwickelt gemeinsame Kriterien und unterstützt bei der Herstellung eines gemeinsamen Verständnisses der Marktteilnehmer und der zuständigen Behörden hinsichtlich der in der KI-VO vorgesehenen Konzepte und trägt zur Entwicklung von Benchmarks bei. Der Ausschuss kooperiert allenfalls mit anderen Organen, Einrichtungen, Ämtern und Agenturen der EU und bei Bedarf international sowie mit einschlägigen Sachverständigengruppen und Netzwerken in der EU, insbesondere in den Bereichen Produktsicherheit, Cybersicherheit, Wettbewerb, digitale und Mediendienste, Finanzdienstleistungen, Verbraucherschutz, Datenschutz und Schutz der Grundrechte.

Der Ausschuss unterstützt die zuständigen nationalen Behörden und die EU-Kommission beim Aufbau des für die Durchführung der KI-VO erforderlichen organisatorischen und technischen Fachwissens, unter anderem durch Mitwirkung an der Ermittlung des Schulungsbedarfs für das an der Durchführung der KI-VO beteiligte Personal der Mitgliedstaaten. Der Ausschuss assistiert dem KI-Büro, welches die zuständigen nationalen Behörden bei der Einrichtung und Entwicklung der Sandboxes unterstützt, und erleichtert die Zusammenarbeit und den Informationsaustausch zwischen den Reallaboren. Der Ausschuss berät die EU-Kommission in internationalen Angelegenheiten im Zusammenhang mit KI. Der Ausschuss gibt Stellungnahmen an die EU-Kommission hinsichtlich der qualifizierten Meldungen von KI-Modellen für allgemeine Zwecke ab. Die Mitgliedstaaten geben außerdem Stellungnahmen an den Ausschuss hinsichtlich der qualifizierten Meldungen von KI-Modellen für allgemeine Zwecke ab, aber auch zu nationalen Erfahrungen, Praktiken hinsichtlich der Überwachung und Durchsetzung von KI-Systemen.

3.10.3 Beratungsforum

Art. 67 KI-VO sieht zusätzlich ein Beratungsforum vor. Dieses stellt vor allem **technische Expertise** dem Ausschuss und der EU-Kommission zur Verfügung. Die Mitglieder werden von der EU-Kommission ernannt, und sie werden für zwei Jahre, jedoch nach einmaliger Verlängerung längstens vier Jahre, in das Beratungsgremium berufen. **Ständige Mitglieder** des Beratungsgremium sind die Agentur für Grundrechte FRA, die Europäische Agentur für Cybersecurity, das Europäische Komitee für Standardisierung CEN, das Europäische Komitee für Elektrotechnische Standardisierung CENELEC und das Europäische Institut für Telekommunikationsstandards ETSI. Das Beratungsgremium hat zwei Vorsitzende, welche ebenfalls für zwei Jahre, verlängerbar um weitere zwei Jahre, gewählt werden. Zur Erfüllung seiner Aufgaben trifft sich das Beratungsgremium zumindest zweimal jährlich, bereitet auf Anfrage des Ausschusses oder der EU-Kommission Stellungnahmen vor und erstellt einen jährlichen Bericht, welcher auch veröffentlicht wird.

3.10.4 Wissenschaftliches Gremium

Vorgesehen ist außerdem auch ein **wissenschaftliches Gremium von unabhängigen Sachverständigen** gemäß Art. 68 KI-VO. Dieses Gremium wird durch die EU-Kommission eingerichtet, um hinsichtlich der Durchsetzungsaufgaben zu unterstützen. Die Mitglieder werden von der EU-Kommission bestellt, basierend auf ihrer wissenschaftlichen oder technischen Expertise. Sie müssen unabhängig von Anbietern von KI-Systemen sein. Das wissenschaftliche Gremium berät und unterstützt das KI-Büro hinsichtlich der Implementierung und Durchsetzung der KI-VO, möglichen Risken, der Evaluierung von KI-Modellen für allgemeine Zwecke, der Klassifizierung von KI-Systemen, der Entwicklung von Werkzeugen und Mustern, der Arbeit von Marktaufsichtsbehörden, des KI-Büros hinsichtlich ihrer Aufgaben gemäß Art. 66 KI-VO. Das wissenschaftliche Gremium geht dabei unparteilich, objektiv, vertraulich und weisungsfrei vor.

Die Mitgliedstaaten dürfen sich der Experten des wissenschaftlichen Gremiums bedienen, um sich bei den Durchsetzungsaufgaben der KI-VO helfen zu lassen. Die EU-Kommission stellt rechtzeitigen Zugang zu den Experten für die Mitgliedstaaten her und stellt sicher, dass die Kombination von unterstützenden Tätigkeiten durch die sog. „Unions Test Hilfe“ (union AI testing support) gemäß Art. 84 KI-VO und den Experten den bestmöglichen Mehrwert bietet.

3.10.5 Nationale Behörden

Die Ernennung der nationalen zuständigen Behörden ist in Art. 70 KI-VO geregelt.

Jeder Mitgliedstaat schafft oder benennt zumindest eine **notifizierende Behörde** und zumindest eine **Marktüberwachungsbehörde** als national zuständige Behörde. Diese Behörden üben ihre Zuständigkeiten unabhängig, unparteilich, objektiv und ohne Vorurteil aus. Die Mitglieder dieser Behörden nehmen von allen unvereinbaren Tätigkeiten Abstand. Die Mitgliedstaaten teilen der EU-Kommission Bestellung, Aufgaben und sämtliche Änderungen der notifizierenden Behörden und der Marktüberwachungsbehörden mit. Informationen, wie Behörden kontaktiert werden können, müssen binnen zwölf Monaten nach Inkrafttreten der KI-VO veröffentlicht werden. Jeder Mitgliedstaat ernennt eine Marktüberwachungsbehörde als **„Single Point of Contact“**. Die EU-Kommission wiederum veröffentlicht eine Gesamtliste aller dieser Kontaktdaten. Sie unterstützt außerdem den Erfahrungsaustausch zwischen den Behörden.

Die nationalen Behörden müssen ein angemessenes Niveau an Cybersicherheitsmaßnahmen aufweisen. Bei der Ausübung ihrer Tätigkeiten sind sie zur Vertraulichkeit verpflichtet.

Bei der Ausübung ihrer Tätigkeiten können die zuständigen Behörden Anleitung und Beratung zur Verfügung stellen, insbesondere für KMUs und Start-ups. Dabei sollten sie etwaige Anleitungen des Ausschusses und der EU-Kommission berücksichtigen. Die nationalen Behörden, die die KI-VO umsetzen, müssen, soweit andere EU-Rechtsakte zusätzlich anwendbar sind, die Behörden konsultieren, die für diese Rechtsakte zuständig sind. Verarbeitet z. B. ein KI-System personenbezogene Daten, sollte, je nach Sachlage, die zuständige KI-Behörde bzw. die zuständige Datenschutzbehörde hinzugezogen werden.

3.10.6 EU-Datenbank für Hochrisiko-KI-Systeme

Die EU-Kommission erstellt und pflegt gemeinsam mit den Mitgliedstaaten eine Datenbank zu Hochrisiko-KI-Systemen, die gemäß Art. 49 und 60 KI-VO registriert wurden. Hinsichtlich der Spezifikation der Datenbank stimmt sich die EU-Kommission mit dem KI-Ausschuss ab.

Die Datenbank enthält Hochrisiko-KI-Systeme gemäß Anhang VIII KI-VO. KI-Systeme gemäß Abschnitt A werden durch die Anbieter bzw. deren Vertretung eingemeldet. KI-Systeme gemäß Abschnitt C werden vom Betreiber eingemeldet, der im Namen der Behörde, Amt oder Einrichtung handelt.

Grundsätzlich ist die Datenbank öffentlich verfügbar und soll auch maschinenlesbar sein. Personenbezogene Daten sollen in der Datenbank nur dann verarbeitet werden, wenn dies im Sinne der KI-VO notwendig ist. Kontaktdaten von natürlichen Personen, die für die Registrierung des KI-Systems verantwortlich sind und die den Anbieter bzw. Bereitsteller vertreten können, werden in der Datenbank genannt.

3.10.7 Beobachtung nach Inverkehrbringen des KI-Systems

Anbieter müssen nach Inverkehrbringen des KI-Systems die Beobachtung des KI-Systems gemäß Art. 72 KI-VO sicherstellen und entsprechend dokumentieren. Dabei kann ein **risikobasierter Ansatz** verfolgt werden. Die Beobachtungsmaßnahmen müssen der Art der KI-Technik und dem Risiko des Hochrisiko-KI-Systems entsprechen.

Das System zur Beobachtung dient dazu, aktiv und systematisch die relevanten Daten zu sammeln, zu dokumentieren und zu analysieren, um das Hochrisiko-KI-System **während der gesamten Lebensdauer** zu bewerten. Dem Anbieter muss es möglich sein, ständig die Einhaltung der Vorgaben der KI-VO zu prüfen. Auch die Prüfung der Interaktion mit anderen KI-Systemen kann Teil des Beobachtungssystems sein. Das bedeutet, dass das Hochrisiko-KI-System zumindest regelmäßig in Verbindung mit dem Anbieter stehen muss, um die relevanten Daten zu liefern. Dies ist bereits beim Design des KI-Systems zu berücksichtigen.

Das **Beobachtungssystem** muss auf einem Plan beruhen. Dieser Plan ist Teil der technischen Dokumentation gemäß Anhang IV KI-VO. Die EU-Kommission stellt mithilfe eines Durchführungsrechtsaktes ein Muster für einen solchen Plan mitsamt seinen aufzunehmenden Elementen zur Verfügung. Dieses Muster wird spätestens sechs Monate vor Inkrafttreten der KI-VO veröffentlicht.

Sofern für Hochrisiko-KI-Systeme gemäß Anhang I, Abschnitt A KI VO, und gemäß den darin genannten Rechtsakten bereits ein Beobachtungssystem etabliert ist, müssen die Elemente der KI-VO zusätzlich aufgenommen werden.

3.10.8 Austausch von Informationen über schwerwiegende Vorfälle

Gemäß Art. 73 KI-VO müssen Anbieter von Hochrisiko-KI-Systemen, die in der EU in Verkehr gebracht wurden, bestimmte Vorfälle melden. Schwerwiegende Vorfälle solcher KI-Systeme müssen an diejenige Marktüberwachungsbehörde gemeldet werden, in deren Mitgliedstaat sich der Vorfall ereignet hat. Generell gilt, dass die **Meldung** abhängig von der Schwere des Vorfalls erfolgt. Sehr schwere Vorfälle müssen daher möglichst rasch erfolgen. Die Meldung erfolgt unmittelbar, sobald der Anbieter einen kausalen Zusammenhang zwischen dem KI-System und einem Vorfall festgestellt oder zumindest die naheliegende Möglichkeit identifiziert hat. Jedoch spätestens 15 Tage nachdem der Anbieter oder Bereitsteller vom Vorfall Kenntnis erlangt hat, muss eine Meldung erfolgen. Handelt es sich um einen weit verbreiteten Verstoß oder eine schwerwiegende Störung gemäß Art. 3 Z 49 KI-VO, muss eine Meldung jedoch unverzüglich, aber spätestens nach zwei Tagen erfolgen. Hat der Vorfall zum Tod einer Person geführt, muss die Meldung ebenfalls unverzüglich erfolgen oder sobald der Anbieter oder Bereitsteller einen schwerwiegenden Vorfall vermutet, jedenfalls aber nicht später als zehn Tage nach Kenntnis des Vorfalls. Dem Anbieter oder Bereitsteller steht auch die Möglichkeit offen, eine initiale Meldung zu machen und den finalen Bericht erst später zur Verfügung zu stellen.

Nach der Berichterstattung über einen schwerwiegenden Vorfall muss der Anbieter die notwendigen Untersuchungen durchführen. Dies beinhaltet eine **Risikobewertung** des Vorfalls und der korrektiven Maßnahmen. Der Anbieter kooperiert mit den zuständigen Behörden bzw. der notifizierenden Stelle während der Untersuchungen. Eine Änderung des KI-Systems, welche die Evaluierung der Gründe des Vorfalls erschweren oder verhindern würde, ist unzulässig, ohne die zuständige Behörde vorher davon zu informieren. „Vertuschungsaktionen“ jeglicher Art sind damit unzulässig.

Hochrisiko-KI-Systeme gemäß Anhang III KI-VO oder Hochrisiko-KI-Systeme, die Sicherheitsbauteilen gemäß EU-Verordnung 2017/745 (medizinische Geräte) und 2017/746 (In-vitro-Diagnostik) darstellen, die in Verkehr gebracht oder in Betrieb genommen wurden, müssen Meldungen lediglich dann vornehmen, wenn es sich um einen Vorfall gemäß Artikel 3 Z 49 KI-VO handelt, d.h. Verstöße gegen Grundrechte oder schwere Schäden an Eigentum oder der Umwelt.

3.10.9 Rechtsdurchsetzung

Die Marktüberwachung und Kontrolle von KI-Systemen am europäischen Markt sind in Art. 74 KI-VO geregelt. Die **Marktüberwachungsverordnung** 2019/1020 gilt für KI-Systeme, die unter diese Verordnung fallen. Als Wirtschaftakteure gemäß der Marktüberwachungsverordnung gelten alle Akteure gemäß Art. 2 Abs. 1 (Anbieter, Bereitsteller, Importeure, Produkthersteller) der KI-VO, und als Produkt gelten auch KI-Systeme gemäß der KI-VO.

Die Marktüberwachungsverordnung räumt den zuständigen Behörden umfangreiche Rechte ein, etwa die **Anforderung bestimmter Nachweise** (insbesondere Zugang zur Dokumentation, zu Testdaten, Sicherheitsmaßnahmen, Schnittstellen, Werkzeugen für remote Zugänge), **unangekündigte Vor-Ort-Kontrollen** und die Entfernung von Online-Inhalten. Vermuten die Anbieter bzw. Bereitsteller die Gefährlichkeit eines Produkts bzw. KI-Systems, so ist die Marktaufsichtsbehörde zu informieren, und allenfalls korrektive Maßnahmen sind einzuleiten.

Unter bestimmten Voraussetzungen können Marktüberwachungsbehörden auch Zugang zum Quellcode fordern. Dazu muss der Zugang notwendig sein, um die Konformität des Hochrisiko-KI-Systems mit den entsprechenden Vorgaben der KI-VO zu prüfen und wenn die Dokumentation des Anbieters hinsichtlich Test- und Auditverfahren unzureichend ist.

Hinsichtlich KI-Systemen für allgemeine Zwecke bestehen zusätzliche Vorgaben in Artikel 75. Werden das KI-System und das KI-Modell vom selben Anbieter betrieben, hat das KI-Büro die Rechte, dieses KI-System zu überwachen. In diesem Fall erhält das KI-Büro die Rechte einer Marktüberwachungsbehörde gemäß Marktüberwachungsverordnung. Ist eine nationale Behörde der Ansicht, dass ein KI-System für zumindest einen Hochrisiko-Zweck angewandt werden kann und dieses System nicht den Vorgaben der KI-VO entspricht, kooperiert sie mit dem KI-Büro.

Die Überwachung von Tests unter realen Bedingungen erfolgt gemäß Art. 76 KI-VO durch die Marktüberwachungsbehörden. Wenn der Test unter Realbedingungen in einem KI-Reallabor erfolgt, prüft die Marktaufsichtsbehörde die Einhaltung der KI-VO als Teil ihrer Aufsichtsfunktion für das Reallabor.

Wird die Marktaufsichtsbehörde vom angehenden Anbieter, vom Anbieter oder einem Dritten über einen schweren Vorfall bzw. eine Fehlfunktion informiert, oder sie Gründe hat, anzunehmen, dass die Voraussetzungen für Tests unter realen Bedingungen nicht eingehalten werden, kann sie ebendiese Tests aussetzen oder beenden oder den Anbieter anweisen, die Tests anzupassen. Entsprechende Entscheidungen sind zu begründen, damit der Anbieter dagegen Rechtsmittel erheben kann.

Behörden zum Schutz von Grundrechten haben die Möglichkeit, Zugang zu jeglicher Dokumentation von Hochrisiko-KI-Systemen zu verlangen. Die Behörde informiert die Marktüberwachungsbehörde über einen solchen Schritt. Die Mitgliedstaaten identifizieren solche Behörden, veröffentlichen diese und informieren die EU-Kommission und alle anderen Mitgliedstaaten. Wenn die Dokumentation unzureichend ist, kann die Grundrechtsbehörde eine begründete Anfrage an die Marktüberwachungsbehörde stellen und Tests der Hochrisiko-KI verlangen.

3.10.10 Vertraulichkeit von Verfahren

Auf die Vertraulichkeit von Verfahren wird in der KI-VO immer wieder verwiesen, die wesentliche Vorgabe befindet sich jedoch in Art. 78 KI-VO. Die EU-Kommission, Marktüberwachungsbehörden, notifizierte Stellen und andere natürliche oder juristische Personen, die in der Anwendung der KI-VO betraut sind, müssen die **Vertraulichkeit von Daten und Informationen** wahren. Dies gilt für die Ausübung ihrer Aufgabe und Tätigkeiten, aber insbesondere müssen sie folgende Informationen und Rechte schützen:

- geistiges Eigentum, vertrauliche Geschäftsinformationen oder Geschäftsgeheimnisse natürlicher oder juristischer Personen, Quellcode
- die wirksame Durchführung der KI-VO, insbesondere Inspektionen, Untersuchungen, Audits
- öffentliche und nationale Sicherheitsinteressen
- Straf- und Verwaltungsverfahren
- Informationen, die gemäß EU- oder nationalem Recht klassifiziert wurden

In der Anforderung von Informationen und Daten sind die Behörden dazu verpflichtet, nur das zu verlangen, was für die Durchführung ihrer Aufgaben bzw. die Feststellung des Risikos des KI-Systems zwingend notwendig ist. Die Behörden und Stellen sind dazu verpflichtet, **Cybersicherheitsmaßnahmen** zu ergreifen, um die Sicherheit und Vertraulichkeit der Daten und Informationen zu garantieren. Daten und Informationen müssen außerdem gelöscht werden, sobald sie nicht mehr benötigt werden. Konkrete Löschfrist gibt die KI-VO dazu nicht an, dazu müssen die Behörden und Stellen andere EU- bzw. nationale Rechtsakte heranziehen.

Für Angelegenheiten in Zusammenhang mit Strafverfolgungs-, Einwanderungs- oder Asylbehörden gibt es noch zusätzliche Vertraulichkeitsmechanismen, wenn die Offenlegung die nationalen und nationalen Sicherheitsinteressen gefährden könnte. Der Austausch von Informationen zwischen Behörden untereinander bzw. mit der EU-Kommission erfordert die Rücksprache mit der zuständigen nationalen Behörde bzw. dem Nutzer. Außerdem verbleibt die technische Dokumentation bei dieser Behörde, und die Marktüberwachungsbehörde erhält Zugang bzw. eine Kopie davon. In der Marktüberwachungsbehörde darf nur Personal mit einer entsprechenden Sicherheitsfreigabe Zugriff erhalten.

3.10.11 Verfahren auf nationaler Ebene für den Umgang mit KI-Systemen, die ein Risiko bergen

Nach Art. 79 KI-VO gelten KI-Systeme als Produkt, mit dem ein Risiko verbunden ist gemäß Art. 3 Z 19 KI-VO Marktüberwachungs-VO, wenn sie ein Risiko bergen, das **Gesundheit, Sicherheit oder den Schutz von Grundrechten** betrifft. Solche Produkte bzw. KI-Systeme beeinträchtigen die genannten Interessen stärker, als dies im Verhältnis zu seiner Zweckbestimmung oder bei normaler oder nach vernünftigem Ermessen vorhersehbarer Verwendung des betreffenden Produkts bzw. des KI-Systems als vernünftig und vertretbar gilt.

Hat die Marktüberwachungsbehörde hinreichende Gründe, ein solches Risiko anzunehmen, prüft sie das KI-System auf die Erfüllung der KI-VO. Bestehen **Risiken für Grundrechte**, informiert die Marktüberwachungsbehörde die entsprechende Behörde für die Einhaltung des relevanten Grundrechts und arbeitet mit dieser zusammen. Die Marktüberwachungsbehörde informiert außerdem die notifizierte Stelle, bzw. wenn die Nichtkonformität über das eigene Hoheitsgebiet hinausgeht, informiert sie außerdem die EU-Kommission und die anderen Mitgliedstaaten über die Ergebnisse der Prüfung sowie etwaige Maßnahmen, zu denen der Anbieter/Betreiber/Importeur verpflichtet wurde. Dieser sorgt dafür, dass die Maßnahmen umgesetzt werden. Tut er dies nicht, kann die Behörde das KI-System **verbieten oder die Bereitstellung einschränken** bzw. das Produkt vom Markt nehmen oder zurückrufen. Die Behörde unterrichtet den Akteur über die vorgenommenen Schritte. Die Behörde gibt an, ob die Nichterfüllung ein verbotenes KI-System darstellt, ein Versagen der Einhaltung der Vorgaben für Hochrisiko-KI-Systeme oder eine fehlende Einhaltung der Transparenzpflichten für Anbieter und Betreiber von bestimmten KI-Systemen und GPAI-Modellen gemäß Art. 52 KI-VO.

Erhebt weder der Mitgliedstaat noch die EU-Kommission Einwände gegen diese Unterrichtung, gilt die von der zuständigen Marktüberwachungsbehörde ergriffene Maßnahme als gerechtfertigt. Steht der Verdacht im Raum, dass es sich um ein verbotenes KI-System handelt, verkürzt sich die Frist auf 30 Tage. Etwaige Rechtsmittel nach der Marktüberwachungs-VO bleiben davon unberührt (siehe Art. 18 Marktüberwachungs-VO).

3.10.12 Verfahren für KI-Systeme, die vom Anbieter nicht als Hochrisiko-KI klassifiziert wurden

Art. 80 KI-VO sieht Verfahrensregeln vor, für den Fall, dass die Marktüberwachungsbehörde zum Schluss kommt, dass es sich um ein Hochrisiko-KI-System handelt, während der Anbieter das KI-System nicht als Hochrisiko-KI identifiziert und gemäß Anhang III KI-VO klassifiziert hat. Die Marktüberwachungsbehörde informiert den Anbieter umgehend von diesem Schluss und hat von ihm die entsprechenden Schritte zu verlangen, damit das KI-System den Vorgaben für Hochrisiko-KI-Systeme entspricht. Wenn das KI-System nicht auf das eigene Hoheitsgebiet beschränkt ist, informiert die Behörde die EU-Kommission. Ergreift der Anbieter nicht die notwendigen **korrektiven Maßnahmen**, gilt dasselbe wie für Hochrisiko-KI-Systeme, die noch ein Risiko bergen (siehe Abschnitt 3.10.11). Stellt die Behörde fest, dass der Anbieter das KI-System absichtlich falsch klassifiziert hat, um nicht die entsprechenden Vorgaben der KI-VO einhalten zu müssen, kann sie eine **Strafe** verhängen.

Art. 81 KI-VO regelt das sogenannte **Schutzklauselverfahren** der EU. Erhebt ein Mitgliedstaat innerhalb von drei Monaten Einwände gegen die in Art. 81 Abs. 5 KI-VO genannte Unterrichtung gegen eine Maßnahme oder ist die EU-Kommission der Ansicht, dass eine Maßnahme unvereinbar ist, prüft die EU-Kommission die Maßnahme und entscheidet innerhalb von neun Monaten darüber. Gerechtfertigte Maßnahmen gehen wie vorgesehen ihren Weg, ungerechtfertigte Maßnahmen müssen vom Mitgliedstaat zurückgenommen werden.

3.10.13 Konforme KI-Systeme, die ein Risiko bergen

Es kann auch vorkommen, dass ein KI-System zwar der KI-VO entspricht, aber dennoch ein Risiko für Gesundheit oder Sicherheit oder Grundrechte darstellt. In diesem Fall fordert gemäß Art. 82 KI-VO die Marktüberwachungsbehörde den betreffenden Anbieter/Betreiber/Importeur auf, alle geeigneten und von ihr vorgegebenen **Maßnahmen** zu treffen, damit das KI-System zum Zeitpunkt des Inverkehrbringens oder der Inbetriebnahme dieses Risiko nicht mehr birgt oder das KI-System vom Markt genommen oder zurückgerufen wird. Der Mitgliedstaat informiert die EU-Kommission und die übrigen Mitgliedstaaten unverzüglich davon. Die EU-Kommission nimmt unverzüglich **Konsultation** auf und prüft die ergriffenen nationalen Maßnahmen und entscheidet, ob diese gerechtfertigt sind oder nicht, und schlägt allenfalls auch selbst Maßnahmen vor.

3.10.14 Formale Nichtkonformität

Folgende Kriterien führen gemäß Art. 83 KI-VO zu einer formalen Nichtkonformität und führen zu einer **Aufforderung**, die betreffende Nichtkonformität zu beheben:

- Die CE-Kennzeichnung wurde unter Verstoß gegen Art. 49 KI-VO angebracht.
- Die CE-Kennzeichnung wurde nicht angebracht.
- Die Registrierung in der EU-Datenbank wurde nicht durchgeführt.
- Wenn anwendbar, es wurde keine autorisierte Vertretung benannt.
- Die technische Dokumentation ist nicht verfügbar.

Wenn die Nichtkonformität fortbesteht, muss die Marktüberwachungsbehörde die notwendigen und angemessenen Schritte treffen, um das Hochrisiko-KI-System zu beschränken oder zu verbieten oder es zurückrufen bzw. vom Markt nehmen.

3.10.15 Rechtsmittel

Gemäß Art. 85 KI-VO besteht das Recht, Beschwerde an die **Marktüberwachungsbehörde** zu erheben. Unbeschadet anderer verwaltungsrechtlicher oder gerichtlicher Rechtsmittel kann jede natürliche oder juristische Person, die Grund zur Annahme hat, dass ein Verstoß gegen die KI-VO vorliegt, sich bei der zuständigen Marktüberwachungsbehörde beschweren. Diese Beschwerden werden gemäß Marktüberwachungs-VO berücksichtigt und bearbeitet.

3.10.15.1 Recht auf Erklärung einer Entscheidung

Jede betroffene Person, die Subjekt einer Entscheidung ist, die von einem Bereitsteller auf Basis eines Outputs eines **Hochrisiko-KI-Systems** getroffen wurde, kann vom Bereitsteller eine klare und sinnvolle Erklärung der Rolle des KI-Systems im Zuge des Entscheidungsprozesses und die Hauptelemente der Entscheidung verlangen (vgl. Art. 86 KI-VO). **Voraussetzung** dafür ist, dass

- diese Entscheidung ihr gegenüber rechtliche Wirkung entfaltet oder
- sie in ähnlicher Weise erheblich beeinträchtigt ist, indem die Entscheidung nachteilige Auswirkungen auf Gesundheit, Sicherheit oder Grundrechte hat.

Dieses Recht gilt nicht für KI-Systeme, für die es eine Ausnahme oder Einschränkung unter nationalem oder EU-Recht gibt. Sofern es dieses Recht schon in anderen Rechtsgrundlagen gibt (z. B. Art. 22 DSGVO), gilt das Beschwerderecht gemäß Art. 86 KI-VO nicht.

3.10.15.2 Rechtsmittel bei GPAI

Die **EU-Kommission** ist gemäß Art. 88 KI-VO exklusiv berechtigt, GPAI zu beaufsichtigen, kann diese Aufgabe jedoch dem KI-Büro übertragen. Die Mitgliedstaaten können bei der EU-Kommission anfragen, damit diese ihre Pflichten wahrnimmt.

Nachgelagerte Anbieter haben das Recht, eine Beschwerde wegen eines angeblichen Verstoßes gegen die KI-VO zu erheben. Eine **Beschwerde** muss begründet werden und folgende Punkte enthalten:

- Kontaktstelle des Anbieters des GPAI
- Beschreibung des relevanten Sachverhalts, die betreffenden Bestimmungen der KI-VO und den Grund, warum der nachgelagerte Anbieter der Meinung ist, dass das KI-Modell dagegen verstößt
- sonstige Informationen, die der nachgelagerte Anbieter für relevant hält, und ggf. Informationen, die er auf eigene Initiative eingeholt hat

Das **wissenschaftliche Gremium** kann eine qualifizierte Warnung an das KI-Büro richten, wenn es Grund zur Annahme hat, dass ein GPAI ein konkretes, erkennbares Risiko für EU-Ebene darstellt oder ein GPAI den Vorgaben für die Einstufung GPAI mit systemischem Risiko entspricht. Nach einer solchen qualifizierten Warnung kann die EU-Kommission durch das KI-Büro und nach Information des KI-Ausschusses die nachfolgenden Befugnisse zur Bewertung der Angelegenheit ausüben.

Eine **qualifizierte Warnung** enthält zumindest folgende Punkte:

- Kontaktstelle des Anbieters des GPAI mit dem Systemrisiko
- Beschreibung der relevanten Fakten und der Begründung des Verdachts
- alle sonstigen Informationen, die das wissenschaftliche Gremium für relevant hält und ggf. Informationen, die er auf eigene Initiative eingeholt hat

Die EU-Kommission kann vom Anbieter die Dokumentation der GPAI fordern und alle zusätzlichen Informationen verlangen, um zu beurteilen, ob sich der Anbieter an die KI-VO hält. Vor der Übermittlung des Auskunftsverfahrens kann das KI-Büro einen strukturierten Dialog mit dem Anbieter der GPAI starten, wo mit dem Anbieter interne Tests und Schutzmaßnahmen besprochen werden. Auf eine hinreichend begründete Anfrage des wissenschaftlichen Gremiums kann die EU-Kommission ein Auskunftsersuchen an den Anbieter richten. In dem Auskunftsersuchen werden die Rechtsgrundlage und der Zweck angegeben, die benötigten Informationen genannt, die Frist zur Übermittlung sowie eine Erklärung, dass bei Erteilung unrichtiger, unvollständiger oder irreführender Auskünfte eine Geldstrafe verhängt werden kann.

Das KI-Büro kann nach Anhörung des KI-Ausschusses die **Evaluierung des GPAI** vornehmen. Es bewertet die Einhaltung der KI-VO durch den Anbieter anhand der eingeholten Informationen oder untersucht die systemischen Risiken auf EU-Level. Die EU-Kommission kann unabhängige Sachverständige benennen, die die Evaluierung in ihrem Namen durchführen. Außerdem kann sie den Zugang zu Schnittstellen, technischen Werkzeugen und sogar dem Quellcode verlangen. Dies muss sie begründen. Das genaue Prüfverfahren wird noch in gesonderten Rechtsakten festgelegt.

Wo notwendig und angemessen, kann die EU-Kommission den Anbieter auffordern, geeignete **Maßnahmen** zu ergreifen, bzw. die Durchführung von Abhilfemaßnahmen verlangen, wenn die durchgeführte Bewertung Anlass zu ernsthaften und begründeten Bedenken hinsichtlich eines Systemrisikos auf EU-Ebene ergeben hat. Allenfalls kann der Anbieter sogar aufgefordert werden, das KI-Modell auf dem Markt zu beschränken, es zurückzunehmen oder zurückzurufen. Bevor die Maßnahmen verhängt wird, führt das KI-Büro wieder einen **strukturierten Dialog** mit dem Anbieter. Werden während des strukturierten Dialogs Maßnahmen zur Eindämmung des Systemrisikos ergriffen, kann die EU-Kommission diese Verpflichtungen für verbindlich erklären, und dann besteht kein weiterer Anlass für weiteres Vorgehen.

3.11 Strafen und Sanktionen

Natascha Windholz

Die Art. 99 ff. KI-VO regeln Sanktionen. Je nach Art des Verstoßes gegen die KI-VO können unterschiedlich hohe Strafen bzw. unterschiedliche Arten von Strafen verhängt werden.

Gemäß Art. 99 KI-VO sind die Mitgliedstaaten dazu verpflichtet, Sanktionen festzulegen und alle Maßnahmen zu ergreifen, die für die ordnungsgemäße und **wirksame Durchsetzung der** KI-VO notwendig sind. Dabei kann es sich um Geldstrafen, aber auch um Warnungen und andere nicht finanzielle Maßnahmen handeln. Sanktionen müssen **wirksam, verhältnismäßig und abschreckend** sein. Sie müssen aber auch die Interessen von KMUs und Start-ups und deren wirtschaftliches Überleben berücksichtigen. Sollen Strafen gegen diese verhängt werden, so ist jene der nachfolgenden Berechnungsgrundlagen heranzuziehen, welche niedriger ist.

Strafhöhe (je nachdem, welcher Betrag höher ist)	Art des Verstoßes
Bis zu ▪ € 30 Mio. bzw. ▪ 7 % des gesamten weltweiten Jahresumsatzes des vorangegangenen Geschäftsjahres	▪ Art. 5 KI-VO (verbotene KI-Systeme)

Strafhöhe (je nachdem, welcher Betrag höher ist)	Art des Verstoßes
Bis zu ▪ € 15 Mio. bzw. ▪ 3 % des gesamten weltweiten Jahresumsatzes des vorangegangenen Geschäftsjahres	▪ Verpflichtungen der Anbieter gem. Art. 16 KI-VO ▪ Verpflichtungen der autorisierten Vertreter gem. Art. 25 KI-VO ▪ Verpflichtungen der Importeure gem. Art. 26 KI-VO ▪ Verpflichtungen der Händler gem. Art. 27 KI-VO ▪ Verpflichtungen der Anbieter gem. Art. 29 Abs. 1 – 6a KI-VO ▪ Vorgaben und Verpflichtungen der notifizierten Stellen gem. Art. 33, 34 Abs. 1, 3, 4 und Art. 34a KI-VO ▪ Transparenzpflichten für Anbieter und Nutzer gem. Art. 52 KI-VO
Bis zu ▪ € 7,5 Mio. bzw. ▪ 1 % des gesamten weltweiten Jahresumsatzes des vorangegangenen Geschäftsjahres	▪ Zurverfügungstellung von falschen, unvollständigen oder irreführenden Angaben gegenüber notifizierten Stellen und zuständigen nationalen Behörden auf deren Auskunftsverlangen

Wenn eine Strafe verhängt werden soll, sind die Behörden dazu verpflichtet, auf den jeweiligen Einzelfall einzugehen, und müssen alle Umstände und die konkrete Situation berücksichtigen. Dabei sollen sie folgende Punkte beachten:

- Art, Schwere und Dauer des Verstoßes und seiner Konsequenzen: Dabei sind der Zweck des KI-Systems und, wenn anwendbar, die Anzahl der betroffenen Personen und der Umfang des Schadens zu berücksichtigen, den sie erlitten haben.
- Strafen durch Marktüberwachungsbehörden: Haben Marktüberwachungsbehörden in derselben Sache bereits eine Geldstrafe gegen den Akteur verhängt.
- Verhängte Strafen: Haben andere Behörden gegenüber demselben Hersteller bzw. Anbieter bereits Geldstrafen verhängt, die auf derselben Aktivität oder Unterlassung beruhen.
- Größe, Jahresumsatz und Marktanteil des Akteurs, der den Verstoß begangen hat.
- Andere mildernde oder erschwerende Faktoren: Durch die Zuwiderhandlung mittelbar oder unmittelbar gewonnene Vorteile oder vermiedene Verluste sind zu berücksichtigen.
- Art der Zusammenarbeit mit den Behörden: Inwiefern hat der Akteur mit den zuständigen Behörden kooperiert, um den Verstoß zu beenden und die möglichen nachteiligen Auswirkungen zu mildern.
- Verantwortung des Akteurs: Berücksichtigung der ergriffenen technischen und organisatorischen Maßnahmen.

- Aufschlagen des Verstoßes bei der Behörde: Auf welche Art und Weise wurde der Verstoß bei der Behörde bekannt, und inwiefern hat der Bereitsteller den Verstoß gemeldet.
- Vorsatz und Fahrlässigkeit des Verstoßes.
- Maßnahmen, die der Bereitsteller zur Minderung des Schadens, den die betroffenen Personen erlitten haben, zu mindern.

Ähnlich wie bei der DSGVO ist es den Mitgliedstaaten überlassen, in welchem Umfang Strafen gegen Behörden und öffentliche Stellen, die in dem betreffenden Mitgliedstaat niedergelassen sind, Geldbußen verhängt werden können. Gegenüber EU-Organen, Einrichtungen und sonstigen Stellen können jedoch durch den Europäischen Datenschutzbeauftragten gemäß Art. 100 KI-VO Strafen unter ähnlichen Bedingungen verhängt werden, wobei diese geringer angesetzt sind.

Je nach Ausgestaltung des Rechtsystems des Mitgliedstaates, legen diese fest, ob Behörden oder Gerichte Geldstrafen verhängen dürfen. Dabei darf sich jedoch kein Unterschied in der Wirkung der Strafen ergeben. Gegenüber Rechtsdurchsetzungsakten der Marktüberwachungsbehörden sind entsprechende **Rechtsmittel im nationalen Recht** vorzusehen. Außerdem berichten die Mitgliedstaaten an die EU-Kommission alle verhängten Geldstrafen und die damit verbundenen Rechtsstreitigkeiten oder Gerichtverfahren.

Zusätzliche Vorgaben gibt es für **Strafen betreffend GPAI** gemäß Art. 101 KI-VO.

Die EU-Kommission kann Strafen gegenüber Anbietern von KI-Modellen für allgemeine Zwecke verhängen. Geldstrafen dürfen **3 % des weltweiten Jahresumsatzes** des vorangegangenen Geschäftsjahres oder **€ 15 Mio.** nicht übersteigen, je nachdem, welcher Betrag höher ist. Strafen dürfen frühestens ein Jahr nach Inkrafttreten der KI-VO (d.h. nach dem 2. August 2025) verhängt werden, damit die Anbietern Zeit haben, ihr KI-Modell allenfalls anzupassen, sofern die EU-Kommission Vorsatz oder Fahrlässigkeit feststellen hinsichtlich:

- Verstößen gegen die relevanten Vorgaben der KI-VO,
- fehlender Folgeleistung bei einem Ersuchen um Unterlagen oder Informationen oder Zurverfügungstellung falscher, unvollständiger oder irreführender Unterlagen;
- Nicht-Zurverfügungstellung eines Zugangs der EU-Kommission zum KI-Modell mit systemischem Risiko, um eine Bewertung durchzuführen.
- Bei der Feststellung der Geldstrafe oder des periodischen Zwangsgeldes hat die EU-Kommission zu berücksichtigen:
  - Art, Schwere und Dauer des Verstoßes
  - Grundsätze der Verhältnismäßigkeit und Angemessenheit
  - etwaige Verhaltenskodizes

Bevor die EU-Kommission eine Strafe verhängt, muss sie dem Anbieter des KI-Modells mit systemischem Risiko ihre vorläufigen Ergebnisse mitteilen und die **Möglichkeit zur Stellungnahme** geben. Die Ergebnisse der Untersuchung teilt sie auch dem KI-Ausschuss mit. Der EuGH hat die Befugnis zur Prüfung der Entscheidung der EU-Kommission. Er kann die Strafe aufheben, herabsetzen oder erhöhen. Die genauen Modalitäten des Verfahrens erlässt die EU-Kommission noch mittels Durchführungsrechtsakt.

3.12 KMUs und Start-ups in der KI-VO

Natascha Windholz

Die KI-VO soll KI-Systeme nicht nur regulieren und ein hohes Schutzniveau in Bezug auf öffentliche Interessen wie etwa Gesundheit und Sicherheit und den Schutz der Grundrechte sicherstellen, sondern auch die Entwicklung, Verwendung von Verbreitung von KI fördern. Dabei wird in der KI-VO Rücksicht auf KMUs (kleine und mittlere Unternehmen) und Start-ups genommen, damit auch diese innovative Ansätze verfolgen können. Bereits in Art. 1 Abs 2 lit. g KI-VO wird dies erwähnt, wo es heißt, dass es *„Maßnahmen zur Innovationsförderung mit besonderem Augenmerk auf KMU, einschließlich Start-up-Unternehmen“* gibt. Dies bedeutet zwar nicht, dass KMUs und Start-ups weitgehend verschont werden oder dass es deutliche Ausnahmen von der Anwendbarkeit gibt, aber die EU hatte beim Entwerfen der KI-VO die Bedürfnisse von KMUs und Start-ups im Hinterkopf. Dem Gesetzgeber war bewusst, dass diese oft keine eigene Rechtsabteilung haben und generell nur wenige Mitarbeitende.

Aus diesem Grund werden in diesem Abschnitt die zahlreichen Ausnahmen und Erleichterungen für KMUs und Start-ups zusammengefasst.

Gemäß der Empfehlung 2003/61 der EU-Kommission [1] werden KMUs wie folgt definiert:

	Maximale Anzahl Mitarbeitende	Maximaler Umsatz	Maximale Bilanzsumme
Mittleres Unternehmen	250	€ 50 Mio.	€ 43 Mio.
Kleines Unternehmen	50	€ 10 Mio.	€ 10 Mio.
Kleinstunternehmen	10	€ 2 Mio.	€ 2 Mio.

Eine europaweite Definition des Begriffs „Start-up“ gibt es nicht, bei Förderanträgen kann es jedoch Vorgaben dazu geben, wie lange das Unternehmen bereits existieren bzw. wie groß es sein darf.

3.12.1 Erleichterungen und Ausnahmen für KMUs und Start-ups

Erleichterung bei der technischen Dokumentation

Für Hochrisiko-KI-Systeme muss gemäß Art. 11 KI-VO eine technische Dokumentation erstellt werden, bevor dieses in Verkehr gebracht oder in Betrieb genommen wird. Die Dokumentation muss auch immer auf dem neuesten Stand sein, d. h., Weiterentwicklungen sind immer zu berücksichtigen (siehe Abschnitt 3.2.2.2 Pflichten Hochrisiko-KI). Die Mindestinhalte sind in Anhang IV KI-VO geregelt.

KMUs und Start-ups können diese Inhalte in vereinfachter Art und Weise bereitstellen. Dafür wird von der EU-Kommission ein vereinfachtes Formular als Muster zur Verfügung gestellt. Das KMU bzw. Start-up hat die Wahl, das vereinfachte Formular oder Anhang IV zu verwenden. Entscheidet es sich aber für eine vereinfachte Dokumentation, so ist das Formular der EU-Kommission verpflichtend zu verwenden. Die notifizierten Stellen müssen dann dieses zu Zwecken der Konformitätsbewertung akzeptieren.

Vereinfachter Zugang zu KI-Reallaboren

KI-Reallabore sollen in der gesamten EU verfügbar sein und Hindernisse für KMUs abgebaut werden. Art. 57 KI-VO regelt mit dem expliziten Ziel der Innovationsförderung die KI-Reallabore (siehe Abschnitt 3.8 KI-Reallabore). Gemäß Art. 57 Abs. 9 lit. e KI-VO erhalten KMUs und Start-ups erleichterten und beschleunigten Zugang zu den Reallaboren, damit das KI-System schneller in Verkehr gebracht bzw. in Betrieb genommen werden kann. Dies ist schon bei der Einrichtung des KI-Reallabors durch die zuständigen Behörden zu berücksichtigen. ErwG 139 KI-VO betont dies ebenfalls. Die Beteiligung an den KI-Reallaboren soll sich auf Fragen konzentrieren, wo Rechtsunsicherheit bei den Anbietern und zukünftigen Anbietern besteht. Der Fokus liegt außerdem auf dem Entwickeln, Trainieren, Testen und Validieren vor Inverkehrbringen bzw. Inbetriebnahme des KI-Systems.

Gemäß Art. 58 Abs. 2 lit. d KI-VO ist der Zugang zu den KI-Reallaboren für KMUs und Start-ups grundsätzlich kostenlos, außergewöhnliche Kosten können die zuständigen Behörden jedoch einfordern, sie müssen allerdings fair und verhältnismäßig sein. Außerdem sollen Verfahren, Prozesse und administrativen Anforderungen für die Antragstellung, die Auswahl, die Beteiligung und den Ausstieg aus dem KI-Reallabor so gestaltet sein, dass auch KMUs und Start-ups mit begrenzten rechtlichen und administrativen Kapazitäten gut ihren Rechten und Pflichten nachkommen können. Verfahren, Anträge etc. sollen leicht verständlich und klar kommuniziert sein (vgl. Art. 58 Abs. 2 lit. g KI-VO). Die Behörden, die KI-Reallabore betreiben, müssen außerdem KMUs und Start-ups bei Bedarf an Einrichtungen verweisen, die Anleitung zur Umsetzung der KI-VO bieten, Hilfe bei Normungsdokumenten bereitstellen etc.

Maßnahmen für KMUs und Start-ups

Art. 62 KI-VO sieht Maßnahmen für KMUs und Start-ups vor, die als Anbieter und Betreiber agieren. Diese müssen jedoch erst in nationales Recht umgesetzt werden, hier sind insbesondere die Mitgliedstaaten und das KI-Büro gefragt.

Die **Mitgliedstaaten** sollen folgende Maßnahmen ergreifen:

- **Vorrangiger Zugang zu den KI-Reallaboren:** KMUs und Start-ups mit Sitz oder Zweigniederlassung in der EU haben vorrangigen Zugang, die Zulassungsvoraussetzungen und Auswahlkriterien müssen sie jedoch trotz des vorrangigen Zugangs erfüllen. Durch den vorrangigen Zugang dürfen jedoch andere Anbieter nicht am Zugang gehindert werden.
- **Sensibilisierungs- und Schulungsmaßnahmen:** Die Mitgliedstaaten bieten Sensibilisierungs- und Schulungsmaßnahmen zur Anwendung der KI-VO an, die auf die Bedürfnisse von KMUs, Start-ups, Betreiber und lokale Behörden zugeschnitten sind. Derzeit sind diese Maßnahmen noch nicht in den Mitgliedstaaten umgesetzt.
- **Kommunikationskanäle:** Die Mitgliedstaaten nutzen bestehende oder richten neue Kommunikationskanäle ein, um hinsichtlich der Durchführung der KI-VO beraten zu können und Fragen hinsichtlich der Beteiligung an KI-Reallaboren zu beantworten. Dabei soll auf dem gesamten Entwicklungsweg unterstützt, Orientierungshilfe geboten und Fragen zur Durchführung der KI-VO sollen beantwortet werden. Gibt es verschiedene Kanäle, sollen diese allenfalls zusammenarbeiten, um Synergien zu schaffen und Homogenität sicherzustellen.
- **Beteiligung an der Entwicklung von Normen:** Die Mitgliedstaaten fördern die Beteiligung von KMUs und anderen einschlägigen Interessenträgern an der Entwicklung von Normen.
- **Gebühren für die Konformitätsbewertung:** Bei der Festlegung von Gebühren gemäß Art. 43 KI-VO wird darauf geachtet, dass diese proportional zur Unternehmensgröße, zu der Größe ihres Marktes und deren einschlägigen Kennzahlen festgesetzt werden. Die EU-Kommission sollte regelmäßig die Zertifizierungs- und Befolgungskosten für KMUs und Start-ups bewerten und mit den Mitgliedstaaten zusammenarbeiten, um diese Kosten zu begrenzen.

Das **KI-Büro** ergreift ebenfalls Maßnahmen speziell für KMUs und Start-ups:

- **Muster und Vorlagen:** Das KI-Büro stellt standardisierte Muster bereit.
- **Zentrale Informationsplattform:** Das KI-Büro führt eine zentrale Informationsplattform ein, in der allen Akteuren in der EU leicht nutzbare Informationen zur KI-VO zur Verfügung gestellt werden.

- **Informationskampagnen:** In den Kampagnen soll hinsichtlich der aus der KI-VO resultierenden Pflichten sensibilisiert werden.
- **Vergabeverfahren:** Das KI-Büro bewertet und fördert die Zusammenführung bewährter Vorgehensweisen bei Vergabeverfahren, die mit KI-Systemen verbunden sind.

Kleinstunternehmen

Art. 63 KI-VO sieht weitere Erleichterungen für Kleinstunternehmen vor. Diese können bestimmte Elemente gemäß Art. 17 KI-VO (Qualitätsmanagementsystem, siehe Abschnitt 3.2.2.2 Pflichten) in vereinfachter Weise einhalten. Dazu wird die EU-Kommission Leitlinien ausarbeiten, die einerseits auf die Bedürfnisse von Kleinstunternehmen Rücksicht nehmen, aber auch das Schutzniveau oder die Notwendigkeit zur Einhaltung der Anforderungen in Bezug auf Hochrisiko-KI berücksichtigen. Diese Erleichterung darf allerdings nicht als eine Befreiung von den Pflichten gemäß Art. 9 ff. KI-VO gelesen werden.

Sanktionen

Gemäß Art. 99 KI-VO müssen Sanktionen wirksam, verhältnismäßig und abschreckend sein. Gleichzeitig müssen aber auch die Interessen und insbesondere deren wirtschaftliches Überleben von KMUs und Start-ups berücksichtigt werden. Bei der Verhängung von Geldbußen ist daher gemäß Art. 99 Abs. 6 KI-VO der jeweils niedrigere Betrag aus den Absätzen 3, 4 und 5 zu verhängen (siehe zu den Strafen Abschnitt 3.10. Gemäß ErwG 168 KI-VO wird bei der Bemessung von Geldbußen nach Einzelfall vorgegangen, und die relevanten Umstände der Situation müssen berücksichtigt werden, insbesondere Art, Schwere und Dauer des Verstoßes und die Folgen sowie die Größe des Anbieters.

3.12.2 Checkliste: neues KI-System nach der KI-VO auf den Markt bringen

Im Folgenden wird in groben Zügen dargestellt, mit welchen Fragen sich ein KMU bzw. Start-up auseinandersetzen sollte, wenn es ein neues KI-System in Verkehr bringen bzw. in Betrieb nehmen will. Die Prüfschritte müssen jedenfalls dokumentiert werden. Der Fokus liegt auf den notwendigen Schritten nach der KI-VO.

Liegt ein KI-System gemäß Art. 3 Z. 1 KI-VO **vor?**

Ein KI-System ist *„ein maschinengestütztes System, das für einen in unterschiedlichem Grade autonomen Betrieb ausgelegt ist und das nach seiner Betriebsaufnahme anpassungsfähig sein kann und das aus den erhaltenen Eingaben für explizite oder implizite Ziele ableitet, wie Ausgaben wie etwa Vorhersagen, Inhalte, Empfehlungen oder Ent-*

scheidungen erstellt werden, die physische oder virtuelle Umgebungen beeinflussen können" (siehe im Detail Abschnitt 3.1).

- Wenn **ja**, weiterprüfen.
- Wenn **nein**, Ende der Prüfung.

Verwendet das KI-System personenbezogene Daten?

Siehe Art. 4 Z. 1 DSGVO, demnach sind personenbezogene Daten *„alle Informationen, die sich auf eine identifizierte oder identifizierbare natürliche Person (im Folgenden „betroffene Person") beziehen; als identifizierbar wird eine natürliche Person angesehen, die direkt oder indirekt, insbesondere mittels Zuordnung zu einer Kennung wie einem Namen, zu einer Kennnummer, zu Standortdaten, zu einer Online-Kennung oder zu einem oder mehreren besonderen Merkmalen, die Ausdruck der physischen, physiologischen, genetischen, psychischen, wirtschaftlichen, kulturellen oder sozialen Identität dieser natürlichen Person sind, identifiziert werden kann"*.

Bei der Prüfung spielt es keine Rolle, ob personenbezogene Daten für Entwicklung, Testung, Training und/oder Verwendung benötigt werden.

- Wenn **ja**, Einhaltung der DSGVO, siehe Kapitel 4.
- Wenn **nein**, z. B. bei der Verwendung von anonymisierten Daten, keine Einhaltung der DSGVO notwendig.

Verbotene bzw. Hochrisiko-KI-Systeme

Liegt ein verbotenes KI-System gemäß Art. 5 KI-VO vor?

Verbotene KI-Systeme sind z. B. KI-Systeme, die absichtlich manipulieren oder täuschen und Personen dazu veranlassen, eine Entscheidung zu treffen, die sie sonst nicht getroffen hätten, vulnerable Personengruppe ausnutzen, Social Scoring etc. (siehe im Detail Abschnitt 3.2.1).

- Wenn **ja**, Ende der Prüfung, da das KI-System nicht in Betrieb bzw. in Verkehr genommen werden darf.
- Wenn **nein**, weitere Prüfung.

Liegt eine Hochrisiko-KI gemäß Art. 6 KI-VO vor?

Ein Hochrisiko-KI-System liegt entweder vor, wenn es sich um ein Produkt oder um ein Sicherheitsbauteil gemäß einer Harmonisierungsvorschrift gemäß Anhang I (Liste der harmonisierten Rechtsvorschriften) handelt oder wenn es sich um ein KI-System gemäß Anhang III KI-VO (Liste von „Use Cases") handelt (siehe im Detail Abschnitt 3.2.2.1 zur Einstufung).

- Wenn **ja**, liegt eine Ausnahme vor?

  Art. 6 Abs. 3 KI-VO legt eine Reihe von Ausnahmen fest, wann kein Hochrisiko-KI-System vorliegt, z. B. wenn das KI-System nur eine eng gefasste Verfahrensaufgabe durchführt oder wenn es dazu bestimmt ist, Muster zu erkennen, ohne zuvor abgeschlossene menschliche Bewertungen zu ersetzen oder zu beeinflussen. Profiling natürlicher Personen führt jedoch immer zu einer Einstufung als Hochrisiko-KI. Siehe zu den Ausnahmen im Detail Abschnitt 3.2.1
- Wenn eine Hochrisiko-KI vorliegt und keine Ausnahme greift, siehe folgend zur Compliance bzw. Abschnitt 3.x zu den Pflichten und Anforderungen.
- Dokumentation der Prüfung und des Ergebnisses, unabhängig davon, ob eine Hochrisiko-KI vorliegt oder nicht.

Ist eine Grundrechte-Folgenabschätzung (Fundamental Rights Assessment, „FRA“) notwendig?

Bei bestimmten Hochrisiko-KI-Systemen ist eine Grundrechte-Folgenabschätzung gemäß Art. 27 KI-VO durchzuführen:

- KI-Systeme gemäß Anhang III, wenn es sich um Einrichtungen öffentlichen Rechts und private Einrichtungen, die öffentliche Dienste erbringen, handelt
- KI-Systeme gemäß Anhang III Nr. 5 lit. b und c (Zugänglichkeit und Inanspruchnahme grundlegender privater und grundlegender öffentlicher Dienste und Leistungen), wenn es sich um einen Betreiber handelt, unabhängig davon, ob es sich um Einrichtungen öffentlichen Rechts und private Einrichtungen, die öffentliche Dienste erbringen, handelt

Ausnahmen:

- Anhang III Nr. 2, kritische Infrastruktur (keine Grundrechte-Folgenabschätzung notwendig)

Zur Durchführung siehe Abschnitt 3.3, Grundrechts-Folgenabschätzung

Gemäß welcher Rolle wird das Unternehmen bzw. Start-up tätig (vgl. Art. 3 KI-VO?)

- Anbieter ist gemäß Art. 3 Z. 3 KI-VO eine *„natürliche oder juristische Person, Behörde, Einrichtung oder sonstige Stelle, die ein KI-System oder ein KI-Modell mit allgemeinem Verwendungszweck entwickelt oder entwickeln lässt und es unter ihrem eigenen Namen oder ihrer Handelsmarke in Verkehr bringt oder das KI-System unter ihrem eigenen Namen oder ihrer Handelsmarke in Betrieb nimmt, sei es entgeltlich oder unentgeltlich“.*
- Betreiber gemäß Art. 3 Z. 4 KI-VO ist eine *„natürliche oder juristische Person, Behörde, Einrichtung oder sonstige Stelle, die ein KI-System in eigener Verantwortung verwendet, es sei denn, das KI-System wird im Rahmen einer persönlichen und nicht beruflichen Tätigkeit verwendet“.*

- Bevollmächtigter gemäß Art. 3 Z. 5 KI-VO ist *„eine in der Union ansässige oder niedergelassene natürliche oder juristische Person, die vom Anbieter eines KI-Systems oder eines KI-Modells mit allgemeinem Verwendungszweck schriftlich dazu bevollmächtigt wurde und sich damit einverstanden erklärt hat, in seinem Namen die in dieser Verordnung festgelegten Pflichten zu erfüllen bzw. Verfahren durchzuführen"*.
- Einführer gemäß Art. 3 Z. 6 KI-VO ist *„eine in der Union ansässige oder niedergelassene natürliche oder juristische Person, die ein KI-System, das den Namen oder die Handelsmarke einer in einem Drittland niedergelassenen natürlichen oder juristischen Person trägt, in Verkehr bringt"*.
- Händler gemäß Art. 3 Z. 7 KI-VO ist eine *„natürliche oder juristische Person in der Lieferkette, die ein KI-System auf dem Unionsmarkt bereitstellt, mit Ausnahme des Anbieters oder des Einführers"*.
- Akteur gemäß Art. 3 Z. 8 KI-VO ist *„ein Anbieter, Produkthersteller, Betreiber, Bevollmächtigter, Einführer oder Händler"*.

Siehe im Detail zu den Rollen Abschnitt 3.1.2.

Herstellen der Compliance eines Hochrisiko-KI-Systems s. Art. 8 ff KI-VO

- Allgemeine Pflichten von Hochrisiko-KI-Systemen gemäß Art. 8 ff. KI-VO, siehe im Detail Abschnitt 3.2.2.2
  - Risikomanagementsystem gemäß Art. 9 KI-VO
  - Daten und Data-Governance gemäß Art. 10 KI-VO
  - Technische Dokumentation gemäß Art. 11 KI-VO (siehe Ausnahmen für KMUs und Start-ups: Nutzung des vereinfachten Formulars der EU-Kommission)
  - Aufzeichnungspflichten gemäß Art. 12 KI-VO
  - Transparenz und Bereitstellung von Informationen für die Betreiber gemäß Art. 13 KI-VO
  - Menschliche Aufsicht gemäß Art. 14 KI-VO
  - Genauigkeit, Robustheit und Cybersicherheit gemäß Art. 15 KI-VO
- Beachten der Pflichten je nach Rolle
  - **Anbieter, siehe Art. 16 KI-VO**
    - Qualitätsmanagementsystem gemäß Art. 17 KI-VO
    - Aufbewahrung der Dokumentation gemäß Art. 18 KI-VO
    - Protokolle gemäß Art. 19 KI-VO
    - Korrekturmaßnahmen und Informationspflicht gemäß Art. 20 KI-VO
    - Zusammenarbeit mit den zuständigen Behörden gemäß Art. 21 KI-VO
    - Wenn anwendbar, Rolle des Bevollmächtigten des Anbieters gemäß Art. 22 KI-VO

- Wenn anwendbar, Vereinbarung mit Dritten, von dem KI-System oder Teile davon stammen, siehe Art. 25 Abs. 4 KI-VO
- Einhaltung von harmonisierten Normen gemäß Art. 40 KI-VO, siehe Abschnitt 3.4.1
- Wenn anwendbar, Konformitätsbewertungsverfahren gemäß Art. 42 KI-VO, siehe Abschnitt 3.4.2
- EU-Konformitätserklärung gemäß Art. 47 KI-VO, siehe Abschnitt 3.5.4
- Registrierung des Hochrisiko-KI-Systems gemäß Art. 49 KI-VO
- Bei Interaktion des KI-Systems mit natürlichen Personen, Einhaltung der Transparenzpflichten gemäß Art. 50 Abs. 1 KI-VO, siehe Abschnitt 3.5
- Einhaltung der Transparenzpflichten bei „Deep Fakes“ gemäß Art. 50 Abs. 2 KI-VO, siehe Abschnitt 3.5
- Beobachtung des KI-Systems nach Inverkehrbringen gemäß Art. 72 KI-VO

- **Einführer, siehe Art. 23 KI-VO**
  - Falls das KI-System oder Teile davon von Dritten stammen, siehe Verantwortlichkeiten entlang der KI-Wertschöpfungskette gemäß Art. 25 KI-VO
- **Händler, siehe Art. 24 KI-VO**
  - Falls das KI-System oder Teile davon von Dritten stammen, siehe Verantwortlichkeiten entlang der KI-Wertschöpfungskette gemäß Art. 25 KI-VO
- **Betreiber, siehe Art. 26 KI-VO**
  - Falls das KI-System oder Teile davon von Dritten stammen, siehe Verantwortlichkeiten entlang der KI-Wertschöpfungskette gemäß Art. 25 KI-VO
  - Technische und organisatorische Maßnehmen für den Betrieb des KI-Systems, Sicherstellen von KI-Kompetenz etc. (siehe Abschnitt 3.2.2.2)
  - Registrierung des Hochrisiko-KI-Systems gemäß Art. 49 KI-VO (siehe Abschnitt 3.4.5)
  - Transparenzpflichten bei Emotionserkennungssystemen oder Systemen zur biometrischen Kategorisierung gemäß Art. 50 Abs. 3 KI-VO (siehe Abschnitt 3.5)
  - Einhaltung der Transparenzpflichten bei „Deep Fakes“ gemäß Art. 50 Abs. 4 KI-VO, siehe Abschnitt 3.5
  - Wenn anwendbar, Recht auf Erläuterung gemäß Art. 86 KI-VO, wenn KI-System Entscheidungen über Personen trifft

KI-Systeme mit allgemeinem Zweck

Liegt ein KI-System mit allgemeinem Verwendungszweck bzw. GPAI (General Purpose Artificial Intelligence) gemäß Art. 3 Z. 63 KI-VO vor?

GPAI ist ein *„KI-Modell – einschließlich der Fälle, in denen ein solches KI-Modell mit einer großen Datenmenge unter umfassender Selbstüberwachung trainiert wird –, das eine erhebliche allgemeine Verwendbarkeit aufweist und in der Lage ist, unabhängig von der Art und Weise seines Inverkehrbringens ein breites Spektrum unterschiedlicher Aufgaben kompetent zu erfüllen, und das in eine Vielzahl nachgelagerter Systeme oder Anwendungen integriert werden kann, ausgenommen KI-Modelle, die vor ihrem Inverkehrbringen für Forschungs- und Entwicklungstätigkeiten oder die Konzipierung von Prototypen eingesetzt werden"*. Aktuell handelt es sich bei vielen Systemen um GPAI, insbesondere generative KI für Texte, Bilder, Programmiercode etc. ist darunter zu verstehen.

- Wenn **ja**, siehe Abschnitt 3.6 (GPAI) und Abschnitt 3.6 (Harmonisierte Normen und CE-Kennzeichnung)
- Wenn **ja**, Sub-Frage, ob ein GPAI mit sogenanntem „systemischen Risiko" vorliegt:

  Gemäß Art. 3 Z. 65 KI-VO ist ein systemisches Risiko *„ein Risiko, das für die Fähigkeiten mit hoher Wirkkraft von KI-Modellen mit allgemeinem Verwendungszweck spezifisch ist und aufgrund deren Reichweite oder aufgrund tatsächlicher oder vernünftigerweise vorhersehbarer negativer Folgen für die öffentliche Gesundheit, die Sicherheit, die öffentliche Sicherheit, die Grundrechte oder die Gesellschaft insgesamt erhebliche Auswirkungen auf den Unionsmarkt hat, die sich in großem Umfang über die gesamte Wertschöpfungskette hinweg verbreiten können"*.
- Wenn **ja**, siehe folgend zu den Pflichten bzw. Abschnitt 3.6 GPAI.

Herstellen von Compliance eines GPAI-Modells gemäß Art. 51 KI-VO (siehe Abschnitt 3.6)

- Mitteilung an die EU-Kommission gemäß Art. 52 KI-VO
- Pflichten der **Anbieter** gemäß Art. 53 KI-VO
  - Technische Dokumentation des Modells (vgl. Anhang XI KI-VO)
  - Information und Dokumentation für nachgelagerte Anbieter
  - Zusammenarbeit mit EU-Kommission (vgl. insbesondere Art. 91 KI-VO) bzw. zuständigen Behörden
  - Nutzung der harmonisierten Normen gemäß Art. 56 KI-VO bzw. Praxisleitfäden zum Nachweis des Art. 53 Abs. 1 KI-VO
  - Nutzung von delegierten Rechtsakten gemäß Art. 97 KI-VO zum Nachweis der Einhaltung des Anhang XI KI-VO
  - Umsetzen von Maßnahmen der EU-Kommission gemäß Art. 93 KI-VO

- Pflichten von **Bevollmächtigten** von Anbietern von GPAI-Modellen gemäß Art. 54 KI-VO
  - (Nur anwendbar, wenn der Anbieter in einem Drittland niedergelassen ist!)
  - Schriftliche Bestellung eines Bevollmächtigten
  - Überprüfung der technischen Dokumentation
  - Bereithaltung einer Kopie der technischen Dokumentation
  - Bereitstellung sämtlicher zum Nachweis der Einhaltung der Pflichten aus der KI-VO notwendigen Unterlagen
  - Zusammenarbeit mit KI-Büro und zuständigen Behörden
  - Pflicht des Bevollmächtigten, den Auftrag zu beenden, wenn er der Auffassung ist bzw. Grund zur Annahme hat, dass der Anbieter gegen seine Pflichten aus der KI-VO verstößt, samt Informationspflicht an das KI-Büro

Zusätzliche Pflichten für GPAI mit systemischem Risiko gemäß Art. 53 KI-VO

- Modellbewertung
- Bewerten und Mindern von möglichen systemischen Risiken
- Information über schwerwiegende Vorfälle und mögliche Abhilfemaßnahmen inklusive Meldung an KI-Büro und gegebenenfalls zuständige Behörden
- Angemessene Cybersicherheitsmaßnahmen
- Nutzung der harmonisierten Normen gemäß Art. 56 KI-VO bzw. Praxisleitfäden zum Nachweis des Art. 55 Abs. 1 KI-VO

Quellen

[1] Empfehlung der Kommission vom 6. Mai 2003 betreffend die Definition der Kleinstunternehmen sowie der kleinen und mittleren Unternehmen (Text von Bedeutung für den EWR; bekannt gegeben unter Aktenzeichen K(2003) 1422). Bd. 124, 2003. Legislative Body: COM; *https://eur-lex.europa.eu/legal-content/DE/TXT/PDF/?uri=CELEX:32003H0361*

4 Datenschutz

Gabriele Bolek-Fügl

In der heutigen Welt, in der Menschen und Maschinen zunehmend zusammenarbeiten und dabei große Datenmengen produzieren, stellt die Einhaltung der Datenschutz-Grundverordnung (DSGVO) [1] eine der größten Herausforderungen und zugleich Chancen für Entwicklerinnen und Entwickler, Unternehmen und die Gesellschaft dar. Diese zentrale EU-Verordnung, die am 25. Mai 2018 in allen Mitgliedstaaten in Kraft trat, reguliert die Verarbeitung personenbezogener Daten, die entweder ganz oder teilweise automatisiert erfolgt, sowie die nichtautomatisierte Verarbeitung personenbezogener Daten, die in einem Dateisystem gespeichert sind oder gespeichert werden sollen (Art. 2 Abs.1 DSGVO).

✓ Das Hauptziel ist die Vereinheitlichung und Stärkung der Datenschutzrechte von Privatpersonen im digitalen Zeitalter, ohne dabei Innovation in Unternehmen zu behindern. Ein weiterer Aspekt ist die Erleichterung des freien Datenverkehrs innerhalb des Binnenmarktes (Art. 1 DSGVO).

Die DSGVO ersetzt die bis dahin gültige Datenschutzrichtlinie von 1995 und brachte bedeutende Änderungen für alle Unternehmen und öffentliche Einrichtungen, denn die Verordnung gilt unabhängig von der Größe, Umsatz, Gesellschaftsform oder Branche für alle Organisationen, die personenbezogene Daten verarbeiten. Das betrifft den einzelnen Handwerker oder Handwerkerin genauso wie einen multinationalen Konzern.

Obwohl die DSGVO eine EU-Verordnung ist, hat sie globale Auswirkungen. Jedes Unternehmen weltweit, das Dienstleistungen in der EU anbietet oder Daten von EU-Bürgern verarbeitet, muss diese Vorschriften einhalten; unabhängig davon, wo die Organisation ihren Hauptsitz hat.

Die Durchsetzung der DSGVO wird von den lokalen Datenschutzbehörden in jedem EU-Mitgliedstaat übernommen. Diese haben die Befugnis, Untersuchungen durchzuführen und Sanktionen zu verhängen. Die Verordnung ermächtigt die nationale Datenschutzbehörde dazu, gegen Organisationen bei Verstößen signifikante Strafen zu erteilen, einschließlich Geldbußen von bis zu 20 Millionen Euro oder 4 % des weltweit erzielten Jahresumsatzes; je nachdem, welcher der beiden Werte höher liegt.

Bei der Verarbeitung von Daten durch künstliche Intelligenz erhebt die DSGVO die gleichen hohen Standards, die auch für alle anderen Arten der Datenverarbeitung gelten. Dazu zählen die Beachtung der Verarbeitungsgrundsätze, die Notwendigkeit einer rechtmäßigen Grundlage für die Verarbeitung, der Schutz der Rechte der betroffenen Personen und spezifische Vorschriften für automatisierte Entscheidungsfindung sowie Profiling.

Es ist daher ratsam, Datenschutzexperten bzw. -expertinnen in das KI-Projekt zu involvieren. Sind im Unternehmen Datenschutzbeauftragte benannt, dann sollte diese von Anfang zum Projektteam gehören.

Die zentrale Bedeutung des Datenschutzes im Kontext mit der KI ergibt sich aus mehreren Szenarien:

1. **Training und Betrieb von KI mit personenbezogenen Daten**

   KI-Systeme verarbeiten häufig große Mengen personenbezogener Daten, um zu lernen, Muster zu erkennen und Entscheidungen zu treffen. Die DSGVO regelt, wie solche Daten gesammelt, gespeichert, verarbeitet und übertragen werden dürfen, um die Privatsphäre der Einzelpersonen zu schützen.

2. **Transparenz und Rechenschaftspflicht**

   Die DSGVO verlangt von Organisationen, transparent darüber zu sein, wie und zu welchem Zweck personenbezogene Daten verarbeitet werden. Bei KI-Systemen bedeutet dies, dass die zugrunde liegenden Algorithmen und Datenverarbeitungsprozesse in gewissem Maße offengelegt werden müssen, um Gesetzeskonformität zu gewährleisten.

3. **Recht auf Erklärung**

   Die DSGVO gibt Individuen das Recht, Erläuterungen für automatisierte Entscheidungen zu erhalten, die sie betreffen. Dies ist besonders relevant bei KI-Entscheidungen, die oft auf komplexen Berechnungen beruhen und für Laien schwer nachvollziehbar sind. Unternehmen müssen daher in der Lage sein, die Funktionsweise ihrer KI-Systeme zu erklären.

4. **Datenschutz durch Technikgestaltung und durch datenschutzfreundliche Voreinstellungen („Privacy by Design" und „Privacy by Default")**

   Die DSGVO fordert, dass Datenschutz von Anfang an in die Entwicklung von Produkten und Dienstleistungen integriert wird. Für KI bedeutet dies, dass Datenschutzüberlegungen von Beginn der Systementwicklung an berücksichtigt werden müssen.

5. **Recht auf Datenlöschung und -korrektur**

   Personen haben das Recht, die Löschung oder Korrektur ihrer Daten zu verlangen. KI-Systeme müssen daher so gestaltet sein, dass sie diese Anforderungen erfüllen können. Dies kann technisch herausfordernd sein, denn auch durch Pseudonymisierung der Daten sind diese laut ErwG 26 DSGVO weiterhin personenbezogene Daten.

6. **Risiko für Diskriminierung**

   KI kann bewusst oder unbewusst Vorurteile und Diskriminierung verstärken, wenn sie auf verzerrten Daten mit Voreingenommenheiten (Bias) trainiert wird. Die DSGVO hat jedoch das Ziel, die Fairness und Gleichbehandlung im Umgang mit personenbezogenen Daten zu fördern. Die richtige Umsetzung ist von großer Bedeutung bei der Entwicklung und dem Einsatz von KI-Systemen.

Zusammenfassend zielt die DSGVO darauf ab, die Entwicklung und Anwendung von Technologien so zu gestalten, dass die Privatsphäre und Grundrechte der Menschen gewahrt und geschützt werden. Die Verordnung schafft einen rechtlichen Rahmen, der den Schutz der Einzelpersonen und die Förderung innovativer Technologien, einschließlich KI, in ein ausgewogenes Verhältnis setzt.

4.1 Allgemeine Anforderungen der DSGVO

Die DSGVO basiert also auf mehreren Schlüsselprinzipien, die die Verarbeitung personenbezogener Daten regeln. Diese Prinzipien verlangen von Organisationen, dass sie personenbezogene Daten auf eine rechtmäßige, faire und transparente Weise verarbeiten, nur für festgelegte Zwecke nutzen und sicherstellen, dass die Daten korrekt und nur so lange wie nötig aufbewahrt werden.

In diesem Buch können nicht alle DSGVO-Anforderungen breit diskutiert werden, aber insbesondere nachfolgende Aspekte sind relevant, wenn KI zur Verarbeitung personenbezogener Daten eingesetzt wird:

1. **Grundsätze für die Verarbeitung personenbezogener Daten**

   Alle Verarbeitungstätigkeiten müssen den Grundsätzen der DSGVO entsprechen, wie Rechtmäßigkeit, Verarbeitung nach Treu und Glauben, Transparenz, Zweckbindung, Datenminimierung, Richtigkeit, Speicherbegrenzung, Integrität und Vertraulichkeit sowie Rechenschaftspflicht (Art. 5 DSGVO).

2. **Rechtmäßigkeit für die Verarbeitung**

   Jede Verarbeitung personenbezogener Daten muss auf einer legitimen Rechtsgrundlage basieren, wie die Einwilligung der betroffenen Person, die Notwendigkeit für die Erfüllung eines Vertrags, rechtliche Verpflichtungen, Schutz lebenswichtiger Interessen, die Wahrnehmung einer Aufgabe im öffentlichen Interesse oder die Verfolgung berechtigter Interessen (Art. 6 DSGVO).

3. **Informationspflicht bei Erhebung personenbezogener Daten**

   Wenn personenbezogene Daten erhoben werden, müssen der betroffenen Person Namen und Kontaktdaten des Verantwortlichen mitgeteilt werden. Zudem sind der Verarbeitungszweck, die Rechtsgrundlage und die Dauer der Datenspeicherung zu erklären (Art. 13–14 DSGVO).

4. **Rechte der betroffenen Personen**

   Personen, deren Daten verarbeitet werden, haben spezifische Rechte unter der DSGVO, einschließlich des Rechts auf Auskunft, Berichtigung, Löschung („Recht auf Vergessenwerden"), Einschränkung der Verarbeitung, Datenübertragbarkeit und Widerspruch. Bei der Verarbeitung personenbezogener Daten durch KI müssen diese Rechte gewährleistet werden (Art. 15–21 DSGVO).

5. **Automatisierte Entscheidungsfindung einschließlich Profiling**

   Betroffene Personen haben das Recht, nicht einer ausschließlich auf einer automatisierten Verarbeitung beruhenden Entscheidung unterworfen zu werden, die ihnen gegenüber rechtliche Wirkung entfaltet oder sie in ähnlicher Weise erheblich beeinträchtigt. Es gibt Ausnahmen von diesem Recht, wenn beispielsweise die automatisierte Entscheidung für den Abschluss oder die Erfüllung eines Vertrags erforderlich ist, auf Gesetzgebung basiert oder mit ausdrücklicher Einwilligung erfolgt (Art. 22 DSGVO).

6. **Datenschutz durch Technikgestaltung und durch datenschutzfreundliche Voreinstellungen**

   Bei der Entwicklung und Implementierung von KI-Systemen müssen Datenschutzprinzipien von Anfang an berücksichtigt und integriert werden (Art. 25 DSGVO).

7. **Verantwortung für die gesetzeskonforme Verarbeitung**

   Ein „Verantwortlicher" ist gemäß Art. 4 Abs. 7 DSGVO jede natürliche oder juristische Person, Behörde, Einrichtung oder andere Stelle, die allein oder gemeinsam mit anderen die Zwecke und Mittel der Verarbeitung personenbezogener Daten festlegt. Damit ist dieser auch für die Umsetzung aller oben dargestellten Anforderungen verantwortlich und muss dies im Zweifelsfall beweisen.

Entwicklerinnen und Entwickler sowie Nutzerinnen und Nutzer von IT- sowie KI-Systemen sind verpflichtet, die Konformität ihrer Anwendungen und Datenverarbeitungsprozesse mit den Anforderungen der DSGVO zu gewährleisten. Dies kann bspw. erreicht werden mit:

- der detaillierten Dokumentation aller Verarbeitungsprozesse
- der Darstellung der verwendeten Daten und Datenflüsse bei der Verarbeitung
- dem Eintrag in das Datenverarbeitungsregister des einsetzenden Unternehmens
- der Durchführung von Datenschutz-Folgenabschätzungen
- dem Sicherstellen der Transparenz bei automatisierten Entscheidungsfindungen
- der Implementierung adäquater technischer und organisatorischer Maßnahmen (TOM) zum Schutz personenbezogener Daten vor unberechtigtem Zugriff, Verlust, Zerstörung oder Beschädigung. Dazu gehören:
  - Verschlüsselung
  - Anonymisierung
  - regelmäßige Sicherheitsüberprüfungen
  - Zugriffskontrollen

Sehen wir uns nun die Auswirkungen auf den Einsatz von KI im Unternehmen der sieben oben dargestellten grundlegenden Anforderungen bei Einsatz von personenbezogenen Daten detaillierter an.

4.1.1 Grundsätze für die Verarbeitung personenbezogener Daten

Die Grundsätze für die Verarbeitung personenbezogener Daten nach Artikel 5 der DSGVO bilden das Fundament für den Umgang mit personenbezogenen Daten, einschließlich der Verarbeitung durch künstliche Intelligenz. So können diese Grundsätze im Kontext der KI-Verarbeitung angewendet werden:

1. **Rechtmäßigkeit, Verarbeitung nach Treu und Glauben, Transparenz**

   Die Datenverarbeitung muss auf einer rechtmäßigen Grundlage basieren, wie der Einwilligung der betroffenen Person, der Notwendigkeit für einen Vertrag oder gesetzlichen Anforderungen. Im Kontext von KI bedeutet dies, dass Nutzer klar informiert werden müssen, wie ihre Daten durch KI-Systeme verarbeitet werden, einschließlich der Zwecke und Methoden der Verarbeitung.

   In ErwG 58 DSGVO wird präzisiert, dass alle an die Öffentlichkeit oder die betroffene Person gerichteten Informationen prägnant, leicht zugänglich und leicht verständlich sind und dass eine klare und einfache Sprache und gegebenenfalls zusätzlich eine Visualisierung verwendet wird.

2. **Zweckbindung**

   Daten dürfen nur für festgelegte, eindeutige und legitime Zwecke erhoben und nicht in einer mit diesen Zwecken unvereinbaren Weise weiterverarbeitet werden. Sollen nun Daten für das Training von KI-Systemen verwendet werden, muss zunächst überprüft werden, auf welcher Grundlage die Daten erhoben und gespeichert wurden (Details siehe auch Abschnitt 4.1.2). KI-Systeme müssen zudem so gestaltet sein, dass sie nur Daten verarbeiten, die für den spezifischen Zweck, für den sie erhoben wurden, relevant und notwendig sind.

   Von der Unvereinbarkeit mit den ursprünglichen Zwecken ausgenommen kann die Weiterverarbeitung zu im öffentlichen Interesse liegenden Archivzwecken, zu wissenschaftlichen oder historischen Forschungszwecken oder zu statistischen Zwecken (Art. 89 Abs. 1 DSGVO) sein.

3. **Datenminimierung**

   Es dürfen nur so viele Daten wie nötig erhoben und verarbeitet werden. Bei der Entwicklung und dem Einsatz von KI bedeutet dies, dass nur die minimal erforderlichen Datenmengen für den spezifischen Verarbeitungszweck genutzt werden dürfen.

   Hier besteht ein besonderes Spannungsfeld mit KI. Laut Sartor [2] sollte das Prinzip der Datenminimierung stets im Kontext der Verhältnismäßigkeit betrachtet werden. Es erlaubt die Aufnahme zusätzlicher personenbezogener Daten in Verarbeitungsprozesse, wenn der daraus resultierende Nutzen die möglichen Risiken für die betroffenen Personen übersteigt. Auch die möglichen Vorteile zukünftiger Datenverarbeitungen können die Speicherung dieser Daten rechtfertigen, vorausgesetzt, dass angemessene Sicherheitsmaßnahmen, wie die Pseudonymisierung und weitere Schutzmechanismen, implementiert werden. Außerdem kann die Verarbeitung personenbezogener Daten zu rein statistischen Zwecken lockereren Minimierungsanforderungen unterliegen (siehe 2. Zweckbindung).

4. **Richtigkeit**

   Die Daten müssen sachlich richtig und, wenn nötig, auf dem neuesten Stand gehalten werden. KI-Systeme, die auf der Analyse personenbezogener Daten basieren, müssen Mechanismen beinhalten, um die Richtigkeit der Daten zu gewährleisten und fehlerhafte Daten entweder zu korrigieren oder zu löschen.

   Nach Sartor [2] gilt dies auch für personenbezogene Daten, die als Eingabe für KI-Systeme verwendet werden, insbesondere wenn personenbezogene Daten verwendet werden, um Rückschlüsse oder Entscheidungen über betroffene Personen zu ziehen. Ungenaue Daten können betroffene Personen einem Schaden aussetzen, wenn sie in einer Weise betrachtet und behandelt werden, die nicht zu ihrer Identität passt.

In großen Sprachmodellen stellt genau dies eine Herausforderung dar, die nicht einfach gelöst werden kann. OpenAI[1] meint dazu, dass „faktische Genauigkeit in großen Sprachmodellen ein Bereich aktiver Forschung bleibt“. Zur Klärung der gesetzlichen Anforderungen hat der Verein NOYB im April 2024 eine Beschwerde gegen OpenAI bei der österreichischen Datenschutzbehörde eingereicht. [3] [4] [5] Weitere Details zu diesem Vorgang sind in Abschnitt 4.6 dargestellt.

„Die Technologie muss den rechtlichen Anforderungen folgen, nicht umgekehrt“

Maartje de Graaf, Datenschutzjuristin bei NOYB

5. **Speicherbegrenzung**

   Daten dürfen nicht länger in identifizierbarer Form gespeichert werden, als es für die Verarbeitungszwecke notwendig ist. KI-Anwendungen müssen daher Vorkehrungen treffen, um personenbezogene Daten nach Erreichung des Verarbeitungszwecks zu anonymisieren oder zu löschen.

   Werden die Informationen der betroffenen Personen nur als Eingabe für ein Trainingsdatenset betrachtet und nicht für Vorhersagen oder Entscheidungen in Bezug auf Einzelpersonen verwendet, gelten gelockerte Bedingungen. Dies wird durch ErwG 162 DSGVO der relevanten Gesetzgebung gestützt, der festlegt, dass solche Datenverarbeitungen primär für die Erstellung statistischer Erhebungen oder Ergebnisse vorgesehen sind. Diese Ergebnisse dürfen jedoch nicht personenbezogen sein, sondern müssen aggregierte Daten liefern, die nicht dazu verwendet werden, Entscheidungen zu treffen, die einzelne Personen betreffen.

6. **Integrität und Vertraulichkeit (Datensicherheit)**

   Die Verarbeitung muss so erfolgen, dass eine angemessene Sicherheit für die personenbezogenen Daten gewährleistet ist, einschließlich dem Schutz vor unbefugter oder unrechtmäßiger Verarbeitung, unbeabsichtigtem Verlust, Zerstörung oder Schädigung. Bei KI-Systemen muss dieser Ansatz mit in die Konzeption des Modells aufgenommen werden, um die Datenintegrität und den Schutz der Privatsphäre zu gewährleisten.

7. **Rechenschaftspflicht**

   Der Verantwortliche für die Datenverarbeitung muss nachweisen können, dass die oben genannten Grundsätze eingehalten werden. Für KI bedeutet dies, dass Entwicklerinnen und Entwickler und Betreiber dokumentieren müssen, wie ihre Systeme entworfen und betrieben werden, um die Einhaltung der DSGVO zu gewährleisten.

---

1 OpenAI Inc, San Francisco, ist der Hersteller und Betreiber des bekannten ChatBots ChatGPT

> Im Kontext der KI-Verarbeitung erfordern diese Grundsätze eine sorgfältige Planung und Implementierung von KI-Systemen, um sicherzustellen, dass sie den Datenschutzvorschriften entsprechen. Dies beinhaltet unter anderem die Entwicklung ethischer Richtlinien für KI, die Durchführung von Datenschutz-Folgenabschätzungen und die Einrichtung von Verfahren zur Wahrung der Rechte betroffener Personen.

Bei der Erstellung interner Richtlinien kann Tabelle 4.1 unterstützen.

Tabelle 4.1 Inhalte für Unternehmensrichtlinien in Bezug auf KI und Datenschutz

Grundsatz	Erläuterung
Rechtmäßigkeit	■ Ist die Verarbeitung auf der Grundlage einer gesetzlichen Anforderung? Siehe auch Art. 6 Abs.1 DSGVO ■ Nachweis und Dokumentation der gesetzlich erlaubten Grundlage. ■ Andernfalls Nachweis der erforderlichen Einwilligung der betroffenen Person. Hinweis: Eine Einwilligung ist zeitlich nicht beschränkt, kann aber jederzeit entzogen werden. Daher muss ein Prozess für den Widerruf der Einwilligung implementiert werden.
Verarbeitung nach Treu und Glauben	■ Information der betroffenen Personen über das Vorhandensein einer Datenverarbeitung. Bei der Erhebung von Daten müssen betroffene Personen vollständig und korrekt über die Bedingungen dieser Datenerhebung informiert werden.
Transparenz	■ Betroffene Personen müssen über die aktuelle und zukünftige Verarbeitung ihrer bereits erhobenen Daten informiert werden. ■ Der Zweck der Verarbeitung muss dargestellt werden. Die Informationen müssen leicht auffindbar und in einer für Nicht-Experten verständlichen Sprache verfasst sein.
Zweckbindung	■ Erhebung personenbezogener Daten nur für spezifische, klar definierte und rechtmäßige Zwecke. ■ Dokumentation der Zwecke für die personenbezogenen Daten. ■ Definition und Dokumentation des Zweckes der KI-Datenverarbeitung. ■ Die Verarbeitung darf nicht in einer Weise erfolgen, die mit den festgelegten (und kommunizierten) Zwecken unvereinbar ist. Für erweiterte Datenverarbeitungen muss ggf. eine Einwilligung bei den Betroffenen eingeholt oder die Daten müssen anonymisiert werden.
Datenminimierung	■ Erhebung und Verarbeitung müssen direkt relevant und angemessen für den festgelegten Zweck sein. ■ Die Menge der verarbeiteten personenbezogenen Daten muss auf das absolut Notwendige beschränkt sein. Vorsicht bei der „Anreicherung" bzw. Ergänzung oder Verknüpfung mit Daten aus anderen Quellen (Dokumentation der Rechtmäßigkeit).

Grundsatz	Erläuterung
Richtigkeit	▪ Personenbezogene Daten müssen sachlich korrekt und, wenn für die Verarbeitung nötig, auf dem neuesten Stand gehalten werden. ▪ Unrichtige personenbezogene Daten müssen im Hinblick auf die Verarbeitungszwecke unverzüglich gelöscht oder berichtigt werden. ▪ Wurden Mechanismen im KI-System implementiert, die unrichtige Daten identifizieren und berichtigen können?
Speicher-begrenzung	▪ Speicherung in einer Form, die die Identifizierung der betroffenen Personen nur so lange ermöglicht, wie es für die ursprünglichen Verarbeitungszwecke erforderlich ist. ▪ Eine längere Speicherung der Daten ist nur für gesetzlich definierte Ausnahmen möglich. ▪ Nach Ablauf der Nutzungsfrist müssen Daten gelöscht oder anonymisiert oder alternativ eine Einwilligung beim Betroffenen eingeholt werden. ▪ Bei Rückzug der Einwilligung durch den Betroffenen muss der Datensatz gelöscht oder anonymisiert werden (keine Fristenhinterlegung im System möglich). Die Daten müssen auch bei langen Speicherfristen immer richtig sein und die Integrität gewahrt bleiben.
Integrität	▪ Die Integrität der Daten muss durch die Verarbeitung gewahrt bleiben. ▪ Die Datenintegrität muss über den gesamten Lebenszyklus der Datenverarbeitung sichergestellt sein (Vorsicht bei langen Speicherfristen). ▪ Implementierung von Maßnahmen, die die Integrität dokumentieren und nachweisen können (Beispiele sind Verschlüsselung, Hash-Check-Wert, Anonymisierung, regelmäßige Sicherheitsüberprüfungen, Zugriff nach dem Need-to-know-Prinzip etc.).
Vertraulichkeit	▪ Schutz der personenbezogenen Daten vor unberechtigtem Zugriff, Offenlegung, Veränderung oder Weitergabe. ▪ Setzung von Schutzmaßnahmen (TOMs) gegen unbeabsichtigten Verlust, unbeabsichtigte Zerstörung oder Schädigung der Daten.
Rechenschafts-pflicht	▪ Der Verantwortliche muss in der Lage sein, die Einhaltung obiger Grundsätze aktiv nachzuweisen. ▪ Ausreichende Dokumentationen, Verfahren und Maßnahmen zur Belegung der Einhaltung der Grundsätze. ▪ Dokumentation der erfolgreichen Durchführung der internen Kontrollen, um die Einhaltung der Grundsätze nachzuweisen. ▪ Regelmäßige Prüfung der Kontrollen durch interne Prüfer/interne Revision/Daten-schutzbeauftragte/Compliance Officer. ▪ Ggf. regelmäßige Zertifizierung durch unabhängige Dritte.

4.1.2 Rechtmäßigkeit der Verarbeitung

Die Rechtmäßigkeit der Verarbeitung personenbezogener Daten ist in Art. 6 DSGVO definiert. Im Absatz 1 werden die verschiedenen Bedingungen spezifiziert, unter denen die Verarbeitung rechtmäßig ist:

1. **Einwilligung**

   Die betroffene Person hat ihre Einwilligung zu der Verarbeitung der sie betreffenden personenbezogenen Daten für einen oder mehrere bestimmte Zwecke gegeben.

   Bei KI-Anwendungen ist die Einholung einer klaren, informierten und freiwilligen Einwilligung der betroffenen Personen besonders wichtig, vor allem wenn die Verarbeitung umfangreich ist oder sensible Daten umfasst. Die Einwilligung muss spezifisch für die durch KI ermöglichten Verarbeitungsaktivitäten eingeholt werden.

2. **Vertragserfüllung**

   Die Verarbeitung ist notwendig für die Erfüllung eines Vertrags, dessen Vertragspartei die betroffene Person ist, oder für die Durchführung vorvertraglicher Maßnahmen, die auf Anfrage der betroffenen Person erfolgen.

   Bei Einsatz von KI-Systemen zur Vertragserfüllung, etwa personalisierten Empfehlungen im E-Commerce, muss es eine klare Notwendigkeit der Verarbeitung für die vertraglich vereinbarte Leistung geben.

3. **Rechtliche Verpflichtung**

   Die Verarbeitung ist notwendig zur Erfüllung einer rechtlichen Verpflichtung, der der Verantwortliche unterliegt.

   Werden dafür KI-Systeme verwendet, wie z. B. Betrugserkennungssysteme im Bankwesen, müssen diese die rechtlichen Anforderungen genau erfüllen, und die Verarbeitung muss zur Erfüllung dieser Verpflichtungen notwendig sein.

4. **Lebenswichtige Interessen**

   Die Verarbeitung ist notwendig, um lebenswichtige Interessen der betroffenen Person oder einer anderen natürlichen Person zu schützen.

   In diesem Fall erfordert der Einsatz von KI eine besonders sorgfältige Abwägung, insbesondere in Situationen, in denen die betroffene Person nicht in der Lage ist, ihre Einwilligung zu geben.

5. **Öffentliches Interesse oder Ausübung öffentlicher Gewalt**

   Die Verarbeitung ist notwendig für die Wahrnehmung einer Aufgabe, die im öffentlichen Interesse liegt oder in Ausübung öffentlicher Gewalt erfolgt, die dem Verantwortlichen übertragen wurde.

   KI-Anwendungen im öffentlichen Sektor müssen klar im öffentlichen Interesse begründet sein oder im Rahmen der öffentlichen Gewalt ausgeübt werden.

6. **Legitimes Interesse**

   Die Verarbeitung ist notwendig zur Wahrung der berechtigten Interessen des Verantwortlichen oder eines Dritten, sofern nicht die Interessen oder Grundrechte und Grundfreiheiten der betroffenen Person, die den Schutz personenbezogener Daten erfordern, überwiegen.

   Wenn KI-Systeme auf der Grundlage legitimer Interessen des Verantwortlichen oder eines Dritten betrieben werden, ist eine sorgfältige Abwägung erforderlich. Es muss sichergestellt werden, dass die Interessen, Grundrechte und Grundfreiheiten der betroffenen Person, die den Schutz personenbezogener Daten erfordern, nicht überwiegen. Die Transparenz der Verarbeitung und die Möglichkeit für betroffene Personen, Widerspruch einzulegen, sind hierbei besonders wichtig.

Es ist wichtig, dass der Verantwortliche die passende Rechtsgrundlage für die Datenverarbeitung sorgfältig auswählt und dokumentiert, um die Einhaltung der DSGVO zu gewährleisten. Die gewählte Rechtsgrundlage muss spezifisch, explizit und legitim sein, und die Verarbeitung muss auf die Erreichung des festgelegten Zwecks beschränkt bleiben.

Art. 6 Abs. 4 DSGVO legt die Voraussetzungen fest, unter denen die Verarbeitung personenbezogener Daten für Zwecke, die über den ursprünglichen Erhebungszweck hinausgehen, erlaubt ist. Dieser Absatz enthält einen Leitfaden für die Bewertung, ob die neue Datenverarbeitung mit dem ursprünglichen Zweck vereinbar ist, indem er verschiedene Kriterien berücksichtigt.

Im Speziellen wird gefordert, dass bei der Beurteilung, ob die Weiterverarbeitung für einen neuen Zweck zulässig ist, verschiedene Faktoren beachtet werden müssen:

- Wie eng sind die Zwecke miteinander verbunden? Ist der neue Zweck eine logische Fortführung des ursprünglichen Zwecks?
- Welche Erwartungen hatten die betroffenen Personen zum Zeitpunkt der Datenerhebung bezüglich einer möglichen Weiterverarbeitung?
- Handelt es sich um besonders sensible Daten, für die strengere Schutzmaßnahmen erforderlich sind?
- Könnte die Weiterverarbeitung negative Auswirkungen auf die betroffenen Personen haben?

Werden geeignete Schutzmaßnahmen wie Pseudonymisierung angewendet, um die Rechte und Freiheiten der betroffenen Personen zu schützen?

Art. 6 Abs. 4 DSGVO ermöglicht somit eine flexible Handhabung der Weiterverarbeitung personenbezogener Daten unter der Voraussetzung, dass die Kompatibilität des neuen Verarbeitungszwecks sorgfältig geprüft und begründet wird. Diese Bestimmung trägt zur Rechtssicherheit bei, indem sie klare Kriterien für die Beurteilung der Zulässigkeit von Weiterverarbeitungsvorgängen vorgibt und gleichzeitig den Schutz der betroffenen Personen sicherstellt.

4.1.3 Informationspflicht bei Erhebung personenbezogener Daten

Die Informationspflicht bei der Erhebung personenbezogener Daten ist in den Art. 13 und 14 DSGVO festgelegt. Diese Pflichten zielen darauf ab, Transparenz bei der Verarbeitung personenbezogener Daten zu gewährleisten und betroffenen Personen zu ermöglichen, ihre Rechte effektiv wahrzunehmen. Die Anforderungen unterscheiden sich leicht, je nachdem, ob die Daten direkt bei der betroffenen Person erhoben werden (Art. 13 DSGVO) oder nicht (Art. 14 DSGVO).

Im Kontext von künstlicher Intelligenz gewinnen diese Informationspflichten zusätzlich an Bedeutung, da KI-Systeme oft komplexe Datenverarbeitungsvorgänge durchführen, die für betroffene Personen nicht immer leicht nachvollziehbar sind. Folgende Bereiche sind dabei wesentlich:

I. **Direkte Datenerhebung (Artikel 13 DSGVO)**

   Bei direkter Datenerhebung muss der Verantwortliche der betroffenen Person zum Zeitpunkt der Datenerhebung umfassende Informationen zur Verfügung stellen:

   i. Identität und Kontaktdaten des Verantwortlichen und gegebenenfalls seines Vertreters sowie des Datenschutzbeauftragten, sofern vorhanden
   ii. Zwecke der Datenverarbeitung sowie die Rechtsgrundlage dafür, ggf. nähere Erläuterung über die berechtigten Interessen des Verantwortlichen
   iii. Empfänger oder Kategorien von Empfängern der personenbezogenen Daten
   iv. Informationen darüber, ob die Daten in ein Drittland übermittelt werden und welcher Schutzmechanismus angewendet wird
   v. Speicherdauer oder Kriterien für die Festlegung dieser Dauer
   vi. Information über die Rechte der betroffenen Person, einschließlich des Rechts auf Zugang, Berichtigung, Löschung, Einschränkung der Verarbeitung, Widerspruchsrecht und Beschwerderecht bei einer Aufsichtsbehörde
   vii. Das Bestehen eines automatisierten Entscheidungsfindungsprozesses, einschließlich Profilings, und aussagekräftige Informationen über die Logik sowie die Bedeutung und die angestrebten Auswirkungen einer solchen Verarbeitung für die betroffene Person

II. **Indirekte Datenerhebung (Artikel 14 DSGVO)**

   Wenn personenbezogene Daten nicht direkt bei der betroffenen Person erhoben werden, gelten ähnliche Informationspflichten wie in Artikel 13 DSGVO, jedoch mit einigen Anpassungen. Zusätzlich muss der Verantwortliche bspw. Informationen über die Datenquelle bereitstellen.

Spezifische Überlegungen beim Einsatz von KI

Bei der Nutzung von KI sollten Verantwortliche besonderen Wert auf die Transparenz der Datenverarbeitung legen. Dies umfasst:

- Klare Erklärungen darüber, wie KI-Systeme Daten verarbeiten und Entscheidungen treffen
- Informationen über die Trainingsdatensätze, die für das Trainieren der KI verwendet wurden, insbesondere wenn dies Auswirkungen auf die betroffene Person haben könnte
- Details zu Maßnahmen, die getroffen wurden, um Ungenauigkeiten, Vorurteile (Bias) und Diskriminierung durch KI-Systeme zu minimieren

Die Einhaltung der Informationspflichten bei der Verarbeitung personenbezogener Daten durch KI-Systeme trägt nicht nur zur Rechtskonformität bei, sondern stärkt auch das Vertrauen der Nutzerinnen und Nutzer und der betroffenen Personen in die Technologie.

4.1.4 Rechte der betroffenen Personen

Die DSGVO stärkt die Rechte der Individuen, indem sie ihnen Kontrolle über ihre personenbezogenen Daten gibt. Diese Rechte haben besondere Bedeutung im Kontext der Verarbeitung durch künstliche Intelligenz, da KI-Systeme oft große Mengen an Daten verarbeiten und komplexe Entscheidungen treffen, die erhebliche Auswirkungen auf Individuen haben. Die wesentlichen Rechte und deren Implikationen bei der Verwendung von KI sind nachfolgend dargestellt:

1. **Recht auf Auskunft (Art. 15 DSGVO)**

   Betroffene Personen haben das Recht, zu erfahren, ob ihre Daten verarbeitet werden, und, falls dies der Fall ist, Zugang zu diesen Daten und zusätzlichen Informationen zu erhalten.

   Im Kontext von KI bedeutet dies, dass Individuen Informationen darüber anfordern können, wie ihre Daten in einem KI-System verwendet werden, einschließlich einer Beschreibung der Logik hinter automatisierten Entscheidungen (Art. 15 Abs. 1 lit h DSGVO).

2. **Recht auf Berichtigung (Art. 16 DSGVO)**

   Dieses Recht ermöglicht es Individuen, die Berichtigung unrichtiger, sie betreffender personenbezogener Daten zu verlangen. KI-Systeme, die unvollständige Daten verarbeiten, könnten fehlerhafte Entscheidungen treffen, mit negativen Folgen für die betroffene Person.

3. **Recht auf Löschung („Recht auf Vergessenwerden", Art. 17 DSGVO)**

   Unter bestimmten Bedingungen können Individuen die Löschung ihrer Daten verlangen. Bei KI-Anwendungen, die personenbezogene Daten verarbeiten, müssen Mechanismen vorhanden sein, um Daten auf Anfrage der betroffenen Person zu löschen, besonders wenn die Daten nicht mehr für die ursprünglichen Zwecke benötigt werden oder die Einwilligung widerrufen wurde.

4. **Recht auf Einschränkung der Verarbeitung (Art. 18 DSGVO)**

   Betroffene Personen können die Einschränkung der Verarbeitung ihrer Daten unter bestimmten Umständen verlangen, etwa wenn die Richtigkeit der Daten bestritten wird. Für KI-Systeme kann dies bedeuten, dass bestimmte Daten vorübergehend nicht für Entscheidungsprozesse verwendet werden dürfen.

5. **Recht auf Datenübertragbarkeit (Art. 20 DSGVO)**

   Individuen haben das Recht, ihre Daten in einem strukturierten, gängigen und maschinenlesbaren Format zu erhalten und diese Daten einem anderen Verantwortlichen zu übermitteln. Im KI-Kontext ermöglicht dies Nutzern, ihre Daten von einem Dienst zu einem anderen zu übertragen, was besonders bei Diensten relevant ist, die KI für personalisierte Empfehlungen nutzen.

6. **Widerspruchsrecht (Art. 21 DSGVO)**

   Betroffene Personen haben das Recht, jederzeit gegen die Verarbeitung ihrer personenbezogenen Daten Widerspruch einzulegen, insbesondere wenn diese Verarbeitung auf der Grundlage von berechtigten Interessen des Verantwortlichen oder zur Direktwerbung erfolgt. Beim Einsatz von KI bedeutet dies, dass Individuen der Verarbeitung ihrer Daten durch KI-Systeme widersprechen können, insbesondere im Zusammenhang mit Profiling bei Direktwerbung (Art. 21 Abs. 2 DSGVO).

Die Implementierung dieser Rechte in KI-Systemen erfordert sorgfältige Planung und technische Maßnahmen, damit die Systeme die Anforderungen erfüllen können. Dies kann durch transparente Datenverarbeitungspraktiken, die Bereitstellung von Nutzerschnittstellen für die Rechteausübung und die Integration von Datenschutzprinzipien in den Designprozess von KI-Systemen erreicht werden.

4.2 Datenschutz durch Technikgestaltung

Art. 25 DSGVO ist ein zentrales Element für die Förderung des Datenschutzes in der Entwicklungs- und Nutzungsphase von Produkten, Dienstleistungen und Systemen. Dieser Artikel ist besonders relevant beim Einsatz von künstlicher Intelligenz, da er sowohl Entwickler als auch Anwender von KI-Systemen dazu anhält, Datenschutzmaßnahmen von Anfang an in ihre Systeme zu integrieren und datenschutzfreundliche Einstellungen als Standard zu etablieren. Die wesentlichen Aspekte sind:

- **Datenschutz durch Technikgestaltung (Privacy by Design)**

  Dieser Grundsatz verlangt, dass der Datenschutz bereits bei der Entwicklung und Konzeption von Verarbeitungsprozessen berücksichtigt wird. Im Kontext von KI bedeutet dies, dass Datenschutzüberlegungen integraler Bestandteil des Designprozesses von KI-Systemen sein müssen, von der Auswahl der Daten, die für das Training der KI verwendet werden, bis hin zu den Algorithmen, die Entscheidungen treffen.

- **Datenschutz durch datenschutzfreundliche Voreinstellungen (Privacy by Default)**

  Dieser Grundsatz fordert, dass nur solche personenbezogenen Daten verarbeitet werden, die für den jeweiligen spezifischen Zweck unbedingt erforderlich sind. Für KI-Systeme bedeutet das, dass sie standardmäßig so konfiguriert sein sollten, dass sie die Privatsphäre respektieren, indem sie beispielsweise Datenminimierung praktizieren, die Sammlung und Speicherung von Daten auf das absolut Notwendige beschränken und die Zugänglichkeit der Daten limitieren.

Art. 25 DSGVO unterstreicht die Wichtigkeit von vorausschauendem und vorbeugendem Datenschutz. Bei der Nutzung von KI bedeutet dies, dass Datenschutzmaßnahmen sorgfältig geplant und umgesetzt werden müssen – und zwar in jeder Phase des Lebenszyklus eines KI-Systems, angefangen bei der Datensammlung, über das Trainieren der Modelle bis hin zur praktischen Anwendung der KI. Die Prinzipien des „Datenschutzes durch Design“ und der „datenschutzfreundlichen Grundeinstellungen“ dienen dazu, den Schutz der Privatsphäre zu gewährleisten und das Vertrauen der Nutzer sowie der Öffentlichkeit in KI-Systeme zu stärken.

4.2.1 Privacy by Design und Privacy by Default

Die Umsetzung der Grundsätze „Privacy by Design“ und „Privacy by Default“ gemäß der Datenschutz-Grundverordnung (DSGVO) sowie die Berücksichtigung der KI-VO sind entscheidend für die Entwicklung und den Betrieb von KI-Anwendungen.

1. **Privacy by Design**

   „Privacy by Design" bedeutet, dass Datenschutz von Anfang an in die Konzeption und Architektur von KI-Systemen integriert wird. Das umfasst mehrere Aspekte:

   - Datenschutzfreundliche Technologien: Einsatz von Technologien, die die Datenminimierung unterstützen, wie z. B. Datenanonymisierung und Pseudonymisierung, um die Identifizierung von Einzelpersonen zu vermeiden.
   - Minimierung der Datenerhebung: Nur die Daten sammeln, die unbedingt notwendig sind. KI-Modelle sollten mit dem geringstmöglichen Datenumfang trainiert werden, der für die Aufgabenerfüllung erforderlich ist.
   - Sicherheit: Implementierung robuster Sicherheitsmaßnahmen, um Daten vor unbefugtem Zugriff und Missbrauch zu schützen. Dazu gehören Verschlüsselung, sichere Datenübertragung und Zugriffskontrollen.
   - Transparenz und Rechenschaftspflicht: Sicherstellen, dass die KI-Anwendungen in ihrer Funktion und Datenverarbeitung für Nutzer verständlich und nachvollziehbar sind.

2. **Privacy by Default**

   „Privacy by Default" bedeutet, dass die sichersten Datenschutzeinstellungen standardmäßig aktiviert sind, ohne dass der Nutzer selbst Einstellungen vornehmen muss. Für KI-Anwendungen impliziert dies:

   - Standardmäßige Datensparsamkeit: Standardmäßig werden nur die Daten verarbeitet, die für die spezifische Funktion der KI absolut notwendig sind.
   - Eingeschränkter Datenzugriff: Standardmäßige Beschränkungen, wer auf welche Daten zugreifen kann und unter welchen Umständen, insbesondere bei sensiblen Informationen.
   - Automatische Löschung: Daten, die nicht mehr benötigt werden, müssen automatisch gelöscht werden, um das Risiko von Datenschutzverletzungen zu minimieren.

3. **KI-VO**

   Die KI-VO, die speziell auf künstliche Intelligenz abzielt, ergänzt die DSGVO, indem sie spezifische Vorschriften für KI-Systeme einführt:

   - Risikobasierte Klassifizierung: KI-Systeme werden gemäß ihrem Risiko für die Rechte und Freiheiten der Personen klassifiziert. Hochrisikoanwendungen unterliegen strengeren Anforderungen.
   - Transparenzpflichten: Anbieter von KI müssen sicherstellen, dass Nutzer über die Arbeitsweise und die Entscheidungsfaktoren der KI informiert sind.
   - Überwachung und Compliance: Einhaltung ethischer Richtlinien und Sicherstellung, dass KI-Systeme im Einklang mit den rechtlichen Anforderungen entwickelt und betrieben werden.

Wie können nun diese Prinzipien in die Praxis umgesetzt werden? Dazu sollten Anbieter, Produkthersteller und -herstellerinnen als auch andere Entwicklerinnen und Entwickler ihre KI-Anwendungen immer in einem Projekt mit Personen mit diversen Kenntnissen entwickeln. Dazu gehören:

- die frühzeitige Einbindung eines Datenschutzexperten in die Konzeption der KI
- die Durchführung einer Datenschutz-Folgenabschätzungen, um mögliche Risiken zu identifizieren und zu mitigieren.
- Bei der Entwicklung von KI-Systemen müssen Datenschutzprinzipien wie Datenminimierung, Zweckbindung und Transparenz von Anfang an berücksichtigt werden.
- KI-Systeme sollten so gestaltet sein, dass sie die Erhebung und Verarbeitung personenbezogener Daten auf das für die Erreichung des Verarbeitungszwecks notwendige Maß beschränken.
- Durchgehende Dokumentation der Funktionsweise und Monitoring der KI-Systeme im Betrieb, um die Compliance nachzuweisen. Entwickler und Anwender von KI müssen zeigen können, wie Datenschutzprinzipien in ihre Systeme integriert wurden, um die Anforderungen der DSGVO zu erfüllen.

Art. 25 DSGVO betont die Bedeutung des proaktiven und präventiven Datenschutzes. Bei der Anwendung von KI erfordert dies eine sorgfältige Planung und Durchführung von Datenschutzmaßnahmen in allen Phasen des Lebenszyklus eines KI-Systems, von der Datenerhebung über das Training von Modellen bis hin zum Einsatz der KI in der Praxis. Die Einhaltung von „Datenschutz durch Technikgestaltung“ und „datenschutzfreundlichen Voreinstellungen“ soll sicherstellen, dass KI-Systeme die Privatsphäre schützen und das Vertrauen der Nutzer und der Öffentlichkeit stärken.

4.2.2 Verantwortung für die gesetzeskonforme Verarbeitung

Im Art. 4 Abs. 7 DSGVO wird der Begriff des „Verantwortlichen“ definiert als die natürliche oder juristische Person, Behörde, Einrichtung oder andere Stelle, die allein oder gemeinsam mit anderen über die Zwecke und Mittel der Verarbeitung von personenbezogenen Daten entscheidet. Der Verantwortliche ist also die primäre Entscheidungsinstanz, warum (Zweck) und wie (Mittel) personenbezogene Daten verarbeitet werden.

Im Kontext von künstlicher Intelligenz hat die Rolle des Verantwortlichen besondere Bedeutung, da KI-Systeme oft komplexe Datenverarbeitungsaktivitäten durchführen, die weitreichende Auswirkungen auf die Privatsphäre und die Rechte von Individuen haben können. Hier sind einige spezifische Aspekte, die berücksichtigt werden müssen:

1. **Entscheidungsfindung bei der Entwicklung von KI**

   Entwicklerinnen, Entwickler, Eigentümerinnen oder Eigentümer von KI-Systemen, die personenbezogene Daten nutzen, um KI-Modelle zu trainieren oder KI-gestützte Dienste anzubieten, werden typischerweise als Verantwortliche angesehen, da sie über den Einsatz dieser Technologien und die Verwendung der Daten entscheiden.

2. **Transparenz und Rechenschaftspflicht**

   Als Verantwortliche müssen KI-Entwicklerinnen, KI-Entwickler und -Betreiber sicherstellen, dass ihre Verarbeitungstätigkeiten transparent sind und den Datenschutzprinzipien der DSGVO entsprechen. Sie müssen dokumentieren, welche Daten für welche Zwecke verarbeitet werden, wie die Verarbeitung durchgeführt wird und müssen in der Lage sein, die Einhaltung der DSGVO gegenüber den Aufsichtsbehörden nachzuweisen.

3. **Bewertung der Auswirkungen und Schutzmaßnahmen**

   Verantwortliche, die KI-Systeme einsetzen, müssen Datenschutz-Folgenabschätzungen durchführen, wenn die Art der Verarbeitung ein hohes Risiko für die Rechte und Freiheiten der betroffenen Personen darstellen könnte. Sie müssen geeignete technische und organisatorische Maßnahmen ergreifen, um die Risiken zu mindern und den Schutz personenbezogener Daten zu gewährleisten.

4. **Einhaltung der Rechte der betroffenen Personen**

   Der Verantwortliche muss sicherstellen, dass die Rechte der betroffenen Personen, wie das Recht auf Auskunft, Berichtigung, Löschung und Widerspruch (Art. 15–21 DSGVO), vollständig gewährleistet werden. Bei der Verwendung von KI muss besonders darauf geachtet werden, dass betroffene Personen ihre Rechte effektiv ausüben können, insbesondere im Zusammenhang mit automatisierten Entscheidungen. Bei der Konzeption des KI-Systems müssen diese Pflichten daher Grundlage für die Umsetzungsanforderung werden.

Schlussfolgerung

Im Kontext von KI unterstreicht Art. 4 Abs 7 DSGVO die zentrale Rolle des Verantwortlichen bei der Gewährleistung des Datenschutzes und der Einhaltung der DSGVO. KI-Entwickler und -Anwender müssen proaktiv vorgehen, um Datenschutzprinzipien in ihre Systeme zu integrieren, die Transparenz der Datenverarbeitung sicherzustellen und die Rechte der betroffenen Personen zu schützen. Die Identifizierung und Übernahme der Verantwortung für KI-gestützte Datenverarbeitungsaktivitäten ist entscheidend, um das Vertrauen der Nutzerinnen und Nutzer sowie die Rechtskonformität zu fördern.

4.3 Anforderungen für Testdaten

Die Anwendung der DSGVO auf Testdaten für künstliche Intelligenz stellt spezifische Anforderungen, insbesondere wenn diese Daten personenbezogene Informationen enthalten. Hier sind einige der wichtigsten Anforderungen, die anhand der folgenden Punkte abgearbeitet werden können:

Rechtmäßigkeit der Datenverarbeitung

Gemäß der DSGVO muss die Verarbeitung personenbezogener Daten auf einer rechtmäßigen Grundlage erfolgen.

Für KI-Testdaten bedeutet dies, dass eine klare rechtliche Basis für die Sammlung und Verwendung dieser Daten vorhanden sein muss, wie z. B. die ausdrückliche Einwilligung der betroffenen Personen, die Erfüllung eines Vertrags, rechtliche Verpflichtungen oder berechtigte Interessen (vgl. Art. 6 DSGVO). Im Zweifel müssen die Daten vor dem Testlauf anonymisiert werden.

Datensparsamkeit und Zweckbindung

Die DSGVO fordert, dass nur so viele Daten verarbeitet werden, wie unbedingt nötig (Datensparsamkeit), und dass die Daten nur für festgelegte, explizite und legitime Zwecke verwendet werden.

Für KI-Testdaten bedeutet das, dass nur der Umfang an Informationen verwendet werden darf, der für das spezifische Testziel der KI notwendig ist. Außerdem dürfen die Daten nicht für andere Zwecke verwendet werden.

Transparenz und Informationspflichten

Organisationen müssen transparent und proaktiv darüber informieren, wie und warum personenbezogene Daten verwendet werden.

Bei KI-Tests beinhaltet dies die Bereitstellung einer Informationsunterlage über die beabsichtigte Datenverarbeitung an die betroffenen Personen. Es kann sowohl eine zusätzliche Datenschutz-Information für diesen spezifischen Zweck erstellt oder die bestehende ergänzt werden.

Datensicherheit

Die DSGVO verlangt, dass angemessene technische und organisatorische Maßnahmen ergriffen werden, um personenbezogene Daten zu schützen.

Bei KI-Testdaten bedeutet dies, dass Sicherheitsmaßnahmen wie Verschlüsselung, Zugriffskontrollen und regelmäßige Sicherheitsüberprüfungen implementiert werden müssen, um die Daten vor unbefugtem Zugriff oder Verlust zu schützen. Wo immer es möglich ist, sollten die Testdaten auch anonymisiert oder zumindest pseudonymisiert werden, um sie auch vor den Entwicklern und Testern angemessen zu schützen. Dies reduziert das Risiko, dass die Daten mit einer bestimmten Person in Verbindung gebracht werden können.

Rechte der betroffenen Personen

Personen, deren Daten für KI-Tests verwendet werden, behalten ihre Rechte unter der DSGVO, einschließlich des Rechts auf Auskunft, Berichtigung, Löschung und Einschränkung der Verarbeitung. Organisationen müssen Mechanismen bereitstellen, um diese Rechte zu gewährleisten. Die Einbindung des Datenschutzbeauftragten in das Projektteam vermindert daher Fehler bei der gesetzeskonformen Meldung bei der Ausübung der Betroffenenrechte.

Datenschutz-Folgenabschätzung (DSFA)

Eine Datenschutz-Folgenabschätzung ist dann notwendig, wenn eine Art der Verarbeitung, insbesondere unter Verwendung neuer Technologien, aufgrund ihrer Art, ihres Umfangs, ihrer Umstände und ihrer Zwecke voraussichtlich ein hohes Risiko für die Rechte und Freiheiten natürlicher Personen zur Folge hat (Art. 35 DSGVO). Der Verantwortliche konsultiert vor der Verarbeitung die Aufsichtsbehörde, wenn aus einer Datenschutz-Folgenabschätzung hervorgeht, dass die Verarbeitung ein hohes Risiko zur Folge hätte, sofern der Verantwortliche keine Maßnahmen zur Eindämmung des Risikos trifft (Art. 35 DSGVO).

Für KI-Projekte, die ein hohes Risiko für die Rechte und Freiheiten natürlicher Personen darstellen könnten, verlangt die DSGVO also eine DSFA. Diese sollte die spezifischen Risiken, die mit der Verarbeitung von Testdaten verbunden sind, sowie Maßnahmen zur Minderung dieser Risiken bewerten und dokumentieren.

> Für KI-Projekte ist es von entscheidender Bedeutung, dass bereits in der Entwicklungsphase, einschließlich der Auswahl und Verwendung von Testdaten, Datenschutzüberlegungen integriert werden. Dokumentieren Sie den gesamten Prozess der Datenschutz-Folgenabschätzung, einschließlich der identifizierten Risiken, der durchgeführten Bewertungen und der getroffenen Maßnahmen zur Risikominderung. Dies dient als Nachweis der Einhaltung der DSGVO.

4.4 Automatisierte Entscheidungsfindung

Art. 22 DSGVO stellt einen wichtigen Mechanismus zum Schutz der Individuen vor den Risiken und potenziellen Nachteilen automatisierter Entscheidungsfindungen dar, insbesondere solcher, die auf künstlicher Intelligenz oder anderen automatisierten Verarbeitungssystemen basieren.

Dieser Artikel begrenzt die Nutzung ausschließlich automatisierter Entscheidungsfindung, indem er betroffenen Personen das Recht gibt, nicht Entscheidungen unterworfen zu werden, die rechtliche oder ähnlich erhebliche Auswirkungen auf sie haben, ohne dass eine menschliche Überprüfung erfolgt.

Art. 4 Abs. 4 DSGVO definiert den Begriff Profiling als jede Art der automatisierten Verarbeitung personenbezogener Daten, die darin besteht, dass diese personenbezogenen Daten verwendet werden, um bestimmte persönliche Aspekte, die sich auf eine natürliche Person beziehen, zu bewerten, insbesondere um Aspekte bezüglich Arbeitsleistung, wirtschaftliche Lage, Gesundheit, persönliche Vorlieben, Interessen, Zuverlässigkeit, Verhalten, Aufenthaltsort oder Ortswechsel dieser natürlichen Person zu analysieren oder vorherzusagen.

Tatsächlich werden immer mehr Daten gesammelt, die jede menschliche Aktivität abbilden. Durch verschiedene KI-Technologien können Einzelpersonen auf der Grundlage einer breiten Palette persönlicher Merkmale in vielen Fällen und Kontexten überwacht und beeinflusst werden. Durch die Korrelation von Daten über Individuen mit entsprechenden Klassifizierungen und Vorhersagen erhöht KI das Potenzial für Profiling, d. h. für die Ableitung von Informationen über Personen oder Gruppen und die Annahme von Bewertungen und Entscheidungen auf dieser Grundlage. [2]

Art. 22 DSGVO befasst sich mit der automatisierten Einzelentscheidung, einschließlich Profiling. Dieser Artikel ist besonders relevant im Kontext der künstlichen Intelligenz, da KI-Systeme häufig für automatisierte Entscheidungsfindungen und Profiling eingesetzt werden.

Verbot der automatisierten Einzelentscheidung

Art. 22 Abs. 1 DSGVO besagt, dass Personen das Recht haben, nicht einer ausschließlich auf automatisierter Verarbeitung, einschließlich Profiling, beruhenden Entscheidung unterworfen zu werden, die ihnen gegenüber rechtliche Wirkung entfaltet oder sie in ähnlicher Weise erheblich beeinträchtigt.

Für die Anwendung des Verbots sind also vier Merkmale erforderlich:

1. Es muss eine Entscheidung gegenüber einer Person getroffen werden, bspw. die Zuweisung einer Kreditwürdigkeit.
2. Die Entscheidung muss ausschließlich auf einer automatisierten Verarbeitung beruhen; ein Mensch darf keinen relevanten Einfluss auf das Ergebnis des Entscheidungsprozesses haben.
3. Die Technik muss ein Profiling umfassen. Diese Anforderung wird in ErwG 71 DSGVO noch einmal präzisiert.
4. Das Ergebnis muss rechtliche oder jedenfalls erhebliche Wirkung haben.

Grundsätzlich dürfen also IT-Systeme keine wesentlichen Entscheidungen über Menschen treffen. Allerdings gibt es Ausnahmen von diesem Verbot, die in Artikel 22 Abs. 2 dargestellt sind. Eine solche Entscheidung darf getroffen werden, wenn sie:

- für den Abschluss oder die Erfüllung eines Vertrags zwischen der betroffenen Person und einem Datenverantwortlichen notwendig ist,
- aufgrund von Rechtsvorschriften der EU oder der Mitgliedstaaten zulässig ist, die auch angemessene Maßnahmen zur Wahrung der Rechte und Freiheiten sowie der berechtigten Interessen der betroffenen Person vorsehen, oder
- mit ausdrücklicher Einwilligung der betroffenen Person erfolgt.

Die Schutzmaßnahmen, die in solchen Fällen verlangt werden, sind in Art. 22 Abs. 3 und Abs. 4 DSGVO aufgeführt. Bei Entscheidungen, die auf automatisierter Verarbeitung beruhen und unter die Ausnahmen fallen, müssen angemessene Maßnahmen zum Schutz der Rechte und Freiheiten sowie der berechtigten Interessen der betroffenen Person implementiert werden. Dazu gehört etwa:

- das Recht auf menschliches Eingreifen aufseiten des Verantwortlichen
- das Recht, den eigenen Standpunkt darzulegen
- das Recht, die Entscheidung anzufechten

Wie sieht das nun konkret im Zusammenspiel mit KI-Systemen aus? Die folgenden Überlegungen sollten vom Projektteam diskutiert und Maßnahmen beschlossen und dokumentiert werden:

1. **Automatisierte Entscheidungsfindung**

   Viele KI-Systeme sind in der Lage, Entscheidungen ohne menschliches Eingreifen zu treffen, was direkt unter Art. 22 DSGVO fällt. Dies ist besonders relevant in Bereichen wie Kreditwürdigkeitsprüfungen, Personalwesen (z. B. automatisierte Bewerberinnen- und Bewerberauswahl) und Gesundheitsdiagnostik.

   Das Risiko für die Betroffenen muss daher in einer Datenschutz-Folgenabschätzung bewertet und angemessene Maßnahmen müssen gesetzt werden. Beispiele für diese Maßnahmen sind regelmäßige Überprüfungen der Entscheidungen durch einen sachverständigen Menschen, die Implementierung einer Einspruchsmöglichkeit im KI-System oder eine interne Kontrolle, die zufällig einen durch die KI bearbeiteten Sachverhalt auswählt und an einen Menschen zur Prüfung weiterleitet.

2. **Profiling**

   KI wird oft für Profiling verwendet, d. h. für das Sammeln von Informationen über eine Person und das Treffen von Vorhersagen oder Entscheidungen basierend auf diesen Informationen. Art. 22 DSGVO schränkt die Verwendung solcher Techniken ein, wenn sie erhebliche Auswirkungen auf Einzelpersonen haben. Beispiele hierfür können die Leistung bei der Arbeit, die wirtschaftliche Lage, der Gesundheitszustand, die persönlichen Vorlieben, Interessen, Zuverlässigkeit, ein mögliches Verhalten in einer bestimmten Situation oder Bewegungsmuster einer Person sein.

Profiling wird in vielen verschiedenen Anwendungsszenarien genutzt, weil es die Analyse großer Mengen an Daten effizient ermöglicht und daraus spezifische Erkenntnisse über Individuen oder Gruppen ableitbar macht. Im Gesundheitswesen kann Profiling dazu beitragen, Patienten zu identifizieren, die ein höheres Risiko für bestimmte Krankheiten haben, und im Finanzwesen hilft es, um das Kreditrisiko von Kreditnehmern zu bewerten.

Obwohl Profiling eine mächtige Technik ist, um Muster und Trends in großen Datenmengen zu erkennen und zu nutzen, hat es auch seine Grenzen, denn die Ergebnisse können durch externe Faktoren wie wirtschaftliche Veränderungen, politische Ereignisse oder technologische Entwicklungen beeinflusst werden, die möglicherweise nicht in den vorhandenen Daten enthalten sind. Zudem können einmalige oder zufällige Ereignisse nicht vorhergesagt werden, die außerhalb der in den Daten festgestellten Muster und Trends liegen.

3. **Einwilligung und Transparenz**

   Die Verwendung von KI zur automatisierten Entscheidungsfindung erfordert oft eine klare und ausdrückliche Einwilligung der betroffenen Personen. Außerdem müssen die Verfahren und Kriterien, die der Entscheidungsfindung zugrunde liegen, transparent sein. Gemeinsam mit dem Datenschutzbeauftragten ist daher zu prüfen, ob die notwendigen Einwilligungen vorliegen, ob technische Maßnahmen ausreichend gesetzt wurden und die Betroffenenrechte ausgeübt werden können. Dies umfasst auch leicht verständliche Beschreibungen über das eingesetzte Verfahren.

4. **Menschliches Eingreifen**

   In Fällen, in denen automatisierte Entscheidungen erlaubt sind, muss dennoch die Möglichkeit für menschliches Eingreifen bestehen, um sicherzustellen, dass die Rechte der betroffenen Personen gewahrt bleiben. Es muss konzeptuell berücksichtigt werden, dass der Verantwortliche in die Verarbeitung eingreifen und das Ergebnis korrigieren kann.

4.5 Orientierungshilfen und Empfehlungen der Datenschutz-Aufsichtsbehörden zu DSGVO und KI

Der verantwortungsvolle Einsatz von KI im Einklang mit der DSGVO wirft derzeit zahlreiche komplexe Fragestellungen auf. Es besteht vielfältiges und teilweise erhebliches Konfliktpotenzial, das noch nicht vollständig geklärt ist. Verschiedene Initiativen von Datenschutzexperten zielen derzeit darauf ab, praktikable Lösungen für diese Herausforderungen zu entwickeln und Rechtssicherheit zu erlangen.

Dieser Abschnitt dient als Orientierungshilfe für Unternehmen und zeigt mehrere Ansätze auf, wie KI-Systeme datenschutzkonform implementiert und betrieben werden können. Dabei wird besonderer Wert daraufgelegt, die Anforderungen der DSGVO zu erfüllen und gleichzeitig die Innovationspotenziale der KI-Technologien optimal auszunutzen.

Die Orientierungshilfen und Fallbeispiele bilden den Status im Juli 2024 ab. Entscheidungen oder sonstige Stellungnahmen und Empfehlungen, die danach gefällt wurden, sind nicht Teil dieser Übersicht.

4.5.1 Veröffentlichungen des European Data Protection Boards (Auszug)

Organisation: European Data Protection Board (EDPB)

Land: EU

Veröffentlichung: „Statement 3/2024" im Juli 2024 [13]

Inhalt:

In der Stellungnahme 3/2024 beschreibt das EDPB seine Sichtweise zur Rolle der nationalen Datenschutzbehörden im Rahmen der KI-VO und betont, dass das Datenschutzrecht der Union uneingeschränkt auf die Verarbeitung personenbezogener Daten im Zusammenhang mit dem Lebenszyklus von KI-Systemen anwendbar ist, wie in Artikel 2 Abs. 7 der KI-VO ausdrücklich anerkannt wird (siehe auch Erwägungsgründe 9 und 10).

Die EDPB weist darauf hin, dass die Verarbeitung personenbezogener Daten im Lebenszyklus von KI-Systemen ein hohes Risiko für die Grundrechte darstellen, insbesondere da sie häufig eng mit nicht personenbezogenen Daten verflochten sind. Daher sollen die national zuständigen Behörden für die Durchsetzung der KI-VO eng mit den Datenschutzbehörden zusammenarbeiten.

Veröffentlichung: „Report of the work undertaken by the ChatGPT Taskforce" im Mai 2024 [12]

Inhalt:

Diese Taskforce wurde eingerichtet, da OpenAI bis 15. Februar 2024 keine Niederlassung in der EU hatte und somit keine einzelne nationale Datenschutzbehörde für den Dienst ChatGPT, der von dem US-amerikanischen Unternehmen OpenAI OpCo, LLC bereitgestellt wird, verantwortlich war.

Die EDPB beschloss daher im April 2023, eine Taskforce einzurichten, um die Zusammenarbeit der nationalen Behörden zu fördern und Informationen über mögliche Durchsetzungsmaßnahmen in Bezug auf die Verarbeitung personenbezogener Daten im Zusammenhang mit ChatGPT zu koordinieren.

In diesem Zwischenbericht berichten die Mitglieder der ChatGPT-Taskforce über ihre Analysen bei der Anwendbarkeit der DSGVO auf den Dienst ChatGPT und kommen zu den folgenden vorläufigen Standpunkten:

1. **Rechtmäßigkeit**

   Die Verarbeitung personenbezogener Daten muss mindestens eine der in Art. 6 Abs. 1 DSGVO genannten Voraussetzungen erfüllen. Die Rechtmäßigkeit muss dabei für jede der nachfolgend genannten Phasen beurteilt werden und kann sich dabei unterscheiden:

   I. Phasen: „Erhebung der Trainingsdaten“, „Vorverarbeitung der Daten“ und „Training“ Bei diesen Phasen gibt es besondere Risiken für die Grundrechte und -freiheiten natürlicher Personen, da mittels „Web Scraping“ (automatisiertes Sammeln und Extrahieren bestimmter Informationen aus verschiedenen öffentlich zugänglichen Quellen im Internet) personenbezogene Daten erhoben und verarbeitet werden können. In manchen Fällen kann dies sogar besondere Kategorien an Daten gemäß Artikel 9 Abs. 1 DSGVO umfassen, bspw. wenn Menschen ihre Krankengeschichte auf Social-Media-Kanälen teilen. Die Bewertung der Rechtmäßigkeit ist noch ausständig, und OpenAI wurde aufgefordert, mehrere Nachweise zur DSGVO-Konformität zu übermitteln.

   II. Phasen: „Prompt Eingabe“, „Ergebnis Ausgabe“ und „Trainieren von ChatGPT mit Prompts“ OpenAI qualifiziert die Eingaben und das Feedback der Benutzer auf das Ergebnis als „Content“ und erklärt, diese Informationen zum Trainieren und Verbessern des Modells zu verwenden, wobei der Verwendung von „Inhalten“ zu Trainingszwecken widersprochen werden kann. Dies ist im Rahmen der Interessenabwägung nach Artikel 6 Abs. 1 lit. f DSGVO zu berücksichtigen.

2. **Fairness**

   Dieser DSGVO-Grundsatz fordert, dass personenbezogene Daten nicht in einer Weise verarbeitet werden, die für die betroffene Person ungerechtfertigt nachteilig, rechtswidrig diskriminierend, unerwartet oder irreführend ist. Außerdem darf kein Risikotransfer von einem Unternehmen als Verantwortlichem auf betroffene Personen stattfinden. Die Taskforce folgert, dass in Bezug auf ChatGPT die

Verantwortung für die Einhaltung der DSGVO nicht auf die betroffenen Personen übertragen werden sollte, beispielsweise indem in die allgemeinen Geschäftsbedingungen eine Klausel aufgenommen wird, dass die betroffenen Personen für ihre Chat-Eingaben verantwortlich sind. OpenAI hat hier in Aussicht gestellt, bessere Verfahren zur Prüfung der Eingaben zu implementieren.

3. **Transparenz und Informationspflichten**

   Die Taskforce hält fest, dass bei der Datenerhebung via Web Scraping die Betroffenen nicht informiert werden und eventuell eine Ausnahme gemäß Art. 14 Abs. 5 lit. b DSGVO vorliegen könnte, wenn OpenAI geeignete Maßnahmen zum Schutz der Rechte und Freiheiten sowie der berechtigten Interessen der betroffenen Personen, einschließlich der Bereitstellung dieser Informationen für die Öffentlichkeit, implementiert

   In Bezug auf die Benutzereingaben müssen die Personen darauf hingewiesen werden, dass die vorgenannten „Inhalte“ (die Benutzereingaben) zu Schulungszwecken verwendet werden können.

4. **Grundsatz der Datenrichtigkeit**

   Es ist zu beachten, dass der momentane Trainingsansatz von OpenAI aufgrund des probabilistischen Charakters des Systems zu einem Modell führt, das auch verzerrte oder erfundene Ergebnisse erzeugen kann. Im Einklang mit dem Transparenzgrundsatz gemäß Art. 5 Abs. 1 lit. a DSGVO muss der Verantwortliche angemessene Informationen über die probabilistischen Mechanismen zur Erzeugung von Ausgaben und über deren eingeschränkte Zuverlässigkeit zur Verfügung stellen. Dazu gehört ein ausdrücklicher Hinweis darauf, dass der generierte Text zwar syntaktisch korrekt, aber verzerrt oder erfunden sein kann. Die momentanen Maßnahmen werden zwar als vorteilhaft beurteilt, um eine Fehlinterpretation der Ergebnisse von ChatGPT zu vermeiden, reichen jedoch nicht aus, um den Grundsatz der Datengenauigkeit einzuhalten.

5. **Betroffenenrechte**

   OpenAI stellt in der europäischen Version der Datenschutzerklärung die Möglichkeit der Kontaktaufnahme per E-Mail dar, wobei einige Rechte der betroffenen Person auch über die Kontoeinstellungen ausgeübt werden können. OpenAI stellt in Aussicht, weitere Maßnahmen zur Ausübung der Betroffenenrechte umzusetzen.

Der Bericht stellt nur ein Zwischenergebnis dar, und die Taskforce hat OpenAI eine Frageliste mit der Bitte um Beantwortung übermittelt, um die in ChatGPT implementierten Verfahren und Maßnahmen besser verstehen und beurteilen zu können.

> Die EDPB hat weitere Stellungnahmen zu verschiedenen Themenbereichen veröffentlicht, die auch in Bezug auf eine konkrete KI-Anwendung von hohem Interesse sein können.

4.5.2 Empfehlungen der DSK

Organisation: Konferenz der unabhängigen Datenschutzaufsichtsbehörden des Bundes und der Länder (DSK)

Land: Deutschland

Veröffentlichung: Orientierungshilfe der DSK zu künstlicher Intelligenz und Datenschutz, Mai 2024 [9]

Inhalt:

Viele Unternehmen und Organisationen stehen vor der Herausforderung, nicht zu wissen, unter welchen Bedingungen sie KI-Anwendungen datenschutzkonform einsetzen können. Dabei stehen die sogenannten Large Language Models (LLM), die häufig als Chatbots angeboten werden, aber auch als Grundlage für andere Anwendungen dienen können, im Mittelpunkt, da sie einen kostengünstigen Einstieg in die KI darstellen.

Die DSK hat Anfang Mai 2024 eine Orientierungshilfe veröffentlicht, die einen „Überblick über die datenschutzrechtlichen Kriterien gibt, die für den datenschutzkonformen Einsatz von KI-Anwendungen zu beachten sind", mit dem Schwerpunkt auf LLMs und Chatbots. Sie kann als Leitfaden für Organisationen bei der Auswahl, Implementierung und Nutzung von KI-Anwendungen dienen.

„Die Orientierungshilfe richtet sich in erster Linie an die Verantwortlichen, die KI-Anwendungen einsetzen möchten", jedoch auch an Entwickler, Entwicklerinnen, Techniker und Technikerinnen, wenn sie KI-Systeme datenschutzkonform gestalten und betreiben möchten.

Im ersten Kapitel werden Hilfen für die Konzeption und die Auswahl einer KI-Anwendung dargestellt, im zweiten Kapitel wird die Implementierung adressiert, und im dritten Kapitel werden Hinweise zur datenschutzkonformen Nutzung gegeben. Dabei werden die folgenden Sachverhalte diskutiert:

1. **Konzeption und Auswahl von KI-Anwendungen**

   Der datenschutzrechtlich Verantwortliche muss vor dem Einsatz der KI-Anwendung die Einsatzbereiche und den Zweck der KI explizit festlegen und bestimmen, ob dafür personenbezogene Daten erforderlich sind. Dann muss geprüft werden, ob diese Systeme gemäß KI-VO zu den verbotenen Systemen gehören, z. B. biometrische Echtzeitüberwachung öffentlicher Räume.

   Werden keine oder nur teilweise direkt personenbezogene Daten verarbeitet, muss trotzdem beurteilt werden, ob indirekte personenbezogene Daten verarbeitet werden oder im KI-Modell vorkommen. Diese Prüfung bezieht sich auf den gesamten Lebenszyklus der Daten und des KI-Systems, beginnend mit dem Training der KI. Wurden für das KI-Training personenbezogene Daten verwendet, dann muss die Rechtsgrundlage für diese Datenverarbeitung hinterfragt werden.

„Entscheidungen mit Rechtswirkung dürfen gemäß Art. 22 Abs. 1 DSGVO grundsätzlich nur von Menschen getroffen werden. Ausnahmen sind nur in bestimmten Fällen zugelassen, etwa bei einer Einwilligung der betroffenen Person. Erarbeitet eine KI-Anwendung Vorschläge, die für eine betroffene Person Rechtswirkung entfalten, muss das Verfahren so gestaltet werden, dass dem entscheidenden Menschen ein tatsächlicher Entscheidungsspielraum zukommt und nicht maßgeblich aufgrund des KI-Vorschlags entschieden wird." [9]

Die DSK unterscheidet auch zwischen offenen und geschlossenen KI-Systemen, wobei die geschlossenen KI-Systeme sich auf einen definierten Benutzerkreis und Anwendungsfall beziehen und damit aus datenschutzrechtlicher Sicht zu bevorzugen sind. Bei offenen KI-Systemen, die beispielsweise einem großen Teilnehmerkreis im Internet zur Verfügung gestellt werden, können Eingaben von Personen auch zu Antworten anderer Personen werden. In diesem Fall ist es schwerer, Datenschutzkonformität sicherzustellen.

Ferner wird der Einsatz von KI-Anwendungen in Bezug auf die Informations- und Transparenzpflichten von DSGVO-Verantwortlichen betrachtet:

- Wenn die Verantwortlichen die KI-Anwendung nicht selbst entwickeln, müssen sie vom Anbieter ausreichende Informationen erhalten, um die Transparenzanforderungen gemäß Art. 12 ff. DSGVO zu erfüllen. Hersteller müssen entsprechende Dokumentationen bereitstellen und als Auftragsverarbeiter nach Art. 28 Abs. 3 Satz 2 lit. e DSGVO den Verantwortlichen bei der Umsetzung der Betroffenenrechte unterstützen.
- Die Verantwortlichen müssen auch über die bei automatisierten Entscheidungsfindungen gemäß Art. 22 Abs. 1 DSGVO involvierte Logik sowie deren Tragweite und mögliche Auswirkungen für die Betroffenen informieren. Dies erfordert eine Erläuterung der Datenverarbeitungsmethoden und der Funktionsweise der Programme. Visualisierungen und interaktive Techniken können nützlich sein, um die Komplexität der KI verständlich darzustellen.
- Sollen Ein- und Ausgabedaten einer KI (bspw. ein LLM) für das weitere Training der KI verwendet werden, dann sind Betroffene darüber zu informieren. Falls sie die Nutzung nicht ausschließen und falls personenbezogene Daten betroffen sein können, dann ist eine Rechtsgrundlage dafür notwendig.
- Wird die KI-Anwendung durch Texteingaben gesteuert und diese Eingaben werden für eine spätere Bearbeitung gespeichert, dann muss dies dem Betroffenen mitgeteilt werden. Insbesondere wenn auch andere Personen Zugang zu diesem Dialog haben, muss die Eingabehistorie für den Betroffenen löschbar sein.

Ein Schwerpunkt der DSGVO sind die Betroffenenrechte. In der Orientierungshilfe heißt es dazu: „Verantwortliche müssen gewährleisten, dass betroffene Personen ihre Rechte auf Berichtigung gemäß Art. 16 DSGVO und Löschung gemäß Art. 17

DSGVO ausüben können. Für beide Rechte müssen organisatorische und technische Verfahren konzipiert werden, damit diese auch wirksam ausgeübt werden können." Natürlich gilt diese Forderung auch für die anderen Betroffenenrechte.

Konkret für den Einsatz von LLMs und Chatbots führt die DSK aus, dass auch hier das Recht auf Berichtigung besteht. „Diese Berichtigung muss in einer KI-Anwendung umsetzbar sein, zum Beispiel durch Korrektur von Daten oder durch ein Nachtraining/Fine Tuning."

Zur Löschung von personenbezogenen Daten wird folgende Vorgehensweise empfohlen. „Das Unterdrücken von unerwünschten Ausgaben mittels nachgeschalteter Filter stellt zwar nicht generell eine Löschung im Sinne von Art. 17 DSGVO dar. Denn die Daten, die nach einer bestimmten Eingabe zu einer bestimmten Ausgabe führen, könnten weiterhin personenbeziehbar für das KI-Modell verfügbar sein. Filtertechnologien können aber einen Beitrag dazu leisten, bestimmte Ausgaben zu vermeiden und damit den Rechten und Freiheiten der von einer bestimmten Ausgabe betroffenen Personen dienen."

Darüber hinaus empfiehlt die DSK die Einbindung von Datenschutzbeauftragten sowie Betriebs- und Personalräten.

2. **Implementierung von KI-Anwendungen**

   In Bezug auf den Datenschutz ist es wichtig zu definieren, wer der Verantwortliche für die personenbezogenen Daten ist. Die Bestimmung ist einfach, wenn die Organisation die KI-Anwendung auf eigenen Servern und zu eigenen Zwecken betreibt. Schwieriger ist es, wenn eine KI-Anwendung als Dienst genutzt wird. Dann kann auch eine gemeinsame Verantwortlichkeit vorliegen.

> „Die beteiligten Stellen haben gemäß Art. 26 Abs. 1 Satz 2 DSGVO in einer Vereinbarung in transparenter Form festzulegen, wer von ihnen welchen Verpflichtungen der DSGVO, insbesondere der Erfüllung der Betroffenenrechte und der Informationspflichten gemäß Art. 13 und 14 DSGVO nachkommt"

Während die Klärung der Verantwortlichkeit laut DSGVO für das Außenverhältnis wichtig ist, muss im Innenverhältnis mit der Belegschaft geklärt werden, welche KI-Anwendungen wie genutzt werden können und insbesondere die Handhabung mit personenbezogenen Daten. Dafür sollen konkrete Handlungsanweisungen erstellt und die Belegschaft sensibilisiert werden. Außerdem soll die Organisation bei externen KI-Systemen den Beschäftigten eine Firmenbenutzerkennung zur Verfügung stellen, die nicht den vollen Namen der Person enthält.

Vor dem Start der Verarbeitung personenbezogener Daten muss eine Risikobewertung durchgeführt werden. Stellt sich dabei heraus, dass ein hohes Risiko für natürliche Personen bestehen kann, ist eine Datenschutz-Folgenabschätzung (DSFA) nach Art. 35 DSGVO erforderlich, was bei KI-Anwendungen häufig der Fall ist. Die Datenschutzbehörden veröffentlichen zudem regelmäßig aktualisierte Listen und Hinweise, wann eine DSFA nötig ist und wann nicht. Verantwortliche, die nicht selbst Entwickler des KI-Systems sind, benötigen hierfür Informationen vom Anbieter und sollten dies bei der Auswahl einer KI-Anwendung beachten.

Die DSK empfiehlt außerdem die „datenschutzkonforme Gestaltung im Sinne von „Data Protection by Design" und „Data Protection by Default", die den Besonderheiten von KI-Systemen Rechnung trägt, sowie die Implementierung von IT-Sicherheitsmaßnahmen, damit niemand unberechtigt auf die KI-Anwendung zugreifen kann.

Um auch zukünftig rechtskonform zu bleiben, sollte ein Prozess implementiert werden, der regelmäßig die Angemessenheit der umgesetzten Maßnahmen bewertet und gegebenenfalls auf den aktuellen Stand bringt.

3. **Nutzung von KI-Anwendungen**

   Der letzte Bereich der Orientierungshilfe bezieht sich auf die Nutzung von KI-Anwendungen. Hier wird zunächst vor der Eingabe von personenbezogenen Daten in KI-Systeme gewarnt, insbesondere wenn die genutzten KI-Modelle nicht innerhalb der EU sind. Die Betroffenen sind über die Verwendung ihrer Daten zu informieren, und für die Übermittlung wird eine Rechtsgrundlage benötigt.

   Besonders schutzwürdig sind die besonderen Kategorien personenbezogener Daten gemäß Art. 9 Abs. 1 DSGVO, die rassische und ethnische Herkunft, Gewerkschaftszugehörigkeit, politische Meinungen, religiöse oder weltanschauliche Überzeugungen umfassen, sowie die Verarbeitung von genetischen und biometrischen Daten, Gesundheitsdaten oder Daten zur sexuellen Orientierung. Die Verarbeitung dieser Daten ist grundsätzlich verboten und nur ausnahmsweise unter den Voraussetzungen des Art. 9 Abs. 2 bis 4 DSGVO erlaubt.

> „Die Ergebnisse von KI-Anwendungen mit Personenbezug müssen kritisch hinterfragt werden. Insbesondere die Anbietenden von LLM stellen häufig klar, dass die mit ihrer Anwendung erzeugten Texte keinen Anspruch auf Richtigkeit haben und stets hinterfragt werden sollten. Überdies können KI-Anwendungen unterschiedliche Informationsstände haben."

Ferner weist die DSK darauf hin, dass die Ergebnisse und Verfahren der KI auf Diskriminierung zu prüfen ist, damit beispielsweise nicht gegen das allgemeine Gleichbehandlungsgesetz (AGG) verstoßen wird.

4.5.3 Der Landesbeauftragte für Datenschutz und Informationsfreiheit Baden-Württemberg

Organisation: Landesbeauftragte für Datenschutz und Informationsfreiheit Baden-Württemberg (LfDI BW)

Land: Deutschland

Veröffentlichung: Rechtsgrundlagen im Datenschutz beim Einsatz von künstlicher Intelligenz, November 2023 (Version1.0) [11]

Inhalt:

Der LfDI BW hat bereits im November 2023 ein umfassendes Diskussionspapier veröffentlicht, in dem seine Einschätzungen zum DSGVO-konformen Umgang mit KI-Systemen dargestellt werden.

Zur Verarbeitung von personenbezogenen Daten in KI-Systemen weist die LfDI BW darauf hin, dass die Beurteilung abhängig vom Zeitpunkt der Bewertung ist. „Es kann von vornherein eine Identifizierbarkeit der natürlichen Personen wahrscheinlich sein oder erst zu einem späteren Zeitpunkt mit Zusatzinformationen. Es sind jeweils die zum Einsatz gelangenden maschinellen Lernverfahren ebenso zu analysieren wie die Wahrscheinlichkeit, dass eine (Re-)Identifizierbarkeit natürlicher Personen durch atypisches Einwirken auf die Systeme möglich ist.“

Die Beurteilung des LfDI BW bezieht sich auf die einzelnen Phasen der Verarbeitung (von der Erhebung der Trainingsdaten bis zu den Ausgaben der KI), die Einschätzung der DSGVO-Verantwortlichkeit, diskutiert die Rechtsgrundlagen für öffentliche und nicht öffentliche Stellen sowie die Verarbeitung besonderer Kategorien personenbezogener Daten.

Sehr hilfreich für den Einsatz in einem KI-Projekt sind die im Dokument vorhandenen Leitfragen für die meisten Kapitel, die die wesentlichen Fragestellungen für die behandelten Inhalte abdecken. Zusätzlich ist im Anhang eine Kurz-Checkliste zur Verarbeitung mit den fünf wesentlichsten Fragen angefügt sowie eine Materialsammlung, die Anhaltspunkte für weitere, tiefere Analysen gibt.

4.5.4 Hamburgischer Beauftragter für Datenschutz zu LLMs

Organisation: Hamburgischer Beauftragter für Datenschutz und Informationsfreiheit (HmbBfDI)

Land: Deutschland

Veröffentlichung: Diskussionspapier: Large Language Models und personenbezogene Daten, Juli 2024 [8]

Inhalt:

Im Juli 2024 wurde vom Hamburgischen Beauftragten für Datenschutz und Informationsfreiheit (HmbBfDI) ein Diskussionspapier veröffentlicht, in dem die Anwendbarkeit der DSGVO auf Large Language Models (LLMs) umfassend analysiert wird.

Der HmbBfDI führt weiter aus, dass „das Papier ein Debattenimpuls ist. Es soll Unternehmen und Behörden dabei unterstützen, datenschutzrechtliche Komplexe besser zu verorten".

Das Diskussionspapier [8] stellt die folgenden drei Punkte zusammenfassend dar:

1. Die bloße Speicherung eines LLM stellt keine Verarbeitung im Sinne des Art. 4 Nr. 2 DSGVO dar. Denn in LLMs werden keine personenbezogenen Daten gespeichert. Soweit in einem LLM-gestützten KI-System personenbezogene Daten verarbeitet werden, müssen die Verarbeitungsvorgänge den Anforderungen der DSGVO entsprechen. Dies gilt insbesondere für den Output eines solchen KI-Systems.

2. Mangels Speicherung personenbezogener Daten im LLM können die Betroffenenrechte der DSGVO nicht das Modell selbst zum Gegenstand haben. Ansprüche auf Auskunft, Löschung oder Berichtigung können sich jedoch zumindest auf Input und Output eines KI-Systems der verantwortlichen Anbieter:in oder Betreiber:in beziehen.

3. Das Training von LLMs mit personenbezogenen Daten muss datenschutzkonform erfolgen. Dabei sind auch die Betroffenenrechte zu beachten. Ein gegebenenfalls datenschutzwidriges Training wirkt sich aber nicht auf die Rechtmäßigkeit des Einsatzes eines solchen Modells in einem KI-System aus.

Mit diesen drei Punkten versucht der HmbHfDI, mehr Klarheit in die derzeitigen Diskussionen rund um den rechtskonformen Einsatz von ChatGPT und Copilot in Unternehmen zu bringen.

Zunächst wird das KI-System „Chatbot" in seine Komponenten zerlegt und beschrieben, damit in der Folge die einzelnen Module getrennt beurteilt werden können:

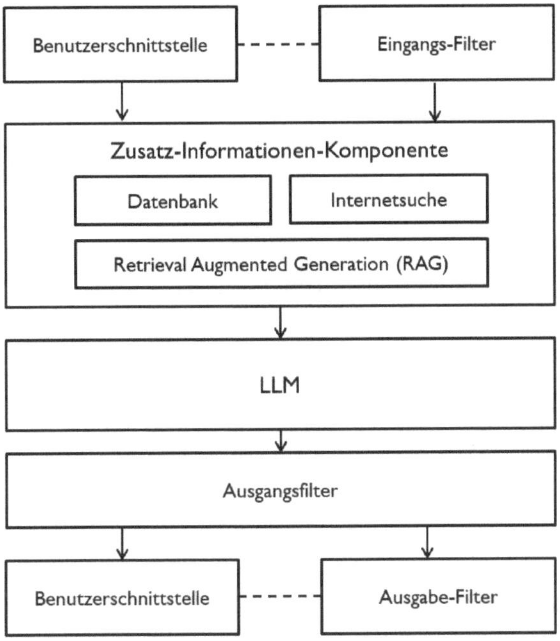

Bild 4.1 Interaktion und Informationsfluss zwischen den verschiedenen Komponenten eines KI-Systems, das ein LLM nutzt

Die einzelnen Komponenten übernehmen die folgenden Funktionen:

Benutzerschnittstelle: ermöglicht die Interaktion des Nutzers mit dem KI-System.

Eingangsfilter: verarbeitet die Nutzereingaben, bevor sie zum LLM weitergeleitet werden.

Zusatzinformationen-Komponenten:

Datenbank: ergänzt die Nutzereingaben mit zusätzlichen Informationen.

Internetsuche: sucht nach relevanten Informationen im Internet.

Retrieval Augmented Generation (RAG): kombiniert und integriert die gefundenen Informationen.

LLM (Large Language Model): verarbeitet die modifizierten Nutzereingaben und generiert entsprechende Antworten.

Ausgangsfilter: verarbeitet den unmittelbaren Output des LLM, bevor er an den Nutzer ausgegeben wird.

Weiterhin wird erläutert, dass ein zentrales Element der Verarbeitung sprachlicher Informationen in LLMs die Tokenisierung ist. Hierbei werden Texte in kleine, vordefinierte Einheiten, sogenannte Tokens, zerlegt, die typischerweise kleiner als Wörter, aber größer als einzelne Buchstaben sind. Dies ermöglicht es, mit einer begrenzten Anzahl von Grundelementen zu arbeiten, die in Beziehung zueinander gesetzt werden können.

Zum Beispiel wird der Satz „Datenschutz ist wichtig“ aufgeteilt in Tokens wie

[Dat] [ensch] [utz] [ist] [wich] [tig]

Diese Tokens werden dann auf numerische Werte abgebildet und innerhalb des Modells weiterverarbeitet. Texte existieren im Modell als Fragmente in Form dieser numerischen Tokens und ihrer sogenannten Embeddings. Diese machen die erlernten Zusammenhänge zugänglich, indem sie die Tokens in Beziehung zueinander setzen und nach Wahrscheinlichkeiten ordnen.

Wenn das Modell auf eine Eingabe einer Person antwortet, greift es auf die mathematische Repräsentation des gelernten Inputs zurück. Der Output eines LLM wird zunächst als eine Folge von Tokens erzeugt, die anschließend in Buchstabenfolgen umgewandelt werden. Beispielsweise kann das LLM aus den Tokens „pro“ und „jekt“ das Wort „Projekt“ oder aus „pro“ und „jekt“ und „il“ das Wort „Projektil“ erzeugen, je nach Kontext. Dies zeigt, wie flexibel und kontextabhängig die Tokenisierung und die darauf basierende Textgenerierung in LLMs funktioniert.

Der HmbHfDI stellt fest, dass LLMs selbst keine personenbezogenen Daten im Sinne des Art. 4 Nr. 1, 2 DSGVO in Verbindung mit Erwägungsgrund 26 speichern, da die Modelle lediglich mathematische Repräsentationen der verarbeiteten Texte enthalten.

Besonders hervorgehoben wird, dass das Training von LLMs mit personenbezogenen Daten datenschutzkonform erfolgen muss, jedoch ein datenschutzwidriges Training die Rechtmäßigkeit des Einsatzes eines solchen Modells nicht beeinträchtigt, sondern nur den Entwickler des LLM trifft. Für die Betroffenenrechte bedeutet es, dass Auskunft, Löschung oder Berichtigung sich nicht direkt auf das Modell, sondern auf den Input und Output der KI-Systeme beziehen müssen.

> Bei der Nutzung eines LLM im Unternehmen muss daher die nutzende Organisationseinheit sicherstellen, dass bei der Eingabe von Abfragen und der Ausgabe der Ergebnisse aus dem LLM die Datenschutzanforderungen beachtet werden.

Dies kann anhand von Schulungen, eines Verhaltenskodex (siehe Abschnitt 10.5 zu Verhaltenskodizes) oder anderen Richtlinien für die Belegschaft erfolgen.

4.5.5 FAQ der österreichischen Datenschutzbehörde

Organisation: Österreichische Datenschutzbehörde (dsb)

Land: Österreich

Veröffentlichung: FAQ zum Thema KI und Datenschutz, Juli 2024 [10]

Inhalt:

Die dsb hat Anfang Juli 2024 ein FAQ auf der Homepage veröffentlicht, in dem die wesentlichen Fragestellungen in Bezug auf die Umsetzung von KI im Unternehmen adressiert sind. Diese Fragestellungen werden laufend um weitere Themenbereiche und Erkenntnisse erweitert.

Auf die Frage, ob ein Betreiber, der ein KI-System nicht entwickelt hat, auch die DSGVO einhalten muss, wird folgendermaßen geantwortet: „Sobald eine natürliche oder juristische Person über die Zwecke und Mittel einer Datenverarbeitung entscheidet, ist sie als datenschutzrechtliche Verantwortliche zu qualifizieren und zur Einhaltung der DSGVO verpflichtet. Auch wenn die technischen Vorgaben möglicherweise vom Anbieter oder Betreiber stammen, ändert dies in der Regel nichts daran, dass die Stelle, die das KI-System einsetzt, als datenschutzrechtlich Verantwortliche zu sehen ist."

Auf die Frage nach dem Verhältnis zwischen DSGVO und KI-VO wird retourniert: „In Art. 2 Abs. 7 KI-VO ist festgehalten, dass die DSGVO, die Arbeit der Datenschutzbehörde und die Pflichten von Anbietern und Betreibern von KI-Systemen in ihrer Rolle als Verantwortliche oder Auftragsverarbeiter durch die KI-VO unberührt bleiben. Die DSGVO bleibt (parallel) anwendbar, wenn es zur Verarbeitung personenbezogener Daten kommt. Für datenschutzrechtliche Fragestellungen im Zusammenhang mit KI-Systemen ist die Datenschutzbehörde daher zuständig."

In den Antworten der Fragen sind oftmals auch Links zu anderen Behörden und Entscheidungen vorhanden, die sich für weitere Analysen eignen.

4.6 ChatGPT und die Datenschutzbeschwerde von noyb

Ein konkretes Beispiel für die Konflikte zwischen der DSGVO und der Verwendung von generativer KI ist der Fall der Beschwerde [6] [7] von noyb – Europäisches Zentrum für digitale Rechte, Wien, gegen OpenAI OpCo LLC, San Francisco. Ein Mitarbeiter des Beschwerdeführers stellte fest, dass ChatGPT falsche Informationen über sein Geburtsdatum lieferte. Seine Anfrage auf Löschung der fehlerhaften Daten war vom Betreiber der generativen KI OpenAI dahingehend beantwortet worden, dass er nicht in der Lage ist, die Daten bezüglich des Geburtsdatums vollständig zu entfernen oder zu korrigieren. Er könne nur die Anzeige für Benutzer von ChatGPT verhindern. Dies ist laut Beschwerdeführer ein Verstoß gegen Art. 5 Abs 1 lit d DSGVO.

Im Detail

Laut der Beschwerde hat ChatGPT das Geburtsdatum des Beschwerdeführers falsch ausgegeben, was seines Erachtens zeigt, dass die verwendeten Daten nicht korrekt sind. Dies stellt eine Verletzung der Pflicht zur Datenrichtigkeit dar, wie sie in der DSGVO festgelegt ist. Als der Beschwerdeführer einen Antrag auf Auskunft und Löschung stellte, konzentrierte sich OpenAI nur auf die Kontodaten des Beschwerdeführers und lieferte keine Informationen über die personenbezogenen Daten, die im Large Language Model von ChatGPT verarbeitet werden.

In ihrer Antwort erklärte OpenAI, dass es technisch nicht möglich sei, die Daten zu korrigieren, ohne andere relevante Informationen zu beeinträchtigen. Dies widerspricht jedoch den Anforderungen der DSGVO, die eine sofortige Korrektur oder Löschung unrichtiger personenbezogener Daten verlangt. OpenAI argumentierte weiter, dass eine Einschränkung der von ChatGPT bereitgestellten Informationen gegen die Meinungsfreiheit und die Informationsfreiheit der Öffentlichkeit verstoßen würde, da der Beschwerdeführer eine Person des öffentlichen Lebens ist.

Dieser Fall verdeutlicht die Schwierigkeiten, die bei der Einhaltung der DSGVO in Zusammenhang mit komplexen KI-Systemen auftreten können. Die Unfähigkeit von OpenAI, die fehlerhaften Daten vollständig zu entfernen oder zu korrigieren, zeigt die Herausforderungen, die mit der Verarbeitung personenbezogener Daten in großen KI-Modellen verbunden sind. Gleichzeitig betont die KI-VO die Notwendigkeit, dass KI-Systeme verantwortungsvoll und transparent arbeiten, was in diesem Fall nicht voll gewährleistet wurde. Es bleibt abzuwarten, wie Gerichte diesen Fall beurteilen werden.

Quellen

[1] Verordnung (EU) 2016/679 *https://eur-lex.europa.eu/legal-content/DE/TXT/HTML/?uri=CELEX:32016R0679&from=DE* am 07. 01. 2024

[2] Sartor, G., in *The impact of the General Data Protection Regulation (GDPR) on artificial intelligence,* (2020) STOA – Scientific Foresight Unit, EU Parlament

[3] NOYB, „ChatGPT verbreitet falsche Infos über Personen – und OpenAI kann nichts tun", *https://noyb.eu/de/chatgpt-provides-false-information-about-people-and-openai-cant-correct-it*, abgerufen am 16. 08. 2024

[4] Die Presse, *„Nicht mal OpenAI kann ChatGPT stoppen" Nach Facebook legt sich Schrems jetzt mit OpenAI an", https://www.diepresse.com/18420000/nicht-mal-open-ai-kann-chat-gpt-stoppen-nach-facebook-legt-sich-schrems-jetzt-mit-openai-an*, abgerufen am 16. 08. 2024

[5] ORF.at, *„Beschwerde von Datenschützern zu ChatGPT", https://orf.at/stories/3355809/*, abgerufen am 16. 08. 2024

[6] ChatGPT verbreitet falsche Infos über Personen – und OpenAI kann nichts tun. URL *https://noyb.eu/de/chatgpt-provides-false-information-about-people-and-openai-cant-correct-it* – abgerufen am 08. 08. 2024.

[7] Complaint NOYB vs. Open AI.

[8] Der Hamburgische Beauftragte für Datenschutz und Informationsfreiheit: Diskussionspapier: Large Language Models und personenbezogene Daten.

[9] DSK: Orientierungshilfe der Konferenz der unabhängigen Datenschutzaufsichtsbehörden des Bundes und der Länder vom 6. Mai 2024 – Künstliche Intelligenz und Datenschutz.

[10] FAQ zum Thema KI und Datenschutz. URL *https://www.dsb.gv.at/download-links/FAQ-zum-Thema-KI-und-Datenschutz.html* – abgerufen am 08. 08. 2024.

[11] Rechtsgrundlagen im Datenschutz beim Einsatz von Künstlicher Intelligenz – Der Landesbeauftragte für den Datenschutz und die Informationsfreiheit Baden-Württemberg. URL *https://www.baden-wuerttemberg.datenschutz.de/rechtsgrundlagen-datenschutz-ki/* – abgerufen am 08. 08. 2024.

[12] Report of the work undertaken by the ChatGPT Taskforce | European Data Protection Board. URL *https://www.edpb.europa.eu/our-work-tools/our-documents/other/report-work-undertaken-chatgpt-taskforce_en* – abgerufen am 08. 08. 2024.

[13] Statement 3/2024 on data protection authorities' role in the Artificial Intelligence Act framework. URL *https://www.edpb.europa.eu/our-work-tools/our-documents/topic/artificial-intelligence_en* – abgerufen am 08. 08. 2024.

5 Geistiges Eigentum

Alexandra Ciarnau

Immaterialgüterrechte („Rechte des geistigen Eigentums"; international auch „Intellectual Property Rights" oder „IP-Rechte") bezeichnet geistige Schöpfungen, wie etwa Texte, Bilder, Software, Datenbanken, Know-how oder Erfindungen. Diese können bei Erfüllung der entsprechenden Voraussetzungen nach den jeweiligen Spezialgesetzen unterschiedlichen IP-rechtlichen Schutz genießen [1]:

- Registrierte gewerbliche Schutzrechte als Patent und Gebrauchsmuster, Marke oder Design;
- Urheberrechte oder Leistungsschutzrechte;
- Geschäftsgeheimnisschutz.

Der Schöpfer bzw. Inhaber von IP-Rechten genießt Schutz vor unberechtigtem Zugriff oder Nutzung durch Dritte [2].

Die KI-VO lässt die bestehende Regulierung der IP-Rechte unberührt, berücksichtigt diese aber in unterschiedlichen Zusammenhängen als verankerte Grundrechte mit (vgl. ErwG 1 KI-VO, ErwG 48 KI-VO, Art. 17 Charta der Grundrechte der Europäischen Union). Zu den wichtigsten IP-Einflüssen zählen:

- Das Ausmaß der nachteiligen Auswirkungen eines KI-Systems auf die durch die Charta geschützten Grundrechte – wozu auch IP-Rechte zählen – ist bei der Klassifizierung von Hochrisiko-KI nach Art. 6 f. KI-VO und KI für allgemeine Verwendungszwecke nach Art. 51 KI-VO relevant. Zudem hat die Kommission beim Erlass von delegierten Rechtsakten auf deren Auswirkungen auf die Grundrechte einschließlich IP-Rechte zu achten (z. B. bei Änderung der Risikoeinstufung als Hochrisiko-KI nach Anhang III gemäß Art. 7 KI-VO).
- Der Schutz von IP-Rechten Dritter zieht sich auch in vielen Pflichten der Betreiber, Anbieter, Importeure und Hersteller durch (z. B. Risikomanagement, Datenverwendung und -governance, Grundrechte-Folgenabschätzung für Hochrisiko-KI,

Meldung von schwerwiegenden Verstößen). Das ist vor allem beim Einsatz von generativer KI ein Kernthema. Anbieter von KI für allgemeine Verwendungszwecke müssen insbesondere eine Strategie zur Einhaltung des Urheberrechts umsetzen und eine hinreichend detaillierte Zusammenfassung der für das Training verwendeten Inhalte veröffentlichen (Art. 53 Abs. 1 KI-VO im Zusammenhang mit ErwG 106 ff KI-VO). Dadurch soll die unrechtmäßige Verbreitung urheberrechtlich geschützter Werke verhindert werden. Entlang der KI-Wertschöpfungskette sind die Pflichten allerdings so zu erfüllen, dass die jeweiligen Akteure ihre IP-Rechte nicht selbst gefährden (ErwG 88 KI-VO).

- Die Kommission, Marktüberwachungsbehörden und notifizierte Stellen sowie alle anderen natürlichen oder juristischen Personen, die an der Anwendung der KI-VO beteiligt sind, sind im Rahmen ihrer Tätigkeit zur Vertraulichkeit verpflichtet. Sie haben die IP-Rechte vor rechtswidrigem Erwerb sowie rechtswidriger Nutzung und Offenlegung zu schützen (Art. 78 KI-VO) [3].
- Der Zugang der notifizierenden Stelle im Rahmen der Konformitätsbewertung von Hochrisiko-KI, also der Zugang zu den Trainingsmodellen und trainierten Modellen des KI-Systems, einschließlich seiner relevanten Parameter, unterliegt dem bestehenden EU-Recht zum Schutz von geistigem Eigentum und Geschäftsgeheimnissen (Anhang VII KI-VO).
- Die Wahrung der IP-Rechte ist auch im Rahmen von KI-Reallaboren ein Prüfpunkt (Art. 57 Abs. 6 KI-VO).

In der Praxis stellt sich für Anbieter, Betreiber oder Hersteller insbesondere die Frage, ob

- KI-Systeme, ihre Bestandteile und die begleitende Dokumentation IP-rechtlich geschützt sind und
- der Einsatz von KI IP-compliant ist.

Letzteres ist sowohl input- als auch output-seitig in Bezug auf Rechte Dritter zu bewerten. Im Folgenden widmen wir uns daher diesen beiden Fragestellungen [4].

5.1 Schutz der KI und ihrer Komponenten

Für die Beurteilung der Schutzfähigkeit ist zunächst eine erste technische Auseinandersetzung notwendig. Die Definition von KI-Systemen im Sinne der KI-VO ist an das OECD-Verständnis von KI angelehnt. KI-Systeme bezeichnet demnach maschinengestützte Systeme bestehend aus einem KI-Modell, Input(daten) und Output, das für einen in wechselndem Maße autonomen Betrieb ausgelegt ist, anpassungsfähig sein kann und das aus den erhaltenen Eingaben für explizite oder implizite Ziele ableitet, wie die Ergebnisse die physischen oder virtuellen Umgebungen beeinflussen können (Art. 3 Z 1 KI-VO).

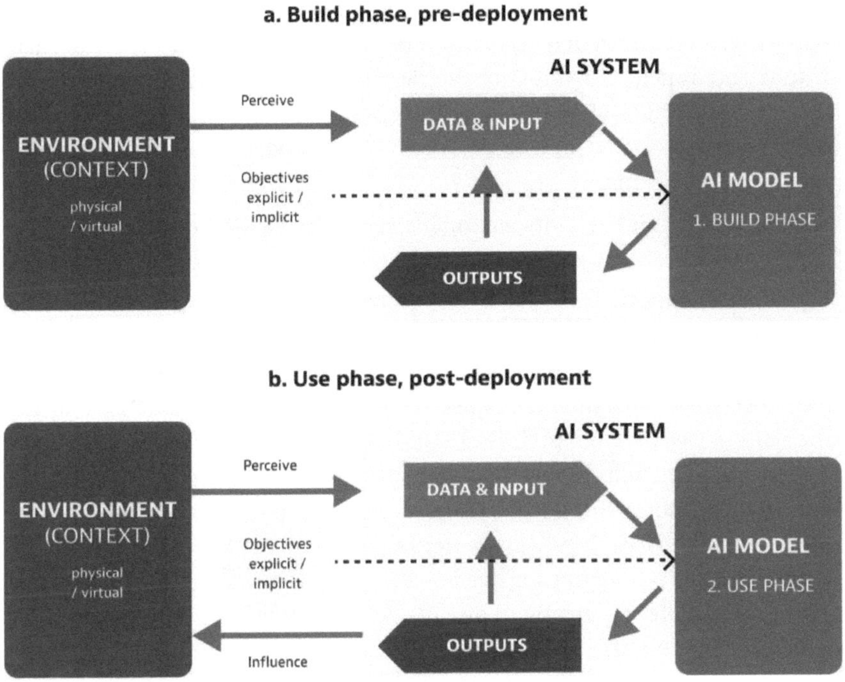

Bild 5.1 Visuelle Darstellung der OECD-Definition von KI (Quelle: *https://oecd.ai/en/wonk/definition*)

Ob KI als Software qualifiziert werden kann, wird unterschiedlich diskutiert [5]. Die ErwG der KI-VO versuchen allerdings KI-Systeme von herkömmlicher Software abzugrenzen (ErwG 12 KI-VO). Auch ergänzende Regularien wie etwa die novellierte Produkthaftungs-RL gehen mit der Ausweitung des Produktbegriffs auf Software auch von der Anwendbarkeit auf KI-Systeme aus. Das lässt meines Erachtens keinen Zweifel über die Einordung von KI als Software.

Von KI-Systemen als Gesamtheit sind aber ihre Komponenten zu unterscheiden: (i) das KI-Modell, das vielfach eine Sammlung an möglichen Algorithmen, Modellen und Methoden darstellt; (ii) die Inputdaten und (iii) der Output, der sich in unterschiedlicher Form manifestieren kann (z. B. als Vorhersagen, Inhalten, Empfehlungen oder Entscheidungen).

Ausgehend von diesem Verständnis können KI-Systeme und teilweise auch ihre Komponenten primär durch das Urheberrecht oder Leistungsschutzrecht geschützt sein. Ein Patent- oder Gebrauchsmusterrecht scheidet dagegen häufig aus. Im Detail wird dies im folgenden Abschnitt erläutert.

5.1.1 Urheber- und Leistungsschutzrechte

5.1.1.1 Allgemeines

Urheberrechtlichen Schutz genießen eigentümliche geistige Schöpfungen. Die Leistung muss sich daher vom Alltäglichen, Landläufigen, üblicherweise Hervorgebrachten abheben und persönliche Züge aufweisen. Schutzfähig sind Leistungen auf den Gebieten der Literatur, Tonkunst, bildenden Kunst und Filmkunst. Der Urheberschutz entsteht mit dem Schöpfungsakt und bedarf keiner gesonderten Registrierung, wie die eingetragenen Schutzrechte.

Keinen Urheberschutz genießen Tatsachen, bloße Ideen einschließlich Geschäftsideen, Verfahren, Arbeitsweisen, mathematische Konzepte sowie Stil und Manier [6].

Computerprogramme können als Sprachwerke geschützt sein, wenn sie das Ergebnis einer eigentümlichen Schöpfung sind und ein individuelles Werk darstellen [7]. Nach der öRsp [8] müssen Computerprogramme hierfür eine gewisse Komplexität aufweisen, indem die Lösung der Aufgabe in mehreren Varianten bewältigbar ist und der Programmierer einen Gestaltungsspielraum hat, um auch individuelle Merkmale zu entwickeln [9]. Der Urheberschutz von Computerprogrammen erfasst sämtliche Ausdrucksformen, wie Quellcode, Binärcode, Objektcode, Bytecode, Assembler-Code und Kompilat und Entwickler- bzw. Entwicklerinnenmaterialien. Alltägliche, banale Computerprogramme, für deren Schöpfung weder ein Aufwand an Mühen und Kosten noch eine ins Gewicht fallende geistige Leistung benötigt wird, sind hingegen nicht urheberrechtlich geschützt [10].

Auf dieser Basis lässt sich der Urheberschutz von KI wie folgt beurteilen.

5.1.1.2 Individuell entwickelte KI-Systeme

Individuell entwickelte KI-Systeme sind aufgrund ihrer Komplexität und des bestehenden Gestaltungsspielraums in ihrer Gesamtheit in der Regel urheberrechtlich geschützt. Sie erfordern schließlich eine besondere Expertise auf dem Gebiet und heben sich vom Alltäglichen ab.

5.1.1.3 Individuell entwickelte KI-Modelle

Der Urheberschutz von KI-Modellen ist hingegen strittig. KI-Modelle basieren häufig auf allgemein bekannten mathematischen Methoden und Rechenschritten. Diese sind grundsätzlich nicht urheberrechtlich geschützt [11]. Selbst bei komplexen Modellen ist fraglich, ob bei einer rein technischen Abfolge ein ausreichender Gestaltungsspielraum für eine geistige Schöpfung und damit ein Urheberschutz des KI-Modells besteht.

Beispiel

Das Beispiel Machine Learning verdeutlicht die Schwierigkeit der Einordnung von KI-Modellen als urheberrechtlich geschützte Computerprogramme. Einerseits kann die Netztopologie und die für das Training und die Ausführung festgelegte Gewichtung je nach Machine-Learning-Modell variieren und komplex ausfallen. Je mehr Layer und Neuronen das Netz aufweist und je effizienter und verlässlicher das Modell designed ist, desto eher hebt sich die Komponente vom Alltäglichen ab. Hierfür können auch die hohen Investitionskosten sprechen [12]. Allerdings ist fraglich, ob diese Optimierung an Rechenabfolgen nicht bloß technischer Natur ist und de facto keine kreative Freiheit zulässt, weil die Möglichkeiten zur Ausgestaltung von neuronalen Netzen begrenzt sind [13].

Davon zu unterscheiden ist die Implementierung eines Algorithmus in einem Programmcode und die Programmstruktur. Die Kombination vieler Programmschritte und individuell geprägter Problemlösung kann schutzfähig sein [14].

5.1.1.4 Input- und Trainingsdatenpool

Schutzfähig ist nicht nur das KI-System als Computerprogramm, sondern auch ihr Input- und Trainingsdatenpool sowie die Anordnung dieser Daten. Das Urheberrecht sieht einen besonderen Schutz für Datenbanken vor. Datenbanken sind Sammlungen von Werken, Daten oder anderen unabhängigen Elementen, die systematisch oder methodisch angeordnet und einzeln mit elektronischen Mitteln oder auf andere Weise zugänglich sind. Der Urheberrechtsschutz greift aber nur, wenn die Auswahl oder Anordnung der Inhalte eine geistige Schöpfung darstellen [15]. Hierfür bedarf es einer schöpferischen Leistung, die durch die Entscheidung über die Aufnahme von Inhalten in die Datenbank oder ihre Strukturierung entstehen kann. Da beim Setup von Input- und Trainingsdatenpools ein Entscheidungsspielraum besteht, kommt meines Erachtens ein urheberrechtlicher Schutz grundsätzlich infrage.

Subsidiär können die angeordneten Inhalte im Input- und Trainingsdatenpool einen Sui-generis-Schutz als schlichte Datenbank genießen. Dafür muss eine Datenbank vorliegen und für die Beschaffung, Überprüfung oder Darstellung ihres Inhalts eine nach Art oder Umfang wesentliche Investition erforderlich sein. Dieser Auffangtatbestand gewährt dem Entwickler bzw. der Entwicklerin einen Investitionsschutz und Schutz gegen eine Übernahme seiner Leistungen oder wesentlicher Datenbankteile durch Dritte.

Zum Schutz KI-generierter Ergebnisse vgl. Abschnitt 5.2.2.

5.1.1.5 Anwenderdokumentation und Benutzerhandbuch

Die Anwenderdokumentation und das Benutzerhandbuch können bei entsprechender geistiger Schöpfung einen Werkcharakter erreichen und als Werke der Literatur Schutz genießen [16].

Beispiel

Ob die Gebrauchsanleitung für Hochrisiko-KI gemäß Art. 13 Abs. 2 KI-VO eine eigentümliche geistige Schöpfung darstellen kann, ist meines Erachtens hingegen fraglich. Diese muss z. B. die Merkmale, Fähigkeiten und Leistungsbeschränkungen des KI-Systems sowie bekannte Umstände in der Nutzung und mögliche Risiken beschreiben. Das weist Parallelen zur Packungsbeilage für Arzneimittel auf, deren Urheberschutz in der Vergangenheit verneint wurde [17].

5.1.1.6 Rechte und Ansprüche des Urhebers bzw. der Urheberin

Der Schöpfer bzw. die Schöpferin genießt Ausschließlichkeits- und Urheberpersönlichkeitsrechte. Die Verwertung des Werks ist daher ausschließlich diesem vorbehalten, solange keinem Dritten eine Werknutzungsbewilligung oder ein exklusives Werknutzungsrecht eingeräumt wird (vgl. dazu Abschnitt 5.1.1.7).

Der Urheber bzw. die Urheberin genießt die nachfolgend aufgezählten Verwertungsrechte. In der Praxis sind bei KI-Anwendungen insbesondere folgende relevant:

- Vervielfältigungsrecht: Der Urheber bzw. die Urheberin hat das ausschließliche Recht, das Werk auf jede beliebige Art, in beliebiger Anzahl, vorübergehend oder dauerhaft zu vervielfältigen. Eine Ausnahme besteht im Rahmen der freien Werknutzungen, insbesondere der flüchtigen oder begleitenden Vervielfältigung, dem Text- und Datamining (vgl. dazu Abschnitt 5.2.1.1) und bei Computerprogrammen zusätzlich bei der bestimmungsgemäßen Benutzung und Dekompilierung.
- Verbreitungsrecht: Es darf nur der Urheber bzw. die Urheberin ihr Werk verbreiten und z. B. in Verkehr bringen. Das Verbreitungsrecht bei Software ist allerdings mit der in Inverkehrbringung im EWR mit der Einwilligung des Urhebers bzw. der Urheberin erschöpft [18].
- Zurverfügungstellungsrecht: Weiterhin ist ausschließlich der Urheber bzw. die Urheberin berechtigt, das Werk der Öffentlichkeit drahtlos oder drahtgebunden zur Verfügung zu stellen. Dieses Verwertungsrecht ist bei Zurverfügungstellung von KI-Systemen über Online-Schnittstellen einschlägig.
- Bearbeitungsrecht: Die Bearbeitung des Werkes ist nur mit Zustimmung des Urhebers bzw. der Urheberin zulässig. Ausgenommen davon sind die Bearbeitung zur bestimmungsgemäßen Benutzung und eine Bearbeitung im Zusammenhang mit einer Dekompilierung. Weiterhin ist davon die freie Benutzung ausgenommen. Diese liegt vor, wenn das Werkes bloß als Inspirationsquelle zur Schaffung eines neuen, individuellen Werkes dient. Das Originalwerk darf im neuen Werk nicht mehr deutlich erkennbar sein.

Darüber hinaus genießt der Schöpfer Urheberpersönlichkeitsrechte, wie etwa das unverzichtbare Recht auf Urheberschaft oder das verzichtbare Recht auf Urheberbezeichnung.

Dem Urheber bzw. der Urheberin stehen gegen eine Verletzung seiner bzw. ihrer Rechte unterschiedliche Ansprüche zu:

- Verschuldensunabhängiger Unterlassungsanspruch (in der Praxis der Hauptanspruch, der auch im Wege einer einstweiligen Verfügung durchgesetzt werden kann)
- Beseitigungsanspruch (z. B. Vernichtung von rechtswidrigen Kopien)
- Verschuldensunabhängiger Anspruch auf angemessenes Entgelt
- Schadenersatzanspruch (unter anderem auch ein verschuldensabhängiger Anspruch auf das doppelte angemessene Entgelt als pauschalierter Schadenersatz)
- Herausgabe des Gewinns und Rechnungslegungsanspruch
- Urteilsveröffentlichungsanspruch

5.1.1.7 Rechteeinräumung

Wenn der Urheber sein bzw. die Urheberin ihr Werk kommerzialisieren möchte, ist eine vertragliche Rechteeinräumung erforderlich. Das Urheberrecht unterscheidet zwischen Werknutzungsbewilligung und Werknutzungsrecht:

Eine Werknutzungsbewilligung räumt einem Dritten das nicht exklusive Nutzungsrecht ein. Ein Werknutzungsrecht gewährt hingegen dem Dritten ein exklusives und somit ausschließliches, gegen jedermann wirkendes Recht. Der Dritte kann sogar seine vertraglich eingeräumten Verwertungsrechte gegen den Urheber bzw. die Urheberin selbst durchsetzen. Das Werknutzungsrecht ist somit das stärkere Recht.

In beiden Fällen ist der Umfang der Rechteeinräumung frei gestaltbar. Diese kann zeitlich, örtlich oder sachlich beschränkt werden.

Außerdem ist zu berücksichtigen, dass nach der Rechtsprechung die Einräumung von Nutzungsrechten für zukünftige, noch nicht bekannte Verwertungsarten grundsätzlich ohne vorherige Einwilligung unzulässig ist. Im Zeitpunkt des Vertragsabschlusses sind diese für den Lizenzgeber schließlich nicht vorhersehbar. Werden Lizenzen dezidiert auch für zukünftige, aktuell unbekannte Nutzungsarten eingeräumt, gebührt dem Lizenzgeber gegebenenfalls ein zusätzliches Entgelt. Das ist im Zusammenhang mit KI ein aktuelles Thema.

Eine Besonderheit gilt für Computerprogramme, die von einem Dienstnehmer bzw. einer Dienstnehmerin in Erfüllung seiner dienstlichen Pflichten erstellt wird. Hier greift nach österreichischem Recht das „Dienstgeberprivileg“, das dem Arbeitgeber bzw. der Arbeitgeberin ein unbeschränktes Werknutzungsrecht von Gesetzes wegen einräumt. Hintergrund der Bestimmung ist, dass der Dienstgeber bzw. die Dienstgeberin die mit der Programmierung von Computerprogrammen verbundenen Aufwände trägt und ihm daher das ausschließliche Verwertungsrecht zustehen soll. Außerdem stehen dem Arbeitgeber die Urheberpersönlichkeitsrechte, insbesondere das Recht auf Urheberbezeichnung zu.

Das Dienstgeberprivileg gilt nur gegenüber Dienstnehmern bzw. Dienstnehmerinnen. Keine Dienstnehmer bzw. Dienstnehmerinnen sind bspw. Freelancer. Hier bedarf es jedenfalls einer expliziten Rechteeinräumung an den Arbeitsergebnissen einschließlich der urheberrechtlich geschützten Werke, die in der Praxis allerdings oftmals fehlt.[1]

5.1.1.8 Open-Source-Software

Im Zuge der Softwareentwicklung spielt Open-Source-Software eine große Rolle. Open-Source-Software ermöglicht eine rasche, ressourcenschonende Weiterentwicklung und fördert dadurch Innovationen. Allerdings ist Open-Source-Software nicht gemeinfrei. Sie unterliegt eigenen Lizenzbedingungen. Üblicherweise sehen sie die kostenlose Nutzung der Software samt Quellcode vor. Im Gegenzug verpflichten aber einige Lizenzen den Lizenznehmer im unterschiedlichen Umfang. Die relevanteste Verpflichtung betrifft die Frage nach der Veröffentlichungspflicht:

- **Copyleft-Lizenz:** Unter diesen Lizenzbedingungen ist die Programmierung, unabhängig etwaiger Bearbeitungen, zwingend unter derselben Lizenz zu verbreiten. Daher müssen dieselben Rechte bzw. Pflichten, die der Lizenznehmer erhält und woran er gebunden ist, auch Dritten (also auch Endkunden bzw. Endkundinnen) eingeräumt bzw. übergebürdet werden. Außerdem ist der Quellcode meist zu veröffentlichen bzw. zumindest den Nutzern bzw. Nutzerinnen der (bearbeiteten) Software offenzulegen.
- **Non-Copyleft-Lizenz:** Bei diesen Lizenzbedingungen gibt es weniger Beschränkungen für die weitere Verbreitung der Software. Insbesondere muss eine Weiterentwicklung nicht unter einer freien Lizenz vertrieben werden. Daher können auch vom Lizenznehmer bei Kommerzialisierung der Software Gebühren verlangt bzw. der Quellcode geheim gehalten werden.

Die größte Herausforderung besteht darin, mehrere Open-Source-Softwarelizenzen miteinander in einer Entwicklung zu kombinieren. Sie müssen miteinander kompatibel sein und dürfen sich nicht widersprechen, sodass die jeweiligen Lizenzbedingungen auch eingehalten werden. Bevor KI-Systeme auf Open-Source-Software aufgebaut werden, empfiehlt sich vorab eine Open-Source-Prüfung zur Evaluierung der Kompatibilität und Möglichkeit der Erfüllung der entsprechenden Pflichten [19].

5.1.1.9 Patent- und Gebrauchsmusterschutz

Patente und Gebrauchsmuster schützen technische Erfindungen. Die Inhaber genießen Ausschließlichkeitsrechte für eine gewisse Maximaldauer und können jeden anderen von der Nutzung der Innovation ausschließen.

---

[1] Anderl/Schelling in Kollar/Balog/Martinetz/Pichler, Das große Handbuch Wirtschaftsrecht, Rz 10.196

Für die Erlangung eines Patentschutzes muss die Erfindung

- einen technischen Aspekt aufweisen,
- neu (kein Stand der Technik und keine Vorveröffentlichung),
- erfinderisch (für einen Fachmann bzw. eine Fachfrau nicht naheliegend) und
- gewerblich anwendbar sein.

Im Gegensatz dazu muss ein Gebrauchsmuster („kleines Patent") lediglich

- auf einem erfinderischen Schritt beruhen,
- neu (unter Berücksichtigung einer Neuheitsschonfrist von sechs Monaten für eigene Vorveröffentlichungen) und
- gewerblich sein.

Nicht schutzfähig sind unter anderem mathematische Methoden und Programme für Datenverarbeitungsprogrammen. Diese Ausnahmen sind für die Beurteilung eines Patent- oder Gebrauchsmusterschutzes von KI-Systemen relevant:

Computerprogramme sind vom Schutz ausgeschlossen, wenn sie ausschließlich aus einer Steueranweisung zum Betrieb eines Rechners (z. B. in Form eines Algorithmus) bestehen. Diese Form der Programmierung als bloße Anweisung fällt unter die gesetzliche Ausnahme. Handelt es sich hingegen um eine computerimplementierte Erfindung, deren Ausführung von Programmbefehlen eine weitere technische Wirkung entfaltet, kann Software auch als Patent oder Gebrauchsmuster schutzfähig sein [20]. Dabei muss allerdings auch die notwendige Technizität und Erfindungshöhe vorliegen, die in der Praxis oftmals bei KI-Software schwieriger zu erreichen sind [21]. Bevor eine Innovation veröffentlicht wird, ist es sinnvoll, einen etwaigen Patent- oder Gebrauchsmusterschutz zu prüfen. Das erhöht den Wert der IP-Assets und damit auch des Unternehmens.

5.1.2 Geschäftsgeheimnisschutz

KI-Systeme, ihre dahinterliegenden Prozesse, Ableitungen, Datenbankstrukturen, Funktionsweisen und das Know-how zur Bedienung und Weiterentwicklung können zudem als Geschäftsgeheimnis geschützt sein. Hierfür müssen die Informationen

- geheim,
- von kommerziellem Wert und
- Gegenstand von angemessenen Geheimhaltungsmaßnahmen sein.

Geheim sind die Informationen dann, wenn sie weder als Gesamtheit noch in ihrer konkreten Zusammensetzung ihrer Bestandteile allgemein zugänglich sind [22]. Die Information darf daher nicht ohne erheblichen Aufwand auffindbar sein.

Ein kommerzieller Wert ist anzunehmen, wenn die Information einen Handelswert hat oder bei Offenlegung dem Inhaber wirtschaftliche Nachteile zufügen kann [23].

Beispiel

Die begleitende Dokumentation von KI-Systemen ist abseits eines urheberrechtlichen Schutzes als Geschäftsgeheimnis zu qualifizieren, wenn dieses verschriftlichte Know-how für die Bedienung und Weiterentwicklung des KI-Systems essenziell ist, bislang einen unerforschten Bereich betrifft und am Markt viele Mitbewerber und Mitbewerberinnen an einem Verkauf dieser KI-Programmierung samt Dokumentation interessiert sind. Diesfalls wird ein kommerzieller Wert vorliegen.

Unter angemessenen Geheimhaltungsmaßnahmen sind adäquate organisatorische, technische und vertragliche Maßnahmen zu verstehen. Welche Maßnahmen konkret notwendig sind, richtet sich daher nach den Umständen des Einzelfalls. Infrage kommen grundsätzlich Dokumentenklassifizierung nach Vertraulichkeitsstufen, beschränkter Zugriff nach dem „Need-to-know"-Prinzip, Zugriffsprotokollierung, Inhaltsverschlüsselung, Vereinbarung von Geheimhaltungsverpflichtungen mit Mitarbeitern und beigezogenen Dritten und regelmäßige Schulungen [24].

5.2 Legal IP-Compliance beim Einsatz von KI

Eine profunde Auseinandersetzung mit der Frage der IP-Compliance eines KI-Systems ist unerlässlich. Das verdeutlichen auch die aktuellen Rechtsstreitigkeiten gegen Anbieter von Large-Language-Modellen. Ihnen werden von mehreren Nachrichtenorganisationen und Autorinnen bzw. Autoren die Verletzung von Urheberrechten nach dem US-Digital Millennium Copyright Act vorgeworfen, insbesondere die Kommerzialisierung der Schutzrechte Dritter und die Verbreitung geschützter Werke ohne die Einwilligung der Rechteinhaber [25].

Im Mittelpunkt der IP-Compliance-Prüfung stehen daher folgende Aspekte:

- Kann die Nutzung von IP-rechtlich geschützten Materialien input-seitig für die Erstellung eines KI-Korpus oder für das KI-Training rechtmäßig sein?
- Welche KI-VO-Anforderungen sind beim KI-Design input-seitig umzusetzen, um die IP-Rechte Dritter, insbesondere bei der Erstellung von Texten, Bildern und Videos, zu wahren?
- Genießen die output-seitig KI-generierten Ergebnisse IP-Schutz, und wer darf diese in welchem Umfang nutzen?

5.2.1 KI-Input-Seite

5.2.1.1 IP-rechtlich geschützte Input-Daten

Die KI-Input-Seite kann sich aus unterschiedlichen Daten zusammensetzen. Dabei ist im Zuge des KI-Designs zu hinterfragen, ob auch IP-rechtlich geschützte Inhalte gescraped, aus den Nutzer- und Nutzerinnenaktivitäten und ihren Prompts erhoben, im KI-Korpus vervielfältigt und analysiert werden sollen:

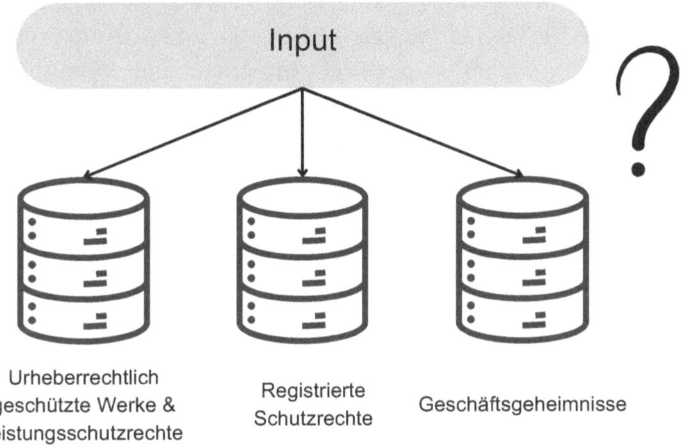

Bild 5.2 Beispielhafte Quellen für Input-Daten

In diesem Fall sind folgende rechtliche Grenzen zu beachten:

- **Urheberschutz**

  Sofern input-seitig urheberrechtlich geschützte Werke verwendet werden, wird in der Regel im Zuge der Zusammensetzung des KI-Korpus oder Trainingsdatenpools eine Vervielfältigung im Sinne des Urheberrechts stattfinden. Dafür bedarf es einer entsprechenden Rechtfertigung. Diese kann sich auf gesetzlich eingeräumte freie Werknutzungsrechte oder einer vertraglichen Rechteeinräumung stützen.

  Eine mögliche Grundlage bildet die freie Werknutzung für Text- und Datamining. Jedermann darf für eine Forschungseinrichtung, für eine Einrichtung des Kulturerbes oder für den eigenen Gebrauch ein Werk vervielfältigen, um digitale Texte und Daten automatisiert auszuwerten und Informationen zu gewinnen. Für die Privatwirtschaft ist die freie Werknutzung zum eigenen Gebrauch relevant, die auch eine kommerzielle Nutzung erfasst. Voraussetzung ist, dass der Nutzer rechtmäßigen Zugriff (z. B. quelloffene Inhalte; vertraglich eingeräumte Zugriffsrechte) auf die Werke hatte und kein Nutzungsvorbehalt erklärt wurde. Diese freie Werknutzung gilt aber nicht unbeschränkt [26]: (i) Die Verwertung durch Dritte darf aufseiten des Urhebers nicht zu mehr als nur minimalen Schäden führen. Dadurch wird seine wirtschaftliche Position geschützt. (ii) Weiterhin umfasst die freie Werknutzung keine über für die automatisierte Auswertung und Informationsgewinnung erforderliche Änderungen hinausgehende Bearbeitungen. (iii) Schließlich darf eine Vervielfältigung nur so lange aufbewahrt werden, als dies für die Zwecke der Datenauswertung und Informationsgewinnung notwendig ist. Diese Grundsätze sind im KI-Design zu berücksichtigen. Abhängig von der konkreten Gestaltung kann eine Nutzung von urheberrechtlich geschützten Materialien im Rahmen der Text- und Datamining-Bestimmung vertretbar sein.

Alternativ zur Text- und Datamining-Nutzung kommt auch eine freie Werknutzung für flüchtige und begleitende Vervielfältigungen infrage. Hierfür muss die Vervielfältigung aber (i) bloß vorübergehend sein, (ii) ein integraler und wesentlicher Bestandteil eines technischen Verfahrens, (iii) den alleinigen Zweck der Übertragung in einem Netz zwischen Dritten durch einen Vermittler oder eine rechtmäßige Nutzung verfolgen, (iv) keine eigenständige Bedeutung haben und (v) zu keiner Änderung der Kopie führen [27]. Bei generativer KI ist die Erfüllung aller dieser Voraussetzungen in der Praxis herausfordernder, weil die Vervielfältigung meist nicht flüchtig oder begleitend ist.

Ist keine freie Werknutzung anwendbar, kann eine Verwertung nur nach einer entsprechenden vertraglichen Rechteeinräumung durch den Urheber bzw. die Urheberin erfolgen. Hierfür kommt dem Umfang der Rechteeinräumung und seiner Auslegung eine besondere Bedeutung zu [28].

- **Leistungsschutzrecht**

  Darüber hinaus ist der Leistungsschutz von Datenbanken zu beachten (vgl. Abschnitt 5.1.1.4). In dieses Recht können durch Scraping initiierte Entnahmen eingreifen. Dabei sind einzelne, verhältnismäßig geringfügige Zugriffe zulässig, systematische Entnahmen dagegen nicht. Die beim Scraping durchgeführten Zugriffe müssen nach der Rechtsprechung gesamthaft betrachtet und damit zusammengezählt werden. Dieses Risiko sollte im Design mitigiert werden.

- **Registrierte Schutzrechte**

  Werden bspw. Marken, Patentzeichnungen, Gebrauchsmusteranmeldungen oder Designs als Trainingsmaterial verwendet, stellt sich die (Un)Zulässigkeit der Nutzung auf der Input-Seite ebenso primär aus urheberrechtlicher Sicht. Die Sondergesetze räumen dem Inhaber nämlich nur bestimmte Rechte ein, die auf eine geschäftliche Nutzung durch Dritte abzielen, wie etwa die markenmäßige Benutzung des geschützten Zeichens für identische oder ähnliche Waren und Dienstleistungen. Die Wirkungen der registrierten Schutzrechte können allerdings output-seitig schlagend sein. Generiert die KI ähnliche Zeichen oder dupliziert diese und werden sie vom Nutzer in weiterer Folge geschäftlich in einem ähnlichen Zusammenhang verwendet, kann die konkrete Nutzung eine Verletzung der Marken-, Patent-, Gebrauchsmuster- oder Geschmacksmusterrechte Dritter begründen.

- **Geschäftsgeheimnisschutz**

  Die Offenlegung von Betriebs- und Geschäftsgeheimnissen im KI-Korpus, die in der Regel durch Nutzerprompts ausgelöst wird, ist kritisch. Dadurch kann bei einer offenen KI-Lösung das Geheimhaltungsinteresse an dieser Information erlöschen, weil ein unbeschränkter Nutzer- bzw. Nutzerinnenkreis Zugriff hat und keine angemessenen Geheimhaltungsmaßnahmen mehr bestehen. In den ersten Monaten des ChatGPT-Hypes war die potenzielle Offenlegung von Nutzer- bzw. Nutzerinnenprompts und Ergebnissen über das KI-System vielen Unternehmen gar nicht so bewusst, wodurch viel Know-how abgeflossen ist [29].

  Die mögliche Offenlegung und Konsequenz des Verlusts des Betriebs- und Geschäftsgeheimnisschutzes sind in der Designphase bei der Frage der Übernahme von Nutzer- bzw. Nutzerinnenanweisungen und ihrer generierten Ergebnisse im KI-Input zu hinterfragen und gegebenenfalls durch entsprechende Technikgestaltung und klaren Nutzer-Policys entgegenzuwirken.

5.2.1.2 KI-VO-Anforderungen an KI-Systeme

Die KI-VO sieht wie eingangs ausgeführt an unterschiedlichen Stellen die Verpflichtung zur Wahrung der IP-Rechte Dritter. Das bezieht sich freilich auch auf die Inputseite und damit primär auf die Entwicklung, das Testing und Training von KI-Systemen. Welche konkreten Anforderungen zur Wahrung der IP-Rechte Dritter konkret umzusetzen sind, wird in der KI-VO nicht genau festgelegt. Etwas spezifischer ist lediglich die Regelung in Art. 53 Abs. 1 lit c KI-VO. Demnach werden Anbieter von KI-Modellen mit allgemeinen Verwendungszwecken verpflichtet, eine Strategie zur Einhaltung des Urheberrechts und insbesondere zur Ermittlung und Einhaltung eines Nutzungsvorbehalts für Text- und Datamining, auch durch modernste Technologien, auf den Weg zu bringen. Meines Erachtens sollte die Strategie die Datenquellen, Datenflüsse, Prüfungsergebnisse der Verwertungshandlungen und Ausführungen zur Zulässigkeit sowie Schutzmaßnahmen zur Verhinderung von Urheberrechtseingriffen behandeln. Im Zusammenhang mit der Nachvollziehbarkeit der verwendeten Quellen wird vielfach die Retrieval-Augmented-Generation-(„RAG"-)Methode diskutiert [30]. Auch derartige technische Überlegungen sollten Eingang in eine Policy zum Schutz der Urheberrechte finden.

5.2.2 KI-Output-Seite

Die Frage nach der IP-rechtlichen Einordnung des Outputs spielt vorwiegend bei KI-generierten Inhalten, wie Texten, Bildern und Videos, eine Rolle. Aus einer Nutzer- bzw. Nutzerinnenperspektive besteht dabei das Bedürfnis nach einer klaren Rechtezuordnung, um die Nutzungsmöglichkeiten abzustecken. Diese hängen von unterschiedlichen Aspekten ab. Im Folgenden werden die entscheidenden Weichen am Beispiel eines Standard-KI-Tools beschrieben:

- Im ersten Schritt ist zu hinterfragen, ob der KI-generierte Inhalt überhaupt die unter Abschnitt 5.1 beschriebenen Schutzvoraussetzungen als urheberrechtlich geschütztes Werk, Erfindung oder Gebrauchsmuster erfüllt. Wenn das der Fall ist, ist der Schöpfer bzw. die Schöpferin zu identifizieren.
- Schöpfer bzw. Schöpferin kann entweder der Urheber bzw. die Urheberin des Ursprungswerks sein, von dem sich die KI „inspiriert" bzw. die Leistung übernommen hat, oder der Nutzer. Die KI kann mangels natürlicher Rechtspersönlichkeit keine Urheberin sein [31]. Der Nutzer bzw. die Nutzerin kann ein Werk allerdings nur dann für sich beanspruchen, wenn es tatsächlich auf seiner persönlichen geistigen Schöpfung beruht [32]. Im KI-Kontext weiß der Nutzer bzw. die Nutzerin aber meist nicht, welche Handlung zu welchem Ergebnis führt. Welche Buchstaben, Phrasen oder Bildausschnitte die nächstlogischen Ergebnisse auf eine konkrete Anweisung sind, sind für den Nutzer bzw. Nutzerin eine Blackbox. Er hat die Ableitung der Ergebnisse in der Regel nicht in der Hand. Das soll aber nicht zwangsläufig zu einer Ablehnung des Schutzes führen. In der Praxis versucht man, dies an der Werkhöhe des Prompts festzumachen: Waren die vom Nutzer bzw. der Nutzerin gesetzten Rahmenbedingungen so individuell und kreativ, sodass ihm das KI-generierte Ergebnis zugerechnet werden kann?
- Beim generierten Ergebnis ist besonders kritisch zu hinterfragen, ob der Inhalt unverändert übernommen und damit vervielfältigt oder bearbeitet dargestellt wird. Im letzten Fall ist zwischen der zustimmungspflichtigen Bearbeitung und freien Benutzung zu unterscheiden. Nimmt die KI nur geringfügige Änderungen vor und bleibt der individuelle Charakter des Originals erhalten, liegt eine zustimmungspflichtige Bearbeitung vor. Diese bedarf der Rechteeinräumung durch den Urheber bzw. die Urheberin. Verblasst hingegen das Original gegenüber der bearbeiteten Fassung und tritt merklich in den Hintergrund, handelt es sich um eine Neuschöpfung – also ein neues Werk [33]. Die ausschließlichen Nutzungsrechte stehen diesfalls dem Nutzer bzw. der Nutzerin zu.

> Die Frage einer unveränderten Wiedergabe von Inhalten Dritter und ihrer Bearbeitung ist einerseits im KI-Design zu berücksichtigen, um direkte Urheberrechtsverletzungen zu minimieren. Andererseits ist der Umgang mit den generierten Inhalten ein Thema der KI-Kompetenz und sollte zwingender Bestandteil von Mitarbeiterschulungen, wie etwa in Workshops und begleitenden KI-Guidelines, sein.

- Hat weder der Nutzer bzw. die Nutzerin eine geistige Schöpfung geleistet, noch basiert das Ergebnis auf einem Ursprungswerk, gibt es kein urheberrechtlich geschütztes Werk. Der Umfang der gestatteten Nutzung der generierten Inhalte kann aber auch unabhängig davon vom Anbieter über seine Bedingungen geregelt werden. Davon machen beinahe alle Anbieter von generativen KI-Systemen Gebrauch. Sie gewähren den Nutzern bzw. Nutzerinnen in der Regel nicht exklusive Rechte, weil sie nicht ausschließen können, dass auch andere Nutzer bzw. Nutzerinnen exakt dasselbe Ergebnis erhalten bzw. aus Gründen der Toolweiterentwicklung oftmals auch gar nicht mehr Rechte einräumen möchten.

Prüfen Sie vor der Auswahl des KI-Tools die Nutzungsbedingungen, insbesondere auf eine kommerzielle Verwendung und Bearbeitung der Ergebnisse, wenn Sie die Ergebnisse zu geschäftlichen Zwecken nutzen.

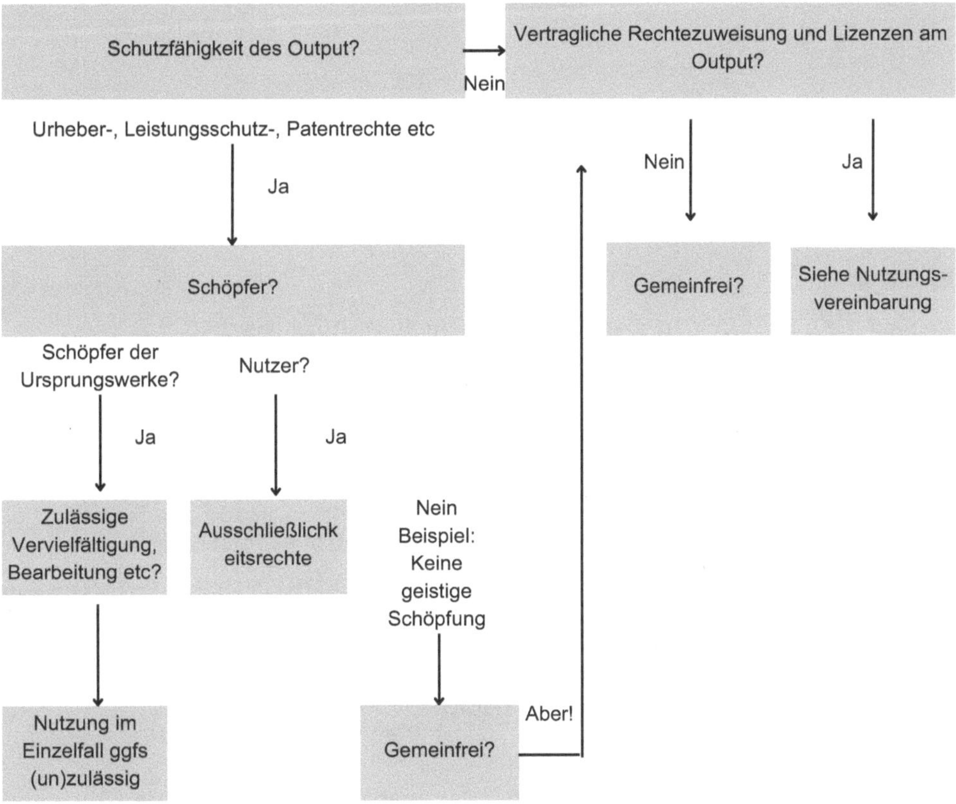

Bild 5.3 Prüfung der (Un)Zulässigkeit der Output-Nutzung

Wenn sich nun herausstellt, dass der Nutzer bzw. die Nutzerin nicht Urheber des KI-Ergebnisses ist, macht eine umfassende Bearbeitung Sinn. Eine Neugestaltung des Ergebnisses kann wie oben erwähnt als freie Benutzung zulässig sein. Die Neuschöpfung stammt sodann vom Nutzer bzw. von der Nutzerin selbst, so kann er die Änderung auch exklusiv verwerten.

Bei individuellen KI-Lösungen können diese komplexen Prüfschritte bei entsprechender vertraglicher Absicherung entfallen. Hier können Rechte an den generierten Ergebnissen bereits vertraglich dem Auftraggeber bzw. der Auftraggeberin eingeräumt werden.

> Für eine etwaige unzulässige Nutzung und einen Urheberrechtseingriff haften jeweils Anbieter und Nutzer bzw. Nutzerin bereits verschuldensunabhängig (vgl. Abschnitt 5.1.1.6). Eine fehlende Kenntnis eines Urheberrechtsverstoßes ändert somit nichts am Haftungsrisiko.

5.3 Checkliste

IP-Compliance betrifft sowohl die Einordnung der jeweiligen Bestandteile sowie der Gesamtheit des KI-Systems als IP-Asset als auch die konkrete input- und output-seitige Umsetzung. Nachfolgende Checkliste fasst die wesentlichen Prüfpunkte noch einmal knapp zusammen:

KI-Design

- Sind mein KI-System bzw. seine Bestandteile IP-rechtlich geschützt?
- Welche Datenquellen werden für die Erstellung des Inputs (KI-Korpus bzw. KI-Trainingsdatenpool) herangezogen?
- Wie verläuft die Bestückung des KI-Inputs aus einer technischen Perspektive? (Scraping? Vervielfältigung?)
- Werden die verwendeten Datenquellen rechtskonform genutzt?
- Ermöglicht das KI-System einen Abfluss von Geschäftsgeheimnissen? Kann ein solcher technisch oder organisatorisch verhindert werden?
- Liegt eine Strategie zur Einhaltung des Urheberrechts vor? Werden die Urheberrechte Dritter im Sinne der KI-VO geschützt?

KI-Entwicklung und Testing

- Werden die im KI-Design festgelegten Parameter entsprechend ausgeführt, und sind ein rechtskonformer Einsatz und die Mitigierung der Risiken einer Verletzung der Rechte Dritter auch in Testumgebungen erzielbar?

Betrieb

- Ist die Rechteeinräumung an den KI-generierten Inhalten vertraglich festgelegt und klar?
- Wurden Mitarbeitendenschulungen durchgeführt und KI-Guidelines zum rechtskonformen Umgang mit KI-Systemen erlassen?

- Sind aufgrund von aufgetretenen Fehlern weitere Anpassungen des KI-Systems, des Designs bzw. der Parametrisierung, Konfiguration und etwaiger Schnittstellenanbindungen notwendig?

5.4 Referenztabelle Rechtsvorschriften

Das Kapitel wurde unter Berücksichtigung der österreichischen Rechtslage verfasst, im Anschluss werden ohne Anspruch auf Richtigkeit jedoch die relevanten deutschen Normen referenziert.

Kontext	Österreichische Norm	Relevante deutsche Normen
Schutz von Computerprogrammen als Sprachwerke	§ 40a Abs 1 UrhG,A	§§ 69a ff UrhG
Schutz von Datenbanken	§ 40f UrhG,A	§§ 87a ff UrhG
Schutz von schlichten Datenbanken	§§ 76c ff UrhG,A	§ 55a UrhG
Verwertungsrechte	§§ 14 ff UrhG,A	§§ 7 ff UrhG
Vervielfältigungsrecht	§ 15 UrhG,A	§ 7 UrhG
Flüchtige oder begleitende Vervielfältigung	§ 41a UrhG,A	§ 44a UrhG
Text- und Datamining	§ 42h UrhG,A	§ 44b UrhG
Bestimmungsgemäße Benutzung	§ 40d UrhG,A	§ 69d UrhG
Dekompilierung	§ 40e UrhG,A	§ 69e UrhG
Verbreitungsrecht	§ 16 UrhG,A	§ 17 UrhG
Zurverfügungstellungsrecht	§ 18a UrhG,A	§ 19a UrhG
Verletzung von Urheberrechten	§§ 81 ff UrhG,A	§§ 97 ff UrhG
Dienstgeberprivileg	§ 40b UrhG,A	§ 69b UrhG
Urheberpersönlichkeitsrechte	§§ 20 und 21 UrhG,A	§§ 12 ff UrhG
Mangelnde Schutzfähigkeit für mathematische Methoden und Programme für Datenverarbeitungsprogrammen	§ 1 Abs 3 PatG,A, GMG	§ 1 PatG, GebrMG
Geschäftsgeheimnis	§§ 26 a ff UWG,A	GeschGehG

Quellen

[1] In Österreich sind das Patent-, Gebrauchsmuster-, Marken-, Geschmacksmuster-, Urheberrechtsgesetz und Gesetz gegen den unlauteren Wettbewerb (abrufbar unter *www.ris.bka.gv.at*) für die Beurteilung des entsprechenden IP-rechtlichen Schutzes einschlägig.

[2] Vgl. zum Umfang Abschnitt 5.1.1.

[3] Vgl. für Details auch Abschnitt 3.7.3.2 zu Verpflichtungen beim Einsatz von GPAI.

[4] Sie können lediglich von den in der Richtlinie (EU) 2016/943 des Europäischen Parlaments und des Rates vom 8. Juni 2016 über den Schutz vertraulichen Know-hows und vertraulicher Geschäftsinformationen (Geschäftsgeheimnisse) vor rechtswidrigem Erwerb sowie rechtswidriger Nutzung und Offenlegung („Geschäftsgeheimnis-RL") festgelegten Ausnahmen Gebrauch machen.

[5] Vgl. *https://www.itzbund.de/DE/digitalemission/trendstechnologien/kuenstlicheintelligenz/kuenstlicheintelligenz.html?nn=303798#bodyText3038001* (abgerufen am 23.03.2024).

[6] Art. 9 Abs. 2 TRIPS; OGH 4 Ob 13/92; OGH 4 Ob 92/12a; OGH 4 Ob 191/19w; OGH 4 Ob 2085/96p; OGH 4 Ob 85/06p; OGH 4 Ob 244/22v; OGH 4 Ob 21/18v; OGH 4 Ob 229/02h; OGH 4 Ob 201/04v.

[7] Vgl. Art. 1 Rz. 20 SoftwareRL zum Begriff des Computerprogramms im Sinne der RL 2009/24/EG des Europäischen Parlaments und des Rates vom 23.04.2009 über den Rechtsschutz von Computerprogrammen

[8] OGH 12.7.2005, 4 Ob 45/05d; 5.4.2005, 4 Ob 35/05h; 16.1.2007, 4 Ob 198/06f; Ris-Justiz RS0120097.

[9] Wiebe/Pabst in Handig/Hofmarcher/Kucsko, urheber.recht3 § 40a UrhG Rz 35.

[10] Anderl/Ciarnau in Blockchain und Immaterialgüterrecht, #Blockchain.

[11] Wiebe/Pabst in Handig/Hofmarcher/Kucsko, urheber.recht3 § 40a UrhG Rz 83.

[12] Wiebe/Pabst in Handig/Hofmarcher/Kucsko, urheber.recht3 § 40a UrhG Rz 95 ff.

[13] Wiebe/Pabst in Handig/Hofmarcher/Kucsko, urheber.recht3 § 40a UrhG Rz 97.

[14] OGH 16.1.2007, 4 Ob 198/06 f.

[15] Ciresa in Ciresa, Österreichisches Urheberrecht22 § 40 f. UrhG Rz 11.

[16] Wiebe/Pabst in Handig/Hofmarcher/Kucsko, urheber.recht3 § 40a UrhG, Rz 107.

[17] *OGH 4 Ob 2202/96v.*

[18] EuGH C-128/11; Anderl, Zur Online-Erschöpfung bei Computerprogrammen, ecolex 2012, 905.

[19] Anderl/Ciarnau in Blockchain und Immaterialgüterrecht, #Blockchain.

[20] Heinzl/Ciarnau in Anderl, IP in der Praxis 67.

[21] Die Patentämter haben bereits auf den Vormarsch von Patentanmeldungen reagiert, ihre Ansätze weiter ausgefeilt und Guidelines überarbeitet; vgl. Europäisches Patentamt zu KI-Patentanmeldungen *https://www.itzbund.de/DE/digitalemission/trendstechnologien/kuenstlicheintelligenz/kuenstlicheintelligenz.html?nn=303798#bodyText3038001">https://www.itzbund.de/DE/digitalemission/trendstechnologien/kuenstlicheintelligenz/kuenstlicheintelligenz.html?nn=303798#bodyText3038001* (abgerufen am 23.03.2024).

[22] OGH 4 Ob 188/20f, JusGuide 2021, 19336.

[23] Der OGH legt bei der Prüfung der kommerziellen Interessen des Inhabers einen strengen Maßstab an. So liege kein kommerzieller Wert bei erbeuteten Konstruktionsplänen für industrielle Teile vor, da die bloße (teilweise) Verwendung dieser Zeichnungen als Vorlage für Konstruktionen noch nicht die Wettbewerbsposition des Inhabers bedrohe. Anders wäre dies bei der Nutzung der Pläne für patentierbare Weiterentwicklungen zu qualifizieren (OGH 4 Ob 188/20f, JusGuide 2021, 19336).

[24] Seling/Woltran in Anderl (Hrsg), Praxishandbuch UWG (2021) 297 f.

[25] Vgl *https://www.nytimes.com/2023/12/27/business/media/new-york-times-open-ai-microsoft-lawsuit.html*; *https://www.derstandard.at/story/3000000209680/immer-mehr-nachrichtenorganisationen-verklagen-openai-und-microsoft* (zuletzt abgerufen am 30.03.2024).

[26] Art. 5 Abs. 5 Richtlinie 2001/29/EG; ErlRV 1178 BlgNR 27. GP 25; vgl auch von Welser, Generative KI und Urheberrechtsschranken, GRUR-Prax 2023, 516 (517); Schack, Auslesen von Webseiten zu KI-Trainingszwecken als Urheberrechtsverletzung de lege lata et ferenda, NJW 2024, 113 (114).

[27] EuGH C-302/10 Rz 53.

[28] Weitere Details in Jonas in Thiele/Burgstaller4 § 24c UrhG Rz 38.

[29] Vgl. *https://www.forbes.com/sites/siladityaray/2023/05/02/samsung-bans-chatgpt-and-other-chatbots-for-employees-after-sensitive-code-leak/?sh=365c432c6078* (zuletzt abgerufen am 30. 3. 2024).

[30] Vgl. *https://www.derstandard.at/story/3000000204643/so-laesst-sich-das-urheberrechtsproblem-der-kuenstlichen-intelligenz-loesen* (zuletzt abgerufen am 30. 03. 2024).

[31] Zankl, Künstliche Intelligenz und Immaterialgüterrecht bei Computerkunst, ecolex 2019, 244.

[32] Wiebe/Pabst in Handig/Hofmarcher/Kucsko, urheber.recht3 § 40a UrhG, Rz 101.

[33] Vgl. § 5 öUrhG; Schumacher in Handig/Hofmarcher/Kucsko, urheber.recht3 § 5 UrhG, Rz 41.

[34] Anderl/Schelling in Kollar/Balog/Martinetz/Pichler, Das große Handbuch Wirtschaftsrecht, Rz 10.196

6 KI und IT-Vertragsrecht

Alexandra Ciarnau, Merve Taner

Alexandra Ciarnau

Die digitale Wertschöpfungskette durchläuft einen stetigen Wandel. Sie wird zunehmend globaler, komplexer und betrifft immer mehr Lebensbereiche. Neben den zahlreichen Transformationspotenzialen bringt KI dabei auch eine neue Komplexität. Es stellen sich Fragen rund um Produktsicherheitsstandards, potenzielle Diskriminierung und Vertrauenswürdigkeit. Um den Schutz der Gesundheit, Sicherheit und Grundrechte zu gewährleisten, berücksichtigt die KI-VO **globale Verflechtungen** und nimmt nach Art. 2 Abs. 1 KI-VO alle **Akteure entlang der Lieferkette** in die Pflicht:

- Anbieter[1], die – unabhängig von ihrem Sitz – KI-Systeme in der EU in Verkehr bringen oder in Betrieb nehmen;
- Betreiber[2] von KI-Systemen, die ihren Sitz in der EU haben oder sich in der EU befinden;
- Anbieter und Betreiber von KI-Systemen mit Sitz oder Aufenthalt in einem Drittland, wenn die KI-Ergebnisse in der EU verwendet werden;

1 Anbieter ist jede natürliche oder juristische Person, Behörde, Einrichtung oder sonstige Stelle, die ein KI-System oder ein KI-Modell für allgemeine Zwecke entwickelt oder entwickeln lässt und sie unter eigenem Namen bzw. eigener Marke entgeltlich oder unentgeltlich in Verkehr bringt oder in Betrieb nimmt.

2 Betreiber ist jede natürliche oder juristische Person, Behörde, Einrichtung oder sonstige Stelle, die ein KI-System unter ihrer Aufsicht einsetzt. Ausgenommen davon ist der Einsatz für persönliche, nicht berufliche Tätigkeiten.

- Einführer[3] und Händler[4] von KI-Systemen;
- Produkthersteller, die KI-Systeme zusammen mit ihrem Produkt unter ihrem eigenen Namen oder ihrer Marke in Verkehr bringen oder in Betrieb nehmen;
- Bevollmächtigte von Anbietern, die nicht in der EU niedergelassen sind.

Abhängig von der jeweiligen Rolle und der Klassifizierung des KI-Systems treffen sie unmittelbar unterschiedliche Pflichten. In den wenigsten Fällen werden die Nutzer allerdings KI-Systeme vollständig selbst entwickeln und warten. Sie werden vielmehr auch auf Expertise Dritter zurückgreifen und Software/Hardware(-komponenten) oder Wartungs- und Supportleistungen auch extern beschaffen. Die Gründe hierfür können unterschiedlich sein, wie z. B. finanzielle Einsparungen, Effizienzsteigerung, Expertise, Überbindung von Verantwortlichkeiten und Erweiterung des Haftungspools, insbesondere bei neuen Technologien.

Bei der Beschaffung von IT-Leistungen sind die neuen **Anforderungen der KI-VO zur Sicherstellung der Legal Compliance nunmehr zusätzlich vertraglich zu berücksichtigen.**[5] Auftraggeber müssen hinterfragen, wo es sinnvoll ist, den Dienstleister zur Einhaltung spezieller Verpflichtungen nach der KI-VO zusätzlich zu verpflichten (z. B. zusätzliche Informationen, Unterstützung bei der Erfüllung eigener Pflichten etc.). Allfällige, direkt auf den Auftraggeber anwendbare Regelungen müssen dann entsprechend überbunden werden.[6] Dadurch soll erzielt werden, dass der jeweilige Verpflichtete in der Wertschöpfungskette das KI-System KI-VO-konform nutzen kann. Das ist insbesondere für Betreiber relevant, die KI für bestimmte Use Cases unter ihrer Aufsicht einsetzen und regelmäßig auf Dienstleister angewiesen sind. Daher werden im Folgenden die durch die KI-VO ausgelösten neuen Fragestellungen bei IT-Verträgen am **Beispiel des Betreibers als Auftraggeber** kurz skizziert. Auf welche Regelungspunkte in der Vertragsgestaltung besonderes Augenmerk gelegt werden sollte, hängt von der konkreten Leistung und dem Vertragstypus ab. Wir geben einen Überblick über (i) Lizenzierung von Standardsoftware, (ii) Individualsoftwareentwicklung, (iii) Softwarewartung und (iv) Hardwarekauf/-wartung.

---

[3] Importeur ist jede in der EU ansässige oder niedergelassene natürliche oder juristische Person, die ein KI-System in Verkehr bringt, das den Namen oder die Marke einer natürlichen oder juristischen Person aus einem Drittstaat trägt.

[4] Händler ist jede natürliche oder juristische Person in der Lieferkette, die nicht Anbieter oder Importeur ist.

[5] IT-Verträge berühren unterschiedliche Rechtsbereiche, wie etwa das klassische Zivilrecht, Unternehmensrecht, Immaterialgüterrecht und das Datenschutzrecht sowie in regulierten Bereichen zusätzlich industriespezifische, aufsichtsrechtliche Pflichten.

[6] „Überbindung" bezeichnet in diesem Kontext die Verpflichtung des Anbieters, bestimmte Pflichten zu erfüllen, die gesetzlich oder vertraglich direkt den Auftraggeber treffen.

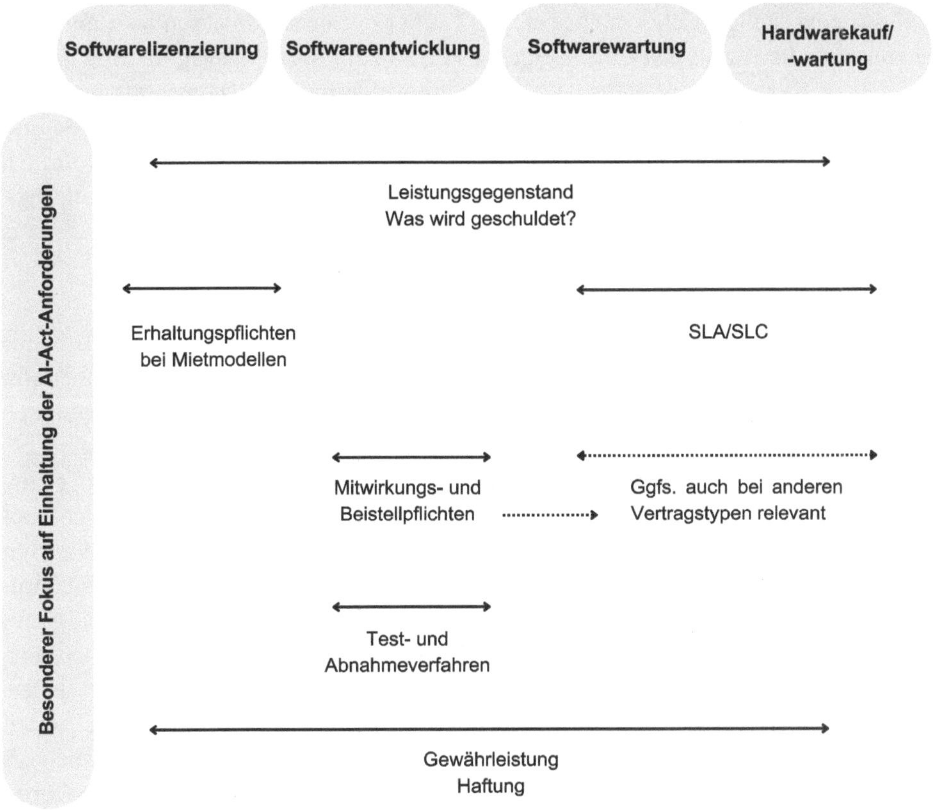

Bild 6.1 Visuelle Darstellung der Schwerpunkte bei den relevantesten IT-Verträgen

Fragen zum Leistungsgegenstand ergeben sich bei allen Vertragstypen. Sie werden im jeweiligen Kontext behandelt, während Gewährleistung und Haftung als allgemeine Vertragsbestimmungen in Abschnitt 6.6 gesamthaft thematisiert werden.

6.1 Lizenzierung von Standardsoftware

Standardsoftware wird aktuell primär über Kauf- oder Mietmodelle zur Verfügung gestellt.

Den **Softwarekauf** zeichnen folgende Merkmale aus [4]:

- Einmalzahlung
- Einräumung eines zeitlich unbefristeten Nutzungsrechts
- Softwareüberlassung im vereinbarten Umfang
- Vertragsbeendigung durch Erfüllung (Zielschuldverhältnis)

Im KI-Kontext stellen sich – nicht nur bei Softwarelizenzierung, sondern auch bei allen anderen Vertragstypen – insbesondere Fragen zum **Leistungsgegenstand** und zu seinen **Spezifikationen**. Hierfür ist die Vereinbarung maßgeblich, also die bedungenen und gewöhnlich vorausgesetzten Eigenschaften im Sinne des § 922 ABGB. Bedungene Eigenschaften sind explizit vereinbarte Leistungsmerkmale. Was gewöhnlich vorgesetzt werden kann, orientiert sich hingegen an der objektiven Erwartungshaltung, die unter Berücksichtigung der Verkehrsauffassung und der Natur des Geschäfts im Einzelfall auszulegen ist [1].

Die Parteien haben das Bedürfnis, die Leistung vertraglich konkret zu beschreiben. Der Auftraggeber möchte seine Leistung möglichst genau spezifizieren; der Anbieter hingegen möchte abstecken, was im Scope und was außerhalb des Scopes liegt, um ein seriöses Angebot machen zu können. Die konkret spezifizierten Leistungen stellen die bedungenen Eigenschaften darf. Dabei wird jedoch nicht jeder Handgriff beschrieben. Der Leistungsumfang kann daher auch teilweise auslegungsbedürftig sein. Im Rahmen der Interpretation spielen die gewöhnlich vorausgesetzten Eigenschaften daher eine wesentliche Rolle. Darüber lässt sich allerdings trefflich streiten. Werden beispielsweise eine gewisse Stabilität, Kompatibilität, Benutzerfreundlichkeit, Antwortzeiten, Erweiterbarkeit oder die Wartbarkeit gewöhnlich vorausgesetzt, wenn sie nicht explizit festgehalten sind? Die Verkehrsauffassung zu KI-Systemen ist noch in der Entwicklung. So wird aktuell diskutiert, dass die Betriebs- und Verkehrssicherheit von KI-Systemen im Sinne der KI-VO und damit die Einhaltung der neuen VO-Pflichten durchaus gewöhnlich vorausgesetzte Eigenschaften sind. Schließlich bezweckt die KI-VO gerade die damit einhergehenden Risiken und soll einen sicheren Gebruach ermöglichen. Dagegen spricht allerdings folgende Sichtweise: Die konkreten Risiken und Umsetzungspflichten hängen aber von der Klassifizierung des KI-Systems und damit zum Teil auch von der konkreten Nutzung in der Umgebung des Betreibers ab. Gerade letzteres kann der Dienstleister oftmals schwer vorab abschätzen. Das trifft besonders auf bereitgestellte Standardlösungen zu, die für unterschiedliche Anwendungen gedacht sind. Daher wird dieser Fall anders zu beurteilen sein, als das Angebot eines Anbieters für ein KI-System, das für einen bestimmten Verwendungszweck eingesetzt werden kann. Hier kennt der Anbieter den Use Case und die Auftraggeber werden erwarten können, dass die damit erforderlichen Sicherheitsanforderungen für die Inbetriebnahme bereits berücksichtigt wurden. Jedoch sind im Zuge der Auslegung auch allfällige Disclaimer des Anbeiters zu beachten.

Beispiel

Ein Anbieter bewirbt ein KI-System zur Sichtung eingegangener Bewerbungen und automatisierter Entscheidungen über die Einstellung und Auswahl von Personen für offene Stellen. Das KI-System dient offensichtlich für die bestimmungsgemäße Nutzung als Hochrisiko-KI gemäß Anhang III Z 4 lit a KI-VO. Der Anbieter, Einführer oder Händler signalisiert damit, dass sein Produkt am jeweiligen Markt eingesetzt werden kann. Das spricht meines Erachtens für eine objektiv erwartbare Einhaltung einer grundsätzlichen, allgemeinen Betriebs- und Verkehrssicherheit der Software.

Praxistipp

Der Leistungsgegenstand und die Spezifikationen des KI-Systems sind zur Vermeidung von Rechtsstreitigkeiten und frustrierten Investitionen sorgfältig zu beschreiben. Das sollte jedenfalls auf folgenden Ebenen erfolgen:

- **Quantitative Anforderungen** (z. B. Zurverfügungstellung eines KI-Modells, eines Algorithmus, eines gesamten KI-Systems, Zurverfügungstellung einer bestimmten Größe eines neuronalen Netzes, Bereitstellung zusätzlicher Funktionalitäten, Bereitstellung einer Testumgebung, Erstellung eines Benutzerhandbuchs und Dokumentationen, Durchführung der Konformitätsbewertung bei Hochrisiko-KI etc.)
- **Qualitative Anforderungen** (z. B. technische, organisatorische und rechtliche Anforderungen, wie etwa die KI-VO-Compliance, Einhaltung des Marktstandards oder die Erbringungen der Leistungen am Stand der Technik, Verfügung über eine KI-Kompetenz beim eingesetzten Personal und allfälliger Subunternehmer; Training mit einem ausgewogenen Datenset zur Vermeidung von Bias, CE-Kennzeichnung gemäß Art. 48 KI-VO)

Die Softwaremiete zeichnen in der Regel folgende Merkmale aus [4]:

- Wiederkehrende Vergütung;
- Befristete oder unbefristete Nutzung;
- Softwareüberlassung im vereinbarten Umfang;
- Erhaltungspflicht des Anbieters (z. B. Fehlerbehebungen, Updates);
- Vertragsbeendigung durch Zeitablauf oder Kündigung (Dauerschuldverhältnis).

Beim Mietmodell kommt es nach dem österreichischen Mietrecht zusätzlich zu den oben genannten Herausforderungen bei der Leistungsspezifikation auch auf den Umfang der Erhaltungspflicht an. Sofern nichts Abweichendes vereinbart wurde, schuldet der Anbieter die Erhaltung der Software. Er leistet daher Gewähr, dass das KI-System nicht nur die vereinbarten Eigenschaften im Zeitpunkt der Übergabe aufweist, sondern schuldet die fortlaufende, vertragsgemäße Erhaltung über den Mietzeitraum. Üblicherweise werden die Erhaltungspflichten aber vertraglich näher spezifiziert.

Beispiel

Hochrisiko-KI-Systeme müssen gemäß Art. 15 Abs. 4 KI-VO so widerstandsfähig wie möglich gegenüber Fehlern, Störungen oder Unstimmigkeiten innerhalb des Systems oder der Umgebung sein, in der das System betrieben wird. In diesem Zusammenhang sind technische und organisatorische Maßnahmen zu ergreifen. Aus Kundenperspektive ist es daher ratsam, nicht nur Einhaltung dieser Pflicht zu vereinbaren, sondern auch exemplarisch die erwarteten technischen und organisatorischen Maßnahmen zur Fehlerbehebung vorzusehen. Dazu zählen etwa die Bereitstellung von Sicherheitsupdates zur Aufrechterhaltung des vertragskonformen Zustandes.

6.2 Softwareentwicklung

Zu den Kernelementen eines **Softwareentwicklungsvertrags** zählen [4]:

- individuelle Entwicklung unter Berücksichtigung der Kundenbedürfnisse;
- in der Regel Erfolgszusage;
- in der Regel exklusive Überlassung der Individualsoftware;
- Vertragsbeendigung durch Erfüllung (in der Regel erfolgreiche Abnahme; Zielschuldverhältnis).

Wird ein KI-System individuell entwickelt, vereinbaren die Parteien die Realisierung einer auf den Kunden speziell zugeschnittenen Software. Die Vereinbarung ist daher aus der Betreiberperspektive als Auftraggeber sinnvollerweise als **Werkvertrag** auszugestalten. Das entspricht auch der Einordnung des österreichischen OGH (vgl. OGH 21.1.2015, 1 Ob 229/14d). Vom Werkvertrag ist der Dienstleistungsvertrag abzugrenzen. Bei der Dienstleistungserbringung wird lediglich bloßes Bemühen und kein Erfolg geschuldet. Das schwächt freilich die Position des Auftraggebers und ist angesichts der Finanzierung der Individualentwicklung durch den Kunden bzw. die Kundin unangemessen. Etwas anderes gilt meines Erachtens, wenn sich die Parteien bewusst auf eine Forschungspartnerschaft einlassen, und bei Individualentwicklung hochtechnologischer KI-Systeme, die weit über dem Stand der Technik liegen und deren Zielerreichung von mehreren unklaren Faktoren abhängt.

Auch bei der Softwareentwicklung stellen sich die unter 6.1 behandelten Fragen zur **Leistungsbeschreibung**.

Ein weiterer, besonderer Aspekt ist die Vereinbarung der **Mitwirkungs- und Beistellpflichten** des Auftraggebers. Die Projektrealisierung ist meistens auch von Unterstützungsleistungen des Kunden abhängig. Diese müssen gesondert vereinbart werden. Klassische Mitwirkungspflichten sind z. B.:

- Herstellung und Aufrechterhaltung gewisser Rahmenbedingungen wie etwa Hardware, besondere Anforderungen an die IT-Infrastruktur (Anschlüsse, Rechner, Kapazitäten etc.);
- Zugangs- und Zugriffsrechte der Mitarbeiter des Anbieters;
- Bereitstellung von Personalressourcen zur laufenden Abstimmung;
- Abnahmetests.

Bei Beschaffung von KI-Systemen können z. B. folgende Mitwirkungspflichten relevant sein:

- Information zum beabsichtigten Verwendungszweck, um die Klassifizierung nach der KI-VO vornehmen und die erforderlichen Anforderungen an der Softwareherstellung umsetzen zu können
- Bei Hochrisiko-KI:
  - Bereitstellung von Trainings-, Validierungs- und Testdatensätzen gemäß Art. 10 KI-VO;
  - Unterstützung bei der Durchführung von Tests gemäß Art. 10 KI-VO;
  - Information zur bestehenden Data/AI Governance und zu Risikomanagementsystemen, um die Verpflichtungen nach Art. 9 KI-VO mit dem bestehenden Rahmen zu verschränken;
  - Durchführung einer ersten Grundrechte-Folgenabschätzung nach Art. 27 KI-VO, um allfällig erforderliche Änderungen am Software-Design rechtzeitig vornehmen zu können (Zur Grundrechte-Folgenabschätzung siehe auch Abschnitt 3.4).
- Bei bestimmten KI-Systemen:
  - Bereitstellung proprietärer Daten, sofern das KI-System auch auf Basis anderer Informationsquellen mit Menschen interagieren soll.

Schließlich verändert die Entwicklung von KI-Systemen auch die technischen Prüfpunkte und Voraussetzungen im **Abnahmeverfahren**. Im dem Abnahmeverfahren üblicherweise vorangeschalteten Testverfahren des Anbieters sollte dieser zur Einhaltung der spezifischen **Testing-Anforderungen** der KI-VO verpflichtet werden:

- Einhaltung der spezifischen Pflichten bei Tests unter realen Bedingungen im Sinne des Art. 2 Abs. 8 KI-VO in Verbindung mit Art. 3 Z 57 KI-VO wie etwa die Einholung der informierten Einwilligung der Nutzer nach Art. 60 KI-VO;
- Testen von Hochrisiko-KI-Systeme, um die identifizierten geeigneten Risikomanagementmaßnahmen im Sinne des Art. 9 Abs. 6 KI-VO zu erfüllen;
- Testen anhand vorab festgelegter Parameter und probabilistischer Schwellenwerte im Sinne des Art. 9 Abs. 8 KI-VO, die für die Zweckbestimmung des Hochrisiko-KI-Systems geeignet sind;
- Testen mit Trainings-, Validierungs- und Testdatensätzen unter Berücksichtigung der Anforderungen nach Art. 10 Abs. 2 ff. KI-VO;
- Durchführung von Angriffstests zur Ermittlung von Systemrisiken (z. B. bei KI-Modellen mit allgemeinem Verwendungszweck mit systemischem Risiko nach Art. 55 KI-VO).

6.3 Softwarewartung

Im Softwarewartungsvertrag vereinbaren die Parteien die **Betriebsbereitschaft** der überlassenen Standard- oder Individualsoftware. Der konkrete Wartungsumfang bestimmt sich nach der Vereinbarung. Hier besteht ein großer Gestaltungsspielraum, und am Markt werden unterschiedliche Leistungen – einzeln oder kombiniert – angeboten, wie z. B. [4]:

- Beseitigung auftretender Fehler (Instandsetzung);
- Vorbeugende Fehlervermeidung durch Bug-fixing (Instandhaltung);
- Bereitstellung von Updates;
- Bereitstellung von Upgrades;
- Bereitstellung einer Supporthotline;
- Back-up.

Analog zu den Überlegungen in Abschnitt 6.3 ist auch der **Wartungsumfang** vertraglich zu konkretisieren. Die Leistungsvereinbarung wird dabei in der Regel über **Service Level Agreements** (SLA) näher definiert. SLA enthalten objektiv messbare Ziele, die vom Anbieter erreicht werden müssen. Das sind vielfach Verfügbarkeits- und Qualitätszusagen. Die Einhaltung der SLA ist zu monitoren und reporten. Wer diesen Monitoring- und Reportingpflichten nachkommt, ist explizit zu vereinbaren. Bei Unterschreitung der SLA können **Service Level Credits** (SLC) als Pönale (Vertragsstrafe) vereinbart werden.

In SLA sind insbesondere folgende KI-spezifische Regelungen zu berücksichtigen:

- Bei Nutzung sämtlicher KI-Systeme muss nach Art. 4 KI-VO KI-Kompetenz des Personals vorhanden sein (Vgl. dazu Abschnitt 3.1.6 für Details.). Diese Anforderung ist bei der Qualität des eingesetzten Personals zu vereinbaren.
- Hochrisiko-KI
  - Hochrisiko-KI setzt gemäß Art. 13 Abs. 3 lit e KI-VO alle erforderlichen Wartungs- und Pflegemaßnahmen einschließlich deren Häufigkeit zur Gewährleistung des ordnungsgemäßen Funktionierens dieses KI-Systems, auch in Bezug auf Software-Updates, voraus. Das ist insofern bei der Definition von Verfügbarkeiten, Response Time, Fehlern, Fehlerbehebungs- und Reaktionszeiten, Updates und Upgrades im SLA zu berücksichtigen.
  - Zu den erforderlichen Wartungs- und Pflegemaßnahmen zählen insbesondere die in Art. 9 ff. KI-VO festgelegten Pflichten, wie etwa ein regelmäßiges Monitoring, Risikobewertung, Prüfung der Minderungs- und Kontrollmaßnahmen, Mitteilungspflichten, Tests, Bereinigung, Aktualisierung, Anreicherung und Aggregierung von Daten, Ermittlung von Datenlücken oder Mängel, Erkennung

und Korrekturen von Verzerrungen in Datensets, technische Dokumentations- und Aufzeichnungspflichten, menschliche Beaufsichtigung etc.

- KI-Systeme mit allgemeinem Verwendungszweck
  - Bei GPAI-Modellen ist z.B. die Einhaltung der Transparenzvorschriften, laufende Verbesserung des Modells zur Verhinderung des Eingriffs in Rechte Dritter (insbesondere Urheberrechte) und technische Dokumentation nach Art. 53 KI-VO relevant.
  - Bei GPAI-Modellen mit systemischem Risiko sind nach Art. 55 KI-VO zusätzlich Modellbewertungen, Tests zur Ermittlung und Behebung von Systemrisiken, laufende Dokumentation und Erfüllung von Meldepflichten bei schwerwiegenden Vorfällen vertraglich zu berücksichtigen.
  - Weitere Details zu den spezifischen Pflichten bei Einsatz von GPAI siehe Abschnitt 3.7.
- Bestimmte KI-Systeme
  - Die KI-VO-Pflichten beim Betrieb bestimmter KI-Systeme beschränken sich primär auf die Überprüfung der Einhaltung der Transparenzvorschriften und Sicherstellung der Wahrung der Rechte und Freiheiten Dritter nach Art. 50 KI-VO.

Die Beispiele verdeutlichen gut, dass auch Wartungsverträge zukünftig neu gedacht und an KI-spezifische Fehler angepasst werden müssen.

6.4 Open-Source-Software

Merve Taner

Die Hoheit über den Programmiercode, d.h. die digitale Infrastruktur, ist bedeutend für eine freie Gesellschaft. Es bedarf einer unabhängigen digitalen Infrastruktur, um Digitalisierung selbst gestalten zu können. Echte demokratische Kontrollmöglichkeiten über den Code und die zugehörige Hardware sind Teil der digitalen Souveränität [20] und gehen nach *Lessig* mit freier und offener Software (Open Source) einher [15]. Die KI-VO sieht großflächige Ausnahmen bei Open-Source-Software vor. In diesem Abschnitt wird ein Überblick über die Definition von Open-Source-Software, Anwendungsfälle, Rechtsprobleme sowie die Relevanz für die EU einschließlich der gesetzlichen Regelungen in der KI-VO näher beleuchtet.

6.4.1 Open-Source-KI – Wegbereiter für die Zukunft?

Zuckerberg betrachtet Open-Source-KI als Weg in die Zukunft. In seinem Unternehmen META werden die nächsten Schritte unternommen, um Open-Source-KI als Industriestandard zu etablieren. Hierzu veröffentlichte Meta Llama 3.1 405B (laut Zuckerberg das erste frontier-level Open-Source-KI-Modell) sowie das verbesserte Llama 3.1 70B- sowie 8B-Modelle [19]. Weitere Beispiele sind BLOOM (BigScience Large Open-Science Open-Access Multilingual Language Model), das unter der Leitung des KI-Unternehmens Hugging Face entwickelt wurde, MPT-7B, das von MosaicML Foundations eingeführt wurde, Falcon 2, die neueste Generation von Open-Source-Großsprachenmodellen des Technology Innovation Institute (TII) in Abu Dhabi, und Vicuna-13B [16]. Über 84 % der Unternehmen geben an, dass Open-Source-Software in wichtigen bzw. unternehmenskritischen Bereichen eingesetzt wird [21].

Vorteile von Open Source aus Entwicklerinnen- und Entwicklerperspektive

- **Training, Fine-Tuning eigener Modelle:** Unternehmen haben die unterschiedlichsten Anforderungen. Im Idealfall können diese Anforderungen mit Modellen unterschiedlicher Größe erfüllt werden, die mit einem spezifischen Datenset trainiert oder fine-getuned werden. Open-Source-Modelle wie beispielsweise Llama können mit den eigenen Daten trainiert und auf die erforderliche Größe reduziert werden.
- **Keine Abhängigkeit von geschlossenen Anbietern („Vendors"):** Bei marktführenden Anbietern geschlossener KI-Modelle besteht zu einem gewissen Grad die Gefahr einer Abhängigkeit. Open Source kann ein breites Ökosystem von Unternehmen mit kompatiblen Toolchains ermöglichen. Unternehmen können sich in eine Abhängigkeit begeben, wenn sie
  - sich auf **Modelle** verlassen:
    - die sie **nicht selbst ausführen** und **kontrollieren** können;
    - die der Anbieter **jederzeit ändern** kann,
    - deren **Nutzungsbedingungen** der Anbieter ändern kann oder
    - bei denen sogar die Bereitstellung **ganz eingestellt** wird.
  - an **eine einzige Cloud** gebunden sind, die die Exklusivrechte an einem Modell hat [19].
    - Als Beispiel ist hier an Microsoft Azure Open AI zu denken, wo im Unterschied zu OpenAI ohne Azure-Kontext die Zugriffssicherheit auf Daten durch ein hinterlegtes Berechtigungsmodell (RBAC) gesichert ist [11]. Modifizierbare (und damit kontrollierbare) Content-Filter und/ oder modifizierbare Missbrauchsüberwachung für den Azure OpenAI Service sind jedoch nur für verwaltete Kunden und Partner verfügbar, die mit Microsoft-Accountteams zusammenarbeiten und zusätzlichen Anforderungen unterliegen. Nur Kundinnen und Kunden, die diese Anforderungen erfüllen, können dies beantragen [13].

- **Schutz von (personenbezogener sowie nicht personenbezogener Daten):** Eine der markantesten Möglichkeiten im Zusammenhang mit der Digitalisierung und der Entwicklung neuer Technologien bieten Big Data und Big Data Analytics. Es handelt sich dabei um einen Oberbegriff für verschiedene Entwicklungen in Verbindung mit Daten unterteilt in nachfolgende v-Kategorien:
  - *volume* (Umfang, Datenvolumen),
  - *velocity* (Geschwindigkeit, mit der die Datenmengen generiert und transferiert werden),
  - *variety* (Bandbreite der Datentypen und -quellen) sowie
  - *veracity* (Echtheit von Daten).

  Damit in Zusammenhang stehen *Datenverarbeitungskapazitäten* (auch als Big Data Analytics bezeichnet) – einschließlich der verwendeten Methoden und Werkzeuge –, die eine erhebliche Dimension erlangt haben und in vielen Branchen einen Großteil des Unternehmenswerts darstellen [3, 10].[7] Umso wichtiger wird es die Daten des Unternehmens zu schützen.

  Open-Source-Modelle ermöglichen, die Modelle an einem beliebigen Ort auszuführen und transparent (weiter) zu entwickeln. Unternehmen arbeiten oftmals mit vertraulichen Daten, die sie sicher verwahren möchten [19]. Das Vertrauen der Kunden und die Sicherheit der vertraulichen Daten (personenbezogene sowie nicht personenbezogene Daten wie z. B. Betriebsgeheimnisse) sind das höchste Gut eines Unternehmens.
- **(Kosten-)Technische Effizienz:** Entwicklerinnen und Entwickler können Open-Source-Modelle auf ihrer eigenen Infrastruktur oftmals günstiger [21], wenn nicht sogar kostenlos ausführen. Die Bandbreite bewegt sich zwischen 0,2 bis 7,5 USD per 1 M Token [8, 17]. Beispielsweise kann Llama 3.1 405B auf der eigenen Infrastruktur zu etwa 50 % der Kosten für die Verwendung geschlossener Modelle wie GPT-4o ausgeführt werden.
- **Nachhaltiges Ökosystem:** Open-Source-Modelle werden genutzt, um die unternehmenseigene Infrastruktur aufzubauen und darin KI-Systeme einzubetten. Die Erschaffung einer langfristigen Architektur wäre nachhaltig und Open Source damit ein integraler Bestand dieser Lösung (zur Nachhaltigkeit siehe auch Abschnitt 10.6).

---

7 Wimmer, Auswirkungen der Digitalisierung auf das Wirtschaftsprivatrecht – Ausgewählte Fragen zum Gesellschafts-, Kartell- und Lauterkeitsrecht, JBl 2021, 288 (291); vgl. auch Rupprecht, Die 9. Novelle des Gesetzes gegen Wettbewerbsbeschränkungen (GWB), 48 f.: Die Stellungnahme hebt hervor, dass die digitale Ökonomie zunehmend datengetrieben ist und dies sich darin widerspiegelt, dass der deutsche Gesetzgeber im Rahmen der 9. GWB-Novelle 2017 den „Zugang zu wettbewerbsrelevanten Daten“ ausdrücklich in § 18 Abs. 3a Z. 4 GWB verankerte. Wimmer in FN 32 dazu: So normierte der dt. Gesetzgeber den Zugang zu wettbewerbsrelevanten Daten als ein marktmachtrelevantes Kriterium.

6.4.2 Definition von Open Source und Rechtsgrundlage

Open-Source-Software-(OSS-)Lösungen bieten eine Alternative zu kostenpflichtiger Software [1]. Der Einsatz von OSS etabliert sich zunehmend in der Softwarebranche. Mit der Digitalisierung des Alltags nimmt der Einsatz von OSS zusätzlich zu [21]. Die erste Definition von OSS geht auf die Free Software Foundation Ende der 1990er-Jahre zurück. Diese definierte OSS als die Freiheit der Nutzer, die Software auszuführen, zu kopieren, zu verbreiten, zu untersuchen, zu ändern und zu verbessern [4]. Die Definition der Open-Source-Initiative [24] führt an, dass OSS nicht nur Zugang zum Quellcode bedeutet, und führt weitere Unterpunkte an.

Die Vertriebsbedingungen müssen bestimmte Kriterien erfüllen:

1. **Freie Weitergabe:** Die Lizenz darf den Verkauf oder die Weitergabe der Software nicht einschränken.
2. **Quellcode:** Das Programm muss den Quellcode enthalten und dessen Verbreitung in Quell- und kompilierter Form erlauben.
3. **Unbeschränktes Bearbeitungsrecht/Abgeleitete Werke:** Die Lizenz muss Modifikationen und abgeleitete Werke erlauben und deren Verbreitung unter denselben Bedingungen wie die Originalsoftware gestatten.
4. **Integrität des Quellcodes** des Autors: Die Lizenz darf den Quellcode nur in modifizierter Form einschränken, wenn die Verteilung von Patch-Dateien erlaubt ist.
5. **Keine Personen- oder Gruppendiskriminierung**
6. **Keine Diskriminierung** von Tätigkeitsfeldern
7. **Verbreitung der Lizenz:** Die mit dem Programm verbundenen Rechte müssen für alle gelten, an die das Programm weitergegeben wird.
8. **Keine produktspezifische Lizenz:** Die Rechte dürfen nicht davon abhängen, dass das Programm Teil einer bestimmten Softwareverteilung ist.
9. **Keine Einschränkung** anderer Software
10. **Technologieneutralität** der Lizenz: Keine Bestimmung der Lizenz darf auf einer bestimmten Technologie oder Schnittstellenart basieren.

Definition von Open Source

Software, die unter einer OS-Lizenz zur Verfügung gestellt wird, weist nachfolgende Merkmale auf:

1. **Öffentlichkeit** des Quelltextes: Bei kommerzieller Software ist der Source Code nicht zugänglich. Im Gegensatz dazu arbeiten bei einem frei zugänglichen Source Code Nutzer und Programmierer an der OSS mit und entwickeln diese weiter [4]. Der Quellcode ist unentgeltlich erhältlich. OSS kann jedoch auch kommerziell genutzt werden [21]. Durch die Unterscheidungen in den Lizenzbedingungen ist die Software nicht immer für den kommerziellen Zweck geeignet [14]. Das Programm muss den Quellcode enthalten und dessen Verbreitung in Quell- und kompilierter Form erlauben.
2. **Veränderbarkeit** der Software durch jedermann;
3. **Kostenlose** Nutzung;
4. **Bereitstellung zum Download** im Internet direkt von der Webseite des Urhebers, Bearbeiters oder Herstellers. OSS kann aber auch von Händlern, sogenannten Distributoren, bezogen werden [18]. Abhängig von der jeweiligen Lizenz können dem Nutzer bzw. Lizenznehmer weitere Verpflichtungen auferlegt werden [4].

Dem Lizenznehmer einer OS-Lizenz werden die Werknutzungsbewilligung (§ 24 Abs. 1 öUrhG, § 31 dtUrhG), ein Bearbeitungsrecht (§ 5 öUrhG, § 3 dtUrhG), Vervielfältigungsrecht (§ 15 öUrhG, § 16 dtUrhG) sowie Verbreitungsrecht (§ 16 öUrhG, § 17 dtUrhG) eingeräumt, wobei der Lizenznehmer die in der Lizenz festgelegten Pflichten einzuhalten hat.

6.4.3 Rechtliche Problemfelder im Zusammenhang mit Open Source nach bereits existierenden Rechtsgrundlagen

OSS kann nachfolgende rechtliche Schwierigkeiten mit sich bringen:

1. Jede Person, die eine OSS mitentwickelt, entwickelt diese auf Basis der Open-Source-Lizenz. Es kann dadurch eine **Vielzahl an Miturhebern** (mehrere Programmierer) entstehen. Die Nutzungsrechte für den Einzelfall zu vereinbaren ist nicht möglich [4, 18].

2. Es gibt **unterschiedliche OSS-Lizenzvertragstypen**, unter denen OSS-Produkte verbreitet werden [1]. Permissive Lizenzen (Permissive Licenses), schwache Copyleft-Lizenzen (Weak Copyleft) und starke Copyleft-Lizenzen (Strong Copyleft) [7, 22]. Auf die Art der Lizenz sollte jedenfalls geachtet werden, da diese unterschiedliche Rechte und Pflichten mit sich ziehen, was bei Nichteinhaltung zu Vertragsverstößen führen kann.

Tabelle 6.1 Übersicht OSS-Lizenzvertragstypen

PERMISSIVE LICENSES	COPYLEFT WEAK LICENSES	COPYLEFT STRONG LICENSES
Diese Lizenzen gewähren den Benutzern weitgehende Freiheit, die Software mit minimalen Einschränkungen zu nutzen, zu verändern und zu verbreiten, und erfordern nur minimale Verpflichtungen: bspw. die Aufnahme des ursprünglichen Urheberrechtsvermerks und der Lizenzbedingungen in alle Kopien oder wesentliche Teile der Software und der Dokumentation [5].	Schwache Copyleft-Lizenzen, (Weak Copyleft) stellen ein Gleichgewicht zwischen freizügigen und starken Lizenzen her. Sie erlauben es, den Code frei zu verwenden, zu verändern und zu verbreiten, jedoch mit bestimmten Bedingungen, sodass abgeleitete Werke unter derselben Lizenz Open Source bleiben. Die Bedingungen sind weniger streng als strenge Copyleft-Lizenzen und erlauben unter bestimmten Umständen eine proprietäre Nutzung [1].	Starke Copyleft-Lizenzen stellen sicher, dass alle von der Software abgeleiteten Werke **ebenfalls unter denselben Lizenzbedingungen verbreitet werden**. Änderungen an der Software und jede Software, die sie enthält, müssen unter derselben Lizenz weitergegeben werden. Starke Copyleft-Lizenzen sind für Projekte vorgesehen, die die Freiheit der Software garantieren und *Proprietary Forks** verhindern wollen.
Nachfolgende Lizenzen fallen unter die Kategorie **Permissive Licences:** *MIT-Lizenz*, die von Facebook genützt wird; *BSD-Lizenz*, die von Google genutzt wird [5]; *Universal Permissive License* [21]	Nachfolgende Lizenzen fallen unter die Kategorie **Weak Copyleft Licences:** *Mozilla Public Licence* (MPL); *Common Development and Distribution License* (CDDL) [1]; *Apache Licence 2.0*, die von AWS genutzt wird; *Microsoft Public License* [21]	Nachfolgende Lizenzen fallen unter die Kategorie **Strong Copyleft Licences:** Die *GNU General Public License* (GPL), unter der etwa das Betriebssystem Linux oder das Anwendungsprogramm Open Office.org vertrieben werden, galt als meistverbreitete OSS-Lizenz und enthält ein **starkes Copyleft.** In diese Kategorie fallen auch: *Affero General Public License* (AGPL) und *The Linux Kernel*, lizenziert unter GPL [5] *Eclipse Publice License* (EPL-1.0) *European Union Public License* *Deutsche Freie Software Lizenz* *Open Software License* [21]

PERMISSIVE LICENSES	COPYLEFT WEAK LICENSES	COPYLEFT STRONG LICENSES
MIT-Lizenz: Der Lizenznehmer muss lediglich vorhandene Urheberrechtsvermerke (= Lizenztext) beibehalten. Diese Lizenz eignet sich auch für Closed-Source-Software, bei welcher der Quelltext nicht offengelegt wird [4]. **BSD-Lizenz:** Urheberrechtsvermerke, Lizenz und Haftungsklausel müssen beibehalten werden (2-clause). Rechteinhaber oder (Mit-) Urheber dürfen nicht zu Werbezwecken genannt werden (3-clause) [4].	**Apache-Lizenz:** Modifizierte Stellen müssen als solche gekennzeichnet werden, und Lizenzbedingungen sowie Urheberrechtsvermerke müssen beibehalten bzw. inkludiert werden [1]. Je nachdem, wie „aggressiv" der Copyleft-Effekt formuliert wird, wird zwischen den hier veranschaulichten drei Kategorien differenziert [4].	**GPL-Lizenz:** Sie enthält ein starkes Copyleft in der Version 2.0 und 3.0; in der LGPL („Lesser") ist dies etwas schwächer ausgeprägt. Lizenznehmer sind meist verpflichtet, den Quelltext der Öffentlichkeit zur Verfügung zu stellen. Es dürfen explizit keine Lizenzgebühren verlangt werden [2].

* Proprietary Forks = ein Vorgang, bei dem die Entwickler eine Kopie des Quellcodes eines Softwarepakets nehmen und mit der unabhängigen Entwicklung daran beginnen, um ein eigenständiges und separates Stück Software zu erstellen, abrufbar unter *https://en.wikipedia.org/wiki/Fork_(software_development)* (zuletzt abgerufen am 29.07.2024).

Nicht alle Lizenzen lassen sich in diese Kategorien einordnen. So ist das *LLAMA 2 Community License Agreement* eine *„nicht-exklusive, weltweite, nicht übertragbare und gebührenfreie eingeschränkte Lizenz […].“* Sie weist jedoch auch einige Restriktionen auf[8], während das*LLAMA 3 Community License Agreement* noch spezifischere Anordnungen besitzt.[9]

1. Ist eine starke „Copyleft“-Klausel vereinbart, kann die **Verknüpfung mit proprietärer Software** eine Weiterentwicklung darstellen, auf die sich die Open-Source-Lizenz erstreckt [4]. Wird die OSS weiterentwickelt und veröffentlicht, muss der (neue) Quelltext der Allgemeinheit zur Verfügung gestellt werden. Der Öffentlichkeitsbegriff kann bereits in der Zurverfügungstellung innerhalb eines Unternehmens oder einer Behörde verwirklicht sein [2].

---

8 Github, LLama 2 License, abrufbar unter *https://github.com/Meta-Llama/llama/blob/main/LICENSE* (zuletzt abgerufen am 28.07.2024). In den Lizenzrechten wird bspw. zur weiteren Verbreitung an dritte Parteien vorausgesetzt, dass die LLama-Lizenz in Kopie weitergegeben werden (1.b).

9 Github, Llama 3 License, abrufbar unter *https://github.com/meta-llama/llama3/blob/main/LICENSE* (zuletzt abgerufen am 28.07.2024): „Provide a copy of this Agreement with any such LLAMA Materials.“ […] „Prominently display ‚Built with Meta LLAMA 3‘ on a related website, user interface, blog post, about page, or product documentation.“ […] „Include „LLAMA 3“ at the beginning of any AI model name that is created, trained, fine-tuned, or otherwise improved using the LLAMA Materials and is distributed or made available.“

2. Die **technische Implementierung sowie die Kompatibilität der Lizenzen** (vgl. hierzu Abschnitt 5.1.1.8) muss bei der Nutzung von OSS in kommerzieller Software überprüft werden, da ansonsten die Lizenz verletzt werden kann bzw. der darauf aufbauenden Software „anhaftet" („viraler" [4] oder „immunisierender Effekt" [21]):
   - In einer der weltweit ersten Entscheidungen zur Wirksamkeit von Open-Source-Lizenzen hatte sich das Landgericht München mit der damals bekanntesten und gebräuchlichsten Lizenz GNU GPL auseinandergesetzt. Entgegen den Meinungen, die das aus dem amerikanischen Recht kommende Lizenzmodell nicht auf europäische und deutsche Rechtsverhältnisse übertragbar hielten, stellte das Gericht die grundsätzliche Wirksamkeit nach deutschem Recht fest [23].[10] In der Zwischenzeit wurde diese Ansicht mehrfach durch Gerichte bestätigt sowie beispielsweise die Möglichkeit eines Schadenersatzanspruches bei einer Verletzung von OS-Lizenzen festgestellt [21].
   - *Wiebe* merkte hierzu an, dass auch für das österreichische Recht keine gröbliche Benachteiligung des Nutzers anzunehmen sei. Die Zulässigkeit einer solchen Bedingung ergibt sich aus §§ 696, 704 öABGB.
   - Jede Software, die von GPL-geschützten Programmen abgeleitet ist oder darauf basiert, ist im Falle der Veröffentlichung oder Verbreitung als Ganzes unter den Bedingungen der GPL den Dritten lizenzgebührenfrei im Quellcode zur Verfügung zu stellen. Damit weicht die GPL grundlegend vom österreichischen – und deutschen – Urheberrecht ab. Wenn allerdings Teile aus GPL-Code und Nicht-GPL-Code bestehenden Programmen als eigenständige Programme betrachtet werden können, dürfen diese Nicht-GPL-Teile kommerziell selbstständig vertrieben werden. Die diesbezüglichen Abgrenzungsfragen sind sehr komplex und schwierig; entsprechende technische und rechtliche Prüfungen sind in jedem Einzelfall zu empfehlen [21].
3. Verstöße gegen Open-Source-Lizenzen können einer **Urheberrechtsverletzung** gleichkommen. Die möglichen Rechtsfolgen sind: Unterlassungsansprüche, Beseitigungsansprüche, Anspruch auf angemessenes Entgelt, Schadenersatz; strafrechtliche Verfolgung; Urteilsveröffentlichung. Nutzer einer Software können belangt werden, obgleich diese vom rechtswidrigen Einsatz der Software keine Kenntnis hatten. Bei Anschaffung, Beauftragung oder Investition in eine Software sollte daher geprüft werden, ob die Software allfälligen OS-Lizenzen entspricht („Open Source Due Diligence"), oder der Lieferant dazu zu verpflichtet werden,

---

[10] Wiebe, Open Source Software-Lizenz-Wirksamkeit, Medien und Recht 2004, 269 (272); München 21 O 6123/2004 (19.05.2004). Hier wurde entschieden, dass die klagegegenständlichen Ziffern der Open-Source-Software-Lizenz GNU GPL keine unangemessene Benachteiligung einer Vertragspartei enthalten und als wirksam anzusehen sind. Der vorgesehene Rechterückfall bei Verstoß gegen die Lizenzbedingungen stelle eine auflösende Bedingung der dinglichen Rechteeinräumung dar, damit keine Umgehung des § 31 Abs. 1 dUrhG (zulässige Einschränkung des Nutzungsrechts) entstehe.

einen OS-konformen Zustand herzustellen. Werden ein Softwareunternehmen oder einzelne Softwareprodukte erworben, so ist es sinnvoll, in den Vertrag entsprechende Klauseln bezüglich OSS aufzunehmen [21].

4. Die charakteristischen rechtlichen Verpflichtungen, die mit OSS oftmals einhergehen, sind:
   - Mitlieferung des Lizenztextes, Veröffentlichung des Quellcodes, Vermerk des Urhebers; ein Haftungsausschluss, Verbot von Beschränkungen OSS [21], Überbindungspflicht der OSS-Lizenz auf den Endnutzer [4].

6.4.4 Open-Source-Software-Strategie der Europäischen Kommission

Die Europäische Kommission verabschiedete am 21.10.2020 ihre neue Open-Source-Software-Strategie für den Zeitraum von 2020 bis 2023. Unter dem Leitsatz „Think Open" verfolgt die Strategie das Ziel, die transformative und innovative Kraft von Open-Source-Software zu nutzen und die gemeinschaftliche Nutzung sowie Wiederverwendung von Softwarelösungen und Fachwissen in ganz Europa zu stärken. Die Kommission verpflichtete sich, die Nutzung von Open-Source-Software nicht nur im IT-Bereich, sondern auch in anderen strategisch wichtigen Bereichen zu intensivieren: durch die Errichtung von Open-Source-Innovationslaboren, die Reduzierung des Verwaltungsaufwands für die Veröffentlichung von Open-Source-Software und die Förderung von Fähigkeiten und Talenten im Bereich der Open-Source-Software [12]. Quelloffenheit wird dabei als Katalysator für Veränderungen anerkannt. Die Hauptpunkte der Strategie sind:

- die Betonung der Bedeutung von Open-Source-Software für die digitale Autonomie Europas und Maßnahmen zur Förderung der Nutzung und Weiterverwendung von Open-Source-Software
- Förderung von Open Source als Mittel zur Erreichung digitaler Autonomie und Kontrolle über Technologien
- Umsetzung der Digitalstrategie [6]

6.4.5 Ausnahmen für Open Source in der KI-VO

Die KI-VO gilt nicht für KI-Systeme, die *unter freien und quelloffenen Lizenzen* („OSS") bereitgestellt werden, es sei denn, sie werden als Hochrisiko-KI-Systeme oder als ein KI-System, das unter Artikel 5 oder 50 fällt, in Verkehr gebracht oder in Betrieb genommen (Art. 2 Abs. 12 KI-VO, ErwG 89 KI-VO, siehe auch Abschnitt 3.1). Zu freien und quelloffenen KI-Komponenten zählen Software und Daten, einschließlich Modelle und KI-Modelle mit allgemeinem Verwendungszweck, Instrumente, Dienste oder Verfahren eines KI-Systems (ErwG103 KI-VO).

In der Praxis kann oftmals das Missverständnis aufkommen, dass Open-Source-Software gänzlich aus dem Anwendungsbereich der KI-VO ausgeschlossen wurde, oder die Gegenausnahmen, insbesondere jene des Art. 50 KI-VO, werden übersehen. Die Ausnahme ist daher aus den nachfolgenden Gründen mit Vorsicht zu genießen:

1. Nicht abwegig ist, dass OSS für die Entwicklung eines bestimmten KI-Systems (Art. 50 KI-VO) genutzt wird. Hier wären nicht nur die Anwendbarkeit der KI-VO zu prüfen, sondern auch die rechtlichen Rahmenbedingungen außerhalb der regulatorischen Anforderungen der KI-VO zu klären (siehe Abschnitt 6.3.3).
2. Auch wenn derjenige, der die OSS bereitstellt (Anbieter), selbst nicht den Regularien unterliegt, da es sich um eine OSS handelt, die weder verbotene Praktiken (Art. 5 KI-VO) ausübt oder die er in einem Hochrisiko-KI-System bzw. bestimmten KI-System nutzt, ist derjenige, der die OSS nutzt, um ein eigenständiges KI-System zu entwickeln und in Betrieb zu nehmen, nicht von der Ausnahme erfasst.

Open Source und KI-Modelle mit allgemeinem Verwendungszweck

Die KI-VO sieht eine Ausnahme für Anbieter von KI-Modellen mit allgemeinem Verwendungszweck (siehe Abschnitt 3.7) vor, die im Rahmen einer freien und quelloffenen Lizenz bereitgestellt werden, *die den Zugang, die Nutzung, die Änderung und die Verbreitung des Modells ermöglicht und deren Parameter, einschließlich Gewichte, Informationen über die Modellarchitektur und Informationen über die Modellnutzung, öffentlich zugänglich gemacht werden.*

Die Pflichten gemäß Art. 50. 1 lit. a und b KI-VO gelten in diesem Fall nicht. Die Gegenausnahme besteht bei KI-Modellen mit allgemeinem Verwendungszweck mit systemischen Risiken (Art. 50 Abs. 2 KI-VO; ErwG 104 KI-VO).

Für Dritte, die Instrumente, Dienste, Verfahren oder Komponenten (außer KI-Modelle mit allgemeinem Verwendungszweck) im Rahmen einer freien und quelloffenen Lizenz öffentlich zugänglich machen, ist Art. 50 Abs. 4 KI-VO nicht anwendbar. Daher halten sie nicht die Informationen, die Fähigkeiten, den technischen Zugang und die sonstige Unterstützung nach dem allgemein anerkannten Stand der Technik in einer schriftlichen Vereinbarung fest, was erforderlich ist, damit der Anbieter des Hochrisiko-KI-Systems die in dieser Verordnung festgelegten Pflichten vollständig erfüllen kann (vgl. Art. 25 Abs. 4 KI-VO zu den „Verantwortlichkeiten entlang der KI-Wertschöpfungskette“).

Ausblick

Abschließend ist darauf hinzuweisen, dass der Europäischen Kommission die Erstellung von Leitlinien gemäß Art. 96 KI-VO obliegt, die genauer auf die verbotenen Praktiken (Art. 5 KI-VO), Hochrisiko-KI-Systeme (Art. 6 KI-VO) und bestimmte KI-Systeme (Art. 50 KI-VO) sowie damit einhergehende Verpflichtungen eingehen sollen.

Es bleibt daher abzuwarten, wann und in welcher Intensität die Umsetzung des Art. 96 KI-VO erfolgt, um die Abgrenzung gemäß Art. 2 Abs. 12 KI-VO abschließend beurteilen zu können. Gleichzeitig besteht die Problematik, dass zur Umsetzung des Art. 96 KI-VO die Frist des Art. 113 KI-VO gilt und daher die Umsetzung bis 2. Februar 2026 erfolgen dürfte [9].

Um kurze Umsetzungszeiträume nach Veröffentlichung der Leitfäden zu vermeiden, sollten sich Unternehmen bereits jetzt damit auseinandersetzen, inwieweit Open-Source-Software Teil ihrer Unternehmens- und KI-Strategie ist, und etwaige Entwicklungsprojekte einer rechtlichen Prüfung unterziehen.

Quellen

[1] Andréewitch, Markus: Open Source und proprietäre Software: Das Verknüpfungsproblem. In: MR2005, Heft 5, 240 – 243

[2] Andréewitch, Markus: Risiken bei firmen- und behördeninterner Bearbeitung von Open Source Software. In: MR 2005 Heft 1, 36 – 39

[3] Auswirkungen der Digitalisierung auf das Wirtschaftsprivatrecht – Ausgewählte Fragen zum Gesellschafts-, Kartell- und Lauterkeitsrecht | Lexis 360. URL *https://360.lexisnexis.at/d/artikel/auswirkungen_der_digitalisierung_auf_das_wirtschaf/z_jbl_2021_5_jbl_2021_05_0288_3a608b4100* – abgerufen am 03. 08. 2024

[4] Bisset, Katharina: Open Source Softwarelizenzen. URL *https://360.lexisnexis.at/d/lexisbriefings/open_source_softwarelizenzen/h_80004_3864683696566738385_df06868344* – abgerufen am 03. 08. 2024

[5] Choosing the Right Open Source License in 2024: A Comprehensive Guide – Threatrix. URL *https://threatrix.io/blog/open-source-compliance/choosing-the-right-open-source-license-in-2024-a-comprehensive-guide/* – abgerufen am 03. 08. 2024

[6] Europäische Kommission: Mitteilung an die Kommission, Open-Source-Software-Strategie 2020 – 2023 Offen Denken.

[7] Freizügige Open-Source-Lizenz. Wikipedia.

[8] Götz, Charlotte: KI Kosten – Welche Lösungen gibt es für Ihr Budget? URL *https://konfuzio.com/de/ki-kosten/* – abgerufen am 03. 08. 2024 – Konfuzio

[9] kaizenner: The AI Act: responsibilities of the European Commission (AI Office). URL *https://www.kaizenner.eu/post/ai-act-responsibilities-commission* – abgerufen am 03. 08. 2024 – Digitizing Europe

[10] Kersting, Christian; Podszun, Rupprecht; Grave, Carsten: Die 9. GWB-Novelle: Kartellschadensersatz – Digitale Ökonomie – Fusionskontrolle – Bußgeldrecht – Verbraucherschutz. München: C. H. Beck, 2017 – ISBN 978-3-406-71080-3

[11] KI und Recht: ChatGPT versus Microsoft Azure OpenAI und Copilot. URL *https://www.cio.de/a/chatgpt-versus-microsoft-azure-openai-und-copilot,3734533* – abgerufen am 03. 08. 2024

[12] Kommission verabschiedet neue Strategie für Open-Source-Software – Europäische Kommission. URL *https://germany.representation.ec.europa.eu/news/kommission-verabschiedet-neue-strategie-fur-open-source-software-2020-10-21_de* – abgerufen am 03. 08. 2024

[13] krlaird: Limited access to Azure OpenAI Service – Azure AI services. URL *https://learn.microsoft.com/en-us/legal/cognitive-services/openai/limited-access* – abgerufen am 03. 08. 2024

[14] Lanzinger, Michael; Bisset, Katharina: Softwarevertrag | Lexis 360. URL *https://360.lexisnexis.at/d/lexisbriefings/softwarevertrag/h_80001_4172893168535162674_8cc3e5d8e8* – abgerufen am 03. 08. 2024

[15] Lessig, Lawrence; Lessig, Lawrence: Code. Version 2.0. New York: Basic Books, 2006 – ISBN 978-0-465-03914-2

[16] McFarland, Alex: Die 5 besten Open Source LLMs (August 2024). URL *https://www.unite.ai/de/beste-Open-Source-Filme/* – abgerufen am 03. 08. 2024 – Unite.AI

[17] Model & API Provider Analysis | Artificial Analysis. URL *https://artificialanalysis.ai* – abgerufen am 03. 08. 2024

[18] ÖJZ 2004/39: Open Source Software Rechtliche Rahmenbedingungen nach österr. Recht (Andreas Wiebe *)/Felix Prändl *)): RDB Rechtsdatenbank. URL *https://rdb.manz.at/document/rdb.tso.LI0409140023* – abgerufen am 03. 08. 2024

[19] Open Source AI Is the Path Forward. URL *https://about.fb.com/news/2024/07/open-source-ai-is-the-path-forward/* – abgerufen am 03. 08. 2024 – Meta

[20] Rosengrün, Sebastian: Künstliche Intelligenz zur Einführung, Zur Einführung. Hamburg: Junius, 2021 – ISBN 978-3-96060-323-8

[21] Tretzmüller: Handbuch Softwarerecht

[22] Verschiedene Lizenzen und Kommentare – GNU-Projekt – Free Software Foundation. URL *https://www.gnu.org/licenses/license-list* – abgerufen am 03. 08. 2024

[23] Wiebe, Andreas: Open Source Software-Lizenz-Wirksamkeit Bd. Medien und Recht 2004, 269 (272)

[24] *https://opensource.org/osd* abgerufen am 15. 08. 2024

6.5 Hardwarekauf und -wartung

Der Hardwarekauf ist in gewissen Bereichen, wie etwa in der Industrie mit **Robotik und Sensorik-Komponenten**, besonders relevant. Die Beschaffung ist üblicherweise als klassischer Kaufvertrag ausgestaltet. Der Käufer schuldet den Kaufpreis und der Anbieter die Übertragung von lastenfreiem Eigentum samt erforderlicher sonstiger Rechteeinräumungen an allenfalls mitgelieferter Software.

Bei Hardwarebeschaffungen mit KI-Komponenten stehen folgende Themen im Mittelpunkt:

Die Anforderungen nach der KI-VO gelten auch für Hardwarebeschaffungen. Die KI-Definition erfasst schließlich auch in Hardware eingebettete Software (vgl. Abschnitt 6.4 für weitere Details.). Damit betreffen vorwiegend Hochrisiko-KI-Systeme auch Verpflichtungen in puncto **Genauigkeit, technischer Robustheit und Cybersicherheit** während des gesamten Lebenszyklus des Produkts (Art. 15 KI-VO), die Erforderlichkeit einer **CE-Kennzeichnung, Konformitätsbewertung und die Einhaltung von Normen** (z. B. ISO-, DIN-, Ö-Normen und sonstiger Standards). Der Anbieter ist im Rahmen der **Spezifikation des Leistungsgegenstands** zur Erfüllung dieser (KI-VO-)Anforderungen zu verpflichten.

Bezüglich der Wartung gelten die in Abschnitt 6.4 ausgeführten Überlegungen sinngemäß. Zusätzlich sollten Kunden auch die Vorhaltung von **Ersatzteilen** und die Erbringung von **Reparaturpflichten** vertraglich regeln, um den laufenden Betrieb eines KI-Systems nicht zu gefährden.

6.6 Allgemeines zur Haftung

In der IT-Vertragsgestaltung sind folgende Haftungsregelungen relevant:

- Gewährleistung;
- Schadenersatz;
- Pönale sowie verschuldensunabhängige Schad- und Klagloshaltungen.

Gewährleistung

Der **Dienstleister haftet für die Mangelfreiheit** der erbrachten Leistungen. Ein Mangel liegt vor, wenn die Leistungen im Zeitpunkt der Übergabe von den vereinbarten Spezifikationen abweichen. Dazu zählen die bedungenen und gewöhnlich vorausgesetzten Eigenschaften (vgl. Abschnitt 6.1 zu bedungenen und gewöhnlich vorausgesetzten Eigenschaften). Fehlen diese Eigenschaften, stehen dem Kunden bzw. der Kundin Gewährleistungsansprüche zu (Verbesserung, Austausch, Preisminderung und Rücktritt vom Vertrag).

Die gesetzliche Gewährleistungsfrist beträgt **zwei Jahre ab Übergabe der Leistung**. Sie wird im B2B-Bereich aber regelmäßig eingeschränkt. In den ersten sechs Monaten ab Übergabe wird gesetzlich vermutet, dass der Mangel bereits im Zeitpunkt der Übergabe bestanden hat. Auch die Vermutungsregelung wird oft ausgeschlossen.

Zudem gilt im B2B-Verhältnis ex lege die Rügepflicht. Der Käufer hat die Leistung binnen angemessener Frist zu prüfen und allfällige Mängel bei sonstigem Anspruchsverlust zu rügen. Die Rügepflicht wird allerdings meist ausgeschlossen und ein Abnahmeverfahren vor Übergabe vereinbart.

Praxistipp

Gewährleistungsansprüche spielen bei IT-Softwareverträgen grundsätzlich eine untergeordnete Rolle. Das liegt an unterschiedlichen Umständen:

- Einerseits ist die Nachweisbarkeit, dass ein Mangel (unter Berücksichtigung, dass keine Software 100 % fehlerfrei ist) im Zeitpunkt der Übergabe vorgelegen hat, schwierig. Die genannte Vermutungsregelung wird schließlich in der Regel ausgeschlossen.
- Andererseits kommt dem Abnahmeverfahren bei Softwareentwicklungsverträgen eine besondere Bedeutung zu. In Test- und Abnahmeverfahren sollen bereits abnahmehindernde Fehler identifiziert und behoben werden. Zudem tritt die Gewährleistung weiter in den Hintergrund, wenn sie an die Überlassung die Softwarewartung nahtlos anschließt und Fehlerbehebungen im Rahmen dessen vorgesehen sind.

Anders verhält es sich beim Hardwarekauf, insbesondere von Standardware. Hier ist die Gewährleistung essenziell.

Schadenersatz

Darüber hinaus haftet der Dienstleister für verursachte Schäden aufgrund eines **Verschuldens** (Vertrags- oder Deliktshaftung) oder einer **Gefährdung** (z.B. Produkthaftungsgesetz in Deutschland und Österreich, österreichisches Eisenbahn- und Kraftfahrzeughaftpflichtgesetz, deutsches Umwelthaftungsgesetz). Das ist bei der Beschaffung und dem Einsatz von KI einer der wichtigsten Regelungspunkte. Nach den aktuellen österreichischen gesetzlichen Bestimmungen haftet der Dienstleister:

- bei Verschulden nach §§1203ff. ABGB unter Berücksichtigung der Sachverständigenhaftung nach §1299 ABGB[11] für fahrlässig und vorsätzlich verursachte positive Schäden (inklusive entgangenem Gewinn)[12],
- als (Quasi-)Hersteller oder Importeur für Sach- und Personenschäden nach dem PHG verschuldensabhängig, wenn diese durch ein fehlerhaftes Produkt[13] verursacht werden.

Zukünftig werden die Haftungsregelungen mit der **RL über KI-Haftung** [2] und die **Novellierung der Produkthaftungs-RL** [3] an die aktuellen Entwicklungen angepasst. Sie schaffen erstmals einen harmonisierten Rechtsrahmen für Schäden durch KI. Im Mittelpunkt stehen der Verbraucherschutz und die Ermöglichung der faktischen Durchsetzung von Schadenersatzansprüchen. Geschädigte tragen als Kläger die volle Beweislast. Freilich stehen sie in der Praxis vor Beweisschwierigkeiten, wenn sie behaupten und beweisen müssen, dass sie aufgrund einer KI-Nutzung geschädigt wurden. Es geht sohin um den Kausalitätszusammenhang. Beweiserleichterungen und weitgehende Informationsrechte sollen dies nun ändern und eine effektive Entschädigung gewährleisten. Außerdem wird zukünftig die Produktdefinition im Produkthaftungsrecht auch auf Software ausgeweitet und der Produktfehler neu beschrieben.

In der B2B-Vertragspraxis sind allerdings **Haftungsausschlüsse und -beschränkungen** üblich. Die Haftung kann in Österreich

- dem Grunde nach (z.B. für atypische Schäden, bestimmte Schadensarten),
- der Höhe nach (z.B. betragliche Deckelung in Prozent, Euro oder anhand des Auftragswertes) oder

---

[11] Für die Ermittlung des Verschuldens kommt es auf die Einhaltung des Sorgfaltsmaßstabes nach den gewöhnlichen Fähigkeiten eines Durchschnittsmenschen an. Sachverständige unterliegen einem strengeren Maßstab und müssen die Fähigkeiten aufwiesen, die in ihrer Berufsgruppe objektiv erwartet werden.

[12] Im Rahmen der Vertragshaftung genießt der Kunde gewisse Vorzüge, wie etwa die Beweislastumkehr oder die Zurechnung von Gehilfen. Bei deliktischer Haftung bestehen keine Beweislastumkehr und eine Gehilfenhaftung.

[13] Ein Produkt im Sinne des PHG bezeichnet eine bewegliche körperliche Ware. KI-Systeme als reine Software fallen nicht unter die Produktdefinition. Eine Ausnahme besteht dann, wenn die Software mit Hardware verbunden ist. Vgl. dazu auch Rabl, Produkthaftungsgesetz (2016) zu §4 PHG, Rz 54; Posch/Terlitza in Deixler-Hübner/Kolba (Hrsg.), Handbuch Verbraucherrecht (2015). Das Recht der Produkthaftung, 373f.; Posch/Terlitza in Schwimann/Kodek (Hrsg.), ABGB Praxiskommentar[4] (2016) zu §4 PHG, Rz 10.

- dem Verschulden nach (z. B. Ausschluss für leichte Fahrlässigkeit) beschränkt werden.

Die Haftung kann hingegen **nicht** für

- Vorsatz,
- krass grobe Fahrlässigkeit[14],
- Schäden an Leib, Leben und der Gesundheit und
- Ansprüche nach dem Produkthaftungsgesetz ausgeschlossen werden.[15]

Praxistipp

Die möglichen Risiken beim Einsatz von KI-Systemen sollten aus einer Kundenperspektive angemessen von den vertraglichen Schadenersatzbestimmungen erfasst sein. Dazu zählen mindestens die Haftung für Datenschäden und -verluste, Geldbußen nach der KI-VO bzw. parallel anwendbarer Strafen nach der DSGVO oder sonstiger Bestimmungen und Verletzungen Rechte Dritter beim Einsatz durch KI.

Pönale und Schad- und Klagloshaltungen

Da die Parteien bei der Durchsetzung von Schadenersatzansprüchen oft auf Beweisschwierigkeiten stoßen (vgl. auch obige Ausführungen im KI-Umfeld), sind in IT-Verträgen verschuldensunabhängige Pönale (Konventionalstrafen)[16] als pauschalierter Schadenersatz[17] und Schad- und Klagloshaltungen (Freistellungsvereinbarungen) beliebt.

Häufige Anwendungsfälle sind

- Pönale bei:
  - Verzug;
  - fehlgeschlagener Abnahme;
  - Datenschutzverletzungen und Verletzungen der Geheimhaltungsverpflichtungen;
  - Verletzung wesentlicher Vertragspflichten, wie etwa die Einhaltung der gesetzlichen Bestimmungen;
  - Unterschreiten von SLA (vgl. SLC in Abschnitt 6.4).

---

[14] Der Ausschluss für schlicht grobe Fahrlässigkeit ist bis zur Grenze der Sittenwidrigkeit zulässig. Das ist eine Einzelfallentscheidung. Vgl. auch OGH 7 Ob 666/84; 6 Ob 836/83.

[15] Die Grenzen der Haftungsausschlüsse beziehen sich auf den B2B-Bereich. Für B2C-Verhältnisse gelten für Konsumenten günstigere Regelungen.

[16] Sofern nichts anderes vereinbart wird, sind Pönale im österreichischen Recht verschuldensunabhängig; vgl. OGH 2 Ob 9/14h.

[17] Ein über die Pönale hinausgehender Schadenersatz kann unabhängig davon bei Vorliegen der Schadenersatzvoraussetzungen geltend gemacht werden.

- Schad- und Klagloshaltungen bei:
  - Verletzung Rechte Dritter durch die Software, insbesondere IP-Rechte;
  - Verletzung von vereinbarten Zertifizierungen, Normen und Standards,
  - Verletzungen von Nutzungsbeschränkungen.

Bei IT-Verträgen über KI-Systeme können die spezifischen Risiken in den Pönale- und Freistellungsklauseln zusätzlich beispielsweise wie folgt berücksichtigt werden:

- Pönale bei Verletzung der vertraglich und gesetzlich festgelegten Verpflichtungen zur Einhaltung der KI-VO-Anforderungen (analog zu den Datenschutzverletzungen bzw. sonstigen Gesetzesverstößen);
- Schad- und Klagloshaltung bei Verletzung Rechte Dritter durch das KI-Modell und/oder KI-System;
- Schad- und Klagloshaltung bei Verletzung der Erstellung und Umsetzung Strategie zur Einhaltung des Urheberrechts bei GPAI;
- Schad- und Klagloshaltung bei Verletzung von Grundrechten und -freiheiten durch das Entwickeln, Testen und die Inbetriebnahme von KI-Systemen, einschließlich der angemessenen Rechtsberatungs- und Verteidigungskosten.

Die neue KI-Regulierung mit der KI-VO wird sich auch maßgeblich auf die Verantwortlichkeiten und Haftungsregelungen in den IT-Verträgen auswirken.

6.7 Referenztabelle Rechtsvorschriften

Das Kapitel wurde unter Berücksichtigung der österreichischen Rechtslage geschrieben, im Anschluss werden jedoch ohne Anspruch auf Richtigkeit die relevanten deutschen Normen referenziert.

Kontext	Österreichische Norm	Relevante deutsche Norm
Zurechnung von öffentlichen Werbeaussagen	§ 922 Abs. 2 ABGB,A.	§ 434 BGB
Umfang der Erhaltungspflicht	§ 1096 ABGB,A	§ 535 BGB, § 538 BGB
Mangelfreiheit der erbrachten Leistungen	§§ 922 ff. ABGB,A	§ 434 ff. BGB
Rügepflicht	§ 377 UGB	§ 377 HGB
Verschulden	§§ 1203 ff. ABGB,A	§ 823 BGB
Zurechnung von Gehilfen	§ 1313a ABGB,A.	§ 278 BGB

Kontext	Österreichische Norm	Relevante deutsche Norm
Gehilfenhaftung	§ 1315 ABGB,A.	§ 831 BGB
Sachverständigenhaftung	§ 1299 ABGB,A	§ 839a BGB
Definition eines Produkts	§ 4 PHG,A	§ 2 PHG

Quellen

[1] Bydlinski, Peter; Perner, Stefan; Spitzer, Martin; Bydlinski, Michael; Danzl, Karl-Heinz; Dehn, Wilma: Kommentar zum ABGB: Allgemeines bürgerliches Gesetzbuch, EheG, KSchG, VGG, IPR-G, Rom I-, Rom II- und Rom III–VO. 7. Auflage. Wien: Verlag Österreich, 2023 – ISBN 978-3-7046-9081-4

[2] Vorschlag für eine RICHTLINIE DES EUROPÄISCHEN PARLAMENTS UND DES RATES zur Anpassung der Vorschriften über außervertragliche zivilrechtliche Haftung an künstliche Intelligenz (Richtlinie über KI-Haftung), 2022

[3] Vorschlag für eine RICHTLINIE DES EUROPÄISCHEN PARLAMENTS UND DES RATES über die Haftung für fehlerhafte Produkte, 2022

[4] Anderl/Buchmann in Kollar/Balog/Martinetz/Pichler, Das große Handbuch Wirtschaftsrecht, Wien: Manz, 2024 ISBN 978-3-214-25440-7

7 Privater Sektor

Kristina Altrichter, Gabriele Bolek-Fügl, Karin Bruckmüller, Alexandra Ciarnau, Julia Eisner, Isabella Hinterleitner, Manuela Machner, Renate Rechinger, Carina Zehetmaier, Klaudia Zotzmann-Koch

7.1 KI – von Vorurteilen zur Diskriminierung

Carina Zehetmaier

KI wird häufig als ein Werkzeug beschrieben, das mit neutraler und objektiver Perspektive für verschiedenste Zwecke eingesetzt werden kann, sowohl zum Nutzen als auch zum Schaden. Diese Betrachtungsweise impliziert, dass KI an sich weder gut noch schlecht ist, sondern ihre Auswirkungen von den Absichten der Nutzer abhängen. Dadurch, dass wir den Systemen Objektivität und Neutralität unterstellen, werden einerseits Vorurteile, die zu Diskriminierung führen können, verschleiert, und dies kann wiederrum zu einer Wiedergabe und auch einer Verstärkung bestehender Vorurteile führen:

- Wiedergabe gesellschaftlicher Vorurteile: KI-Systeme lernen aus Daten, die von Menschen erzeugt und ausgewählt werden. Wenn diese Daten voreingenommen sind oder gesellschaftliche Ungleichheiten widerspiegeln, kann die KI diese Vorurteile in ihren Entscheidungen und Empfehlungen reproduzieren. *Das zeigt sich beispielsweise in der Gesichtserkennungstechnologie, bei der einige Systeme bei Menschen unterschiedlicher Hautfarbe unterschiedlich gut funktionieren, was auf die überwiegende Verwendung von Bilddaten mit heller Hautfarbe während des Trainings zurückzuführen ist.* [14]
- Verstärkung bestehender Ungleichheiten: Durch die unbewusste Einbettung von Vorurteilen in KI-Systeme können bestehende soziale und wirtschaftliche Ungleichheiten verstärkt werden. *Beispielsweise können KI-gestützte Recruitingtools, die auf historischen Daten basieren, dazu neigen, Kandidaten zu bevorzugen, die dem typischen Profil erfolgreicher männlicher Mitarbeiter in der Vergangenheit entsprechen, wodurch Frauen möglicherweise benachteiligt werden.* [5]

Die wesentlichen Begriffe in diesem Zusammenhang sind:

- **Maschinelles Lernen** ist ein Teilbereich der künstlichen Intelligenz, der Algorithmen verwendet, um Computern die Fähigkeit zu geben, aus Daten zu lernen und Entscheidungen oder Vorhersagen zu treffen, ohne explizit programmiert zu werden. Es basiert auf der Idee, dass Systeme Muster und Strukturen in großen Datenmengen erkennen können, um eigenständig Lösungswege zu entwickeln.
- **Objektivität** bezieht sich auf die Fähigkeit, Urteile oder Entscheidungen frei von persönlichen Vorurteilen und subjektiven Einflüssen zu treffen, basierend auf faktenbasierten Kriterien.
- **Neutralität** bedeutet die Unparteilichkeit und das Fehlen einer Vorzugsbehandlung oder Voreingenommenheit gegenüber allen Seiten eines Themas oder Konflikts.
- **Bias** wird in diesem Kapitel aus einer rechtlichen, sozial-politischen Sichtweise betrachtet und bezieht sich auf eine Voreingenommenheit oder Befangenheit bei der Entscheidungsfindung einer Person, einer Institution oder in diesem Fall eines KI-Systems, welches zu einer ungerechten Behandlung oder Diskriminierung aufgrund von Merkmalen wie Herkunft, Geschlecht, Alter oder Religion führen kann. Im Kontext von KI-Systemen bezieht sich der Begriff Bias auf systematische Verzerrungen in den Daten oder Algorithmen, die zu Vorurteilen in den Entscheidungen oder Vorhersagen der KI führen. Diese Verzerrungen können aus den Trainingsdaten, den Designentscheidungen der Algorithmen oder den impliziten Annahmen der Entwickler stammen und resultieren oft in unfairer oder diskriminierender Behandlung bestimmter Gruppen oder einzelner Personen. Hinweis: Der hier beschriebene Begriff von „Bias“ ist vom technischen Begriff „Bias“ in der Statistik zu unterscheiden, welcher eine systematische Verzerrung, die zu einer Abweichung des geschätzten Wertes von seinem tatsächlichen Wert führt, bezeichnet und hier nicht weiter ausgeführt werden soll.
- **Automation Bias** bezeichnet die Tendenz von Menschen, Entscheidungen und Urteile, die von automatisierten Systemen oder Technologien getroffen bzw. vorgeschlagen werden, wenig zu hinterfragen und übermäßig zu bevorzugen, selbst wenn bessere oder gleichwertige menschliche Entscheidungen vorliegen.
- **Diskriminierung** ist jede Form der ungerechtfertigten Benachteiligung oder Ungleichbehandlung von einzelnen Personen oder Gruppen aufgrund verschiedener wahrnehmbarer beziehungsweise nicht unmittelbar wahrnehmbarer Merkmale. Wahrnehmbar sind zum Beispiel Alter, ethnische Zugehörigkeit oder Behinderung.
- **Gleichberechtigung (Equality)** bedeutet die formale und rechtliche Gleichstellung von Personen und Gruppen.

- **Gleichstellung (Equity)** bedeutet, dass jeder Mensch die gleichen Chancen hat, egal woher er/sie kommt, welches Gender oder Alter eine Person hat. Dafür braucht es auch gezielte Maßnahmen, um Menschen aus ungleichen Verhältnissen so zu fördern und unterstützen, dass wahre Gleichstellung ermöglicht wird.

Ein Ziel vertrauenswürdiger KI ist es, dass KI-Systeme „fair" sind. Fairness ist ein komplexer Begriff, der üblicherweise als die Qualität (jemand ist fair) oder der Zustand (etwas ist fair) definiert wird und auf eine faire Behandlung abzielt. Aber was als fair gilt und was nicht, kann in verschiedenen Kontexten für verschiedene Menschen unterschiedliche Dinge bedeuten. Dementsprechend gibt es auch nicht die eine Metrik, um Fairness im maschinellen Lernen zu messen, sondern *laut Arvind Narayanan mindestens 21 Wege, Fairness zu definieren.* [18]

Eine Confusion-Matrix ist ein Werkzeug, das verwendet wird, um die Leistung eines KI-Systems zu messen. Diese Matrix ermöglicht es, mehrere wichtige Leistungsmetriken zu berechnen und somit die Genauigkeit eines Klassifikationsmodells zu bewerten, wie Genauigkeit (Accuracy), Präzision (Precision), Sensitivität (Recall oder Sensitivity) und den F1-Score, der das harmonische Mittel von Präzision und Recall darstellt. Sie hilft auch dabei, zu verstehen, wie ein Modell über verschiedene Klassen hinweg abschneidet.

Im Kontext des maschinellen Lernens bezeichnet der Begriff Blackbox ein Modell oder System, dessen interne Arbeitsweise nicht zu 100 % erklärbar und nachvollziehbar ist. Dies ist vor allem problematisch, wenn es um die Nachvollziehbarkeit von Entscheidungen, die Identifizierung von Bias oder die Gewährleistung der Fairness geht. Blackbox-Modelle finden sich häufig in komplexen maschinellen Lernsystemen wie tiefen neuronalen Netzen, bei denen die Vielzahl und Art der Verarbeitungsschichten es schwierig machen, genau zu verstehen, wie die Eingabedaten zu einem bestimmten Ergebnis geführt haben.

Proxys sind Ersatzvariablen, die nicht direkt mit einem sensiblen Merkmal zusammenhängen, aber dennoch genutzt werden können, um indirekt auf dieses Merkmal zu schließen. So könnten beispielsweise Postleitzahlen als Proxys für ethnische Zugehörigkeit oder sozioökonomischen Status dienen. KI-Systeme könnten diese Proxys nutzen, um Muster zu erkennen, die zu diskriminierenden Entscheidungen führen, selbst wenn die sensiblen Merkmale selbst nicht in den Daten vorhanden sind.

Profiling gemäß Art. 4 Abs. 4 DSGVO bedeutet jede Art der automatisierten Verarbeitung personenbezogener Daten, die darin besteht, dass diese personenbezogenen Daten verwendet werden, um bestimmte persönliche Aspekte, die sich auf eine natürliche Person beziehen, zu bewerten, insbesondere um Aspekte bezüglich Arbeitsleistung, wirtschaftliche Lage, Gesundheit, persönliche Vorlieben, Interessen, Zuverlässigkeit, Verhalten, Aufenthaltsort oder Ortswechsel dieser natürlichen Person zu analysieren oder vorherzusagen (siehe Kapitel 4).

Technologie ist ein Multiplikator, d.h., dass sie das Leben von Millionen positiv wie negativ beeinflussen kann. Im Kontext von KI-Systemen, die bereits heute eingesetzt werden, um lebensverändernde Entscheidungen zu treffen, können diese Systeme unbeabsichtigt zu Verstärkern von Vorurteilen und Diskriminierung werden. Während manche Anwendungen absichtlich zum Schaden von Menschen und Gesellschaft eingesetzt werden, wie autonome Waffensysteme oder Deepfake-Bilder, die die öffentliche Meinung beeinflussen sollen, und andere leichtsinnig entwickelte Anwendungen, wie Software, die sexuelle Orientierung erkennen soll, auf den Markt bringen[6], werden die meisten KI-Systeme mit besten Absichten entwickelt und eingesetzt. Dennoch besteht das Risiko, dass sie unbeabsichtigte Vorurteile zu Diskriminierung von Einzelpersonen, aber darüber hinaus zu ganzen Personengruppen auf einmal führen kann. Diese unbewussten Vorurteile, auch bekannt als „unconscious bias", sind innere Überzeugungen oder Stereotypen, die unser Verständnis, unsere Handlungen und Entscheidungen auf eine Weise beeinflussen, die uns meist nicht bewusst ist. Ein Großteil des menschlichen Denkprozesses findet im Unterbewusstsein statt. Dies prägt Wahrnehmung und Handlungen, ohne dass wir es merken, und kann sich auf Technologieentwicklungen übertragen. Hier zeigt sich schon ein Teil des Problems, wenn KI-Systeme von einer wenig diversen Gruppe wie den stereotypischen jungen weißen Männern aus dem Silicon Valley entwickelt werden, können diese Systeme unbeabsichtigt vorurteilsbehaftet sein und ganze Bevölkerungsgruppen vernachlässigen oder diskriminieren, was in der Vergangenheit bereits vielfach vorgekommen ist, so z.B. bei Gesundheits-Apps oder Kreditvergabealgorithmen der Fall war. Während die Entwickler bestrebt sind, neutral zu handeln, können ihre kognitiven Blindspots dennoch in die Technologien einfließen und potenziell Schaden anrichten.

Beispiele für Bias in KI-Systemen:

- KI-Rekrutierungstool von Amazon, das männliche Kandidaten bevorzugte [2]
- Gesichtserkennungsalgorithmen mit geringerer Genauigkeit bei dunkelhäutigen Personen [14]
- Automatische Übersetzungstools, die Geschlechterstereotype verstärken [7]
- Gesundheits-Apps, die Hauterkrankungen bei heller Haut besser erkennen [8]
- Kreditvergabeprozesse, die Minderheiten benachteiligen [10]
- Autonome Fahrzeuge, die People of Color schlechter erkennen [9]
- KI-basierte Bewerbungstools, die Frauen benachteiligen [15]
- Suchalgorithmen, die rassistische Stereotypen fördern [19]
- KI-Überwachungssysteme, die Minderheiten häufiger überwachen [1]
- Algorithmen in der Gesundheitsversorgung, die afroamerikanische Patienten benachteiligen [3]

Interdisziplinäre und vielfältige Entwicklungsteams spielen somit eine entscheidende Rolle bei der frühzeitigen Erkennung und Sensibilisierung von Vorurteilen in der KI-Entwicklung. Beispielsweise könnte ein Team, das aus verschiedenen Kulturen und Gendern besteht, besser geeignet sein, genderspezifische oder kulturelle Vorurteile in einem Sprachassistenten zu erkennen. Dies allein ist jedoch nicht ausreichend. Es gilt, Vorurteile durchgängig zu identifizieren, zu verstehen und zu beseitigen – idealerweise von Beginn an, während stetige Überwachung und Anpassungen im gesamten Lebenszyklus der KI notwendig sind. Diverse Teams und sorgfältige Tests sind dabei essenziell, ebenso wie das Verständnis der sozialen Dynamiken, die KI beeinflussen können. Die Herausforderung besteht darin, **Vorurteile zu erkennen, zu verstehen und schließlich zu eliminieren.**

- Vorurteile in KI-Systemen können primär durch gezieltes Testen und Validieren, sowie durch Messen der Leistung von KI-Systemen mittels Metriken, wie der Confusion-Matrix, identifiziert werden. Durch genaue Messungen kann aufgedeckt werden, ob ein System systematisch bestimmte Gruppen bevorzugt oder benachteiligt. Dies ermöglicht es, Ungerechtigkeiten zu erkennen und Maßnahmen zu ergreifen, um die Fairness zu verbessern. Die Grundrechte-Folgenabschätzung kann dabei helfen, Risiken für Diskriminierung zu erkennen und abzufedern bevor diese eintreten.
- Um zu verstehen, woher die Vorurteile in KI-Systemen kommen ist eine kritische Auseinandersetzung mit der Rolle der KI in unserer Gesellschaft unerlässlich. Um sicherzustellen, dass der technologische Fortschritt allen Mitgliedern der Gesellschaft zugutekommt, anstatt Vorurteile und Diskriminierung zu verstärken, muss man KI als ein komplexes soziotechnologisches System betrachten und ein breites Bewusstsein für die Komplexität und die drängenden Fragen schaffen, die sich an der Schnittstelle von KI, Ethik und sozialer Gerechtigkeit befinden. Eine kritische Analyse der Rolle von KI in der Gesellschaft kann aufzeigen, wie gesellschaftliche Vorurteile in Technologien einfließen.
- Künstliche Intelligenz kann unsere tief verwurzelten soziale Probleme nicht lösen, doch sie kann uns dabei unterstützen, diese zu erkennen, wenn ganze Gruppen systematisch und großflächig benachteiligt bzw. diskriminiert werden. Das Beseitigen von Bias in KI-Systemen ist eine anspruchsvolle Aufgabe, die keine einfache, universelle Lösung kennt. Es ist fraglich, ob es jemals gelingen wird, alle Vorurteile in KI-Systemen vollständig zu beseitigen, da diese immer im Kontext der jeweiligen Kultur sowie der sozialen und politischen Gegebenheiten ihrer Zeit betrachtet werden müssen. Dennoch, wollen wir KI-Systeme einsetzen, um Entscheidungen in sensiblen Bereich zu treffen, die potenziell zu Diskriminierung führen können, müssen wir sicherstellen, Vorurteile in KI-Systemen bestmöglich zu eliminieren und technische wie rechtliche Mechanismen schaffen, um Fairness beim Einsatz von KI zu gewährleisten.

Beispiel

Eine Person bewirbt sich auf eine Stelle, die perfekt zu passen scheint, wird jedoch abgelehnt. Der Grund für die Ablehnung: Das vom Unternehmen eingesetzte KI-System hat entschieden, dass der Bewerber bzw. die Bewerberin für die Position ungeeignet ist. Wenn KI-Systeme in Bereichen eingesetzt werden, wo es zu Diskriminierung kommen kann, ist es wichtig, zu hinterfragen, auf welchen Daten und Kriterien das KI-System seine Entscheidung basiert, um beurteilen zu können, ob die Entscheidung fair ist. Die ausschließliche Begründung einer Ablehnung durch den Verweis auf eine KI-Entscheidung ist hier als unzureichend anzusehen. Es besteht auch die Gefahr, dass die KI systemische Vorurteile widerspiegelt, die in den Trainingsdaten enthalten sind. Deshalb ist es essenziell, dass Entscheidungen, die von KI-Systemen im Rekrutierungsprozess getroffen werden, für die Bewerber nachvollziehbar und anfechtbar sind.

Dies verdeutlicht ein weiteres Problem von KI-gestützten Entscheidungen, die auf maschinellem Lernen, Deep Learning und Neuronalen Netzen beruhen, einem Feld der KI mit großen Fortschritten dank Big Data und erhöhter Rechenleistung. Diese komplexen Systeme sind oft undurchsichtig, was zur Bezeichnung „Black Box“ führt und das Problem der Nachvollziehbarkeit umreißt. Die mangelnde Erklärbarkeit macht es schwierig, zu verstehen, wie die KI-Systeme zu ihren Schlüssen und Ergebnissen kommen, und steht somit im engen Zusammenhang mit Fragen der Fairness und Verantwortlichkeit. Oft wird das Argument formuliert, dass auch nicht jeder wüsste, wie ein Auto funktioniert, und trotzdem würde man damit fahren. Dieses Argument ist der Ansicht der Autorin nach in diesem Kontext nicht valide, weil einerseits diejenigen, die die Fahrzeuge bauen, wissen, wie sie funktionieren, und Autos keine Entscheidungen über uns treffen, es sei denn, wir sprechen von selbstfahrenden Autos, wo sich das Problem der Entscheidung aufs Neue stellt.

Bildlich gesprochen umschreibt das Black-Box-Problem den Umstand, dass wir nicht einfach in den Algorithmus hineinschauen können, um die Quelle der Entscheidungsfindung und der Vorurteile in KI-Systemen zu identifizieren und eliminieren zu können. Vielmehr müssen Verzerrungen und Diskriminierungspotenzial durch adäquate Test- und Messmethoden erhoben werden. Spätestens im operativen Betrieb kommt die Diskriminierung zum Vorschein, wenn etwa auffällt, dass Frauen systematisch nicht zu Vorstellungsgesprächen eingeladen werden. Hat man im Zuge des Testens oder des Einsatzes festgestellt, dass ein KI-System mit Vorurteilen behaftet ist, stellt sich die Frage der Korrektur des Algorithmus. Die offensichtliche Lösung wäre, die Trainingsdaten zu anonymisieren, sodass man nicht mehr erkennen kann, welches Geschlecht ein Bewerber hat. Hier zeigt sich aber, dass das reine Anonymisieren von Daten für das Training von KI-Systemen nicht immer ausreicht, weil KI-Systeme selbstständig Muster erkennen und Korrelationen herstellen, die – auch ohne explizite Information über das Geschlecht – zu diskriminierenden Ergebnissen führen können. So kann eine KI über scheinbar neutrale Variablen (Betreuungszeiten, Leerzeiten im Lebenslauf, Wörter, die tendenziell von Frauen verwendet werden), sogenannte Proxys, indirekt sensible Attribute wie Geschlecht oder ethnische Zugehörigkeit erschließen. Ein weiteres prominentes Beispiel ist der scheinbar neutrale Wohnort oder die Postleitzahl als Ersatzvariablen, die oft als „Proxy" für sozioökonomische Verhältnisse oder ethnische Gruppen von einem KI-System herangezogen werden können, und vor allem bei der Kreditvergabe, wie auch bei vorausschauender Polizeiarbeit, eine Rolle spielen.

Obwohl automatisierte Systeme Effizienz und Objektivität versprechen, birgt ihre Verwendung das Risiko, dass Menschen den Empfehlungen der KI kritiklos folgen, selbst wenn sie fehlerhaft sein könnten (vgl. Automation Bias). [13]

Abschließend ist anzuerkennen, dass jede Klassifizierung, die wir vornehmen, in einem politischen, sozialen und kulturellen Kontext der jeweiligen Epoche sowie der Region oder des Landes steht, in dem wir uns befinden. Dies manifestiert sich in der Anwendung von Überwachungstechnologien: Während in einigen Ländern Kameras dazu verwendet werden, die Einhaltung von Kleidervorschriften wie dem korrekten Tragen des Schleiers zu überwachen, könnten andere Länder, wo dies verboten ist, ähnliche Technologien nutzen, um sicherzustellen, dass kein Schleier getragen wird. Oder die Überlegung, Systeme zu entwickeln, die Geschlecht, Gender oder sexuelle Ausrichtung von Menschen erkennen sollen, kann weitreichende Konsequenzen – bis hin zur Todesstrafe – nach sich ziehen. Solche Beispiele verdeutlichen, dass die Ausrichtung von KI-Systemen tief in den vorherrschenden Normen und Werten verwurzelt ist und dass KI-Technologien nicht losgelöst von den gesellschaftlichen und rechtlichen Rahmenbedingungen betrachtet werden können, in denen sie entwickelt und eingesetzt werden.

7.1.1 Recht auf Gleichheit und Nichtdiskriminierung

Das Recht, nicht diskriminiert zu werden, hat seinen Ursprung in der Idee, dass alle Menschen vor dem Gesetz gleich sind und daher auch gleichbehandelt werden müssen. Das Prinzip der Nichtdiskriminierung geht jedoch weiter: Es erkennt an, dass Menschen in ihrer Individualität unterschiedlich sind und dass Gleichheit vor dem Gesetz nicht zwangsläufig bedeutet, alle Menschen identisch zu behandeln. Um wahre Gleichheit zu erreichen, müssen wir über die einfache Gleichbehandlung hinausgehen und die unterschiedlichen Voraussetzungen und Herausforderungen anerkennen, denen sich Menschen gegenübersehen. [11]

Gemäß Artikel 1 der Allgemeinen Erklärung der Menschenrechte sind alle Menschen frei und gleich an Würde und Rechten geboren. Artikel 2 legt fest, dass jeder Mensch einen „Anspruch auf die in dieser Erklärung verkündeten Rechte und Freiheiten ohne irgendeinen Unterschied, etwa aufgrund rassistischer Zuschreibungen, nach Hautfarbe, Geschlecht, Sprache, Religion, politischer oder sonstiger Überzeugung, nationaler oder sozialer Herkunft, Vermögen, Geburt oder sonstigem Stand" hat.

In Europa finden wir die Nichtdiskriminierungsklausel primär in Artikel 14 der Europäischen Konvention der Menschenrechte (EMRK), die jegliche Diskriminierung nach Geschlecht, Rasse, Hautfarbe, Sprache, Religion, politischen oder anderen Meinungen, nationaler oder sozialer Herkunft, Zugehörigkeit zu einer nationalen Minderheit, Eigentum, Geburt oder anderem Status verbietet.

Die Grundrechtecharta der EU beinhaltet ein ganzes Kapitel – Kapitel III Artikel 20–26 GCh, über Gleichheitsprinzipien. Diskriminierung aufgrund von Geschlecht, Rasse, Hautfarbe, ethnischer oder sozialer Herkunft, genetischen Merkmalen, Sprache, Religion oder Glauben, politischer oder anderer Anschauung, Zugehörigkeit zu einer nationalen Minderheit, Eigentum, Behinderung, Alter oder sexueller Orientierung wird als rechtswidrig erklärt. Darüber hinaus schließt die Charta auch die Anerkennung von kultureller, religiöser und sprachlicher Vielfalt ein, die Gleichheit zwischen Männern und Frauen, den Schutz der Rechte von Kindern und älteren Menschen sowie Maßnahmen zur Integration und der Rechte von Personen mit Behinderungen.

Das Recht auf Gleichheit und Nichtdiskriminierung genießt einen umfangreichen Schutz über die EU-Verträge hinaus, aufgrund von Artikel 19 des EU-Vertrags, der die Möglichkeit vorsieht, geeignete Maßnahmen zur Bekämpfung von Diskriminierung aufgrund von Geschlecht, Rasse oder ethnischer Herkunft, Religion oder Glauben, Behinderung, Alter oder sexueller Orientierung zu ergreifen. Diese Richtlinien verpflichten die Mitgliedstaaten, Gesetzgebung und politische Maßnahmen umzusetzen, um Diskriminierung zu bekämpfen. [11]

Bei der Umsetzung des EU-Rechtsrahmens wurden nationale Gesetze erlassen und in allen EU-Mitgliedstaaten spezialisierte Körper geschaffen, um Opfer von Diskriminierung zu helfen, ihre Beschwerden durchzusetzen, unabhängige Berichte und Umfragen durchzuführen und Empfehlungen zur Bekämpfung von Diskriminierung zu formulieren. Einige dieser Körper sind auch befugt, in Fällen von Diskriminierung Entscheidungen zu fällen und fungieren somit als ein gerichtsähnliches Organ.

Artikel 3 des Grundgesetzes für die Bundesrepublik Deutschland bestimmt in Absatz 1: *„Alle Menschen sind vor dem Gesetz gleich."* Absatz 3 legt fest, dass niemand *„wegen seines Geschlechtes, seiner Abstammung, seiner Rasse, seiner Sprache, seiner Heimat und Herkunft, seines Glaubens, seiner religiösen oder politischen Anschauungen benachteiligt oder bevorzugt"* werden darf. Niemand darf wegen seiner Behinderung benachteiligt werden. Darüber hinaus sind gemäß Absatz 2 Männer und Frauen gleichberechtigt. In diesem Sinne fördert der Staat *„die tatsächliche Durchsetzung der Gleichberechtigung von Frauen und Männern und wirkt auf die Beseitigung bestehender Nachteile hin"*.

Im österreichischen Verfassungsrecht ist dieses Prinzip im Artikel 7 B-VG (österreichisches Bundesverfassungsgesetz) im Gleichheitssatz verankert und erklärt, dass vor dem Gesetz alle Bundesbürger und -bürgerinnen gleich sind und *„Vorrechte der Geburt, des Geschlechts, des Standes, der Klasse und des Bekenntnisses"* ausgeschlossen werden. Das Staatsgrundgesetz bekräftigt dies durch Artikel 2: *„Vor dem Gesetze sind* *alle Staatsbürger gleich.*" Art. 14 EMRK (Europäische Menschenrechtskonvention) geht über Staatsbürger und -bürgerinnen hinaus und beschreibt das Diskriminierungsverbot folgendermaßen: *„Der Genuss der in der vorliegenden Konvention festgelegten Rechte und Freiheiten ist ohne Benachteiligung zu gewährleisten, die insbesondere im Geschlecht, in der Rasse, Hautfarbe, Sprache, Religion, in den politischen oder sonstigen Anschauungen, in nationaler oder sozialer Herkunft, in der Zugehörigkeit zu einer nationalen Minderheit, im Vermögen, in der Geburt oder im sonstigen Status begründet ist.*" Der Gleichheitssatz bringt mit sich ein Verbot unsachlicher Differenzierung, das bedeutet, dass Gleiches gleich zu behandeln ist und Ungleiches ungleich zu behandeln ist.

Um den oben genannten Art. 14 EMRK geltend zu machen, braucht es einen Eingriff in ein von der EMRK geschütztes Recht Gemäß der EMRK ist eine unterschiedliche Behandlung dann rechtens, wenn sie durch ein legitimes Ziel gerechtfertigt ist und der Verhältnismäßigkeit zwischen eingesetzten Mittel und dem angestrebten Ziel entspricht. [12] Das 12. Zusatzprotokoll zu Art. 14 EMRK, welches ein umfangreiches Diskriminierungsverbot enthält, wurde weder von Deutschland noch von Österreich bislang ratifiziert.

Der Gleichheitssatz ist ein Grundrecht, richtet sich somit primär gegen den Staat und hat keine allgemeine Gültigkeit in Rechtsverhältnissen zwischen Privatpersonen oder aber auch zwischen Privatpersonen und Unternehmen. Es ist die Aufgabe des Staates, Gesetze zu erlassen, um den Schutzbereich der Grundrechte auf Rechtsverhältnisse zwischen natürlichen und juristischen Personen zu erweitern und für bestimmte Verhältnisse eine Gleichbehandlung oder ein Diskriminierungsverbot anzuordnen. So verbietet der Gleichbehandlungsgrundsatz im Arbeitsrecht, dass der Arbeitgeber bzw. Arbeitgeberinnen einzelne Arbeitnehmer oder Arbeitnehmerinnen ohne sachlichen Grund gegenüber anderen benachteiligt. §1 Abs. 5 öDSG bindet ausdrücklich private Akteure, indem private Rechtsträger das Grundrecht auf Datenschutz auf dem Zivilrechtsweg geltend machen können [12]

Das heißt, eine Ungleichbehandlung muss

- durch ein rechtmäßiges Ziel sachlich gerechtfertigt und
- die Mittel müssen angemessen und erforderlich sein.

Ausnahmen vom Prinzip der Nichtdiskriminierung müssen durch ein legitimes Ziel gerechtfertigt sein und können angemessene Mittel darstellen, um dieses Ziel zu erreichen. Dies kann zum Beispiel eine echte und bestimmende berufliche Anforderung oder eine positive Maßnahme sein, die umgesetzt wird, um mehr Gleichheit der Chancen zu erreichen. Für Menschen mit Behinderungen wird eine Joboffensive gestartet, die arbeitslosen Menschen ohne Behinderungen nicht offensteht, weil die Arbeitslosigkeit von Menschen mit Behinderungen besonders hoch ist. [11]

Verträge der Vereinten Nationen zum Schutz gegen Diskriminierung:

- das Internationale Übereinkommen zur Beseitigung jeder Form von Rassendiskriminierung (CERD)
- die Konvention zur Beseitigung jeder Form von Diskriminierung gegen Frauen (CEDAW)
- die UN-Konvention über die Rechte von Menschen mit Behinderungen (CRPD)

Alle diese Verträge beinhalten Verbote von Diskriminierung, zeigen aber unterschiedliche Listen von geschützten Gründen. [11]

7.1.2 Wie Vorurteile ihren Weg in die KI finden

Dieser Abschnitt beschreibt, wie Vorurteile den Weg in KI-Systeme finden. Dazu ist das Standardwerk *A Framework for Understanding Sources of Harm throughout the Machine Learning Life Cycle* von Harini Suresh und John V. Guttag [17] besonders wertvoll, um zu erklären, wie Vorurteile ihren Weg in KI-Systeme finden können, und bildet die ideale Grundlage für diesen Abschnitt, der zu einem großen Teil auf dieser wissenschaftlichen Arbeit beruht.

Künstliche Intelligenz, in Form des maschinellen Lernens, findet zunehmend Anwendung in entscheidungsrelevanten Bereichen, die direkte Auswirkungen auf das menschliche Leben haben. Das funktioniert, indem Modelle basierend auf bestehenden Datensätzen trainiert werden, um Vorhersagen oder Entscheidungen für neue, unbekannte Daten zu treffen. Dabei können im Verlauf von Datensammlung, Modellbildung und Anwendung verschiedenste Probleme auftreten, die schädliche Konsequenzen nach sich ziehen. Das Potenzial der KI-Systeme zu diskriminieren wurde bereits oben erläutert. Ein weiteres Beispiel aus den USA ist die COMPAS-Software, die zur Risikobewertung von Angeklagten eingesetzt wird, um die Wahrscheinlichkeit vorherzusagen, ob ein Angeklagter wieder straffällig wird oder nicht. Laut *ProPublica* [10] stuft diese Software bei afroamerikanischen Angeklagten das Risiko, wieder eine Straftat zu begehen, fälschlicherweise als höher ein.

Wenn es zu einer Diskriminierung durch KI-Systeme kommt, wird meist als erste Reaktion angenommen, dass die Daten verzerrt bzw. vorurteilsbehaftet sind. Obwohl viele Voreingenommenheiten tatsächlich in den Prozess der Datengenerierung eingebettet sein können, ist es entscheidend, zu verstehen, dass nicht alle Probleme ausschließlich den Daten zugeschrieben werden dürfen. Der Prozess des maschinellen Lernens beinhaltet eine Vielzahl von Entscheidungen und Praktiken von der Auswahl des mathematischen Modells bis hin zu den Benutzeroberflächen, die bei der Implementierung genutzt werden. Jeder Schritt in diesem Prozess birgt das Risiko, zu unerwünschten Ergebnissen zu führen.

Harini Suresh und John V. Guttag zeigen hierzu folgende Beispiele auf:

- Eine Medizinforscherin möchte ein Modell entwickeln, um die Erkennung von Herzinfarkten zu verbessern. Sie trainiert das Modell mit medizinischen Aufzeichnungen einer spezifischen Patienten- bzw. Patientinnengruppe eines Krankenhauses, inklusive Informationen darüber, ob und wann diese Personen einen Herzinfarkt erlitten. Sie findet heraus, dass das Modell dazu neigt, Herzinfarkte bei Frauen seltener korrekt zu identifizieren, was darauf hindeutet, dass es die Symptome bei Frauen möglicherweise aufgrund eines Mangels an relevanten Daten nicht angemessen erlernen konnte. Durch die Integration zusätzlicher Daten, die Frauen mit Herzinfarkterfahrungen repräsentierten, in den Datensatz und ein erneutes Training des Modells kann sie die Genauigkeit für weibliche Patientinnen verbessern.
- Parallel dazu bemüht sich ein Kollege, der für die Einstellung neuer Labortechniker verantwortlich ist, um die Entwicklung eines Algorithmus, der aus Lebensläufen und manuell zugewiesenen Bewertungen die Geeignetheit von Bewerbern bzw. Bewerberinnen vorhersagen sollte. Er stellt fest, dass das Modell Frauen signifikant seltener als geeignete Kandidatinnen identifizierte als Männer. Trotz des Versuchs, den Datensatz durch Hinzufügen weiterer weiblicher Beispiele zu erweitern, blieb das diskriminierende Verhalten des KI-Systems bestehen.

Der Grund für die unterschiedlichen Auswirkungen lag in den unterschiedlichen Ursachen: Im ersten Beispiel führte ein Mangel an Daten über Frauen dazu, dass das Hinzufügen weiterer Daten hilfreich war, während im zweiten Beispiel die diskriminierenden Vorhersagen durch die Verwendung menschlicher Bewertungen als Qualitätsindikatoren bedingt waren und eine einfache Erweiterung des Datensatzes keine Abhilfe schuf.

Diese Beispiele verdeutlichen, dass Verzerrungen bzw. Vorurteile zu verschiedenen Zeitpunkten im Lebenszyklus des maschinellen Lernens auftreten und dementsprechend zu Diskriminierung und anderen negativen Konsequenzen führen können. Neben dem Potenzial für Diskriminierung durch KI-Systeme kommt es auch oft vor, dass KI-Systeme gewisse Gruppen schlecht darstellen, wie etwa Sprachmodelle, die Stereotype festigen und verbreiten.

Die meisten KI-Systeme basieren auf maschinellem Lernen. Um zu verstehen, wie Vorurteile in das System einfließen, die zu ungerechten Ergebnissen führen können, werden die einzelnen Schritte des maschinellen Lernens betrachtet:

- **Datensammlung:** Hier beginnt der Prozess mit der Definition einer Zielgruppe und der Erfassung der für das Modell erforderlichen Daten. Bei der Entwicklung eines Systems zur Kreditwürdigkeitsprüfung soll die Auswahl der Zielgruppe bereits bestehende sozioökonomische Ungleichheiten widerspiegeln, wenn z.B. die Datenerfassung Personen in niedrigeren Einkommensklassen oder bestimmten geografischen Gebieten ausschließt, kann dies zu einem historischen Bias führen.

- **Datenverarbeitung und -vorbereitung:** In dieser Phase werden Daten bereinigt, normalisiert und in ein Format umgewandelt, das von Algorithmen verarbeitet werden kann. Dabei kann es zu Messverzerrungen kommen, etwa wenn die Art und Weise, wie Variablen gemessen oder kategorisiert werden, systematisch bestimmte Gruppen benachteiligt. Wenn zum Beispiel „Kreditgeschichte“ als Proxy (Ersatzmerkmal) für „Kreditwürdigkeit“ verwendet wird, könnten systemische Unterschiede im Zugang zu Krediten zwischen verschiedenen sozialen Gruppen unberücksichtigt bleiben (historisch haben weniger Menschen mit Migrationshintergrund einen Kredit beantragt als Amerikaner).
- **Modellentwicklung:** In diesem Schritt werden Algorithmen trainiert, um Muster in den Daten zu erkennen und Vorhersagen zu treffen. Lernverzerrungen können auftreten, wenn die Auswahl der Merkmale, die Trainingsdaten oder die Art des Lernalgorithmus systematisch bestimmte Muster über andere bevorzugen. Ein Beispiel hierfür ist ein Gesichtserkennungssystem, das aufgrund eines überwiegend weißen männlichen Trainingsdatensatzes schlechter bei Frauen und People of Color abschneidet.
- **Modellbewertung:** Hier wird die Leistung des Modells anhand von Testdaten beurteilt. Eine Bewertungsverzerrung tritt auf, wenn die Testdaten nicht repräsentativ für die Vielfalt der realen Anwendungsfälle sind. Ein Algorithmus, der auf einem unzureichend diversifizierten Datensatz getestet wird, mag hohe Genauigkeitswerte erzielen, aber dennoch in der realen Welt unfair sein, weil der Testdatensatz eben überwiegend auf Daten einer demografisch einseitigen Gruppe gesammelt wurde, wie z. B. hauptsächlich mittelständische Antragsteller.
- **Modelleinsatz:** Selbst wenn ein Modell alle Tests bestanden hat, kann es im tatsächlichen Einsatz zu einer Diskriminierung kommen. Dies kann der Fall sein, wenn die Einsatzumgebung oder die Nutzer- bzw. Nutzerinneninteraktionen mit dem Modell nicht genau den Bedingungen entsprechen, unter denen das Modell entwickelt und getestet wurde. Ein Beispiel hierfür könnte ein Einstellungsalgorithmus sein, der in einer Umgebung eingesetzt wird, in der bestimmte Qualifikationen oder Erfahrungen systematisch unterbewertet werden.

Um das Potenzial der Diskriminierung zu minimieren, ist es wichtig, den gesamten Lebenszyklus des maschinellen Lernens kritisch zu betrachten und proaktiv Strategien zur Identifizierung und Minderung von Vorurteilen zu implementieren. Dazu gehören die Einbeziehung von Expertenwissen, die Auswahl repräsentativer Datensätze, die Anwendung vertrauenswürdiger KI-Praktiken und die fortlaufende Überprüfung und Anpassung von Modellen basierend auf Rückmeldungen aus der realen Welt.

Es folgt eine Darstellung, in welchem Prozessabschnitt welche Vorurteile (Biases) in das KI-System einfließen können [17]:

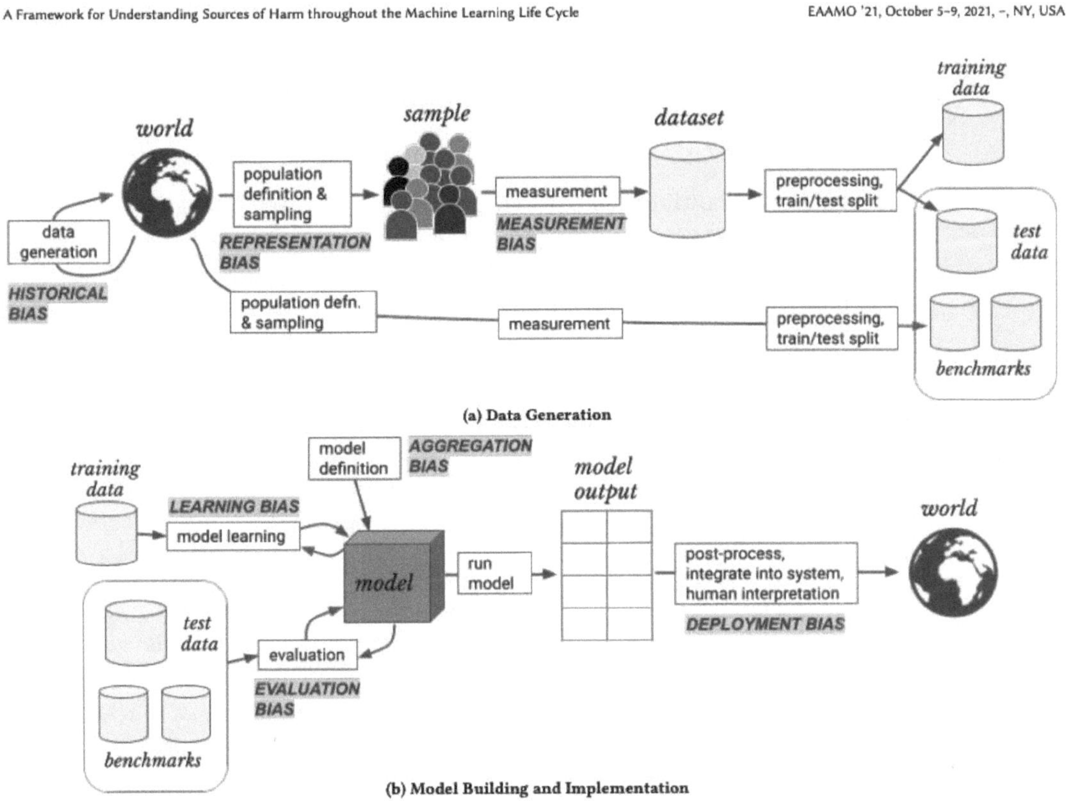

Bild 7.1 Einfließen von Bias in KI-Systeme

7.1.2.1 Wie die KI-Verordnung Diskriminierung adressiert

Durch Algorithmen getroffene Unterscheidungen können dann diskriminierend werden, wenn sie zu einer ungerechtfertigten Benachteiligung von Personen führen. Dies betrifft insbesondere Fälle, in denen Menschen aufgrund schützenswerter Merkmale wie Alter, Geschlecht, ethnischer Zugehörigkeit, Religion, sexueller Orientierung oder Behinderung benachteiligt werden. Der Schutz vor Diskriminierung durch KI-Systeme ist eines der Hauptziele der KI-VO, die darauf abzielt, ein hohes Schutzniveau für die Grundrechte und Sicherheit der Bürgerinnen und Bürger zu gewährleisten, während gleichzeitig ein Umfeld geschaffen wird, das Innovation und die Entwicklung von KI-Systemen fördert.

Die KI-VO adressiert das Thema der Diskriminierung hauptsächlich durch die Festlegung von Vorschriften und Anforderungen für Hochrisiko-KI-Systeme, um sicherzustellen, dass diese Systeme die Grundrechte, einschließlich Nichtdiskriminierung, achten:

- **Anforderungen an Hochrisiko-KI-Systeme:** Die KI-VO definiert bestimmte Anforderungen für KI-Systeme, die als Hochrisiko eingestuft werden, um deren Konformität mit den Grundrechten zu gewährleisten. Diese Anforderungen beinhalten die Genauigkeit, Robustheit und Sicherheit der Systeme, die Überprüfung und Validierung der Datenqualität, und die Transparenz der KI-Systeme (siehe Abschnitt 3.3.2).
- **Verbotene KI-Praktiken:** Die KI-VO verbietet spezifische Praktiken, die eine ernsthafte Verletzung der Grundrechte darstellen könnten, wie z. B. manipulative Praktiken, die das Verhalten von Personen auf eine Weise verändern könnten, die ihre Entscheidungsfreiheit beeinträchtigt, oder Systeme, die auf Basis von Biometriedaten sensible Merkmale wie Geschlecht, Rasse oder sexuelle Orientierung klassifizieren (siehe Abschnitt 3.3.1).

Diese Vorschriften sind darauf ausgerichtet, das Risiko der Diskriminierung durch KI-Systeme zu minimieren und sicherzustellen, dass die Entwicklung und Nutzung von KI in Einklang mit den Grundrechten und Werten der EU steht.

ErwG 70 EU KI-VO widmet sich explizit dem Thema Diskriminierung:

„Um das Recht anderer auf Schutz vor Diskriminierung, die sich aus Verzerrungen in KI-Systemen ergeben könnte, zu wahren, sollten die Anbieter ausnahmsweise und in dem unbedingt erforderlichen Ausmaß, um die Erkennung und Korrektur von Verzerrungen im Zusammenhang mit Hochrisiko-KI-Systemen sicherzustellen, vorbehaltlich angemessener Vorkehrungen für den Schutz der Grundrechte und Grundfreiheiten natürlicher Personen und nach Anwendung aller in dieser Verordnung festgelegten geltenden Bedingungen zusätzlich zu den in den Verordnungen (EU) 2016/679 und (EU) 2018/1725 sowie der Richtlinie (EU) 2016/680 festgelegten Bedingungen besondere Kategorien personenbezogener Daten als Angelegenheit von erheblichem öffentlichen Interesse im Sinne des Artikels 9 Absatz 2 Buchstabe g der Verordnung (EU) 2016/679 und des Artikels 10 Absatz 2 Buchstabe g der Verordnung (EU) 2018/1725 verarbeiten können."

Der ErwG 70 KI-VO befasst sich mit der Verarbeitung besonderer Kategorien personenbezogener Daten durch Anbieter von Hochrisiko-KI-Systemen zum Zweck der Erkennung und Korrektur von Verzerrungen (Bias). Dies soll das Recht anderer auf Schutz vor Diskriminierung, die sich aus solchen Verzerrungen ergeben könnte, wahren. Die Verarbeitung dieser Daten ist ausnahmsweise und in dem unbedingt erforderlichen Ausmaß erlaubt, um die Erkennung und Korrektur von Verzerrungen zu gewährleisten. Dabei müssen angemessene Vorkehrungen zum Schutz der Grundrechte und Grundfreiheiten natürlicher Personen getroffen und alle in der Verordnung festgelegten Bedingungen, zusätzlich zu den Bestimmungen der DSGVO (EU) 2016/679, der Verordnung (EU) 2018/1725 und der Richtlinie (EU) 2016/680, eingehalten werden. Diese Verarbeitung ist als Angelegenheit von erheblichem öffentlichen

Interesse gemäß Art. 9 Abs. 2 lit g DSGVO und Art. 10 Abs. 2 lit g der Verordnung (EU) 2018/1725 klassifiziert, was eine Rechtsgrundlage zur Datenverarbeitung darstellt (siehe Abschnitt 3.3).

In diesem Zusammenhang ist auch Art. 22 DSGVO von Relevanz, der betroffene Personen gegen vollständig automatisierte Entscheidungsfindungsprozesse ohne menschliche Beteiligung schützt, wenn eine automatisierte Einzelentscheidung Rechtsfolgen für die betroffenen Personen hat (etwa Vertragsabschluss oder -kündigung) oder die Betroffenen auf sonstige Weise erheblich beeinträchtigt. Betroffene haben das Recht, eine menschliche Überprüfung solcher Entscheidungen zu verlangen, ihre eigene Sichtweise darzulegen und die Entscheidung anzufechten (siehe Kapitel 4).

Art. 86 KI-VO ergänzt und spezifiziert das **Recht auf Erläuterung der Entscheidungsfindung im Einzelfall für Personen** für den Kontext von Hochrisiko-KI-Systemen, indem er betroffenen Personen das Recht gibt, eine Erläuterung zur Rolle des KI-Systems im Entscheidungsprozess sowie zu den wichtigsten Elementen der getroffenen Entscheidung zu erhalten. Dies gilt für Entscheidungen, die auf Daten basieren, die von Hochrisiko-KI-Systemen nach Anhang III KI-VO mit Ausnahme von kritischer Infrastruktur (Anhang III Nummer 2) verarbeitet wurden, und die rechtliche Auswirkungen haben oder die betroffene Person in ähnlicher Weise erheblich beeinträchtigen. Folgende KI-Systeme gemäß Anhang III weisen ein besonderes Potenzial auf, Einzelpersonen oder Personengruppen zu diskriminieren:

- Biometrik, da gegenwärtige Gesichtserkennungssysteme auf diverse Hautfarben unterschiedlich gute Ergebnisse liefern und eine hohe Fehlerquote bei dunkelhäutigen Frauen aufweisen [4].
- Allgemeine und berufliche Bildung (Nummer 3), z. B. KI-Systeme, die über Zugang oder Zulassung zu Bildungseinrichtungen entscheiden oder für die Bewertung von Lernergebnissen dienen sollen.
- Beschäftigung, Personalmanagement und Zugang zur Selbstständigkeit (Nummer 4), z. B. KI-Systeme, die den Auswahlprozess automatisieren, indem gezielte Stellenanzeigen geschaltet und Bewerber gefiltert und bewertet werden.
- Zugänglichkeit und Inanspruchnahme grundlegender privater und grundlegender öffentlicher Dienste und Leistungen (Nummer 5), z. B. KI-Systeme, die beurteilen, ob natürliche Personen Anspruch auf grundlegende öffentliche Unterstützungsleistungen und Unterstützungsdienste, einschließlich Gesundheitsdiensten, haben und ob solche Leistungen und Dienste zu gewähren, einzuschränken, zu widerrufen oder zurückzufordern sind.
- KI-Systeme, die eine Kreditwürdigkeitsprüfung und Kreditpunktebewertung natürlicher Personen durchführen oder eine Risikobewertung und Preisbildung für Kranken- und Lebensversicherungen berechnen.
- usw.

Sowohl Art. 22 DSGVO als auch Art. 86 KI-VO gewährleisten Transparenz und Fairness automatisierter Entscheidungsfindungsprozesse und räumen betroffenen Personen Rechte ein, um sich gegen solche Entscheidungen zur Wehr zu setzen. Während Art. 22 DSGVO ein generelles Recht etabliert, nicht ausschließlich auf einer automatisierten Verarbeitung beruhenden Entscheidungen unterworfen zu werden, bietet Art. 86 KI-VO ein spezifisches Recht auf Erläuterung für Entscheidungen, die von bestimmten KI-Systemen getroffen wurden, um das Verständnis und die Überprüfbarkeit dieser Entscheidungen weiter zu verbessern.

Dementsprechend hat auch der Europäische Gerichtshof (EuGH) entschieden, dass eine „automatisierte Entscheidung" im Sinne der DSGVO auch dann vorliegt, wenn ein Wahrscheinlichkeitswert automatisiert errechnet wird und eine Entscheidung eines Menschen von diesem Wahrscheinlichkeitswert maßgeblich abhängt (EuGH 7.12.2023, C-634/21 – Schufa). Konkret ging es in diesem Rechtsstreit um die Verwehrung eines Kredites einer Bank gegenüber der Klägerin basierend auf einer Berechnung der Kreditwürdigkeit der Klägerin (Bonitätsscore) der deutschen Kreditauskunftei Schufa. Gemäß der Entscheidung des EuGH liegt eine automatisierte Entscheidung auch dann vor, wenn die Letztentscheidung von einer Person getroffen wird, sofern die Entscheidung der Person „maßgeblich" von einer davor durchgeführten automatisierten Berechnung abhängt. In anderen Worten ist jede automatisierte Vorbereitung einer nachgelagerten menschlichen Entscheidung, also automatisierte Entscheidung im Sinne des Art. 22 DSGVO zu betrachten. Mit dieser Entscheidung des EuGH wurde der Anwendungsbereich der datenschutzrechtlichen Regulierung von automatisierten Entscheidungen erheblich erweitert (vgl. EuGH 7.12.2023, C-634/21).

Das bedeutet wiederum, dass bei der Entwicklung und Nutzung von gewissen KI-Systemen, bei denen personenbezogene Daten verarbeitet werden, sowohl die Anforderungen der KI-Verordnung als auch die der DSGVO von den Anbietern und Betreibern solcher Systeme erfüllt werden.

7.1.2.2 Can we fix bias in AI?

Das Beheben von Verzerrungen bzw. Vorurteilen in KI-Systemen ist eine facettenreiche Herausforderung, für die es keine einfachen Lösungsansätze gibt. Vorurteile können über Daten, Algorithmen und menschliche Entscheidungsprozesse in die KI-Systeme einfließen und führen in weiterer Folge zur Diskriminierung einzelner Personen oder ganzer Gruppen. Dementsprechend ist es wichtig, Verzerrungen in KI-Systemen und deren Auswirkungen durch verschiedene, großteils oben beschriebene Strategien zu bekämpfen:

- **Diverse Teams:** Die Einbeziehung vielfältiger Perspektiven in den Entwicklungsprozess kann helfen, möglichst viele Sichtweisen, unterschiedliche Erfahrungen, kulturelle Hintergründe und Fachkenntnisse in die Entwicklung einfließen zu lassen und blinde Flecken frühzeitig zu erkennen. Dadurch werden systematische

Verzerrungen und unbeabsichtigte Vorurteile in Algorithmen reduziert, und die Schaffung von KI-Systemen, die fairer und repräsentativer für die Vielfalt der Nutzer und Nutzerinnen sind, wird verbessert.

- **Grundrechtliche Folgenabschätzungen:** Das Ziel einer grundrechtlichen Folgenabschätzung ist es, die potenziellen Auswirkungen eines geplanten KI-Systems auf Grundrechte zu analysieren und zu bewerten, bevor diese entwickelt werden. Dadurch sollen Risiken für die Grundrechte minimiert und proaktiv Maßnahmen ergriffen werden, um einen Schutz der Grundrechte sicherzustellen und die Auswirkungen auf diverse Gruppen und Menschen zu verstehen und aktiv zu adressieren und zu reduzieren (siehe Abschnitt 3.4).
- Entwicklung bzw. Verwendung nach **vertrauenswürdigen KI Ethic Guidelines** (siehe Abschnitt 9.1 bzw. Abschnitt 9.4)
- **Test- und Validierungsdatensätze:** Gute Test- und Validierungsdatensätze sind für die KI-Entwicklung unerlässlich, um die Genauigkeit, Fairness und Robustheit sicherzustellen. Sie ermöglichen es Entwicklerinnen undEntwicklern, die Leistung der KI unter verschiedenen Bedingungen zu bewerten. Eine sorgfältige Auswahl und Diversifizierung dieser Datensätze hilft dabei, Verzerrungen und Vorurteile zu erkennen und zu minimieren.
- **Fairness messen:** Da KI-Systeme ein hohes Pozential für Diskriminierung aufweisen, ist es unerlässlich, die Fairness kritischer Systeme zu messen. In der Praxis werden verschiedene Metriken und Ansätze, z. B. die Confusion-Matrix, genutzt, um Fairness und Biases in KI-Systemen zu evaluieren. Jede dieser Metriken konzentriert sich auf unterschiedliche Aspekte von Fairness und hilft, Verzerrungen in ihren Modellen zu identifizieren und anzugehen. Laut „21 fairness definition and their politics" von Arvind Narayanan [18] gibt es mindestens 21 mathematische Wege, Fairness zu messen.
- **Lebenszyklusüberwachung:** Kontinuierliches Monitoring und Anpassung von KI-Systemen sind entscheidend, um langfristig Diskriminierung entgegenzuwirken und Fairness zu gewährleisten.
- **Erstellung von Code of Conducts** (siehe Abschnitt 10.5)

KI kann dabei helfen, menschliche Vorurteile sichtbar zu machen, aber sie kann diese nicht lösen. Die Technologie spiegelt die Daten und Entscheidungen wider, die von Menschen getroffen werden. Daher sind effektive Lösungen zur Überwindung von Vorurteilen und Ungleichheiten nur durch einen integrierten Ansatz möglich, der technologische, ethische und soziale Perspektiven vereint.

Quellen

[1] Alba, Davey: Facial Recognition Moves Into a New Front: Schools. In: The New York Times (2020)

[2] Amazon scraps secret AI recruiting tool that showed bias against women. URL *https://finance.yahoo.com/news/amazon-scraps-secret-ai-recruiting-030000358.html*. – abgerufen am 13. 04. 2024. – Yahoo Finance

[3] Beuth, Patrick; Breithut, Jörg: USA: Algorithmus benachteiligt afroamerikanische Patienten. In: Der Spiegel (2019)

[4] Buolamwini, Joy; Gebru, Timnit: Gender Shades: Intersectional Accuracy Disparities in Commercial Gender Classification. In: Proceedings of the 1st Conference on Fairness, Accountability and Transparency : PMLR, 2018, S. 77 – 91

[5] Dastin, Jeffrey: Insight – Amazon scraps secret AI recruiting tool that showed bias against women. In: Reuters (2018)

[6] david.kotrba: KI erkennt sexuelle Orientierung von Menschen anhand Fotos. URL *https://futurezone.at/science/ki-erkennt-sexuelle-orientierung-von-menschen-anhand-fotos/285.083.652*. – abgerufen am 20. 04. 2024

[7] Ghosh, Sourojit; Caliskan, Aylin: ChatGPT Perpetuates Gender Bias in Machine Translation and Ignores Non-Gendered Pronouns: Findings across Bengali and Five other Low-Resource Languages, arXiv (2023). – arXiv:2305.10510 [cs]

[8] Groh, Matthew; Badri, Omar; Daneshjou, Roxana; Koochek, Arash; Harris, Caleb; Soenksen, Luis R.; Doraiswamy, P. Murali; Picard, Rosalind: Deep learning-aided decision support for diagnosis of skin disease across skin tones. In: Nature Medicine Bd. 30, Nature Publishing Group (2024), Nr. 2, S. 573 – 583

[9] Hawkinson, Katie: The pedestrian detection systems in self-driving cars are less likely to detect children and people of color, study suggests. URL *https://www.businessinsider.com/self-driving-cars-less-likely-detect-kids-people-of-color-2023-8*. – abgerufen am 20. 04. 2024. – Business Insider

[10] Mattu, Julia Angwin, Jeff Larson,Lauren Kirchner,Surya: Machine Bias. URL *https://www.propublica.org/article/machine-bias-risk-assessments-in-criminal-sentencing*. – abgerufen am 20. 04. 2024. – ProPublica

[11] Nowak, M. (Hrsg.): All human rights for all: Vienna manual on human rights, All human rights for all. Wien Graz : NWV, 2012 – ISBN 978-3-7083-0853-1

[12] Öhlinger, Theo; Eberhard, Harald: Verfassungsrecht. 13., überarbeitete Auflage. Wien : Facultas, 2022 – ISBN 978-3-7089-2094-8

[13] Orwat, Carsten: Diskriminierungsrisiken durch Verwendung von Algorithmen.

[14] Project Overview ‹ Gender Shades. URL *https://www.media.mit.edu/projects/gender-shades/overview/*. – abgerufen am 20. 04. 2024. – MIT Media Lab

[15] Reuters: Amazon ditched AI recruiting tool that favored men for technical jobs. In: The Guardian (2018)

[16] Studie „Digitalisierung Finanzmarkt“. URL *https://www.fma.gv.at/publikationen/studie-digitalisierung-finanzmarkt/*. – abgerufen am 22. 04. 2024. – FMA Österreich

[17] Suresh, Harini; Guttag, John V.: A Framework for Understanding Sources of Harm throughout the Machine Learning Life Cycle. In: Equity and Access in Algorithms, Mechanisms, and Optimization, 2021. – arXiv:1901.10002 [cs, stat], S. 1 – 9

[18] TL;DS – 21 fairness definition and their politics by Arvind Narayanan. URL *https://shubhamjain0594.github.io/post/tlds-arvind-fairness-definitions/*. – abgerufen am 20. 04. 2024

[19] Yekkehkhany, Ali; Nagi, Rakesh: Blind GB-PANDAS: A Blind Throughput-Optimal Load Balancing Algorithm for Affinity Scheduling, arXiv (2020). – arXiv:1901.04047 [cs]

7.2 Einsatz von KI in der Finanzbranche

Alexandra Ciarnau

„Die Zukunft unseres Finanzwesens ist digital.“, betont die Europäische Kommission in ihrer Strategie für ein digitales Finanzwesen in der EU [1]. Neben Cloud-Lösungen und Blockchain kommen dabei Big Data und KI eine besondere Bedeutung zu. Eine Fülle an Daten ist schließlich die Basis jeder Analytik. Mit KI können Ableitungen aus einem Dateninput optimiert werden. Das ermöglicht neue Produkt- und Prozessinnovationen. Von automatisierten Handelsalgorithmen über Betrugserkennung bis hin zu personalisierten Finanzberatungsleitungen, in der Kreditvergabe, im Risiko- und Beschwerdemanagement – die Anwendungsfälle sind vielseitig und haben bereits seit Jahren Eingang im hochregulierten Sektor gefunden [2]. Das Potenzial ist aber bei Weitem noch nicht ausgeschöpft, es werden uns noch rasante Fortschritte und Vorteile erwarten. Die Technologie bringt aber in diesem Sektor auch spezifische **Herausforderungen** mit sich. So stellen sich im hochregulierten Finanzbereich Fragen (i) der aufsichtsrechtlichen Zulässigkeit und des Risikomanagements sowie (ii) der rechtskonformen Umsetzung von KI.

Erstes ist insofern spannend, als bei verschiedenen KI-Systemen und -Modellen die Entscheidungen nur eingeschränkt nachvollziehbar sind. Daher ist zunächst **zu prüfen, ob KI überhaupt aus aufsichtsrechtlicher Sicht eingesetzt werden darf.** Hierbei spielt die **Governance** eine wesentliche Rolle (siehe Kapitel 10.2). Die Aufsichtsbehörden erwarten aktuell, dass eine allfällige fehlende Nachvollziehbarkeit, versteckte Diskriminierung, Fehlanwendungen oder Urheberrechtsverletzungen über eine sorgfältige Governance vermieden werden [3].

Die rechtskonforme Umsetzung ist vielschichtig, weil im IT-Bereich **unterschiedliche sektorspezifische Rechtsakte** (nationale Gesetze, Verordnungen und Richtlinien) inklusive förmlicher und formloser Empfehlungen und Anordnungen der zuständigen (Aufsichts-)Behörden und Gerichte zu beachten sind (z. B. CRR-Verordnung, CRD-Richtlinie, Marktinfrastrukturverordnung, Richtlinie über Märkte und Finanzinstrumente, Marktmissbrauchsverordnung, Netzwerk- und Informationssicherheitsrichtlinie, Verordnung über die Betriebsstabilität digitaler Systeme im Finanzsektor, EBA-Leitlinien über IKT- und Sicherheitsrisiken EBA/GL/2019/04 etc.). Sofern KI im Sinne der KI-VO eingesetzt wird (siehe Abschnitt 3.1), sind zusätzlich auch die Anforderungen nach sämtlichen sektorspezifischen Regelungen umzusetzen. Es bedarf daher eines tiefen Verständnisses der unterschiedlichen Regulierungen und ihrer Wechselwirkungen zueinander,[1)] um KI effizient umzusetzen.

---

[1] *Vgl. https://data.consilium.europa.eu/doc/document/ST-9930-2024-INIT/en/pdf* Rat, Schlussfolgerungen zu Financial Literacy

Im Folgenden werden die für die Finanzbranche relevanten Aspekte der KI-VO behandelt:

- Ausnahmen vom Anwendungsbereich
- Verbotene KI-Systeme
- Hochrisiko-KI-Systeme
- KI-Systeme mit allgemeinem Verwendungszweck
- Bestimmte KI-Systeme
- Behördenkompetenzen

7.2.1 Ausnahmen vom Anwendungsbereich

Die KI-VO regelt in Art. 2 KI-VO den Anwendungsbereich sowie explizite Ausnahmen davon (siehe Abschnitt 3.1). Für den Finanzsektor sind insbesondere folgende Ausnahmen relevant:

- **Forschungs-, Test- und Entwicklungstätigkeiten außerhalb von Realbedingungen**

  Gemäß Art. 2 Abs. 8 KI-VO gilt die Verordnung nicht für produktorientierte Forschungs-, Test- und Entwicklungstätigkeiten zu KI-Systemen oder KI-Modellen vor Inverkehrbringung oder Inbetriebnahme, sofern die **Tests nicht unter Realbedingungen** erfolgen.

  „Tests unter Realbedingungen" meint befristete Tests eines KI-Systems auf seine Zweckbestimmung, die unter Realbedingungen außerhalb eines Labors oder einer anderweitig simulierten Umgebung erfolgen, um zuverlässige, belastbare Daten zu erheben und die Konformität des KI-System zu bewerten und zu überprüfen. Für das Testen von Hochrisiko-KI-Systemen unter Realbedingungen bestehen in Art. 60 ff. KI-VO besondere Regelungen (z. B. Testplan, Genehmigung der Marktüberwachungsbehörde, maximale Dauer von sechs Monaten, informierte Einwilligung, Schutzvorkehrungen etc.).

  Die Abgrenzung zwischen Tests unter realen und nicht realen Bedingungen ist nicht trivial. In den meisten Fällen ist der Zweck von Entwicklungen und Validierungen in einer Testumgebung schließlich, gerade zuverlässige, belastbare Ergebnisse für den Produktiveinsatz zu erlangen. Daher besteht oftmals ein großes Interesse, die realen Bedingungen so weit wie möglich auch nachzubilden. Allerdings unterscheiden sich häufig die Bedingungen und damit auch die Ergebnisse einer Test- und Entwicklungsumgebung von den Bedingungen im Produktionsumfeld. Ein erfolgreicher Pilot in einer geschützten Umgebung kann zu anderen bzw. schlechteren Leistungen im Produktivsystem führen [4]. Vor diesem Hintergrund kann meines Erachtens nur die simulierte Umgebung das ausschlaggebende Kriterium für Tests unter realen bzw. nicht realen Bedingungen sein.

Beispiel

Ein Kreditinstitut entwickelt ein KI-System zur Betrugserkennung von Transaktionen. Hierfür nutzt es eine simulierte, abgeschlossene Testinfrastruktur und synthetische (fiktive) Daten. Es spricht meines Erachtens vieles für eine nicht reale Testumgebung, sodass die Ausnahmebestimmung greift und diese Nutzung noch nicht der KI-VO unterliegt.

Anders ist der Fall zu beurteilen, wenn ein Kreditinstitut in einer abgeschlossenen Produktivumgebung mit Echtdaten das KI-System testet. Hier müssen insbesondere die Pflichten nach Art. 60 ff KI-VO eingehalten werden.

- **Freie, quelloffene Lizenz**

  Nach Art. 2 Abs. 12 KI-VO fallen unter freier und quelloffener Lizenz bereitgestellte KI-Systeme nicht unter die Verordnung. Das gilt nicht für verbotene KI-Systeme, bestimmte KI-Systeme einschließlich KI-Systeme mit allgemeinen Verwendungszwecken[2)], Emotionserkennungssysteme oder Systeme zur biometrischen Kategorisierung nach Artikel 50.

  Software, Daten und Modelle, die als Open Source bereitgestellt werden, ihre offene Weitergabe erlauben und die Nutzer kostenlos abrufen, nutzen, verändern und weiter verteilen können, werden nicht nach der KI-VO reguliert. Damit wird dem Gedanken der Wachstums- und Innovationsförderung Rechnung getragen. Die Ausnahmebestimmung ist allerdings mit Vorsicht zu genießen. Nach ErwG 102 ff. KI-VO sollen darunter keine KI-Komponenten zählen, die gegen einen Preis bereitgestellt oder anderweitig monetarisiert werden.

Beispiel

Ein Software-Dienstleister bietet für die regulierte Finanzbranche ein KI-System für die Marktsegmentierung und Optimierung der Vertriebsaktivitäten an. Seine Software basiert auf eigens entwickelter Software und integrierten Open-Source-Machine-Learning-Komponenten. Aufgrund der entgeltlichen Bereitstellung der freien, quelloffenen KI-Komponenten fällt das KI-System bzw. fallen Teile davon nicht unter die Ausnahme des Art. 2 Abs. 12 KI-VO.

---

[2] Für Anbieter von KI-Modellen mit allgemeinem Verwendungszweck, die im Rahmen freier und quelloffener Lizenz freigegeben werden und deren Parameter, einschließlich Gewichte, Informationen über die Modellarchitektur und Informationen über die Modellnutzung, öffentlich zugänglich gemacht werden, gelten Ausnahmen in Bezug auf die Transparenzanforderungen. Diese Ausnahme von den Transparenzanforderungen gilt allerdings nicht bei systematischen Risiken.

7.2.2 Verbotene KI-Systeme

Jedes KI-System im Anwendungsbereich der KI-VO ist gegen den Verbotskatalog des Art. 5 KI-VO zu prüfen (vgl. dazu Abschnitt 3.1 im Detail). In der Finanzbranche können mehrere Verbote einschlägig sein, und daher sind insbesondere folgende Praktiken kritisch zu hinterfragen:

- **Unterschwellige Beeinflussung, manipulative oder täuschende Techniken**

  Art. 5 Abs. 1 lit a KI-VO verbietet KI-Systeme, die Techniken der unterschwelligen Beeinflussung außerhalb des Bewusstseins einer Person oder absichtlich manipulative/täuschende Techniken einsetzt,

  - um das Verhalten von Personen(gruppen) wesentlich zu verändern,
  - indem ihre Fähigkeit, eine fundierte Entscheidung zu treffen, deutlich beeinträchtigt wird,
  - wodurch sie veranlasst werden, eine Entscheidung zu treffen, die sie andernfalls nicht getroffen hätten und
  - die diesen/r Personen(gruppe) einen erheblichen Schaden zufügt oder mit hinreichender Wahrscheinlichkeit zufügen wird.

  Damit ergänzt das Verbot die Bestimmungen der UGP-RL, der DSGVO und der sektorspezifischen Vorgaben im Finanzbereich.

Beispiel

Gezielte emotionale Beeinflussungen der Verbraucherinnen und Verbraucher, um sie zu einer bestimmten Entscheidung zu zwingen, können manipulative Techniken darstellen. Darunter fallen z. B. Dark Patterns.

Wie das EIOPA aufzeigt, ist das etwa der Fall, wenn dem Verbraucher reißerisch vor Augen geführt wird, dass er ohne eine entsprechende Versicherung in ein bestimmtes finanzielles Risiko einwilligt. Wenn hierfür KI genutzt wird, kann diese Praktik nach Art. 5 KI-VO verboten sein.

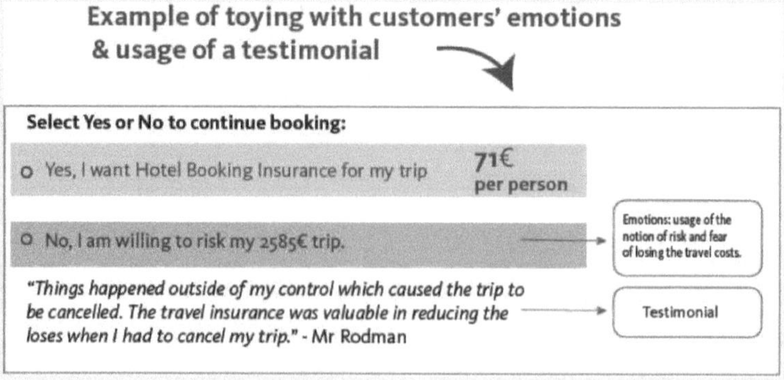

Quelle: *https://www.eiopa.europa.eu/tools-and-data/behavioural-insights-insurance-and-pensions-supervision/dark-patterns-insurance-practices-exploit-consumer-biases_en?prefLang=de* (zuletzt abgerufen am 19. 5. 2024)

Auch die manipulative Benutzerschnittstellen-Designs können Personen(gruppen) unterhalb der bewussten Wahrnehmungsschwelle ansprechen. So sind etwa unterschiedliche Darstellung und Gestaltung von entscheidungsrelevanten Schaltflächen auf Trading-Apps bereits aufgrund regulatorischer Vorgaben unzulässig, wenn gleichwertige Button-Optionen schlechter bzw. kaum wahrnehmbar sind und so unredlich den Nutzer oder die Nutzerin zu einer bestimmten Handlung nudgen [5]. Wenn hierfür KI-Systeme eingesetzt werden, begründet dies zusätzlich einen Verstoß gegen die KI-VO. Weitere Indizien für manipulative Techniken können z. B. Zwangsaktionen oder gefälschte Angebote, das Vermitteln von Dringlichkeit, vorausgewählte Optionen oder unzutreffende Reihungen sein [6].

- **Ausnutzung der Vulnerabilität oder Schutzbedürftigkeit von Personen(gruppen) aufgrund bestimmter Merkmale mit erheblichem Schadenspotenzial**

  Art. 5 Abs. 1 lit b KI-VO verbietet KI-Systeme, die eine Vulnerabilität oder Schutzbedürftigkeit einer Person(engruppe)

  - aufgrund ihres Alters, einer Behinderung, einer bestimmten sozialen oder wirtschaftlichen Situation
  - mit dem Ziel oder der Wirkung ausnutzen, um ihr Verhalten zu beeinflussen,
  - wodurch ihr ein erheblicher Schaden (wahrscheinlich) zugefügt wird.

  Das Verbot ergänzt die manipulativen und täuschenden Techniken insoweit, als es keine besondere Methodik erfordert und bereits die Beeinflussung der Entscheidungsgewalt von schutzwürdigen Personen pönalisiert.

- **Soziale Bewertung und Einstufung von Personen**

  Die KI-VO verbietet des Weiteren auch KI-Systeme zur Bewertung oder Einstufung von Personen über einen bestimmten Zeitraum auf der Grundlage ihres sozialen Verhaltens oder bekannter, abgeleiteter oder vorhergesagter persönlicher Eigenschaften oder Persönlichkeitsmerkmale, wenn die soziale Bewertung zu

  - einer Schlechterstellung oder Benachteiligung in sozialen Zusammenhängen führt, die in keinem Zusammenhang mit der ursprünglichen Datenerhebung stehen;
  - einer Schlechterstellung oder Benachteiligung im Hinblick auf ihr soziales Verhalten oder dessen Tragweite ungerechtfertigt oder unverhältnismäßig ist.

Das Verbot erfasst somit Social Scoring, beschränkt sich aber nicht nur auf den staatlichen Bereich.

Beispiel

Bewertet ein Finanzinstitut KI-gestützt die Kreditwürdigkeit eines Antragstellers auch aufgrund seines sozialen Verhaltens (z. B. Falschparken, extrovertierte, laute Art und Weise etc.), kann ein Verbotstatbestand begründet werden.

- **Emotionserkennung am Arbeitsplatz**

  Gemäß Art. 5 Abs. 1 lit f KI-VO ist unter anderem die Verwendung von KI-Systemen zur Emotionserkennung von Personen am Arbeitsplatz unzulässig. Eine Ausnahme besteht nur dann, wenn das KI-System aus medizinischen oder Sicherheitsgründen eingeführt wird (z.B. Erkennung von Müdigkeit eines Piloten und der damit einhergehenden Sicherheitsgefahr für alle Passagiere).

Beispiel

Ein Kreditinstitut nimmt mit Zustimmung der Gesprächsteilnehmer die über die Service-Hotline geführten Anrufe auf, transkribiert sie aufgrund der gesetzlich Dokumentationspflichten und analysiert sie auch für Schulungszwecke. Wenn im Zuge dessen Hotline-Mitarbeiter aufgenommen und KI-gestützt ihre Emotionen abgeleitet werden (z. B. glücklich, traurig, müde, genervt, demotiviert etc.), liegt eine unzulässige Verwendung nach Art. 5 KI-VO vor.

Hingegen stellt die klassische Auswertung von Mitarbeiter-Zufriedenheitsfragebögen keine unzulässige Emotionserkennung dar. In diesen Fällen zielt die Automatisierung in der Regel nur auf die Gesamtauswertung ab, nicht jedoch auf die Bewertung der einzelnen Fragebögen unter Profiling. Zudem sind Mitarbeitendenbefragungen meistens auch anonym.

- **Biometrische Kategorisierung**

  Schließlich ist in der Finanzbranche ein Augenmerk auf das Verbot der Nutzung von KI-Systemen zur biometrischen Kategorisierung zu legen. Art. 5 Abs. 1 lit g KI-VO verbietet die Erschließung oder Ableitung der Rasse, politischen Einstellung, Gewerkschaftszugehörigkeiten, religiösen oder weltanschaulichen Überzeugungen, des Sexuallebens oder der sexuellen Ausrichtung von natürlichen Personen aufgrund einer Kategorisierung über biometrische Daten. Enge Ausnahmen bestehen nur für den Bereich der Strafverfolgung.

Beispiel

Wenn im Zuge einer Kontoeröffnung die beigelegten Reisepässe (die biometrische Daten enthalten) für Zwecke der Ableitung der Rasse oder weltanschaulicher Überzeugungen genutzt werden, handelt es sich um eine unzulässige KI-Nutzung nach Art. 5 KI-VO.

7.2.3 Hochrisiko-KI-Systeme

Im Bereich des Finanz-, aber auch des Versicherungswesens ist darüber hinaus der Katalog an Hochrisiko-KI-Systemen essenziell. Was als Hochrisiko-KI zu qualifizieren ist, wird in Art. 6 ff. KI-VO, Anhang I und III KI-VO festgelegt (Details zu Hochrisiko-KI in Abschnitt 3.3.2). Neben den prominenten Beispielen der Kreditwürdigkeitsprüfung und Bonitätsbewertung kommt eine Reihe an Hochrisiko-Anwendungen des Katalogs in Anhang III KI-VO in diesem Sektor infrage.[3]

7.2.3.1 Klassifizierung

- **Biometrie**

  Gemäß Art. 6 Abs. 2 KI-VO in Verbindung mit Z 1 Anhang III KI-VO gelten folgende biometrische Anwendungen als hochriskant:

  - Biometrische Fernidentifizierungssysteme, außer Systeme zur Verifizierung der Authentizität einer Person;
  - KI-Systeme, die bestimmungsgemäß für die biometrische Kategorisierung nach sensiblen oder geschützten Attributen oder Merkmalen auf der Grundlage von Rückschlüssen auf diese Attribute oder Merkmale verwendet werden sollen;[4]
  - KI-Systeme, die bestimmungsgemäß zur Emotionserkennung verwendet werden sollen.[5]

Beispiele

Die Nutzung von biometrischer Authentifizierungslösungen mit Gesichtserkennung bei Online-Eröffnung von Bankkonten oder für die Login-Prüfung in den persönlichen Bankaccount sind keine Hochrisiko-KI-Systeme nach Z 1 Anhang III KI-VO. Die biometrische Identifizierung durch Gesichtserkennung ist schließlich für die Verifizierung notwendig, dass die Person auch diese ist, für die sie sich ausgibt. Das gilt auch für KI-gestützte Venenscanner, die ausschließlich Berechtigten Zutritt zu den Serverräumen gestatten. Nach ErwGr 54 KI-VO sollen derartige Anwendungen, deren einziger Zweck darin besteht, die Identität einer Person zu bestätigen, um Zugang zu einem Dienst zu erhalten, ein Gerät zu entriegeln oder sicheren Zugang zu Räumlichkeiten zu erhalten, vom Hochrisiko-Bereich ausgenommen sein.

---

3 Die in Anhang I aufgelisteten Bereiche, in denen KI als Sicherheitsprodukt oder Komponente eingesetzt wird, sind für die Finanzbranche tendenziell kaum relevant.

4 In diesem Kontext ist das Verbot nach Artikel 5 Abs. 1 lit g zu beachten.

5 In diesem Zusammenhang ist das Verbot nach Artikel 5 Abs. 1 lit f zu berücksichtigen.

- **Kritische Infrastruktur**

  Nach Artikel 6 Abs. 2 KI-VO in Verbindung mit Z 2 Anhang III KI-VO zählen KI-Systeme zur Verwaltung und zum Betrieb von kritischen digitalen Infrastrukturen als Hochrisiko-KI. „Kritische digitale Infrastrukturen" sind die in Z 8 des Anhangs der Richtlinie über die Resilienz kritischer Einrichtungen genannten Bereiche:

  - Betreiber von Internet-Knoten
  - DNS-Diensteanbieter (ausgenommen Betreiber von Root-Namensservern)
  - TLD-Namensregister
  - Anbieter von Cloud-Computing-Diensten
  - Anbieter von Rechenzentrumsdiensten
  - Betreiber von Inhaltszustellnetzen
  - Vertrauensdiensteanbieter
  - Anbieter öffentlicher elektronischer Kommunikationsnetze
  - Anbieter elektronischer Kommunikationsnetze, soweit deren Dienste öffentlich zugänglich sind

  KI-Systeme erfassen dabei Sicherheitsbauteile, die verwendet werden, um die physische Integrität kritischer Infrastrukturen oder die Gesundheit und Sicherheit von Personen und Eigentum zu schützen. Ausfälle und Störungen solcher Komponenten können schließlich direkt zu Risiken führen (ErwG 50 KI-VO).

Beispiel

Eine Bankengruppe verfügt über eine Tochtergesellschaft, die die internen IT-Dienstleistungen konzernweit erbringt. Diese betreibt ein Rechenzentrum für alle operativen Gesellschaften. Im Rechenzentrum werden KI-Systeme zur Sicherheit der Zutrittskontrollen verwendet. Das System erfüllt damit eine Sicherheitsfunktion und der Ausfall oder die Störung des KI-Systems gefährdet zusätzlich die Gesundheit und Sicherheit von Personen oder Eigentum. Zutritte könnten nämlich auch für Dritte möglich sein. Diese KI-Systeme sind als hochriskant nach Z 2 Anhang III zu klassifizieren (vgl. ErwGr 55 KI-VO).

- **Beschäftigung und Personalmanagement**

  Darüber hinaus zählen KI-Systeme im Beschäftigungs- und Personalmanagement nach Z 4 Anhang III KI-VO als Hochrisiko-KI, wenn sie

  - für die Einstellung oder Auswahl natürlicher Personen verwendet werden sollen, insbesondere um gezielte Stellenanzeigen zu schalten, Bewerbungen zu sichten oder zu filtern und Bewerber bzw. Bewerberinnen zu bewerten;
  - für Entscheidungen genutzt werden, die die Bedingungen von Arbeitsverhältnissen, Beförderungen und Kündigungen beeinflussen, für die Zuweisung von Aufgaben aufgrund des individuellen Verhaltens oder persönlicher Merkmale oder Eigenschaften oder für die Beobachtung und Bewertung der Leistung.

Diese Anwendungen können die Personen, ihre Privatsphäre, ihre Arbeitnehmerrechte und Grundrechte auf Datenschutz spürbar beeinflussen und sind daher strenger reguliert. Diese Einschränkungen sind auch in der Finanzbranche – genauso wie in allen anderen Sektoren – relevant und zu beachten.

Beispiel

Aufgrund sektorspezifischer Vorgaben sind in vielen Bereichen ein sorgfältiges Risikomanagementsystem und eine Dokumentation erforderlich. Im Zuge dessen können auch Daten von Mitarbeitern und Mitarbeiterinnen verarbeitet werden (z. B. über Logfiles zur Gewährleistung sicherer IT-Systeme). Werden aus den unterschiedlichen Quellen diese Daten über konkrete Mitarbeiter bzw. Mitarbeiterinnen auch für Entscheidungen über das Beschäftigungsverhältnis verwendet, handelt es sich in der Regel um eine Hochrisiko-KI-Anwendung.

- **Zugang und Inanspruchnahme grundlegender privater und öffentlicher Dienste und Leistungen**

  Die wichtigsten Regelungen für die Finanzbranche sind die Z 5 lit b und lit c Anhang III KI-VO:

  - Kreditwürdigkeitsprüfung und Bonitätsbewertung

    Demnach sind KI-Systeme, die für die **Kreditwürdigkeitsprüfung und Bonitätsbewertung** natürlicher Personen verwendet werden sollen, als Hochrisiko-KI zu qualifizieren. Sie sind dazu geeignet, Personen den Zugang zu Finanzmitteln oder sonstigen wesentlichen Dienstleistungen, wie z.B. Wohnraum, Elektrizität und Telekommunikationsdienstleistungen, zu versperren (vgl. ErwG 58 KI-VO). Darüber hinaus besteht ein großes Risiko, dass derartige KI-Systeme zur Diskriminierung von Personen oder Gruppen führen und historische Verzerrungen fortsetzen. Aus diesem Grund hat sich der EU-Gesetzgeber für eine strengere Regulierung dieser Anwendung entschieden.

    Eine Ausnahme besteht allerdings expressis verbis für bei Verwendung derartiger Systeme zur **Aufdeckung von Finanzbetrug**. Diese sollen keine Hochrisiko-KI darstellen. Zusätzlich wollen die ErwG auch KI-Systeme, die aus Aufsichtszwecken zur Berechnung der Eigenkapitalanforderungen von Kreditinstituten und Versicherungsunternehmen vorgesehen sind, nicht als Hochrisiko-KI qualifizieren (vgl. ErwG 58). Letzteres ist meines Erachtens nicht ex lege möglich, weil der Katalog lediglich den Finanzbetrug, nicht aber die für Aufsichtszwecke erforderliche Berechnung der Eigenkapitalforderungen nennt. Das erscheint nur über die **Widerlegung der Hochrisiko-Eigenschaft nach** Art. 6 Abs. 3 KI-VO (vgl. dazu Abschnitt 3.3.) möglich, wenn kein Profiling betrieben wird.

Beispiel

Die Bonitätsbewertung eines Kreditinstituts im Zuge der Prüfung einer Kreditvergabe wird in der Regel unter Z 5 lit b Anhang III KI-VO fallen. Die Bonitätsbewertung erfolgt in der Praxis nicht nur zur Aufdeckung von Finanzbetrug, sondern auch zur Einschätzung der Zahlungsfähigkeit eines Kunden oder der Kundin.

Ob eine KI-gestützte Kreditwürdigkeitsprüfung einer GmbH unter die Hochrisiko-Anwendung fällt, ist fraglich. Meines Erachtens beschränkt sich die Risikoklassifizierung dem Wortlaut zufolge lediglich auf die Bewertung von „natürlichen Personen", nicht aber von juristischen Personen. Daher dürfte eine solche KI-Nutzung meiner Meinung nach nicht als hochriskant eingestuft werden.

- Risikobewertung und Preisbildung von Lebensversicherungen

  Einen Anwendungsbereich kann auch Z 5 lit c Anhang III KI-VO im Finanzbereich haben. Diese Bestimmung erfasst KI-Systeme, die für die **Risikobewertung und Preisbildung** in Bezug auf natürliche Personen im Fall von **Lebens- und Krankenversicherungen** verwendet werden. Sie bergen ein hohes Risiko in sich, weil eine KI-gestützte Bewertung und Preisbildung erhebliche Auswirkungen auf die Existenzgrundlage der Menschen haben können, die bis zur finanziellen Ausgrenzung und Diskriminierung reichen können.

Beispiel

Ein KI-System errechnet auf Basis individueller Merkmale, insbesondere Lebensdauer aufgrund des Geschlechts, der Lebensweise, des Gesundheitszustands, des Einkommens, der vorhandenen Versicherungen etc., die Konditionen einer Lebensversicherung. Diese Anwendung ist – unabhängig von ihren datenschutzrechtlichen Bedenken – jedenfalls als Hochrisiko-Anwendung nach Z 5 lit c Anhang III zu klassifizieren.

7.2.3.2 Widerlegung der Hochrisiko-Eigenschaft

Die Hochrisiko-Eigenschaft nach Anhang III KI-VO kann gemäß Art. 6 Abs. 3 KI-VO widerlegt werden, sofern das KI-System kein Profiling natürlicher Personen vornimmt. Hierfür darf kein erhebliches Risiko der Beeinträchtigung natürlicher Personen in Bezug auf die Gesundheit, Sicherheit oder Grundrechte bestehen, weil das KI-System unter anderem das Ergebnis der Entscheidungsfindung nicht wesentlich beeinflusst. Hierfür muss eine der in Art. 6 Abs. 3 KI-VO genannten Bedingungen erfüllt sein.[6]

---

6 Die EU-Kommission wird nach Konsultation des KI-Gremiums Leitlinien bereitstellen, in denen diese praktische Umsetzung detailliert ausgeführt ist und durch eine umfassende Liste an Beispielen ergänzt wird.

Beispiel

Ein KI-System ist dafür bestimmt, eingehende Bewerbungen den jeweiligen Stellenausschreibungen zuzuordnen, ohne diese inhaltlich zu sichten bzw. zu bewerten. Diese Form der Kategorisierung stellt eine **eng gefasste Verfahrensaufgabe** nach Artikel 6 Abs. 3 lit a dar (vgl. ErwG 53 KI-VO). Sie kann das Risiko einer Diskriminierung oder Verzerrung nicht erhöhen und ermöglicht eine ausschließlich menschliche Entscheidung über die Einstellung. Sofern eine bloße Kategorisierung und kein Profiling erfolgt, kann die Hochrisiko-Eigenschaft widerlegt werden.

Eine KI-gestützte Risikobewertung von Lebensversicherungen wird lediglich nach einer zuvor abgeschlossenen Konditionenprüfung und Antragsbearbeitung **zur Erkennung von Entscheidungsmustern oder Abweichungen von früheren Entscheidungen** eingesetzt. Damit birgt das KI-System nicht mehr das vermutete Risiko einer finanziellen Benachteiligung oder Ausgrenzung und kann nach Art. 6 Abs. 2 lit c KI-VO widerlegt werden.

Ein Kreditinstitut bezieht für die individuelle Bonitätsbewertung eines Kreditantragstellers für unterschiedliche Zwecke Informationen von Kreditauskunfteien und das von Kreditauskunfteien durchgeführte Scoring. Diese Daten analysiert sie KI-gestützt mit einer Fülle vieler weiterer Kriterien (z. B. eigene Erfahrungswerte aus der bestehenden Kundenbeziehung, Richtigkeit bzw. Widersprüchlichkeit getätigter Angaben, Haushaltseinkommen, Eigenmittel etc.), um sich ein besseres Bild zu machen. Das Scoring der Kreditauskunftei stellt in diesem Fall lediglich eine von vielen **vorbereitenden Maßnahmen** und ist nicht ausschließlich oder vorwiegend entscheidungsrelevant. Dieser Vorgang erfüllt die Bedingung des Artikels 6 Abs. 3 lit d. Wird allerdings im Zuge des KI-Einsatzes ein **Profiling** vorgenommen, scheidet die Widerlegung als Hochrisiko-KI-System aus (vgl. Art. 6 Abs. 2 letzter Absatz KI-VO)

Die Risikoklassifizierung ist zur Darlegung der Einhaltung der KI-VO sauber zu dokumentieren.

7.2.3.3 Wechselwirkungen zwischen Finanzregularien und der KI-VO

Wird ein KI-System als hochriskant eingestuft, sind die in Art. 8 ff. KI-VO umfassend aufgelisteten Auflagen durch jeden Akteur in der Wertschöpfungskette umzusetzen (vgl. dazu Abschnitt 3.3.2.1). Die KI-VO sieht für Finanzinstitute insoweit Erleichterungen vor, als die Umsetzung einiger Pflichten als erfüllt gilt oder vereinfacht werden kann, wenn sektorspezifische Rechtsvorschriften ähnliche Vorgaben vorsehen. Wann sich Finanzinstitute auf die **bestehenden Regularien und Umsetzungen** berufen dürfen, wird in der KI-VO explizit geregelt, wie insbesondere in folgenden Abschnitten:

- Die Anforderungen an das **Qualitätsmanagementsystem** nach Art. 17 KI-VO gelten bei Anbietern, die Finanzinstitute sind und gemäß den Rechtsvorschriften über Finanzdienstleistungen der internen Unternehmensführung unterliegen, als erfüllt, wenn sie die regulatorischen Vorgaben einhalten. Davon ist die Verpflichtung nach Art. 17 Abs. 1 lit g KI-VO (Risikomanagementsystem), lit h (Einrichtung, Anwendung und Aufrechterhaltung eines Systems zur Beobachtung des KI-Systems nach dem Inverkehrbringen) und lit i (Meldung eines schwerwiegenden Vorfalls) ausgenommen.

- Anbieter, die Finanzinstitute sind und gemäß den Rechtsvorschriften über Finanzdienstleistungen, pflegen die **technische Dokumentation** nach Art. 18 KI-VO als Teil der Dokumentation nach den Spezialvorschriften im Finanzbereich.
- Finanzinstitute als Anbieter oder Betreiber dürfen die von ihren Hochrisiko-KI-Systemen **automatisch erzeugten Protokolle** nach Art. 19 KI-VO bzw. Art. 26 Abs. 6 KI-VO als Teil der Dokumentation im Sinne der Sondervorschriften im Finanzdienstleistungsbereich aufbewahren.
- Finanzinstitute als Betreiber können ihre in Art. 26 Abs. 5 Unterabsatz 1 KI-VO festgelegten **Überwachungspflichten** erfüllen, indem sie die Vorschriften über Regelungen, Verfahren oder Mechanismen der internen Unternehmensführung nach einschlägigen regulatorischen Bestimmungen einhalten.

Darüber hinaus sieht Art. 27 Abs. 1 KI-VO vor, dass bei Nutzung von Hochrisiko-KI insbesondere auch für (i) Kreditwürdigkeitsprüfung und Bonitätsbewertung und (ii) Risikobewertung und Preisbildung von (Kranken- und) Lebensversicherungen eine **Grundrechte-Folgenabschätzung** erforderlich ist. Das betrifft ist insbesondere auch für die Finanzbranche relevant. Für Details zur Grundrechte-Folgenabschätzung siehe Abschnitt 3.4.

7.2.4 KI-Systeme/-Modelle mit allgemeinem Verwendungszweck

KI-Systeme mit allgemeinen Verwendungszwecken oder Modelle, die in KI-Systemen integriert sind, haben auch in der Finanzbranche unterschiedliche Anwendungsbereiche.

Beispiel

KI-Modelle mit allgemeinem Verwendungszweck können z. B. für text- oder sprachbasierte Chatbots, zur Prozessoptimierung, Automatisierung oder im Beschwerdemanagement eingesetzt werden.

Im Bereich des General Purpose AI ist ein besonderes Augenmerk auf die Klassifizierung zu legen: einfache KI mit allgemeinem Verwendungszweck oder mit systematischem Risiko. Für Details zur Klassifizierung von KI-Systemen und -Modellen mit allgemeinem Verwendungszweck sowie der damit verbundenen Pflichten siehe Abschnitt 3.7.

7.2.5 Bestimmte KI-Systeme

Setzt ein reguliertes Unternehmen bloß KI-Systeme für die **direkte Interaktion** mit natürlichen Personen ein (ohne KI-Modelle mit allgemeinen Verwendungszwecken), handelt es sich um bestimmte KI-Systeme. Die Personen, die mit dem System interagieren, müssen über den Umstand informiert werden, wenn sich dies für eine angemessen informierte und verständige Person nicht bereits aus den Umständen des Einzelfalls ergibt. Bei Chatbots im Finanzbereich kann meines Erachtens nicht zwangsläufig von einer klaren Erkennbarkeit eines maschinengestützten Systems ausgegangen werden, weil hier regelmäßig aufgrund der Sensibilität der Anfragen von einem persönlichen Kontakt ausgegangen wird. Für Details zu den damit einhergehenden Transparenzpflichten und Beschränkungen siehe Abschnitt 3.6.

7.2.6 Behördenkompetenzen

Die KI-VO sieht eine oder mehrere Behörden zur Marktüberwachung ihrer Einhaltung vor. Diese kann mit der notifizierenden Behörde auch gebündelt werden. Wer die Marktüberwachungsbehörde in Deutschland und Österreich bekleiden wird, ist aktuell (Stand 19.5.2024) noch nicht klar. Die KI-VO überlässt dies den Mitgliedstaaten. Für die Finanzbranche sieht Art. 74 Abs. 6 KI-VO jedoch die Zuständigkeit der nach den nationalen Finanzregulierungen vorgesehenen Behörde für die Marktüberwachung der Einhaltung der Vorschriften für Hochrisiko-KI-Systeme durch beaufsichtigte Finanzinstitute vor, sofern die KI-Systeme mit der Erbringung dieser Finanzdienstleistungen in direktem Zusammenhang stehen. Das ist in Österreich die Finanzmarktaufsicht (FMA) und in Deutschland die Bundesanstalt für Finanzdienstleistungsaufsicht (BaFin). Eine abweichende Behördenzuständigkeit ist nach Art. 74 Abs. 7 KI-VO allerdings möglich, sofern für eine Abstimmung zwischen den einschlägigen Behörden gesorgt ist. Zur Behördenstruktur und den Aufgaben sowie Befugnisse siehe auch Abschnitt 3.9.

Unabhängig von der Marktüberwachung im Rahmen der KI-VO bleiben die bestehenden Kompetenzen nach anderen Regularien weiterhin erhalten. Ein Verstoß gegen die KI-VO kann daher auch eine Verletzung sonstiger Gesetze oder Verordnungen begründen und parallele Verfahren eröffnen. Das ist hinsichtlich des Risikopotenzials beim Einsatz von KI-Systemen aus einer Governance- und Compliance-Perspektive im regulierten Bereiche zu beachten.

Quellen

[1] Mitteilung an das Europäische Parlament, den Rat, den Europäischen Wirtschafts- und Sozialausschuss und den Ausschuss der Regionen über eine Strategie für ein digitales Finanzwesen in der EU, 2020

[2] Jahresbericht der BaFin 2023. URL *https://www.bafin.de/SharedDocs/Downloads/DE/Jahresbericht/dl_jb_2023.html*. – abgerufen am 22. 05. 2024. – BaFin

[3] Risiken im Fokus 2024. URL *https://www.bafin.de/DE/Aufsicht/Fokusrisiken/Fokusrisiken_2024/RIF_Trend_1_Digitalisierung/RIF_Trend_1_Digitalisierung_Artikel.html*. – abgerufen am 22. 05. 2024. – BaFin

[4] Beyond the prototype – Erfolgsfaktoren und Herausforderungen einer erfolgreichen Implementierung KI-basierter Services in der Produktion. URL *https://blog.iao.fraunhofer.de/beyond-the-prototype-erfolgsfaktoren-und-herausforderungen-einer-erfolgreichen-implementierung-ki-basierter-services-in-der-produktion/*. – abgerufen am 22. 05. 2024. – Fraunhofer IAO – BLOG

[5] BaFin erklärt Dark Patterns in Trading Apps für unzulässig. URL *https://www.bafin.de/SharedDocs/Veroeffentlichungen/DE/Meldung/2022/meldung_2022_11_21_Dark_Patterns_in_TradingApps_Verbraucher.html*. – abgerufen am 22. 05. 2024. – BaFin

[6] Guidelines 3/2022 on Dark patterns in social media platform interfaces: How to recognise and avoid them | European Data Protection Board. URL *https://www.edpb.europa.eu/our-work-tools/documents/public-consultations/2022/guidelines-32022-dark-patterns-social-media_en.%20-%20abgerufen%20am%202024-05-22*. – abgerufen am 22. 05. 2024. – BaFin

7.3 KI im Versicherungswesen

Renate Rechinger

Das Versicherungswesen in Österreich spielt eine zentrale Rolle in der Absicherung von Risiken und der finanziellen Stabilität der Bevölkerung. Es ist ein komplexes System, das von staatlichen Regulierungen geprägt ist und eine Vielzahl von Versicherungsprodukten anbietet.

Das österreichische Versicherungswesen ist durch ein komplexes Geflecht an Gesetzen und Verordnungen geregelt, das sicherstellen soll, dass Versicherungsverträge transparent, fair und für Verbraucher verständlich sind. Zentrale Rechtsgrundlagen sind:

- Versicherungsvertragsgesetz (VVG): Das VVG ist das zentrale Gesetz für alle Versicherungsverträge in Österreich. Es regelt die Rechte und Pflichten von Versicherungsnehmern und Versicherern, die Vertragsabschlüsse, die Leistungspflicht und die Kündigungsmöglichkeiten.
- Allgemeines Bürgerliches Gesetzbuch (ABGB): Das ABGB enthält allgemeine Bestimmungen über Verträge und dient als ergänzende Rechtsgrundlage zum VVG.
- Finanzmarktaufsichtsgesetz (FMAG): Das FMAG regelt die Aufsicht über die Finanzmärkte, einschließlich des Versicherungssektors. Die Finanzmarktaufsichtsbehörde (FMA) überwacht die Einhaltung der gesetzlichen Bestimmungen durch die Versicherer.

Eine der jüngsten Entwicklungen im Versicherungswesen ist die Integration von künstlicher Intelligenz (KI) in die Versicherungsbranche, die die Art und Weise, wie Risiken bewertet, Produkte gestaltet und Kunden bedient werden, revolutionieren werden. Die enormen Datenmengen, die Versicherer generieren, bieten einen fruchtbaren Boden für den Einsatz von KI-Algorithmen, die Muster erkennen, Vorhersagen treffen und Prozesse automatisieren können.

In folgenden Bereichen kann es zum Einsatz von KI kommen:

- Risikobewertung und -priorisierung:
  - **Präzisere Risikoeinschätzung:** KI-Modelle können anhand umfangreicher Daten historische Ereignisse analysieren und zukünftige Risiken genauer prognostizieren.
  - **Personalisierte Tarife:** Durch die Analyse individueller Kundenprofile können maßgeschneiderte Versicherungsprodukte angeboten werden.
  - **Betrugserkennung:** Anomalieerkennung und Musteranalyse helfen dabei, betrügerische Aktivitäten frühzeitig zu identifizieren.
- Kundenservice:
  - **Chatbots und virtuelle Assistenten:** KI-gestützte Chatbots übernehmen Routineaufgaben im Kundenservice und stehen rund um die Uhr zur Verfügung.
  - **Personalisierte Beratung:** KI-Algorithmen können Kundenbedürfnisse besser verstehen und individuelle Empfehlungen geben.
  - **Schnellere Schadenabwicklung:** Automatisierung von Schadenmeldungen und -bearbeitung beschleunigt den Prozess erheblich, beispielsweise omni:us [3].
- Prozessoptimierung:
  - **Automatisierung:** Wiederkehrende Aufgaben wie Datenverarbeitung und Dokumentenprüfung können automatisiert werden, wodurch Kosten gesenkt und die Effizienz gesteigert werden.
  - **Predictive Analytics:** KI ermöglicht es, zukünftige Ereignisse vorherzusagen und so proaktiv Maßnahmen zu ergreifen.

Künstliche Intelligenz wird die Versicherungsbranche nachhaltig verändern. Versicherer, die frühzeitig in KI-Technologien investieren, können sich einen Wettbewerbsvorteil verschaffen und ihre Kunden noch besser bedienen.

Aus den angeführten Themenbereichen ergeben sich folgende konkrete Anwendungsbeispiele:

- **Schadenregulierung:** KI-basierte Bildanalyse zur schnellen und präzisen Bewertung von Schäden an Fahrzeugen oder Gebäuden.
- **Kreditwürdigkeitsprüfung:** KI-Modelle zur Beurteilung der Kreditwürdigkeit potenzieller Kunden.

- **Produktentwicklung:** Entwicklung neuer Versicherungsprodukte auf Basis von KI-gestützten Marktforschungsdaten.
- **Kundenbindung:** Personalisierte Marketingkampagnen und Angebote zur Steigerung der Kundenzufriedenheit, beispielsweise mit deepassist [1].

Für diese Anwendungsbereiche besteht die Herausforderung, dass die Qualität der Daten sehr entscheidend für die Genauigkeit der KI-Modelle ist. Weiterhin wird es von wesentlicher Bedeutung sein, dass die Ergebnisse der KI-Modelle nachvollziehbar und erklärbar sind.

Trotz dieser Herausforderungen bietet der Einsatz von KI in der Versicherungsbranche zahlreiche Vorteile:

- **Effizienzsteigerung:** Automatisierung von Prozessen und Reduzierung von manuellen Tätigkeiten.
- **Kostensenkung:** Optimierung von Ressourcen und Vermeidung von Fehlern.
- **Verbesserte Kundenzufriedenheit:** Personalisierte Angebote und schnellerer Service.
- **Neue Geschäftsmodelle:** Entwicklung innovativer Produkte und Dienstleistungen.

Je nachdem, welches KI-System zur Anwendung gelangt, wird eine Einordung in den nun bestehenden AI-Act erforderlich sein.

7.3.1 Dynamic Underwriting und Risikoprüfung in der Krankenversicherung

Beispiel

Der Antragsteller wird durch einen interaktiven digitalen Fragedialog geführt. Es werden dabei genauso viele Fragen gestellt wie benötigt und eine sofortige Underwriting-Entscheidung getroffen. Big Data und Data Analytics ermöglichen die Optimierung des Frageprozesses und eine Risikobewertung auf Grundlage von mehreren 100 Millionen Versicherungsjahren, weit mehr als ein Risikoprüfer zur Verfügung hat. Die Erfassung der Vorerkrankungen des Antragstellers wird mithilfe von einem speziellen Tool zur kontextsensitiven Diagnose-Erfassung durchgeführt. Anschließend erfolgt die Risikobewertung auf Basis der erfassten Gesundheitsdaten mit einem evidenzbasiertem Risikoprüfungssystem [2].

Relevante Rollen

Anbieter ist das Unternehmen, dass das KI-System entwickelt hat und vertreibt, und Betreiber ist, wer das KI-System in seinem Unternehmer einsetzt.

Einordnung als Hochrisiko-KI

Es liegt eine Hochrisiko-KI vor, weil in Anhang III Z 5 lit. c KI-VO ein KI-System, dass bestimmungsgemäß für die Risikobewertung und Preisbildung in Bezug auf natürliche Personen im Fall von Lebens- und Krankenversicherungen verwendet werden sollen, als Hochrisiko-KI-System gemäß Art. 6 Abs. 2 KI-VO eingestuft ist. Im Detail können die Pflichten unter Abschnitt 3.3.2.3 nachgelesen werden.

Die Einordnung als Hochrisiko-KI-System hat zur Folge, dass insb. folgende Anforderungen einzuhalten sind:

- Es ist ein Risikomanagementsystem gemäß Art. 9 KI-VO einzurichten, anzuwenden, zu dokumentieren und aufrechtzuerhalten.
- Gemäß Art. 10 KI-VO müssen, wenn Techniken eingesetzt werden, bei denen KI-Modelle mit Daten trainiert werden, mit Trainings-, Validierungs- und Testdatensätzen entwickelt werden, diese den in den Absätzen 2 bis 5 genannten Qualitätskriterien entsprechen, wenn solche Datensätze verwendet werden.
- Gemäß Art. 11 KI-VO ist eine technische Dokumentation eines Hochrisiko-KI-Systems zu erstellen, bevor dieses System in Verkehr gebracht oder in Betrieb genommen wird, und auf dem neuesten Stand zu halten.
- Die Technik der Hochrisiko-KI-Systeme muss die automatische Aufzeichnung von Ereignissen (im Folgenden „Protokollierung") gemäß Art. 12 KI-VO während des Lebenszyklus des Systems ermöglichen.
- Gemäß Art. 13 KI-VO wird ein Hochrisiko-KI-System so konzipiert und entwickelt, dass der Betrieb hinreichend transparent ist, damit die Betreiber die Ausgaben eines Systems angemessen interpretieren und verwenden können.
- Das Hochrisiko-KI-System wird so konzipiert und entwickelt, dass es während der Dauer seiner Verwendung – auch mit geeigneten Instrumenten einer Mensch-Maschine-Schnittstelle – von natürlichen Personen gemäß Art. 14 KI-VO wirksam beaufsichtigt werden kann.
- Gemäß Art. 15 KI-VO ist das Hochrisiko-KI-System so konzipiert und entwickelt, dass es ein angemessenes Maß an Genauigkeit, Robustheit und Cybersicherheit erreicht und in dieser Hinsicht während des gesamten Lebenszyklus beständig funktioniert.

Darüber hinaus müssen insbesondere **Anbieter** von Hochrisiko KI-Systemen gemäß Art. 16 KI-VO insb. folgende Anforderungen einhalten, nämlich:

a) sicherstellen, dass ihre Hochrisiko-KI-Systeme die in Abschnitt 2 festgelegten Anforderungen erfüllen;

b) auf dem Hochrisiko-KI-System oder, falls dies nicht möglich ist, auf seiner Verpackung oder in der beigefügten Dokumentation ihren Namen, ihren eingetragenen Handelsnamen bzw. ihre eingetragene Handelsmarke und ihre Kontaktanschrift angeben;

c) über ein Qualitätsmanagementsystem verfügen, das Art. 17 KI-VO entspricht;

d) die in Art. 18 KI-VO genannte Dokumentation aufbewahren;

e) die von ihren Hochrisiko-KI-Systemen automatisch erzeugten Protokolle gemäß Art. 19 KI-VO aufbewahren, wenn diese ihrer Kontrolle unterliegen;

f) sicherstellen, dass das Hochrisiko-KI-System dem betreffenden Konformitätsbewertungsverfahren gemäß Art. 43 KI-VO unterzogen wird, bevor es in Verkehr gebracht oder in Betrieb genommen wird;

g) eine EU-Konformitätserklärung gemäß Art. 47 KI-VO ausstellen;

h) die CE-Kennzeichnung an das Hochrisiko-KI-System oder, falls dies nicht möglich ist, auf seiner Verpackung oder in der beigefügten Dokumentation anbringen, um Konformität mit dieser Verordnung gemäß Art. 48 KI-VO anzuzeigen;

i) den in Art. 49 Abs. 1 KI-VO genannten Registrierungspflichten nachkommen;

j) die erforderlichen Korrekturmaßnahmen ergreifen und die gemäß Art. 20 KI-VO erforderlichen Informationen bereitstellen;

k) auf begründete Anfrage einer zuständigen nationalen Behörde nachweisen, dass das Hochrisiko-KI-System die Anforderungen in Abschnitt 2 erfüllt;

l) sicherstellen, dass das Hochrisiko-KI-System die Barrierefreiheitsanforderungen gemäß den Richtlinien (EU) 2016/2102 und (EU) 2019/882 erfüllt.

Entscheidungen über Menschen

Laut Art. 86 KI-VO haben Personen, die von einer Entscheidung betroffen sind, die der Betreiber auf der Grundlage der Ausgaben eines in Anhang III KI-VO aufgeführten Hochrisiko-KI-Systems, mit Ausnahme der in Nummer 2 des genannten Anhangs aufgeführten Systeme, getroffen hat und die rechtliche Auswirkungen hat oder sie in ähnlicher Art erheblich auf eine Weise beeinträchtigt, die ihrer Ansicht nach ihre Gesundheit, ihre Sicherheit oder ihre Grundrechte beeinträchtigt, das Recht, vom Betreiber eine klare und aussagekräftige Erläuterung zur Rolle des KI-Systems im Entscheidungsprozess und zu den wichtigsten Elementen der getroffenen Entscheidung zu erhalten. (s. Abschnitt 3.10.15.1)

Im gegenständlichen Fall wird zwar keine unmittelbare Entscheidung über die Gesundheit (z.B. Festlegung einer bestimmten Behandlungsmethode) getroffen, aber es wird über den möglichen Abschluss einer Gesundheitsversicherung bzw. deren Konditionen entschieden. Eine weite Auslegung des EuGH könnte dazu führen, dass es zu einer Anwendung des Art. 86 KI-VO kommt.

Jedenfalls gelangt Art. 22 DSGVO zur Anwendung, weil eine automatisierte Entscheidung im Einzelfall getroffen wird. Daher sind die in Art. 22 Abs. 2 DSGVO enthaltenen Anforderungen bzw. Maßnahmen einzuhalten (siehe auch Kapitel 4, Datenschutz).

Quellen

[1] Kundenanfragen automatisiert verarbeiten. URL *https://deepsearch.net/* – abgerufen am 28. 08. 2024 – deepsearch.

[2] RISK-CONSULTING. URL *https://risk-consulting.de/* – abgerufen am 28. 08. 2024 – RISK-CONSULTING.

[3] Schadenautomatisierung mit KI für Versicherungsunternehmen – omni:us. URL *https://omnius.com/de/* – abgerufen am 28. 08. 2024.

7.4 KI und Whistleblowing

Gabriele Bolek-Fügl

Die EU-Whistleblower-Richtlinie 2019/1937 (kurz Whistleblower-RL) gilt in allen Mitgliedstaaten seit Dezember 2023 (Ende der Übergangsfrist) für Organisationen mit einer Belegschaft von mehr als 50 Personen sowie die öffentliche Verwaltung. Sie soll die Bedingungen für Hinweisgebende EU-weit harmonisieren und ihnen mehr Sicherheit bieten (Art. 1 Whistleblower-RL). Durch das Gesetz werden sichere Meldekanäle sowohl innerhalb von Organisationen als auch an externen Stellen vorgeschrieben, um die Anonymität und Sicherheit der Whistleblower bei der Abgabe eines Hinweises zu gewährleisten. Es legt zudem Sanktionen fest, die Vergeltungsaktionen gegen Hinweisgebende verhindern sollen.

Dieses Kapitel befasst sich mit den Auswirkungen der Bestimmungen der KI-VO auf die Einhaltung des jeweiligen Hinweisgeberschutzgesetzes, denn jeder Mitgliedstaat musste diese EU-Richtlinie in lokales Recht überführen. Jetzt spielt dieses Gesetz in Organisationen eine zentrale Rolle, weil es Personen Schutz bietet, die Verstöße gegen bestimmte gesetzliche Vorschriften melden. Dabei ist der sachliche Geltungsbereich in manchen Ländern umfassender als in anderen. Die EU-Richtlinie selbst gibt nur einen Mindestumfang von zehn Kategorien vor (siehe Tabelle).

Ein interner Meldekanal nach der EU-Richtlinie fördert grundsätzlich eine Kultur der Offenheit und des Verantwortungsbewusstseins in Organisationen, die für die Einhaltung und effektive Überwachung von Regulierungen unabdingbar ist. In der modernen Wirtschaft ist Compliance mehr als nur die Einhaltung gesetzlicher Vorgaben. Es ist ein wesentlicher Bestandteil der Unternehmensführung und des Risikomanagements geworden.

Die KI-VO der Europäischen Union wird nun ein weiterer sachlicher Anwendungsbereich der EU-Whistleblower-Richtlinie sein, um sicherzustellen, dass die Entwicklung, Implementierung und der Betrieb von künstlicher Intelligenz verantwortungsvoll und im Einklang mit geltenden Gesetzen und ethischen Standards in den Unternehmen erfolgt.

Art. 87 KI-VO – Meldung von Verstößen und Schutz von Hinweisgebern

Für die Meldung von Verstößen gegen diese Verordnung und den Schutz von Personen, die solche Verstöße melden, gilt die Whistleblower-RL.

Durch das jeweilige lokale Hinweisgeberschutzgesetz wird in jedem Mitgliedstaat der EU ein wichtiger Schritt zur Stärkung der Transparenz und Integrität in der Wirtschaft sowie im öffentlichen Sektor gemacht, indem es Menschen ermutigt und schützt, die auf Missstände aufmerksam machen.

Die folgende Tabelle gibt eine grobe Übersicht zu den (Mindest-)Anforderungen aus der EU-Whistleblower-Richtlinie:

Kategorie/Artikel	Inhalt der Richtlinie (EU) 2019/1937
Ziel der Richtlinie (Art. 1 Whistleblower-RL)	Die EU-Whistleblower-Richtlinie zielt darauf ab, Personen, die Verstöße gegen das EU-Recht melden, zu schützen. Sie soll sicherstellen, dass Whistleblower und Whistleblowerinnen ohne Angst vor Vergeltung berichten können.
Sachlicher Geltungsbereich (Art. 2 Whistleblower-RL)	Die Richtlinie gilt für interne und externe Meldungen sowie für öffentliche Enthüllungen in Bezug auf Verstöße, die die Finanzinteressen der EU oder andere Bereiche betreffen wie: ▪ öffentliches Auftragswesen ▪ Finanzdienstleistungen ▪ Finanzprodukte und Finanzmärkte, Verhinderung von Geldwäsche und Terrorismusfinanzierung ▪ Produktsicherheit und -konformität ▪ Verkehrssicherheit ▪ Umweltschutz ▪ Strahlenschutz ▪ Lebensmittel- und Futtermittelsicherheit, Tiergesundheit und Tierschutz ▪ öffentliche Gesundheit ▪ Datenschutz ▪ Mitgliedstaaten können den sachlichen Geltungsbereich ausweiten!
Schutzmaßnahmen (Art. 6 und 19 Whistleblower-RL)	Whistleblower und Whistleblowerinnen, die rechtmäßig handeln, sind vor Entlassung, Herabstufung und anderen Formen von Vergeltung geschützt. Weitere verbotene Maßnahmen wären: ▪ Aufgabenverlagerung oder Änderung des Arbeitsortes ▪ Gehaltsminderung ▪ Änderung der Arbeitszeit ▪ Versagung der Teilnahme an Weiterbildungsmaßnahmen ▪ negative Leistungsbeurteilung oder Ausstellung eines schlechten Arbeitszeugnisses ▪ Disziplinarmaßnahme, Nötigung, Einschüchterung ▪ Mobbing oder Ausgrenzung ▪ Diskriminierung ▪ Dieser Schutz erstreckt sich auch auf nahestehende Personen und unterstützende Dritte.

Kategorie/Artikel	Inhalt der Richtlinie (EU) 2019/1937
Einrichtung interner Meldekanal (Art. 7 – 9 Whistleblower-RL)	Juristische Personen des Privatrechts mit mehr als 50 Mitarbeitenden oder mit einem Jahresumsatz von mehr als 10 Millionen Euro müssen interne Meldekanäle einrichten. Diese Kanäle müssen die Vertraulichkeit des Whistleblowers bzw. der Whistleblowerin wahren und es ihm ermöglichen, anonym zu bleiben. Außerdem juristische Personen im öffentlichen Sektor mit > 50 Beschäftigten: ▪ Staatliche Verwaltungsstellen ▪ Regionale Verwaltungen und Dienststellen ▪ Sonstige juristische Personen des öffentlichen Rechts ▪ Gemeinden mit > 10 000 Einwohnern oder > 50 Beschäftigte
Meldeverfahren (Art. 9 Whistleblower-RL)	Die Abgabe der Meldung soll in schriftlicher oder mündlicher bzw. in beiden Formen möglich sein. Außerdem muss auf Ersuchen des Hinweisgebers bzw. der Hinweisgeberin eine physische Zusammenkunft innerhalb eines angemessenen Zeitrahmens möglich sein.
Reaktionspflicht (Art. 9 Whistleblower-RL)	Organisationen müssen auf Meldungen innerhalb festgelegter Fristen reagieren. Eine Empfangsbestätigung muss in sieben Tagen übermittelt werden und innerhalb von drei Monaten eine Beschreibung der Folgemaßnahmen.
Externe Meldungen und öffentliche Enthüllungen (Art. 10 – 15 Whistleblower-RL)	Falls interne Meldekanäle nicht vorhanden sind, nicht funktionieren, oder falls es unwahrscheinlich ist, dass durch interne Meldungen Abhilfe geschaffen wird (zum Beispiel bei direkter Gefahr für das öffentliche Interesse oder bei der Gefahr einer Vergeltung), kann der Whistleblower bzw. die Whistleblowerin sich an externe Behörden wenden. Erfolgt keine Reaktion, kann der Hinweisgebende die Informationen öffentlich machen.

Hinweisgeber bzw. Hinweisgeberinnen sind nur unter der Voraussetzung geschützt (Art. 6 Whistleblower-RL), wenn sie hinreichenden Grund zu der Annahme hatten, dass die gemeldeten Informationen über Verstöße zum Zeitpunkt der Meldung der Wahrheit entsprachen und dass diese Informationen in den Anwendungsbereich der Richtlinie fallen.

Laut Art. 23 Whistleblower-RL müssen die Mitgliedstaaten wirksame, angemessene und abschreckende Sanktionen setzen für natürliche oder juristische Personen, die:

- Meldungen behindern oder zu behindern versuchen
- Repressalien gegen Hinweisgeber ergreifen
- mutwillige Gerichtsverfahren gegen Hinweisgeber anstrengen
- gegen die Pflicht verstoßen, die Vertraulichkeit der Identität von Hinweisgebern zu wahren

Was ist zu tun?

Hat ein Unternehmen bereits einen internen Meldekanal implementiert, dann muss nun geprüft werden, ob der erweiterte Anwendungsbereich der KI-VO bereits in den Kategorien und Beschreibungen des Hinweisgebersystems enthalten ist oder ergänzt werden muss:

1. Ergänzung der Kategorien des internen Meldekanals
2. Ergänzung der Beschreibungen des internen Meldekanals (z.B. Hilfetexte, Sachverhaltsbeschreibung, Beispiele für potenzielle Verstöße etc.)
3. Ernennung einer verantwortlichen Person für die Bearbeitung von potenziellen Meldungen zur KI-VO
4. Erweiterung von definierten Abläufen/Prozessen im Unternehmen
5. Erweiterung der internen Richtlinie zum Whistleblowing
6. Erweiterung der Trainings- und der Schulungsunterlagen
7. Erweiterung der internen Compliance-Beschreibungen (z.B. Texte und Beispiele im Intranet, Onboarding-Unterlagen, Texte in Arbeitsverträgen oder Betriebsvereinbarungen etc.)
8. Erweiterung der Berichterstattung um die Kategorie KI-VO

Dabei ist zu beachten, dass der sachliche Geltungsbereich in den einzelnen Mitgliedstaaten voneinander abweichen kann. Außerdem kann die Verwendung von KI auch über Umwege in den Anwendungsbereich der Whistleblowing-Richtlinie fallen, etwa wenn durch KI personenbezogene Daten verarbeitet werden.

Beispiel für eine Whistleblower-Meldung im Kontext der KI-VO

Andra arbeitet in der Personalabteilung eines mittelständischen Unternehmens, das ein neues KI-basiertes System zur Bewertung von Bewerbungen einführt. Dieses System soll die Effizienz des Rekrutierungsprozesses steigern und dabei helfen, die besten Talente zu identifizieren. Während ihrer Arbeit mit dem System bemerkt Andra, dass das System zwar viele qualifizierte Kandidaten identifiziert, aber eine signifikante Anzahl von Bewerbern mit unkonventionellen Lebensläufen oder Karrierewegen übersehen wird, die potenziell wertvolle Fähigkeiten und Perspektiven ins Unternehmen bringen könnten.

Andra erkennt, dass das Übersehen dieser Kandidaten langfristig die Innovationskraft und die Diversität im Unternehmen schwächen könnte. Besorgt über die mögliche Problematik, wendet sich Andra zunächst an das Projektteam, das für die Implementierung des KI-Systems verantwortlich ist. Sie schlägt vor, das Modell so anzupassen, dass es auch unkonventionelle Karrierewege besser bewerten kann. Jedoch zögert das Projektteam, Andras Vorschläge aufzugreifen, da es befürchtet, dass zusätzliche Anpassungen das Projektbudget überziehen und den Zeitplan verzögern könnten.

Nachdem ihre Bedenken vom Projektteam nicht aufgenommen wurden, entscheidet sich Andra, das Problem über den internen Whistleblowing-Kanal zu melden. Sie betont in ihrer Meldung nicht nur die kurzfristigen finanziellen und zeitlichen Bedenken, sondern auch die langfristigen Vorteile einer umfassenderen Talenterfassung für das Unternehmen.

Die Geschäftsführung nimmt Andras Hinweise ernst und erkennt die strategische Bedeutung ihrer Vorschläge. Sie beauftragt ein Team aus Datenwissenschaftlern und -wissenschaftlerinnen und HR-Spezialisten und HR-Spezialistinnen, das KI-System entsprechend zu überarbeiten. Die Anpassung führt zu einem verbesserten Bewertungssystem, das eine größere Vielfalt an Talenten erkennen und einbeziehen kann und damit die Qualität und Diversität der Neueinstellungen verbessert.

Durch Andras proaktives Handeln profitiert das Unternehmen enorm: Die Qualität und Diversität der Neueinstellungen verbessern sich, und das Unternehmen wird als fortschrittlicher und attraktiver Arbeitgeber wahrgenommen. Andras Initiative zeigt, wie Whistleblowing nicht nur dazu dient, Missstände aufzudecken, sondern auch konstruktive Veränderungen im Unternehmen voranzutreiben und den langfristigen Unternehmenserfolg zu sichern.

7.4.1 Whistleblower für die Kategorie KI

Ein Whistleblower, der Missstände oder unethisches Verhalten im Zusammenhang mit der Nutzung von KI in einer Organisation meldet, wird von der EU-Richtlinie 2019/1937 geschützt. Der Hinweis kann sowohl die Entwicklung und Implementierung von KI-Systemen als auch deren Einsatz und Auswirkungen betreffen.

Mit der zunehmenden Nutzung von KI in Unternehmen und den Fähigkeiten von KI-Systemen steigt auch das Risiko, dass solche Technologien nicht alle gesetzlichen Anforderungen erfüllen oder missbräuchlich verwendet werden. Dies erhöht wiederum die Notwendigkeit, dass Whistleblower auf potenziell schädliches oder illegales Verhalten aufmerksam machen.

Beispiel für eine Whistleblower-Meldung im Kontext der KI-VO

Andra arbeitet in der Personalabteilung eines mittelständischen Unternehmens, das ein neues KI-basiertes System zur Bewertung von Bewerbungen einführt. Dieses System soll die Effizienz des Rekrutierungsprozesses steigern und dabei helfen, die besten Talente zu identifizieren. Während ihrer Arbeit mit dem System bemerkt Andra, dass das System zwar viele qualifizierte Kandidaten identifiziert, aber eine signifikante Anzahl von Bewerbern mit unkonventionellen Lebensläufen oder Karrierewegen übersehen wird, die potenziell wertvolle Fähigkeiten und Perspektiven ins Unternehmen bringen könnten.

Andra erkennt, dass das Übersehen dieser Kandidaten langfristig die Innovationskraft und die Diversität im Unternehmen schwächen könnte. Besorgt über die mögliche Problematik, wendet sich Andra zunächst an das Projektteam, das für die Implementierung des KI-Systems verantwortlich ist. Sie schlägt vor, das Modell so anzupassen, dass es auch unkonventionelle Karrierewege besser bewerten kann. Jedoch zögert das Projektteam, Andras Vorschläge aufzugreifen, da es befürchtet, dass zusätzliche Anpassungen das Projektbudget überziehen und den Zeitplan verzögern könnten.

Nachdem ihre Bedenken vom Projektteam nicht aufgenommen wurden, entscheidet sich Andra, das Problem über den internen Whistleblowing-Kanal zu melden. Sie betont in ihrer Meldung nicht nur die kurzfristigen finanziellen und zeitlichen Bedenken, sondern auch die langfristigen Vorteile einer umfassenderen Talenterfassung für das Unternehmen.

Die Geschäftsführung nimmt Andras Hinweise ernst und erkennt die strategische Bedeutung ihrer Vorschläge. Sie beauftragt ein Team aus Datenwissenschaftlern und HR-Spezialisten, das KI-System entsprechend zu überarbeiten. Die Anpassung führt zu einem verbesserten Bewertungssystem, das eine größere Vielfalt an Talenten erkennen und einbeziehen kann und damit die Qualität und Diversität der Neueinstellungen verbessert.

Durch Andras proaktives Handeln profitiert das Unternehmen enorm: Die Qualität und Diversität der Neueinstellungen verbessern sich, und das Unternehmen wird als fortschrittlicher und attraktiver Arbeitgeber wahrgenommen. Andras Initiative zeigt, wie Whistleblowing nicht nur dazu dient, Missstände aufzudecken, sondern auch konstruktive Veränderungen im Unternehmen voranzutreiben und den langfristigen Unternehmenserfolg zu sichern.

Es gibt mehrere Gründe, warum das Whistleblowing im Bereich KI an Bedeutung gewinnen könnte:

- Erhöhte Anzahl an regulatorischen Vorgaben an KI-Systeme. Nicht nur in Europa, sondern auch in den USA und Asien gibt es immer mehr Gesetze und Verordnungen, die durch Unternehmen zu erfüllen sind.
- Mit zunehmender Nutzung von KI steigt auch die regulatorische Kontrolle über deren Einsatz. Regulierungsbehörden wie die Securities and Exchange Commission (SEC) und das US-Justizministerium (DOJ)[7] haben Programme zur Überwachung und Durchsetzung von Vorschriften im Zusammenhang mit KI bereits etabliert. Mit der KI-VO werden auch in der EU nationale Aufsichtsbehörden eingerichtet.
- In Europa achten auch die nationalen Datenschutzbehörden vermehrt über den DSGVO-konformen Einsatz von Daten beim Training der KI und im produktiven Einsatz.

[7] *https://www.debevoisedatablog.com/2024/04/24/preparing-for-ai-whistleblowers/* vom 27. Juli 2024

- Mit der Implementierung der KI-Technologie werden auch Werte digitalisiert, die sich aus Daten, die in der Vergangenheit in Prozessabläufen entstanden sind, ableiten. Dadurch steigen die Anforderungen an ethischen Entscheidungen, die während eines KI-Projektes getroffen werden müssen. Nicht allen Projektbeteiligten ist aber klar, dass sie nur durch die richtige Auswahl an Daten die zukünftigen Ergebnisse der KI beeinflussen. Nachlässigkeiten in diesem Zusammenhang können daher ein Projekt zum Scheitern bringen und könnten eine interne Meldung auslösen.

Wenn die Belegschaft weiß, dass sie sicher und ohne Angst vor Vergeltung auf Herausforderungen in einem KI-Projekt hinweisen kann, fühlt sie sich ermutigt, offen über Probleme und Verbesserungsmöglichkeiten zu sprechen. Dies kann zu einer besseren internen Kommunikation und einem proaktiveren Umgang mit Compliance-Fragen führen und das Unternehmen vor Bußgeld-Zahlungen bewahren.

Ein Hinweis kann auch wertvolle Einblicke in Schwachstellen und Risiken in bestehenden KI-Systemen geben, die ansonsten unentdeckt bleiben könnten. Diese Informationen sind entscheidend, um Prozesse zu verändern, bevor sie Schaden anrichten können, oder die allgemeine Effizienz und Sicherheit von KI-Anwendungen zu verbessern.

Beispiel für eine Whistleblower-Meldung für eine Hochrisiko-KI

Ich möchte auf ein schwerwiegendes ethisches Problem hinweisen, das bei der Nutzung unseres KI-Systems zur medizinischen Diagnostik aufgetreten ist. Das System Diagnose-AI v2.3 wird derzeit in mehreren Krankenhäusern zur Unterstützung bei der Diagnose von Krankheiten eingesetzt. Obwohl das System offiziell die Anforderungen der KI-VO erfüllt, habe ich festgestellt, dass es systematisch bestimmte Patientengruppen benachteiligt.

Diagnose-AI v2.3 zeigt eine signifikant niedrigere Genauigkeit bei der Diagnose von Krankheiten bei Patienten mit einer bestimmten ethnischen Herkunft. Dies führt zu falschen Diagnosen oder verzögerten Behandlungen, was gravierende gesundheitliche Folgen für diese Patienten haben kann.

Das KI-System liefert keine ausreichende Transparenz über die Entscheidungsprozesse, und Ärzte und medizinisches Personal erhalten keine klaren Informationen darüber, wie bestimmte Diagnosen zustande kommen. Dies erschwert es, Fehler zu erkennen und die Ergebnisse zu hinterfragen oder zu korrigieren.

Bitte gehen Sie diesem Problem nach und beheben Sie es.

Durch die Schaffung eines Umfelds, das Whistleblowing unterstützt, können Unternehmen also nicht nur rechtliche und ethische Standards besser einhalten, sondern auch ihre eigene Wettbewerbsfähigkeit und Innovationskraft stärken.

7.4.2 Einsatzgebiete von KI bei der Umsetzung der EU-Whistleblowing-Richtlinie

Ein besonderer KI-Anwendungsfall ist eine KI-unterstützte Whistleblowing-Plattform, die Unternehmen eine innovative Lösung bieten, um Missstände effizienter zu bearbeiten und schneller auf Hinweise reagieren zu können. Durch die Kombination von verschiedenen automatisierten Handlungen und Techniken können Unternehmen ihre Compliance- und Ethikprogramme stärken und eine transparente und vertrauenswürdige Unternehmenskultur fördern.

Aufgabenstellung

Implementierung einer Whistleblowing Plattform, bei der einige wesentliche Aufgaben von einer KI übernommen werden, um manuelle, zeitintensive Handlungen zu minimieren. Dieses interne Meldesystem soll alle gesetzlichen Anforderungen erfüllen können und dazu beitragen, dass Whistleblower sich sicher fühlen und Probleme zuerst intern ansprechen, bevor sie externe Stellen informieren.

7.4.2.1 Herausforderungen im Whistleblowing-Prozess

Traditionelle Whistleblowing-Plattformen sind oft mit einer großen Anzahl von Meldungen konfrontiert, die manuell überprüft werden müssen. Dies kann zu Verzögerungen und inkonsistenter Bewertung führen. Zudem besteht die Gefahr, dass die Vertraulichkeit der Whistleblower nicht ausreichend geschützt wird, insbesondere wenn Führungskräfte beschuldigt werden oder Namen von Sachbearbeitern in den Meldungen auftauchen. Außerdem findet das Einlangen der Hinweise oft zu einer Zeit statt, wenn die Sachbearbeiter nicht online sind (Tagesrandzeiten) und somit nicht rasch auf die Kommunikation mit dem Hinweisgebenden reagieren können.

Ein KI-gestütztes System soll daher bei den folgenden Herausforderungen unterstützen:

- Die Relevanz und Richtigkeit der eingehenden Meldungen gemäß gesetzlichen Vorgaben bewerten, noch bevor der Hinweisgebende die Meldung offiziell abschickt, und den Meldenden darauf hinweisen, dass der gesetzliche Schutz nur für eine eingeschränkte Anzahl an Kriterien gilt.
- Die Qualität der Meldungen hinsichtlich des Umfangs und der Detailliertheit der Inhalte bewerten sowie darüber informieren, welche Informationen noch benötigt werden, um effizient mit der Analyse beginnen zu können.
- Geeignete Maßnahmen und Fragen zur Weiterverfolgung auf der Grundlage früherer analysierter Fälle vorschlagen.
- Identifizieren, ob Namen von Whistleblowing-Sachbearbeitern in den Meldungen stehen, und diesen keinen Zugriff auf diese Meldungen gewähren, um eine unabhängige Bearbeitung sicherzustellen.

- Identifizieren, ob Führungskräfte aus dem obersten Kreis beschuldigt werden, und diese Meldungen nur einem bestimmten Sachbearbeiter zuordnen.

Herausforderungen im KI-Projekt

Ein KI-Whistleblowing-Projekt birgt eine Reihe von spezifischen Herausforderungen mit sich, insbesondere im Hinblick auf das Training der KI-Modelle und die Erfassung ausreichender und repräsentativer Daten für die Fallbearbeitung. Einige der wichtigsten Herausforderungen sind:

- **Ausreichende Anzahl an Meldungen:** Für das Training von KI-Modellen ist eine große Menge an Daten erforderlich, oftmals mehrere Tausend. Im Kontext von Whistleblowing kann es schwierig sein, ausreichend viele und vielfältige Fälle zu sammeln, um ein robustes Modell zu trainieren. Viele Unternehmen haben möglicherweise nur wenige dokumentierte Fälle, und diese sind oft vertraulich, was den Zugang zu diesen Daten weiter einschränkt.
- **Datenqualität:** Die Qualität der verfügbaren Daten für das Training ist entscheidend für den Erfolg des Projekts. Fehlende, unvollständige oder inkonsistente Daten können die Modellleistung negativ beeinflussen. Oftmals sind aber die in der Vergangenheit bearbeiteten Meldungen nicht standardisiert dokumentiert.
- **Abbildung unterschiedlicher Fälle:** Ein KI-Modell muss in der Lage sein, eine Vielzahl von Whistleblowing-Szenarien zu erkennen und zu verarbeiten. Dazu gehören unterschiedliche Arten von Fehlverhalten (z.B. finanzielle Unregelmäßigkeiten, ethische Verstöße, Umweltvergehen). Wenn das Training auf einer begrenzten Anzahl von Fällen basiert, könnte das Modell Schwierigkeiten haben, auf neue oder seltene Fälle angemessen zu reagieren.
- **Bias und Fairness:** Es besteht das Risiko, dass die Trainingsdaten Vorurteile oder andere systematische Verzerrungen (Bias) enthalten, die das Modell in seinen Vorhersagen beeinflussen. Wenn bestimmte Arten von Fehlverhalten oder bestimmte Gruppen von Personen in den Daten über- oder unterrepräsentiert sind, könnte dies zu einer unausgewogenen Leistung führen.
- **Datenschutzanforderungen und Vertraulichkeit von Meldungen:** Da Whistleblowing-Meldungen oft personenbezogene oder sehr sensible Informationen enthalten, ist es eine Herausforderung, diese Daten für das Training eines KI-Modells zu verwenden, ohne die DSGVO oder andere Datenschutzbestimmungen zu verletzen, beispielsweise weil ein früherer Whistleblower seine Einverständniserklärung für das Training der KI nicht geben möchte. Anonymisierungstechniken können helfen, aber sie müssen sorgfältig angewendet werden, um sicherzustellen, dass die Daten weiterhin für das Training nützlich sind.

- **Modellkomplexität:** Die Komplexität des KI-Modells für die Whistleblowing-Anwendung kann eine Herausforderung darstellen, denn diese Modelle müssen in der Lage sein, nicht nur einfache Muster, sondern auch komplexe Zusammenhänge und Anomalien zu erkennen, die auf Fehlverhalten hinweisen könnten.
- **Kompetenz des Projektteams:** Ein KI-Projekt wird anders als regelbasierte Softwareprojekte durchgeführt, weil der Fokus sehr stark auf dem Domain-Wissen und der Angemessenheit der Daten liegt. Dies muss sich im Projektteam widerspiegeln, und die Beteiligten müssen über ein Mindestmaß an Kenntnissen im Bereich KI-Techniken, Datenmanagement, Ethik und gesetzliche Anforderungen verfügen.

Insbesondere die Auswahl und Menge an Daten werden bei der Umsetzung des Projekts eine Herausforderung darstellen.

Vorteile einer KI-Whistleblowing Anwendung

Die Bearbeitung von Hinweisen mit einer KI-Unterstützung bringt aber einige Vorteile, die genauer betrachtet und abgewogen werden sollten:

- **Effizienzsteigerung:** Automatisierte Bewertung und Priorisierung der Meldungen reduzieren den manuellen Aufwand und beschleunigen den Reaktionsprozess.
- **Verbesserte Qualität bei der Bearbeitung der Hinweise:** Konsistente und objektive Bewertung der Meldungen durch KI-unterstützte Analysen (KI in the Loop).
- **Schutz von Menschen:** Die Anonymität und Vertraulichkeit bezüglich der in den eingereichten Meldungen genannten Personen kann erhöht werden.
- **Bessere Entscheidungsfindung:** Fundierte Handlungsempfehlungen und Priorisierungen unterstützen das Compliance-Team bei der effektiven Bearbeitung von Meldungen.
- **Konfliktvermeidung:** Verhinderung des Zugriffs von Sachbearbeitern auf Meldungen, in denen sie selbst erwähnt werden, und gezielte Zuordnung sensibler Meldungen.

Auch in Unternehmen, die nur wenige Meldungen im Jahr erhalten, wäre der Einsatz einer vortrainierten KI-Whistleblower-Lösung vorteilhaft, da Menschen in der richtigen Handhabung von gemeldeten Hinweisen kontinuierlich geschult werden müssen, damit alle gesetzlichen Vorgaben bei der Analyse zuverlässig eingehalten werden. Ein KI-System könnte hier die Personen anleiten, damit keine Fehler entstehen.

Einschätzung der Risiken für die Zielgruppe

Die folgenden Menschen gehören zu den Betroffenen für das Whistleblowing-System und müssen im KI-Projekt bezüglich der spezifischen Risiken betrachtet werden:

- **Hinweisgebende:** Mit der Einführung des KI-Systems muss sichergestellt werden, dass die Namen und gegebenenfalls auf die Person hinweisende Informationen vertraulich behandelt werden.

- **Personen, die in Hinweisen genannt werden:** Mit der Einführung des KI-Systems muss sichergestellt werden, dass die Namen, der Bezug hinweisender Informationen auf die Person und deren Status im Hinweis (bspw. Zeuge oder potenzieller Täter) vertraulich behandelt und auch nicht zum weiteren KI-Training verwendet werden.
- **Compliance-Team:** Die Performance der bearbeitenden Personen darf nicht zur Leistungsmessung bzw. Beurteilung herangezogen werden.

7.4.2.2 Ablauf des Whistleblowing Use Case

Folgende Abläufe und Funktionen könnten von einer KI-unterstützten Whistleblowing-Plattform durchgeführt werden, jeweils in Zusammenarbeit mit dem Compliance-Team:

1. Eine Person reicht eine Meldung ein, die auf ein mögliches Vergehen in einer bestimmten Abteilung hinweist.
   - Falls die Meldung namentlich abgegeben wurde, kann die KI den Namen erkennen und für die interne Analyse anonymisieren.
2. Die KI analysiert die Meldung und bewertet, ob sie relevant gemäß den gesetzlichen Anforderungen ist und ob die Inhalte der Meldung ausreichend sind, um mit den Analysen effizient starten zu können.
   - Betrifft die Meldung keine der gesetzlichen Kriterien, dann wird der Hinweisgebende darüber informiert, denn der gesetzliche Schutz ist in diesem Fall nicht gewährleistet. Er oder sie könnte den Hinweis dann noch zurückziehen.
   - Sind wesentliche Inhalte nicht in der Meldung enthalten, dann wird der Hinweisgebende von der KI automatisiert und um weitere Informationen gebeten.
   - Schlüsselinformationen werden in der Meldung identifiziert und für die Speicherung im Fallmanagement vorgesehen. Dazu könnten beispielsweise die folgenden gehören: Namen von potenziellen Tätern, Bezeichnung einer Abteilung, Orte, Datum, Summen etc.
3. Das System benachrichtigt die richtige Person im Compliance-Team, um die Meldung zu bearbeiten.
   - Dabei wird sichergestellt, dass Sachbearbeiter, deren Namen in der Meldung erwähnt werden, keinen Zugriff auf diese haben.
   - Meldungen, die Führungskräfte aus dem obersten Kreis betreffen, könnten von der KI nur einem bestimmten Sachbearbeiter zugewiesen werden.
   - Verschiedene Meldungskategorien könnten unterschiedlichen Personen im Compliance-Team zugeordnet werden.

4. Das KI-System generiert Empfehlungen für die interne Untersuchung, damit das Compliance-Team sofortige Maßnahmen ergreifen kann.
   - Aufgrund bereits in der Vergangenheit durchgeführter Untersuchungen werden von der KI Prüfungshandlungen vorgeschlagen, die für die Aufklärung zielführend sind.
5. Bei der Kommunikation zwischen Compliance-Personal und dem Hinweisgebenden könnte die KI dahingehend unterstützen, dass sie Meldungen auf deren Inhalte bewertet und eventuelle Nachfragen automatisch generiert.

Ein KI-System könnte also bei verschiedenen Aufgaben die Menschen bei der Bearbeitung unterstützen, insbesondere wenn es um die richtige Zuordnung, Strukturierung und Gruppierung von Informationen geht, sowie bei der schnellen Reaktion auf eine Meldung, solange ein Whistleblower online ist.

Nutzung von digitalen Techniken im Whistleblowing Use Case

Die folgenden KI-Techniken könnten in diesem KI-Projekt verwendet werden:

Ref	Funktion	Non-KI-Funktionen	KI-Funktionalität	KI-Techniken	IT-Sicherheitsmerkmale	Betroffene Personengruppen
1	Eingangsportal und Anonymisierung	Sicheres Webportal zur (anonymen) Abgabe eines Hinweises	Anonymisierung von personenbezogenen Daten zum Identitäts-schutz	Named Entity Recognition (NER), Maskierung von Namen durch Platzhalter	Verschlüsselung, Datenanonymisierung	Hinweisgebende
2	Inhaltsanalyse	Überprüfung und Extraktion relevanter Informationen	Analyse und Extraktion relevanter Informationen aus dem Text der Meldungen	Natural Language Processing (NLP), Named Entity Recognition (NER)		Compliance-Team
2	Relevanz- und Richtigkeitsbewertung	Manuelle Bewertung der Relevanz und gesetzlicher Richtigkeit	Automatisierte Bewertung der Relevanz und Richtigkeit gemäß gesetzlichen Vorgaben	Machine Learning, Regelbasierte Systeme	Gute Auswahl an Trainingsdaten	Compliance-Team

Ref	Funktion	Non-KI-Funktionen	KI-Funktionalität	KI-Techniken	IT-Sicherheitsmerkmale	Betroffene Personengruppen
2	Bewertung der Meldungsqualität	Manuelle Analyse der Detailtiefe und Konsistenz der Meldungen	Bewertung der Qualität der Meldungen in Bezug auf Umfang und Detailliertheit der Inhalte	Natural Language Processing (NLP), Mustererkennung		Compliance-Team
3	Konflikt- und Vertraulichkeitserkennung	Manuelle Überprüfung auf Konflikte und Vertraulichkeit	Erkennung von Namen von definierten Personen in Meldungen und Verhinderung ihres Zugriffs, Zuweisung sensibler Meldungen	Named Entity Recognition (NER), Regelbasierte Systeme	Zugriffskontrollmechanismen, Vertraulichkeitsprüfung	Compliance-Team
4	Handlungsempfehlungen und Weiterverfolgung	Manuelle Generierung von Handlungsempfehlungen und weiteren Fragen	Automatische Generierung von Handlungsempfehlungen und spezifischen Fragen zur Weiterverfolgung	Entscheidungsbäume, Regelbasierte Systeme		Compliance-Team
5	Kommunikation und Benachrichtigungssystem	Echtzeitüberwachung und Benachrichtigung der relevanten Entscheidungsträger	Automatische Benachrichtigung und Echtzeitüberwachung sowie Analyse der Meldungsinhalte	Natural Language Processing (NLP), Automatisiertes Benachrichtigungssystem	Verschlüsselung	Compliance-Team, Hinweisgebende

Diese Konzeption ist als Vorschlag gedacht und stellt nur eine Basis für ein KI-Projekt dar. Die Funktionen können aber auch mit anderen Techniken umgesetzt werden.

Weiterentwicklung und Implementierung

Die folgenden Phasen müssen nach der Entwicklung der KI weiter im KI-Projekt umgesetzt werden:

- **Pilotphase:** Einführung des KI-Systems in ausgewählten Unternehmensbereichen zur Validierung und Feinabstimmung der Funktionalitäten. Die Kriterien müssen vorher festgelegt werden.
- **Skalierung:** Nach erfolgreicher Pilotphase (gemäß festgelegter Kriterien), Erweiterung auf das gesamte Unternehmen.
- **Kontinuierliche Verbesserung:** Regelmäßiges Monitoring der KI (Überprüfung der Ergebnisse und Beurteilung der Richtigkeit durch Domain User) und Anpassung der KI-Modelle und Systeme basierend auf dem Feedback sowie neuen Erkenntnissen.

Dieser Use Case verdeutlicht, wie KI in Whistleblowing-Plattformen integriert werden kann, um die Qualität und Effizienz der Bearbeitung von Meldungen zu verbessern und somit die Integrität und Ethik eines Unternehmens zu stärken. Es wird dabei auch klar, dass eine gemeinsame Bearbeitung von KI und Mensch den größten Nutzen bringt und die Risiken minimiert.

7.5 Einsatz von KI bei zukünftigen und bestehenden Arbeitsverhältnissen

Renate Rechinger

Das österreichische Arbeitsrecht regelt die Beziehungen zwischen Arbeitgebern und Arbeitnehmern. Es umfasst eine Vielzahl von Themen, die von der Begründung eines Arbeitsverhältnisses bis zu dessen Beendigung reichen.

Die wichtigsten Rechtsquellen des Arbeitsrechts sind:

- **Gesetze:** Das wichtigste Gesetz im österreichischen Arbeitsrecht ist das **Angestelltengesetz** (AngG). Daneben gibt es noch eine Reihe weiterer Gesetze, die für das Arbeitsrecht relevant sind, z. B. das **Allgemeine Bürgerliche Gesetzbruch** (ABGB), die Gewerbeordnung **(GewO)** etc.
- **Kollektivverträge:** Kollektivverträge sind Verträge zwischen Arbeitnehmervertretern und Arbeitgebervertretern, die für bestimmte Branchen oder Berufe gelten. Sie legen in der Regel Löhne, Arbeitszeiten und andere Arbeitsbedingungen fest.
- **Betriebsvereinbarungen:** Betriebsvereinbarungen sind Verträge zwischen dem Arbeitgeber und dem Betriebsrat eines Betriebes. Sie regeln betriebsspezifische Angelegenheiten, z. B. Arbeitszeiten, Urlaub und Ruhezeiten.

- **Einzelarbeitsverträge:** Einzelarbeitsverträge sind Verträge zwischen dem Arbeitgeber und dem einzelnen Arbeitnehmer. Sie regeln die individuellen Arbeitsbedingungen des Arbeitnehmers, z. B. das Gehalt, die Arbeitszeit und die Aufgaben.

Die wichtigsten Themen des Arbeitsrechts sind:

- **Arbeitsvertrag:** Der Arbeitsvertrag regelt die grundlegenden Bedingungen des Arbeitsverhältnisses, z. B. die Art der Arbeit, das Arbeitsentgelt, die Arbeitszeit und den Urlaub.
- **Arbeitszeit:** Die Arbeitszeit ist die Zeit, in der der Arbeitnehmer verpflichtet ist, seine Arbeit zu leisten. Die gesetzliche Höchstarbeitszeit in Österreich beträgt vierzig Stunden pro Woche.
- **Lohn:** Der Lohn ist die Vergütung für die Arbeit des Arbeitnehmers. Er wird in der Regel in Euro pro Stunde oder pro Monat vereinbart.
- **Urlaub:** Der Arbeitnehmer hat Anspruch auf bezahlten Urlaub. Der gesetzliche Mindesturlaub in Österreich beträgt 25 Tage pro Jahr.
- **Kündigung:** Das Arbeitsverhältnis kann von beiden Seiten gekündigt werden. Die Kündigungsfristen sind im Gesetz geregelt.
- **Arbeitnehmerschutz:** Der Arbeitnehmerschutz umfasst eine Reihe von Regelungen, die die Gesundheit und Sicherheit des Arbeitnehmers am Arbeitsplatz schützen sollen.

In Österreich müssen Arbeitgeber bei der Suche nach neuen Mitarbeitenden einige gesetzliche Bestimmungen beachten, um sicherzustellen, dass der Prozess fair und diskriminierungsfrei abläuft.

Allgemeine Grundsätze:

- **Gleichbehandlung:** Alle Bewerber, unabhängig von Geschlecht, Rasse, Religion, Alter, Behinderung, sexueller Orientierung oder ethnischer Zugehörigkeit, haben das Recht auf gleichberechtigte Behandlung.
- **Diskriminierungsverbot:** Direkte und indirekte Diskriminierung bei der Stellenausschreibung, im Bewerbungsverfahren und während des Arbeitsverhältnisses sind verboten.
- **Transparenz:** Die Stellenausschreibung sollte klar und deutlich die Anforderungen an den Bewerber sowie die angebotenen Arbeitsbedingungen beschreiben.
- **Datenschutz:** Die persönlichen Daten der Bewerberinnen und Bewerber müssen gemäß den Datenschutzbestimmungen geschützt werden.

Besondere Anforderungen:

- **Meldepflicht:** Arbeitgeber mit mehr als zwanzig Arbeitnehmern müssen offene Stellen dem Arbeitsmarktservice (AMS) melden.
- **Behindertengerechte Bewerbung:** Bewerbungen von Menschen mit Behinderungen müssen gleichberechtigt berücksichtigt werden. Arbeitgeber sind verpflichtet, geeignete Maßnahmen zur Erleichterung des Bewerbungsverfahrens für Menschen mit Behinderungen zu treffen.
- **Ausländisches Arbeitsrecht:** Bei der Einstellung von ausländischen Arbeitnehmern - müssen die arbeits- und aufenthaltsrechtlichen Bestimmungen beachtet werden.

Bewerbungsplattformen nutzen KI bereits, um automatisiert Lebensläufe für die ausgeschriebene Position zu screenen. **CV Parsing** (englisch: to parse = analysieren) ist bereits ein gängiges Einsatzgebiet von künstlicher Intelligenz. Die Technologie analysiert Bewerbungsunterlagen und nimmt relevante Informationen wie Qualifikationen und Berufserfahrungen heraus. Diese Daten werden dann in einem standardisierten Format wie einer Datenbank für die weitere Verarbeitung und Analyse oder Verarbeitung bereitgestellt.

ATS-Systeme (Applicant Tracking System, **Bewerbermanagementsysteme**) helfen Unternehmen beim Managen von Bewerbungsprozessen, beim Veröffentlichen von Stellenangeboten bis zur Verwaltung potenzieller Kandidaten. Oft arbeiten CV-Parsing und ATS-Systeme zusammen. Beispiele für solche ATS-Systeme sind Oracle Taleo [5] oder Greenhouse [1].

Arbeitgeber können mithilfe von KI beziehungsweise bestimmter Plattformen auch erforderliche Kompetenzen der Bewerber testen und bewerten. Codility [2] und HackerRank [3] nutzen insbesondere große Firmen beim Check von technischen Fähigkeiten.

KI kann in unterschiedlichem Ausmaß eingesetzt werden. Das beginnt bei der vollständigen Erstellung einer Stellenanzeige bis hin zur KI-unterstützte Videoanalyse.

7.5.1 Verfassen von Stellenanzeigen mit KI

Beispiel

Direkte Nutzung gängiger LLM-Tools (z. B. Google Gemini, ChatGPT), um via Prompts (Eingaben) Ergebnisse von der KI zu erhalten. Grundsätzlich können sämtliche Textaufgaben mit einer KI erledigt werden.

Job-Titel-Alternativen identifizieren:

Der richtige Job-Titel ist ein wesentlicher Erfolgsfaktor bei Stellenanzeigen. Mit Tools wie beispielsweise Google Trends kann man überprüfen, wie häufig nach den verschiedenen Varianten gesucht wird. So kann man sich datenbasiert für jenen Job-Titel entscheiden, der auch von Kandidatenseite am häufigsten verwendet wird. Zur Identifikation passender bzw. alternativer Job-Titel gibt es zwei Möglichkeiten: Entweder man verfügt bereits über einen Job-Titel und möchte auf Basis dessen alternative Vorschläge von der KI bekommen. Oder aber man hat einen Abriss der gesuchten Qualifikationen und geplanten Aufgaben und sucht erst einmal nach jenen Titeln, die grundsätzlich zur Stelle passen könnten.

Beispiel für ein Prompt, um mittels ChatGPT oder Google Gemini nach passenden Alternativen zu suchen:

„Bitte unterstütze mich bei der Identifikation alternativer Job-Titel für die Suche nach [POSITION]. Die Alternativen sollen einerseits verschiedene Bezeichnungsmöglichkeiten aufzeigen und andererseits darauf ausgelegt sein, ein hohes Suchvolumen von Job-Suchenden aufzuweisen. Der Titel sollte eng am Ausgangsbegriff sein, ohne zu viel in die Rolle hineinzuinterpretieren. Es handelt sich um ein Unternehmen in [BRANCHE; optional], was in die Bezeichnung aufgenommen werden könnte, jedoch kein Muss darstellt."

Unternehmensbeschreibung erstellen und optimieren:

Ein wesentlicher Teil jeder Stellenanzeige ist die Selbstbeschreibung als Unternehmen. In dieser sollte man aufzeigen, was das Unternehmen als Arbeitgeber ausmacht. Eine KI kann hier bei der Formulierung, aber auch bei der Optimierung der Texte unterstützen.

Stellenbezogene Anforderungen und Aufgaben definieren:

Hier konkretisiert man, wonach genau gesucht wird und welche Aufgaben zukünftige Mitarbeitende im Betrieb übernehmen sollten.

Beispiel für ein Prompt, um mittels ChatGPT oder Google Gemini zu brauchbaren Ergebnissen zu kommen:

„Erstelle eine Auflistung von Aufgaben und Anforderungen für eine Stellenanzeige für die Suche nach [Position]. Formuliere dabei diskriminierungsfrei, deutsch und in einer förmlichen Sprache. Die Position soll insbesondere in [Spezialisierung] – also [konkrete Aufgaben, falls nennbar] – eingesetzt werden. [Weiterer wichtiger Aufgabenbereich] nimmt dabei einen wesentlichen Aufgabenbereich ein."

Kanal-Mix für die Veröffentlichung der Stellenanzeige:

Nach Erstellung der Stellenanzeige ist es an der Zeit, diese über die richtigen Kanäle an die passenden Kandidaten zu bringen. Dafür kann man generative KI-Tools für die Suche nach passenden Kanälen für die Veröffentlichung verwenden. Beispielsweise könnte Google Gemini als Recherche-Instrument verwendet werden.

Beispiel für ein Prompt:

„Ich benötige für die Suche nach [Position] in [Ort] einen Mix aus passenden Kanälen für die Veröffentlichung meiner Stellenanzeige. Erstelle hierfür eine Liste aus passenden Job-Portalen, Branchenmedien und Social-Media-Kanälen, über die ich meine Stelle bewerben könnte."

Relevante Rollen

Betreiber von ChatGPT im Sinne des KI-VO ist das Unternehmen OpenAI, das sich der KI-Forschung widmet.

Einordnung als Hochrisiko-KI

Nein, es liegt keine Hochrisiko-KI vor.

Berührungspunkte mit verbotener KI

Nein, es gibt keine Berührungspunkte mit verbotener KI.

Transparenzpflichten

Es gelten grundsätzlich Transparenzvorschriften gemäß Art. 50 KI-VO. Wird etwa ein Bild, Video oder Audioinhalt von einer KI erstellt oder verändert, muss dieser Umstand offengelegt werden. Dies gilt auch, wenn eine KI einen Text erstellt oder verändert, der zum Zweck der öffentlichen Information verbreitet wird.

7.5.2 KI-Unterstützung bei Bewerberauswahl mittels Videoanalyse [4]

Beispiel

Bewerber, die sich für eine Stelle bewerben, werden gebeten, zusätzlich zu ihrem herkömmlichen Lebenslauf ein einminütiges Video aufzunehmen. In diesem Video beantworten die Bewerber die Frage: „Warum freuen Sie sich darauf, für XY zu arbeiten?" Diese Videos werden aufgezeichnet und vom KI-Tool in weiterer Folge ausgewertet.

Die künstliche Intelligenz erstellt ein Persönlichkeitsprofil. Das Big-5-Modell (McCrae & John, 1992) beschreibt die Persönlichkeit eines Menschen anhand von fünf Dimensionen: Offenheit, Gewissenhaftigkeit, Extraversion, Verträglichkeit und Neurotizismus. Das Modell klassifiziert Kandidaten nach diesen fünf verschiedenen Persönlichkeitsdimensionen, die universell und interkulturell anerkannt sind. Zusammen mit dem Persönlichkeitsprofil wird auch ein Kommunikationsprofil des Bewerbenden geliefert. Durch die Kombination der Profile erhält das Unternehmen ein objektives Profil aller Bewerber, was den gesamten Vorauswahlprozess erheblich beschleunigen kann.

Relevante Rollen

In diesem Use Case können alle Rollen von Relevanz sein, je nachdem wie die Konstellation ist.

Einordnung als Hochrisiko-KI

Ja, weil in Anhang III Z 4 lit. a KI-VO ein KI-System, dass bestimmungsgemäß für die Einstellung oder Auswahl natürlicher Personen verwendet werden soll, insbesondere um gezielte Stellenanzeigen zu schalten, Bewerbungen zu sichten oder zu filtern und

Bewerber zu bewerten, als Hochrisiko-KI-System gemäß Art. 6 Abs. 2 KI-VO eingestuft ist. Im Detail können die Pflichten unter Abschnitt 3.3.2.3 nachgelesen werden.

Die Einordnung als Hochrisiko-KI-System hat zur Folge, dass insb. folgende Anforderungen einzuhalten sind:

- Es ist ein Risikomanagementsystem gemäß Art. 9 KI-VO einzurichten, anzuwenden, zu dokumentieren und aufrechtzuerhalten.
- Gemäß Art. 10 KI-VO müssen, wenn Techniken eingesetzt werden, bei denen KI-Modelle mit Daten (Trainings-, Validierungs- und Testdatensätze) trainiert werden, diese den in den Absätzen 2 bis 5 genannten Qualitätskriterien entsprechen.
- Gemäß Art. 11 KI-VO ist eine technische Dokumentation eines Hochrisiko-KI-Systems zu erstellen, bevor dieses System in Verkehr gebracht oder in Betrieb genommen wird, und auf dem neuesten Stand zu halten.
- Die Technik der Hochrisiko-KI-Systeme muss die automatische Aufzeichnung von Ereignissen (im Folgenden „Protokollierung") gemäß Art. 12 KI-VO während des Lebenszyklus des Systems ermöglichen.
- Gemäß Art. 13 KI-VO wird ein Hochrisiko-KI-System so konzipiert und entwickelt, dass der Betrieb hinreichend transparent ist, damit die Betreiber die Ausgaben eines Systems angemessen interpretieren und verwenden können.
- Das Hochrisiko-KI-System wird so konzipiert und entwickelt, dass es während der Dauer seiner Verwendung – auch mit geeigneten Instrumenten einer Mensch-Maschine-Schnittstelle – von natürlichen Personen gemäß Art. 14 KI-VO wirksam beaufsichtigt werden kann.
- Gemäß Art. 15 KI-VO ist das Hochrisiko-KI-System so konzipiert und entwickelt, dass es ein angemessenes Maß an Genauigkeit, Robustheit und Cybersicherheit erreicht und in dieser Hinsicht während des gesamten Lebenszyklus beständig funktioniert.

Entscheidung über Menschen

Laut Art. 86 KI-VO haben Personen, die von einer Entscheidung betroffen sind, die der Betreiber auf der Grundlage der Ausgaben eines in Anhang III aufgeführten Hochrisiko-KI-Systems, mit Ausnahme der in Nummer 2 des genannten Anhangs aufgeführten Systeme, getroffen hat und die rechtliche Auswirkungen hat oder sie in ähnlicher Art erheblich auf eine Weise beeinträchtigt, die ihrer Ansicht nach ihre Gesundheit, ihre Sicherheit oder ihre Grundrechte beeinträchtigt, das Recht, vom Betreiber eine klare und aussagekräftige Erläuterung zur Rolle des KI-Systems im Entscheidungsprozess und zu den wichtigsten Elementen der getroffenen Entscheidung zu erhalten. s. Abschnitt 3.10.15.1)

Die KI im gegenständlichen Use Case kann Grundrechte beeinträchtigen, insbesondere wenn sie nicht diskriminierungsfrei agiert. Beeinträchtigt werden könnte das Recht auf Schutz personenbezogener Daten, die Berufsfreiheit und das Recht zu arbeiten oder der Schutz vor Diskriminierung (siehe im Detail Abschnitt 7.1, Diskriminierung).

Jedoch gelangt Art. 22 DSGVO zur Anwendung, weil eine automatisierte Entscheidung im Einzelfall getroffen wird. Daher sind die in Artikel 22 Abs. 2 DSGVO enthaltenen Anforderungen bzw. Maßnahmen einzuhalten.

Pflichten der Anbieter

Darüber hinaus müssen insbesondere **Anbieter** von Hochrisiko KI-Systemen gemäß Art. 16 KI-VO folgende Anforderungen einhalten, nämlich

a) sicherstellen, dass ihre Hochrisiko-KI-Systeme die in Abschnitt 2 festgelegten Anforderungen erfüllen;

b) auf dem Hochrisiko-KI-System oder, falls dies nicht möglich ist, auf seiner Verpackung oder in der beigefügten Dokumentation, ihren Namen, ihren eingetragenen Handelsnamen bzw. ihre eingetragene Handelsmarke und ihre Kontaktanschrift angeben;

c) über ein Qualitätsmanagementsystem verfügen, das Art. 17 KI-VO entspricht;

d) die in Art. 18 KI-VO genannte Dokumentation aufbewahren;

e) die von ihren Hochrisiko-KI-Systemen automatisch erzeugten Protokolle gemäß Art. 19 KI-VO aufbewahren, wenn diese ihrer Kontrolle unterliegen;

f) sicherstellen, dass das Hochrisiko-KI-System dem betreffenden Konformitätsbewertungsverfahren gemäß Art. 43 KI-VO unterzogen wird, bevor es in Verkehr gebracht oder in Betrieb genommen wird;

g) eine EU-Konformitätserklärung gemäß Art. 47 KI-VO ausstellen;

h) die CE-Kennzeichnung an das Hochrisiko-KI-System oder, falls dies nicht möglich ist, auf seiner Verpackung oder in der beigefügten Dokumentation anbringen, um Konformität mit dieser Verordnung gemäß Art. 48 KI-VO anzuzeigen;

i) den in Art. 49 Abs. 1 KI-VO genannten Registrierungspflichten nachkommen;

j) die erforderlichen Korrekturmaßnahmen ergreifen und die gemäß Art. 20 KI-VO erforderlichen Informationen bereitstellen;

k) auf begründete Anfrage einer zuständigen nationalen Behörde nachweisen, dass das Hochrisiko-KI-System die Anforderungen in Abschnitt 2 erfüllt;

l) sicherstellen, dass das Hochrisiko-KI-System die Barrierefreiheitsanforderungen gemäß den Richtlinien (EU) 2016/2102 und (EU) 2019/882 erfüllt.

Quellen

[1] Bewerbermanagementsystem & Einstellungssoftware. URL *https://www.greenhouse.com/de/* – abgerufen am 28. 08. 2024 – Greenhouse.

[2] Codility. URL *https://www.codility.com/* – abgerufen am 28. 08. 2024 – Codility

[3] HackerRank – Online Coding Tests and Technical Interviews. URL *https://www.hackerrank.com/*. – abgerufen am 28. 08. 2024 – HackerRank

[4] Identify and Drive Winning Behaviors | Retorio. URL *https://www.retorio.com* – abgerufen am 28. 08. 2024

[5] Taleo | Oracle Österreich. URL *https://www.oracle.com/at/human-capital-management/taleo/* – abgerufen am 28. 08. 2024.

7.6 Einsatz von KI in der Bildung

Julia Eisner

Künstliche Intelligenz (KI) in der Bildung ist eine interdisziplinäre Schnittstelle zwischen Informatik, Pädagogik, Psychologie, Sozialwissenschaften und Erziehungswissenschaften. Die kontinuierliche Forschung und Entwicklung in diesem Bereich zeigt, wie sich Bildungssysteme weltweit weiterentwickeln und an die Bedürfnisse einer zunehmend digitalisierten Gesellschaft angepasst werden [1, 2]. Das Ziel besteht in der Optimierung und Personalisierung von Lehr- und Lernprozessen durch den Einsatz intelligenter Systeme, um Bildungsergebnisse zu verbessern. Diese Technologien zielen darauf ab, den Bildungssektor grundlegend zu transformieren, indem sie Automatisierung, individuelle Anpassung und Effizienzsteigerungen ermöglichen. Neben der Implementierung nehmen Bildungseinrichtungen eine Vermittlerrolle ein. Die Rolle umfasst die Vermittlung und Weitergabe von KI-Kompetenzen, damit Lernende und Lehrende die notwendigen digitalen Fähigkeiten und Kompetenzen erwerben, um auch in Zukunft aktiv an Wirtschaft, Gesellschaft und demokratischen Prozessen teilhaben zu können (ErwG 56 KI-VO).

KI-Systeme werden in einer Vielzahl von Anwendungen eingesetzt. Zu den Anwendungsbereichen zählen die automatisierte Bewertung von Prüfungen, adaptive Lernplattformen, die personalisierte Lehrpläne und Lernpfade anbieten, sowie prädiktive Analysen zur Vorhersage von Lernverhalten und Abbruchrisiken [1, 2]. Erste internationale Studien belegen, dass immersive Lernumgebungen [1, 2] Technologien wie Virtual Reality (VR), Augmented Reality (AR) und Mixed Reality (MR) nutzen, um Lernende in realistische, interaktive und dreidimensionale Welten zu versetzen. Des Weiteren werden KI-gestützte Überwachungssysteme zur Erkennung von Betrugsversuchen während Prüfungen eingesetzt. Darüber hinaus eröffnet ChatGPT, ein textbasierter KI-Chatbot, Lehrenden und Lernenden verschiedene Möglichkeiten. Die Erstellung eigener GPTs ermöglicht die Entwicklung von Szenarien, beispielsweise für Beratungsgespräche. Darüber hinaus bietet es die Möglichkeit, Antworten zur Prüfungsliteratur je nach Lernlevel zu erhalten. KI-Systeme für einen allgemeinen

Verwendungszweck wie ChatGPT werden in der KI-VO gesondert behandelt und unterliegen besonderen Vorgaben (siehe Abschnitt 3.6 GPAI). Dazu zählt unter anderem die Transparenzpflicht der Systeme (Art. 50 KI-VO). Die vielfältigen Technologien und Einsatzmöglichkeiten erlauben es Lehrkräften, auf die individuellen Bedürfnisse der Lernenden einzugehen und den Unterricht entsprechend anzupassen.

Bildungseinrichtungen auf allen Ebenen, von Primarschulen bis hin zu tertiären Bildungseinrichtungen, aber auch Einrichtungen für Erwachsene sowie Berufsschulen, integrieren zunehmend KI-Technologien, um die individuellen Lernbedürfnisse der Lernenden zu adressieren, administrative Prozesse zu rationalisieren und die Qualität der Lehre hinsichtlich Innovation und Digitalisierung zu erhöhen. Der Einsatz von KI ermöglicht es Lehrkräften und Vortragenden, fundierte Entscheidungen auf Basis datenbasierter Analysen zu treffen und dadurch die Lernumgebung interaktiver und effektiver zu gestalten. Die Implementierung von KI in der Bildung ist jedoch nicht ohne Herausforderungen und Risiken. Der ethische Einsatz dieser Technologien ist von größter Bedeutung, um Diskriminierung und Datenschutzverletzungen zu verhindern. Neben den internen Richtlinien und Leitlinien der Bildungseinrichtung stellt die KI-VO eine wesentliche Rahmenbedingung dar, um einen sicheren und ethischen Einsatz von KI im Bildungsbereich zu gewährleisten. Insbesondere die Klassifizierung bestimmter KI-Systeme als hochriskant oder verboten erfordert eine Auseinandersetzung mit der KI-VO. Dennoch bergen auch KI-Systeme mit „begrenztem Risiko“ (Art. 50, KI-VO) gewisse Risiken, die mittels Transparenzpflicht minimiert werden können [3]. Für KI-Systeme mit „minimalen Risiko“ gelten keine weiteren Verpflichtungen für Betreiber, bis auf die Sicherstellung der KI-Kompetenz der Anwender. Der risikobasierte Ansatz setzt somit wesentliche Rahmenbedingungen, die sicherstellen sollen, dass das Regelwerk wirksam und verbindlich ist (ErwG 26 KI-VO), damit der Einsatz von KI im Bildungsbereich sowohl innovativ als auch sicher ist.

Folgende Aspekte werden nachfolgend behandelt:

- Rollen in der KI-VO
- KI-Kompetenz (Art. 4)
- KI-Systeme mit „begrenztem“ Risiko in der Bildung
- Hochrisiko-KI-Systeme in der Bildung
- Verbotene KI-Systeme in der Bildung

7.6.1 Rollen in der KI-VO

Die KI-VO zielt darauf ab, die sichere und ethische Nutzung von künstlicher Intelligenz zu fördern. Die Einführung klar definierter Rollen ist grundlegend, um Verantwortlichkeiten zuzuweisen und die Einhaltung der Vorschriften sicherzustellen. Dies soll Missbrauch verhindern und gewährleistet, dass KI-Technologien sowohl effektiv als auch (ethisch) verantwortungsvoll eingesetzt werden.

Anbieter (Art. 3 Z. 3 KI-VO**):** Unternehmen und Entwickler, die KI-Systeme für den Bildungssektor entwickeln bzw. bereitstellen, müssen sicherstellen, dass die Systeme den regulatorischen Anforderungen entsprechen, und zudem bekannt geben, ob es sich z.B. um eine Hochrisiko-KI handelt.

Betreiber (Art. 3 Z. 4 KI-VO**):** Bildungseinrichtungen wie zum Beispiel Schulen, Fachhochschulen und Universitäten, aber auch natürliche Personen, die KI-Systeme implementieren oder anwenden, also für die Integration und den Betrieb von KI verantwortlich sind. Betreiber übertragen natürlichen Personen die erforderliche Kompetenz, Befugnis sowie Ausbildung. Sie lassen ihnen dazu noch erforderliche Unterstützung als auch die menschliche Aufsicht zukommen. Bildungseinrichtungen tragen somit nicht nur die Verantwortung für die Integration von KI in den Lehrplan, sondern sie müssen sicherstellen, dass die eingesetzten Systeme den regulatorischen Anforderungen entsprechen. Sie müssen aber auch Ressourcen, Schulungen und Infrastrukturen bereitstellen, um einen verantwortungsvollen Umgang zu gewährleisten, und die benötigte Kompetenz der Lehrenden aufbauen (siehe auch Anhang IV KI-VO).

Anwender sind zum Beispiel Lehrende, die KI-Systeme im Bildungsalltag nutzen und als Vermittler zwischen Technologien und Lernenden gelten, aber auch KI zur Unterstützung des Unterrichts einsetzen. Anwender in Bildungseinrichtungen können aber auch IT-Abteilungen sein. Nutzer müssen über die notwendige KI-Kompetenz (Anhang- IV KI-VO) verfügen und müssen sich z.B. einer Hochrisiko-Einstufung bewusst sein sowie die KI-VO einhalten.

Marktüberwachungsbehörde (Art. 3 Z. 26 KI-VO**):** wird die nationale Behörde, die die Tätigkeiten durchführt und die Maßnahmen ergreift, die in der KI-VO vorgesehen sind;

Regulierungsbehörden: Institutionen, die die Einhaltung der KI-VO überwachen. Sicherstellung der Einhaltung der gesetzlichen Anforderungen und Sanktionierung von Verstößen.

Siehe im Detail zu den Rollen auch Abschnitt 3.1.2.

7.6.2 KI-Kompetenz (Art. 4 KI-VO)

Der Einsatz von KI-Systemen in der allgemeinen oder beruflichen Bildung ist von entscheidender Bedeutung, um eine hochwertige digitale und berufliche Bildung zu fördern (ErwG 56 KI-VO). Es ermöglicht Lernenden und Lehrkräften, die erforderlichen digitalen Fähigkeiten, Medienkompetenzen und kritisches Denken zu erwerben und weiterzugeben. Anbieter, Betreiber und betroffene Personen (ErwG 20 KI-VO) müssen mit den notwendigen Konzepten und Kompetenzen ausgestattet werden, um fundierte Entscheidungen über KI-Systeme zu treffen. Dabei müssen auch die **Grundrechte, Gesundheit und Sicherheit** bewahrt werden, um die demokratische Kontrolle zu ermöglichen. Die Förderung von KI-Kompetenz ist daher eine wichtige Voraussetzung dafür, dass Bürger und Bürgerinnen auch in Zukunft aktiv an der Wirtschaft, der Gesellschaft und demokratischen Prozessen teilhaben können (ErwG 20 KI-VO). Die Definition von KI-Kompetenz laut KI-VO (Art. 3 Z 56 KI-VO) ist wie folgt:

„KI-Kompetenz bezieht sich auf die Fähigkeiten, die Kenntnisse und das Verständnis, die es Anbietern, Betreibern und Betroffenen unter Berücksichtigung ihrer jeweiligen Rechte und Pflichten im Rahmen dieser Verordnung ermöglichen, KI-Systeme sachkundig einzusetzen sowie sich der Chancen und Risiken von KI und möglicher Schäden, die sie verursachen kann, bewusst zu werden."

Neben dem Anbieter sind auch Betreiber von KI-Systemen verpflichtet, ein ausreichendes Maß an KI-Kompetenz aufzuweisen (Art. 4 KI-VO in Verbindung mit Art. 3 Z 56 KI-VO). Je nach Risikoklassifizierung des KI-Systems unterscheidet sich der Umfang der Verpflichtungen der Betreiber, d.h., bei Hochrisiko-KI-Systemen gibt es die meisten Verpflichtungen und bei KI-Systemen mit minimalem Risiko die wenigsten [3]. Jedoch haben alle Risikostufen die notwendige KI-Kompetenz (Art. 4 KI-VO) als Verpflichtung gemeinsam. Dies verdeutlicht die Relevanz von KI-Kompetenz. Neben der praktischen Anwendung sind auch die Auseinandersetzung und das Verständnis der Datenverarbeitung erforderlich, einschließlich Fragen der **Privatsphäre, ethisches Verständnis, Verständnis von Bias und Diskriminierung in Systemen** und bei der Anwendung. Die sorgfältige Konzeption und Nutzung bilden dabei die Basis für den Einsatz von KI in der Bildung, um negative Auswirkungen zu vermeiden (siehe auch Abschnitt 3.2 KI-Kompetenz). Um die Kenntnisse über KI bei Lehrkräften zu erweitern und ihre didaktischen Fähigkeiten zu verbessern, sind regelmäßige Schulungen und Weiterbildungen erforderlich. Es empfiehlt sich, praktische Anwendungen von KI-basierten Lernwerkzeugen und Plattformen in den Unterricht zu integrieren. Dadurch wird der Umgang mit der Technologie gefördert, und die Lernenden werden auf künftige Herausforderungen vorbereitet. Die Entwicklung entsprechender Curricula, Schulungen und praktischer Anwendungen ist eine wichtige Maßnahme, um eine umfassende KI-Kompetenz zu fördern, die den Anforderungen der modernen digitalen Bildung gerecht wird.

7.6.3 KI-Systeme mit „begrenztem" Risiko in der Bildung

Bei KI-Systemen mit begrenztem Risiko nach Art. 50 KI-VO (siehe Abschnitt 3.5) ist neben der KI-Kompetenz (Art. 4 KI-VO) auch die **Transparenzpflicht** gegenüber nachgelagerten Akteuren (Art. 50 Abs. 3 KI-VO, Art. 50 Abs. 4 KI-VO) zu berücksichtigen. Durch die Transparenzpflicht kann laut Art. 50 KI-VO ein begrenztes Risiko minimiert werden. Die Information über den Einsatz von KI-Systemen muss spätestens bei der ersten Nutzung oder dem ersten Kontakt klar und eindeutig bereitgestellt werden. Dabei sind die aktuellen Anforderungen an Barrierefreiheit zu berücksichtigen (siehe Art. 50 Abs. 5 KI-VO). Im Folgenden werden Beispiele für KI-Systeme mit „begrenztem" Risiko im Bildungsbereich aufgezeigt.

Beispiel I: Chatbots

Chatbots können für administrative Aufgaben wie die Beantwortung allgemeiner Anfragen oder die Terminvereinbarung genutzt werden. Diese Systeme steigern die Effizienz und reduzieren den Verwaltungsaufwand in Bildungseinrichtungen. Nutzer müssen jedoch darüber informiert werden, dass sie mit einem Chatbot und nicht mit einer natürlichen Person kommunizieren, sondern mit einer KI (Transparenzpflicht gemäß Art. 50 KI-VO). Zusätzlich zu dieser Transparenzpflicht bleiben Unions- und nationale Rechte bestehen, die beispielsweise die Verwendung und Verarbeitung personenbezogener Daten gemäß der DSGVO regeln.

Beispiel II: Bild- und Videoerstellung

Wenn visuelle Lerninhalte von einer KI erstellt oder unterstützt wurden, greift auch hier die Transparenzpflicht gemäß Art. 50 KI-VO. Lernende müssen darüber informiert werden, dass die Inhalte durch eine KI erstellt oder manipuliert wurden.

Ausnahmen der Transparenzpflicht ergeben sich, wenn es eine redaktionelle verantwortliche Person gibt, die die inhaltliche und formale Verantwortung für KI-erzeugte und manipulierte Texte übernimmt. Durch die Überprüfung und Freigabe wird sichergestellt, dass die Inhalte korrekt und hochwertig sind, was die spezifische Transparenzpflicht aufhebt.

Beispiel III: Adaptive Lernumgebung

Ein adaptives Mathematik-Lernsystem analysiert den Lernfortschritt der Studierenden mithilfe von KI, um ihnen anschließend personalisierte Lernpfade anzubieten. Das System passt die Schwierigkeit der Aufgaben basierend auf den individuellen Leistungen und dem Lernverhalten an, um den optimalen Lernerfolg zu gewährleisten. Eine Beurteilung der Leistung durch das KI-System erfolgt jedoch nicht. Bei der ersten Nutzung bzw. Anmeldung müssen die Lernenden darüber informiert werden, dass das System KI zur Anpassung von Lerninhalten verwendet.

Adaptive Lernsysteme bergen das Risiko, auch zur Beurteilung eingesetzt zu werden. Infolgedessen besteht die Möglichkeit, dass das KI-System als Hochrisiko-KI-System eingestuft wird. Wenn zum Beispiel (1) das System automatisierte Entscheidungen trifft, ob eine Lernende in den nächsten Kurs oder die nächste Klasse aufsteigen darf. (2) Das System vergibt automatisch Zertifizierungen und Bewertungen, die den weiteren Bildungs- und Berufsweg beeinflussen können. Nachfolgend werden mögliche Hochrisiko-KI-Systeme in der Bildung aufgezeigt.

7.6.4 Hochrisiko-KI-Systeme in der Bildung

KI-Systeme, die in der allgemeinen oder beruflichen Bildung zum Einsatz kommen, können unter anderem auch den Zugang zu Bildungseinrichtungen und -programmen steuern, Lernergebnisse beurteilen, das Bildungsniveau bewerten und die Überwachung von Lernenden während Prüfungen ermöglichen. Diese Systeme besitzen das Potenzial, den Verlauf des Bildungs- und Berufslebens einer Person maßgeblich zu beeinflussen. Daher werden diese auch als hochriskante KI-Systeme eingestuft (ErwG 56 KI-VO). Hochriskante KI-Systeme in der Bildung können bei unsachgemäßer Konzeption und Verwendung eine sehr invasive Wirkung entfalten. Sie können das Recht auf allgemeine und berufliche Bildung sowie das Recht auf Nichtdiskriminierung verletzen. Diese Systeme bergen das Risiko, historische Diskriminierungsmuster zu perpetuieren, insbesondere gegen Frauen, bestimmte Altersgruppen, Menschen mit Beeinträchtigungen oder Personen mit einer bestimmten ethnischen Herkunft oder sexuellen Orientierung (ErwG 56 KI-VO). Hochrisiko-KI-Systeme werden in der KI-VO als eigenständige Kategorie mit spezifischen Verpflichtungen für Betreiber definiert. Im Gegensatz zu KI-Systemen mit „begrenztem" Risiko ist bei KI-Systemen mit Hochrisiko eine Transparenzpflicht nicht ausreichend. Die KI-VO sieht in diesem Fall umfassende Verpflichtungen beim Einsatz vor (siehe Abschnitt 3.3.2.3).

Anhang III Punkt 3 KI-VO, Art. 6 Abs. 2 Z 3 KI-VO klassifiziert Hochrisiko-KI-Systeme in der allgemeinen und beruflichen Bildung. Diese Definition wird nachfolgend anhand praxisnaher Beispiele dargestellt, um ein besseres Verständnis für die Klassifizierung und ihre Implikationen zu ermöglichen.

a) *KI-Systeme, die bestimmungsgemäß zur Feststellung des Zugangs oder der Zulassung oder zur Zuweisung natürlicher Personen zu Einrichtungen aller Ebenen der allgemeinen und beruflichen Bildung verwendet werden sollen (Anhang III KI-VO, Art. 6 Abs. 2 Z. 3).*

   Beispiel I zu a) Automatisierte Zulassungssysteme

   Ein KI-System bewertet Bewerbungen für Studienplätze basierend auf Schulnoten, standardisierten Testergebnissen und außerschulischen Aktivitäten. Dieses System bestimmt den Zugang oder die Zulassung von Personen zu Bildungseinrichtungen und beeinflusst somit direkt ihre Bildungs- und Berufsaussichten.

   Beispiel II zu a) Automatisierte Stipendienvergabe

   Ein KI-System bewertet Bewerbungen für Stipendien basierend auf Schulnoten, standardisierten Testergebnissen und außerschulischen Aktivitäten. Dieses System bestimmt den Zugang oder die Zulassung von Personen zu Bildungseinrichtungen und beeinflusst somit direkt ihre Bildungs- und Berufsaussichten.

Beide KI-Systeme (Beispiel I & II) wären nach Anhang III, Abschnitt a) KI-VO als Hochrisiko-KI-System zu klassifizieren. Nach der Einstufung dürfen in Bezug auf Zugang oder Zulassung von natürlichen Personen zu Bildungseinrichtungen keine automatisierten, KI-basierten Entscheidungen getroffen werden.

b) *KI-Systeme, die bestimmungsgemäß für die Bewertung von Lernergebnissen verwendet werden sollen, einschließlich des Falles, dass diese Ergebnisse dazu dienen, den Lernprozess natürlicher Personen in Einrichtungen oder Programmen aller Ebenen der allgemeinen und beruflichen Bildung zu steuern (Anhang III KI-VO, Art. 6 Abs. 2 Z. 3 KI-VO).*

Beispiel I zu b) Automatisierte Bewertung von Prüfungen und/oder Abgaben

Ein KI-System wertet schriftliche Prüfungen und Aufsätze aus, analysiert die Antworten und vergibt Noten, die Lernende zur Beurteilung heranziehen. Das System wird zur Bewertung von Lernergebnissen verwendet und beeinflusst somit direkt den Lernprozess und die akademische Leistung von Schülern. Nach Anhang III, Abschnitt b) der KI-VO wäre es somit als Hochrisiko-KI-System zu klassifizieren.

Beispiel II zu b) Immersive Lernumgebung

Ein KI-gestütztes VR-System zur Ausbildung. Um eine realistische Situation für Studierende zu schaffen (z.B. Medizin), wird ein KI-gestütztes VR-System in der Ausbildung eingesetzt. Die KI bewertet dabei die Leistung der Studierenden in Echtzeit, gibt Feedback und passt die Schwierigkeitsgrade der Aufgaben an den Fortschritt der Lernenden an. Dieses System wird zur Bewertung der Lernergebnisse verwendet und beeinflusst direkt den Lernprozess und die Leistungsbeurteilung.

Diese KI-Systeme können somit den (beruflichen) Lauf dieser Person beeinflussen und würden nach Anhang III KI-VO, Art. 6 Abs. 2 lit. b KI-VO, als Hochrisiko-KI-System klassifiziert werden.

c) *KI-Systeme, die bestimmungsgemäß zum Zweck der Bewertung des angemessenen Bildungsniveaus, das eine Person im Rahmen von oder innerhalb von Einrichtungen aller Ebenen der allgemeinen und beruflichen Bildung erhalten wird oder zu denen sie Zugang erhalten wird, verwendet werden sollen (Anhang III KI-VO, Art. 6 Abs. 2 Z. 3 KI-VO);*

Beispiel I zu c) Förderbedarfserkennung

Ein KI-System analysiert die Lernfortschritte und Verhaltensweisen von Lernenden, um individuellen Förderbedarf zu erkennen und Programme vorzuschlagen. Das System bewertet somit das angemessene Bildungsniveau und beeinflusst die Fördermaßnahmen, die eine Person erhält. Nach Anhang III KI-VO, Art. 6 Abs. 2 lit. c KI-VO, würde das System als Hochrisiko-System eingeordnet werden.

d) *KI-Systeme, die bestimmungsgemäß zur Überwachung und Erkennung von verbotenem Verhalten von Schülern bei Prüfungen im Rahmen von oder innerhalb von Einrichtungen aller Ebenen der allgemeinen und beruflichen Bildung verwendet werden sollen (Anhang III KI-VO, Art. 6 Abs. 2 Z. 3 KI-VO);*

Beispiel I zu d) KI-gestützter Plagiatsscanner

Ein KI-System analysiert eingereichte Arbeiten auf Plagiate, indem es Textähnlichkeiten und Übereinstimmungen mit bestehenden Quellen überprüft. Das System wird zur Überwachung und Erkennung von verbotenen Verhalten (Plagiate) bei Prüfungen und Hausarbeiten verwendet und beeinflusst somit die Notengebung. Nach Anhang III KI-VO, Art. 6 Abs. 2 lit. d der KI-VO, ist dieses als Hochrisiko-KI-System einzuordnen.

Beispiel II zu d) Überwachung und Erkennung von verbotenem Verhalten bei Prüfungen

Ein KI-System wird bei einer Onlineprüfung, bei der alle Studierende die Kamera eingeschaltet haben, eingesetzt, um verbotenes Verhalten wie reden, schummeln etc. zu erkennen. Das System überwacht und erkennt somit potenzielles betrügerisches Verhalten während der Prüfungen und beeinflusst somit die Notengebung. Nach Anhang III KI-VO, Art. 6 Abs. 2 lit. d KI-VO, ist dieses als Hochrisiko-KI-System einzuordnen.

Anwendungsfälle können auch unterschiedliche Abschnitte miteinander kombinieren wie zum Beispiel eine prädiktive Analyse für Drop-out-Risiko. Ein KI-System analysiert Verhaltens- und Leistungsdaten, um Lernende zu identifizieren, die Gefahr laufen, die Schule/Universität/den Lehrbetrieb abzubrechen, und bietet Interventionen an. Ein Hochrisiko-KI-System nach Anhang III KI-VO, Punkt 3. b) und c) der KI-VO bewertet Lernergebnisse und das Bildungsniveau und kann Maßnahmen einleiten, die den Bildungsweg der Personen beeinflussen.

Zusammenfassend lässt sich feststellen, dass der Einsatz von KI in der Bildung, insbesondere bei der Bewertung von Lernergebnissen, neben Chancen erhebliche Herausforderungen bietet. KI-Systeme können zwar wertvolles Echtzeit-Feedback geben und Lerninhalte dynamisch anpassen, doch die endgültige Bewertung der Leistung sollte stets in der Hand menschlicher Ausbilder bleiben. Ausbilder und Lehrende sollten die von der KI generierten Empfehlungen einsehen und nach eigenem Ermessen anpassen können. Dabei dürfen KI-basierte Bewertungen keine direkten Auswirkungen auf die offiziellen Leistungsbewertungen haben, um die Fairness und Transparenz des Bildungsprozesses zu wahren. Es ist von entscheidender Bedeutung, dass KI nicht die alleinige Instanz für Bewertungen und Beurteilungen wird, die den beruflichen oder akademischen Werdegang der Lernenden beeinflusst. Um die Einstufung als Hochrisiko-KI-System zu vermeiden, ist es unerlässlich, die Rolle der KI klar zu definieren und eine menschliche Aufsicht zu gewährleisten. Nur so kann sichergestellt werden, dass die Vorteile der KI genutzt werden, ohne die Rechte und Chancen der Lernenden zu gefährden.

Liegt jedoch eine Hochrisiko-KI vor und es greift keine Ausnahme (Art. 6 Abs. 3 KI-VO), dann treten die nachfolgenden Verpflichtungen für Betreiber von Hochrisiko-KI-Systemen in Kraft:

Tabelle 7.1 Verpflichtungen von Betreibern von Hochrisiko-KI-Systemen, ki.rtr.at [3], siehe im Detail Abschnitt 3.3.2.3

Verpflichtungen von Betreibern nach KI-VO	Hochrisiko-KI-System
KI-Kompetenz	Art. 4 KI-VO
Transparenz gegenüber nachgelagerten Akteuren	Art. 26 Abs. 1 KI-VO
Verwendung des KI-Systems lt. Betriebsanleitung	Art. 26 Abs. 1, 3, 4 KI-VO
Menschliche Aufsicht	Art. 26 Abs. 2 KI-VO
Überwachung des KI-Systems	Art. 26 Abs. 5 KI-VO
Meldung von schwerwiegenden Vorfällen	Art. 26 Abs. 5 KI-VO, Art. 73 KI-VO
Aufbewahrung von erzeugten Protokollen	Art. 26 Abs. 6 KI-VO
Sofern relevant, Datenschutz-Folgenabschätzung	Art. 26 Abs. 9 KI-VO
Zusammenarbeit mit zuständigen nationalen Behörden	Art. 26 Abs. 12 KI-VO
Recht auf Erläuterung der Entscheidungsfindung im Einzelfall	Art. 86 Abs. 1 KI-VO
Informationspflichten gegenüber der Arbeitnehmer:innen-Vertretung, sofern Arbeitgeber:in Hochrisiko-KI-Systeme am Arbeitsplatz einsetzt	Art. 26 Abs. 7 KI-VO
Registrierungspflicht, sofern EU-Organe, EU-Einrichtungen und sonstige EU-Stellen	Art. 26 Abs. 8 KI-VO, Art. 49 KI-VO
Genehmigungspflicht einer Justiz- oder Verwaltungsbehörde, sofern Einsatz zur nachträglichen biometrischen Fernidentifizierung	Art. 26 Abs. 10 KI-VO
Erstellung einer Grundrechte-Folgenabschätzung, sofern u. a. öffentl. oder private Einrichtungen öffentliche Dienste erbringen.	Art. 27 KI-VO

7.6.5 Verbotene KI-Systeme in der Bildung

Während Hochrisiko-KI-Systeme durch geeignete Maßnahmen eingesetzt werden können, gibt es bestimmte KI-Systeme, deren Verwendung in der Bildung vollständig verboten sind (siehe Abschnitt 3.3). Im nächsten Kapitel werden Beispiele solcher verbotenen KI-Systeme aufgezeigt und erläutern, warum sie als unzulässig eingestuft werden, um die Integrität und Sicherheit des Bildungswesens zu gewährleisten.

Beispiel I: Emotionserkennung

Ein KI-System analysiert in Echtzeit Emotionen von Lernenden während des Unterrichts. Die Vortragende möchte die Ergebnisse heranziehen, um die Mitarbeit der Lernenden zu beurteilen. Die Verwendung von KI zur Ableitung von Emotionen natürlicher Personen in Bildungseinrichtungen ist verboten, außer aus medizinischen oder Sicherheitsgründen (Art. 5 lit. f KI-VO).

Auch wenn die Beurteilung wegfallen würde, handelt es sich hierbei um eine verbotene Praxis. Also auch wenn die Lehrende beispielsweise die Ergebnisse heranziehen möchte, um ihren Lehrstil anzupassen und zu adaptieren, bleibt es weiterhin eine verbotene Praxis, wie das nachfolgende Beispiel nochmals untermauern soll.

Beispiel II: Emotionserkennung

Ein KI-System überwacht Lernende während Prüfungen auf Anzeichen von Stress oder Angst, um rechtzeitig Unterstützung anzubieten. Bei der Ableitung von Emotionen natürlicher Personen (während Prüfungen) handelt es nach Art. 5 lit. f KI-VO um eine verbotene Praxis, außer es liegen medizinische oder Sicherheitsgründe vor.

Liegt ein verbotenes KI-System gemäß Art. 5 KI-VO vor, ist die Prüfung abzuschließen, und das KI-System darf nicht in Betrieb bzw. in Verkehr genommen werden.

Quellen

[1] Zhai, X., Chu, X., Chai, C. S., Jong, M. S. Y., Istenic, A., Spector, M. et al. (2021). A Review of Artificial Intelligence (AI) in Education from 2010 to 2020. Complexity, 2021(1), 8812542.

[2] Zhang, K., & Aslan, A. B. (2021). AI technologies for education: Recent research & future directions. Computers and Education: Artificial Intelligence, 2, 100025.

[3] *https://www.rtr.at/rtr/service/ki-servicestelle/ai-act/Betreiberverpflichtungen.de.html*; letzter Zugriff: 23. 07. 2024

7.7 KI im Gesundheitswesen

Karin Bruckmüller/Kristina Altrichter

Künstlich intelligente (Assistenz-)Systeme finden im Gesundheitswesen mittlerweile verstärkt Anwendung. Es kann sogar ein regelrechter **Boom an KI-Systemen sowie KI-Forschung** und -Entwicklung, gerade in den letzten Jahren im medizinischen Bereich, beobachtet und das Revolutionspotenzial als evident angesehen werden [15] [6].

KI-Systeme finden in **Krankenhäusern** neben dem Einsatz in der Administration auch direkt im Zusammenhang mit der Behandlung vom bzw. am Patienten Anwendung, insbesondere zur Diagnostik, Individualisierung von Behandlungen [12], in OP-Assistenzrobotern [8] [4], zur Analyse umfangreicher Datenmengen in der Intensivmedizin [13] sowie zur Triage [12]. Auch Patienten selbst verwenden KI-gestützte Geräte oder Apps unter andere, zur (Selbst-)Überwachung von bestimmten Werten bei chronischen Erkrankungen [1] [13].

KIs im Bereich der **Diagnostik** leisten derzeit die meiste Unterstützung im Krankenhausbereich [1], so in der Radiologie, in der Bilder innerhalb kürzester Zeit durch KI-Systeme ausgewertet werden [10], oder/und in anderen Abteilungen, in denen Analysen und Interpretationen von Gesundheitsdaten wie Blutproben diverser Krankheiten, etwa Alzheimer, Leukämie und Darmkrebs[10] [1] erkannt werden. Dadurch wird eine frühere Diagnostik ermöglicht und damit werden zumeist unkompliziertere und eingriffsärmere Behandlungsmöglichkeiten geschaffen [1] [10].

Gerade in der Hautkrebserkennung erreicht eine KI nachweislich [9] bereits eine etwa gleiche Genauigkeit bei der Diagnostik wie erfahrene Ärzte, und der Algorithmus ist unerfahreneren (Assistenz-)Ärzten und Ärztinnen teilweise sogar signifikant überlegen [16] [9] [10] [7]. Bestimmte KI-Systeme erreichen nicht nur (zumindest) äquivalente Ergebnisse wie routinierte Praktiker, sondern kommen zudem viel schneller an das Diagnoseziel [10] [5].

Nachvollziehbarerweise wird daher in der rechtswissenschaftlichen Diskussion auch bereits die Frage nach einem möglichen Recht auf KI-Einbindung im Rahmen der Diagnostik gestellt [3]. Daher binden Krankenhäuser bereits jetzt und in der Zukunft immer mehr KI-Systeme ein.

Als Use Case wird daher eine Hautdiagnostik-KI angenommen, wobei die Maßnahmen zur KI-VO grundsätzlich auch auf andere Diagnosesysteme und oben genannte Systeme in Krankenhäusern zutreffen.

7.7.1 Beispiel: KI-Diagnose von Hauterkrankungen

In einem Krankenhaus wird ein KI-gestütztes System zur Diagnostik von Hauterkrankungen implementiert, das medizinische **Bilddaten** (insbesondere Bilder von Hautveränderungen) sowie Patientendaten (z. B. Laborergebnisse, Vorerkrankungen) analysiert [2]. Es handelt sich dabei um ein Medizinprodukt, das maschinelles Lernen nutzt, um Muster zu erkennen, die auf bestimmte Hautkrankheiten hinweisen. Die Ergebnisse dienen den Dermatologen zur Diagnose- und Entscheidungsunterstützung, insbesondere bei Hautkrebs [2] (ErwG 12 KI-VO, Art. 3 Z 1 KI-VO). Früherkennung ist damit eher möglich, wodurch die Behandlungsergebnisse und die individuelle Patientinnen- und Patientenversorgung optimiert werden.

Der Ablauf gestaltet sich überwiegend derart.

1. **Datenaufnahme:** Patienten werden untersucht und ihre medizinischen Bilddaten sowie relevante Gesundheitsinformationen werden erfasst.
2. **Datenanalyse:** Das KI-System analysiert die gesammelten Daten in Echtzeit. Es vergleicht die Informationen mit einer umfangreichen Datenbank von Krankheitsmustern und -verläufen.
3. **Diagnosevorschlag:** Basierend auf der Analyse gibt das KI-System den Ärzten Empfehlungen für mögliche Diagnosen und weist auf auffällige Befunde hin.
4. **Ärztliche Überprüfung:** Die Ärzte und Ärztinnen überprüfen die Vorschläge des KI-Systems, berücksichtigen ihre klinische Erfahrung und führen gegebenenfalls weitere Tests durch.
5. **Behandlungsplan:** Nach der Bestätigung der Diagnose durch den Arzt oder die Ärztin wird ein individueller Behandlungsplan für den Patienten oder die Patientin erstellt.

Anwendbarkeit der KI-VO

Da das System maschinelles Lernen nutzt, fällt es unter die KI-Verordnung (Art. 2 Abs. 1 KI-VO, Art. 3 Z 1 KI-VO).

Betreiber im Sinne der KI-VO – Krankenanstalt und Ärzte

Die **Krankenanstalt** ist als Betreiber im Sinne der KI-Verordnung (Art. 3 Z 4 KI-VO) anzusehen, da es sich um eine juristische Person handelt, die ein KI-System in eigener Verantwortung verwendet. Dies gilt auch für die anwendenden **Ärzte und Ärztinnen** als natürliche Personen, die das KI-System nicht im Rahmen einer persönlichen, sondern beruflichen Tätigkeit nutzen.

Die Betreiber haben, je nach Einstufung der Risikokategorie des verwendeten KI-Systems, verschiedene Verpflichtungen nach der KI-Verordnung.

7.7.1.1 Hochrisiko-KI-Einstufung im Sinne der KI-VO

Auch wenn die EU durch die KI-Verordnung Systeme – auch in Zusammenhang mit Gesundheit – im Binnenmarkt durch Innovation, Inverkehrbringung und Vertrauensbildung fördert, ist man sich gleichzeitig der damit einhergehenden besonderen Gefahren gerade in diesem Bereich bewusst [10].[8] Intelligente Diagnose(assistenz)systeme sind dennoch nicht per se verboten, sondern grundsätzlich erlaubt. Es ist aber besonders auf die Gewährleistung eines hohen Schutzniveaus der Gesundheit und Sicherheit zu achten (Art. 1 KI-VO). Daher sind KI-Diagnosesysteme regelmäßig als Hochrisiko-KIs einzuordnen, nicht zuletzt, weil sie in einem zur kritischen Infrastruktur zählenden Bereich – der Gesundheitsversorgung – zur Anwendung gelangen [11].

Die Hautkrebsdiagnose-KI ist jedenfalls als ein solches Hochrisiko-KI-System zu kategorisieren, da es sich um ein **Medizinprodukt** im Sinne der Medizinprodukte-VO (EU) 2017/745 (kurz MPVO) [11] handelt, auf die explizit im Anhang zur KI-Verordnung verwiesen wird (ErwG 50 KI-VO; Art. 6 Abs. 1 lit. a KI-VO; Anhang I Z 11 KI-VO).

Ein KI-Algorithmus zur Unterstützung in der Hautkrebsdiagnostik ist nämlich ein Medizinprodukt im Sinne der MPVO, da es sich um eine Software handelt, die nach Angaben des Herstellers für den Menschen bestimmt ist und allein oder in Kombination zur Erfüllung des medizinischen Zwecks, insbesondere der Diagnose, aber auch zur Vorhersage, Prognose und Behandlung von Krankheiten bestimmt ist (Art. 2 Z 1 MPVO) und einer **Konformitätsbewertung** im Sinne der Medizinprodukte-VO unterzogen und damit zertifiziert wurde (Art. 6 Abs. 1 lit. b KI-VO, Art. 52 Abs. 6 MPVO). Wobei nicht der Betreiber, also nicht die Krankenanstalt, sondern der **Anbieter** sicherstellen muss, dass das Produkt den geltenden Anforderungen der MPVO entspricht (Art. 8 Abs. 2 KI-VO).

7.7.1.2 Anforderungen und Pflichten des Krankenhausbetreibers nach der KI-VO

An die Kategorie der Hochrisiko-KIs knüpft die KI-VO eine Reihe von Anforderungen und Verpflichtungen an den Betreiber und so auch an das Krankenhaus, dessen Leitungspersonen bzw. -gremien betreffend.

Informationen zur Transparenz einholen und verstehen

Dafür muss die Leitung bzw. das Leitungsgremium des Krankenhauses im Vorfeld – sollte das der Anbieter nicht bereits gemacht oder vollständig gemacht haben – sicherstellen, dass alle zur Verfügung stehenden Informationen zur Transparenz eingeholt werden.

Diese Informationen, wie etwa das Maß der Genauigkeit bei der Diagnostik, bekannte und vorhersehbare Umstände mit Auswirkungen auf die Genauigkeit der Erstellung

---

[8] Europäische Kommission: Weißbuch zur künstlichen Intelligenz – ein europäisches Konzept für Exzellenz und Vertrauen. In: COM(2020) 65 final, S. 1.; Bezug genommen wird hier beispielsweise etwa auf undurchsichtige Entscheidungsprozesse oder Diskriminierung.

des Diagnosevorschlags, vorhersehbare Fehlanwendungen, die insbesondere zu einem Gesundheits- oder Grundrechtsrisiko führen könnten, sowie die dafür offengelegten Daten, die beim Entwicklungsprozess verwendet wurden und etwa Wartungs- sowie Pflegearbeiten (Art. 13 KI-VO), müssen von den Mitarbeitern der entsprechenden Stellen, vorrangig der Compliance-Abteilung, nicht nur gelesen, sondern auch verstanden werden, um korrekt umgesetzt werden zu können.

Dort, wo Unsicherheit herrscht oder Unklarheiten bestehen, ist entsprechend beim Anbieter nachzufragen oder an den vom Anbieter angebotenen Schulungen teilzunehmen, um nicht durch pflichtwidriges Unterlassen Gefahr hinsichtlich einer (zivil- und/oder strafrechtlichen) Haftung zu laufen, sollte es zu einer Gesundheitsschädigung im Zusammenhang mit der KI kommen.

Maßnahmen setzen nach Betriebsanleitung

Entsprechend der beigefügten Betriebsanleitungen und den bereits oben angesprochenen Informationen des Anbieters müssen geeignete technische und organisatorische Maßnahmen zur Verwendung des Systems auf der entsprechenden Station und Ambulanz der Dermatologie ergriffen werden (Art. 26 KI-VO).

Datenmanagement

Da weitere Daten, nämlich die Patientinnen- und Patientendaten, eingegeben werden, unterliegen diese der Kontrolle des Betreibers. Diese müssen der Zweckbestimmung des Hochrisiko-KI-Systems entsprechen und ausreichend repräsentativ sein (Art. 26 Abs. 4 KI-VO). Zudem sind die Vorschriften der **DSGVO** einzuhalten.

System überwachen und Fehler melden

Die Krankenanstalt hat unter anderem mithilfe der IT, der anwendenden Ärzte und Ärztinnen, aber gegebenenfalls auch der Pflege den Betrieb des KI-Diagnosesystems anhand der Betriebsanleitung zu überwachen (Art. 26 Abs. 5 KI-VO).

Die Protokolle, die vom KI-System automatisch erzeugt werden, sind laut KI-VO mindestens sechs Monaten aufzubewahren, außer das nationale Recht sieht etwas anderes vor (Art. 26 Abs. 6 KI-VO). Diese sind auch, falls ein Risiko für die Gesundheit, Sicherheit oder die Grundrechte (Art. 26 Abs. 5 KI-VO und Art. 79 Z 1 KI-VO) auftritt oder ein schwerwiegender Vorfall, etwa eine (gegebenenfalls nicht vorhersehbare) Falschdiagnose, eingetreten ist (siehe auch Art. 73 KI-VO), dem Anbieter oder Händler (gegebenenfalls dem Einführer) und, bzw. falls die beiden anderen nicht erreichbar sind, der zuständigen Marktüberwachungsbehörde unverzüglich zu übermitteln.

Bei derartig auftretenden Risiken oder schwerwiegenden Systemfehlern ist jedenfalls auch sofort das System (vorerst) auszusetzen.

Risikomanagement

Um Risiken bestmöglich zu vermeiden, ist ein Risikomanagementsystem im Krankenhaus oder Krankenhausverbund (Art. 9 KI-VO) durch die Compliance-Abteilung – die mit Medizinerinnen und Medizinern, Juristinnen und Juristen, Technikerinnen und

Technikern und bestenfalls auch mit Ethikerinnen und Ethikern besetzt werden sollte – einzurichten. Damit hat die KI laufend und regelmäßig überprüft sowie gegebenenfalls aktualisiert zu werden, um vorhersehbare Risiken, die hier die Gesundheit, Sicherheit oder auch Grundrechte der Patienten betreffen, zu beseitigen. Denn gerade die Betreiber können noch Risiken bei der zweckentsprechenden Anwendung erkennen, die in der Entwicklungsphase (noch) nicht vorhersehbar waren (ErwG 93 KI-VO).

Zum Risikomanagement gehört – wobei nach der KI-VO die technischen Kenntnisse, die Erfahrungen und der Bildungsstand, die vom Betreiber erwartet werden können, entsprechend zu berücksichtigen sind (Art. 9 Abs. 5 KI-VO) – insbesondere die Ermittlung, Analyse und Bewertung nicht nur bekannter, sondern auch **vernünftigerweise vorhersehbarer Risiken** oder **Fehlanwendungen**, die bei zweckbestimmter Verwendung Gesundheit, Sicherheit oder Grundrechte betreffen könnten (Art. 9 Abs. 2 KI-VO). Dabei ist zu berücksichtigen, wenn das System wahrscheinlich nachteilige Auswirkungen auf unter 18 Jahre alte Personen, also auf junge Patienten, oder gegebenenfalls schutzbedürftige Gruppen haben wird, wobei Patientinnen und Patienten grundsätzlich als vulnerabel, insbesondere dann, wenn sie behindert sind, einzustufen sind (Art. 9 Abs. 9 KI-VO).

Durch die Maßnahmen sind die Risiken soweit wie möglich zu beseitigen oder zu verringern, das Restrisiko muss als vertretbar beurteilt werden. Zur Bewältigung nicht auszuschließender Risiken sind angemessene **Minderungs- und Kontrollmaßnahmen** festzulegen (Art. 9 Abs. 5 KI-VO).

Basierend auf dieser Bewertung müssen Maßnahmen zur Bewältigung der Risiken ergriffen und so gestaltet werden, dass das Restrisiko und das Gesamtrestrisiko als vertretbar beurteilt werden.

Um dies zu können, müssen nicht nur die Informationen verstanden und umgesetzt werden, sondern auch **Schulungen** von Anbietern wahrgenommen werden, um letztendlich angemessene Risikominderungs- und -kontrollmaßnahmen anzuwenden.

Menschliche Aufsicht einsetzen

Zudem ist eine menschliche Aufsicht des Systems, durch natürliche Personen, die über die erforderliche Kompetenz, Ausbildung und Befugnis verfügen, durch den Betreiber sicherzustellen (Art. 14 KI-VO in Verbindung mit Art. 26 KI VO).

Die **Kontrolle** muss durch einen entsprechenden Arzt oder eine Ärztin erfolgen, der/die insbesondere die speziellen Kenntnisse und Erfahrungen hat, die KI zu überwachen, den Diagnosevorschlag der KI zu interpretieren und den State of the Art der Dermatologie zu überprüfen. Dabei müssen auch Fehlfunktionen oder Fehldiagnosen erkannt werden können. Im Use Case ist das ein Arzt bzw. eine Ärztin, im Speziellen hier ein Dermatologe.

Die erforderliche Unterstützung, die der Betreiber den Ärzten und Ärztinnen zukommen lassen muss, (Art. 26 Abs. 2 KI-VO), um sicherzustellen, dass der Mitarbeiter über den Umgang mit der KI umfassend informiert ist, kann etwa durch Schulungen zum System, über dessen Vorgehensweise, die Trainingsdaten, Genauigkeit und Fehleranfälligkeiten und dergleichen erfolgen. Zusätzlich sind die Ärzte hinsichtlich eines möglichen Bias zu sensibilisieren und darüber zu informieren, um Bewusstsein dafür zu schaffen, dass kein automatisches oder übermäßiges Vertrauen in die vom KI-System hervorgebrachte Diagnostik und gegebenenfalls den Behandlungsvorschlag („**Automatisierungsbias**") gelegt werden darf.

Da in diesem Bereich überwiegend Ärzte und Ärztinnen die Kontrollmaßnahmen setzen müssen, müssen auch diese entsprechend geschult und informiert sein, denn letztendlich sind es die Ärzte und Ärztinnen, die basierend auf und unterstützt durch den KI-Output die Diagnose treffen. Dabei müssen sie Fehlanwendungen oder Gründe für abweichende Entscheidungen (etwa aufgrund einer speziellen Vorerkrankung des Patienten, die nicht in den Trainingsdaten enthalten war) erkennen und berücksichtigen und die weiteren Behandlungsentscheidungen – unter Berücksichtigung der Autonomie des Patienten bzw. der Patientin und der Medizinethik – treffen. Dafür ist anzuraten, dass das Krankenhaus ein entsprechendes Formular zur Aufklärung und Einwilligung bereitstellt oder jedenfalls der Arzt bzw. die Ärztin darüber aufklärt, dass die Erstdiagnose KI-unterstützt erstellt wird, die Endentscheidung aber durch das medizinische Personal getroffen wird.

Sanktionen

Den Mitgliedstaaten obliegt es, noch Vorschriften für „Sanktionen und andere Durchsetzungsmaßnahmen, zu denen auch Verwarnungen und nichtmonetäre Maßnahmen gehören können" (Art. 99 KI-VO), bei Verstößen gegen die KI-VO zu erlassen, darunter auch für Betreiber, die ihre Pflichten nach Art. 26 KI-VO (siehe oben) nicht sorgfaltsgemäß einhalten.

Quellen

[1] Ahmidi, Narges: Künstliche Intelligenz im Gesundheitswesen (2023).

[2] Barata, Catarina; Rotemberg, Veronica; Codella, Noel C. F.; Tschandl, Philipp; Rinner, Christoph; Akay, Bengu Nisa; Apalla, Zoe; Argenziano, Giuseppe; u. a.: A reinforcement learning model for AI-based decision support in skin cancer. In: *Nature Medicine* Bd. 29, Nature Publishing Group (2023), Nr. 8, S. 1941–1946.

[3] Botta, Jonas: (K)ein Recht auf Behandlung mit KI? – Zugang zu intelligenten Medizinprodukten. In: ZfPC 2024, S. 42 mwN. In: *ZfPC* Bd. 2024, S. 42

[4] Eichelberger, Jan: Arzthaftung beim Einsatz von KI und Robotik. In: *Zeitschrift für Product Compliance (ZfPC)* Bd. 2 (2023), Nr. 5, S. 209–214.

[5] Jorzig, Alexandra; Kemter, Luis: Der Einsatz Künstlicher Intelligenz in der Medizin im Spannungsfeld zwischen Medizinprodukte- und KI-Recht. In: ZfPC 2023, S. 172. In: *ZfPC* Bd. 2023, S. 172.

[6] *Künstliche Intelligenz in der Medizin – Fraunhofer IKS*. URL *https://www.iks.fraunhofer.de/de/themen/kuenstliche-intelligenz/kuenstliche-intelligenz-medizin.html* – abgerufen am 16. 08. 2024 – Fraunhofer-Institut für Kognitive Systeme IKS.

[7] *„Künstliche Intelligenz" schlägt Hautärzte bei Krebsdiagnose*. URL *https://www.aerztezeitung.de/Medizin/Kuenstliche-Intelligenz-schlaegt-Hautaerzte-bei-Krebsdiagnose-256254.html* – abgerufen am 16. 08. 2024 – AerzteZeitung.de.

[8] Lobe, Analyse/Adrian: *Technischer Fortschritt im Gesundheitswesen – Chance oder Risiko?* URL *https://www.derstandard.at/story/3000000217797/technischer-fortschritt-im-gesundheitswesen-chance-oder-risiko* – abgerufen am 16. 08. 2024 – DER STANDARD.

[9] Menzies, Scott W; Sinz, Christoph; Menzies, Michelle; Lo, Serigne N; Yolland, William; Lingohr, Johann; Razmara, Majid; Tschandl, Philipp; u. a.: Comparison of humans versus mobile phone-powered artificial intelligence for the diagnosis and management of pigmented skin cancer in secondary care: a multicentre, prospective, diagnostic, clinical trial. In: *The Lancet Digital Health* Bd. 5 (2023), Nr. 10, S. e679–e691.

[10] Parlament, ARGE ITA-AIT: KI im Gesundheitswesen.

[11] *Regulation – 2017/745 – EN – Medical Device Regulation – EUR-Lex.* URL *https://eur-lex.europa.eu/eli/reg/2017/745/oj* – abgerufen am 16. 08. 2024 – Doc ID: 32017R0745Doc Sector: 3Doc Title: Regulation (EU) 2017/745 of the European Parliament and of the Council of 5 April 2017 on medical devices, amending Directive 2001/83/EC, Regulation (EC) No 178/2002 and Regulation (EC) No 1223/2009 and repealing Council Directives 90/385/EEC and 93/42/EEC (Text with EEA relevance.) Doc Type: RUsr_lan: en.

[12] Schneeberger, David: *Dako 2024/3: Intelligente Medizinprodukte: Rechtsfragen am Schnittpunkt von DSGVO, MPVO und AI Act.* URL *https://rdb.manz.at/document/rdb.tso.LIdako20240103* – abgerufen am 16. 08. 2024.

[13] Wegenstein, Karin; Waniczek, Mirko: KI als Game-Changer in der Finanz- und Controlling-Organisation. In: *CFO aktuell* Bd. 2023/6, S. 200.

[14] WEISSBUCH Zur Künstlichen Intelligenz – ein europäisches Konzept für Exzellenz und Vertrauen, 2020.

[15] *Wie KI die Medizin revolutioniert.* URL *https://www.helmholtz.de/newsroom/artikel/wie-ki-die-medizin-revolutioniert/* – abgerufen am 16. 08. 2024 – Helmholtz-Gemeinschaft Deutscher Forschungszentren.

[16] Wien, Medizinischen Universität: Hautkrebs-Diagnosen mittels KI sind ähnlich zuverlässig wie jene von Ärzt:innen | MedUni Wien. URL *https://www.meduniwien.ac.at/web/ueber-uns/news/2023/news-im-oktober-2023/hautkrebs-diagnosen-mittels-ki-sind-aehnlich-zuverlaessig-wie-jene-von-aerztinnen/* – abgerufen am 16. 08. 2024 – Medizinischen Universität Wien.

7.8 KI in der Werbung

Klaudia Zotzmann-Koch

Werbung ist ein kreatives Arbeitsfeld und darüber hinaus eines, in dem Trends seit jeher frühzeitig adaptiert werden. Daher ist es nicht verwunderlich, dass auch die sogenannte „künstlichen Intelligenz" hier eine Rolle spielt – insbesondere in Form von generativen Modellen. Dazu kommt die algorithmische Auswertung von Nutzerinnen- und Nutzerverhalten zu Werbezwecken, welche seit mehr als 15 Jahren üblich und ebenso lange rechtlich und ethisch als problematisch einzustufen ist. Die Masse der durch diese Art der Analyse über die Jahre angesammelten Informationen stellt eine riesige Datengrundlage für die Verarbeitung durch KI-Systeme dar. Denn hier treffen zwei Bereiche aufeinander, für die KI-Systeme besonders geeignet sind: Massendatenverarbeitung (Stichwort: **Big Data**) und Mustererkennung. Doch nur, weil die algorithmische Verarbeitung in diesen Bereichen gut funktionieren kann, bedeutet es nicht, dass sie auch überall erlaubt ist. Hier lohnt es, einen Blick auf weitere Gesetze wie das Gesetz gegen unlauteren Wettbewerb (UWG), Urheberrechtsgesetze und die Datenschutz-Grundverordnung (DSGVO) zu werfen.

7.8.1 Rechtliche Vorgaben für KI in der Werbung

7.8.1.1 Verbotene KI-Systeme

Die algorithmische Auswertung von Nutzungsverhalten zu Werbezwecken lässt sich in zwei Bereiche unterteilen:

1. das Targeting zur Zielgruppenfindung, also das Ausfindigmachen und Anvisieren von Gruppen oder Einzelpersonen, üblicherweise anhand von Informationen, die über die Einzelnen, ihre Lebensumstände und ihr Verhalten gesammelt und ausgewertet werden;
2. die Beeinflussung von Gruppen oder Einzelpersonen durch Ausspielen personalisierter Informationen und/oder Werbebotschaften, üblicherweise aufbauend auf Targeting oder Mikro-Targeting.

Die **Manipulation von Menschen** in ein nicht selbst bewusst ausgesuchtes Verhalten ist nach Art. 5 Abs. 1 lit. a KI-VO grundsätzlich verboten. Gemäß ErwG 29 KI-VO sind manipulative Techniken verboten, wenn sie *„menschliches Verhalten maßgeblich nachteilig beeinflussen und große Schäden, insbesondere erhebliche nachteilige Auswirkungen auf die physische und psychische Gesundheit oder auf die finanziellen Interessen verursachen"*. Insbesondere und unabhängig davon, ob die Auswirkungen explizit nachteilig sind, ist eine unterschwellige Beeinflussung verboten, die für Menschen nicht erkennbar ist, da diese Reize außerhalb des Wahrnehmungsbereichs liegen.

Folgende Praktiken sind nach Art. 5 KI-VO verboten: *„das Inverkehrbringen, die Inbetriebnahme oder die Verwendung eines KI-Systems, das Techniken der unterschwelligen Beeinflussung außerhalb des Bewusstseins einer Person oder absichtlich manipulative oder täuschende Techniken mit dem Ziel oder der Wirkung einsetzt, das Verhalten einer Person oder einer Gruppe von Personen wesentlich zu verändern, indem ihre Fähigkeit, eine fundierte Entscheidung zu treffen, deutlich beeinträchtigt wird, wodurch sie veranlasst wird, eine Entscheidung zu treffen, die sie anderenfalls nicht getroffen hätte, und zwar in einer Weise, die dieser Person, einer anderen Person oder einer Gruppe von Personen erheblichen Schaden zufügt oder mit hinreichender Wahrscheinlichkeit zufügen wird.“* (Art. 5 Abs. 1 lit. a KI-VO)

Auch das Ausnutzen von vulnerablen Gruppen ist nach der KI-VO verboten. Art 5 A 1 lit. b KI-VO verbietet KI-Systeme, die *„eine Vulnerabilität oder Schutzbedürftigkeit einer natürlichen Person oder einer bestimmten Gruppe von Personen aufgrund ihres Alters, einer Behinderung oder einer bestimmten sozialen oder wirtschaftlichen Situation mit dem Ziel oder der Wirkung ausnutzt, das Verhalten dieser Person oder einer dieser Gruppe angehörenden Person in einer Weise wesentlich zu verändern, die dieser Person oder einer anderen Person erheblichen Schaden zufügt oder mit hinreichender Wahrscheinlichkeit zufügen wird“*. ErwG 29 KI-VO ergänzt hier noch, dass diese Personen anfälliger für Ausnutzung sind, beispielsweise Personen, die in extremer Armut leben, sowie ethnische oder religiöse Minderheiten.

ErwG 29 KI-VO stellt auch klar, dass der Anbieter oder Betreiber eines KI-Systems nicht die Absicht haben muss, erheblichen Schaden zuzufügen. Explizit wird an dieser Stelle auf unlautere Geschäftspraktiken und die Richtlinie 2005/29/EG verwiesen (EU-Richtlinie über unlautere Geschäftspraktiken [7], siehe unten). Übliche und rechtmäßige Geschäftspraktiken im Bereich der Werbung sollen aber nicht verboten sein. Was jedoch „üblich" sein soll, definiert ErwG 29 KI-VO nicht. Eine Argumentation, dass bestimmte Methoden oder Systeme eingeschliffen sind und von allen verwendet werden, dürfte hinsichtlich verbotener Praktiken dennoch ins Leere laufen.

Zu Targeting und politischer Werbung siehe auch die Verordnung (EU) 2024/900 des Europäischen Parlaments und des Rates über die Transparenz und das Targeting politischer Werbung [8], Anhang III Punkt 8 lit. b KI-VO sowie Abschnitt 8.3, KI und demokratische Prozesse.

7.8.1.2 Schnittmengen mit weiteren Gesetzen

Der ErwG 29 KI-VO verweist auf die EU-Richtlinie über unlautere Geschäftspraktiken. Darin wurde das Lauterkeitsrecht zwischen Unternehmen und Verbraucher:innen auf europäischer Ebene weitestgehend harmonisiert. Da dies eine EU-Richtlinie ist, musste sie in nationales Recht gegossen werden. In Österreich und Deutschland geschah dies durch das jeweilige nationale UWG, also Gesetz gegen unlauteren Wettbewerb.

Das Lauterkeitsrecht soll fairen Wettbewerb sicherstellen. Es stellt Rechtsmittel gegen Praktiken bereit, mit denen sich Unternehmen unlautere Vorteile gegenüber Mitbewerbern verschaffen würden. Als „unlautere Geschäftspraktiken" gelten irreführende oder aggressive Geschäftspraktiken.

Aggressive Geschäftspraktiken sind solche, die geeignet sind, die Entscheidungs- oder Verhaltensfreiheit eines Menschen durch

- Belästigung,
- Nötigung oder
- unzulässige Beeinflussung

wesentlich zu beeinträchtigen und ihn dazu veranlassen, eine geschäftliche Entscheidung zu treffen, die er anderenfalls nicht getroffen hätte (siehe Art. 8 RL unlauterer Wettbewerb).

Irreführende Geschäftspraktiken gemäß Art. 7 RL unlauterer Wettbewerb liegen dann vor, wenn falsche Angaben gemacht oder die Menschen auf sonstige Art und Weise über ein Produkt oder eine Dienstleistung getäuscht werden. Dazu gehört auch das Verheimlichen von wichtigen Informationen.

Anhang 1 der RL unlauterer Wettbewerb enthält eine **schwarze Liste von Geschäftspraktiken**, die unter allen Umständen als unlauter gelten. In Zusammenhang mit KI-Systemen könnte das beispielsweise das unzulässige Anbringen einer CE-Kennzeichnung sein, aber auch als Information getarnte Werbung. Auch Behauptungen, ein KI-System könne Krankheiten, Funktionsstörungen oder Missbildungen heilen, hartnäckiges und unerwünschtes Ansprechen von Personen oder direkte Aufforderungen an Kinder fallen darunter.

Nicht nur das Lauterkeitsrecht spielt eine wesentliche Rolle in Zusammenhang mit Werbung, sondern auch die DSGVO; vor allem Art. 22 DSGVO, der **automatisierte Entscheidungen** im Einzelfall sowie **Profiling** regelt. Werden personenbezogene Daten verarbeitet, hat eine Person das Recht auf eine Entscheidung, die nicht ausschließlich durch KI getroffen wurde; ganz besonders dann, wenn diese Entscheidung ihr gegenüber entweder eine rechtliche Auswirkung hat oder sie in ähnlicher Weise erheblich beeinträchtigt (siehe im Detail Kapitel 4, Datenschutz).

Kurz zusammengefasst: Nur weil etwas unter der KI-VO „erlaubt" ist, bedeutet das nicht, dass es unter anderen Gesetzen nicht verboten ist.

7.8.1.3 Datenhandel

Ein weiterer Bereich, der 2024 in den Fokus von Behörden rückte, ist der Datenhandel. Auslöser dafür war die Recherche eines Investigativteams von netzpolitik.org und dem Bayrischen Rundfunk, das Namen, Wohn- und Arbeitsadressen, Hobbys und sonstige Beschäftigungen von Personen unter andere im Staatsdienst aus einer „Kostprobe" eines Datenhändlers mit 3,6 Milliarden Datenpunkten herausfand [6]. Deutsche Behörden waren alarmiert, in den USA wurde das Pentagon in die Sache eingeschaltet [4]. Es ist zu erwarten, dass es im Bereich Datenerfassung, aber insbesondere auch im Datenhandel absehbar weitere Regulierungen zusätzlich zu den bereits geltenden Gesetzen geben wird. In Österreich ist Datenhandel beispielsweise bereits in der Gewerbeordnung geregelt. Weiterhin greift natürlich in ganz Europa die **Zweckbindung** nach Art. 6 Abs. 1 lit. b DSGVO. Diese besagt, dass Daten nur für festgelegte, eindeutige und legitime Zwecke erhoben werden dürfen. Eine Weiterverarbeitung der Daten zu mit den ursprünglichen nicht zu vereinbarenden Zwecken ist nur eingeschränkt zulässig (Art. 6 Abs. 4 DSGVO).

Grundsätzlich gilt für jede Datenverarbeitung, auch für den Datenhandel, dass eine **Rechtsgrundlage** für die Datenverarbeitung vorhanden sein muss. Das kann bedeuten, dass die betroffenen Personen ihre freiwillige und informierte **Einwilligung** als unmissverständliche Willensbekundung dazu gegeben haben müssen (Art. 4 Abs. 11 DSGVO und Art 7 DSGVO).

Da es wenig erfolgversprechend scheint, die Nutzung solcher Datenkonvolute allein europäischen Firmen zu untersagen, da die Daten dann nach wie vor von Unternehmen in Drittstaaten erhoben und verwendet werden können, ist es durchaus denkbar, dass personalisierte Werbung insgesamt verboten werden könnte. Im Oktober

2023 machte der Europäische Datenschutzausschuss (EDSA) den Vorstoß, Meta die Verarbeitung personenbezogener Daten zu Werbezwecken ohne die explizite, freiwillige und informierte Einwilligung der Betroffenen zu verbieten [5]. Das führte dazu, dass Meta im Frühjahr 2023 ein „Bezahlmodell" einführte, bei dem man entweder in personalisierte Werbung einwilligen kann oder ein Abo abschließen muss, um Facebook, Instagram und Co ohne Werbung nutzen zu können. Im Juli 2024 war das Modell wegen möglicher Intransparenz und Irreführung bereits auf der Prüfliste von EU-Verbraucherschutzbehörden [2].

7.8.1.4 Personalisierung

Das bereits seit Jahren praktizierte gezielte Adressieren und Ausspielen personalisierter Inhalte führt dazu, dass Timelines und Weberfahrung für alle Einzelpersonen unterschiedlich aussehen. Da dies allerdings nicht nur von Firmen angewendet wird, um Personen zum Kauf bestimmter Waren oder Dienstleistungen zu animieren, sondern auch von anderen Interessenträgern wie Nachrichtenportalen, NGOs oder auch politischen Parteien, kommt es dazu, dass Menschen unterschiedliche Wahrnehmungen von Faktenlagen haben. Es findet durch das algorithmisch gesteuerte Ausspielen personalisierter Inhalte eine **Blasenbildung** statt. Das wiederum führt dazu, dass es keine gesellschaftlich einheitliche Diskussionsgrundlage mehr gibt, was letztlich demokratiegefährdend werden könnte. Zu dieser Ausgangslage kommen nun KI-Systeme hinzu, die genutzt werden sollen, um die Personalisierung weiter zu optimieren. Es ist also wenig verwunderlich, dass es für diesen Bereich strikte Regeln gibt.

Es lohnt sich, hier die Maßstäbe genau zu überdenken: Ist das, was wir tun, gut, nur weil es effektiv ist? Manipulation und Ansprechen vulnerabler Gruppen „genau im richtigen Moment" ist ethisch keine gute Praxis und überdies nach KI-VO verboten.

Für weitere Informationen zu verbotener KI insbesondere bei Wahlwerbung: siehe Kasten oben zu verbotenen KI-Praktiken nach Art 5 Abs 1 lit. a KI-VO und Art 5 Abs. 1 lit. b KI-VO sowie Anhang III KI-VO.

7.8.2 Energieverbrauch und Nachhaltigkeit

In der KI-VO geht es durchgehend neben allen anderen Aspekten auch explizit um den Schutz der Umwelt vor schädlichen Auswirkungen von KI-Systemen. Insbesondere generative KI-Modelle verbrauchen immer weiter ansteigende Massen von Ressourcen und stoßen bereits jetzt Unmengen von CO_2 aus. Demgegenüber steht ein sozial verantwortliches Handeln nach ESG-Kriterien, also Environment, Social und Governance. [Mehr dazu in Abschnitt 10.6.]

Doch Nachhaltigkeit hat nicht nur eine Komponente der Ökobilanz. Das „S" in **ESG** sollte ebenfalls nicht vergessen werden, worauf die KI-VO auch immer wieder hinweist. Sozial verantwortliches Handeln bedeutet auch, ein diverses Team aufzustellen, dessen Mitglieder möglichst viele Perspektiven und Themenbereiche abdecken. Dazu gehören heute nicht nur eine paritätische Besetzung mit Menschen jeglichen Geschlechts, sondern auch eine resiliente Arbeitsaufteilung, in der auch Kreative nicht fehlen dürfen. Die Beschäftigung von Kreativen hat nicht nur den Vorteil, dass diese – ebenso wie Technikerinnen und Techniker – häufig eigene Blickwinkel auf Probleme und deren Lösungen haben, sondern sie bringen durch ihre Arbeit an Texten, Grafiken, Fotos, Videos etc. echte menschliche Tiefe in die Kommunikation mit der Zielgruppe. Während KI-Generatoren durch rasche Ergebnisse bei minimalem Einsatz faszinieren, wie eine Studie zu **Design Aesthetics** [3] darlegt, stellt sich über das Mittelmaß der generierten Inhalte in der Bevölkerung mittlerweile ein gewisser Überdruss ein. Die Erwähnung von „KI" in Produktnamen oder Produktbeschreibungen führt einer Studie [1] zufolge zu einer **Abnahme des emotionalen Vertrauens** und damit zu einer Verringerung der Kaufabsichten. Die Ergebnisse waren bei verschiedenen Produkt- und Dienstleistungskategorien gleich, es besteht also ein entsprechender Trend. Menschliche Intelligenz zu beauftragen, die Kommunikation zu gestalten ist auf vielen Ebenen nachhaltiger, nicht zuletzt auch was den mittel- und langfristigen Geschäftserfolg betrifft.

7.8.3 Best Practice: Generative KI in der Kreation

Falls keine verbotene KI-Nutzung im Sinne der KI-VO, nach DSGVO, UWG sowie auch nach Urheberrecht vorliegt und es ethisch und unter Nachhaltigkeitsaspekten vertretbar ist, generative KI-Modelle in der Werbung einzusetzen, haben sich einige Best-Practise-Regeln unter Kreativen etabliert, die ethisch und rechtlich gute Ratgeber sind.

1. Beim Verwenden generativer Modelle sollte man keine Namen von noch lebenden oder auch toten Künstler:innen oder anderen Personen in den Prompts verwenden. Auch wenn es unwahrscheinlich ist, dass man mit einem generativen Modell ein exaktes **Plagiat** erstellt, ist es doch möglich, durch Reverse-Engineering des KI-Modells die Datenbasis freizulegen. Dies kann unter Umständen zu einem **Data-Breach** und auch zu **Urheberrechtsverletzungen** führen. Durch Nichtnennung von Namen in den Prompts sorgt man dafür, dass Rechteinhaberinnen und -inhaber keinen Grund haben, gegen das erstellte Material vorzugehen.

2. Außerdem wollen wir keine Kolleginnen und Kolleginnen kopieren, deren Stil uns gefällt, sondern eigene Werke mit einer echten **Unique Selling Proposition** (USP), einer Einzigartigkeit und mit Wiedererkennungswert erschaffen. Auch wenn generiertes Material keinem Urheberrecht unterliegt, ist es so gegenüber den Künstlerinnen und Künstlern und ihrem jeweiligen Werk fair.

3. Die Verwendung generativer Modelle ist für einige Menschen interessant und spannend. Für Kreative kann es eine Hilfe sein, muss es aber nicht. Es gibt Kreative, die eigene Ideen haben und umsetzen möchten. Schon im Sinne der Alleinstellungsmerkmale (USP) ist es eine gute Idee, **menschliche Intelligenz** und Kreativität die Unternehmenstexte, -bilder und musikalische Elemente umsetzen zu lassen. In keinem Fall sollte man die mit der Kreation Beauftragten zum Einsatz von KI-Werkzeugen zwingen. Umgekehrt sind in den handelsüblichen Softwarelösungen mittlerweile so häufig von Herstellerseite KI-Tools eingebunden, dass ein striktes Verbot auch keinen Sinn mehr ergibt.
4. KI-generierte Inhalte sollten grundsätzlich immer als solche **gekennzeichnet** werden, auch wenn die KI-VO das Ausweisen von KI nur in Fällen wie z. B. Chatbots im Kundensupport oder Deepfakes verlangt (vgl. Art. 50 KI-VO). Mit einer grundsätzlichen Deklaration wird sichergestellt, dass Menschen wissen, womit sie es zu tun haben, und die Inhalte entsprechend einschätzen können.
5. Dazu kommt, dass – je nach verwendetem Tool unterschiedlich – es gemäß der **Lizenz** vertraglich gefordert sein kann, dass das Tool, mit dem die Inhalte generiert wurden, namentlich genannt wird. Wird diese verpflichtende Namensnennung unterlassen, führt dies zu einem Vertragsbruch, der unter Umständen teuer werden kann.

Quellen

[1] Cicek, Mesut; Gursoy, Dogan; Lu, Lu: Adverse impacts of revealing the presence of „Artificial Intelligence (AI)“ technology in product and service descriptions on purchase intentions: the mediating role of emotional trust and the moderating role of perceived risk. In: *Journal of Hospitality Marketing & Management* Bd. 0, Routledge, Nr. 0, S. 1–23.

[2] *EU-Verbraucherschützer prüfen Meta-Bezahlmodell*. URL *https://www.derstandard.at/story/3000000229435/eu-verbrauchersch252tzer-pr252fen-meta-bezahlmodell* – abgerufen am 17. 08. 2024 – DER STANDARD.

[3] Hekkert, Paul: Design aesthetics: Principles of pleasure in design. In: *Psychology Science* Bd. 48 (2006).

[4] ingo; Sebastian: *Databroker Files: US-Senator schaltet Pentagon ein; Bundesministerium fordert EU-Gesetze*. URL *https://netzpolitik.org/2024/databroker-files-us-senator-schaltet-pentagon-ein-bundesministerium-fordert-eu-gesetze/* – abgerufen am 17. 08. 2024 – netzpolitik.org.

[5] Pitz, Leonhard: *Soziale Netzwerke: Europäischer Datenschutzausschuss verbietet Meta personalisierte Werbung*. URL *https://netzpolitik.org/2023/soziale-netzwerke-europaeischer-datenschutzausschuss-verbietet-meta-personalisierte-werbung/* – abgerufen am 17. 08. 2024 – netzpolitik.org.

[6] Sebastian; ingo: *Databroker Files: Die große Datenhändler-Recherche im Überblick*. URL *https://netzpolitik.org/2024/databroker-files-die-grosse-datenhaendler-recherche-im-ueberblick/* – abgerufen am 17. 08. 2024 – netzpolitik.org.

[7] *Unlautere Geschäftspraktiken | EUR-Lex*. URL *https://eur-lex.europa.eu/DE/legal-content/summary/unfair-commercial-practices.html* – abgerufen am 17. 08. 2024 – Doc ID: l32011Doc Sector: otherDoc Title: Unfair commercial practicesDoc Type: otherUsr_lan: en.

[8] Verordnung (EU) 2024/900 des Europäischen Parlaments und des Rates vom 13. März 2024 über die Transparenz und das Targeting politischer Werbung (Text von Bedeutung für den EWR), 2024 – Legislative Body: EP, CONSIL.

7.9 Tourismus

Manuela Machner

Die Tourismusbranche umfasst eine Vielzahl von Dienstleistungen und Aktivitäten, die darauf abzielen, Reisenden ein angenehmes und unvergessliches Erlebnis zu bieten. Diese Branche spielt eine wesentliche Rolle in der globalen Wirtschaft, indem sie Arbeitsplätze schafft, kulturellen Austausch fördert und zur regionalen Entwicklung beiträgt. Die Tourismusbranche kann in mehrere **Segmente** unterteilt werden:

1. **Unterkünfte:** Hotels, Hostels, Ferienwohnungen, Resorts, Bed and Breakfasts und Campingplätze. Diese Einrichtungen bieten Reisenden eine Vielzahl von Optionen für Übernachtungen und Komfort.
2. **Transport:** Fluggesellschaften, Eisenbahnen, Busunternehmen, Mietwagenservices, Kreuzfahrtschiffe und andere Formen des öffentlichen und privaten Transports, die den Reisenden zu ihrem Zielort und innerhalb des Reiseziels bewegen.
3. **Verpflegung:** Restaurants, Cafés, Bars und andere gastronomische Einrichtungen, die Reisenden kulinarische Erlebnisse bieten, die oft die lokale Küche und Kultur widerspiegeln.
4. **Freizeitaktivitäten:** Freizeitparks, Strände, Sportveranstaltungen, Outdoor-Aktivitäten wie Wandern, Tauchen, Skifahren und weitere Freizeiteinrichtungen, die den Besuchern Unterhaltung und Abenteuer bieten.
5. **Kulturelle Erlebnisse:** Museen, historische Stätten, Kunstgalerien, Theater, Festivals und andere kulturelle Veranstaltungen, die das Erbe und die Traditionen eines Reiseziels präsentieren.
6. **Kulturelle Erlebnisse und Veranstaltungen:** Museen, historische Stätten, Kunstgalerien, Theater, Festivals und andere kulturelle Veranstaltungen, die das Erbe und die Traditionen eines Reiseziels präsentieren.
7. **Reisebüros und Reiseveranstalter:** Reisebüros bieten Beratung und Buchungsdienste für Reisende, während Reiseveranstalter komplette Reisepakete zusammenstellen, die Transport, Unterkunft, Verpflegung und Aktivitäten umfassen. Beide spielen eine wichtige Rolle bei der Planung und Organisation von Reisen, indem sie maßgeschneiderte Dienstleistungen anbieten und oft als Vermittler zwischen Kunden und Dienstleistern fungieren.
8. **Tourismusinformationen und -services:** Informationszentren, Online-Plattformen und mobile Apps, die Reisenden Informationen über Sehenswürdigkeiten, Aktivitäten, lokale Veranstaltungen und Dienstleistungen bieten. Diese Ressourcen helfen bei der Reiseplanung und -durchführung, indem sie aktuelle und nützliche Informationen bereitstellen.

9. **Geschäftsreisen und MICE (Meetings, Incentives, Conferences, Exhibitions):** Unternehmen, die Dienstleistungen für Geschäftsreisen und die Organisation von Meetings, Incentives, Konferenzen und Ausstellungen anbieten. Dieses Segment umfasst Eventplanung, Unterkunfts- und Transportbuchungen sowie spezielle Dienstleistungen für Geschäftskunden.
10. **Gesundheits- und Wellnesstourismus:** Einrichtungen und Dienstleistungen, die sich auf Gesundheit und Wohlbefinden konzentrieren, einschließlich Kurorte, Wellnesszentren, medizinische Tourismusangebote und andere gesundheitsbezogene Dienstleistungen. Diese Einrichtungen bieten Programme zur Verbesserung der physischen und mentalen Gesundheit der Reisenden.

7.9.1 Use Case: Operative Effizienz

In der Tourismusbranche spielen operative Effizienz und reibungslose Abläufe eine entscheidende Rolle, um die Servicequalität zu maximieren und die Betriebskosten zu minimieren. KI-Technologien tragen wesentlich zur Optimierung verschiedener betrieblicher Prozesse bei, indem sie Aufgaben automatisieren, Ressourcen effizient verwalten und datengestützte Entscheidungen ermöglichen. Durch den Einsatz von KI können Unternehmen im Tourismusbereich ihre Effizienz steigern, indem sie Personal entlasten und gleichzeitig eine hohe Servicequalität gewährleisten.

1. **Automatisierte Buchungssysteme (Segmente: alle)**
   - **Beschreibung:** KI-gestützte Systeme verwalten Buchungen in Echtzeit, indem sie die Verfügbarkeit automatisch aktualisieren, Buchungsanfragen bearbeiten und Bestätigungen versenden.
   - **Beispiele – KI-Anwendungsfälle**
     - Echtzeit-Reservierungssysteme, die Anfragen über verschiedene Plattformen (Webseiten, Apps, Reisebüros) synchronisieren
     - Verwaltung von Buchungen in Echtzeit
     - Automatische Aktualisierung der Verfügbarkeit
     - Bearbeitung von Buchungsanfragen
     - Versand von Buchungsbestätigungen
   - **Rollen relevant (Art. 3 KI-VO)**
     - Anbieter (Art. 3 Z 3 KI-VO): Unternehmen, die die Buchungssysteme entwickeln
     - Betreiber (Art. 3 Z 4 KI-VO): Hotels, Reiseveranstalter, Reisebüros
   - **Vorteile:** Reduzierung von Doppelbuchungen, Verbesserung der Kundenzufriedenheit durch schnelle Bestätigung, optimierte Zimmerauslastung

- **Risikostufen:**
  - **Hochrisiko-KI gem. Art. 6 KI-VO:** Nein, weder in Anhang I oder III gelistet
  - **Gibt es Berührungspunkte mit verbotener KI?** Nein, keine verbotenen Anwendungen identifiziert
  - **Transparenzpflichten gem. Art. 50 KI-VO:** Bei direkter Interaktion mit natürlichen Personen

2. **Dynamische Preisgestaltung (Segmente: 1, 2, 3, 4, 5, 6)**
   - **Beschreibung:** Systeme passen die Preise für Zimmer, Flüge etc. basierend auf aktueller Nachfrage, Saison, Veranstaltungen in der Umgebung und Konkurrenzpreisen in Echtzeit an.
   - **Beispiele – KI-Anwendungsfälle**
     - Yield-Management-Systeme, die Preise erhöhen, wenn die Nachfrage hoch ist, oder spezielle Rabatte bieten, wenn die Buchungsrate niedrig ist
     - Anpassung der Zimmerpreise basierend auf Nachfrage und Saison
     - Dynamische Preisgestaltung für Flüge abhängig von Konkurrenzpreisen und Veranstaltungen
     - Automatische Rabattaktionen bei niedriger Buchungsrate
   - **Rollen relevant (Art. 3 KI-VO)**
     - Anbieter (Art. 3 Z 3 KI-VO): Unternehmen, die die dynamischen Preissysteme entwickeln
     - Betreiber (Art. 3 Z 4 KI-VO): Hotels, Fluggesellschaften, Veranstalter
   - **Vorteile:** Maximierung der Einnahmen, höhere Auslastung, wettbewerbsfähige Preisgestaltung
   - **Risikostufen:**
     - **Hochrisiko-KI gem. Art. 6 KI-VO:** Nein, weder in Anhang I oder III gelistet
     - **Gibt es Berührungspunkte mit verbotener KI?** Ja, z. B. wenn das System manipulative Techniken einsetzt oder vulnerable Gruppen ausnutzt
     - **Transparenzpflichten gem. Art. 50 KI-VO:** Bei direkter Interaktion mit natürlichen Personen
3. **Predictive Maintenance (Segmente: 1, 2, 3, 4, 8, 9)**
   - **Beschreibung:** KI-Systeme überwachen den Zustand von Einrichtungen, Fahrzeugen etc. und sagen Wartungsarbeiten vorher, bevor Probleme auftreten.
   - **Beispiele – KI-Anwendungsfälle**
     - Sensoren und KI-Algorithmen, die Anomalien in Maschinen erkennen und Wartungsempfehlungen geben, um Ausfälle zu vermeiden
     - Sensoren und KI-Algorithmen, die Anomalien in Fahrzeugen erkennen und Wartungsempfehlungen geben. Vorhersage und Planung von Wartungsarbeiten

  - Sensoren und KI-Algorithmen, die Anomalien in Fitnessgeräten und medizinischen Geräten erkennen und Wartungsempfehlungen geben
- **Rollen relevant (Art. 3 KI-VO)**
  - Anbieter (Art. 3 Z 3 KI-VO): Unternehmen, die die Predictive Maintenance-Systeme entwickeln
  - Betreiber (Art. 3 Z 4 KI-VO): Hotels, Transportunternehmen, Gesundheitszentren, Freizeitbetriebe
- **Vorteile:** Reduzierung von Ausfallzeiten, Kosteneinsparungen durch präventive Wartung, längere Lebensdauer der Anlagen
- **Risikostufen:**
  - **Hochrisiko-KI gem. Art. 6 KI-VO:** Nein, weder in Anhang I oder III gelistet
  - **Gibt es Berührungspunkte mit verbotener KI?** Nein, keine verbotenen Anwendungen identifiziert

4. **Kapazitätsmanagement und Besuchersteuerung (Segmente: 4, 5, 7)**
   - **Beschreibung:** KI-gestützte Systeme analysieren Besucherdaten in Echtzeit, um die Kapazität zu optimieren und Besucherströme zu steuern.
   - **Beispiele – KI-Anwendungsfälle**
     - Systeme, die Besucherzahlen vorhersagen und entsprechende Maßnahmen zur Vermeidung von Überfüllung ergreifen
     - Systeme, die basierend auf Teilnehmerzahlen und Eventzeitplänen Personalbedarf und Materialanforderungen vorhersagen
   - **Rollen relevant (Art. 3 KI-VO)**
     - Anbieter (Art. 3 Z 3 KI-VO): Unternehmen, die die Kapazitätsmanagementsysteme entwickeln
     - Betreiber (Art. 3 Z 4 KI-VO): Veranstaltungsorte, Freizeitparks, Museen
   - **Vorteile:** Vermeidung von Überlastung, erhöhte Sicherheit und Komfort für Besucher, effiziente Ressourcennutzung
   - **Risikostufen:**
     - **Hochrisiko-KI gem. Art. 6 KI-VO:** Nein, weder in Anhang I oder III gelistet
     - **Gibt es Berührungspunkte mit verbotener KI?** Nein, keine verbotenen Anwendungen identifiziert
     - **Transparenzpflichten gem. Art. 50 KI-VO:** Bei direkter Interaktion mit natürlichen Personen
5. **Automatisierte Ticketing-Systeme (Segmente: 4, 5)**
   - **Beschreibung:** KI-Systeme verwalten den Verkauf und die Verteilung von Tickets, einschließlich der Zuweisung von Sitzplätzen und der Überprüfung der Ticketgültigkeit.

- **Beispiele:**
  - Online-Ticketing-Plattformen, die Bestellungen in Echtzeit verarbeiten und digitale Tickets ausstellen
  - Automatische Zuweisung von Sitzplätzen
  - Überprüfung der Ticketgültigkeit
- **Rollen relevant (Art. 3 KI-VO)**
  - Anbieter (Art. 3 Z 3 KI-VO): Unternehmen, die die Ticketing-Systeme entwickeln
  - Betreiber (Art. 3 Z 4 KI-VO): Veranstaltungsorte, Freizeitparks, Museen
- **Vorteile:** Erhöhung der Effizienz, Reduzierung von Warteschlangen, vereinfachte Verwaltung von Tickets
- **Risikostufen:**
  - **Hochrisiko-KI gem. Art. 6 KI-VO:** Nein, weder in Anhang I oder III gelistet
  - **Gibt es Berührungspunkte mit verbotener KI?** Nein, keine verbotenen Anwendungen identifiziert
  - **Transparenzpflichten gem. Art. 50 KI-VO:** Bei direkter Interaktion mit natürlichen Personen

6. **Automatisierte Zugangskontrolle (Segmente: 4, 5)**
   - **Beschreibung:** KI-Systeme zur automatisierten Überprüfung von Tickets und Zugangsberechtigungen, einschließlich Gesichtserkennung und biometrischer Daten
   - **Beispiele – KI-Anwendungsfälle**
     - Überprüfung von Tickets und Zugangsberechtigungen in Echtzeit
     - Nutzung von Gesichtserkennung und biometrischen Daten zur Zutrittskontrolle
     - Kombination von Gesichtserkennung und QR-Code-Scans zur Beschleunigung des Einlasses
   - **Rollen relevant (Art. 3 KI-VO)**
     - Anbieter (Art. 3 Z 3 KI-VO): Unternehmen, die die Zugangskontrollsysteme entwickeln
     - Betreiber (Art. 3 Z 4 KI-VO): Veranstaltungsorte, Freizeitparks, Museen
   - **Vorteile:** Schnellere Abwicklung am Eingang, erhöhte Sicherheit, Reduzierung von Warteschlangen
   - **Risikostufen:**
     - **Hochrisiko-KI gem. Art. 6 KI-VO:** Beim Einsatz von biometrischen Erkennungsmethoden kann Anhang I Z 1 KI-VO anwendbar sein.
     - **Gibt es Berührungspunkte mit verbotener KI?** Möglicherweise, wenn es sich um eine biometrische Echtzeit-Fernidentifizierung handelt

   - **Transparenzpflichten gem. Art. 50 KI-VO:** Bei direkter Interaktion mit natürlichen Personen

7. **Routenoptimierung und Verkehrsmanagement (Segment: 2)**
   - **Beschreibung:** KI-gestützte Systeme analysieren Verkehrsbedingungen in Echtzeit, um die besten Routen für Fahrzeuge zu ermitteln und Verkehrsstaus zu vermeiden.
   - **Beispiele – KI-Anwendungsfälle**
     - Echtzeitanalyse von Verkehrsbedingungen
     - Vorschlagen alternativer Routen zur Vermeidung von Staus
     - Berücksichtigung von Verkehrsdaten, Unfällen und Baustellen bei der Routenplanung
   - **Rollen relevant (Art. 3 KI-VO)**
     - Anbieter (Art. 3 Z 3 KI-VO): Unternehmen, die die Routenoptimierungssysteme entwickeln.
     - Betreiber (Art. 3 Z 4 KI-VO): Transportunternehmen.
   - **Vorteile:** Reduzierung der Reisezeit, geringerer Kraftstoffverbrauch, erhöhte Pünktlichkeit
   - **Risikostufen:**
     - **Hochrisiko-KI gem. Art. 6 KI-VO:** Nein, weder in Anhang I oder III gelistet
     - **Gibt es Berührungspunkte mit verbotener KI?** Nein, keine verbotenen Anwendungen identifiziert

8. **Flottenmanagement (Segment: 2)**
   - **Beschreibung:** KI-Systeme überwachen und verwalten Fahrzeugflotten, um Wartungsbedarf vorherzusagen und den Einsatz der Fahrzeuge zu optimieren
   - **Beispiele – KI-Anwendungsfälle**
     - Echtzeitüberwachung von Fahrzeugdaten
     - Vorhersage von Wartungsbedarf
     - Optimierung des Fahrzeugeinsatzes
     - Systeme, die Fahrzeugdaten in Echtzeit analysieren und Empfehlungen für Wartung oder Ersatzteile geben
   - **Rollen relevant (Art. 3 KI-VO)**
     - Anbieter (Art. 3 Z 3 KI-VO): Unternehmen, die die Flottenmanagementsysteme entwickeln
     - Betreiber (Art. 3 Z 4 KI-VO): Transportunternehmen
     - Akteur (Art. 3 Z 8 KI-VO): Flottenmanager, Wartungspersonal
   - **Vorteile:** Reduzierung von Ausfallzeiten, längere Lebensdauer der Fahrzeuge, Kosteneffizienz

- **Risikostufen:**
  - **Hochrisiko-KI gem. Art. 6 KI-VO:** Nein, da die Hauptauswirkungen betrieblicher Natur sind und keine direkten Entscheidungen über Menschen getroffen werden
  - **Gibt es Berührungspunkte mit verbotener KI?** Nein, keine verbotenen Anwendungen identifiziert

9. **Automatisierte Bestellsysteme (Segment: 3)**
   - **Beschreibung:** KI-gestützte Systeme, die Bestellungen in Echtzeit verarbeiten, an die Küche weiterleiten und die Bestände überwachen
   - **Beispiele – KI-Anwendungsfälle**
     - Echtzeitverarbeitung von Bestellungen
     - Automatische Weiterleitung der Bestellungen an die Küche
     - Überwachung und Verwaltung von Beständen
     - Digitale Menüs und Selbstbedienungskioske, die Bestellungen direkt an die Küche senden
   - **Rollen relevant (Art. 3 KI-VO)**
     - Anbieter (Art. 3 Z 3 KI-VO): Unternehmen, die die Bestellsysteme entwickeln
     - Betreiber (Art. 3 Z 4 KI-VO): Restaurants
   - **Vorteile:** Reduzierung von Wartezeiten, genaue Bestellverarbeitung, verbesserte Bestandskontrolle
   - **Risikostufen:**
     - **Hochrisiko-KI gem. Art. 6 KI-VO:** Nein, weder in Anhang I oder III gelistet
     - **Gibt es Berührungspunkte mit verbotener KI?** Nein, keine verbotenen Anwendungen identifiziert
     - **Transparenzpflichten gem. Art. 50 KI-VO:** Bei direkter Interaktion mit natürlichen Personen

10. **Smart Room/House Management (Segmente: 1, 4, 9)**
    - **Beschreibung:** Automatisierte Kontrolle von Beleuchtung, Heizung/Kühlung und anderen Raumfunktionen basierend auf der Belegung und den Präferenzen der Gäste
    - **Beispiele – KI-Anwendungsfälle**
      - Automatische Anpassung der Raumtemperatur
      - Steuerung der Beleuchtung basierend auf Anwesenheit und Tageszeit
      - Anpassung anderer Raumfunktionen an die Präferenzen der Gäste

- **Rollen relevant (Art. 3 KI-VO)**
  - Anbieter (Art. 3 Z 3 KI-VO): Unternehmen, die die Smart Room-Systeme entwickeln
  - Betreiber (Art. 3 Z 4 KI-VO): Hotels, Gesundheitszentren
- **Vorteile:** Energieeinsparungen, verbessertes Gästeerlebnis durch individuell angepasste Umgebungen
- **Risikostufen:**
  - **Hochrisiko-KI gem. Art. 6 KI-VO:** Nein, weder in Anhang I oder III gelistet
  - **Gibt es Berührungspunkte mit verbotener KI?** Nein, keine verbotenen Anwendungen identifiziert
  - **Transparenzpflichten gem. Art. 50 KI-VO:** Bei direkter Interaktion mit natürlichen Personen

11. **Automatisierte Terminplanung (Segment: 9)**
    - **Beschreibung:** KI-gestützte Systeme, die Termine für Behandlungen und Dienstleistungen in Echtzeit verwalten und optimieren
    - **Beispiele – KI-Anwendungsfälle**
      - Systeme, die automatisch verfügbare Zeiten für Wellnessbehandlungen finden und Buchungen annehmen
      - Verwaltung von Terminen in Echtzeit
      - Optimierung der Ressourcennutzung durch automatische Terminvergabe
      - Vermeidung von Doppelbuchungen und verpassten Terminen
    - **Rollen relevant (Art. 3 KI-VO)**
      - Anbieter (Art. 3 Z 3 KI-VO): Unternehmen, die die Terminplanungssysteme entwickeln
      - Betreiber (Art. 3 Z 4 KI-VO): Gesundheitszentren, Wellness-Einrichtungen
    - **Vorteile:** Vermeidung von Doppelbuchungen und verpassten Terminen, optimierte Ressourcennutzung
    - **Risikostufen:**
      - **Hochrisiko-KI gem. Art. 6 KI-VO:** Nein, weder in Anhang I oder III gelistet
      - **Gibt es Berührungspunkte mit verbotener KI?** Nein, keine verbotenen Anwendungen identifiziert
      - **Transparenzpflichten gem. Art. 50 KI-VO:** Bei direkter Interaktion mit natürlichen Personen

7.9.2 Use Case: Gästeerlebnisse

Ein herausragendes Gästeerlebnis ist das Herzstück der Tourismusbranche. Mithilfe von KI-Technologien können individuelle Bedürfnisse und Präferenzen der Gäste besser verstanden und erfüllt werden. KI-gestützte Systeme bieten personalisierte Empfehlungen, ermöglichen reibungslose und schnelle Serviceprozesse und schaffen immersive Erlebnisse. Diese Technologien tragen dazu bei, das Erlebnis der Gäste auf ein neues Niveau zu heben, indem sie maßgeschneiderte Angebote und sofortige Unterstützung bieten. Durch den Einsatz von KI wird nicht nur die Zufriedenheit der Gäste erhöht, sondern auch deren Bindung und die Wahrscheinlichkeit einer Wiederkehr.

1. **Personalisierte Empfehlungen (Segmente: alle)**
   - **Beschreibung:** KI-basierte Systeme geben auf Grundlage der Gästedaten individuelle Empfehlungen für lokale Attraktionen, Restaurants und Aktivitäten.
   - **Beispiele – Anwendungsfälle von KI**
     - Apps oder interaktive Bildschirme in der Lobby, die auf frühere Buchungen und Vorlieben basierend personalisierte Ausflugsvorschläge machen
     - Digitale Menüs, die basierend auf früheren Bestellungen und Vorlieben personalisierte Vorschläge machen
     - Apps oder interaktive Bildschirme, die personalisierte Tipps oder maßgeschneiderte Veranstaltungstipps bieten
     - Personalisierte Event-Apps, mit Zeitplänen, Parkmöglichkeiten, Lenkungstipps
     - Digitale Plattformen, die auf Grundlage der Reisendendaten maßgeschneiderte Reisevorschläge machen
   - **Rollen relevant (Art. 3 KI-VO)**
     - Anbieter (Art. 3 Z 3 KI-VO): Unternehmen, die die Empfehlungssysteme entwickeln
     - Betreiber (Art. 3 Z 4 KI-VO): Hotels, Reiseveranstalter, Eventplaner
   - **Vorteile:** Verbessertes Gästeerlebnis durch maßgeschneiderte Empfehlungen, erhöhte Zufriedenheit und Wiederkehrquote
   - **Risikostufen:**
     - **Hochrisiko-KI gem. Art. 6 KI-VO:** Nein, weder in Anhang I oder III gelistet
     - **Gibt es Berührungspunkte mit verbotener KI?** Möglicherweise, wenn manipulative Techniken eingesetzt werden
     - **Transparenzpflichten gem. Art. 50 KI-VO:** Bei direkter Interaktion mit natürlichen Personen
     - **Wichtige andere Rechtsgebiete:** Art. 22 DSGVO, § 160 ff. öTKG, § 25 Abs. 1 dtTDDDG, siehe Abschnitt 7.8 zu Werbung

2. **Virtuelle Assistenten/Chatbots (Segmente: alle)**
   - **Beschreibung:** Chatbots und Sprachassistenten bieten rund um die Uhr Fragenbeantwortung und Dienstleistungen an.
   - **Beispiele – KI-Anwendungsfälle**
     - Sprachassistenten in den Zimmern, die Restaurantreservierungen vornehmen, den Zimmerservice bestellen oder Informationen über das Hotel und die Umgebung liefern
     - Chatbots auf Restaurantwebseiten oder in Apps, die Fragen zu Menü, Öffnungszeiten und Reservierungen beantworten
     - Chatbots am Telefon, die für Fragen zur Verfügung stehen
     - Chatbots, die Buchungen vornehmen können, Fragen beantworten etc.
   - **Vorteile:** Rund um die Uhr verfügbarer Service, Entlastung des Personals, schnelle Problemlösung
   - **Risikostufen:**
     - **Hochrisiko-KI gem. Art. 6 KI-VO:** Nein, weder in Anhang I oder III gelistet
     - **Gibt es Berührungspunkte mit verbotener KI?** Nein, keine verbotenen Anwendungen identifiziert
     - **Transparenzpflichten gem. Art. 50 KI-VO:** Bei direkter Interaktion mit natürlichen Personen
3. **Automatisierter Check-in und Check-out/Boarding-Prozesse (Segmente: 1, 2)**
   - **Beschreibung:** Gesichtserkennung und mobile Apps beschleunigen und vereinfachen den Check-in- und Check-out-Prozess.
   - **Beispiele – KI-Anwendungsfälle**
     - Self-Check-in-Kioske
     - Automatische Gepäckabgabe
     - Boarding Gates mit Gesichtserkennung
     - Mobile Apps, mit denen Gäste direkt auf ihr Zimmer zugreifen können, ohne an der Rezeption, Check-in warten zu müssen
   - **Rollen relevant (Art. 3 KI-VO)**
     - Anbieter (Art. 3 Z 3 KI-VO): Unternehmen, die die Check-in-/Check-out-Systeme entwickeln
     - Betreiber (Art. 3 Z 4 KI-VO): Hotels, Fluggesellschaften
   - **Vorteile:** Zeitersparnis, verbesserte Kundenerfahrung, Reduzierung von Warteschlangen
   - **Risikostufen:**
     - **Hochrisiko-KI gem. Art. 6 KI-VO:** vgl. Anhang I Z. 13 KI-VO (VO zur Flugsicherheit), Anhang III Z. 1 KI-VO (biometrische Gesichtserkennung), Anhang III Z. 2 KI-VO (kritische Infrastruktur)

  - **Gibt es Berührungspunkte mit verbotener KI?** Nein, keine verbotenen Anwendungen identifiziert.
  - **Transparenzpflichten gem. Art. 50 KI-VO:** Bei direkter Interaktion mit natürlichen Personen

4. **Interaktive und immersive Erlebnisse (Segmente: 4, 5)**
   - **Beschreibung:** Nutzung von KI und Augmented Reality (AR) oder Virtual Reality (VR), um interaktive und immersive Erlebnisse zu schaffen
   - **Beispiele – KI-Anwendungsfälle**
     - AR-Apps, die historische Stätten zum Leben erwecken, oder VR-Erlebnisse, die es den Besuchern ermöglichen, vergangene Ereignisse nachzuerleben
     - Veranstaltungen & Events, die echte Erlebnisse mit Mixed Reality (MR) verschmelzen
     - Schaffung interaktiver und immersiver Erlebnisse durch AR und VR
     - Nutzung von MR zur Verschmelzung von realen und virtuellen Erlebnissen
     - Historische Stätten und vergangene Ereignisse durch AR und VR erlebbar machen
   - **Rollen relevant (Art. 3 KI-VO)**
     - Anbieter (Art. 3 Z 3 KI-VO): Unternehmen, die AR-, VR- und MR-Technologien entwickeln
     - Betreiber (Art. 3 Z 4 KI-VO): Museen, Veranstaltungsorte
   - **Vorteile:** Höhere Attraktivität von kulturellen Stätten und Veranstaltungen, tiefere emotionale Bindung der Besucher, innovative Präsentationsformen
   - **Risikostufen:**
     - **Hochrisiko-KI gem. Art. 6 KI-VO:** Nein, weder in Anhang I oder III gelistet
     - **Gibt es Berührungspunkte mit verbotener KI?** Nein, keine verbotenen Anwendungen identifiziert
     - **Transparenzpflichten gem. Art. 50 KI-VO:** Bei direkter Interaktion mit natürlichen Personen

5. **Echtzeit-Feedback und -analyse (Segmente: alle)**
   - **Beschreibung:** KI-gestützte Systeme zur Sammlung und Analyse von Besucherfeedback in Echtzeit, um das Eventerlebnis kontinuierlich zu verbessern
   - **Beispiele – KI-Anwendungsfälle:**
     - Mobile Apps und Social Media Monitoring, die Besucherfeedback sammeln und analysieren, um sofortige Anpassungen zu ermöglichen
     - Sammlung von Besucherfeedback in Echtzeit
     - Analyse des gesammelten Feedbacks zur Verbesserung des Erlebnisses
     - Sofortige Anpassungen basierend auf dem Feedback

- **Rollen relevant (Art. 3 KI-VO)**
  - Anbieter (Art. 3 Z 3 KI-VO): Unternehmen, die Feedback- und Analysesysteme entwickeln
  - Betreiber (Art. 3 Z 4 KI-VO): Veranstaltungsorte, Museen, Freizeitparks, Hotels
- **Vorteile:** Verbesserte Anpassungsfähigkeit, höhere Besucherzufriedenheit, kontinuierliche Verbesserung
- **Risikostufen:**
  - **Hochrisiko-KI gem. Art. 6 KI-VO:** Nein, weder in Anhang I oder III gelistet
  - **Gibt es Berührungspunkte mit verbotener KI?** Nein, keine verbotenen Anwendungen identifiziert
  - **Transparenzpflichten gem. Art. 50 KI-VO:** Bei direkter Interaktion mit natürlichen Personen

6. **Echtzeitübersetzungen (Segmente: alle)**
   - **Beschreibung:** KI-gestützte Systeme zur Echtzeitübersetzung von Gesprächen und Texten, um Sprachbarrieren abzubauen
   - **Beispiele – KI-Anwendungsfälle:**
     - Mobile Apps und Kioske, die sofortige Übersetzungen in mehreren Sprachen anbieten
     - Sammlung von Besucherfeedback in Echtzeit
     - Analyse des gesammelten Feedbacks zur Verbesserung des Erlebnisses
     - Sofortige Anpassungen basierend auf dem Feedback
     - Echtzeitübersetzung von Gesprächen
     - Übersetzung von Texten in mehreren Sprachen
   - **Vorteile:** Abbau von Sprachbarrieren, verbesserte Kommunikation mit internationalen Gästen
   - **Risikostufen:**
     - **Hochrisiko-KI gem. Art. 6 KI-VO:** Nein, weder in Anhang I oder III gelistet
     - **Gibt es Berührungspunkte mit verbotener KI?** Nein, keine verbotenen Anwendungen identifiziert
     - **Transparenzpflichten gem. Art. 50 KI-VO:** Bei direkter Interaktion mit natürlichen Personen

7. **Personalisierte Wellness-Programme (Segmente: 9)**
   - **Beschreibung:** KI-basierte Systeme, die auf Grundlage der Gästedaten individuelle Wellness- und Gesundheitsprogramme erstellen
   - **Beispiele – KI-Anwendungsfälle:**
     - Systeme, die basierend auf Gesundheitsdaten und Präferenzen personalisierte Ernährungspläne und Trainingsprogramme vorschlagen
     - Anpassung von Wellness- und Gesundheitsprogrammen basierend auf den Präferenzen und Gesundheitsdaten der Gäste
   - **Rollen relevant (Art. 3 KI-VO)**
     - Anbieter (Art. 3 Z 3 KI-VO): Unternehmen, die Wellness- und Gesundheitsprogramme entwickeln
     - Betreiber (Art. 3 Z 4 KI-VO): Gesundheitszentren, Wellness-Einrichtungen
   - **Vorteile:** Verbesserte Gesundheit und Zufriedenheit der Gäste durch maßgeschneiderte Programme
   - **Risikostufen:**
     - **Hochrisiko-KI gem. Art. 6 KI-VO:** Nein, weder in Anhang I oder III gelistet
     - **Gibt es Berührungspunkte mit verbotener KI?** Nein, keine verbotenen Anwendungen identifiziert
     - **Transparenzpflichten gem. Art. 50 KI-VO:** Bei direkter Interaktion mit natürlichen Personen
     - **Andere wichtige Rechtsvorschriften:** Art. 9 DSGVO

7.9.3 Use Case: Smarte Betriebe

Smarte Betriebe im Tourismus setzen auf fortschrittliche KI-Technologien, um Nachhaltigkeit und betriebliche Effizienz zu fördern. KI-basierte Systeme überwachen und steuern den Energieverbrauch, optimieren die Lieferketten und sorgen für die Sicherheit von Gästen und Personal. Durch die intelligente Verwaltung von Ressourcen und die vorausschauende Wartung von Anlagen können Betriebe ihre Kosten senken und gleichzeitig einen Beitrag zum Umweltschutz leisten. Diese innovativen Ansätze unterstützen Unternehmen dabei, nachhaltiger und effizienter zu wirtschaften, ohne dabei die Qualität des Gästeservices zu beeinträchtigen.

1. **Energieeffizienz (Segmente: 1, 2, 3, 4)**
   - **Beschreibung:** KI-Systeme überwachen und optimieren den Energieverbrauch in Echtzeit, um Kosten zu senken und die Nachhaltigkeit zu fördern. Gebäude, Fahrzeuge (Emissionsreduzierung)

- **Beispiele – KI-Anwendungsfälle:**
  - Systeme, die Beleuchtung und Klimatisierung in öffentlichen Bereichen und Gästezimmern basierend auf Belegungsdaten steuern
  - Systeme, die den Kraftstoffverbrauch überwachen und Fahrern Tipps zur effizienteren Fahrweise geben
  - Systeme, die den Energieverbrauch von Küchengeräten überwachen und Empfehlungen zur Optimierung geben
- **Rollen relevant (Art. 3 KI-VO)**
  - Anbieter (Art. 3 Z 3 KI-VO): Unternehmen, die Energieeffizienzsysteme entwickeln
  - Betreiber (Art. 3 Z 4 KI-VO): Hotels, Transportunternehmen, Restaurants
- **Vorteile:** Reduzierung der Energiekosten, nachhaltiger Betrieb, Umweltfreundlichkeit
- **Risikostufen:**
  - **Hochrisiko-KI gem. Art. 6 KI-VO:** Nein, weder in Anhang I oder III gelistet
  - **Gibt es Berührungspunkte mit verbotener KI?** Nein, keine verbotenen Anwendungen identifiziert

2. **Sicherheitsmanagement (Segmente: 1, 2, 4, 5, 6)**
   - **Beschreibung:** Einsatz von KI zur Überwachung von Sicherheitskameras, Identifikation von Anomalien und Unterstützung des Sicherheitspersonals
   - **Beispiele – KI-Anwendungsfälle:**
     - Intelligente Überwachungssysteme, die verdächtiges Verhalten erkennen und das Sicherheitspersonal in Echtzeit alarmieren
     - Systeme zur Überwachung von Fahrerzuständen (z.B. Müdigkeitserkennung), Echtzeitanalyse von Fahrzeugdaten zur Unfallvermeidung
     - Systeme zur Überwachung von Attraktionen und Besucherbereichen, die Anomalien erkennen und das Sicherheitspersonals alarmieren
     - Systeme zur Überwachung von Veranstaltungsorten, die Anomalien erkennen und das Sicherheitspersonal alarmieren
     - Unterstützung des Sicherheitspersonals durch Echtzeitalarme
   - **Rollen relevant (Art. 3 KI-VO)**
     - Anbieter (Art. 3 Z 3 KI-VO): Unternehmen, die die Überwachungssysteme entwickeln
     - Betreiber (Art. 3 Z 4 KI-VO): Hotels, Veranstaltungsorte, Transportunternehmen
   - **Vorteile:** Erhöhte Sicherheit für Gäste und Personal, schnellere Reaktionszeiten auf Sicherheitsvorfälle

- **Risikostufen:**
  - **Hochrisiko-KI gem. Art. 6 KI-VO:** Anhang I Z- 1 KI-VO (Biometrik)
  - **Gibt es Berührungspunkte mit verbotener KI?** Ja, wenn biometrische Systeme zur Strafverfolgung eingesetzt werden, ist dies nur eingeschränkt zulässig.
  - **Transparenzpflichten gem. Art. 50 KI-VO:** Bei direkter Interaktion mit natürlichen Personen

3. **Supply Chain Management (Segmente: 1, 2, 3, 4, 5)**
   - **Beschreibung**: Optimierung der Lieferkette durch KI-gestützte Vorhersagen und Bestandsmanagement, um sicherzustellen, dass immer ausreichend Vorräte vorhanden sind
   - **Beispiele – KI-Anwendungsfälle:**
     - Systeme, die Bestellungen automatisch basierend auf Verbrauchs- und Lieferzeitenmuster auslösen, um Engpässe zu vermeiden
     - Vorhersage des Verbrauchs und der Bestandsanforderungen
     - Automatisches Auslösen von Bestellungen basierend auf Verbrauchs- und Lieferzeitenmustern
     - Optimierung der Lagerverwaltung und Lieferkette
   - **Rollen relevant (Art. 3 KI-VO)**
     - Anbieter (Art. 3 Z 3 KI-VO): Unternehmen, die Supply-Chain-Management-Systeme entwickeln
     - Betreiber (Art. 3 Z 4 KI-VO): Hotels, Restaurants, Veranstaltungsorte, Transportunternehmen
   - **Vorteile:** Kosteneffizienz, Vermeidung von Engpässen, bessere Planung und Lagerverwaltung
   - **Risikostufen:**
     - **Hochrisiko-KI gem. Art. 6 KI-VO:** Nein, weder in Anhang I oder III gelistet
     - **Gibt es Berührungspunkte mit verbotener KI?** Nein, keine verbotenen Anwendungen identifiziert

4. **Wartungsmanagement (Segmente: 1, 2, 3, 4, 5, 6)**
   - **Beschreibung:** KI-Systeme zur Überwachung und Vorhersage von Wartungsbedarf an Attraktionen und Einrichtungen, um Ausfallzeiten zu minimieren
   - **Beispiele – KI-Anwendungsfälle:**
     - Sensoren und KI-Algorithmen, die den Zustand von Fahrgeschäften und Anlagen überwachen und Wartungsempfehlungen geben
     - Vorhersage von Wartungsbedarf basierend auf Sensordaten und Algorithmen
     - Optimierung der Wartungsplanung zur Minimierung von Ausfallzeiten

- **Rollen relevant (Art. 3 KI-VO)**
  - Anbieter (Art. 3 Z 3 KI-VO): Unternehmen, die Wartungsmanagementsysteme entwickeln
  - Betreiber (Art. 3 Z 4 KI-VO): Freizeitparks, Veranstaltungsorte, Transportunternehmen, Hotels, Restaurants
  - Akteur (Art. 3 Z 8 KI-VO): Wartungspersonal, Facility-Manager, IT-Dienstleister
- **Vorteile:** Vermeidung von Ausfällen, verlängerte Lebensdauer der Anlagen, höhere Sicherheit
  - **Risikostufen:**
  - **Hochrisiko-KI gem. Art. 6 KI-VO:** Nein, weder in Anhang I oder III gelistet
  - **Gibt es Berührungspunkte mit verbotener KI?** Nein, keine verbotenen Anwendungen identifiziert

5. **Qualitätskontrolle und Hygieneüberwachung (Segmente: 3, 9)**
   - **Beschreibung:** KI-gestützte Systeme, die die Qualität und Hygiene von Lebensmitteln und Küchen überwachen
   - **Beispiele – KI-Anwendungsfälle:**
     - Sensoren und KI-Algorithmen, die Anomalien in der Lebensmittelqualität erkennen oder die Einhaltung von Hygienestandards überwachen
   - **Vorteile:** Sicherstellung hoher Qualitäts- und Hygienestandards, Vermeidung von Lebensmittelverschwendung, Schutz der Gesundheit der Gäste
   - **Risikostufen:**
     - **Hochrisiko-KI gem. Art. 6 KI-VO:** Nein, weder in Anhang I oder III gelistet
     - **Gibt es Berührungspunkte mit verbotener KI?** Nein, keine verbotenen Anwendungen identifiziert

6. **Transport- und Verkehrsmanagement (Segmente: 2, 4, 5)**
   - **Beschreibung:** KI-gestützte Systeme zur Optimierung des Verkehrsflusses rund um die Veranstaltungsorte, einschließlich der Steuerung von Parkplätzen und öffentlichem Verkehr
   - **Beispiele – KI-Anwendungsfälle:**
     - Systeme, die Verkehrsströme analysieren und dynamische Verkehrsführungspläne erstellen, um Staus zu minimieren
     - Erstellung dynamischer Verkehrsführungspläne zur Vermeidung von Staus
     - Optimierung der Parkplatzsteuerung und des öffentlichen Verkehrs
   - **Rollen relevant (Art. 3 KI-VO)**
     - Anbieter (Art. 3 Z 3 KI-VO): Unternehmen, die Verkehrsmanagementsysteme entwickeln
     - Betreiber (Art. 3 Z 4 KI-VO): Veranstaltungsorte, Freizeitparks

- **Vorteile:** Reduzierung von Verkehrsproblemen, verbesserte Erreichbarkeit des Veranstaltungsortes, höhere Zufriedenheit der Teilnehmer
- **Risikostufen:**
  - **Hochrisiko-KI gem. Art. 6 KI-VO:** Nein, weder in Anhang I oder III gelistet
  - **Gibt es Berührungspunkte mit verbotener KI?** Nein, keine verbotenen Anwendungen identifiziert
  - **Transparenzpflichten gem. Art. 50 KI-VO:** Bei direkter Interaktion mit natürlichen Personen

7.10 Einsatz von KI beim autonomen Fahren

Isabella Hinterleitner

Der Begriff *autonom* bedeutet Unabhängigkeit und Selbstständigkeit und wird oft im Zusammenhang mit autonomen Fahrzeugen verwendet. Er impliziert, dass Fahrzeuge im Verkehr selbstständig lenken, beschleunigen und bremsen können. Der Weg zur Fahrzeugautonomie wird durch den Standard der SAE J3016 [1] beschrieben, die auf die zugehörige Norm zurückgeht. Die Norm legt Level 0 bis 5 fest, die selbstfahrende Fahrzeuge beschreiben, angefangen bei keiner Automatisierung (Level 0), Fahrerassistenz (Level 1), teilweiser Automatisierung (Level 2), bedingter Automatisierung (Level 3) bis zu hoher Automatisierung (Level 4) und vollständiger Automatisierung (Level 5).

Neben dem Begriff autonom findet man in der Literatur auch den Begriff *automatisiert*. Ein autonomes, selbstständiges System ist ebenfalls ein automatisiertes System. Die Bedeutung von automatisiert ist nach der IEC60050351 [2] definiert als „das Ausrüsten einer Einrichtung, sodass sie ganz oder teilweise ohne Mitwirkung des Menschen arbeitet“. Dies spiegelt sich auch in den Automatisierungsstufen für das automatisierte Fahren wider. Je höher der Automatisierungsgrad, desto weniger muss der Mensch als sichere Rückfallebene agieren. Der Begriff *automatisiertes Fahren* bedeutet in diesem Zusammenhang die Ausführung von Prozessschritten ohne menschliche Kontrolle.

Bild 7.2 beschreibt diese Stufen des autonomen Fahrens, wobei Stufe 1 eine Fahrerunterstützung wie ein Tempomat bedeutet, Stufe 2 gilt als Teilautomatisierung, bei der das Fahrzeug lenken und beschleunigen kann. Stufe 3 beinhaltet die bedingte Automatisierung, bei der das Fahrzeug lenken und beschleunigen sowie die Umgebungswahrnehmung übernehmen kann, der Mensch aber noch eingreifen muss, z. B. bei automatisierten Shuttles. Auf Stufe 4 (hochautomatisiert) führt das Fahrzeug unter bestimmten Bedingungen alle Fahraufgaben aus, wobei ein menschliches Eingreifen unter bestimmten Bedingungen möglich ist. Auf Stufe 5 (vollständig automatisiert) führt das Fahrzeug alle bekannten, angelernten Fahraufgaben aus.

Autonome Fahrzeuge der Stufe 2 (Teilautomatisierung) verfügen über eine oder mehrere Teilfunktionen, die den Fahrer unterstützen, z. B. die automatische Abstandsregelung (engl. Automatic Cruise Control) oder den automatischen Spurwechsel. Autonome Fahrzeuge der Stufe 4 (hochautomatisiert) sind dagegen in der Lage, autonom zu fahren, ohne dass der Fahrer in operative Entscheidungen eingebunden ist. Derzeit gibt es in Europa keine Fahrzeuge, die hochautomatisiert (Stufe 4) oder vollautonom (Stufe 5) laut der national geltenden Straßenverkehrsordnung (StVO) ohne Operator fahren dürfen.

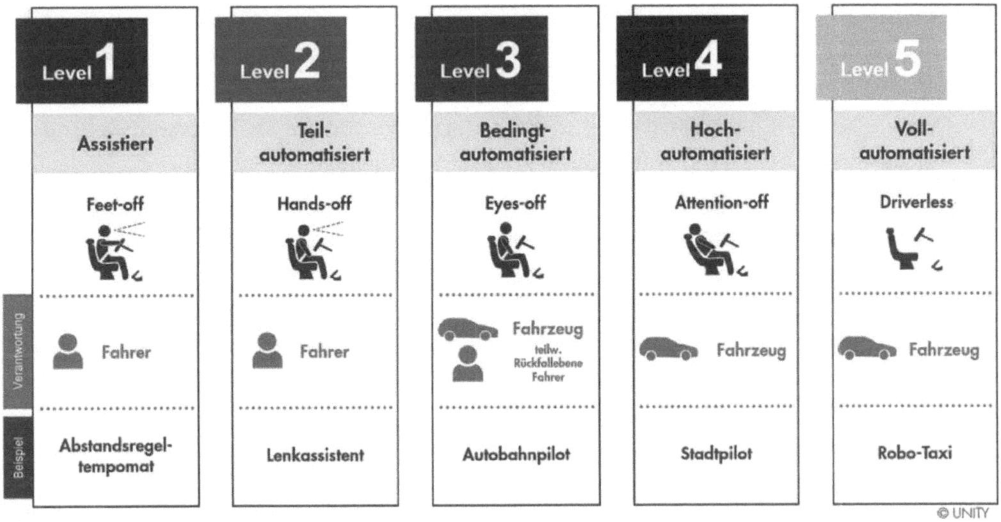

Bild 7.2 Automatisierungsstufen

Neben dem SAE-Standard findet aufgrund fehlender technischer Tiefe eine weitere Klassifikation statt. Es handelt sich um die Operational Design Domain (ODD), welche spezifische Betriebsbedingungen definiert, unter denen das automatisierte Fahrsystem ordnungsgemäß und sicher arbeiten soll. Die ODD legt daher Straßentypen, Geschwindigkeitsbereiche, Umgebungsbedingungen (einschließlich Wetter, Tag-/Nachtzeit), geltende Verkehrsgesetze und -vorschriften und andere Einschränkungen fest (SAE, 2018) [3]. Jeder Automatisierungsanwendungsfall der Stufen 1–4 ist nur in seiner spezifischen ODD nutzbar. Es ist möglich, dass die ODD eines Anwendungsfalls sehr begrenzt ist, z. B. eine getrennte Straße oder eine einzelne feste Route auf öffentlichen Straßen mit geringer Geschwindigkeit.

7.10.1 Österreichische & internationale Gesetzgebung

In Österreich wurde 2016 die **AutomatFahrV** [4] erlassen. Mit dem Inkrafttreten der zweiten Novelle im April 2022 wurde die Entwicklung des Rechtsrahmens zum Testen automatisierter Systeme weiter vorangetrieben. Mit der zweiten Version der Verordnung wurden weitere Anwendungsfälle für das automatisierte Testen von Fahrzeugen geschaffen.

Die Verordnung besteht aus acht Fällen, wobei fünf Fälle zum Testen gedacht sind: das automatisierte Fahrzeug zur Güterbeförderung, zur Personenbeförderung, der automatisierte Kleinbus, die automatisierte Arbeitsmaschine und das Heeresfahrzeug. Weiterhin gibt es drei weitere Anwendungsfälle für den Realbetrieb, wie beispielsweise den automatisierten Einparkassistenten.

Neben den Testfällen wurden neue Anforderungen für die Streckenanalyse und die Risikobewertung bei der Anmeldung einer Mobilitätslösung eingeführt.

Ein Kritikpunkt an der Gestaltung der AutomatFahrV ist die anwendungsfallbasierte Herangehensweise, die spezifisch, aber nicht für die Allgemeinheit ausgelegt ist. Aufgrund des raschen technischen Fortschritts auf dem Gebiet wurden in der Ausgestaltung der ursprünglichen Verordnung die weiteren Novellierungen notwendig. Daher ist davon auszugehen, dass künftig ein Gesetz für autonomes Fahren aus allgemeiner Sicht definiert wird, ähnlich wie es seit 2021 in Deutschland mit dem Gesetz für autonomes Fahren der Fall ist. [5]

Zudem wurden neue Anforderungen für die Streckenanalyse und die Risikobewertung hinsichtlich der Einführung eines Fahrzeugs eingeführt. Diese Risikobewertung beinhaltet eine gründliche Analyse der Strecke im öffentlichen Bereich in einzelne Streckenabschnitte von 100–200 m und bedeutet derzeit für die Betreiber und Genehmiger in der Regel einen großen Aufwand. Zukünftig wird die Einführung eines Streckenanalyse- und Bewertungswerkzeugs von großer Bedeutung, wenn Hersteller auf den österreichischen Markt kommen.

Auf internationaler Ebene existiert die General Safety-Verordnung(EU-Verordnung 2019/2144) – diese EU-Verordnung sieht bei allen neuen Erstzulassungen verpflichtende Assistenzsysteme vor, wie beispielsweise den intelligenten Tempomaten, Rückfahrtassistenten, Warnsystem bei Müdigkeit, das Notbremslicht bei Pkw.

Außerdem ist auf europäischer Ebene die Durchführungsverordnung EU 2022/1426 relevant. Die im September 2022 in Kraft getretene Verordnung gilt in Hinblick auf einheitliche Verfahren und technische Spezifikationen für die Typengenehmigung des automatisierten Fahrsystems vollautomatisierter Fahrzeuge. Unter dem Begriff vollautomatisierte Fahrzeuge werden diesbezüglich Fahrzeuge verstanden, die in einem festgelegten Betriebsbereich (der bereits genannten ODD) eingesetzt werden sollen, wobei kein Fahrer mehr im Fahrzeug vorhanden ist. Die Regelung umfasst derzeit Kleinserien von maximal 250 Einheiten von Fahrzeugen pro Jahr in einem Mitgliedstaat. Die Durchführungsverordnung wurde eingeführt, um die Sicherheit der Systeme zu bewerten, bevor eine Zulassung in der EU erfolgen kann. In Österreich gibt es bislang (Stand 2024) kein Unternehmen, das diese Zulassung in Anspruch genommen hat, da die derzeitige gültige Verordnung (AutomatFahrV) für den automatisierten Personenverkehr lediglich das Testen erlaubt.

Nicht zuletzt gibt es die UNECE-R 157, die im Januar 2021 in Kraft getreten ist und hinsichtlich der Spurhaltesysteme (engl. Automated Lane Keeping Systems) die Situation für Level-3-Systeme regelt. ALK-Systeme übernehmen auf der Autobahn oder auf autobahnähnlichen Straßen die automatische Spurhaltung bis zu einer Geschwindigkeit von 60 km/h. In Deutschland erfolgte bereits die erste Typengenehmigung für ein ALK-System durch Mercedes Benz.

Ebenfalls relevant aus internationaler, europäischer Sicht ist die Datenschutzgrundverordnung (DSGVO). Autonome Fahrzeuge bestehen aus einer Vielzahl von Steuergeräten und damit verknüpften Sensoren, die Daten auslesen und an den Hersteller weitergeben. Beispielsweise Mercedes zeichnet neben den GPS-Positionsdaten, den Kilometerstand, den Verbrauch, die Tankfüllung, den Reifendruck und die Füllstände der Betriebsflüssigkeiten im Fahrzeug auf.

In diesem Zusammenhang wurde im Tätigkeitsbericht zum Datenschutz bereits 2015 festgestellt, dass unzureichende Vorkehrungen dafür getroffen werden, dass im Car-to-Car-Bereich auf Basis der ausgetauschten Fahrdaten keine personenbezogenen Bewegungsprofile erstellt werden können. Gemäß der DSGVO sind Bewegungsprofile ebenfalls personenbezogene Daten (siehe Kapitel 4).

Die Umfeldwahrnehmung des Fahrzeugs sorgt dafür, dass Objekte und Personen durch Kameras erkannt werden und auf diese reagiert wird, indem das Fahrzeug bremst. In der Entwicklung dieser Personenerkennungsalgorithmen werden Verfahren aus der künstlichen Intelligenz (KI) angewendet. Der Algorithmus „You look only Once“ (YOLO) sorgt dafür, dass Personen in Echtzeit erkannt werden, wobei das Verfahren aus einem „trainierten“ neuronalen Netzwerk besteht. YOLO gehört zur Gruppe der rasterbasierten Deep-Learning-Verfahren, was bedeutet, dass das Bild in ein Raster zerlegt und in dem Rasterbild nach dem Merkmal gesucht wird. Dabei spielt es für das Verfahren keine Rolle, welche Identität oder personenbezogenen Merkmale die Personen haben; ein erkanntes Objekt wird lediglich mit einem Rechteck zur Markierung versehen.

7.10.2 Entwicklung autonomer Fahrfunktionen

In der Entwicklung des autonomen Fahrens definiert der Standard ISO 26262 [5] die funktionale Sicherheit. Sie ist an dieser Stelle definiert als die „Abwesenheit von unangemessenen Risiken aufgrund von Gefahren, die durch fehlerhaftes Verhalten von Systemen“ eintreten können. Wobei Fehlverhalten das „Versagen oder unbeabsichtigte Verhalten eines Elements in Bezug auf seine Konstruktionsabsicht in der Entwicklung“ ist.

Das V–Modell ist ein schrittweises Prozessmodell, das zur Integration und Entwicklung von Software im autonomen Fahren verwendet wird. Es wird in der Regel nicht eine Funktion entwickelt, sondern in der Anforderungsanalyse werden multiple Anforderungen für eine Objekterkennung definiert, die danach in der Systemarchitektur (Schritt 2) und in der Software-Architektur (Schritt 3) abgebildet werden. Den eigentlichen Softwarecode findet man in der Software-Architektur und im Entwurf. Der rechte Teil des Diagramms legt das Testen der Funktionen fest – je nach Stadium auf der linken Seite wird auf der rechten Seite der zugehörige Test durchgeführt.

Die ISO 26262 umfasst ebenfalls eine Risikobewertung der autonomen Fahrfunktionen. Diese wird durch eine Fehlermethoden- und Einflussanalyse (FMEA), Ereignisbaumanalyse (ETA) oder Fehlerbaumanalyse (FTA) unterstützt. In der Entwicklung von KI-basierten Funktionen für autonomes Fahren ist die Entwicklung nach ISO 26262 eine Standardmethode, um von den Softwareanforderungen bis zum Systemtest zu gelangen und hierbei eine Transparenz nachzuweisen.

Der Ansatz gemäß ISO 26262 zur Erreichung eines akzeptablen Risikos wird in Bild 7.3 erläutert, mit Verweis auf eine ähnliche Diskussion des Sicherheitsintegritätslevels (SIL) der IEC 61508. Ein hohes vorläufiges Risiko (ASIL D) impliziert eine große erforderliche Risikominderung während der Entwicklung, was zu strengen Anforderungen an die Entwicklung eines Produkts führt. Ein niedriges vorläufiges Risiko (z. B. ASIL A) bedeutet hingegen eine geringe erforderliche Risikominderung, was zu weniger strengen Anforderungen an die Entwicklung einer Sache führt. Das akzeptable Risiko ist nicht explizit in der ISO 26262 definiert, sondern wird durch die ASIL-spezifischen Anforderungen über die Spezifikation der Sicherheitsziele an die Produktentwicklung vorgegeben.

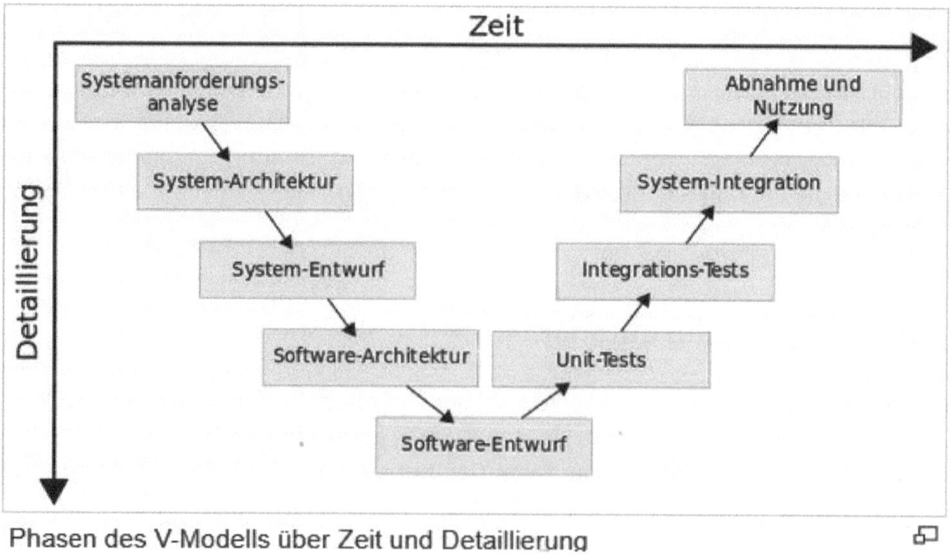

Bild 7.3 V–Modell der Softwareentwicklung

7.10.3 Die KI-VO und autonomes Fahren

Auf Basis des vorgestellten Software-Entwicklungsmodells kann man sehen, dass in der Entwicklung einer Software für autonomes Fahren eine Menge Teilfunktionen beteiligt sind, was die Einstufung im Falle der KI-VO nicht trivial macht.

Im Kontext des autonomen Fahrens wird eine Verkürzung der Entwicklung – Validierung/Testing – und Homologation unter Einhaltung aller rechtlichen und qualitativen Rahmenbedingungen erforderlich sein. Insbesondere ist zu beobachten, dass im Bereich der Validierung von Software verstärkt KI zum Einsatz kommen wird. Nur so kann die Menge an Softwarecode beherrschbar gemacht werden.

Die KI-VO wird in Zukunft genau in der Entwicklung ansetzen und vorschreiben, dass Objekterkennungssysteme, die in (teil-)autonomen Fahrzeugen eingesetzt werden, strenge Test- und Validierungsverfahren durchlaufen müssen, um ihre Sicherheit und Zuverlässigkeit zu gewährleisten, da sie sich im Bereich der Hochrisikoanwendungen einordnen. Der Grund dafür liegt darin, dass beim Versagen einer Objekterkennungsfunktion die Person nicht erkannt wird und somit angefahren und verletzt werden kann.

Die bereits erwähnten Verfahren aus dem V–Modell werden in die Entwicklung von KI-basierten Validierungssystemen eingehen müssen, um eine effiziente Kontrolle von Systemen zu ermöglichen. Nichtsdestotrotz wird es jedoch notwendig sein, im gesamten Kontext der Validierung und Testung zuletzt noch den Menschen im Realbetrieb einzubinden.

Der TÜV Süd hat zusammen mit der AVL LIST ein Verfahren entwickelt, um künftig autonome Fahrzeuge zu testen. Für eine effiziente Validierung und Homologation, das bedeutet die Zulassung von Fahrzeugen und Fahrzeugkomponenten, ist eine Kombination aus virtuellen und realen Tests am Prüfstand und am Testgelände zwingend notwendig, um die Komplexität und Situationsvielfalt abbilden zu können. Derzeit bestehen noch keine heranziehbaren internationalen gesetzlichen Regularien für automatisierte Fahrfunktionen, es gibt jedoch laufende Aktivitäten zum Beispiel bei den Vereinten Nationen.

In Bezug auf die KI-VO ist außerdem auf Anhang I hinzuweisen, der keinen Anspruch auf Vollständigkeit hat. Die Anwendbarkeit eines Rechtsakts aus Anhang I führt zu der Annahme, dass es sich dabei um ein Hochrisiko-KI-System handelt. Dazu muss es sich beim eingesetzten KI-System um eine Sicherheitsbauteil eines Produkts gemäß eines der genannten Rechtsakte handeln, oder das Produkt selbst ist das KI-System oder das KI-System muss als Produkt eine Konformitätsbewertung eines aufgezählten Rechtsakts durchlaufen (siehe Abschnitt 3.4).

In Anhang I finden sich ergänzend zur KI-VO genannte Vorschriften in Zusammenhang mit autonomen Fahrzeugen:

- Verordnung (EU) Nr. 168/2013 des Europäischen Parlaments und des Rates vom 15. Januar 2013 über die Genehmigung und Marktüberwachung von zwei- oder dreirädrigen und vierrädrigen Fahrzeugen
- Verordnung (EU) 2018/858 des Europäischen Parlaments und des Rates vom 30. Mai 2018 über die Genehmigung und die Marktüberwachung von Kraftfahrzeugen und Kraftfahrzeuganhängern sowie von Systemen, Bauteilen und selbstständigen technischen Einheiten für diese Fahrzeuge
- Verordnung (EU) 2019/2144 des Europäischen Parlaments und des Rates vom 27. November 2019 über die Typgenehmigung von Kraftfahrzeugen und Kraftfahrzeuganhängern sowie von Systemen, Bauteilen und selbstständigen technischen Einheiten für diese Fahrzeuge im Hinblick auf ihre allgemeine Sicherheit und den Schutz der Fahrzeuginsassen und von ungeschützten Verkehrsteilnehmern

Quellen

[1] On-road automated driving (ORAD) committee. Taxonomy and definitions for terms related to driving automation systems for on-road motor vehicles. SAE International, 2021

[2] Austrian Standards International. IEC60050351 International Electrotechnical Vocabulary (IEV) – Part 351: Automatic control. Wien: Austrian Standards International, 2016

[3] Czarnecki, Krzysztof. Operational design domain for automated driving systems. Taxonomy of Basic Terms ", Waterloo Intelligent Systems Engineering (WISE) Lab, University of Waterloo, Canada, 2018

[4] *https://www.austriatech.at/assets/Uploads/Fokusseiten/Kontaktstelle-Automatisierte-Mobilitaet/Dokumente/294145da59/AutomatFahrV-Fassung-vom-12. 04. 2022.pdf*, letzter Zugriff am 19. 03. 2024

[5] *https://bmdv.bund.de/SharedDocs/DE/Anlage/Gesetze/Gesetze-19/gesetz-aenderung-strassenverkehrsgesetz-pflichtversicherungsgesetz-autonomes-fahren.pdf?__blob=publicationFile* Letzter Zugriff am 19. 03. 2024

[6] ISO 26262-2:2018-12 Straßenfahrzeuge – Funktionale Sicherheit – Teil 2: Management der Funktionalen Sicherheit

[7] *https://www.tuvsud.com/de-at/-/media/de/auto-service/pdf/atzextra-autom-fahren_tv-sd.pdf* Letzter Zugriff am 19. 03. 2024

8 Öffentlicher Sektor

Kristina Altrichter, Karin Bruckmüller, Veronica Cretu, Theresa Tisch, Natascha Windholz

8.1 „Public Decision-Making" und KI

Theresa Tisch

Stellt man die Frage nach der Verwendung von KI-Systemen im Bereich der Entscheidungsfindung im öffentlichen Sektor, muss primär bedacht werden, dass **vollautomatisierte Verwaltungsverfahren**, beispielsweise im Kontext mit der Erlassung von Abgabenbescheiden in der Finanzverwaltung, bereits in Österreich etabliert sind und der standardmäßigen Vorgehensweise entsprechen. Die hierbei zur Anwendung kommenden Systeme basieren meist auf klaren Codierungsgrundlagen, die in Form von Wenn-dann-Befehlen ausgestaltet sind und Daten dementsprechend stets auf dieselbe Weise verarbeiten. Man spricht in diesem Zusammenhang von sogenannten regelbasierten Systemen, die nicht als KI zu werten sind (vgl. § 96 öBAO) [3] [1].

Demgegenüber analysiert ein KI-System, welches seitens der Nutzerinnen und Nutzer als **Entscheidungshilfe** oder vollautomatisiertes Entscheidungsfindungstool herangezogen wird, die den Daten zugrunde liegenden Muster und Regeln, um ebendiese beispielsweise im Rahmen des Subsumtionsprozesses von Tatbestandsmerkmalen einer Anspruchsgrundlage auch auf verschiedentliche voneinander abweichenden Antragunterlagen anzuwenden [3]. Je komplexer der selbst erlernte Mechanismus dabei wird, umso schwieriger wird es für die verantwortlichen Personen, einzelne Zwischenschritte der Entscheidungsfindung nachzuvollziehen. Ebensolche Entscheidungsfindungstools eröffnen nicht nur den Anwendungsbereich der KI-VO, sondern sind nach deren Methodik je nach Zweck der Anspruchsvergabe der zur prüfenden Leistung als hochriskant einzuordnen und unterliegen hierbei stringenteren Nutzungsbestimmungen. Zusätzlich zu den sich aus der KI-VO ergebenden Bestimmung ist stets mitzudenken, dass auch für automatisierte Entscheidungsfindungstools, unabhängig davon, ob es sich dabei um ein KI-System handeln mag, dieselben national einschlägigen Verfahrensbestimmungen gelten wie bei einem traditionell durchgeführten Verwaltungsverfahren. Dazu zählt insbesondere das Recht des Antragstellers bzw. der Antragsstellerin auf rechtliches Gehör sowie die Begründung der Entscheidung und eine effektive **Rechtsschutzmöglichkeit** [2].

8.1.1 Anwendungsfälle in Anhang III der KI-VO

In KI-VO Anhang III wird eine Liste von Anwendungsmöglichkeiten von KI-Systemen genannt, bei welchen sich eine gewisse Risikohaftigkeit bereits zeigte oder eine ebensolche absehbar ist. Die bestehenden Anwendungsfälle tangieren dabei insbesondere Bereiche, in welchen der Einsatz von KI aufgrund des entsprechenden Tätigkeitsfeldes sowie der Funktionsweise des jeweiligen Systems als besonders „sensibel" erachtet wird. In diesen Fällen sollen die in der KI-VO vorgesehenen erhöhten Anforderungen an hohe Datenqualität, Dokumentation und Rückverfolgbarkeit, Transparenz, menschliche Aufsicht, Präzision und Robustheit dazu dienen, Risiken von Grundrechtseingriffen oder Sicherheitsrisiken abzumildern, die mit diesen KI verbunden sind und die nicht durch andere bestehende Rechtsvorschriften abgedeckt werden (vgl. ErwG 72 und 73 KI-VO).

Klassifizierungsregeln für KI-Systeme mit **hohem Risiko** finden sich in Art. 6 KI-VO, wobei für die in Anhang III KI-VO aufgelisteten Anwendungsfälle der KI-VO insbesondere Art. 6 Abs. 2 und 3 KI-VO einschlägig sind. Als wesentliche Voraussetzung für die Zurechnung der in Anhang III KI-VO genannten Fälle als Hochrisikosystem wird in Art. 6 Abs. 3 KI-VO genannt, dass ebendiese kein erhebliches Risiko der Beeinträchtigung in Bezug auf Gesundheit, Sicherheit oder Grundrechte natürlicher Personen darstellen und unter anderem nicht das Ergebnis der Entscheidungsfindung wesentlich beeinflussen.

Zudem gilt ein System im Anwendungsbereich des Anhangs III gemäß Art. 6 Abs. 3 KI-VO nicht als hochriskant, wenn

- das KI-System dazu bestimmt ist, eine eng gefasste Verfahrensaufgabe durchzuführen (lit. a),
- das KI-System dazu bestimmt ist, ein Ergebnis, das zuvor durch menschliche Tätigkeit durchgeführt wurde, zu verbessern (lit. b),
- das KI-System dazu bestimmt ist, Entscheidungsmuster oder Abweichungen von früheren Entscheidungsmustern zu erkennen, und ist nicht dazu gedacht, die zuvor abgeschlossene menschliche Bewertung ohne eine angemessene menschliche Überprüfung zu ersetzen oder zu beeinflussen (lit. c),
- das KI-System dazu bestimmt ist, eine vorbereitende Aufgabe für eine Bewertung durchzuführen, die für die Zwecke der in Anhang III aufgeführten Anwendungsfälle relevant ist (lit. d).

8.1.2 Beispiel: Vergabe von Sozialleistungen

Ein Anwendungsfall für hochriskante Systeme des Anhang III sind KI-Systeme, die bestimmungsgemäß „von Behörden oder im Namen von Behörden verwendet werden sollen, um zu beurteilen, ob natürliche Personen Anspruch auf grundlegende öffentliche Unterstützungsleistungen und -dienste, einschließlich Gesundheitsdiensten, haben und ob solche Leistungen und Dienste zu gewähren, einzuschränken, zu widerrufen oder zurückzufordern sind" (vgl. Anhang III Z 8 lit. a KI-VO). Dies impliziert bereits, dass es sich hier um Fälle handelt, in welchen eine Behörde als Betreiberin im Sinn des Art. 3 Z 4 KI-VO auftritt.

Ein mögliches Szenario für die Gewährung staatlicher Unterstützungsleistungen an natürliche Personen von den zuständigen Behörden ist die Auszahlung von Sozialhilfeleistungen an akut Armutsgefährdete. Bezugsberechtigt ist nach den jeweiligen nationalen gesetzlichen Grundlagen (vgl. beispielsweise in Deutschland § 27 SGB XII. bzw. § 5 SH-GG), wer den notwendigen Lebensunterhalt nicht oder nicht ausreichend aus eigenen Kräften und Mitteln bestreiten kann. Dabei ist seitens der zuständigen nationalen Behörde zu prüfen, in welchem Ausmaß eigene finanzielle Mittel insbesondere das eigene Einkommen und bestehendes Vermögen oder offene Forderungen gegen Dritte etc. vorhanden sind oder auch wie sich die Wohnsituation des Bezugsberechtigten gestaltet.[1] Die Prüfung der eingegangenen Unterlagen bzw. der Ausgleich mit anderen Behörden wie z. B. Asylbehörden, Arbeitsmarktservice etc. kann mittels automationsunterstützter Systeme erfolgen. Der **Subsumtionsprozess** für einzelne zu prüfende Tatbestandsmerkmale kann dabei potenziell von KI-Systemen übernommen werden. Zudem besteht auf die Vergabe von Sozialhilfe (bedarfsorientierte Mindestsicherung in Ö) ein subsidiärer Anspruch, insofern der Antragsteller oder die Antragstellerin bzw. der Antragsteller keine Leistungen aus anderen Töpfen wie beispielsweise Arbeitslosengeld erhält.

Geht man nun davon aus, dass die Prüfung der Anspruchsberechtigung auf Vergabe von Sozialleistungen, wie z. B. der bedarfsorientierten Mindestsicherung bzw. Sozialhilfe, von automationsunterstützten Systemen übernommen werden kann, wäre dies ein Fall, bei welchem eine Behörde die Anspruchsberechtigung einer Person auf eine grundlegende öffentliche Unterstützungsleistung das Vorliegen entsprechender Voraussetzungen wie Hauptwohnsitz, Einkommensgrenze, Deckung des Wohnbedarfs etc. zu prüfen hat. Werden derlei Anwendungen nun seitens Verwaltungsmitarbeiterinnen und -mitarbeitern als Betreiber im Sinne des Art. 3 Z 4 KI-VO genutzt, um Entscheidungen im Rahmen von Verwaltungsverfahren vorzunehmen, welche die *Ansprüche von grundlegenden öffentlichen Unterstützungsleistungen und Diensten* (Anhang III Z 5 lit. a KI-VO) sowohl zusagen, verwehren oder bestehende Ressourcen

[1] Genaue Auflistung der Kriterien für eine Anspruchsberechtigung finden sich in den einschlägigen nationalen Vorschriften §§ 27–40 SGB XII in Deutschland bzw. in Österreich auf Landesebene bspw. Wiener Mindestsicherungsgesetz (WMG).

verteilen, tangiert dies den Anwendungsbereich von Hochrisiko-KI-Systemen und wird sodann stringenter reglementiert. Das verwendete System hat sodann die in Abschnitt 2 und 3 KI-VO festgelegten Anforderungen zu erfüllen. Die Verwaltung als Betreiber des Systems wird hierbei gemäß Art. 26 KI-VO dazu verpflichtet, geeignete technische und organisatorische Maßnahmen zu ergreifen, um sicherzustellen, dass solche Systeme entsprechend der den Systemen beigefügten Betriebsanleitungen (vgl. Art. 13 Abs. 2 KI-VO) verwendet werden können. Die Betreiber haben natürlichen Personen, welche über die erforderliche Kompetenz, Ausbildung und Befugnis verfügen, die menschliche Aufsicht zu übertragen und lassen die erforderliche Unterstützung zukommen (Art. 13 KI-VO; Art. 14 Abs. 2 KI-VO).

Ist eine natürliche Person als Antragstellerin bzw. Antragsteller an die öffentliche Stelle getreten und wird bei der Vergabe einer öffentlichen Leistung oder Dienstleistung durch die rechtswirksame **Entscheidungsfindung** wesentlich benachteiligt oder ergeben sich sonstige nachteilige Auswirkungen auf Gesundheit, Sicherheit oder Grundrechte der Antragstellerin bzw. des Antragstellers, sieht Art. 86 KI-VO eine Art Transparenzpflicht vor: Dem Antragsteller bzw. der Antragstellerin steht es zu, vom Einsatzbetrieb klare und aussagekräftige Erklärungen zur Rolle des KI-Systems in der Entscheidungsfindung sowie zu den wichtigsten Elementen der getroffenen Entscheidungsfindung zu erhalten.

Dies sollte derart ausgestaltet sein, dass die Betreiber in der Lage sind, zu verstehen, wie das KI-System funktioniert, wie seine Funktionalität zu bewerten ist und wie seine Stärken und Grenzen zu erfassen sind (ErwG 72 KI-VO). Anbieter solcher Systeme im Sinne des Art. 3 Z 3 KI-VO haben geeignete Maßnahmen zu treffen, sodass beim Inverkehrbringen und bei der Inbetriebnahme seitens der Verwaltung als Betreiber eine transparente Entscheidungsfindung ermöglicht wird.

Fraglich bei der Abgrenzung, ob Unterstützungsleistungen und Leistungen, die von einer Behörde oder sonstigen öffentlichen Stelle im Sinne der KI-VO als hochriskant gelten, wird die „Wesentlichkeit" sein. Hier besteht unter Umständen das Potenzial für eine Abgrenzungsproblematik im Einzelfall bei der Frage, ob ein KI-System als hochriskant zu bewerten ist.

Ungeachtet der KI-VO werden Antragstellerinnen und Antragsteller bei der Anwendung von vollautomatisierten Entscheidungsfindungstools von Art. 22 DSGVO immer dann geschützt, wenn durch ebendiese persönlichen Aspekte der Person bewertet werden („**Profiling**"), die Entscheidung gegenüber der Person rechtliche Wirkung entfaltet und/oder sie in ähnlicher Weise erheblich beeinträchtigt [5] (siehe außerdem Kapitel 4, Datenschutz).

8.1.3 Beispiel: Vergabe von Kindergartenplätzen („Kitaplätze")

Für die Vergabe von Kindergartenplätzen befindet sich in der Verwaltung von Warschau bereits gegenwärtig ein KI-System in Nutzung, welches auf Basis der durch die Eltern angegebenen Daten mittels Algorithmus eine bestimmte Punkteanzahl berechnet und so das jeweilige Kind, welches sozusagen um einen Kindergartenplatz „wirbt", per Algorithmus an eine Einrichtung zuweist [6] [4].

Das System übernimmt somit die Allokationsfunktion einer (potenziellen) Ressourcenfrage. Im Hinblick auf die Funktionsweise der KI handelt es sich dabei um eine Zusammenführung von experten- und regelbasierten Systemen, welche mit Systemen zwecks algorithmischer Entscheidungsfindung zusammengeführt wurden, sprich zwei unterschiedliche KI-Entwicklungen, mit dem Zweck, Entscheidungsprozesse zu erleichtern und weitgehend zu automatisieren. Diese Systematik findet also im Ergebnis nicht nur in der Privatwirtschaft, sondern auch im öffentlichen Sektor Anwendung und erstreckt sich somit auf Entscheidungsfindungsprozesse, in welchen die Verwaltung als Betreiber von KI auftritt.

Ein solcher Anwendungsfall der Nutzung eines KI-Systems durch eine öffentliche Einrichtung ist von Anhang III Z 3 lit. a KI-VO erfasst und bezieht sich auf KI-Systeme, die bestimmungsgemäß zur Feststellung des Zugangs oder der Zulassung bzw. der Zuweisung natürlicher Personen zu Einrichtungen aller Ebenen der allgemeinen und beruflichen Bildung verwendet werden sollen und somit als hochriskant einzustufen sind.

Wie bereits in Abschnitt 8.1.2 näher ausgeführt, gelten bei Hochrisiko-Systemen die in der KI-VO vorgesehenen Verpflichtungen für Anbieter, Betreiber etc. (vgl. insbesondere Art. 6, 13, 26 KI-VO).

Quellen

[1] Denk, Michael: *ZTR 2019, 189: Der maschinell erstellte Bescheid (Teil I) (Michael Denk): RDB Rechtsdatenbank*. URL *https://rdb.manz.at/document/rdb.tso.LIztr20190403* – abgerufen am 15. 08. 2024.

[2] Eisenberger, Iris; Merli, Franz: *Automatisierung, Algorithmen und künstliche Intelligenz in der öffentlichen Verwaltung. Eine Positionsbestimmung | JRP Heft 1, Mai 2023, Band 31*. URL *https://www.verlagoesterreich.at/automatisierung-algorithmen-und-kuenstliche-intelligenz-in-der-oeffentlichen-verwaltung.-eine-positionsbestimmung/99.105005-jrp202301002501* – abgerufen am 15. 08. 2024 – Verlag Österreich.

[3] Fernbach, Sarah Anna: *ZfV 2024/11 – Bescheiderlassung durch Künstliche Intelligenz aus rechtsstaatlicher Sicht – LexisNexis Zeitschriften*. URL *https://lesen.lexisnexis.at/_/bescheiderlassung-durch-kuenstliche-intelligenz-aus-rechtsstaatl/artikel/zfv/2024/2/ZfV_2024_02_011.html* – abgerufen am 15. 08. 2024.

[4] Henning, Arian; Langenbach, Pascal: Bridging the Human-Automation Fairness Gap: How Providing Reasons Enhances the Perceived Fairness of Public Decision-Making. In: *SSRN Electronic Journal* (2024).

[5] Haidinger in Knyrim Rainer (Hrsg.): *Der DatKomm – Praxiskommentar zum Datenschutzrecht*, 2022, Art 22 DSGVO Rz 1 – ISBN 978-3-214-17316-6

[6] Misuraca, Gianluca; Van, NOORDT Colin: *AI Watch – Artificial Intelligence in public services*. URL *https://publications.jrc.ec.europa.eu/repository/handle/JRC120399* – abgerufen am 15. 08. 2024 – JRC Publications Repository.

8.2 Einsatz von KI in der Strafverfolgung

Kristina Altrichter/Karin Bruckmüller

Die kürzlich beschlossene KI-VO der europäischen Union sieht auch für die Anwendung von KI-Systemen im strafrechtlichen Bereich Regeln vor. Hintergrund der im Folgenden näher erläuterten Maßnahmen waren u. a. die europaweit zunehmend [1] in der Strafverfolgung eingesetzten, jedoch mit möglichen (grund)rechtlichen Eingriffen verbundenen [1] KI-basierten Technologien. Diese können etwa zu Risikoeinschätzungen von Personen und Kriminalitätsvorhersagen eingesetzt werden und die weitere Strafverfolgung beeinflussen [1] [2].

Konkret geht es um die Verwendung sogenannter biometrischer Echtzeit-Fernidentifizierungssysteme; nämlich KI-gestützte Systeme, durch die gemäß Artikel 3 der KI-VO eine Identifizierung „natürlicher Personen, ohne ihre aktive Einbeziehung und i. d. R. aus der Ferne" durchgeführt werden kann (siehe Art. 3 Z 41 KI-VO). Dies indem biometrische, d. h. personenbezogene Daten – die sich auf bestimmte Merkmale einer Person beziehen, z. B. Gesichtsbilder und etwa durch „Live-Material" oder „Near-Live-Material" (z. B. Videoaufnahmen, vgl. ErwG 17 KI-VO) gewonnen werden (siehe Art. 3 Z 34 KI-VO) – mit jenen biometrischen Daten von Personen abgeglichen werden, die in einer Referenzdatenbank gespeichert sind (siehe Art. 3 Z 41 KI-VO). Die Funktion eines biometrischen Fernidentifizierungssystems in Echtzeit lässt dabei „die Erfassung biometrischer Daten, den Abgleich und Identifizierung ohne erhebliche (zeitliche) Verzögerung erfolgen" (siehe Art. 3 Z 42 KI-VO). Damit kann vorausschauende Polizeiarbeit, mit der Personen, die etwa potenziell gefährlich, verdächtig oder Opfer geworden sind, gefunden werden, erfolgen/betrieben werden.

Trotz der mit diesen Systemen einhergehenden Kriminalprävention und des Schutzes für Opfer, können sie jedoch auch zu Grundrechtsverletzungen der Personen, auf die solche Systeme angewendet werden, führen [2]. Dies betrifft u. a. etwa die Würde des Menschen, das Recht auf Nichtdiskriminierung und für den strafrechtlichen Bereich auch die Unschuldsvermutung und damit das Recht auf ein faires Verfahren [1].

Darüber hinaus kann der Einsatz solcher Systeme auch beeinträchtigend für die Privatsphäre eines Großteils der Bevölkerung sein und dazu führen, dass ein Gefühl der ständigen Überwachung hervorgerufen wird. Es kann damit indirekt von der Ausübung der Versammlungsfreiheit und anderer Grundrechte abhalten (siehe ErwG 32 KI-VO). Hinzu kommt die Gefahr, dass technische Ungenauigkeiten von KI-Systemen zu falschen Ergebnissen führen und damit Diskriminierungen bewirken können, insbesondere in Bezug auf das Alter, ethnische Herkunft, Rasse, Geschlecht oder Behinderungen (siehe ErwG 32 KI-VO).

Dem grundsätzlichen Ziel, dass KI im Rahmen der Strafverfolgung auch mit den Werten der Europäischen Union im Einklang steht, soll daher durch die nun beschlossene Verordnung Rechnung getragen werden (siehe ErwG 1, 3, 33 KI-VO). Dementsprechend konsensual verlief das Gesetzgebungsverfahren zur KI-VO zumindest hinsichtlich eines grundsätzlichen Verbots vorausschauender Polizeiarbeit in Bezug auf einzelne Personen. Die Ausnahmen vom Verbot, wann solche Systeme dennoch eingesetzt werden dürfen, stellten dagegen einen großen Streitpunkt dar, der langwierige und intensive Verhandlungen mit sich brachte. Durch ein Ausbalancieren der verschiedenen Interessen kam es schließlich erst im Dezember 2023 zu den beschlussreifen Kompromissen und damit finalen Regelungen für die Strafbehörden in der europäischen Union [3] [4].

8.2.1 Einsatz biometrischer Echtzeit-Fernidentifizierungssysteme

Grundsätzlich verbotene Praktik

Artikel 5 KI-VO regelt die verbotenen Praktiken im Zusammenhang mit KI und nennt hier auch die biometrischen Echtzeit-Fernidentifizierungssysteme natürlicher Personen in öffentlich zugänglichen Räumen durch Strafverfolgungsbehörden. Es umfasst Systeme sofortiger Identifizierung, aber auch jene mit „begrenzten kurzen Verzögerungen", um gerade hier eine Umgehung der einschlägigen Vorschriften zu verhindern (Art. 3 Z 42 KI-VO). Damit wird explizit ein grundsätzliches Verbot für derartige KI-Einbindungen festgelegt. Obwohl diese Systeme eine verbotene Praktik darstellen, ist deren Einsatz, soweit es in Ausnahmefällen erforderlich ist, unter bestimmten Voraussetzungen dennoch zulässig.

Erlaubter Einsatz unter strengen Voraussetzungen

Biometrische Echtzeit-Fernidentifizierungssysteme sind gemäß Artikel 5 Abs. 1 lit h KI-VO einerseits zum Schutz potenzieller Kriminalitätsopfer sowie vermisster Personen und andererseits zur (strafrechtlichen) Verfolgung von Personen erlaubt.

So dürfen diese KI-Systeme verwendet werden, wenn es für die Suche nach bestimmten Opfern von Entführung, Menschenhandel oder sexueller Ausbeutung sowie nach vermissten Personen (allgemein) unumgänglich ist (siehe Art. 5 Abs. 1 lit h sublit i KI-VO).

Darüber hinaus ist der Einsatz biometrischer Echtzeit-Fernidentifizierungssysteme auch zur Abwehr einer konkreten, erheblichen und unmittelbaren Gefahr für das Leben oder die körperliche Unversehrtheit natürlicher Personen oder zur Abwehr einer bestehenden oder vorhersehbaren Gefahr eines terroristischen Anschlags erlaubt (siehe Art. 5 Abs. 1 lit h sublit ii KI-VO).

Die Zulässigkeit ist ebenso zum Aufspüren oder Identifizieren von Person gegeben, bei denen davon ausgegangen wird, dass sie eine schwere Straftat begangen haben könnten und daher wegen bestimmter explizit genannter schwerer Verbrechen verdächtigt sind (siehe Art. 5 Abs. 1 lit h sublit iii KI-VO). Konkret geht es dabei u.a. um die Straftaten des Terrorismus, Menschenhandel, sexuelle Ausbeutung von Kindern und Kinderpornografie, illegalen Handel mit Drogen und psychotropen Stoffen, illegalen Handel mit Waffen, Munition oder Sprengstoffen, Mord, schwere Körperverletzung, illegalen Handel mit menschlichen Organen oder menschlichem Gewebe, illegalen Handel mit nuklearen oder radioaktiven Substanzen, Entführung, Freiheitsberaubung oder Geiselnahme (vgl. Anhang II KI-VO). Dies bezieht sich dabei auf den Zweck der Durchführung strafrechtlicher Ermittlungen, Strafverfahren oder der Vollstreckung einer strafrechtlichen Sanktion wegen solcher Straftaten, sofern ein Mitgliedstaat diese mit einer Freiheitsstrafe oder einer freiheitsentziehenden Maßregel der Sicherung im Höchstmaß von mindestens vier Jahren bedroht (siehe Art. 5 Abs. 1 lit h sublit iii KI-VO). Auch dieser Punkt änderte sich bis zum finalen Beschluss der KI-VO. So wurde das Strafmaß einer Straftat, die die Anwendung des Systems zu Strafverfolgungszwecken rechtfertigen soll, seit dem ursprünglichen Entwurf der Kommission von drei auf vier Jahre angehoben [5].

Wie der Einsatz in Ausnahmefällen erlaubt ist

- **Ausschließlich zur Bestätigung der Identität**

  Wenn eine der genannten Ausnahmen für den Einsatz biometrischer Echtzeit-Fernidentifizierungssysteme gegeben ist, unterliegen diese aber noch weiterer, sich aus der KI-VO ergebenden Voraussetzungen, um eine derartige KI-Anwendung tatsächlich einsetzen zu dürfen. So ist die Verwendung durch Strafverfolgungsbehörden prinzipiell nur zur Bestätigung der Identität der konkret betroffenen Person in den oben bestimmten Fällen zulässig (siehe Art. 5 Abs. 2 KI-VO).

  Zudem hat der Einsatz solcher KI-Systeme stets unter Vornahme von Abwägungen der Auswirkungen im konkreten Fall zu erfolgen; einerseits hinsichtlich der Schwere, Wahrscheinlichkeit und des Ausmaßes des potenziellen Schadens bei Nicht-Anwendung des Systems und andererseits hinsichtlich der Schwere, Wahrscheinlichkeit und des Ausmaßes der Folgen für die Rechte und Freiheiten der Betroffenen im Fall der Anwendung (siehe Art. 5 Abs. 2 KI-VO).

  Zudem hat sich die Verwendung von biometrischen Echtzeit-Fernidentifizierungssystemen in öffentlich zugänglichen Räumen an den rechtlichen Grenzen auf nationaler Ebene zu orientieren, sich daher zeitlich sowie in Bezug auf den geografischen und personenbezogenen Anwendungsbereich der betroffenen Personen und unter Berücksichtigung vorliegender Beweise auf das notwendige Minimum zu beschränken (siehe Art. 5 Abs. 2 und 3 KI-VO; ErwG 34 KI-VO).

- **Grundsätzlich auf Basis einer Genehmigung und Registrierung**

  Vor dem Einsatz des Systems ist eine Genehmigung einzuholen. Eine solche wird von der zuständigen nationalen Justiz- oder unabhängigen Verwaltungsbehörde – auf Antrag der Strafverfolgungsbehörden (siehe Art. 5 Abs 3 KI-VO, ErwG 35

KI-VO) – dann zu erteilen sein, wenn eine Folgenabschätzung hinsichtlich der Grundrechte erfolgt ist und das zur Anwendung gelangende System auch in der EU-Datenbank registriert wurde. Nur in begründeten dringenden Fällen kann ein System bereits ohne eine Registrierung eingesetzt werden, solange diese dennoch umgehend erfolgt (Art. 5 Abs. 2 KI-VO).

Die Entscheidungsgrundlagen für eine behördliche Genehmigung des Einsatzes im Zuge der Verfolgung bilden dabei die der Behörde vorgelegten objektiven Nachweise oder eindeutigen Hinweise dafür, dass die Verwendung des Systems zur Identifizierung und zur Erreichung eines der oben genannten Zwecke notwendig sowie verhältnismäßig ist und sich auf das unbedingt erforderliche Ausmaß beschränkt (siehe Art. 5 Abs. 3 KI-VO).

Die Entscheidung darüber, ob die Genehmigung für einen konkreten Fall erteilt wird oder nicht, ist jedenfalls eine für die beantragende Strafverfolgungsbehörde bindende. In dringenden und begründeten Fällen ist aber auch in diesem Zusammenhang ein vorläufiger Einsatz ohne Genehmigung möglich, wenn der Antrag auf Genehmigung bis spätestens 24 Stunden nach begonnener Verwendung des Systems nachgeholt wird (siehe Art. 5 Abs. 3 KI-VO). Die Entscheidung darf nicht allein auf Grundlage des Ergebnisses des biometrischen Echtzeit-Fernidentifizierungssystems, aus dem sich eine nachteilige Rechtsfolge für eine Person ergibt, getroffen werden. Sollte ein Antrag schließlich abgelehnt werden, so ist auch eine im Zuge der Strafverfolgung bereits begonnene Verwendung biometrischer Echtzeit-Fernidentifizierungssysteme sofort einzustellen, und alle bisherigen Daten und Ergebnisse sind unverzüglich zu löschen.

- **Unter Beaufsichtigung durch Meldepflichten**

  Die KI-VO sieht nunmehr auch eine Art Überwachungsmechanismus vor, der die Anwendung der Systeme eher restriktiv gestaltet [5]. Zentral ist dabei, dass jede Verwendung eines biometrischen Echtzeit-Fernidentifizierungssystems in öffentlich zugänglichen Räumen zu Strafverfolgungszwecken auch der zuständigen nationalen Marktüberwachungsbehörde und nationalen Datenschutzbehörde mitzuteilen ist (siehe Art. 5 Abs. 4 KI-VO). Die national zur Beaufsichtigung zuständigen Behörden haben im Weiteren auch der Kommission jährlich Bericht über die Verwendungsfälle zu erstatten (siehe Art. 5 Abs. 6 KI-VO).

  Auf Basis der von den Mitgliedstaaten übermittelten Daten wird die Kommission Jahresberichte über die Verwendung biometrischer Echtzeit-Fernidentifizierungssysteme in öffentlich zugänglichen Räumen zu Strafverfolgungszwecken in der EU veröffentlichen, wobei jedoch keine sensiblen operativen Daten zu den konkreten Fällen enthalten sind (siehe Art. 5 Abs. 7 KI-VO).

8.2.2 Umsetzungspflichten der Mitgliedstaaten

Rückblickend und unter Berücksichtigung der kollidierenden erheblichen Interessen bei dieser Bestimmung – einerseits schwere Eingriffe in die Grundrechte und -freiheiten durch ein umfassendes Verbot zu verhindern, andererseits um im öffentlichen Interesse, das die Risiken überwiegt (vgl. ErwG 33 KI-VO), dennoch Ausnahmen für die Verwendung biometrischer Echtzeit-Fernidentifizierungssysteme zu ermöglichen – liegt es nun an den Mitgliedstaaten, die Vorschriften in ihr nationales Recht zu implementieren. Sie haben den Einsatz solcher Systeme in öffentlich zugänglichen Räumen zu Strafverfolgungszwecken hinsichtlich der Beantragung, Erteilung, Ausübung sowie der Beaufsichtigung konkretisiert festzulegen und diese Vorschriften ab Erlass binnen 30 Tagen ebenfalls der Kommission mitzuteilen (siehe Art. 5 Abs. 5 KI-VO).

Quellen

[1] AI, data analysis and algorithms | Campaign. URL *https://www.fairtrials.org/campaigns/ai-algorithms-data/* – abgerufen am 31. 03. 2024 – Fair Trials

[2] Automating Injustice. URL *https://www.fairtrials.org/articles/publications/automating-injustice/* – abgerufen am 31. 03. 2024 – Fair Trials

[3] Gesetz über künstliche Intelligenz: Rat und Parlament einigen sich über weltweit erste Regelung von KI. URL *https://www.consilium.europa.eu/de/press/press-releases/2023/12/09/artificial-intelligence-act-council-and-parliament-strike-a-deal-on-the-first-worldwide-rules-for-ai/* – abgerufen am 31. 03. 2024

[4] Kommission begrüßt politische Einigung über KI-Gesetz. URL *https://ec.europa.eu/commission/presscorner/detail/de/ip_23_6473* – abgerufen am 31. 03. 2024 – European Commission – European Commission

[5] Vorschlag für eine VERORDNUNG DES EUROPÄISCHEN PARLAMENTS UND DES RATES ZUR FESTLEGUNG HARMONISIERTER VORSCHRIFTEN FÜR KÜNSTLICHE INTELLIGENZ (GESETZ ÜBER KÜNSTLICHE INTELLIGENZ) UND ZUR ÄNDERUNG BESTIMMTER RECHTSAKTE DER UNION, 2021

8.3 Einsatz von KI bei Wahlen und demokratischen Prozessen

Veronica Cretu

„Das Jahr 2024 ist (bisher) einzigartig in der Geschichte der Menschheit, da mehr Menschen als je zuvor an Wahlen teilnehmen werden. Zu den bekannten Herausforderungen für die Integrität der Wahlen in diesem Jahr gehören politische Angriffe auf die Unabhängigkeit der Wahlorgane, ein polarisiertes politisches Umfeld, Desinformation und sogar Krisen im Bereich der öffentlichen Gesundheit und Naturkatastrophen.“ [20]

Laut dem Anchor Change Election Cycle Tracker [11] und zusätzlichen Daten von Statista [18] finden im Jahr 2024 in mehr als 60 Ländern weltweit Wahlen statt, bei denen rund 2 Milliarden Menschen, also etwa ein Viertel der Weltbevölkerung, zur Wahl gehen werden. Dieses Jahr wird als „Superwahljahr“ oder möglicherweise als das größte Wahljahr aller Zeiten bezeichnet, wobei den Wahlen in bevölkerungsreichen Ländern wie den Vereinigten Staaten, Mexiko, Indien und Indonesien große Bedeutung zukommt. Darüber hinaus werden die Bürger der 27 Länder der Europäischen Union in einer supranationalen Wahl ein neues Europäisches Parlament wählen.

IDEA International bietet eine umfassende Karte mit relevanten Details zu den Wahlen im Jahr 2024 [21].

8.3.1 Aufkommende Diskussionen über die Auswirkungen von KI auf Demokratie und Wahlprozesse

Aus dem Bericht von IDEA International über die Wahrnehmung der Demokratie [20] geht hervor, dass die kontinuierliche Weiterentwicklung der Technologie sich durchweg auf Wahlen ausgewirkt hat, von der Einführung von Radio und Fernsehen bis zum Aufkommen des Internets und der sozialen Medien. Die jüngsten Fortschritte in der generativen künstlichen Intelligenz (KI) könnten jedoch einen tiefgreifenden, noch nicht vollständig verstandenen Einfluss auf Wahlen und die wahrgenommene Integrität von Wahlprozessen haben. Darüber hinaus gibt es Hinweise darauf, dass Desinformationskampagnen, die möglicherweise durch KI verstärkt werden, die Fähigkeit der Wähler, die Legitimität von Wahlen richtig zu bewerten, beeinträchtigen. Der IDEA-Bericht erkennt den wachsenden Einfluss von Technologie und KI auf die Demokratie an und rät zu einem vorsichtigen Ansatz bei der Nutzung dieser Instrumente. Der Bericht geht darauf ein, wie sich Fortschritte in der generativen KI auf die Wahrnehmung der Glaubwürdigkeit von Wahlen auswirken.

- Es besteht die Sorge, dass KI-gesteuerte Desinformationskampagnen die Fähigkeit der Wähler untergraben könnten, die Glaubwürdigkeit von Wahlen richtig einzuschätzen. Dies unterstreicht die doppelte Rolle der KI als potenzielles Instrument zur Förderung des demokratischen Engagements und als Bedrohung, die das Verständnis der Öffentlichkeit und das Vertrauen in Wahlprozesse beeinträchtigen könnte.
- Während die Auswirkungen von KI nicht in allen Abschnitten des Berichts ausführlich behandelt wurden, ist der übergreifende Einfluss der Technologie auf die Demokratie klar. Der Bericht legt nahe, dass die Technologie mit ihrer zunehmenden Integration in das tägliche Leben und in demokratische Prozesse eine entscheidende Rolle bei der Gestaltung der öffentlichen Wahrnehmung der Demokratie spielen wird. Diese Integration erfordert eine sorgfältige Regulierung und Aufsicht, um sicherzustellen, dass sie die demokratischen Werte unterstützt und nicht untergräbt.

- Die Ergebnisse deuten darauf hin, dass KI und andere Technologien zwar Möglichkeiten zur Verbesserung demokratischer Prozesse bieten – wie z.B. leichter zugängliche und effizientere Wahlen –, sie aber auch erhebliche Herausforderungen mit sich bringen. Dazu gehören die Gewährleistung der Sicherheit von Wahlprozessen, der Schutz vor dem Missbrauch persönlicher Daten und die Bekämpfung der Verbreitung von Fehlinformationen.
- Die Ergebnisse der von IDEA durchgeführten Umfrage unterstreichen die Notwendigkeit, Standards für den Einsatz von KI in demokratischen Prozessen festzulegen. Dazu gehört die Entwicklung von Rahmenwerken, die die Vorteile von KI bei der Verbesserung von Partizipation und Transparenz wirksam ausbalancieren und gleichzeitig die Risiken in Bezug auf Datenschutz, Sicherheit und das Potenzial für den Einsatz von KI auf manipulative Weise angehen können.

Laut Freedom House [22] wurzeln viele Diskussionen über KI in seit Langem bestehenden Fragen zur Internet-Governance [25], wie etwa der Frage, wie Vorschriften die Menschen vor schädlichen staatlichen und nichtstaatlichen Akteuren schützen und gleichzeitig einen dynamischen und innovativen Privatsektor fördern können. Welche rechtlichen Verpflichtungen sollten Unternehmen haben, wenn ihre Produkte missbraucht werden? Die Erkenntnisse aus den Diskussionen der letzten zehn Jahre über die staatliche Aufsicht, die Bedeutung der aktiven Beteiligung der globalen Zivilgesellschaft und die Fallstricke einer übermäßigen Selbstregulierung bieten eine Orientierungshilfe für die Navigation in diesem neuen Bereich. In Anbetracht der Rolle der KI bei der digitalen Unterdrückung ist es von entscheidender Bedeutung, einen sorgfältig ausgearbeiteten Rechtsrahmen zu schaffen, um die Menschenrechte im digitalen Zeitalter zu schützen.

Derselbe Bericht zeichnet ein düsteres Bild der weltweit abnehmenden Internetfreiheit im 13. Jahr in Folge und hebt die zunehmende digitale Unterdrückung in Ländern wie Iran, Myanmar und den Philippinen hervor. Selbst Länder wie Costa Rica, die einst für ihre Internetfreiheit gerühmt wurden, sehen sich nun mit Herausforderungen aufgrund politischer Strategien konfrontiert, die sich der Online-Belästigung bedienen. Das Aufkommen der generativen KI birgt neue Risiken und kann Desinformationskampagnen verstärken. Der Einsatz dieser Technologie zur Manipulation von Online-Diskussionen hat sich in den letzten zehn Jahren verdoppelt und betrifft inzwischen mindestens 47 Regierungen. Die Rolle von KI bei der Zensur nimmt zu, wobei fortschrittliche autoritäre Staaten Chatbot-Technologien einsetzen, um ihre Kontrolle zu verstärken, und mindestens 21 Länder nutzen maschinelles Lernen, um unerwünschte Beiträge zum Schweigen zu bringen.

Trotz des Unterdrückungspotenzials von KI bieten die Lehren aus der Geschichte der Internet-Governance einen Fahrplan für den Schutz der Internetfreiheit. Die demokratische Welt muss menschenrechtsbasierte Standards für KI entwickeln, die die Bedrohungen durch staatliche und nichtstaatliche Akteure berücksichtigen. Dieser Ansatz erfordert die Zusammenarbeit zwischen demokratischen politischen Entscheidungsträgern und Experten der globalen Zivilgesellschaft, um ein freies und offenes Internet zu gewährleisten. Der aktuelle Stand der KI-Nutzung unterstreicht die Bedeutung einer proaktiven und informierten Politik, um die Integrität der Menschenrechte im Internet zu wahren. Die Fortschritte der Technologie sind zwar besorgniserregend, bieten aber auch Chancen – wenn sie richtig gehandhabt werden –, um den für die Internetfreiheit erforderlichen Schutz zu stärken.

Der Ipsos-Bericht [12] vom Oktober 2023 bietet wertvolle Einblicke in die globale Wahrnehmung der Auswirkungen von KI auf die Informationsintegrität, insbesondere im Zusammenhang mit Wahlen, basierend auf einer in 29 Ländern rund um den Globus durchgeführten Analyse. Der Bericht kommt zu dem Ergebnis, dass in den verschiedenen Ländern ein ausgeprägtes Bewusstsein dafür besteht, dass es mithilfe von KI-Technologien immer einfacher wird, realistische Fake-News-Berichte und -Bilder zu erzeugen. Dies unterstreicht die wachsende Besorgnis, dass KI die Probleme der Fehlinformation und Desinformation, die im digitalen Zeitalter bereits ein großes Problem darstellen, noch verschärfen könnte. Das Vertrauen in die Unterscheidung zwischen echten und gefälschten Nachrichten ist jedoch von Region zu Region sehr unterschiedlich. Während einige Bevölkerungsgruppen relativ sicher in ihrer Fähigkeit sind, Wahrheit von Unwahrheit zu unterscheiden, sind andere deutlich weniger sicher. Diese Unterschiede könnten Einfluss darauf haben, wie verschiedene Gesellschaften auf KI-Technologien in ihren Wahlprozessen reagieren und diese regulieren. Diese und andere Berichte verdeutlichen die kritische Schnittstelle zwischen KI-Technologie und demokratischer Integrität und unterstreichen die dringende Notwendigkeit proaktiver Maßnahmen zur Risikominderung und Stärkung der Widerstandsfähigkeit von Wahlsystemen weltweit.

Es besteht die große Sorge, dass generative KI den Wahlprozess erheblich stören könnte, so Chatham House [15]. Diese Technologie kann Stimmen klonen, gefälschte Videos erstellen und überzeugende Erzählungen erzeugen, die die Authentizität von Wahlkampfbotschaften untergraben könnten. Leider ist der Einsatz von KI für Desinformation eskaliert, wobei KI eingesetzt wird, um Zweifel zu wecken, Gegner zu verleumden oder die öffentliche Debatte zu beeinflussen. Hier sind zwei Beispiele, aber es gibt weltweit Hunderte solcher Beispiele im Zusammenhang mit Wahlen:

- Eine vom Republican National Committee veröffentlichte politische Anzeige *zeigt* ein dystopisches Szenario für den Fall, dass Präsident Joe Biden wiedergewählt wird: Explosionen in Taipeh, wenn China einmarschiert, Wellen von Migranten verursachen Panik in den USA, und in San Francisco wird das Kriegsrecht verhängt [24].
- In einem von einer künstlichen Intelligenz generierten Video [23] scheint Hillary Clinton einem Republikaner ihre Unterstützung anzubieten: „Ich habe große Bewunderung für Ron DeSantis. Er ist genau die Art von Führungskraft, die unser Land braucht.“

8.3.2 Wie ist KI im Zusammenhang mit Wahlen zu definieren?

Im Bereich der Wahlprozesse beinhaltet die Definition von KI das Verständnis ihrer Anwendung im Lebenszyklus von Wahlen, von der Wählerregistrierung und -aufklärung über die eigentliche Stimmabgabe und -auszählung bis hin zur Analyse von Wahlergebnissen.

Im europäischen Kontext ist der Verweis auf die KI-VO von zentraler Bedeutung: *„KI-System" (ist) ein maschinengestütztes System, das für einen in unterschiedlichem Grade autonomen Betrieb ausgelegt ist und das nach seiner Betriebsaufnahme anpassungsfähig sein kann und das aus den erhaltenen Eingaben für explizite oder implizite Ziele ableitet, wie Ausgaben wie etwa Vorhersagen, Inhalte, Empfehlungen oder Entscheidungen erstellt werden, die physische oder virtuelle Umgebungen beeinflussen können."* (Siehe Abschnitt 3.1, Einführung in die KI-VO [10])

Die aktualisierte Definition der OECD 2024 [19] ist eine weitere gute Referenz: *„An AI system is a machine-based system that, for explicit or implicit objectives, infers, from the input it receives, how to generate outputs such as predictions, content, recommendations, or decisions that can influence physical or virtual environments. Different AI systems vary in their levels of autonomy and adaptiveness after deployment."*

Ausgehend von den bestehenden Definitionen für ein KI-System werden KI-Systeme im breiteren Kontext von Wahlen zu dynamischen Werkzeugen, die in der Lage sind, zu lernen und sich weiterzuentwickeln. So können sie beispielsweise Wähler- und Wählerinnendaten analysieren, um die Ausrichtung von Wahlkampfbotschaften zu verbessern, Trends in den sozialen Medien überwachen, um Fehlinformationen zu erkennen, oder die Zuweisung von Wahlressourcen optimieren. Diese mit einem gewissen Maß an Autonomie arbeitenden Systeme können aus neuen Daten lernen und ihre Funktionen nach dem Einsatz anpassen, um die Leistung bei der Erreichung der vordefinierten Ziele zu verbessern, sei es, um die Wahlbeteiligung zu erhöhen, die Sicherheit und Integrität des Wahlprozesses zu gewährleisten oder einen fairen Zugang zu Wahlinformationen zu ermöglichen.

8.3.3 Nutzung der Chancen und Minimierung von Risiken durch KI-Einsatz

Die Integration von KI in den Wahlkontext ist ein relativ neues Gebiet. Da es keinen umfassenden Rahmen gibt, kann man schrittweise auf den allgemeinen Leitlinien und Grundsätzen aufbauen, die sich mit dem Einsatz von Technologie in demokratischen Prozessen befassen, und die besonderen Herausforderungen der KI angehen, indem man auf der Praxis der Internet-Governance, der Daten-Governance und anderer Bereiche aufbaut. Das derzeitige Fehlen eines soliden, speziellen Rahmens für KI bei Wahlen unterstreicht die Notwendigkeit dringender, engagierter Maßnahmen seitens globaler Führungskräfte, Technologen und der Zivilgesellschaft.

Im Folgenden wird ein Rahmen für einen vielschichtigen, von mehreren Interessengruppen getragenen Ansatz für die Nutzung von KI-Wahlen vorgeschlagen.

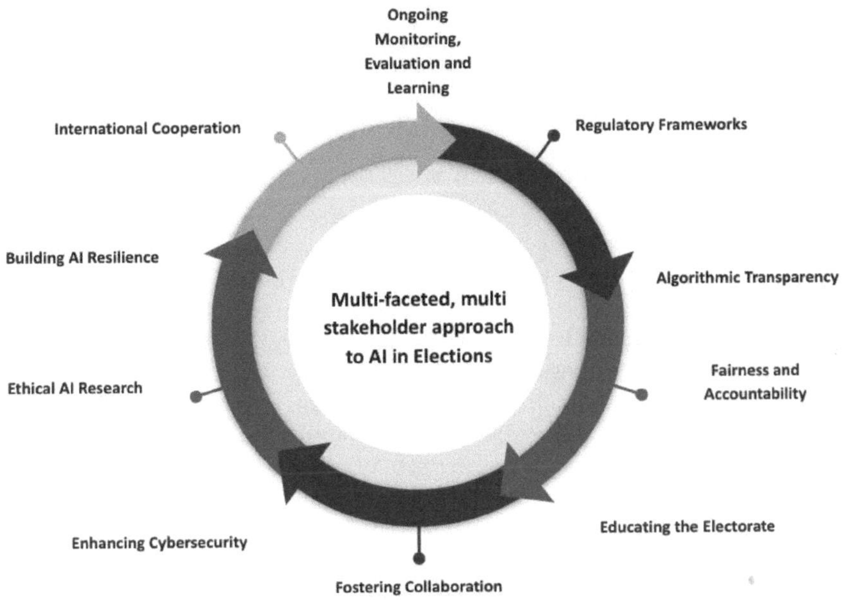

Bild 8.1 Vielseitiger, mehrere Stakeholder berücksichtigender Ansatz zum Einsatz von KI bei Wahlen

Im Mittelpunkt dieses Ansatzes steht die Notwendigkeit, einen robusten und widerstandsfähigen Rahmen zu schaffen, der sich kontinuierlich anpasst und von durchlaufender Überwachung, Evaluierung und Lernen geprägt ist. Dieser dynamische Prozess fließt in die Entwicklung und Durchsetzung strenger rechtlicher Rahmenbedingungen ein, die die ethische Anwendung von KI bei Wahlen regeln, und wird von diesen beeinflusst. Die Transparenz von KI-Algorithmen ist entscheidend. Entscheidend für die Wirksamkeit von KI bei Wahlen ist die Aufklärung der Wählerschaft. Durch die Förderung des Dialogs und der Partnerschaft zwischen Regierungen, Unternehmen des Privatsektors, der Zivilgesellschaft und internationalen Organisationen kann eine ganzheitlichere und proaktivere Haltung zu den Herausforderungen und Chancen von KI bei Wahlen entstehen. Die Verbesserung der Cybersicherheit ist eine ständige Priorität, da sich die Cyberbedrohungen parallel zu den Fortschritten der KI weiterentwickeln. Der Schutz von Wahldaten und der Integrität von Wahlen vor diesen Bedrohungen ist eine ständige Aufgabe, die wachsame Mechanismen erfordert. Ethische KI-Forschung muss die Entwicklung von KI so lenken, dass demokratische Werte gewahrt bleiben, und diese Systeme streng nach den höchsten ethischen Standards testen. Auf internationaler Ebene ist die Zusammenarbeit von größter Bedeutung, nicht nur beim Austausch von bewährten Verfahren und Erkenntnissen, sondern auch bei der Angleichung globaler Standards, die über nationale Grenzen hinausgehen, da die digitale Wahlbeeinflussung keine Grenzen kennt. Der Aufbau von KI-Resilienz bedeutet, zukünftige Herausforderungen und Bedrohungen zu antizipieren, auch die unbekannten. Indem sie diese kontinuierliche Schleife von Innovation und Reflexion durchlaufen, können demokratische Gesellschaften danach streben, die Integrität und das Vertrauen in ihre Wahlprozesse im Zeitalter der KI zu erhalten.

Tabelle 8.1 Vertrauensbildende Maßnahmen zum Einsatz von KI bei Wahlen

Komponente	Beispiele
Entwicklung von Regelungsrahmen	Die Regierungen sollten umfassende Gesetze und Vorschriften erlassen, die den Einsatz von KI bei Wahlen regeln. Dazu gehören die Definition klarer Parameter für den ethischen Einsatz von KI, die Festlegung von Standards für Transparenz und Rechenschaftspflicht und die Sicherstellung, dass KI-Tools nicht zur Manipulation des Wähler- und Wählerinnenverhaltens oder des Wahlergebnisses eingesetzt werden. Neben den Bestimmungen der KI-VO (Einstufung des Einsatzes von KI bei Wahlen, siehe Abschnitt 3.3.2 Hochrisiko-KI-Systeme) ist ein wichtiges Beispiel im Zusammenhang mit AI bei Wahlen die Verabschiedung eines Verhaltenskodex [7] am 9. April 2024 durch alle europäischen politischen Parteien, der darauf abzielt, einen ethischen und fairen Wahlkampf zu fördern, insbesondere im Zusammenhang mit dem Schutz der Wahlen vor ausländischer Einmischung und Desinformation. Diese Vereinbarung stellt eine gemeinsame Anstrengung dieser Parteien dar, proaktiv zu vermeiden, dass Narrative verstärkt werden, die die europäischen Werte untergraben und von Einrichtungen außerhalb der EU geleitet werden [13].
Algorithmische Transparenz	KI-Algorithmen, die in Wahlprozessen eingesetzt werden, sollten transparent sein, damit überprüft und verstanden werden kann, wie sie arbeiten, Entscheidungen treffen und Nutzer und Nutzerinnen beeinflussen. Diese Transparenz ist entscheidend für das Vertrauen und die Überprüfung dieser Systeme auf Voreingenommenheit oder Manipulation. Ein wichtiges Beispiel für eine Institution, die Stakeholdern, die an KI bei Wahlen in Europa arbeiten, Orientierung und Unterstützung bieten kann, ist das Europäische Zentrum für Algorithmische Transparenz (ECAT) [2] – eine Einrichtung der Europäischen Kommission, die eine zentrale Rolle bei der Gewährleistung der Transparenz von Algorithmen spielt. Durch technische Unterstützung bei der Durchsetzung des Digital Services Act (DSA), durch Forschung zu den gesellschaftlichen Auswirkungen algorithmischer Systeme und durch die Bewertung von Plattformalgorithmen trägt das ECAT dazu bei, dass die digitale Landschaft die

Komponente	Beispiele
	demokratische Integrität wahrt. Durch die Zusammenarbeit und den Aufbau einer Gemeinschaft fördert es Methoden für faire und verantwortungsvolle KI-Anwendungen, die für die Aufrechterhaltung der Transparenz und Neutralität der algorithmischen Entscheidungsfindung in Wahlprozessen entscheidend sind. Die Bemühungen von ECAT sind ein wesentlicher Bestandteil des Schutzes von Wahlen vor den Risiken, die mit KI-gesteuerter Inhaltsbearbeitung und Desinformation verbunden sind. Die Regierung des Vereinigten Königreichs ist ein gutes Beispiel, denn sie gehörte zu den ersten, die im November 2021 gemeinsam mit dem Centre for Data Ethics and Innovation einen Standard für algorithmische Transparenz für Ministerien und Einrichtungen des öffentlichen Sektors einführten. Im Februar 2024 kündigte die Regierung an, dass die Verwendung des ATRS (The Algorithmic Transparency Recording Standard) für alle zentralen Regierungsstellen verpflichtend sein wird, mit der Absicht, dies im Laufe der Zeit auf den gesamten öffentlichen Sektor auszuweiten [6].
Fairness und Verantwortlichkeit	Es muss Mechanismen geben, um die Entwicklerinnen und Entwickler als auch Nutzerinnen undNutzer von KI-Systemen für ihre Arbeit zur Rechenschaft zu ziehen. Das bedeutet nicht nur die Festlegung von Standards für Fairness und Genauigkeit, sondern auch durchsetzbare Konsequenzen für den Missbrauch von KI. Die Anbieter von KI-Tools sollten hohe Qualitäts-, Datenschutz- und Sicherheitsstandards für ihre Produkte einhalten [5]. Sie sollten die externen Trainingsdaten offenlegen, die zur Entwicklung ihrer KI-Modelle verwendet werden, da diese Daten Verzerrungen enthalten können, die das Wahlergebnis beeinflussen könnten. Sie sollten in der Lage sein, ihre KI-Tools anhand staatlicher und lokaler Wählerinnen- und Wählerdaten zu demonstrieren, um ein realistisches Bild von der Leistung des Tools zu vermitteln. Nach dem Kauf sollten die staatlichen Wahlbehörden die Kontrolle und das Eigentum an allen vom KI-System verarbeiteten Daten behalten.
Aufklärung der Wählerschaft	Die Sensibilisierung und Aufklärung der Wähler und Wählerinnen über die Rolle der KI bei Wahlen kann sie in die Lage versetzen, die Informationen, die sie erhalten, kritisch zu bewerten. Kampagnen zur Wähler- und Wählerinnenaufklärung können Informationen darüber enthalten, wie man KI-generierte Desinformationen erkennt und wie wichtig es ist, Fakten zu überprüfen. „Geplante und strategische Wähleraufklärungskampagnen können die Auswirkungen der von KI-Tools erzeugten Falsch- und Desinformationen abschwächen“ [1]. Hier ein Beispiel für eine Wähler- und Wählerinnenaufklärungsinitiative an den Fachhochschulen mit dem Titel „BEHIND THE HEADLINES“. Diese Kampagne, die bis zum Wahltag 2024 läuft, richtet sich an Frauen,

Tabelle 8.1 Vertrauensbildende Maßnahmen zum Einsatz von KI bei Wahlen (*Fortsetzung)*

Komponente	Beispiele
	dunkelhäutige und hispanische Wählerinnen und Wähler, um das Bewusstsein für den Einfluss von KI bei Wahlen und die Risiken von Fehlinformationen zu schärfen. Sie umfasst mehrsprachige Ressourcen, darunter Social-Media-Inhalte, Webinare und Erklärvideos, wie z. B. eines, das zeigt, wie Deepfakes mithilfe von KI-generierten Voiceovers erstellt werden. Die Hauptziele der Kampagne bestehen darin, die Personalisierung von KI-gesteuerten Nachrichten hervorzuheben, die Verbreitung von irreführenden Deepfake-Inhalten aufzudecken und die Auswirkungen von KI-generierten Fehlinformationen auf das individuelle Wahlverhalten zu betonen [3].
Förderung der Zusammenarbeit	Die Schaffung eines kooperativen Ökosystems, das Regierungsbehörden, Technologieunternehmen, die Zivilgesellschaft und die Wissenschaft umfasst, kann den Austausch bewährter Verfahren und die Entwicklung solider Strategien zur Bewältigung der Herausforderungen durch KI bei Wahlen erleichtern. Der Tech Accord to Combat Deceptive Use of AI in 2024 Elections [4] ist eine kollektive Initiative führender Technologieunternehmen, um gegen die Verbreitung schädlicher KI-generierter Inhalte vorzugehen, die Wählerinnen und Wähler in die Irre führen. Unternehmen wie Adobe, Google, Microsoft, Meta und andere haben sich verpflichtet, Technologien zu entwickeln, die KI-generierte Audio-, Video- und Bildinhalte erkennen können, die darauf abzielen, das Erscheinungsbild und die Botschaften von politischen Persönlichkeiten zu manipulieren oder die Wählerinnen und Wähler über Wahlprozesse falsch zu informieren. Die Vereinbarung enthält acht spezifische Verpflichtungen, darunter die Entwicklung von Open-Source-Tools, die fortlaufende Bewertung der von solchen Technologien ausgehenden Risiken und Bemühungen zur Eindämmung der Verbreitung irreführender Inhalte auf ihren Plattformen. Darüber hinaus betont die Vereinbarung Transparenz, öffentliches Engagement und Aufklärungskampagnen zur Verbesserung der Medienkompetenz und zur Stärkung der Widerstandsfähigkeit der Gesellschaft gegenüber diesen Bedrohungen. Die Vereinbarung baut auf den bereits bestehenden Bemühungen einzelner Unternehmen auf und zielt darauf ab, den digitalen Raum vor den Gefahren irreführender KI in Wahlperioden zu schützen. Ein weiteres überzeugendes Beispiel ist der Wert von ländergeführten Wahlkoalitionen, die sich als wirksamer Mechanismus zur Bekämpfung von Fehlinformationen erweisen. Durch den Zusammenschluss von Nachrichtensendern, Faktenprüfungsstellen und lokalen Gruppen innerhalb eines Landes arbeiten diese Koalitionen zusammen, um auf die besonderen Bedürfnisse der Wähler einzugehen und gezielte Unterstützung und Informationen im Vorfeld der Wahlen bereitzustellen [17].

Komponente	Beispiele
Verbesserung der Cybersicherheit	Die Stärkung der Cybersicherheit von Wahlsystemen gegen KI-gestützte Bedrohungen muss eine Priorität sein. Dies bedeutet, dass die Infrastruktur gegen Hackerangriffe geschützt und die Daten gegen unbefugte KI-Analysen, die die Integrität der Wahlen beeinflussen könnten, gesichert werden müssen. Ein Beispiel für ein Tool ist das Cybersecurity Toolkit mit kostenlosen Werkzeugen, Diensten und Ressourcen, das von der CISA (Cybersecurity and Infrastructure Security Agency of the United States of America [9]) bereitgestellt wird.
Förderung der ethischen KI-Forschung	Die Unterstützung der Erforschung der ethischen Auswirkungen von KI bei Wahlen kann tiefere Einblicke in die potenziellen Folgen ihres Einsatzes geben und die Entwicklung von Technologien leiten, die die demokratischen Grundsätze stärken. Ein Beispiel für eine Studie über die Auswirkungen neuer Technologien auf freie und faire Wahlen („Elections Study") findet sich in den Quellen. Die Literaturübersicht stammt zwar aus dem Jahr 2021, bietet aber einen Überblick und eine Analyse der relevanten Literatur, die im Zusammenhang mit einer Studie über die Auswirkungen neuer Technologien auf freie und faire Wahlen ermittelt und geprüft wurde. Die folgenden Forschungsfragen wurden bei der Suche verwendet: Wie könnte sich der Einsatz neuer Technologien wie künstliche Intelligenz und Blockchain/Distributed Ledger Technology (DLT) sowie neuer Online-Techniken wie Microtargeting und algorithmische Filterung, die sich auf die Daten der Wähler stützen, um Online-Desinformationen zu erstellen und zu verbreiten und verschiedene Wählerkategorien anzusprechen, auf den Ausgang der Wahlen und das Vertrauen der Öffentlichkeit in diese auswirken? Was sind die möglichen Gefahren und Chancen dieser Technologien, wenn sie im Wahlkontext eingesetzt werden? Wie können die Risiken minimiert und die Chancen der Technologien maximiert werden, um die Herrschaft freier und fairer Wahlen als Rückgrat der Demokratie zu stärken? [16]
Aufbau von AI-Resilienz	In dem Maße, wie sich die KI-Technologien weiterentwickeln, sollten auch die Strategien zur Bekämpfung ihres Missbrauchs weiterentwickelt werden. Dies bedeutet, dass in KI investiert werden muss, die Desinformationen erkennen und abwehren kann, und dass schnelle Reaktionsmechanismen geschaffen werden müssen, um KI-Bedrohungen in Echtzeit zu begegnen. Gleichzeitig sind Wahlhelfer, IT-Mitarbeiterinnen und IT-Mitarbeiter sowie andere Beteiligte durch umfassende Schulungen zur Cybersicherheit besser in der Lage, Cyber-Bedrohungen zu erkennen, anzugehen und zu neutralisieren. Ausbildung und Schulung bereiten die Menschen nicht nur auf den Umgang mit unmittelbaren Bedrohungen vor, sondern bilden auch die Grundlage für eine kontinuierliche Widerstandsfähigkeit gegenüber sich entwickelnden KI-Herausforderungen und gewährleisten, dass die Wahlsysteme robust und vertrauenswürdig bleiben [14].

Tabelle 8.1 Vertrauensbildende Maßnahmen zum Einsatz von KI bei Wahlen (*Fortsetzung)*

Komponente	Beispiele
Internationale Zusammenarbeit	Die internationale Zusammenarbeit ist im Zusammenhang mit Wahlen von entscheidender Bedeutung, da der Einfluss der KI über nationale Grenzen hinausgeht, was gemeinsame Anstrengungen zur Eindämmung ihrer Risiken unabdingbar macht. Wahlen sind zwar in erster Linie nationale Angelegenheiten, werden aber von globalen digitalen Ökosystemen beeinflusst, in denen KI-Technologien eine wichtige Rolle spielen. Bei der Bewältigung von KI-bezogenen Herausforderungen bei Wahlen können die Länder von einem einheitlichen Ansatz für den Austausch von Erkenntnissen profitieren, der den Austausch von Informationen über aufkommende KI-Bedrohungen und wirksame Gegenmaßnahmen beinhaltet. Darüber hinaus ist die Standardisierung von Vorschriften von entscheidender Bedeutung. Durch die Angleichung von Gesetzen und Richtlinien zur KI-Nutzung können Länder einen kohärenten Rahmen schaffen, der Konsistenz und Fairness bei Wahlprozessen weltweit gewährleistet. Die KI-VO ist ein bahnbrechendes Beispiel für eine umfassende Gesetzgebung zur Regelung von KI-Anwendungen und ein Präzedenzfall für andere Regionen. Sein Fokus auf risikoreiche KI-Systeme, einschließlich solcher, die bei Wahlen eingesetzt werden, zeigt einen proaktiven Ansatz für den Umgang mit den Auswirkungen von KI auf die Demokratie. In ähnlicher Weise bietet der Entwurf des Rahmenübereinkommens des Europarats über künstliche Intelligenz, Menschenrechte, Demokratie und Rechtsstaatlichkeit [8] eine umfassende Struktur für Mitgliedstaaten und möglicherweise Nicht-Mitgliedstaaten, um sicherzustellen, dass KI-Technologien in einer Weise entwickelt und genutzt werden, die demokratische Werte und Menschenrechte respektiert. Dieses Rahmenwerk und der dazugehörige erläuternde Bericht umreißen Prinzipien und Richtlinien, die harmonisierte Regelungen zwischen den Ländern erleichtern und ein kooperatives Umfeld für die Bewältigung der globalen Herausforderungen der KI fördern können. Solche internationalen Rahmenwerke erhöhen nicht nur die Effektivität der Bemühungen der einzelnen Länder, sondern stellen auch sicher, dass die Weiterentwicklung der KI-Technologien in einem globalen Kontext erfolgt, der die demokratische Integrität respektiert und aufrechterhält. Dieser kollektive Ansatz kann zu einer robusteren Abwehr von KI-gesteuerten Eingriffen in Wahlen führen und so einen gesünderen demokratischen Prozess auf internationaler Ebene fördern.

Komponente	Beispiele
Laufende Überwachung, Bewertung und Lernen	Mit der Weiterentwicklung der KI-Technologien und ihrer Anwendungen bei Wahlen müssen auch die Strategien zu ihrer Bewältigung weiterentwickelt werden. Eine regelmäßige Bewertung und Überarbeitung von Strategien, Vorschriften und Lehrmaterial ist unerlässlich, um neuen Bedrohungen einen Schritt voraus zu sein. KI-Tools müssen während ihrer gesamten Entwicklung, von der Konzeption bis zur Integration und dem Betrieb in den Wahlprozessen, kontinuierlich bewertet werden, und die Beschaffung aller anderen Produkte/Dienstleistungen, die auf KI beruhen, muss genauestens geprüft werden [5].

8.3.4 KI und Integrität von Wahlen: eine hypothetische Analyse des Cambridge Analytica-Skandals im Rahmen der KI-VO

Beschreibung des Falls: Die Kontroverse um Cambridge Analytica hat die Landschaft des Datenschutzes, der politischen Kampagnen und der soziale Medien neu gestaltet. Sie veranlasste Regierungen und Unternehmen dazu, Schutzmaßnahmen zu ergreifen und dabei den Datenschutz mit der Notwendigkeit von Transparenz und Forschung in Einklang zu bringen.

Der Skandal um Cambridge Analytica [26], der 2018 aufgedeckt wurde, hat gezeigt, wie das Datenanalyseunternehmen ohne Genehmigung Millionen von Facebook-Profilen von US-Wählern gesammelt hat. Diese Daten wurden verwendet, um ein leistungsfähiges Softwareprogramm zur Vorhersage und Beeinflussung des Wahlverhaltens zu erstellen, das sich sowohl auf Donald Trumps Wahlteam als auch auf die Brexit-Kampagne auswirkte. Der Whistleblower Christopher Wylie enthüllte, dass Cambridge Analytica unter der Leitung von Steve Bannon und finanziert von Robert Mercer Facebook nutzte, um Wählerprofile zu erstellen und Einzelpersonen mit personalisierter politischer Werbung anzusprechen. Die Daten wurden über eine vom Akademiker Aleksandr Kogan entwickelte App gesammelt, die nicht nur Nutzerdaten, sondern auch Daten von deren Facebook-Freunden erfasste und so einen riesigen Datenpool anhäufte.

Der Guardian und die New York Times enthüllten, dass Facebook Ende 2015 von dem Datenmissbrauch wusste, es aber versäumte, die Nutzer und Nutzerinnen zu warnen, und nur begrenzte Schritte zum Schutz der Daten unternahm. Der Skandal führte zu weit verbreiteter Empörung und veranlasste weltweit gesetzgeberische Maßnahmen, darunter den Digital Services Act der EU [28] und den Digital Markets Act [27]. Facebook hat Maßnahmen zum Schutz der Nutzerinnen- und Nutzerdaten ergriffen, aber die Enthüllungen haben erhebliche Bedenken hinsichtlich der Rolle der Plattform beim politischen Targeting und beim Datenschutz aufgeworfen. Der Skandal führte auch zu verschiedenen Untersuchungen und Anhörungen durch Regierungsstellen in den USA, dem Vereinigten Königreich und anderen Ländern.

Anwendbarkeit der KI-VO

Die Praktiken von Cambridge Analytica, insbesondere der Einsatz von psychologischem Profiling und gezielter politischer Werbung, könnten als verbotene KI-Praktiken gemäß Art. 5 Abs 1 lit a und möglicherweise Art 5 Abs 1 lit b KI-VO eingestuft werden. Ihre Techniken umfassten manipulative Ansätze, die das Verhalten der Wähler und Wählerinnen verzerrten und die Fähigkeit des Einzelnen, fundierte Entscheidungen zu treffen, beeinträchtigten und dadurch wahrscheinlich erheblichen Schaden verursachten.

Die KI-VO stuft KI-Systeme in vier Risikokategorien ein: verboten, hohes Risiko, begrenztes Risiko (Transparenzpflichten) und minimales Risiko. Angesichts der Art der Tätigkeit von Cambridge Analytica – Nutzung von Datenanalysen und KI für gezielte politische Werbung und Beeinflussung des Wählerverhaltens – fallen die KI-Systeme in die Kategorie „hohes Risiko" gemäß Anhang III KI-VO, in dem der Einsatz von KI bei Wahlen ausdrücklich erwähnt wird:

> *Z 8 lit a) KI-Systeme, die bestimmungsgemäß verwendet werden sollen, um das Ergebnis einer Wahl oder eines Referendums oder das Wahlverhalten natürlicher Personen bei der Ausübung ihres Wahlrechts bei einer Wahl oder einem Referendum zu beeinflussen. Dazu gehören nicht KI-Systeme, deren Ausgaben natürliche Personen nicht direkt ausgesetzt sind, wie Instrumente zur Organisation, Optimierung oder Strukturierung politischer Kampagnen in administrativer oder logistischer Hinsicht.*

Wenn die Methoden von Cambridge Analytica Manipulationen beinhalteten, die die Autonomie der Wähler erheblich untergraben oder gefährdete Gruppen ausnutzen, könnten einige ihrer Praktiken in diese verbotene Kategorie fallen wie zum Beispiel:

Art. 5 Abs 1 lit a KI-VO – **manipulative oder täuschende Techniken:** das Inverkehrbringen, die Inbetriebnahme oder die Verwendung eines KI-Systems, das unterschwellige Techniken einsetzt, die sich dem Bewusstsein einer Person entziehen, oder absichtlich manipulative oder täuschende Techniken, die darauf abzielen oder bewirken, dass das Verhalten einer Person oder einer Gruppe von Personen dadurch wesentlich beeinflusst wird, dass die Fähigkeit der Person, eine informierte Entscheidung zu treffen, spürbar beeinträchtigt wird, wodurch die Person veranlasst wird, eine Entscheidung zu treffen, die sie anderenfalls nicht getroffen hätte, und zwar in einer Weise, die dieser Person, einer anderen Person oder einer Gruppe von Personen erheblichen Schaden zufügt oder zufügen kann.

> **Cambridge Analytica** nutzte die von Facebook gesammelten Daten, um gezielte politische Werbung zu erstellen, die das Wahlverhalten unter Ausnutzung psychologischer Schwachstellen beeinflussen sollte. Dies würde wahrscheinlich unter die verbotenen Praktiken fallen, da ihre Techniken darauf abzielten, das Verhalten der Wähler ohne deren informierte Zustimmung zu manipulieren, was die Fähigkeit des Einzelnen, unabhängige Entscheidungen zu treffen, erheblich beeinträchtigen könnte.

Art. 5 Abs 1 lit b KI-VO – **Ausnutzung von vulnerablen Personengruppen:** das Inverkehrbringen, die Inbetriebnahme oder die Verwendung eines KI-Systems, das eine Schwachstelle einer Person oder einer bestimmten Personengruppe aufgrund ihres Alters, einer Behinderung oder einer besonderen sozialen oder wirtschaftlichen Situation ausnutzt, mit dem Ziel oder der Wirkung, das Verhalten dieser Person oder einer Person, die zu dieser Gruppe gehört, in einer Weise wesentlich zu beeinflussen, die dieser Person oder einer anderen Person einen erheblichen Schaden zufügt oder mit hinreichender Wahrscheinlichkeit zufügen wird.

Cambridge Analytica hat Personen auf der Grundlage von psychologischen Profilen gezielt angesprochen, um ihr Wahlverhalten zu beeinflussen. Wenn nachgewiesen werden kann, dass das Unternehmen gezielt schutzbedürftige Gruppen aufgrund ihrer sozialen oder wirtschaftlichen Situation angesprochen hat, würde diese Praxis ebenfalls unter diese verbotene Kategorie fallen.

Art. 5 Abs 1 lit c KI-VO – Social Scoring: das Inverkehrbringen, die Inbetriebnahme oder die Verwendung von KI-Systemen zur Bewertung oder Klassifizierung natürlicher Personen oder Gruppen von natürlichen Personen über einen bestimmten Zeitraum hinweg auf der Grundlage ihres Sozialverhaltens oder bekannter, abgeleiteter oder vorhergesagter persönlicher oder Persönlichkeitsmerkmale, wobei die soziale Bewertung zu einem oder beiden der folgenden Punkte führt: (i) nachteilige oder ungünstige Behandlung bestimmter natürlicher Personen oder ganzer Gruppen von ihnen in sozialen Kontexten, die nichts mit den Kontexten zu tun haben, in denen die Daten ursprünglich erzeugt oder gesammelt wurden; (ii) nachteilige oder ungünstige Behandlung bestimmter natürlicher Personen oder Gruppen von ihnen, die ungerechtfertigt ist oder in keinem Verhältnis zu ihrem sozialen Verhalten oder dessen Schwere steht.

Cambridge Analytica erstellte detaillierte psychologische Profile und nutzte diese für politisches Microtargeting. Ihre Profiling-Praktiken könnten als eine Form des Social Scoring angesehen werden, wenn sie zu einer unverhältnismäßigen Behandlung oder gezielten politischen Botschaften führen, obwohl dies nuancierter ist und von den Besonderheiten ihrer Datennutzung abhängt.

Die obige Analyse zeigt die möglichen Verstöße gegen die KI-VO durch die Praktiken von Cambridge Analytica. Der Skandal unterstreicht die Bedeutung einer robusten KI-Governance zum Schutz der Integrität von Wahlen und die Notwendigkeit einer kontinuierlichen Wachsamkeit und Regulierung bei der Nutzung von KI in politischen Prozessen. Damit Cambridge Analytica die Bestimmungen des KI-Gesetzes einhalten kann, müsste das Unternehmen Folgendes beachten:

- Einrichten eines Risikomanagementsystems, um die mit ihren KI-Systemen verbundenen Risiken zu ermitteln und zu mindern.
- Sorgen für qualitativ hochwertige Datensätze, pflegen von Datensätzen und Einsetzen von solide Verfahren zur Datenverwaltung ein, um Verzerrungen und Ungenauigkeiten zu vermeiden.

- Führen einer umfassenden technischen Dokumentation, in der der Entwurf, die Entwicklung und die Betriebsprozesse Ihrer KI-Systeme detailliert beschrieben sind.
- Klares und deutliches Informieren der Nutzerinnen und Nutzer, wenn sie mit KI-Systemen interagieren oder KI-generierte Inhalte konsumieren.
- Umsetzung von Maßnahmen zur Gewährleistung einer angemessenen menschlichen Aufsicht über den Betrieb des KI-Systems, einschließlich Ausweichplänen für den Fall eines KI-Ausfalls.
- Sicherstellen, dass die KI-Systeme robust, genau und sicher sind und Mechanismen zur Verhinderung und Abschwächung von Risiken enthalten.
- Einhaltung der DSGVO und anderer einschlägiger Datenschutzgesetze zum Schutz personenbezogener Daten und zur Gewährleistung der Rechte auf Privatsphäre.
- Kontinuierliche Überwachung der KI-Systeme nach der Einführung, um die Einhaltung der Vorschriften zu gewährleisten und alle aufkommenden Risiken oder Probleme zu lösen.

Darüber hinaus spielen ethische Überlegungen beim Einsatz von KI in politischen Prozessen eine entscheidende Rolle. Der Skandal wirft ein Schlaglicht auf die umfassenderen Auswirkungen des KI-Missbrauchs auf die Demokratie, einschließlich der Erosion des öffentlichen Vertrauens und der möglichen Manipulation des Wählerinnen- und Wählerverhaltens. Die Gewährleistung ethischer KI-Praktiken und die Aufrechterhaltung der Transparenz bei KI-Anwendungen sind für die Wahrung demokratischer Werte und den Schutz der Integrität von Wahlsystemen unerlässlich. Durch die Einhaltung dieser Grundsätze können Organisationen zu einem fairen und transparenten Wahlprozess beitragen und so das Vertrauen der Öffentlichkeit in das demokratische System stärken.

Quellen

[1] 8 best practices for state election officials on AI. URL *https://www.brookings.edu/articles/8-best-practices-for-state-election-officials-on-ai/* – abgerufen am 04. 05. 2024 – Brookings

[2] About – European Commission. URL *https://algorithmic-transparency.ec.europa.eu/about_en* – abgerufen am 04. 05. 2024

[3] AI & Elections. URL *https://aiandyou.org/elections/* – abgerufen am 04. 05. 2024 – AIandYou

[4] AI Elections Accord – Munich Security Conference. URL *https://securityconference.org/en/aielections accord/* – abgerufen am 04. 05. 2024

[5] AI in Elections: The Battle for Truth and Democracy. URL *https://www.ie.edu/insights/articles/ai-in-elections-the-battle-for-truth-and-democracy/* – abgerufen am 04. 05. 2024 – IE Insights

[6] Algorithmic Transparency Recording Standard Hub. URL *https://www.gov.uk/government/collections/algorithmic-transparency-recording-standard-hub* – abgerufen am 04. 05. 2024 – GOV.UK

[7] Code of Conduct for the 2024 European Parliament Elections. URL *https://www.idea.int/european-code-of-conduct-2024* – abgerufen am 04. 05. 2024

[8] Committee on Artificial Intelligence (CAI) – Artificial Intelligence – *www.coe.int*. URL *https://www.coe.int/en/web/artificial-intelligence/cai* – abgerufen am 04. 05. 2024 – Artificial Intelligence

[9] Cybersecurity Toolkit and Resources to Protect Elections | CISA. URL *https://www.cisa.gov/cybersecurity-toolkit-and-resources-protect-elections* – abgerufen am 04. 05. 2024

[10] Die Gesetzestexte | EU-Gesetz zur künstlichen Intelligenz. URL *https://artificialintelligenceact.eu/de/das-gesetz/* – abgerufen am 04. 05. 2024

[11] Election Cycle Calendar. URL *https://www.anchorchange.com/election-cycle-calendar* – abgerufen am 04. 05. 2024 – Anchor Change – Civic Tech Strategies

[12] Global views on A. I. and disinformation. In: New Zealand (2018)

[13] Griera, Max: EU parties and Commission sign campaign rulebook against foreign interference, disinformation. URL *https://www.euractiv.com/section/elections/news/eu-parties-and-commission-sign-campaign-rulebook-against-foreign-interference-disinformation/* – abgerufen am 04. 05. 20244. – *www.euractiv.com*

[14] Here's what to know about elections, cybersecurity and AI. URL *https://www.weforum.org/agenda/2023/11/elections-cybersecurity-ai-deep-fakes-social-engineering/* – abgerufen am 04. 05. 2024. – World Economic Forum

[15] How AI could sway voters in 2024's big elections | Chatham House – International Affairs Think Tank. URL *https://www.chathamhouse.org/publications/the-world-today/2023-10/how-ai-could-sway-voters-2024s-big-elections* – abgerufen am 04. 05. 2024

[16] *https://commission.europa.eu/system/files/2022-12/Annex%20I_LiteratureReview_20210319_clean_dsj_v3.0_a.pdf*. URL*https://commission.europa.eu/system/files/2022-12/Annex%20I_LiteratureReview_20210319_clean_dsj_v3.0_a.pdf* – abgerufen am 04. 05. 2024

[17] *https://static1.squarespace.com/static/605bcb01669c157444b9a21e/t/661577d77925c1179611a0ca/1712682969565/AnchorChange_ElectionCoalitionsPlaybook.pdf*. URL *https://static1.squarespace.com/static/605bcb01669c157444b9a21e/t/661577d77925c1179611a0ca/1712682969565/AnchorChange_ElectionCoalitionsPlaybook.pdf* – abgerufen am 04. 05. 2024

[18] Infographic: 2024: The Super Election Year. URL *https://www.statista.com/chart/31604/countries-where-a-national-election-is-was-held-in-2024* – abgerufen am 04. 05. 2024 – Statista Daily Data

[19] OECD: Explanatory memorandum on the updated OECD definition of an AI system. Paris : OECD, 2024

[20] Perceptions of Democracy: A Survey about How People Assess Democracy around the World : International Institute for Democracy and Electoral Assistance, 2024 – ISBN 978-91-7671-757-8

[21] The 2024 Global Elections Super-Cycle | International IDEA. URL *https://www.idea.int/initiatives/the-2024-global-elections-supercycle* – abgerufen am 04. 05. 2024

[22] The Repressive Power of Artificial Intelligence. URL *https://freedomhouse.org/report/freedom-net/2023/repressive-power-artificial-intelligence* – abgerufen am 04. 05. 2024 – Freedom House

[23] Video of Hillary Clinton endorsing Ron DeSantis is AI-generated. In: Reuters (2023)

[24] Vincent, James: Republicans respond to Biden reelection announcement with AI-generated attack ad. URL *https://www.theverge.com/2023/4/25/23697328/biden-reelection-rnc-ai-generated-attack-ad-deepfake* – abgerufen am 04. 05. 2024 – The Verge

[25] What are 5 Digital Policy Trends for 2022 – Diplo. URL *https://www.diplomacy.edu/resource/an-introduction-to-internet-governance/* – abgerufen am 04. 05. 2024

[26] Cadwalladr, Carole; Graham-Harrison, Emma: Revealed: 50 Millionen Facebook-Profile für Cambridge Analytica in großem Datenbruch geerntet. In: The Guardian (2018) *https://www.theguardian.com/news/2018/mar/17/cambridge-analytica-facebook-influence-us-election*

[27] Gesetz über digitale Märkte. URL *https://digital-markets-act.ec.europa.eu/index_en* – abgerufen am 13. 07. 2024

[28] Der EU-Rechtsakt über digitale Dienste. URL *https://www.brookings.edu/articles/8-best-practices-for-state-election-officials-on-ai/">https://www.brookings.edu/articles/8-best-practices-for-state-election-officials-on-ai/* – abgerufen am 04. 05. 2024 – Brookings

8.4 Einsatz von KI im NIS-Sektor

Natascha Windholz

8.4.1 Einführung NIS und NIS 2

Die NIS-Richtlinie stammt aus dem Jahr 2016 und wurde in Österreich im NISG (Bundesgesetz zur Gewährleistung eines **hohen Sicherheitsniveaus** von Netz- und Informationssystemen – kurz Netz- und Informationssystemsicherheitsgesetz) umgesetzt. Die NIS-Richtlinie bzw. das NISG sollen für ein höheres Sicherheitsniveau von Netz- und Informationssystemen in der ganzen EU sorgen und dieses harmonisieren. Die betroffenen Unternehmen müssen angemessene und proportionale technische, operationale und organisatorische Maßnahmen zum Cybersecurity-Risikomanagement treffen und einem „All-Gefahren-Ansatz" verfolgen (vgl. Art. 21 NIS2-Richtlinie).

Als Netz- und Informationssystem gelten:

- elektronische Kommunikationsnetze gemäß § 3 Z 11 öTKG
- räumlich verteilte, digitale Verarbeitungsvorrichtungen zur technischen Unterstützung der Erhebung, Verarbeitung, Speicherung, Wartung, Nutzung, Weitergabe, Verarbeitung oder Disposition von digitalen Informationen
- digitale Daten, die in einem solchen elektronischen Kommunikationsnetz oder in solchen Vorrichtungen verarbeitet werden

Adressat im aktuellen öNISG sind **Bereitsteller wesentlicher Dienste** aus den Sektoren Energie, Luft-, Straßen- und Schienenverkehr, Finanzmarktinfrastrukturen, Gesundheitswesen, Trinkwasserversorgung und digitale Infrastruktur. Erfasst sind auch bestimmte **Einrichtungen der öffentlichen Verwaltung**. Diese Dienste sind deshalb besonders geregelt, weil sie für wirtschaftliche und gesellschaftliche Tätigkeiten eine wesentliche Rolle spielen und für diese von entscheidender Bedeutung sind. Sicherheitsvorfälle in diesen Bereichen können die Ausübung der wirtschaftlichen Tätigkeiten beeinträchtigen, finanzielle Verluste verursachen und das Vertrauen der Nutzer und Nutzerinnen untergraben.

Die NIS-Richtlinie verlangt einerseits ein hohes Sicherheitsniveau der betroffenen Sektoren, andererseits aber auch die Zusammenarbeit zwischen den Mitgliedstaaten, die Errichtung nationaler Behörden und von Computer-Notfallteams und die Meldung erheblicher Störfälle an diese.

Netz- und Informationssicherheit bedeutet nicht nur, fähig zu sein, Sicherheitsvorfälle abzuwehren, sondern auch, ihnen vorzubeugen, bereits entstandene Störungen zu erkennen und zu beseitigen sowie den Normalbetrieb wiederherzustellen. Gefährdungen müssen erkannt, bewertet und verfolgt werden. Störungen müssen bewältigt und die Handlungs- und Funktionsfähigkeit wiederhergestellt werden.

Zuständige Behörde ist das österreichische SCIRT, welches beim Bundesministerium für Inneres eingerichtet ist.

8.4.1.1 NIS2

Die NIS-Richtlinie wurde jedoch mittlerweile von der NIS2-Richtlinie abgelöst. Die NIS2-Richtlinie wurde jedoch weder in Deutschland noch in Österreich in nationales Recht umgesetzt. Spätestens bis 18. Oktober 2024 muss die Richtlinie umgesetzt werden, da ansonsten ein Vertragsverletzungsverfahren gegenüber die EU drohen würde.

Die NIS2-Richtlinie sollte genauso wie schon NIS die betroffenen Sektoren hinsichtlich Vorbereitung und Reaktion auf Sicherheitsvorfälle stärken. Der Anwendungsbereich wird ausgeweitet, um wesentliche gesellschaftliche und wirtschaftliche Tätigkeiten besser zu schützen. Risikomanagementmaßnahmen zählen genauso zu den Pflichten wie bestimmte Meldepflichten.

Betroffene Sektoren:

Sektoren mit hoher Kritikalität	Sonstige kritische Sektoren
▪ Energie ▪ Verkehr ▪ Bankwesen (vorrangige Anwendbarkeit der DORA-Verordnung 2022/2554) ▪ Finanzmarktinfrastrukturen (vorrangige Anwendbarkeit der DORA-Verordnung 2022/2554) ▪ Gesundheitswesen ▪ Trinkwasser ▪ Abwasser ▪ Digitale Infrastruktur ▪ Verwaltung von IKT-Diensten B2B ▪ Öffentliche Verwaltung ▪ Weltraum	▪ Post- und Kurierdienste ▪ Abfallbewirtschaftung ▪ Chemie ▪ Lebensmittel ▪ Verarbeitendes/herstellendes Gewerbe ▪ Anbieter digitaler Dienste ▪ Forschung (fakultativ)

Unterschieden wird außerdem nach **Unternehmensgröße**, wobei die Anzahl der Beschäftigten, Jahresumsatz und Jahresbilanzsumme beachtet werden müssen. Kleine Unternehmen (weniger als 50 Mitarbeitende, Jahresumsatz von maximal € 10 Mio. bzw. Jahresbilanzsumme maximal € 10 Mio.) fallen nicht unter NIS2, wobei es Ausnahmen gibt.

Die **Größenklassen** stellen sich wie folgt dar:

Vollzeitäquivalente/Jahresumsatz/Jahresbilanzsumme	Unternehmensklasse
▪ Mehr als 50 Vollzeitäquivalente *und* ▪ gleich oder mehr als € 10 Mio. Jahresumsatz *oder* ▪ gleich/mehr als € 10 Mio. Jahresbilanzsumme	Kleines Unternehmen
▪ Mehr als 250 Vollzeitäquivalente *und* ▪ gleich/mehr als € 50 Mio. Jahresumsatz *oder* ▪ gleich/mehr als € 43 Mio. Jahresbilanzsumme	Mittleres Unternehmen
▪ Gleich/mehr als 250 Vollzeitäquivalente *oder* ▪ mehr als € 50 Mio. Jahresumsatz *und* ▪ mehr als € 43 Mio. Euro Jahresbilanzsumme	Großes Unternehmen

Die Richtlinie verweist auf die Empfehlung der Kommission zur Definition [1] von KMU, wo sich auch weitere Vorgaben hinsichtlich der Berechnung der Unternehmensgröße, insb. bei verbundenen Unternehmen, also **Konzernen** oder **Unternehmensgruppen**, finden.

Kleinunternehmen fallen grundsätzlich nicht unter NIS2, es gibt jedoch Ausnahmen, insbesondere wenn es sich um einen Vertrauensdiensteanbieter handelt oder sie als Dienstleister bzw. Lieferanten von betroffenen Unternehmen fungieren.

Unterschieden wird außerdem zwischen **wesentlichen und wichtigen Unternehmen**. Aus der Unterscheidung ergibt sich, ob entweder ex ante Sicherheitsüberprüfungen durchgeführt werden oder ex post bei begründetem Verdacht. Wesentliche Einrichtungen sind große Unternehmen z. B. aus Energie, Verkehr, Gesundheit, Trinkwasser. Wichtige Unternehmen sind zum einen mittlere Unternehmen aus diesen Sektoren und große sowie mittlere Unternehmen aus Post, Abfall, Chemie, Lebensmittel, digitale Dienste etc. Ausnahmen gibt es für die digitale Infrastruktur, also z. B. Kommunikationsdienste, Cloud-Dienste, Rechenzentrumsdienste etc. Die vollständigen Listen finden sich in den Anhängen zu NIS2.

Die NIS2-Richtlinie sieht verschiedene Verpflichtungen für Unternehmen vor, u. a. **Risikomanagementmaßnahmen**, Sicherheit der Lieferkette und Berichtspflichten. Bei Nichteinhaltung sieht die Richtlinie hohe Strafen vor.

Verantwortlich sind die Leitungsorgane der betroffenen Einrichtung. Sie müssen die Einhaltung sicherstellen und beaufsichtigen. Sie haften, wenn dem Unternehmen durch Nichteinhaltung ein schuldhaft verursachter Schaden entsteht.

8.4.2 Bedeutung von NIS2 für die Lieferkette

NIS2 verlangt nicht nur, dass Compliance des Unternehmens auf das NIS2 direkt anwendbar ist, sondern verlangt auch die Absicherung der Lieferkette. „IT“ wird immer globaler, vielschichtiger, vernetzter und schlussendlich komplexer. Kaum ein Unternehmen hat noch „den einen“ IT-Dienstleister, der alles für einen macht, sondern in aller Regel kommt eine Vielzahl von Systemen zur Anwendung, die wiederum von einer Vielzahl an Dienstleistern und Lieferanten stammen. Diese Systeme laufen dann wiederum nicht mehr „on premise“, d.h. auf den eigenen Servern des Unternehmens, sondern oftmals in der Cloud.

NIS2 verlangt daher ein rigoroses **Third Party Risk Management**, also ein Risikomanagement für genau diese Dienstleister und Lieferanten. Berücksichtigt wird dabei nicht nur der einzelne Lieferant, sondern auch die Beziehungen zwischen den einzelnen Einrichtungen und ihren unmittelbaren Dienstleistern und Lieferanten. Beim Risikomanagement sind die Schwachstellen der unmittelbaren Lieferanten und Dienstleister zu berücksichtigen sowie die Gesamtqualität der Produkte und deren IT Security, die Sicherheit ihrer Entwicklungsprozesse und welche Schutzmaßnahmen ergriffen wurden.

Die Dienstleister und Lieferanten der NIS2-Unternehmen können die Erfüllung dieser Anforderungen auf verschiedene Weise erbringen, z.B. durch Zertifizierungen, Audits oder individuelle Nachweise.

Die österreichische NIS-Behörde empfiehlt folgende Standards bzw. Best Practices [3]:

- ÖISHB: Zusammenarbeit mit Externen, Evaluierung von Zertifizierungen, Lieferantenbeziehungen
- ISO/IEC 27001: Informationssicherheit in Lieferantenbeziehungen
- IEC 62443 2–1: Sicherheit der Lieferkette
- CIS CSC v8.0: Management der Service-Anbieter
- KSÖ Cyber Risk Rating: Anforderung für A bzw. B Rating

Im ENISA-Leitfaden „Good Practices für Supply Chain Cybersecurity“ wurde NIS2 bereits berücksichtigt [2]. Der Leitfaden kann daher ebenfalls als Umsetzungshilfe dienen.

8.4.3 Einsatz von KI in NIS-Unternehmen

Der KI-Einsatz bei NIS- und NIS2-Unternehmen wird auf zwei Arten reglementiert. Die **Anhänge I und III** nennen bestimmte Richtlinien oder Verordnungen bzw. den Einsatz von KI-Systemen in der kritischen Infrastruktur.

Wesentlich ist hier der Einsatz von KI-Systemen als **Sicherheitsbauteil**. Als Sicherheitsbauteil eines Produkts oder Systems versteht man gemäß Art. 3 lit 14 KI-VO ein Bauteil eines Produkts oder Systems, das eine Sicherheitsfunktion für dieses erfüllt oder dessen Ausfall oder Fehlfunktion die Gesundheit oder Sicherheit von Personen oder Sachen gefährdet.

Die KI-VO selbst begründet die Einstufung des Einsatzes von KI-Systemen in der kritischen Infrastruktur damit, dass eine Fehlfunktion oder ein Versagen **Leben und Gesundheit von vielen Personen gefährden** und zu beachtlichen **Störungen im sozialen und wirtschaftlichen Leben** führen kann. Als Sicherheitskomponenten gelten Systeme, die dazu verwendet werden, um die physische Integrität der kritischen Infrastruktur oder die Gesundheit und Sicherheit von Personen oder Eigentum zu schützen, die aber nicht zwingend notwendig für die Funktionsweise des Systems sind. Ein Versagen oder eine Fehlfunktion solcher Bauteile kann direkt zu Risiken für die physische Integrität und damit zu Risiken für die Gesundheit und Sicherheit von Menschen oder Eigentum führen. Bauteile, die ausschließlich für Zwecke der Cybersicherheit eingesetzt werden, werden nicht als Sicherheitsbauteile qualifiziert. Beispiele für Sicherheitsbauteile in der kritischen Infrastruktur sind Systeme zur Überwachung des Wasserdrucks oder Feuermelder in Cloud-Computing-Zentren.

8.4.3.1 Anhang I KI-VO

KI-Systeme, die als **Sicherheitsbauteil eines Produkts** verwendet werden, oder wenn das KI-System selbst das Produkt und in Anhang I gelistet ist, gelten als Hochrisiko-KI-Systeme. Dasselbe gilt für Produkte, deren Sicherheitsbauteil ein KI-System ist, wobei das KI-System oder das Produkt einer Konformitätsbewertung unterzogen werden muss, bevor es in Verkehr gebracht oder in Betrieb genommen wird.

Je nach Branche können für NIS2-Unternehmen dabei insbesondere folgende EU-Rechtsakte relevant sein:

- Maschinen-Richtlinie 2006/42/EC: Anwendbar u. a. auf Maschinen, Sicherheitsbauteile, Ketten, Seile, Gurte
- Verordnung über Schutzausrüstung (EU) 2016/425: Ausrüstung, die von Menschen als Schutz gegen ein oder mehrere Risiken für ihre Gesundheit oder Sicherheit getragen oder gehalten werden kann
- Medizinprodukte-Verordnung (EU) 2017/745: Für den menschlichen Gebrauch bestimmte Medizinprodukte und deren Zubehör samt der dazugehörigen klinischen

Prüfungen; z. B. Geräte, Instrumente, Software oder Implantate für Zwecke der Diagnose, Prognose, Linderung oder Untersuchung

- Verordnung für Medizinprodukte zur In-vitro Diagnostik (EU) 2017/746: Reagenzen, Kits, Instrumente, Geräte, Software zur In-vitro Untersuchung
- Zivilluftfahrt-Verordnung (EC) 300/2008 und Verordnung 2018/1139: Flüge von Zivilluftfahrzeugen; als Luftsicherheit gilt die Kombination von Maßnahmen und personellen und materiellen Ressourcen, die dazu dienen, die Zivilluftfahrt von unrechtmäßigen Eingriffen zu schützen, die die Sicherheit der Zivilluftfahrt gefährden.
- Richtlinie zur Interoperabilität des Eisenbahnsystems (EU) 2016/797: Bestimmungen über Interoperabilitätskomponenten, Schnittstellen und Verfahren sowie für die Gesamtkohärenz des Eisenbahnsystems der EU, um den sicheren und durchgehenden Zugverkehr zu gewährleisten

Setzt das NIS2-Unternehmen daher KI-gestützte Komponenten ein, die unter einen der Rechtsakte des Anhang I fallen, so muss es die Einhaltung der Vorgaben zu Hochrisiko-KI sicherstellen (siehe Abschnitt 3.3.2). Bedient es sich dazu eines Lieferanten, kommt außerdem noch die Sicherstellung der Vorgaben aus NIS2 betreffend der Lieferkettensicherheit dazu.

8.4.3.2 Anhang III KI-VO

Als Hochrisiko-KI-System gelten alle KI-Systeme, die in Anhang III gelistet sind. Ausnahme wäre, wenn das KI-System kein signifikantes Risiko für Gesundheit, Sicherheit oder Grundrechte von natürlichen Personen darstellt, einschließlich einer nicht materiellen Einflussnahme auf das Ergebnis einer Entscheidung. Diese **Ausnahme** gilt dann, wenn eine oder mehr der folgenden Kriterien erfüllt sind:

- Das KI-System führt lediglich einen eng abgesteckten Prozessschritt durch;
- das KI-System dient der Verbesserung der Ergebnisse einer vorher von Menschen durchgeführten Aktivität;
- das KI-System soll Entscheidungsfindungsmuster oder Abweichungen davon entdecken und dabei keine vorher von Menschen durgeführten Bewertungen ohne ordentliche menschliche Überprüfung ersetzen; oder
- das KI-System führt vorbereitende Aufgaben für eine Bewertung durch, welche relevant für einen der Use Cases aus Annex III sind.

Ein KI-System wird jedoch immer dann als Hochrisikosystem bewertet, wenn es das **Profiling** von natürlichen Personen vornimmt.

Ein Anbieter, der der Ansicht ist, dass es sich um keine Hochrisiko-KI handelt, hat diese Bewertung entsprechend zu dokumentieren, und zwar bevor das KI-System auf den Markt oder in Bedienung genommen wird. Solch ein Anbieter fällt unter die

Pflicht zur Registrierung gemäß Art. 49 Abs. 2 KI-VO. Auf Nachfrage der Behörde muss er dieses vorweisen können. Zu Anhang III werden von der EU-Kommission noch delegierte Rechtsakte erlassen bzw. an den gesamten Anhang III angepasst.

Die wesentliche Überschneidung von NIS2 mit der KI-VO betrifft Punkt 2 des Anhang III. Darin gelten als Hochrisiko-KI-Systeme in der kritischen Infrastruktur KI-Systeme, die als **Sicherheitsbauteile für das Management und den Betrieb kritischer digitaler Infrastrukturen, den Straßenverkehr und die Versorgung mit Wasser, Gas, Wärme und Strom** eingesetzt werden sollen.

Die Definition in Anhang III Punkt II ist daher nicht übereinstimmend mit sämtlichen Sektoren in NIS2, wobei Artikel 3 Z 62 KI-VO hinsichtlich der Definition kritischer Infrastruktur auf Art. 2 Abs. 4 der CER-Richtlinie 2022/2557 (Verordnung zur Resilienz kritischer Einrichtungen) verweist. Gemäß CER-Richtlinie gelten als wesentliche Dienste kritischer Infrastruktur alle Dienste, die für die Aufrechterhaltung wichtiger gesellschaftlicher Funktionen, wichtiger wirtschaftlicher Tätigkeiten, der öffentlichen Gesundheit und Sicherheit oder der Erhaltung der Umwelt von entscheidender Bedeutung sind. Die Mitgliedstaaten müssen diese definieren und festlegen. Weder in Deutschland noch in Österreich liegen bisher finale Gesetze zur Umsetzung der CER-Richtlinie vor. Eine abschließende Aussage zum Zusammenspiel aus KI-VO und NIS2 kann daher noch nicht getroffen werden.

Als **kritische Infrastruktur** gemäß Anhang III KI-VO gelten daher dem Wortlaut nach nur:

- Digitale Infrastruktur, z. B. Bereitsteller von Internet-Knoten, Anbieter von Cloud-Diensten, Anbieter von Rechenzentrumsdiensten, Anbieter öffentlicher elektronischer Kommunikationsnetze, Anbieter öffentlich zugänglicher elektronischer Kommunikationsdienste
- Straßenverkehr, insbesondere Straßenverkehrsbehörden, Betrieb intelligenter Verkehrssysteme
- Wasserversorgung, insbesondere Trinkwasserlieferanten (dem Wortlaut nach nicht erfasst ist die Abwasserentsorgung)
- Gas, z. B. Erdgaslieferanten, Bereitsteller von Anlagen zur Raffination und Aufbereitung von Erdgas
- Wärme, z. B. Fernwärmeanbieter
- Strom, z. B. Elektrizitätsunternehmen, Verteilernetz-Anbieter, Anbieter von Ladestationen

Setzt also ein Betreiber kritischer Infrastruktur aus den hier aufgezählten Sektoren ein KI-System als Sicherheitsbauteil ein, muss er die Vorgaben für Hochrisiko-KI-Systeme erfüllen.

Prüfschema zum Einsatz von KI in NIS2-Unternehmen:

Liegt ein Hochrisiko-KI-System gem. Anhang III vor? Dient das KI-System als Sicherheitsbauteil gem. eines der Rechtsakte aus Annex II?	Art. 6 ff. beschreibt die Klassifizierung sowie die Pflichten für Betreiber bzw. Anbieter von Hochrisiko-KI-Systemen; siehe Abschnitt 3.3.2.3
Handelt es sich um ein sonstiges KI-System, für das eine Transparenzpflicht gem. KI-VO besteht?	Artikel 52 KI-VO enthält Transparenzpflichten für die Anbieter und Betreiber von bestimmten KI-Systemen und KI-Modellen für allgemeine Zwecke; siehe Abschnitt 3.6
Handelt es sich um ein KI-Modell für allgemeine Zwecke?	Artikel 52 ff. KI-VO enthält die Regeln für die Klassifizierung für GPAI mit systemischem Risiko bzw. die Pflichten für Anbieter; siehe Abschnitt 3.7

Quellen

[1] Empfehlung der Kommission vom 6. Mai 2003 betreffend die Definition der Kleinstunternehmen sowie der kleinen und mittleren Unternehmen (Text von Bedeutung für den EWR; bekannt gegeben unter Aktenzeichen K(2003) 1422). Bd. 124, 2003 – Legislative Body: COM

[2] Good Practices for Supply Chain Cybersecurity. URL *https://www.enisa.europa.eu/publications/good-practices-for-supply-chain-cybersecurity* – abgerufen am 16. 03. 2024 – ENISA

[3] Bundesministerium des Innern, Bundeskanzleramt: Sicherheitsmaßnahmen für Betreiber wesentlicher Dienste

9 Ethik

Gabriele Bolek-Fügl, Valerie Hafez, Sabine Singer

Im folgenden Kapitel geht es um die ethischen Implikationen des Einsatzes von KI. Dabei werden nützliche Werkzeuge in die Hand gegeben, wie etwa Leitlinien für vertrauenswürdige KI oder für ethische Innovation. Der Blick wird über die KI-VO geweitet, und weltweite Vorgaben werden betrachtet und welche Organe, Ausschüsse und Gremien es gibt, die sich mit künstlicher Intelligenz befassen.

9.1 Ethik-Leitlinien für vertrauenswürdige KI

Valerie Hafez

In diesem Kapitel werden die Ethik-Leitlinien für vertrauenswürdige KI thematisiert [11], welche im April 2019 von der Hochrangigen Expertinnen- und Expertengruppe für Künstliche Intelligenz der europäischen Kommission veröffentlicht wurden.[1] Eingegangen wird auch auf die Bewertungsliste für vertrauenswürdige KI, welche die Leitlinien begleitet. Obwohl diese Leitlinien rechtliche Diskussionen explizit ausgrenzen, erlangen sie durch die KI-VO erhöhte Bedeutung, da darin auf diese verwiesen wird. Schließlich werden Ansätze kurz vorgestellt, die den Ethik-Leitlinien ähnlich sind oder diese weiterentwickeln und deshalb für bestimmte Anwendungsbereiche wertvoll sein können.

1 In der deutschen Fassung der Leitlinien wird die Gruppe als Hochrangige Expertengruppe genannt obwohl hier auch Expertinnen vertreten waren. Um Einheitlichkeit zu wahren, wird auch hier von der Hochrangigen Expertengruppe gesprochen, jedoch auf Autorinnen und Autoren verwiesen.

9.1.1 Worum geht es?

Vorweg gleich ein wesentlicher Punkt: Die Ethik-Leitlinien betrachten KI-Systeme als soziotechnische Systeme. Das bedeutet, dass die Ethik-Leitlinien nicht rein auf technische Komponenten wie das Modell, die Gewichte oder den Code Bezug nehmen, sondern auch auf Themen wie Datenarbeit, die Organisation rund um KI-Systeme oder auch Governance-Prozesse[2)] wie z.B. im Zusammenhang mit menschlicher Aufsicht. Die Ethik-Leitlinien stellen damit auch den Versuch dar, von einer reinen Liste an Anforderungen (wie z.B. den Anforderungen an Barrierefreiheit des WRC) hin zur Entwicklung einer kontextsensiblen Evaluationskompetenz nach ethischen Prinzipien wegzukommen.

Die ethischen Leitlinien der Hochrangigen Expertinnen- und Expertengruppe für KI sind für alle Akteure gedacht, die KI-Systeme gestalten, entwickeln, einführen, umsetzen, nutzen oder davon betroffen sind. Sie sollen eine möglichst holistische und praxisnahe Umsetzung von ethischen Prinzipien im Zusammenhang mit KI-Systemen ermöglichen. Die Autorinnen und Autoren der Leitlinien betrachten Ethik als eine Komponente für vertrauenswürdige KI-Systeme (S. 6):

> *(15) Eine vertrauenswürdige KI zeichnet sich durch drei Komponenten aus, die während des gesamten Lebenszyklus des Systems erfüllt sein sollten:*

1. Sie sollte rechtmäßig sein und somit geltendes Recht und alle gesetzlichen Bestimmungen einhalten;
2. sie sollte ethisch sein und somit die Einhaltung ethischer Grundsätze und Werte garantieren; und
3. sie sollte robust sein, und zwar sowohl in technischer als auch in sozialer Hinsicht, da KI-Systeme möglicherweise unbeabsichtigten Schaden verursachen, selbst wenn ihnen gute Absichten zugrunde liegen.

Diese Komponenten müssen allesamt erfüllt sein, damit ein KI-System als vertrauenswürdig gelten darf. Für die Leitlinien stellen Ethik und Robustheit zwei ineinanderfließende Prinzipien dar, welche gemeinsam umgesetzt werden müssen, denn: Nur wenn ein KI-System sowohl einem ethischen Zweck dient, mit ethischen Normen im Einklang steht und es diese ethischen Versprechen auch technisch und sozial halten kann, sollte es als vertrauenswürdig gelten.

Die Ethik-Leitlinien versuchen, den zweiten und dritten Aspekt der vertrauenswürdigen KI näher zu beleuchten, da der erste Aspekt – ein rechtlicher Rahmen – von den Experten selbst ausgeklammert wurde, aber später in die Entwicklung der KI-VO mündete. Dazu gehört die Definition von vier ethischen Grundsätzen, welche sich aus der Charta der europäischen Grundrechte ableiten lassen. In diesem Zusammenhang

---

[2] Diese Begriffe werden in Abschnitt 10.2 näher thematisiert im Zusammenhang mit Governance.

hob die Expertinnen- und Expertengruppe besonders die Achtung der Menschenwürde, die Freiheit der bzw. des Einzelnen, die Achtung von Demokratie, Gerechtigkeit und Rechtsstaatlichkeit, Gleichheit, Nichtdiskriminierung und Solidarität sowie Bürgerinnen- und Bürgerrechte hervor. Diese Werte dienen als Orientierung, was mit KI-Systemen getan werden sollte (in Abgrenzung dazu, was mit KI-Systemen getan werden kann).

9.1.2 Ethische Grundsätze der Leitlinien

In den ethischen Grundsätzen werden Prinzipien formuliert, die als formative Werte in die Entwicklung und den Einsatz von KI-Systemen einfließen sollen (siehe Tabelle 9.1). Zwischen diesen Grundsätzen können in der Praxis Spannungen bestehen, welche von den mitwirkenden Organisationen bedacht und aufgelöst werden müssen. Diese sind auch dafür verantwortlich, angemessene und dem Risiko entsprechende Maßnahmen zum Schutz vor negativen Auswirkungen zu treffen.

Tabelle 9.1 Grundsätze für die Entwicklung und den Einsatz von KI-Systemen

Ethischer Grundsatz	Beschreibung
Achtung der menschlichen Autonomie	KI-Systeme sollten Maßnahmen umsetzen, welche die kognitiven, sozialen und kulturellen Fähigkeiten von Menschen fördern, stärken und ergänzen. (Leitlinie 50, S. 14 – 15)
Schadensverhütung	KI-Systeme sollten keine oder möglichst wenige negative Auswirkungen auf Menschen oder Umwelt haben (materiell oder immateriell) und besondere Rücksicht für schützenswerte Personen(gruppen) zeigen. (Leitlinie 51, S. 15)
Fairness	KI-Systeme sollen sicherstellen, dass Vorteile und Nachteile gleich und gerecht verteilt werden, verhältnismäßig und mit Bedacht auf Wahlfreiheit der Betroffenen, zu der auch die Möglichkeit des Einspruchs gehört. (Leitlinie 52, S. 15)
Erklärbarkeit	Prozesse, Fähigkeiten und Zweck von KI-Systemen müssen transparent sein und kommuniziert werden, damit direkt und indirekt Betroffene Entscheidungen im Zweifelsfall anfechten können. (Leitlinie 53, S. 16)

Aufbauend auf diesen vier Grundsätzen schlagen die Leitlinien sieben Kernanforderungen vor, welche die Umsetzung der ethischen Grundsätze in die Praxis erleichtern sollen.

9.1.3 Kernanforderungen

Mit diesen Kernanforderungen wendet sich die Expertinnen- und Expertengruppe an Entwickler und Betreiber eines KI-Systems, aber auch an Nutzer bzw. Betroffene. Die Anforderungen sollten jedenfalls während des gesamten Lebenszyklus des KI-Systems überwacht, bewertet und berücksichtigt werden. Alle sieben Kernanforderungen sind gleichwertig, wobei manche Anforderungen in bestimmten Anwendungsfällen eher in den Vordergrund rücken als andere. Wenn z. B. KI-Systeme in industriellen Kontexten eingesetzt werden, werden Vielfalt oder Datenschutz eine geringere Rolle spielen als bei Anwendungen, bei denen Menschen direkt betroffen sind.

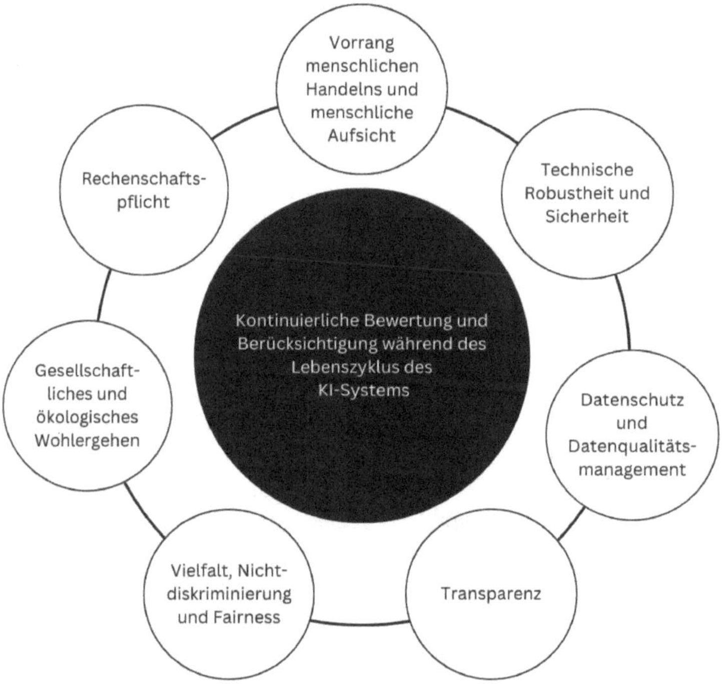

Bild 9.1 Kernanforderungen für vertrauenswürdige KI-Systeme nach den Ethik-Leitlinien (S. 16)

Die sieben Anforderungen für vertrauenswürdige KI werden im Detail in Tabelle 9.2 erklärt.

Tabelle 9.2 Anforderungen für vertrauenswürdige KI

Kernanforderungen *Bezug zu Grundsätzen*	**Beschreibung**
Vorrang menschlichen Handelns und menschlicher Aufsicht *Achtung der menschlichen Autonomie*	▪ Grundrechte im Vorfeld evaluieren (Leitlinie 63) ▪ Informierte Entscheidungen und Bewertungen von Nutzenden und Betroffenen ermöglichen (Leitlinie 64) ▪ Menschliche Aufsicht operativ durch Human-in-the-Loop, Human-in-Command oder Human-in-Control [8] sowie extern durch Aufsichtsbehörden ermöglichen (Leitlinie 65)
Technische Robustheit und Sicherheit *Schadensverhütung*	▪ Widerstandsfähigkeit gegen und Schutz vor Angriffen und Sicherheitsverletzungen sowohl auf Software- (z. B. Data Poisoning, Model Leakage) als auch auf Hardwareebene sicherstellen (Leitlinie 67) ▪ Sicherheitsvorkehrungen und Auffangpläne entwickeln, bestimmungsgemäßes Funktionieren sicherstellen und Risiken identifizieren, bewerten und durch Maßnahmen entgegenwirken (Leitlinie 68) ▪ Präzision der Ergebnisse durch geeigneten Entwicklungs- und Bewertungsprozess sowie Informationen über den Präzisionsgrad an Nutzerinnen und Nutzer sicherstellen (Leitlinie 69) ▪ Zuverlässigkeit (einwandfreies Funktionieren trotz vielfältiger Eingaben und Anwendungssituationen) und Reproduzierbarkeit (gleiches Verhalten unter gleichen Bedingungen) sicherstellen (Leitlinie 70)
Schutz der Privatsphäre und Datenqualität *Schadensverhütung*	▪ Persönliche Daten und private Informationen in allen Phasen des Lebenszyklus schützen und diese nicht unrechtmäßig oder diskriminierend einsetzen (Leitlinie 72) ▪ Datensätze müssen bereits vor dem Training von KI-Systemen von hoher Qualität sein, um Mängel, Verzerrungen, Fehler und Ungenauigkeiten zu vermeiden, und die Eingabe von schädlichen Daten, welche die Integrität des Systems beeinträchtigen würden, muss gesichert werden; Datensätze und Prozesse, um die Qualität und Integrität von Daten zu sichern, sollen in allen Phasen des Lebenszyklus getestet und dokumentiert werden (Leitlinie 73) ▪ Durch geeignete Protokolle regeln, dass nur entsprechend qualifiziertes Personal unter erforderlichen Umständen auf persönliche Daten zugreifen kann (Leitlinie 74)
Transparenz *Erklärbarkeit*	▪ Datensätze, Prozesse und Ergebnisse des KI-Systems durch Dokumentation rückverfolgbar machen (Leitlinie 76) ▪ Ergebnisse, die das Leben von Menschen beeinflussen, rechtzeitig und bedarfsgerecht an Betroffene kommunizieren (Leitlinie 77) ▪ Menschen über die Interaktion mit einem KI-System und dessen Fähigkeiten und Einschränkungen bedarfsgerecht informieren sowie bei möglichen Auswirkungen auf Grundrechte die Möglichkeit bieten, mit einem Menschen zu interagieren (Leitlinie 78)

Tabelle 9.2 Anforderungen für vertrauenswürdige KI *(Fortsetzung)*

Kernanforderungen *Bezug zu Grundsätzen*	**Beschreibung**
Vielfalt, Nichtdiskriminierung und Fairness *Fairness*	▪ Verzerrungen sowohl bei der Funktion des KI-Systems als auch durch das Ausnutzen von Verzerrungen der Nutzerinnen und Nutzer sowie Betroffenen (z. B. unlauterer Wettbewerb) vermeiden und bestehenden Verzerrungen während der Entwicklung sowie durch geeignete Aufsichtsprozesse und mittels Diversität des Personals entgegenwirken ▪ KI-Systeme für alle Menschen, unabhängig von ihren persönlichen Merkmalen oder Fähigkeiten, mithilfe des universellen Entwurfs bzw. durch Design for all nutzbar und barrierefrei gestalten (Leitlinie 81) ▪ Interessenträger und -trägerinnen sowie Arbeitnehmerinnen und Arbeitnehmer in die Entwicklung und während der Nutzungsphase einbinden (Leitlinie 82)
Gesellschaftliches und ökologisches Wohlergehen *Fairness und Schadensverhütung*	▪ Umweltauswirkungen während aller Phasen des Lebenszyklus und über die gesamte Lieferkette hinweg evaluieren und minimieren (Leitlinie 84) ▪ Auswirkungen auf soziale Beziehungen und Bindungen beachten und soziale Handlungsfähigkeit bewahren (Leitlinie 85) ▪ Auswirkungen auf Demokratie und Gesellschaft sowie Institutionen prüfen und negative Auswirkungen vermeiden (Leitlinie 86)
Rechenschaftspflicht *Fairness*	▪ Nachprüfbarkeit durch die Bewertung von internen und externen Prüferinnen und Prüfern sicherstellen, letzteres vor allem bei Anwendungen mit Auswirkungen auf Grundrechte und bei sicherheitskritischen Anwendungen (Leitlinie 88) ▪ Negative Auswirkungen ermitteln, bewerten, minimieren und melden, die Meldung von Vorfällen ermöglichen und Folgeabschätzungen während des gesamten Lebenszyklus durchführen (Leitlinie 89) ▪ Interessen und Werte ermitteln und Kompromisse unter Berücksichtigung von ethischen Grundsätzen und Grundrechten eingehen oder – wenn Kompromisse nicht möglich sind – KI-Systeme anders entwickeln, einführen oder einsetzen; alle Kompromisse begründen, dokumentieren, laufend auf ihre Angemessenheit hin überprüfen und ggf. Änderungen erwirken (Leitlinie 90) ▪ Vorkehrungen für einen angemessenen Rechtsschutz treffen und dabei vor allem schutzbedürftigen Personen und Gruppen besondere Aufmerksamkeit widmen (Leitlinie 91)

9.1.4 Methoden zur Umsetzung der Kernanforderungen

Die ethischen Anforderungen können mithilfe technischer oder nichttechnischer Methoden umgesetzt werden, die während des gesamten Lebenszyklus eingesetzt werden.

Zu den technischen Verfahren zählen Methoden, die bereits aus anderen Bereichen der Softwareentwicklung bekannt sind, sowie Methoden, die Gegenstand intensiver Forschung sind.

Tabelle 9.3 Technische Methoden für die Umsetzung ethischer Anforderungen an die KI

Technische Verfahren	Beispiele
Architekturen für eine vertrauenswürdige KI schaffen	▪ Definition von erwünschtem (White List) und unerwünschtem (Black List) Verhalten oder Zuständen sowie geeignete Einschränkungen einführen (Leitlinie 95) ▪ Sense-Plan-Act-Zyklen einführen, die sicherstellen, dass das KI-System alle Umgebungselemente erkennt, die für die Einhaltung der Anforderungen notwendig sind (sense), nur Pläne ausführt, die den Anforderungen entsprechen (plan), und nur Handlungen ausführt, die diese Anforderungen verwirklichen (act) (Leitlinie 96)
Ethik und Rechtsstaatlichkeit in das Design integrieren (Ethik by Design)	Ansätze wie Privacy-by-Design, Security-by-Design und ähnliche Prinzipien bei der Entwicklung integrieren (Leitlinie 98)
Erklärungsmethoden verwirklichen	Ansätze wie explainable AI (xAI) integrieren (Leitlinie 99)
Testen und überprüfen	▪ Nichtdeterministische und kontextspezifische Eigenschaften von KI-Systemen beim Testen auf Stabilität, Robustheit und Funktionsfähigkeit unter definierten Konditionen berücksichtigen, um die Ergebnisse des Systems und den zugrunde liegenden Prozess zu validieren (Leitlinie 100) ▪ Während des gesamten Lebenszyklus und so früh wie möglich sollten KI-Systeme ganzheitlich, inklusive aller Komponenten und in allen Umgebungen, getestet werden, wobei Diversität der testenden Teams und externe Testmöglichkeiten wie etwa Red Teams oder Bug Bounties breitere Zuverlässigkeit schaffen (Leitlinie 101)
Dienstequalitätsparameter entwickeln	Indikatoren für die Dienstequalität entwickeln, die bei der Bewertung von Ergebnissen und Training des KI-Systems herangezogen werden können, inklusive traditioneller Softwaremetriken, z. B. zu Funktionalität, Leistung, Nutzungsfreundlichkeit, Zuverlässigkeit, Sicherheit und Wartung (Leitlinie 102)

Zu den nichttechnischen Methoden, die zur Einhaltung der Anforderungen dienen können, zählt eine Reihe von Maßnahmen, die von Organisationen eigenständig eingesetzt werden können oder die Zusammenarbeit breiterer gesellschaftlicher Institutionen erfordern.

Organisationen können selbst sicherstellen, dass externe wie auch organisationsinterne Verhaltenskodizes entwickelt und umgesetzt werden sowie die Umsetzung von Rechenschaftspflichten als Grundlage für interne und externe Rahmenbedingungen für die Lenkung und Kontrolle von KI-Systemen vorantreiben (inklusive geeigneter Aufsichtsprozesse, Konformitätsprüfungen und Austausch über Best Practices). Dazu zählen auch die Sicherstellung von Diversität und Inklusion bei den Teams, die KI-Systeme entwickeln, einführen, einsetzen, testen, warten, bereitstellen und überwachen sowie die Beteiligung eines breiten und vielfältigen Kreises, inklusive betroffener Personen, bei diesen Prozessen.

Weitere Maßnahmen können einzelne Organisationen zwar unterstützen, jedoch erfordern diese eine breitere Beteiligung von Institutionen. Dazu zählen Regulierung (inklusive Rechtsvorschriften), Standardisierung (inklusive offizieller Standards, sektorspezifischer Normen oder Gütezeichen), Bildung und Entwicklung von KI-Kompetenzen sowie die Einbindung von Interessenträgern und -trägerinnen und die Förderung des sozialen Dialogs.

9.1.5 Werkzeuge für die Umsetzung

Begleitend zu den Ethik-Leitlinien hat die Hochrangige Expertinnen- und Expertengruppe eine Bewertungsliste für vertrauenswürdige KI entwickelt (Assessment List for Trustworthy AI bzw. ALTAI). Nach einer Pilotphase 2019 wurde die erste finale Version der Bewertungsliste als PDF sowie als webbasiertes Tool im Juni 2020 veröffentlicht [8]. Diese Bewertungsliste enthält Fragen zu den einzelnen Kernanforderungen, die als Inspiration für Akteure dienen sollen, die in unterschiedlichen Phasen des Lebenszyklus von KI-Systemen involviert sind.

Wie von den Mitgliedern der Hochrangigen Expertinnen- und Expertengruppe für KI betont, sollte Ethik möglichst praxisnah gestaltet werden. Aus diesem Grund ist es nicht verwunderlich, dass seither viele Ethik-Leitlinien für spezifische Kontexte entwickelt wurden. Dazu zählt zum Beispiel der Leitfaden Digitale Verwaltung und Ethik: Praxisleitfaden für KI in der Verwaltung (Version 1.0) [5], der von Expertinnen und Experten des Austrian Institute of Technology (AIT) für das Bundesministerium für Kunst, Kultur, öffentlichen Dienst und Sport (BMKÖS) entwickelt wurde. Für die ethische Entwicklung und Nutzung von KI-Systemen in der Forschung und Wissenschaft wurde im Rahmen der Horizon 2020-Förderungen ein Leitfaden entwickelt, der Antragsteller bzw. die Antragstellerin bei der Beschäftigung mit ethischen Kriterien und dem Nachweis der Compliance unterstützen sollte (Ethics by Design and Ethics of Use

Approaches for Artificial Intelligence) [6]. Ebenfalls für die öffentliche Verwaltung vorgesehen ist das Toolkit des ETAPAS-Konsortiums (Ethical Technology Adoption in Public Administration Services) [7], welches für die Begleitung des Einsatzes disruptiver Technologien (inklusive KI) genutzt werden kann.

Um die Umsetzung ethischer Prinzipien zu unterstützen, hat die AI Ethics Impact Group, angeführt vom Verband der Elektrotechnik Elektronik und Informationstechnik (VDE) und der Bertelsmann Stiftung, einen Rahmen für ihre Beurteilung entwickelt (From principles to practice: How can we make AI ethics measurable?) [4]. Darin wird eine Methode zur Beurteilung ethischer Aspekte und auch eine Risikomatrix für die Klassifikation von Anwendungen vorgestellt. Fraunhofer IAIS hat 2021 einen Leitfaden zur Gestaltung vertrauenswürdiger künstlicher Intelligenz (KI-Prüfkatalog) entwickelt [23], welcher die Dimensionen Fairness, Autonomie und Kontrolle, Transparenz, Verlässlichkeit, Sicherheit und Datenschutz sowie eine dimensionsübergreifende Bewertung enthält.

Über Europa hinausgehend gibt es ebenfalls Bemühungen, ethische Leitfäden zu entwickeln. Die UNESCO Recommendation on the Ethics of Artificial Intelligence [26], welche 2021 beschlossen wurde, nennt als zentrale Werte: Respekt für, Schutz von und Förderung von Menschenrechten, Grundfreiheiten und Menschenwürde; Gedeihen von Umwelt und Ökosystem; Diversität und Inklusivität; sowie das Leben in friedlichen, gerechten und vernetzten Gesellschaften. Darauf aufbauend wurden Prinzipien formuliert, welche von KI-Systemen eingehalten werden sollten: Verhältnismäßigkeit und Unschädlichkeit; Schutz und Sicherheit; Fairness und Nichtdiskriminierung; Nachhaltigkeit; Recht auf Privatsphäre und Datenschutz; menschliche Aufsicht und Kontrolle; Transparenz und Erklärbarkeit; Verantwortung und Rechenschaft; Bewusstseinsbildung und Schulung sowie Multi-Stakeholder- und adaptive Governance und Zusammenarbeit. Wenn auch nicht identisch mit dem europäischen Ethik-Leitfaden, kommen doch ähnliche Themen vor. Das weist auf die globale Bedeutung der Beschäftigung mit ethischen Fragestellungen hin, welche jedoch nur situativ und lokal Antworten finden kann. Viele weitere ethischen Leitlinien finden sich zum Beispiel im AI Ethics Guidelines Global Inventory von AlgorithmWatch.[3)]

Quellen

[1] Adensamer, Angelika; Gsenger, Rita; Klausner, Lukas Daniel: „Computer says no“: Algorithmic decision support and organisational responsibility. In: Journal of Responsible Technology Bd. 7–8 (2021), S. 100014

[2] Advancing accountability in AI: Governing and managing risks throughout the lifecycle for trustworthy AI, OECD Digital Economy Papers (OECD Digital Economy Papers Nr. 349). Bd. 349, 2023

[3] Arnold, Zachary; Toner, Helen: AI Accidents: An Emerging Threat. What Could Happen and What to Do (CSET Policy Brief): Center for Security and Emerging Technology – Georgetown University, 2021

[4] Bertelsmann Stiftung; VDE: From Principles to Practice: An interdisciplinary framework to operationalise AI ethics [object Object] (2020)

[3] *https://inventory.algorithmwatch.org/*

[5] Biegelbauer, Peter; Lackinger, Caroline; Schlarb, Sven; Subak, Edgar; Weinlinger, Pia: Leitfaden Digitale Verwaltung und Ethik: Praxisleitfaden für KI in der Verwaltung, Version 1.0. Wien: Bundesministerium für Kunst, Kultur, öffentlichen Dienst und Sport (BMKÖS) Sektion III – Öffentlicher Dienst und Verwaltungsinnovation, 2023

[6] Dainow, Brandt; Brey, Philip; Kuyumdzhieva, A. (Hrsg.): Ethics By Design and Ethics of Use Approaches for Artificial Intelligence. Brussels: European Commission, 2021

[7] ETAPAS Consortium: ETAPAS toolkit. URL *https://joinup.ec.europa.eu/collection/govtechconnect/solution/etapas?f%5B0%5D=solution_content_bundle%3Adocument*. – abgerufen am 17. 03. 2024

[8] European Commission. Directorate General for Communications Networks, Content and Technology.: The Assessment List for Trustworthy Artificial Intelligence (ALTAI) for self assessment. LU: Publications Office, 2020

[9] Gebru, Timnit; Morgenstern, Jamie; Vecchione, Briana; Vaughan, Jennifer Wortman; Wallach, Hanna; Daumé III, Hal; Crawford, Kate: Datasheets for Datasets, arXiv (2021) – arXiv:1803.09010 [cs]

[10] Green, Ben: The Flaws of Policies Requiring Human Oversight of Government Algorithms. In: SSRN Electronic Journal (2021)

[11] Hochrangige Expertengruppe für KI: Ethik-Leitlinien für eine vertrauenswürdige KI. Brüssel: Europäische Kommission, 2019

[12] Kaminski, Margot E; Malgieri, Gianclaudio: Algorithmic impact assessments under the GDPR: producing multi-layered explanations. In: International Data Privacy Law Bd. 11 (2021), Nr. 2, S. 125 – 144

[13] Laux, Johann: Institutionalised Distrust and Human Oversight of Artificial Intelligence: Toward a Democratic Design of AI Governance under the European Union AI Act. In: SSRN Electronic Journal (2023)

[14] Mäntymäki, Matti; Minkkinen, Matti; Birkstedt, Teemu; Viljanen, Mika: Defining organizational AI governance. In: AI and Ethics Bd. 2 (2022), Nr. 4, S. 603 – 609

[15] Minkkinen, Matti; Mäntymäki, Matti: Discerning Between the „Easy“ and „Hard“ Problems of AI Governance. In: IEEE Transactions on Technology and Society Bd. 4 (2023), Nr. 2, S. 188 – 194

[16] Mishra, Saurabh; Aria, Amin; Renda, Andrea: Ensuring AI's trustworthiness: reliability engineering meets data-driven risk management. URL *https://oecd.ai/en/wonk/reliability-engineering-data-driven-risk-management* – abgerufen am 17. 03. 2024

[17] Mitchell, Margaret; Wu, Simone; Zaldivar, Andrew; Barnes, Parker; Vasserman, Lucy; Hutchinson, Ben; Spitzer, Elena; Raji, Inioluwa Deborah; u. a.: Model Cards for Model Reporting. In: Proceedings of the Conference on Fairness, Accountability, and Transparency, 2019 – arXiv:1810.03993 [cs], S. 220 – 229

[18] Morgan, Deborah; Hashem, Youmna; Straub, Vincent J.; Bright, Jonathan: „Team-in-the-loop“ organisational oversight of high-stakes AI, arXiv (2023) – arXiv:2303.14007 [cs]

[19] Nicholson Consulting; Ministry of Social Development: Governance Guide: Model Development Lifecycle (Nr. A13094818), 2021

[20] OECD: OECD Due Diligence Guidance for Responsible Business Conduct, 2018

[21] Park, Tina M.: Making AI Inclusive: 4 Guiding Principles for Ethical Engagement (White Paper): Partnership on AI, 2022

[22] Perrow, Charles: Normal Accidents: Living with High Risk Technologies. Princeton: Princeton University Press, 2011 – ISBN 978-1-4008-2849-4

[23] Poretschkin, Maximilian; Schmitz, Anna; Akila, Mara; Adilova, Mara; Becker, Daniel; Cremers, Armin B.; Hecker, Dirk; Houben, Sebastian; u. a.: Leitfaden zur Gestaltung vertrauenswürdiger Künstlicher Intelligenz: Fraunhofer-Institut für Intelligente Analyse- und Informationssysteme IAIS, 2021

[24] Society Inside; European Center for Not-for-Profit Law: Framework for meaningful engagement: ECNL

[25] Stocktaking for the development of an AI incident definition, OECD Artificial Intelligence Papers (OECD Artificial Intelligence Papers Nr. 4). Bd. 4, 2023

[26] UNESCO: Recommendation on the Ethics of Artificial Intelligence. Paris: UNESCO, 2021

[27] UNESCO: Ethical impact assessment. A tool of the Recommendation on the Ethics of Artificial Intelligence: UNESCO, 2023

9.2 Relevante KI-Richtlinien & Policys

Gabriele Bolek-Fügl

Weltweit gibt es eine Vielzahl von Ethik-Richtlinien für künstliche Intelligenz. Dies umfasst nicht nur nationale Rahmenwerke einzelner Länder, sondern auch speziell ausgearbeiteten Richtlinien von Interessensverbänden, Nichtregierungsorganisationen (NGOs) sowie Privatunternehmen, die allesamt darauf abzielen, den Umgang mit und die Entwicklung von KI-Technologien sicher zu gestalten.

Die Herausforderung liegt also nicht in einem Mangel an theoretischen Beschreibungen oder Leitfäden zur KI-Ethik, sondern vielmehr in der praktischen Umsetzung im Arbeitsalltag und in Projekten.

Dieser Abschnitt widmet sich der Vorstellung einiger der wichtigsten und allgemein anerkannten KI-Ethik-Richtlinien. Besonderes Augenmerk wurde auf die Leitlinien gelegt, die sowohl globale Relevanz besitzen als auch von Organisationen herausgegeben wurden, die in der KI-Forschung und -Anwendung führend sind. Manche bieten auch Informationen, Hilfsmittel und Tools an, um KI vertrauenswürdig zu implementieren.

9.2.1 Empfehlung des OECD-Rats zu künstlicher Intelligenz

Bezeichnung

OECD/LEGAL/0449 Recommendation of the Council on Artificial Intelligence

(Referenzen in diesem Unterabschnitt beziehen sich auf diese Empfehlung.)

Herausgeber

Organisation: Ausschuss für digitale Wirtschaft der OECD (Organisation für wirtschaftliche Zusammenarbeit und Entwicklung)

Autorität und Einfluss: Die OECD hat keine direkte gesetzgebende Gewalt über ihre Mitglieder (38 Länder). Ihre Autorität und ihr Einfluss beruhen stattdessen auf ihrer Fähigkeit, Daten zu sammeln und zu analysieren, unabhängige Politikempfehlungen zu geben und einen Rahmen für den Dialog und die Zusammenarbeit zwischen den Ländern zu bieten. Die OECD veröffentlicht eine Vielzahl von Berichten, die Einblicke in Best Practices und Empfehlungen bieten. Die Umsetzung ist jedoch immer freiwillig.

Zielgruppe

Adressaten: Mitglieder (38 Länder) und Nichtmitglieder sowie KI-Akteure, die eine aktive Rolle im Lebenszyklus eines KI-Systems spielen, einschließlich Organisationen und Einzelpersonen, die KI einsetzen oder betreiben (Kapitel I und II der Empfehlung).

Anwendungsbereich: Die Empfehlungen sind branchenübergreifend.

Warum ist diese Richtlinie wichtig für unsere KI?

Die OECD bietet auf ihren Online-Plattformen relevante Informationen zum Einsatz von KI in ihren Mitgliedsländern und für Nichtmitglieder an und teilt Best Practices.

Inhalte

Ethische Prinzipien: Im ersten Abschnitt werden fünf Grundsätze dargestellt, die für alle Beteiligten bei Einsatz von KI relevant sind. Im Einklang mit diesen enthält der zweite Abschnitt fünf Empfehlungen für Mitglieder und Nichtmitglieder, die dem Empfehlungsentwurf beigetreten sind und diese in ihren nationalen und internationalen Richtlinien umsetzen sollen.

1. Grundsätze für einen verantwortungsvollen Umgang mit vertrauenswürdiger KI:
   I. integratives Wachstum, nachhaltige Entwicklung und Wohlbefinden

      KI sollte für die Menschen und den Planeten Nutzen bringen, indem sie ein inklusives Wachstum, eine nachhaltige Entwicklung, den Schutz der Natur und die Lebensqualität fördert (Abschnitt 1.1).

   II. menschenzentrierte Werte und Fairness

      Während des gesamten Lebenszyklus eines KI-Systems hindurch sollten die Grundprinzipien der Rechtsstaatlichkeit, der Menschenrechte und demokratischer Werte geachtet und entsprechende, dem technologischen Fortschritt angemessene Schutzmaßnahmen implementiert werden, um Freiheit, Gerechtigkeit und menschliche Autonomie zu gewährleisten. Dazu kann bei Bedarf die Möglichkeit menschlichen Eingreifens gehören. Das Ziel ist eine faire und gerechte Gesellschaft (Abschnitt 1.2).

   III. Transparenz und Erklärbarkeit

      KI-Systeme sollten Transparenz und Offenlegung gewährleisten, damit die Menschen KI-basierte Ergebnisse verstehen und hinterfragen können, sowie den von einem KI-System negativ beurteilten Personen die Möglichkeit geben, diese Entscheidung anzufechten (Abschnitt 1.3).

   IV. Robustheit, Sicherheit und Schutz

      Über den gesamten Lebenszyklus müssen KI-Systeme robust und sicher funktionieren. Potenzielle Risiken sollten kontinuierlich von den KI-Akteuren beurteilt und kontrolliert werden (Abschnitt 1.4).

   V. Rechenschaftspflicht

      KI-Akteure sollten für das ordnungsgemäße Funktionieren von KI-Systemen und für die Einhaltung der vorab genannten Grundsätze verantwortlich sein, basierend auf ihren Rollen, dem Kontext und im Einklang mit dem Stand der Technik (Abschnitt 1.5).

2. Empfehlungen für nationale Richtlinien und internationale Zusammenarbeit für vertrauenswürdige KI:
   I. Investitionen in KI-Forschung und -Entwicklung

      Förderung von öffentlichen und privaten Investitionen in Forschung und Entwicklung von KI-Systemen sowie offenen Datensätzen erleichtern, um Innovationen in vertrauenswürdige KI zu fördern (Abschnitt 2.1)

   II. Förderung eines digitalen Ökosystems für KI

      Ein solches Ökosystem umfasst insbesondere digitale Technologien und Infrastruktur sowie gegebenenfalls Mechanismen zum Austausch von KI-Wissen und Daten (Abschnitt 2.2).

   III. Gestaltung eines förderlichen politischen Umfelds für KI

      Regierungen sollten ein politisches Umfeld fördern, das einen agilen Übergang von der Forschungs- und Entwicklungsphase zur Bereitstellungs- und Betriebsphase für vertrauenswürdige KI-Systeme unterstützt (Abschnitt 2.3).

   IV. Aufbau menschlicher Kapazitäten und Vorbereitung auf die Transformation des Arbeitsmarktes

      Regierungen sollten eng mit Interessengruppen zusammenarbeiten, um sich auf den Wandel der Arbeitswelt und der Gesellschaft vorzubereiten. Sie sollten Menschen in die Lage versetzen, KI-Systeme in allen Anwendungsbereichen effektiv zu nutzen, und die Vorteile der KI breit und gerecht verteilen (Abschnitt 2.4).

   V. internationale Zusammenarbeit für vertrauenswürdige KI

      Regierungen sollten zusammenarbeiten, um den Austausch von KI-Wissen und internationale, sektorübergreifende und offene Multi-Stakeholder-Initiativen zu fördern (Abschnitt 2.5).

Definition KI: Ein KI-System ist ein maschinenbasiertes System, das für explizite oder implizite Ziele aus den empfangenen Eingaben ableitet, wie Ausgaben wie Vorhersagen, Inhalte, Empfehlungen oder Entscheidungen generiert werden können, die physische oder virtuelle Umgebungen beeinflussen können. Verschiedene KI-Systeme unterscheiden sich in ihrem Grad an Autonomie und Anpassungsfähigkeit nach dem Einsatz (Kapitel I).

Anwendungsbereiche: Keine Einschränkung auf spezifische KI-Anwendungen oder Technologien

Handlungsanweisungen: Empfehlungen richten sich an Länder und Stakeholder (Organisationen und Einzelpersonen), die direkt oder indirekt an KI-Systemen beteiligt oder von diesen betroffen sind (Kapitel I).

Gültigkeit und Aktualität

Veröffentlichungsdatum: aktuelle Version vom 11. August 2023 (Anpassung der ursprünglichen Version vom 22. Mai 2019)

Veröffentlicht unter: Rechtsinstrumente der OECD *https://legalinstruments.oecd.org/en/instruments/OECD-LEGAL-0449*

Implementierung und Überwachung

Umsetzungsmechanismen: Mitgliedsländer stimmen auf freiwilliger Basis und mit der Absicht einem Empfehlungsdokument zu, die darin enthaltenen Prinzipien oder Maßnahmen auf nationaler Ebene zu berücksichtigen oder umzusetzen; dies in ihrem eigenen Tempo und gemäß ihren eigenen Verfahren.

Überwachung und Bewertung: Die OECD wird die Umsetzung der Grundsätze durch die Bereitstellung von Daten und Leitlinien für Messgrößen, Maßnahmen und Praktiken im Bereich der KI unterstützen und ein Zentrum für den Dialog und den Austausch empfehlenswerter Praktiken für KI-Politik sein. Ergebnisse können unter bzw. abgerufen werden.

Rechtliche und regulatorische Einbindung

Rechtsstatus: Mitgliedsländer stimmen auf freiwilliger Basis einem Empfehlungsdokument zu. Die Stärke der OECD liegt in ihrer Fähigkeit, durch Forschung, Analyse und den Austausch von Best Practices Einfluss auf die Politikgestaltung ihrer Mitgliedsländer zu nehmen.

Integration in bestehende Gesetze: Die Empfehlungen spiegeln gemeinsame Ziele und vereinbarte Standards unter den Mitgliedern wider und können in nationalen Gesetzen oder Maßnahmen berücksichtigt oder umgesetzt werden.

Globale Anwendbarkeit: Die Empfehlungen entfalten internationale Wirkung.

9.2.2 The Executive Order on the Safe, Secure, and Trustworthy Development and Use of Artificial Intelligence

Bezeichnung

Executive Order 14110 on the Safe, Secure, and Trustworthy Development and Use of Artificial Intelligence (Sichere und vertrauenswürdige Entwicklung und Nutzung künstlicher Intelligenz)

(Referenzen in diesem Unterabschnitt beziehen sich auf die Executive Order.)

Herausgeber

Organisation: Exekutivbüro des Präsidenten der Vereinigten Staaten von Amerika

Autorität und Einfluss: Eine Executive Order reflektiert direkt die Autorität des Präsidenten über die Exekutive und ist für alle Verwaltungsbeamten bindend bei der Auslegung von Gesetzen.

Zielgruppe

Adressaten: Die Executive Order gilt in erster Linie für die Bundesbehörden mit Ausstrahlungswirkung auf Privatunternehmen in zahlreichen Sektoren.

Anwendungsbereich: Eine Executive Order ersetzt kein Gesetz, sondern basiert auf den Ermessensspielräumen, die durch US-Bundesgesetze gewährt werden. Sie enthält aber konkrete Beauftragungen für verschiedene Behörden, bspw. „um die Bundesbelegschaft in KI-Fragen zu schulen, führt der Leiter jeder Behörde KI-Schulungs- und Einarbeitungsprogramme für Mitarbeiterinnen und Mitarbeiter, Managerinnen und Manager sowie Führungskräfte ein oder erhöht deren Verfügbarkeit und Nutzung (Sec 10.2 (g))“.

> **Warum ist diese Richtlinie wichtig für unsere KI?**
> Die Executive Order bietet konkrete Informationen zum (zukünftigen) Einsatz von KI in den USA.

Inhalte

Ethische Prinzipien: Gemäß Sec 2 sollen die Entwicklung und Nutzung von KI gemäß acht Leitprinzipien und Prioritäten vorangetrieben und gesteuert werden:

1. KI muss sicher und geschützt sein. Um dieses Ziel zu erreichen, sind robuste, zuverlässige, wiederholbare und standardisierte Bewertungen von KI-Systemen sowie Richtlinien, Institutionen und gegebenenfalls andere Mechanismen erforderlich (Sec 2 (a)).
2. Förderung verantwortungsvoller Innovation, Wettbewerb und Zusammenarbeit, inklusive Investitionen in KI-bezogene Bildung, Ausbildung, Entwicklung, Forschung und Kapazität. Gleichzeitig Klärung der Fragen des geistigen Eigentums (IP), um Erfinder bzw. Erfinderin und Schöpfer bzw. Schöpferin zu schützen. Zudem Förderung eines fairen, offenen und wettbewerbsfähigen Ökosystems und Marktplatzes für KI und verwandte Technologien (Sec 2 (b)).
3. Unterstützung amerikanischer Arbeitnehmer und Arbeitnehmerinnen. Dies erfordert eine Anpassung der beruflichen Aus- und Weiterbildung, um einer vielfältigen Belegschaft den Zugang zu den durch KI geschaffenen Möglichkeiten zu erleichtern. Am Arbeitsplatz selbst sollte KI nicht in einer Weise eingesetzt werden, die Rechte untergräbt, die Arbeitsplatzqualität verschlechtert, eine unangemessene Überwachung der Arbeitnehmer bzw. Arbeitnehmerinnen fördert, den Wettbewerb auf dem Markt verringert, neue Gesundheits- und Sicherheitsrisiken mit sich bringt oder schädliche Störungen am Arbeitsplatz verursacht (Sec 2 (c)).
4. Förderung von Gerechtigkeit und Bürgerinnen- und Bürgerrechten zur Begrenzung des unverantwortlichen Einsatzes von KI-Systemen, der bestehende Ungleichheiten reproduziert sowie neue Arten schädlicher Diskriminierung verursacht und Online- und physische Schäden verschärft (Sec 2 (d)).

5. Schutz von Verbraucherinnen und Verbrauchern, Patientinnen und Patienten, Passagierinnen und Passagieren sowie Studierenden durch Verbesserung der bestehenden Verbraucherschutzgesetze und Setzung geeigneter Schutzmaßnahmen gegen Betrug, unbeabsichtigte Voreingenommenheit, Diskriminierung, Verletzungen der Privatsphäre und andere Schäden durch KI (Sec 2 (e)).
6. Verbesserung des Schutzes der Privatsphäre, um die Erhebung, Nutzung und Speicherung von Daten rechtmäßig und sicher zu gestalten und Risiken für den Datenschutz und die Vertraulichkeit zu minimieren (Sec 2 (f)).
7. Förderung des Einsatzes von KI durch die Bundesregierung. Alle Bundesbediensteten sollen eine angemessene Schulung erhalten, um die Vorteile, Risiken und Grenzen von KI für ihre beruflichen Aufgaben zu verstehen und die IT-Infrastruktur der Bundesregierung zu modernisieren, bürokratische Hindernisse zu beseitigen und sicherzustellen, dass sichere und Rechte respektierende KI eingesetzt und genutzt wird (Sec 2 (g)).
8. Stärkung der amerikanischen Führung im Ausland, inklusive Pionierarbeit bei den Systemen und Sicherheitsmaßnahmen zu leisten, die für einen verantwortungsvollen Einsatz dieser Technologie erforderlich sind (Sec 2 (h)).

Definition KI: Der Begriff „künstliche Intelligenz" bezeichnet ein maschinengestütztes System, das in der Lage ist, für einen gegebenen Satz von durch den Menschen definierten Zielen Vorhersagen, Empfehlungen oder Entscheidungen zu treffen, die reale oder virtuelle Umgebungen beeinflussen. Systeme der künstlichen Intelligenz verwenden maschinelle und menschliche Eingaben, um (A) reale und virtuelle Umgebungen wahrzunehmen, (B) diese Wahrnehmungen durch Analyse in automatisierter Weise zu Modellen zu abstrahieren und (C) durch Modellinferenz Informations- oder Handlungsoptionen zu formulieren (Sec 3 (b) und 15 USC 9401(3) [1]).

Anwendungsbereiche: Keine Einschränkung auf spezifische KI-Anwendungen oder Technologien.

Handlungsanweisungen: In der Executive Order werden konkrete Handlungsanweisungen, inklusive Zeitplan und durchführende Behörde, angegeben.

Gültigkeit und Aktualität

Veröffentlichungsdatum: Executive Order unterschrieben am 30. Oktober 2023, veröffentlicht am 1.November 2023

Veröffentlicht unter: Federal Register unter *https://www.federalregister.gov/documents/2023/11/01/2023-24283/safe-secure-and-trustworthy-development-and-use-of-artificial-intelligence*

Implementierung und Überwachung

Umsetzungsmechanismen: Eine Executive Order gilt direkt für alle Verwaltungsbeamten und -beamtinnen.

Überwachung und Bewertung: Im Exekutivbüro des Präsidenten ist der KI-Rat des Weißen Hauses eingerichtet. Er koordiniert die Aktivitäten der Behörden der Bundesregierung, um eine wirksame Entwicklung, Kommunikation und Einbindung der Industrie in die KI-Aktivitäten sicherzustellen (Sec 12).

Rechtliche und regulatorische Einbindung

Rechtsstatus: ergänzt bestehende Gesetze der USA (Ermessensspielräume) und beauftragt verschiedene Behörden mit der Einstellung und dem Aufbau von IT-Talenten sowie der Integration von (generativen) KI-Systemen in die täglichen Arbeitsprozesse.

Integration in bestehende Gesetze: Vorgaben für die Ermessensspielräume von Gesetzen, jedoch im Einklang mit geltendem Recht und vorbehaltlich der Verfügbarkeit von Mitteln (Sec 13).

Globale Anwendbarkeit: Executive Order sind vorwiegend national in den USA anwendbar, jedoch wird in Sec 11 die „Stärkung der amerikanischen Führung im Ausland“ mit mehreren umzusetzenden Tätigkeiten beauftragt wie:

- Zusammenarbeit mit internationalen Verbündeten und Partnern in relevanten bilateralen, multilateralen und Multi-Stakeholder-Foren auszuweiten
- einen starken internationalen Rahmen für die Bewältigung der Risiken und die Nutzung der Vorteile der KI zu schaffen
- verantwortungsvolle globale technische Standards für die KI-Entwicklung und den Einsatz außerhalb von Militär- und Geheimdienstbereichen voranzutreiben wie:
  - KI-Nomenklatur und -Terminologie
  - Best Practices in Bezug auf Datenerfassung, -verarbeitung, -schutz, Datenschutz, Vertraulichkeit, Handhabung und Analyse
  - Vertrauenswürdigkeit, Verifizierung und Sicherung von KI-Systemen
  - KI-Risikomanagement (Orientierung an den Grundsätzen des NIST AI 100-1 Risk Management Framework)

9.2.3 Compliance-Werkzeuge für viele Gelegenheiten

Es gibt viele gute Gründe, warum Aufsicht und Risikomanagement in Hinblick auf KI-Systeme praktiziert werden sollten. Zu diesen guten Gründen zählt die KI-VO, welche allerdings nur sehr wenige Anwendungen tatsächlich treffen wird; aber hauptsächlich erleichtern Aufsicht und Risikomanagement schlichtweg gutes Projektmanagement. Transparenz und Rechenschaft von Anfang an bei der Entwicklung eines KI-Projektes mitzudenken ist wesentlich einfacher, als diese im Nachhinein einbauen zu müssen.

In den vorigen Kapiteln wurde bereits erklärt, an wie viele andere Rechtsbereiche die KI-VO angrenzt. Dieser Abschnitt widmet sich gängigen Werkzeugen, die zur Unterstützung von Governance-Prozessen sowohl im Zusammenhang mit der KI-VO als auch mit angrenzenden Bereichen dienen. Ziel ist keine abschließende Aufzählung, da sich diese Liste in den kommenden Monaten rasch erweitern wird, sondern erste Anlaufstellen und einen Überblick über unterschiedliche Richtungen.

Bevor wir uns diesen Tools nähern, sind einige Caveats angebracht. Derzeit gibt es kein Qualitätsmanagement für die Erstellung oder Anwendung dieser Werkzeuge, und es gibt große Variationen u. a. beim Ausmaß und bei der Qualität der Dokumentation und bei der Kontextualisierung oder Prüfung dieser Tools. Hilfreich bei der Evaluation von Governance-Tools kann der Plan-Do-Check-Act-Zyklus sein, der aus ISO 9001:2015 stammt. Dabei werden zuerst der Zweck, zu dem das Tool eingesetzt wird, und die Ziele formuliert, welche das Governance-Tool erfüllen soll. Das Erreichen dieser Ziele wird dann systematisch getestet, und auf den Ergebnissen dieser Tests aufbauend werden Zweck und Ziele sowie der Testprozess evaluiert. Dieser Prozess sollte dann in die Dokumentation des KI-Systems einfließen und Betreibern zur Verfügung gestellt werden.

Wichtig ist jedenfalls, das richtige Werkzeug für die richtige Phase einzusetzen und z. B. Fairness im Zusammenhang mit der Entwicklung eines KI-Systems zu überprüfen, aber auch im laufenden Betrieb. Dadurch wird auch Risiken vorgebeugt, welche im Zusammenhang mit Data Drift[4] oder Model Drift[5] entstehen können. Auch technische Werkzeuge sind mit Vorsicht zu genießen, denn Evaluationsmethoden z. B. für Erklärbarkeit auf Basis von SHAP[6] oder LIME[7] werden von akademischen Expertinnen und Experten für nicht ausreichend oder unzuverlässig befunden. Alle Governance-Prozesse und Werkzeuge sollten jedenfalls gut dokumentiert werden, um im

---

4 Data Drift bezeichnet ein Phänomen, bei dem der ursprünglich für das Training eines KI-Systems verwendete Datensatz nicht mehr relevant für Geschehnisse in der echten Welt ist. Das kann z. B. passieren, wenn ein KI-System dazu trainiert wurde, Empfehlungen für Getränke im Sommer zu bieten, und zum Training ein Datensatz für einen Zeitraum genutzt wurde, in dem ein Erfrischungsgetränk mit Maracuja beliebt war. Im nächsten Jahr liegt allerdings ein Erfrischungsgetränk mit Minze im Trend, wodurch der für das Training verwendete Datensatz nicht mehr die aktuellen Präferenzen abbildet und die daraus abgeleiteten Empfehlungen an Gültigkeit verlieren.

5 Als Model Drift bzw. Concept Drift wird ein Phänomen bezeichnet, bei dem sich die Rahmenbedingungen der Aufgabe, die ein KI-System basierend auf Machine Learning erfüllen soll, im Laufe der Zeit (oder auch plötzlich) ändern. Das kann z. B. passieren, wenn ein System entwickelt wurde, um lange Wartezeiten basierend auf der Anzahl der Besucherinnen und Besucher vorherzusagen. Wenn nun plötzlich mehr Räume oder mehr Dienstleistungen angeboten und diese nicht vom System berücksichtigt werden, werden bei einer hohen Anzahl an Besucherinnen und Besuchern weiterhin hohe Wartezeiten vorhergesagt, obwohl die tatsächlichen Wartezeiten stabil bleiben oder geringer werden.

6 SHAP (SHapley Additive exPlanations) bezeichnet einen spieltheoretischen Ansatz zur Erklärung von Ergebnissen von KI-Systemen, die auf Machine Learning beruhen.

7 LIME (Local Interpretable Model-agnostic Explanations) kann für Modelle, die auf Supervised Machine Learning basieren, Erklärungen über das Umfeld von Ergebnissen liefern.

Falle von Änderungen nachvollziehen zu können, bis zu welchem Zeitpunkt welche Methoden verwendet wurden.

Regelmäßiges Monitoring erlaubt es, Risiken leichter abzufangen. Dazu gehört einerseits das Monitoring der Leistung(en) des KI-Systems im Sinne einer laufenden Qualitätssicherung, aber auch der Nutzung des KI-Systems bzw. dessen Ausgaben: Gibt es missbräuchliche Nutzung des KI-Systems? Welche Governance-Maßnahmen funktionieren in der Praxis und welche eher nicht? Ein Kernpfeiler von guter Governance bleibt das Streben nach Verständnis, wie gut die Werkzeuge, die zum Einsatz gebracht werden, eigentlich funktionieren.

Übergreifende Ansätze

Der erste vollumfängliche Ansatz, die Anforderungen der KI-VO zu erfüllen, stammt von einem finnischen Konsortium aus Wissenschaft und Unternehmen. Die Governance Checklist des Projekts AI Governance and Auditing[8] deckt dabei wesentliche Anforderungen an Dokumente und Prozesse ab. Ein weiteres Tool ist z.B. das Responsible AI Framework des Responsible AI Labs [9], mit dem auf Basis einer Selbsteinschätzung erste Risikopunkte identifiziert werden können.

Grundrechte

Folgenabschätzungen für Menschenrechte bzw. Grundrechte werden immer häufiger von Organisationen verlangt, nicht zuletzt aufgrund der neuen Corporate Sustainability Due Diligence Directive[10], welche Anforderungen an die Überprüfung von Lieferketten enthalten wird, die voraussichtlich auch für Unternehmen im Bereich KI gelten könnten. KI-Systeme, die von Organisationen entwickelt oder eingesetzt werden, sind in diesem Zusammenhang nicht anders zu bewerten als andere Produkte, Inhaltsstoffe oder Beziehungen, wenn sie ein Teil der Wertschöpfungskette des Unternehmens darstellen.

Um Folgenabschätzungen für Grundrechte zu erleichtern, gibt es bereits eine Reihe an nützlichen Leitfäden. Dazu zählt z.B. der UNESCO-Leitfaden für die Implementierung ethischer Prinzipien im Zusammenhang mit KI-Systemen [27]. Das dänische Human Rights Institute hat eine der umfassendsten Anleitungen für die Durchführung von AI Impact Assessments entwickelt und bietet gleichzeitig eine Schritt-für-Schritt-Anleitung durch den Prozess.[11] Folgenabschätzungen für Grundrechte stellen in der Regel auch ein Kernelement von ethischen Leitfäden dar, welche in Abschnitt 9.1 thematisiert werden.

---

[8] *https://ai-governance.eu/* bzw. *https://ai-governance.eu/ai-governance-framework/task-list/*

[9] *https://facets.netlify.app/*

[10] *https://commission.europa.eu/business-economy-euro/doing-business-eu/corporate-sustainability-due-diligence_en*

[11] *https://www.humanrights.dk/tools/human-rights-impact-assessment-guidance-toolbox*

Datenschutz

Im Zusammenhang mit Datenschutz gibt es bereits eine Reihe an hilfreichen Werkzeugen. Empfehlenswert sind z.B. die How to-Sheets[12)] der französischen Datenschutzbehörde CNIL. Diese Leitfäden unterstützen Organisationen dabei, die gesetzliche Grundlage und den Zweck der Datenverarbeitung zu identifizieren sowie den rechtlichen Status von Anbietern von KI-Systemen zu klären. Auch für die Datenschutzfolgenabschätzung bietet die CNIL Hilfestellung, welche für all jene KI-Systeme erforderlich ist, die persönliche Daten verarbeiten.

Darüber hinaus gibt es den Versuch, die Datenschutzfolgeabschätzung dafür zu nutzen, um algorithmische Folgenabschätzungen (Impact Assessments) durchzuführen. Dabei sollen mehrschichtige Erklärungen entstehen, die einerseits eine Erklärung über das System als Gesamtheit bereitstellen und andererseits die Herleitung der algorithmischen Entscheidung im jeweils konkreten Fall ermöglichen. Margot Kaminski und Gianclaudio Malgieri schlagen dafür konkrete Elemente vor [12]. Wohlgemerkt verlangt die KI-VO auch mehrschichtige Erklärungen, da Artikel 86 KI-VO darauf pocht, dass betroffene Personen Erklärungen zur Rolle des hochriskanten KI-Systems in der Entscheidungsfindung sowie zu den wichtigsten Elementen für die Ergebnisse von Hochrisiko-KI-Systemen aus Anhang III KI-VO (mit Ausnahme von KI-Systemen in kritischen Infrastrukturen) erhalten.

Umwelt und Nachhaltigkeit

Wie auch im Zusammenhang mit Grundrechten erfordert die kommende Corporate Sustainability Due Diligence Directive eine verstärkte Auseinandersetzung mit Nachhaltigkeit und Lieferketten, die auch für KI-Systeme von Relevanz sein wird.[13)] Bereits jetzt gibt es einige Werkzeuge, welche bei der Bestimmung und Beobachtung von Umweltaspekten nützlich sein können, wie z.B. der Machine Learning CO2 Impact Calculator [14)], der CO2 Sustainability Calculator[15)] oder die Software Carbon Intensity Specification.[16)] Derzeit fokussieren diese Werkzeuge jedoch auf den CO_2-Fußabdruck von KI-Systemen und übersetzen bestenfalls andere Auswirkungen (wie z.B. Ressourcenverbrauch) in CO_2-Äquivalente. Weitere Tools werden notwendig sein, um Wasserverbrauch, Rohstoffverbrauch, Abfall und ähnliche Umweltauswirkungen besser zu verstehen. Außerdem sind viele dieser Tools für Entwicklerinnen und Entwickler gedacht

---

12 *https://www.cnil.fr/en/ai-ensuring-gdpr-compliance* und *https://www.cnil.fr/en/self-assessment-guide-artificial-intelligence-ai-systems*

13 *https://commission.europa.eu/business-economy-euro/doing-business-eu/corporate-sustainability-due-diligence_en*

14 *https://mlco2.github.io/impact/*

15 *https://carboncalculator.ldco.ai/home*

16 *https://github.com/Green-Software-Foundation/sci/blob/main/Software_Carbon_Intensity/Software_Carbon_Intensity_Specification.md*

und damit nicht für Organisationen an anderen Stellen in der Wertschöpfungskette geeignet, wodurch Reporting für Betreiber erschwert wird.

Modellkarten (Model Cards) und Datenblätter (Data Sheets)

Modellkarten und Datenblätter zählen zu den bekanntesten Instrumenten, um Transparenz bezüglich der Fähigkeiten, des Aufbaus und der Inputs von KI-Systemen zu schaffen. Modellkarten wurden zuerst von Margaret Mitchell und anderen Wissenschaftlerinnen und Wissenschaftlern in einem 2018 veröffentlichten akademischen Artikel vorgeschlagen [17]. Bei der Erstellung von Modellkarten kann das Template von Hugging Face Inspiration bieten[17)], welches auch eine Anleitung für deren Erstellung umfasst.

Datenblätter für Datensätze beruhen ebenfalls auf einem akademischen Artikel, der von Timnit Gebru und anderen Wissenschaftlerinnen und Wissenschaftlern 2018 publiziert wurde [9]. Im Unterschied zu Modellkarten beziehen sich Datenblätter nur auf die Datensätze und eignen sich daher gut für die Erfüllung von Anforderungen an die Dokumentation von Datensätzen.

Risikomanagement

Der erste standardisierte Ansatz für Risiken im Zusammenhang mit KI findet sich in ISO/IEC 23894:2023[18)], wo Empfehlungen für den Umgang mit KI-spezifischen Risiken sowie mögliche Risikomanagementprozesse entwickelt wurden. Die ISO 31000-Serie zu Risikomanagement und insbesondere ISO/IEC 31010:2019 können außerdem für den Einsatz von KI-Systemen adaptiert werden. Weit verbreitet ist zudem das AI Risk Management Framework des US-amerikanischen National Institute of Standards and Technology.[19)]

Einbindung von Stakeholdern

Wie bereits mehrfach erwähnt, kann es in manchen Fällen sinnvoll sein, externe Stakeholder in die Entwicklung von und Aufsicht über KI-Systeme einzubinden. Um diese Prozesse zu vereinfachen, hat das European Centre for Not-for-Profit Law gemeinsam mit Society Inside einen Rahmen für partizipative Prozesse entwickelt [24]. Dieser Rahmen baut auf drei Elementen auf – ein gemeinsamer Zweck, ein vertrauenswürdiger Prozess und sichtbare Veränderungen aufgrund der Einbindung – und enthält u. a. Methodologien zur erfolgreichen Einbindung.

---

[17] *https://huggingface.co/docs/hub/model-cards*

[18] *https://www.iso.org/standard/77304.html*

[19] *https://oecd.ai/en/catalogue/tools/artificial-intelligence-risk-management-framework-(ai-rmf-1.0)* und *https://oecd.ai/en/catalogue/tools/nist-ai-rmf-playbook*

9.2.4 Artificial Intelligence Risk Management Framework

Bezeichnung

Artificial Intelligence Risk Management Framework (AI RMF 1.0 oder NIST AI 100-1) (Referenzen in diesem Unterabschnitt beziehen sich auf dieses Rahmenwerk.)

Herausgeber

Organisation: National Institute of Standards and Technology (NIST)

Autorität und Einfluss: Das NIST ist eine Agentur des US-Handelsministeriums und spielt auf nationaler und internationaler Ebene eine zentrale Rolle in der Entwicklung von Standards, Messungen und Technologien, die darauf abzielen, die Wettbewerbsfähigkeit von Unternehmen zu fördern, die Innovation zu verbessern und die Lebensqualität zu erhöhen.

Zielgruppe

Adressaten: Das Framework richtet sich an Organisationen und Personen, die KI-Systeme designen, entwickeln und betreiben (Executive Summary NIST AI 100-1). Die Beschreibung richtet sich gleichermaßen an Führungskräfte, KI-Experten, KI-Nutzer sowie andere Interessierte.

Anwendungsbereich: Unterstützung bei der Implementierung und dem Betrieb eines Risikomanagements für KI-Anwendungen (siehe auch Abschnitt 10.2).

> **Warum ist diese Richtlinie wichtig für unsere KI?**
> Die NIST AI 100-1 bietet konkrete Hilfestellung zur Implementierung eines KI-bezogenen Risikomanagements in Organisationen während der Entwicklung und dem Betrieb von KI-Systemen.

Inhalte

Ethische Prinzipien: Gemäß Kapitel 3 müssen für ein vertrauenswürdiges KI-System mehrere Kriterien erfüllt sein. Zu den Merkmalen vertrauenswürdiger KI-Systeme gehören:

1. Valid and Reliable/Valide und Zuverlässig

   Die Validität und Zuverlässigkeit von KI-Systemen wird oft durch kontinuierliche Tests und Überwachungen sichergestellt, um deren korrekte Funktionsweise zu bestätigen. Die Messung von Validität, Genauigkeit, Robustheit und Zuverlässigkeit trägt zur Vertrauenswürdigkeit bei. Das KI-Risikomanagement sollte der Minimierung potenzieller negativer Auswirkungen Vorrang einräumen und in Fällen, in denen das KI-System Fehler nicht erkennen oder korrigieren kann, möglicherweise auch menschliches Eingreifen umfassen (Abschnitt 3.1).

2. Safe/Sicher

   Die Integration von Sicherheitsmaßnahmen über den gesamten Lebenszyklus eines Systems hinweg, beginnend in den frühesten Phasen von Planung und Design, ist entscheidend, um potenzielle Ausfälle oder gefährliche Zustände zu vermeiden. Effektive KI-Sicherheitsstrategien umfassen oft umfassende Simulationen, Tests innerhalb des Anwendungsbereichs, kontinuierliche Echtzeitüberwachung sowie die Fähigkeit, Systeme bei Abweichungen von ihrer intendierten Funktionalität sicher herunterzufahren, anzupassen oder menschliches Eingreifen zu ermöglichen (Abschnitt 3.2).

3. Secure and Resilient/Sicher und Widerstandsfähig

   KI-Systeme, die Vertraulichkeit, Integrität und Verfügbarkeit durch Schutzmechanismen wahren können, die unbefugten Zugriff und unbefugte Nutzung verhindern, können als sicher bezeichnet werden (Abschnitt 3.3).

4. Accountable and Transparent/Rechenschaftspflicht und Transparenz

   Transparenz bezieht sich darauf, wie zugänglich Informationen über ein KI-System und dessen Ergebnisse für die Personen sind, die mit diesem System interagieren, selbst wenn diese sich der Existenz des KI-Systems nicht bewusst sind. Rechenschaftspflicht bedeutet, dass KI-Entwickler und -Betreiber ihre Transparenz- und Verantwortungsmaßnahmen, insbesondere in risikoreichen Kontexten, proaktiv zur Risikominderung anpassen müssen (Abschnitt 3.4).

5. Explainable and Interpretable/Erklärbar und Interpretierbar

   Transparenz, Erklärbarkeit und Interpretierbarkeit unterstützen sich gegenseitig. Transparenz kann die Frage beantworten, „was im System passiert". Erklärbarkeit beantwortet, „wie" eine Entscheidung im System getroffen wurde. Die Interpretierbarkeit beantwortet, „warum" eine Entscheidung vom System getroffen wurde und welche Bedeutung oder welcher Kontext sie für den Benutzer bzw. die Benutzerin hat (Abschnitt 3.5).

6. Privacy-Enhanced/Datenschutzfreundlich

   Datenschutzwerte wie Anonymität, Vertraulichkeit und Kontrolle sollten im Allgemeinen die Entscheidungen für das Design, die Entwicklung und den Einsatz von KI-Systemen leiten. Datenschutzbezogene Risiken können Sicherheit, Voreingenommenheit und Transparenz beeinflussen und mit Kompromissen zu den anderen Merkmalen einhergehen (Abschnitt 3.6).

7. Fair – with Harmful Bias Managed/Fair

   Fairness in der KI umfasst die Sorge um Gleichheit und Gerechtigkeit, bei dem Probleme wie schädliche Vorurteile und Diskriminierung angegangen werden. Methoden für Fairness können komplex sein, da die Wahrnehmung von Fairness von Kultur zu Kultur unterschiedlich ist und sich auch je nach KI-Anwendung ändern kann. Es wird ein proaktives Vorgehen gefordert (Abschnitt 3.7).

Definition KI: Die NIST AI 100-1 bezieht sich auf ein KI-System als ein technisches oder maschinenbasiertes System, das für eine bestimmte Reihe von Zielen Ergebnisse wie Vorhersagen, Empfehlungen oder Entscheidungen erzeugen kann, die reale oder virtuelle Umgebungen beeinflussen. KI-Systeme sind so konzipiert, dass sie mit unterschiedlichem Grad an Autonomie arbeiten (adaptiert von: OECD Recommendation on AI:2019; ISO/IEC 22989:2022).

Anwendungsbereiche: Keine Einschränkung auf spezifische KI-Anwendungen oder Technologien

Handlungsanweisungen: In der NIST AI 100-1 ist die Vorgehensweise beschrieben, wie Risiken in Bezug auf KI-Systeme identifiziert, vermieden oder minimiert werden können.

Gültigkeit und Aktualität

Veröffentlichungsdatum: Januar 2023

Veröffentlicht unter: National Institute of Standards and Technology unter *https://nvlpubs.nist.gov/nistpubs/ai/nist.ai.100-1.pdf*

Implementierung und Überwachung

Umsetzungsmechanismen: Vorgaben durch die NIST

Überwachung und Bewertung: Die Beschreibung charakterisiert das Framework als ein „lebendes Dokument“, welches durch das NIST kontinuierlich evaluiert und entsprechend den sich wandelnden Anforderungen und Erkenntnissen angepasst wird.

Rechtliche und regulatorische Einbindung

Rechtsstatus: Organisationen können die Implementierung des KI-Risk Management Frameworks auf freiwilliger Basis vornehmen.

Integration in bestehende Gesetze: In manchen Vorgaben (z. B. Gesetze, Executive Order, Einladung zur Angebotsabgabe oder Förderung) wird auf die NIST AI 100-1 verwiesen.

Globale Anwendbarkeit: Die NIST AI 100-1 ist vorwiegend national in den USA anwendbar, jedoch wird auch international auf sie verwiesen.

9.2.5 Weitere prägende Ethik-Richtlinien

Es ist nicht so einfach, die „erste“ globale KI-Ethik-Richtlinie zu bestimmen, weil die Ausarbeitung ethischer KI-Leitlinien ein kontinuierlicher, in verschiedenen Organisationen und Ländern simultan ablaufender Prozess war. Dennoch existieren einige frühe oder einflussreiche Dokumente, die als Wegbereiter in der Debatte um KI-Ethik angesehen werden und die Grundlage für die Entwicklung nachfolgender Richtlinien sind.

The Montréal Declaration for a Responsible Development of Artificial Intelligence

Am 3. November 2017 leitete die Université de Montréal den Prozess zur Mitgestaltung der Montréal-Erklärung ein, die sich der verantwortungsvollen Entwicklung künstlicher Intelligenz widmete. Dutzende von Veranstaltungen zielten auf eine eingehende Diskussion der gesellschaftlichen Herausforderungen durch KI ab. Zudem wurden rund 15 deliberative Workshops durchgeführt, an denen über 500 Bürger und Bürgerinnen, Experten und Expertinnen und Interessenvertreter und -vertreterinnen aus unterschiedlichsten Bereichen der Gesellschaft teilnahmen. Im Jahr darauf wurden die Ergebnisse dieser umfassenden Bürgerberatung unter dem Namen „Erklärung von Montreal für eine verantwortungsvolle Entwicklung von Künstlicher Intelligenz" [2] veröffentlicht.

Die Erklärung enthält nicht nur eine Erläuterung von zehn Grundsätzen zum ethischen Einsatz von KI, sondern auch Empfehlungen zum Umgang mit dem digitalen Wandel. Die Grundsätze umfassen unter anderem die Forderungen nach demokratischer Partizipation, Solidarität, Wohlergehen, Schutz des Privatlebens, Gleichheit, Diversität und Inklusion.

Außerdem werden auf der Website für unterschiedliche Bereiche des KI-Einsatzes Toolkits und Best Practices angeboten, in denen Hinweise und Aktivitäten für die konkrete Umsetzung in Organisationen beschrieben werden; darunter solche für die Gesundheitsbranche, für Gemeinden und die Finanzbranche.

Die Diskussionen sind noch nicht abgeschlossen, und es werden sukzessive neue Informationen über die Website veröffentlicht.

Ethically Aligned Design

Eines der ersten umfassenden Dokumente, das sich mit den ethischen Aspekten der KI-Entwicklung auseinandersetzt, ist die „Ethically Aligned Design"-Richtlinie [3] der IEEE Global Initiative on Ethics of Autonomous and Intelligent Systems, die 2016 veröffentlicht wurde. Mittlerweile gibt es bereits eine zweite, adaptierte Version.

Dieser Leitfaden stellt die Vision des Institute of Electrical and Electronics Engineers (IEEE) dar, dass menschliches Wohlbefinden bei autonomen und intelligenten Systemen priorisiert werden muss, und kombiniert wissenschaftliche Analysen mit pragmatischen, anwendungsorientierten Empfehlungen. Er dient als zentrale Referenz für Technologie-, Bildungs- und politische Fachkräfte und richtet sich an die Gestaltung von Standards, Zertifizierungen, Regulierungen und Gesetzen in diesem Bereich.

Die IEEE-Richtlinie deckt eine breite Palette von Themen ab, darunter Transparenz, Verantwortlichkeit und Datenschutz sowie das Respektieren der Menschenrechte und die Steigerung menschlichen Wohlergehens.

Die Ethically Aligned Design-Richtlinie war außerdem der Ausgangspunkt für die Erstellung einer Anzahl an Normen (IEEE P7000™-Serie und darüber hinaus) und zugehörigen Zertifizierungsprogrammen, unter anderem:

- IEEE P7001™ – Transparency of Autonomous Systems
- IEEE P7002™ – Data Privacy Process
- IEEE P7003™ – Algorithmic Bias Considerations

Recommendation on the Ethics of Artificial Intelligence

Als die UNESCO-Mitgliedstaaten die „Empfehlungen zur Ethik der Künstlichen Intelligenz“ [4] im November 2021 annahmen, war dies ein Akt der kollektiven Zustimmung, der zeigt, dass Länder weltweit die Bedeutung ethischer Überlegungen im Umgang mit KI anerkennen. Die UNESCO betonte, dass diese Empfehlungen einstimmig von allen 193 Mitgliedstaaten angenommen wurden. Auch Länder wie die USA, China und Russland, die bedeutenden Akteure im Bereich der KI-Technologie, stimmten zu.

Bevor die UNESCO-Empfehlungen im Konsens verabschiedet wurden, war dem ein langer Prozess mit vielen Verhandlungsstunden vorangegangen. Gerade über die Menschenrechte wurde laut dem Protokoll der 41. UNESCO-Generalkonferenz besonders kontrovers verhandelt.

Die UNESCO-Empfehlungen zum ethischen Einsatz von KI-Systemen umfassen elf wesentliche Politikbereiche, die von den Auswirkungen auf Arbeit, Gesundheit und Bildung bis hin zu bisher vernachlässigten Aspekten wie den Interessen des globalen Südens, geschlechtsspezifischen Vorurteilen, Diskriminierung und Nachhaltigkeitsfragen reichen. Diese ganzheitliche Herangehensweise bietet eine Grundlage für Länder weltweit, die vielfältigen Potenziale der KI-Entwicklung ethisch verantwortungsvoll zu gestalten.

Es ist geplant, die initialen UNESCO-Empfehlungen in regelmäßigen Abständen zu bewerten und gegebenenfalls anzupassen.

Quellen

[1] Legal Information Institute, Cornell Law School, Definitions Artificial Intelligence, *https://www.law.cornell.edu/uscode/text/15/9401#3* am 18. 03. 2024

[2] Université de Montréal, *https://montrealdeclaration-responsibleai.com/* am 10. 03. 2024

[3] IEEE, *https://standards.ieee.org/industry-connections/ec/ead-v1/* am 10. 03. 2024

[4] General Conference of the United Nations Educational, Scientific and Cultural Organization (UNESCO), *Recommendation on the Ethics of Artificial Intelligence,* (2022), UNESCO, Paris

9.3 EU- und weltweite Organe, Gremien und Ausschüsse

Gabriele Bolek-Fügl

Die Regulierung und Normierung von künstlicher Intelligenz ist ein globales Anliegen, das die Aufmerksamkeit vieler wichtiger Gremien, Arbeitskreise und Behörden auf sich zieht. Die folgenden Organisationen befassen sich länderübergreifend mit den ethischen, rechtlichen und technischen Aspekten der KI-Entwicklung und -Anwendung.

Gremium	Aufgaben	Autorität	Rechtsstatus	Globale Auswirkung	Konkrete Stellungnahme
High-Level Expert Group on AI (EU)	Empfehlungen zu KI-Ethik, Investitionen und Forschung	Europäische Kommission	Beratend	Hoch	KI-Ethik-Leitlinien (siehe Abschnitt 9.1)
European Artificial Intelligence Board	Überwachung der KI-Regulierung in EU-Mitgliedstaaten	Europäische Union	Regulierend	Hoch	KI-Regulierungsentwurf
International Telecommunication Union (ITU)	Standards für KI in der Telekommunikation	Vereinte Nationen	Standardisierend	Hoch	KI-Standardisierungsrahmen
UNESCO	Globale Standards für die Ethik der KI	Vereinte Nationen	Beratend	Hoch	KI-Ethik-Empfehlungen
National Institute of Standards and Technology (NIST)	Standards und Richtlinien für KI-Technologien	USA	Standardisierend	Mittel	Vertrauenswürdige KI-Richtlinien
White House Office of Science and Technology Policy (OSTP)	Koordination der KI-Forschung und -Politik	USA	Koordinierend	Hoch	US-KI-Initiativen

Gremium	Aufgaben	Autorität	Rechtsstatus	Globale Auswirkung	Konkrete Stellungnahme
OECD	Grundsätze für den Umgang mit KI	Internationale Organisation	Beratend	Hoch	KI-Grundsätze
Global Partnership on Artificial Intelligence (GPAI)	Förderung einer verantwortungsvollen KI-Entwicklung	Internationale Initiative	Fördernd	Hoch	Verantwortungs-volle KI-Entwicklung
Institute of Electrical and Electronics Engineers (IEEE)	Ethische Standards und Richtlinien für KI-Technologie	Internationale Fachorganisation	Standardisierend	Hoch	IEEE P7000-Serie
Partnership on AI	Förderung von Best Practices bei KI-Entwicklung	Multi-Stakeholder-Organisation	Fördernd	Hoch	Best Practices in KI
World Economic Forum (WEF)	Arbeitsgruppen zu KI und Governance	Internationale Organisation	Fördernd	Hoch	KI und Governance

Für die Europäische Union spielt die High-Level Expert Group on Artificial Intelligence, eingerichtet von der Europäischen Kommission, eine zentrale Rolle in der Formulierung ethischer Leitlinien und Empfehlungen für die Entwicklung und Anwendung von KI. Diese Gruppe ausgewiesener Expertinnen und Experten aus verschiedenen Bereichen – von der Akademie über die Wirtschaft bis hin zur Zivilgesellschaft – hat einen entscheidenden Beitrag zur Gestaltung der EU-Strategie für künstliche Intelligenz geleistet. Ihr Ziel ist es sicherzustellen, dass die KI-Entwicklung und -Nutzung innerhalb der EU auf ethischen Prinzipien basiert, um eine vertrauenswürdige KI zu schaffen, die dem Wohle aller Bürgerinnen und Bürgern dient.

Die IEEE Global Initiative on Ethics of Autonomous and Intelligent Systems stellt einen ambitionierten Versuch dar, weltweite Standards für die ethische Gestaltung und Nutzung autonomer und intelligenter Systeme zu etablieren. Diese Initiative bringt

Fachleute aus Technik, Ethik, Philosophie und Politik zusammen, um umfassende Richtlinien zu entwickeln, die sicherstellen, dass Technologien wie KI und Robotik zum Nutzen der Menschheit beitragen. Durch ihre Arbeit, insbesondere durch das Veröffentlichen des Dokuments „Ethically Aligned Design“, hat die Initiative grundlegende ethische Fragen adressiert, die von Datenschutz und Transparenz bis hin zu Verantwortlichkeit und sozialer Gerechtigkeit reichen. Ihre Leitlinien dienen als Fundament für verschiedene Zertifizierungsprogramme als Nachweis, dass sich eine Organisation an ethische Richtlinien hält.

Das European Artificial Intelligence Board ist eine Schlüsselkomponente im Rahmen des EU KI-VO. Dieses vorgeschlagene Gremium wird eine zentrale Rolle bei der Überwachung und Sicherstellung der einheitlichen Anwendung der KI-Regulierungen in allen Mitgliedstaaten spielen. Durch die Schaffung eines solchen Boards strebt die EU an, ein hohes Schutzniveau für Bürgerinnen, Bürger, Verbraucherinnen und Verbraucher zu gewährleisten, während sie gleichzeitig einen innovationsfreundlichen Rahmen bietet, der Europa an der Spitze der verantwortungsvollen KI-Entwicklung und -Nutzung positioniert.

9.4 Vom Digitalen Humanismus zum wertebasierten KI-System

Sabine Singer

Die rasante Entwicklung der generativen KI stellt uns vor eine der größten Herausforderungen unserer Zeit und bietet zugleich nie da gewesene Chancen. Anwendungen wie ChatGPT, Dall-E oder Sora zeigen uns eindrucksvoll, welches disruptive Potenzial in dieser neuen Generation von KI-Systemen steckt. Es ist absehbar, dass generative KI in den kommenden Jahren nahezu alle Branchen und Geschäftsbereiche grundlegend verändern wird. Damit werden zugleich auch gesellschaftliche Umbrüche einhergehen.

Die erste Generation von algorithmisch gesteuerten digitalen Anwendungen haben dies klar deutlich gemacht. Social Media als prominentester digitaler Dienst liefert hierfür ein anschauliches Beispiel, welche negativen ethischen Auswirkungen KI-gesteuerte Services haben können. Von der Manipulation von Entscheidungen, der Beeinflussung demokratischer Prozesse über Eingriffe in Wahlen und Meinungsbildung, bis hin zur Verbreitung von Deepfakes und einem übergriffigen Technologiepaternalismus – digitale Services, die einseitig missbraucht und gesteuert werden, beschneiden die Autonomie und Glaubwürdigkeit von Medien, Unternehmen und öffentliche Stellen.

Die Herausforderungen und Risiken auf dem Weg zur digitalen Exzellenz sind vielfältig und mit traditionellen IT-Design-Methoden kaum vorhersehbar. Mit dem fulminanten Auftritt generativer KI-Systeme auf der Weltbühne werden diese Risiken nun exponentiell verstärkt. Diese neue Technologie birgt das Risiko, Vorurteile auf beispiellose Weise zu skalieren. KI-generierte Inhalte sind bereits heute von authentischen Inhalten kaum zu unterscheiden. Realitätsnahe Bilder, Videos und Texte stellen nie dagewesene Möglichkeiten zur Manipulation von Fakten und Wahrnehmung mit sich – generierbar auf einfachen sprachlichen Zuruf, ohne technische Kenntnisse oder aufwendige IT-Systeme. Zahlreiche Klagen wegen Verletzung von Datenschutzrechten und unrechtmäßiger Verwendung von geistigem Eigentum für das Training von Large-Language-Modellen sind erste Folgen.

Um Datenmissbrauch bei der Verwendung sensibler Unternehmensdaten in Anwendungen von Unternehmens-GPTs zu verhindern und bewusst transparente Entscheidungen über die Gestaltung eigener KI-Applikationen zu treffen, ist es essenziell, neue Strategiemethoden anzuwenden, die ungewünschte ethische Risiken frühzeitig erkennen und im Systemdesign rechtzeitig umsetzen.

Für Unternehmen und Entscheidungsträger und -trägerinnen ist es nicht nur angesichts der KI-VO entscheidend, sich diesen Herausforderungen zu stellen. Ziel muss es sein, Systeme zu entwickeln, die die Beeinträchtigung ethischer Werte rechtzeitig aufzeigen und somit eine bewusste Steuerung der Entwicklung KI-gestützter Applikationen aktiv fördern.

Der digitale Humanismus

Der digitale Humanismus ist ein Manifest und Kommittent, das den Menschen und seine Umwelt in den Mittelpunkt von Technologie stellt. Im Gegensatz zu den Transhumanisten, die eine Verschmelzung von Mensch und Technologie anstreben, betont der digitale Humanismus, dass Technologie menschliche Werte respektiert und unterstützt. Diese Philosophie bildet eine erste Grundlage für die Entwicklung ethisch verantwortungsvoller KI-Systeme.

Die KI-VO

Die KI-VO wird das erste Gesetz sein, das menschliche Werte dezidiert in den Vordergrund stellt und bei der Entwicklung und dem Einsatz von KI-Systemen rechtlich schützt. Sie zielt darauf ab, einen verbindlichen Rechtsrahmen zu schaffen, der sicherstellt, dass KI-Systeme Grundrechte, Freiheiten und demokratische Rechte von Menschen und Gesellschaft zu schützen. Damit setzt sie die Prinzipien eines digitalen Humanismus in geltendes Recht um.

9.4.1 Value-based Engineering

Die Methode für wertebasiertes KI-Systemdesign

Aus der Idee eines digitalen Humanismus wurde an der WU Wien, federführend durch Frau Prof. Dr. Sarah Spiekermann, eine Methodik entwickelt, die es ermöglicht, hehre Werte in konkrete Anforderungen für IT- und KI-Systeme zu übersetzen. Value-based Engineering (VbE) ist DIE strategische Denkmethode des 21. Jahrhunderts. VbE folgt einem strukturierten Denkansatz, der menschliche Werte im IT-Design-Prozess berücksichtigt. Durch ein Set an bewährten philosophischen Fragestellungen werden ethische Überlegungen systematisch in die Entwicklung von KI-Systemen integrierbar. Auf Basis dieser ethischen Wertanalyse werden Erwartungen an die Funktionen des KI-Systems evaluiert und antizipiert, wie und welche menschlichen Werte durch die Nutzung negativ beeinflusst werden könnten. Value-based Engineering bildet somit die Brücke zwischen ethischen Richtlinien, gesetzlichen Vorgaben, unternehmerischen Zielsetzungen und pragmatischen, konkreten Systemanforderungen. Die Methodik ermöglicht, Risiken frühzeitig zu erkennen, zu adressieren und rechtzeitig zu mitigieren.

Der unabhängige Wegbereiter zum gelungenen Audit

Value-based Engineering und andere Standards wie beispielsweise ISO 42001 für KI-Managementsysteme ergänzen sich ideal: Mit der Methode des Value-based Engineerings wird systematisch ein wertebasiertes KI-Systemdesign entwickelt, das nicht nur die Anforderungen der ISO 42001 für KI-Managementsysteme erfüllt, sondern auch optimal auf die aktuell geplanten Kriterien und gesetzlichen Regelungen der KI-VO abzielt. Organisationen sind so bestens vorbereitet für geplante oder verpflichtende Audits und schaffen nachvollziehbar Transparenz für alle relevanten Stakeholder.

Exkurs: ISO 42001 – eine Anleitung für den überlegten Einsatz von KI-Managementsystemen

Die ISO 42001 ist eine Guideline für die Einführung, Nutzung und Entwicklung von KI-Managementsystemen. Sie stellt Anforderungen an die Etablierung, Implementierung, Aufrechterhaltung und kontinuierliche Verbesserung eines KI-Managementsystems innerhalb einer Organisation. Der Standard zielt darauf ab, Organisationen dabei zu unterstützen, ihre Rolle in Bezug auf KI-Systeme verantwortungsvoll wahrzunehmen.

Zusammenfassend bilden die Idee eines digitalen Humanismus, die gesetzliche Vorgabe einer EU-KI-VO, Value-based Engineering als strategischer Denkprozess und ISO 42001 als Guideline ein starkes Fundament für die verantwortungsvolle Entwicklung und Nutzung von KI. Sie ergänzen sich gegenseitig und zeigen einen klaren Weg auf, wie wir die Chancen von KI sinnvoll nutzen können, ohne unsere Werte und Rechte zu gefährden. Value-based Engineering ist dabei die Methode der Wahl, um diese Prinzipien praktisch umzusetzen und KI-Systeme zu gestalten, die den Menschen in den Mittelpunkt stellen. Es liegt nun an uns allen – Unternehmen, Politik, Wissenschaft und Gesellschaft –, diesen Ansatz konsequent zu verfolgen und gemeinsam menschenzentrierte, vertrauenswürdige KI zu entwickeln.

Value-based-Engineering – der Prozess im Überblick

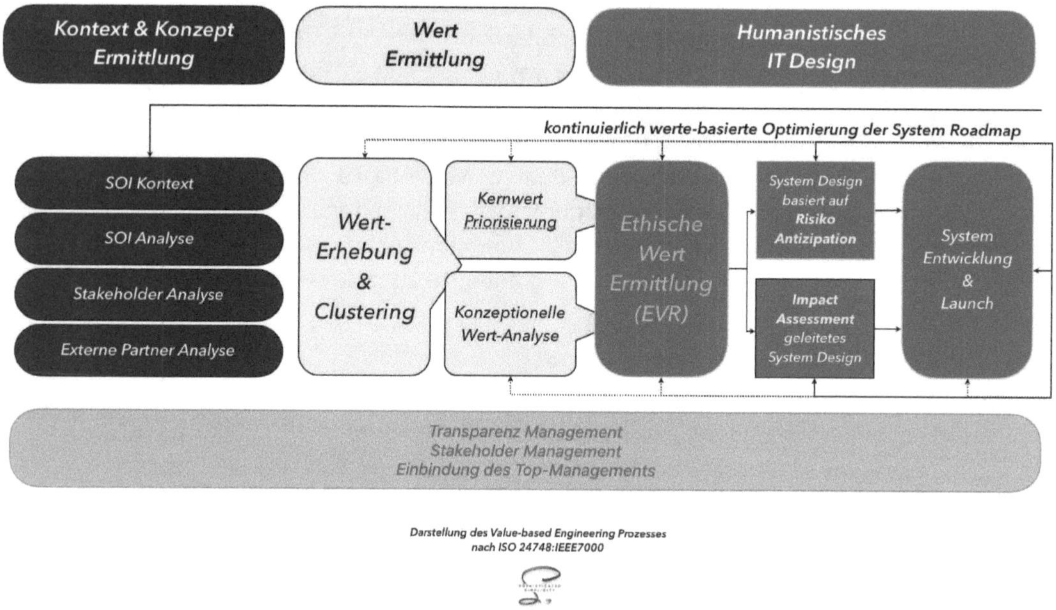

Bild 9.2 Prozess Value-based Engineering nach ISO 24748:IEEE7000 (Quelle: Textbook Value-based Engineering, Dr. Sarah Spiekermann, WU Wien; Verlag DeGruyter 2023; eigene Darstellung von Sophisticated Simplicity)

Die Phasen des Value-based Engineerings

1. **Konzept- und Kontextexploration**

   Der Prozess der Konzept- und der Kontexterkundung ist darauf ausgerichtet, ein tiefes Verständnis für das Betriebskonzept und den Kontext zu entwickeln, in dem das System eingesetzt wird. Dieser Schritt ist entscheidend, um das gesamte wirtschaftliche Ökosystem zu evaluieren und alle relevanten Stakeholder zu berücksichtigen.

Die Ermittlung umfasst eine detaillierte Beschreibung des geplanten Einsatzes des Systems, dessen Verbindung zu umliegenden Systemen, die Identifizierung und Analyse von Stakeholdern, ihre Werterwartungen und die potenziellen Auswirkungen des Systems auf diese Werte. Als Ergebnis liegen ein klar definiertes Betriebskonzept im Kontext der Nutzung sowie die tangierten Stakeholder vor.

2. **Ermittlung und Priorisierung ethischer Werte**

   Im nächsten Schritt werden ethische Wertvorstellungen aller relevanter Entscheider und Stakeholder ermittelt, potenzielle Beeinträchtigungen antizipiert und Kernwerte priorisiert. Dieser Prozess nutzt jahrhundertelang bewährte ethische Theorien wie Utilitarismus, Tugendethik und Pflichtethik, um die für das System und seine Stakeholder relevanten Werte zu identifizieren.

   Im Ergebnis wird eine umfassende Analyse entwickelt, die Werterwartungen nach ethischen Richtlinien berücksichtigt und Kernwerte evaluiert, die eine nachvollziehbar wertebasierte Systemgestaltung leitet und gewährleistet:

   - Utilitaristische Analyse

     Diese Analyse bewertet die Nützlichkeit von Funktionen und mögliche negative Implikationen nach dem Prinzip der höchsten Werterwartung aus unterschiedlichen Stakeholder-Perspektiven. Sie zielt darauf ab, Konsequenzen einer skalierten Nutzung des KI-Systems zu bewerten und Funktionen zu entwickeln, die den größten Nutzen und Freude an der Verwendung des Produkts oder Service für möglichst viele Beteiligte erzeugen.

   - Tugendethische Analyse

     Die tugendethische Analyse konzentriert sich auf eine mögliche Beeinflussung von Charaktereigenschaften und Tugenden der Nutzer durch die laufende Verwendung. Sie adressiert die Bedeutung von Tugenden wie Verantwortlichkeit, Aufrichtigkeit, Mut, Selbstbestimmung und Mitgefühl für eine langfristig positive Wahrnehmung des KI-Systems.

   - Pflichtethische Analyse

     Die pflichtethische Analyse basiert auf der Idee, dass bestimmte Handlungen aufgrund der persönlichen Maxime der Unternehmensentscheider, allgemeingültiger Verpflichtungen und Grundsätze vorgeben. Sie bezieht sich auf universelle moralische Prinzipien wie von Immanuel Kant in seinem „kategorischen Imperativ“ formuliert.

3. **Definition ethischer Wertanforderungen (EVRs)**

   Auf Basis der priorisierten Werte werden ethische Wertanforderungen (EVRs) and das KI-System definiert. Diese EVRs sind konkrete Erwartungen an das System, die darauf abzielen, die identifizierten ethischen Werte im KI-System in Form von konkreten Funktionalitäten zu verankern und zu fördern.

4. **Risikobasiertes Design**

   Im Rahmen des risikobasierten Designs werden potenzielle Risiken und negative Auswirkungen analysiert, die die ethischen Wertanforderungen (EVRs) beeinträchtigen könnten. In diesem Schritt werden explizite Systemanforderungen formuliert und technische wie organisatorische Maßnahmen zur Risikominderung entwickelt. Dabei geht es um die Identifizierung und Analyse von Risiken im Zusammenhang mit EVRs und die Implementierung funktionaler Kontrollmechanismen zur Risikovermeidung, die ins Systemdesign integriert werden.

5. **Transparenzmanagement**

   Das Transparenzmanagement zielt darauf ab, eine Kommunikationsstrategie zu entwickeln, die Entscheidungen für die Implementierung ethisch basierter Funktionen im System proaktiv und klar erläutert. Dieser Prozess ist fundamental wichtig, um sicherzustellen, dass getroffene Entscheidungen für alle relevanten Stakeholder nachvollziehbar sind und langfristig Akzeptanz sicherstellen.

9.4.2 Vorteile und strategische Bedeutung von Value-based Engineering

In einer Zeit, in der digitale Technologien tiefgreifende Auswirkungen auf unser Verhalten und unser Miteinander in der Gesellschaft haben, ist die Notwendigkeit ethischer Überlegungen beim Einsatz von KI-Systemen unabdingbar. Die Herausforderungen, die sich aus dem Gebaren der Geschäftsmodelle großer Digitalunternehmen ergeben – von der Sammlung und dem Verkauf persönlicher Daten bis hin zu Verhaltensmanipulation von Menschen und Beeinflussung demokratischer Prozesse –, machen deutlich, dass ein Umdenken erforderlich ist. Value-based Engineering (VbE) bietet einen Ansatz, der nicht nur die ethischen Risiken antizipiert, sondern auch eine solide Grundlage für Investitionsentscheidungen schafft, die proaktive Einbindung von Stakeholdern fördert und eine langfristige Unterstützung von Topmanagement und Investoren sichert. Die sinnstiftende Nutzung dieser Methode bietet Unternehmen nachfolgende Vorteile:

- **Antizipierte Risikoanalyse**

  VbE ermöglicht eine umfassende Risikoanalyse, die weit über technische Aspekte hinausgeht. Es berücksichtigt die ethischen Implikationen von KI-Systemen, wie Bias, die Ununterscheidbarkeit von maschinell generierten Inhalten und potenzielle Manipulation von Nutzerverhalten. Diese proaktive Herangehensweise ermöglicht, Risiken frühzeitig zu erkennen und Gegenmaßnahmen zu ergreifen, bevor sie zu realen Problemen werden, deren Behebung teuer werden kann.

- **Grundlage für Investitionsentscheidungen**

  Durch die frühzeitige Berücksichtigung ethischer Werte bietet VbE eine solide Entscheidungsgrundlage für Investitionen. Unternehmen können sicherstellen, dass ihre Produkte und Dienstleistungen nicht nur wirtschaftlich tragfähig, sondern auch ethisch vertretbar sind, was nicht nur langfristig zu einer Stärkung der eigenen Marktposition führt, sondern auch eine zielsichere Entscheidungsgrundlage für Investitionen darstellt.

- **Proaktive Einbindung von Stakeholdern**

  Unternehmensentscheider spielen eine entscheidende Rolle bei der Umsetzung von VbE. Ihre Unterstützung und ihr Engagement sind unerlässlich, um ethische Überlegungen nachhaltig in die Unternehmenskultur und -strategie zu integrieren und den notwendigen kulturellen Rahmen für ein wertebasiertes Design von KI-Services zu schaffen.

- **Kontinuierliche Einbindung des Topmanagements**

  Unternehmensentscheider spielen eine entscheidende Rolle bei der Umsetzung von VbE. Ihre Unterstützung und ihr Engagement sind unerlässlich, um ethische Überlegungen nachhaltig in die Unternehmenskultur und -strategie zu integrieren und die notwendigen Ressourcen für ein wertebasiertes Design von KI-Services bereitzustellen.

- **Umfassendes Transparenzmanagement**

  VbE betont die Bedeutung von Transparenz in allen Phasen des Systemdesigns. Ein transparentes Vorgehen fördert das Vertrauen der Stakeholder und ermöglicht eine einvernehmliche Kommunikationsbasis über die gemeinsam entwickelten ethischen Ansprüche des Systems.

- **Antizipation von Skaleneffekten**

  Durch die Berücksichtigung von Skaleneffekten können Unternehmen mit VbE sicherstellen, dass ihre Systeme auch im Hinblick auf ein breites Wachstum das erwartete Wertversprechen einhalten. Dies ist besonders wichtig in einer Welt, in der KI-Systeme und Services rasch und exponentiell skalieren können.

- **Vorausschauendes und zukunftssicheres Design**

  VbE zielt darauf ab, Systeme zu entwickeln, die nicht nur den aktuellen, sondern auch zukünftigen ethischen Anforderungen gerecht werden. Dieser Ansatz trägt dazu bei, dass Produkte und Dienstleistungen langfristig relevant und verantwortungsvoll bleiben.

- **Iterativer Optimierungsprozess**

  Der iterative Prozess einer kontinuierlichen Anwendung der VbE-Methodik ermöglicht eine agile und zielgerichtete Vorgangsweise, die fortlaufend Verbesserungen und Verständnis über die Anpassungen des Systemdesigns auf Basis eines allgemein vereinbarten Wertekompass sicherstellt.

- **Nachvollziehbarkeit von ethischem Systemdesign**

  VbE schafft Nachvollziehbarkeit in der Entwicklung wertebasierter Systeme. Dies erleichtert die Überprüfung und Bewertung der strategischen Ausrichtung und fördert die Integrität von Management, Entwicklern und Partnernetzwerken.

- **MValP statt MVP**

  Im Gegensatz zu Methoden, die rein funktionale Prototypen entwickeln (sogenannte „Minimal Viable Products, MVPs"), zielt VbE darauf ab, „Maximal Valuable Products" (MValPs) zu entwickeln, die sowohl funktional als auch langfristig ethisch wertvoll sind.

- **Maßnahmenkatalog zur umfassenden Erfolgskontrolle**

  Das erarbeitete Werteregister erfasst nicht nur technische Systemanforderungen, die Risiken rechtzeitig adressieren, sondern bietet auch eine Basis für Maßnahmen zur Erfolgskontrolle. Damit wird die Bewertung des Erfolges eines Produkts oder einer Dienstleistung nicht nur anhand finanzieller Kennzahlen, sondern auch anhand ethischer Kriterien messbar.

- **Nachhaltiges und umfassendes Stakeholder-Management**

  Durch nachhaltiges Stakeholder-Management stellt VbE sicher, dass alle relevanten Gruppen in die Entscheidungsfindung über den Entwicklungsprozess einbezogen werden und ihre Ansprüche und Wertvorstellungen Berücksichtigung finden. Das sorgt für ein nachhaltiges Commitment der Beteiligten und legt den Grundstein für vertrauensvolle Geschäftsbeziehungen.

- **Langfristige Marktakzeptanz und Compliance**

  VbE trägt dazu bei, langfristige Marktakzeptanz und Compliance mit neuen Gesetzen wie der EU-KI-VO zu sichern, indem es Unternehmen dabei unterstützt, Transparenz und Nachvollziehbarkeit ethischer Überlegungen im Produktdesign zu gewährleisten und entsprechend zu dokumentieren.

9.4.3 Fazit

Value-based Engineering ist eine Schlüsselstrategie für ethische IT-Innovation, die sich optimal für die Evaluierung und umsichtige Entwicklung und Verwendung von KI-Systemen eignet. Die Anwendung von Value-based Engineering ist ein entscheidender Schritt für Unternehmen, um in einer zunehmend von KI geprägten Welt vorausschauend und verantwortungsvoll zu handeln und so ihre wirtschaftliche Marktposition langfristig zu stärken. Dieser integrierte Ansatz fördert eine wertebasierte Entwicklung von KI-Systemen, die ethische, soziale und rechtliche Standards berücksichtigen. VbE ist eine Schlüsselmethodik für die digitale Exzellenz von Unternehmen, die mit ihren KI-Systemen auf eine vertrauenswürdige und nachhaltige Nutzung künstlicher Intelligenz setzen.

10 Governance im Unternehmen

Gabriele Bolek-Fügl, Karin Bruckmüller, Veronica Cretu, Valerie Hafez, Klaudia Zotzmann-Koch

10.1 Praxisbeispiel: Beurteilung eines Use Cases nach der KI-VO

Gabriele Bolek-Fügl/Karin Bruckmüller

Dieses Kapitel beschäftigt sich mit einem praktischen Anwendungsbeispiel (Use Case), das die Implementierung und den Betrieb eines KI-gestützten Systems zur Brandfrüherkennung und automatischen Alarmierung in einem Unternehmensgebäude beleuchtet. Dieser Use Case dient dazu, die theoretischen Aspekte der KI-VO anhand eines realen Szenarios greifbar zu machen und aufzuzeigen, wie Unternehmen die Herausforderungen der Integration solcher KI-Systeme meistern können.

Bei der Bearbeitung beziehen wir uns auf Informationen, die bis Juli 2024 zur KI-VO verfügbar waren. Andere Gesetze wurden nicht in die Beurteilung aufgenommen.

Bei diesem konkreten Anwendungsfall soll eine exemplarische Vorgehensweise aufgezeigt werden, ohne alle gesetzlichen Anforderungen abzudecken, denn die relevanten Gesetze sind stark vom Standort des Unternehmens, seiner Branche, den hergestellten Produkten sowie den bereits bestehenden Richtlinien und Prozessen abhängig. In der Realität sollte daher eine Ergänzung mit der Unterstützung eines Juristen bzw. einer Juristin erfolgen.

10.1.1 Beschreibung des Use Cases: KI-gestützte Brandfrüherkennung und Alarmierungssystem

Der Use Case handelt von der Einführung eines KI-gestützten Brandfrüherkennungssystems, das durch den Einsatz von Kameras, Rauch- und Wärmesensoren eine potenzielle Brandentwicklung auf einem Unternehmensgelände eines Stromversorgungsunternehmens in Echtzeit erkennen kann. Dabei analysiert die KI kontinuierlich alle Daten, die von den auf dem Grundstück und den Gebäuden überall installierten Sensoren erzeugt werden. Damit erkennt die KI frühzeitig die Anzeichen eines Brandes und verifiziert diesen, um Fehlalarme zu minimieren. Das KI-System arbeitet rund um die Uhr und kann auch nachts Feuerentwicklung erkennen.

Im Ernstfall aktiviert die KI automatisch die Brandmeldeanlage, wählt die Notrufnummer der Feuerwehr und sendet gleichzeitig relevante Informationen an Sicherheitsbeauftragte sowie Benachrichtigungen an alle Mitarbeiterinnen und Mitarbeiter, um eine rasche Evakuierung einzuleiten.

Mit der Anwendung dieser Technologie will das fiktive Unternehmen KI einsetzen, um Leben zu schützen und Sachschäden zu minimieren, da Brände frühzeitig erkannt und die notwendigen Maßnahmen unverzüglich eingeleitet werden, bevor das Feuer zu einer Bedrohung für das Unternehmen selbst, der Belegschaft oder für die Nachbarschaft wird.

Das fiktive Unternehmen plant, die Videokameras, die Rauch- und Wärmesensoren sowie die KI-gestützten Auswertungsprogramme zur Überwachung bei einem spezialisierten Hersteller zu kaufen. Auch die Installation, Inbetriebnahme und regelmäßige Wartung werden vom Anbieter der Komponenten übernommen.

10.1.2 Wie geht man an die Bearbeitung heran?

Die erfolgreiche Implementierung des KI-gestützten Brandfrüherkennungssystems erfordert ein strukturiertes Vorgehen. Auch wenn das Unternehmen nicht selbst die Entwicklung des KI-gestützten Systems übernimmt, ist ein umfassendes Projekt für die Implementierung und den Betrieb erforderlich. Dafür muss ein Projektteam definiert werden.

Wer sollte im Team sein?

Die Zusammenstellung eines interdisziplinären Teams mit unterschiedlichen Kenntnissen im Unternehmen ist unerlässlich für die erfolgreiche Umsetzung dieses KI-gestützten Systems. Das Projektteam sollte folgende Expertisen umfassen und kann mit internen oder externen Personen besetzt werden:

- KI-Entwicklungskenntnisse:

  Personen mit spezialisierten Kenntnissen in Programmierung und künstlicher Intelligenz, die das gekaufte KI-System in technischer Hinsicht implementieren und im Betrieb überwachen können, um Probleme frühzeitig zu erkennen und einen sicheren Betrieb zu gewährleisten.

- Juristinnen und Juristen:

  Rechtsexperten, die die Einhaltung relevanter Gesetze sicherstellen und das Unternehmen in Fragen der Haftung und Compliance beraten.

- Datenschutzbeauftragte bzw. Datenschutzbeauftragter:

  Experten für Datenschutz, damit die Verarbeitung personenbezogener Daten, z. B. die Verarbeitung der Bilder aus den Videokameras, den Vorgaben der DSGVO entspricht und die Privatsphäre der Mitarbeiter geschützt wird.

- Ethikbeauftragte bzw. -beauftragter:

  Verantwortlich für die ethischen Aspekte der KI-Nutzung, damit das System in Einklang mit den ethischen Richtlinien und Prinzipien des Unternehmens implementiert und betrieben wird.

- Arbeitnehmervertreterinnen und -vertreter:

  Kommunikation der Befürchtungen und gegebenenfalls Änderungswünsche der Belegschaft an das Projektteam. Integration in die Testphase, um die Auswirkungen für die Belegschaft einschätzen zu können.

- Sicherheitsingenieure und ingenieurinnen:

  Fachleute für Brandschutz und Sicherheitstechnik, die die technischen Anforderungen des Systems spezifizieren, testen und im Betrieb überwachen.

- Projektmanager und -managerinnen:

  Leitung des Projekts im Unternehmen, inklusive Überwachung des Zeitplans und des Budgets, Koordination der Aufgaben sowie die Kommunikation zwischen den verschiedenen Stakeholdern im und außerhalb des Unternehmens.

Gemäß Art. 4 KI-VO müssen alle Personen, die im Betrieb des KI-Systems eingesetzt werden, eine angemessene Ausbildung und Erfahrung im Kontext mit dem KI-System aufweisen. Es ist sicherlich von Vorteil, wenn bereits am Beginn des Projektes eine Schulung für alle Teammitglieder stattfindet.

Herausforderungen

Bei der Umsetzung eines solchen KI-Systems sollte eine Reihe von Herausforderungen bedacht werden. Die folgenden sind im Rahmen der KI-VO besonders relevant:

- Ethische Bedenken:

  Der umfassende Einsatz von Kameras und Sensoren zur Überwachung auf dem Firmengelände kann bei der Belegschaft Unbehagen hervorrufen. Es muss daher mit unterschiedlichen Maßnahmen sichergestellt werden, dass das System ethisch vertretbar eingesetzt und die Privatsphäre der Belegschaft bei der Datenanalyse respektiert wird. Die Prinzipien der KI-Ethik wie Autonomie, Schadensminderung, Fairness und Transparenz müssen beachtet und in die Systemgestaltung integriert werden.

- Technische Komplexität:

  Die Entwicklung und Implementierung eines solchen Systems erfordern fortschrittliche Technologien und Fachkenntnisse. Die KI muss in der Lage sein, präzise zwischen echten Gefahren und harmlosen Ereignissen zu unterscheiden, um Fehlalarme zu vermeiden.

  Je öfter ein Fehlalarm ausgelöst wird, desto eher wird die Belegschaft bei den nächsten Alarmen auch von einem Fehler ausgehen und möglicherweise nicht verlässlich den Evakuierungsmaßnahmen folgen.

- Rechtliche Rahmenbedingungen:

  Die Einhaltung der KI-VO sowie der DSGVO ist essenziell. Das Unternehmen muss sicherstellen, dass das System den gesetzlichen Anforderungen entspricht, insbesondere hinsichtlich der Verarbeitung personenbezogener Daten und der Transparenz der Entscheidungen, die die KI trifft. Detaillierteres in den nächsten Absätzen.

- Risikomanagement:

  Da die KI in kritischen Situationen Entscheidungen trifft, die sogar Leben und Eigentum betreffen, müssen robuste Risikobewertungs- und Risikominderungssysteme implementiert werden. Zudem sind die regelmäßige Überwachung und Anpassung des Systems notwendig, um seine Zuverlässigkeit sicherzustellen.

Rolle des Unternehmens

Hierfür ist zuerst festzustellen, welche Rolle das Unternehmen in der Wertschöpfungskette im Sinne des Ki-VO einnimmt.

Das Unternehmen plant, die Video-Anlage und die Sensoren sowie das Auswertungsprogramm und die KI-Analysesoftware, die die Daten verwertet und den Notruf an die Feuerwehr sowie die Alarmierung an die relevanten Stellen des Unternehmens tätigt, einzukaufen.

Daher verwendet das Unternehmen, als juristische Person, ein KI-System in eigener Verantwortung und ist somit als „Betreiber“ im Sinne des KI-VO (Art. 3 Z 4 KI-VO) einzuordnen. Dies gilt in weiterer Folge auch für die Mitarbeiterinnen und Mitarbeiter, die als natürliche Personen das KI-System nicht im Rahmen einer persönlichen, sondern beruflichen Tätigkeit verwenden.

Bezüglich der DSGVO ist das Unternehmen der Verantwortliche in Bezug auf die personenbezogenen Daten, da es über die Verwendung, wie etwa die Speicherung von Videos für einen längeren Zeitraum, bestimmen kann.

Einstufung der Risikokategorie des KI-Systems

Als ersten Schritt gilt es, die Risikokategorie des eingesetzten KI-Systems zu ermitteln, um der Unternehmensleitung die konkreten Pflichten gemäß der KI-VO darlegen zu können.

Eine KI zur Feuererkennung und Alarmierung in der kritischen Infrastruktur ist in der Regel als Hochrisikosystem einzustufen. Dies liegt daran, dass sie für die Bewertung von Notrufen und das Auslösen von Einsätzen, etwa durch die Feuerwehr, vorgesehen ist. Zudem verarbeitet das System bei seiner Nutzung personenbezogene Daten, insbesondere der Belegschaft, und trifft Entscheidungen weitgehend autonom. Dadurch können Risiken für die Gesundheit und die Grundrechte der überwachten Personen entstehen, insbesondere durch die dauerhafte Überwachung der Belegschaft und anderer Personen, die sich auf dem Unternehmensgelände aufhalten (Art. 6 ff. in Verbindung mit Anhang III Punkt 2).

Für die Verwendung von Hochrisiko-KIs knüpft die KI-VO eine Reihe von Anforderungen und Verpflichtungen an den Betreiber (Art. 26 KI-VO).

Kernpunkte der Anforderungen an Unternehmen mit Hochrisiko-KI

Um ein Hochrisiko-KI-System zur Brandfrüherkennung rechtskonform zu betreiben, muss das Unternehmen gemäß Artikel 26 der KI-VO folgende Maßnahmen ergreifen:

Technische und organisatorische Maßnahmen setzen zur Implementierung und Umsetzung

Das Unternehmen muss sicherstellen, dass das KI-System entsprechend den Gebrauchsanweisungen des Herstellers bzw. Anbieters implementiert und verwendet wird. Entsprechend der Betriebsanleitung und den weiteren Informationen des Anbieters sind geeignete technische und organisatorische Maßnahmen zur Verwendung des Systems im Unternehmen festzulegen.

Zu den technischen Maßnahmen könnten die folgenden implementiert werden:

- Regelmäßige Kalibrierung und Wartung der Videokameras, um fehlerhafte Erkennungen, die durch unscharfe oder falsch ausgerichtete Kameras entstehen könnten, zu verhindern

- Alle aufgezeichneten und übertragenen Videodaten sollten durch starke Verschlüsselungsmethoden geschützt werden, um Unbefugten keinen Zugriff auf sensible Informationen zu ermöglichen.
- An kritischen Punkten könnten mehrere Kameras oder zusätzliche Rauch- und Wärmesensoren installiert sein, um die Erkennungsgenauigkeit zu erhöhen und Ausfälle einzelner Komponenten zu kompensieren.
- Regelmäßiges Nachtraining der KI-Systeme auf neuen Datensätzen, um ihre Fähigkeit zur Branddetektion kontinuierlich zu verbessern
- Das KI-System sollte detaillierte Protokolle über alle Identifizierungen, Erkennungen, Entscheidungen und Alarmauslösungen führen.
- Zu den organisatorischen Maßnahmen könnten die folgenden gehören:
- Definition klarer Verantwortlichkeiten innerhalb des Unternehmens für die Überwachung, Wartung und Weiterentwicklung des KI-Systems sowie für die Kommunikation mit den Behörden
- Regelmäßige Schulungen für die Belegschaft
- Regelmäßige Schulungen für das Sicherheitspersonal, um sie über den Betrieb des Systems, den Umgang mit Alarmen und die Notfallprotokolle zu informieren
- Entwicklung und regelmäßige Überprüfung von Notfall- und Evakuierungsplänen, die auf den Alarmsignalen des KI-Systems basieren
- Regelmäßige Tests der Durchführbarkeit und Angemessenheit der Pläne
- Etablierung von Richtlinien und Prozessen zur Sicherstellung der Einhaltung aller relevanten Gesetze und Verordnungen
- Regelmäßige Kommunikation an die Belegschaft über den Einsatz des KI-Systems und die Verarbeitung der personenbezogenen Daten sowie der damit verbundenen Datenschutzmaßnahmen
- Durchführung und regelmäßige Aktualisierung einer Datenschutz-Folgenabschätzung (gemäß Art. 35 DSGVO), um sicherzustellen, dass die Verarbeitung personenbezogener Daten durch das System keine unverhältnismäßigen Risiken für die Betroffenen darstellt

Auch die örtliche Feuerwehr ist über die Funktion des Systems zu informieren und mögliche Maßnahmen sind zu koordinieren.

Menschliche Aufsicht einsetzen

Es müssen qualifizierte und geschulte Personen benannt werden, die für die Überwachung des KI-Systems verantwortlich sind. Diese Personen erhalten die notwendige Unterstützung des Unternehmens, um ihre Aufgaben effektiv auszuführen.

Auch wenn die KI den Notruf autonom an die Feuerwehr sendet, ist doch eine menschliche Aufsicht des Systems durch natürliche Personen, die über die erforderliche Kompetenz, Ausbildung und Befugnis verfügen, laufend durch den Betreiber sicherzustellen (Art. 14 in Verbindung mit Art. 26 KI-VO). Die Aufsicht muss dem Grad der Autonomie und dem Kontext der Nutzung des KI-Systems angemessen sein und nachweislich durch Personen erfolgen, die die speziellen Kenntnisse und Erfahrungen haben sowie in der Lage sind:

- die Grenzen des KI-Systems zu verstehen
- Anomalien, Fehlfunktionen und unerwartete Leistungen erkennen und beheben zu können
- sich des Automatisierungs-Bias bewusst zu sein, also dass die Ergebnisse von KI-Systemen nicht neutral und richtig sind
- Ergebnisse eines KI-Systems richtig zu interpretieren, ggf. mit vorhandenen Interpretationsinstrumenten
- in einer bestimmten Situation zu beschließen, das KI-System nicht zu verwenden oder das Ergebnis außer Acht zu lassen, außer Kraft zu setzen oder rückgängig zu machen
- den KI-Systembetrieb mit einem angemessenen Verfahren zu unterbrechen, was dem System ermöglicht, in einem sicheren Zustand zum Stillstand zu kommen

System überwachen und Fehler melden

Das Unternehmen hat unter anderem durch die IT, aber auch durch den bzw. die sonstigen Sicherheitsbeauftragten den Betrieb des KI-Systems zu überwachen.

Sollten gravierende Risiken für die Gesundheit, Sicherheit oder die Grundrechte (Art. 79 KI-VO) auftreten oder ein schwerwiegender Vorfall eintreten (siehe auch Art. 73 KI-VO), etwa durch eine (gegebenenfalls nicht vorhersehbare) Fehleinschätzung der KI, dann ist dem Anbieter oder Händler (etwa dem Einführer) und, bzw. falls die beiden anderen nicht erreichbar sind, der zuständigen Marktüberwachungsbehörde unverzüglich die Vorfallsbeschreibung zu übermitteln. Das System ist (vorerst) auszusetzen, wenn derartig Risiken oder schwerwiegende Systemfehler auftreten.

Protokollierung

Das Unternehmen muss die von dem KI-System erzeugten Protokolle für einen angemessenen Zeitraum, mindestens jedoch für sechs Monate, aufbewahren. Diese Protokolle müssen gemäß den geltenden Datenschutzbestimmungen behandelt und sicher vor Löschung oder dem Zugriff von Unbefugten gespeichert werden.

Das KI-System dokumentiert alle durch die Sensoren und Kameras aufgezeichneten Informationen sowie seine Erkennungen, Erkenntnisse, Entscheidungen und Alarmauslösungen daraus. Diese Protokolle sollten für Audits und Fehlersuchen verfügbar sein. Außerdem könnten sie Grundlage für das Nachtraining sein.

Datenmanagement

Soweit möglich, muss das Unternehmen sicherstellen, dass die für das KI-System verwendeten Eingabedaten dem vorgesehenen Zweck entsprechen und ausreichend repräsentativ sind. Diese Anforderung zielt darauf ab, die Zuverlässigkeit und Genauigkeit des KI-Systems zu gewährleisten und gleichzeitig die Risiken zu minimieren, die aus fehlerhaften oder ungeeigneten Daten entstehen könnten.

Auch wenn in unserem fiktiven Beispiel ein Unternehmen ein vortrainiertes KI-System einsetzt, muss am Einsatzstandort ein Training der KI nach der Installation aller Sensoren und Software stattfinden. Dabei sollten Daten aus unterschiedlichen Szenarien im Einsatzbereich trainiert werden, um eine breite Repräsentativität sicherzustellen. Beispielsweise könnten Daten aus verschiedenen Tageszeiten, Wetterbedingungen und unterschiedlichen Gebäudebereichen gesammelt und verwendet werden.

Mit Validierungsdaten wird das Training überprüft und vor Inbetriebnahme mit einer Testphase und Testdatensätzen getestet.

Es empfiehlt sich, für alle verwendeten Daten eine nachvollziehbare Dokumentation zu erstellen und die Daten zu versionieren. Sollen die Trainings-, Validierungs- und Testdatensätze für einen längeren Zeitraum archiviert werden, dann sind vor der Speicherung der personenbezogenen Daten diese unkenntlich zu machen oder zu löschen.

Danach müssen geeignete Maßnahmen für die Eingabedaten im Betrieb implementiert werden:

- Sicherstellung der Datenqualität durch regelmäßige Prüfung der eingehenden Daten, um zu gewährleisten, dass sie vollständig, aktuell und korrekt sind.
- Einrichtung eines Kontrollsystems, das automatisch prüft, ob alle Kameras und Sensoren ordnungsgemäß funktionieren und ob ihre Daten fehlerfrei übertragen werden
- Filterung irrelevanter Daten, um sicherzustellen, dass nur relevante Daten für die Branddetektion genutzt werden
- Verifizierung von Datenquellen, um nur Daten von eigenen, definierten Sensoren auszuwerten
- Regelmäßige Wartung und Kalibrierung der Sensoren und anderer genutzter Geräte, damit stets präzise Daten geliefert werden
- Implementierung eines Echtzeit-Monitoringsystems, das Fehlfunktionen oder Anomalien sofort erkennt und meldet
- Die Datenerhebung sollte spezifische Risikofaktoren der jeweiligen Umgebung berücksichtigen, z. B. besonders feuergefährdete Bereiche oder die Nähe zu Maschinen, die Wärme erzeugen.

- Strikte Zugriffskontrollen sollten implementiert werden, sodass nur autorisierte Personen auf die Daten zugreifen können. Dies minimiert das Risiko von Datenmissbrauch oder Betriebsspionage, beispielsweise wenn die Videokameras Produktionsprozesse aufzeichnen.
- Einsatz von Verschlüsselungstechnologien bei der Übermittlung und Speicherung der Daten
- Durchführung regelmäßiger Audits der Datenerfassungs- und -verarbeitungsprozesse, um sicherzustellen, dass die Daten weiterhin repräsentativ und zweckmäßig sind

Risikomanagement

Jedes Unternehmen muss die Risiken, die durch den Einsatz von KI entstehen können, bestmöglich vermeiden und minimieren. Daher ist es erforderlich, ein Risikomanagementsystem gemäß Art. 9 KI-VO einzurichten, das insbesondere von der Compliance-Abteilung betreut wird. Diese Abteilung sollte nicht nur Juristinnen und Juristen, sondern auch Technikerinnen und Techniker und idealerweise Ethiker umfassen. Das System muss kontinuierlich und regelmäßig vorhersehbare Risiken überwachen, die die Gesundheit, Sicherheit und Grundrechte aller Mitarbeitenden – vom Vorstand bis zu den Angestellten – sowie der Besucher des Unternehmens betreffen. Bei Bedarf muss die KI aktualisiert werden, um diese Risiken zu beseitigen. Zudem können während des Betriebs noch weitere Risiken auftreten, die in der Entwicklungsphase der KI nicht vorhersehbar waren (ErwG 93 KI-VO).

Das Risikomanagement umfasst – wobei nach der KI-VO die technischen Kenntnisse, die Erfahrungen und der Bildungsstand, die vom Betreiber erwartet werden können, entsprechend zu berücksichtigen sind (Art. 9 KI-VO) – insbesondere die Ermittlung, Analyse und Bewertung bekannter sowie auch vernünftigerweise vorhersehbarer Risiken oder Fehlanwendungen, die bei zweckbestimmter Verwendung Gesundheit, Sicherheit oder Grundrechte betreffen könnten.

Durch zu definierende Maßnahmen sind die Risiken bestmöglich zu beseitigen oder jedenfalls zu verringern. Das Restrisiko muss als vertretbar zu beurteilen sein. Zur Bewältigung nicht auszuschließender Risiken sind angemessene Minderungs- und Kontrollmaßnahmen festzulegen und bereitzustellen.

Im Use Case könnten die folgenden technischen Risiken identifiziert werden:

- Fehlalarme (False Positives): Das System könnte irrtümlich ungefährliche Situationen als potenziellen Brand interpretieren und einen Alarm auslösen. Dies kann zu unnötigen Evakuierungen, Betriebsunterbrechungen und Fehlanrufen von Notdiensten führen.
- Nichterkennung von Bränden (False Negatives): Ein gravierendes Risiko ist, dass das KI-System einen Brand nicht erkennt oder zu spät reagiert. Dies könnte zu erheblichen Sachschäden, Verletzungen oder sogar Todesfällen führen

- Systemausfälle: Der Ausfall von Kameras, Sensoren oder der KI könnte dazu führen, dass Brände nicht oder zu spät erkannt werden. Redundante Systeme und regelmäßige Wartung können dem vorbeugen.
- Datenverarbeitungsfehler: Falsche Entscheidungen aufgrund von fehlerhaften oder unvollständigen Daten. Dies kann die Zuverlässigkeit des Brandfrüherkennungssystems erheblich beeinträchtigen.

Zu den Datenschutz- und Sicherheitsrisiken gehören:

- Verletzung der Privatsphäre: Die Kameras und Sensoren des Systems überwachen kontinuierlich die Unternehmensumgebung und erfassen dabei auch personenbezogene Daten der Belegschaft und der Besucher.
- Datenmissbrauch: Es besteht das Risiko, dass die gesammelten Daten für andere Zwecke missbraucht oder von Unbefugten abgezogen werden.
- Cyberangriffe: Das System könnte ein Ziel von Cyberangriffen werden, bei denen Hacker versuchen, die Kontrolle über die Kameras, Sensoren oder die KI zu übernehmen, um Schaden anzurichten oder vertrauliche Informationen zu stehlen.

Die ethischen Risiken umfassen:

- Überwachung der Mitarbeitenden: Der ständige Einsatz von Kameras zur Brandüberwachung kann als unzulässige Überwachung der Belegschaft interpretiert werden, was das Arbeitsklima beeinträchtigen und rechtliche Probleme aufwerfen kann.
- Ungerechtfertigte Diskriminierung: Falls die KI unbewusste Vorurteile (Bias) enthält, könnten bestimmte Personengruppen oder Verhaltensweisen unverhältnismäßig oft als Verdachtsfall eingestuft werden, was zu Diskriminierung führen könnte.

Zu den Unternehmensrisiken gehören:

- Unzureichende menschliche Aufsicht: Trotz der Automatisierung durch KI ist eine menschliche Aufsicht als Nachweis notwendig, dass das System korrekt funktioniert. Eine unzureichende Überwachung könnte dazu führen, dass Probleme nicht rechtzeitig erkannt und behoben werden.
- Fehlende Schulungen und Notfallpläne: Ohne adäquate Schulungen der Betroffenen und klare Notfallpläne könnte es im Ernstfall zu Verzögerungen oder Fehlverhalten kommen, was die Wirksamkeit des Systems mindert.
- Regulatorische Nichteinhaltung: Entspricht das KI-System nicht den rechtlichen Vorgaben, könnte das Unternehmen Bußgelder oder Haftungsansprüche riskieren.
- Abhängigkeit von der Technologie: Eine übermäßige Abhängigkeit vom KI-System könnte dazu führen, dass andere Brandschutzmaßnahmen vernachlässigt werden, was bei einem Systemausfall gravierende Konsequenzen haben könnte

- Anpassung an neue Gefahrenquellen: Das KI-System muss kontinuierlich an neue Gefahrenquellen und Umgebungsbedingungen angepasst werden, sonst könnte das System anfällig für neu auftretende Risiken werden. Beispielsweise könnte festgestellt werden, dass bestimmte Sensoren im unmittelbaren Bereich von Maschinen nicht zuverlässig funktionieren.

Durch die Identifizierung und das kontinuierliche Management dieser Risiken kann das Unternehmen sicherstellen, dass das KI-gestützte Brandfrüherkennungssystem sicher und effektiv arbeitet, während gleichzeitig rechtliche und ethische Anforderungen erfüllt werden.

Information der Belegschaft

Vor der Inbetriebnahme des KI-Systems muss das Unternehmen die Betroffenen und deren Vertreter darüber informieren, dass sie durch das System teilweise überwacht werden. Gemäß DSGVO muss der Zweck dafür angegeben werden.

Informationen und Betriebsanleitungen einholen, verstehen und umsetzen

Um ein Risikomanagement zu ermöglichen, hat das Unternehmen im Vorfeld sicherzustellen, dass der Anbieter alle zur Verfügung stehenden Informationen zur Transparenz sowie Betriebsanleitungen an das Unternehmen weitergegeben hat.

Enthalten sein müssen insbesondere folgende Informationen:

- das Maß der Genauigkeit bei der Feuererkennung
- bekannte und vorhersehbare Umstände mit Auswirkungen auf die Genauigkeit der Erstellung der Daten, die den Notruf auslösen
- vorhersehbare Fehlanwendungen, die insbesondere zu einem Falschalarm oder einem Nichtalarm, der zu einer Gesundheitsschädigung, gar zum Tod von Personen oder Schaden an den Produkten, Maschinen und dergleichen führen könnten
- die dafür verwendeten Daten, die beim Entwicklungsprozess zum Trainieren eingesetzt wurden, sowie neue Daten über die Belegschaft (Art. 13 KI-VO)

Diese Betriebsanleitungen müssen von den Mitarbeitern der entsprechenden Stellen, vorrangig der Sicherheitsingenieure, IT-Abteilung und Compliance-Abteilung, nicht nur gelesen, sondern auch verstanden werden, um korrekt umgesetzt werden zu können. Das heißt, dass bei Unsicherheit oder Unklarheit entsprechend beim Anbieter nachzufragen ist oder an den vom Anbieter angebotenen Schulungen teilgenommen werden muss.

Eintrag ins Datenverarbeitungsregister und Erstellung der Datenschutz-Folgenabschätzung

Vor der Inbetriebnahme muss das KI-System in das Datenverarbeitungsregister eingetragen werden sowie die Datenschutz-Erklärung ergänzt werden. Außerdem muss das Unternehmen eine Datenschutz-Folgenabschätzung gemäß (DSGVO) durchführen, da personenbezogene Daten verarbeitet werden.

10.1.3 Fazit

Die erfolgreiche Implementierung des KI-gestützten Brandfrüherkennungssystems erfordert ein strukturiertes Vorgehen:

- Bedarfsanalyse:

  Zunächst sollte eine detaillierte Bedarfsanalyse durchgeführt werden, um die spezifischen Anforderungen des Unternehmens zu ermitteln. Dies umfasst die Identifikation der zu überwachenden Bereiche, die Auswahl der geeigneten Sensoren und Kameras sowie die Definition der gewünschten Reaktionszeiten.

- Rechts- und Ethikanalyse:

  Vor der technischen Umsetzung müssen die rechtlichen und ethischen Rahmenbedingungen klar definiert werden. Dies beinhaltet die Prüfung der Einhaltung der KI-VO, der DSGVO und relevanter Arbeitsschutzgesetze sowie die Berücksichtigung ethischer Richtlinien.

- Technische Implementierung:

  Auf Basis der Bedarfsanalyse und unter Berücksichtigung der rechtlichen Vorgaben erfolgt die technische Umsetzung. Hierbei werden die Kameras und Sensoren installiert, die KI entwickelt und trainiert sowie die Integration in das Alarmsystem und die Notrufkette realisiert.

- Test und Validierung:

  Nach der Implementierung muss das System umfassend getestet werden, um seine Funktionalität und Zuverlässigkeit zu gewährleisten. Dabei sollten sowohl technische Tests als auch ethische Prüfungen durchgeführt werden, um sicherzustellen, dass alle Anforderungen erfüllt sind.

- Schulung und Kommunikation:

  Mitarbeiter müssen über das neue System informiert und entsprechend geschult werden. Zudem sollten klare Kommunikationswege und Notfallprotokolle definiert werden, um im Ernstfall eine reibungslose Evakuierung sicherzustellen.

- Kontinuierliche Überwachung und Anpassung:

  Nach der Inbetriebnahme des Systems ist eine kontinuierliche Überwachung erforderlich. Das System sollte regelmäßig überprüft und nach Bedarf angepasst werden, um neue Risiken zu minimieren und die Leistung zu optimieren.

10.2 Risikomanagement, menschliche Aufsicht und nützliche Werkzeuge

Valerie Hafez

Governance aus der Organisationsperspektive ist ein breites Feld und für Compliance mit der KI-VO unabdinglich, bleibt in der KI-VO jedoch unterdefiniert. Dadurch erhält die Praxis von Governance innerhalb einer Organisation besondere Bedeutung, und gleichzeitig öffnen sich mehrere Fragen. Für dieses Kapitel wird folgende Definition von KI-Governance herangezogen:

> *AI governance is a system of rules, practices, processes, and technological tools that are employed to ensure an organization's use of AI technologies aligns with the organization's strategies, objectives, and values; fulflls [sic] legal requirements; and meets principles of ethical AI followed by the organization. [14]*

Häufig bildet Governance einen Teil der Risikomanagementprozesse und besteht aus der Erhebung, laufenden Beobachtung, Dokumentation, Abstimmung und Kommunikation von Risiken gemeinsam mit der Einbettung von Governance-Prozessen in der Organisation. [2] Damit beschränken wir uns auf das „einfache" Problem von KI-Governance, nämlich wie Organisationen verantwortungsbewusst KI-Systeme einsetzen können (vgl. [15]). Allerdings ist KI-Governance immer auch in den breiteren Kontext von Corporate Due Diligence, IT Governance und Datengovernance eingebettet. Eine isolierte Betrachtungsweise ist daher weder möglich noch sinnvoll: Vielmehr geht es darum, die Governance von KI-Systemen in bestehende Governance-Strukturen einzubetten. [14] Damit das gut gelingt, wird im Folgenden auf zwei Dimensionen von Governance im Besonderen eingegangen, nämlich menschliche Aufsicht allgemein und Risikomanagement im Besonderen.

Aus der Notwendigkeit von Governance heraus ergeben sich wichtige Fragen rund um Transparenz, Erklärbarkeit oder Sicherheit, die bereits in vorhergehenden Kapiteln behandelt wurden. Fragen rund um Qualitätsmanagement werden nicht thematisiert, da es derzeit noch keine allgemein anerkannten Indikatoren oder Prozesse dafür gibt. Ziel ist es einerseits, in diesem Kapitel komplexe Fragen im Zusammenhang mit den rechtlichen Anforderungen aufzuschlüsseln, und andererseits auf praktische Werkzeuge, wie Verhaltenskodizes, hinzuweisen, die Organisationen zur Stärkung ihrer KI-Governance einsetzen können.

10.2.1 Governance im Lebenszyklus eines KI-Systems einbetten

Im Kontext von KI-Systemen bedeutet Governance eine Beschäftigung mit der Beschaffenheit und Einbettung von KI-Systemen, ihren Auswirkungen und möglichen Maßnahmen zur Vermeidung negativer Entwicklungen im gesamten Lebenszyklus eines KI-Systems (siehe Bild 10.2). Governance fängt daher mit jenem Zeitpunkt an, zu dem die Entscheidung getroffen wird, ein KI-System zu entwickeln – und endet erst dann, wenn ein KI-System stillgelegt wird.

Im Zusammenhang mit KI-Systemen stellt sich besonders oft die Frage des Wann, denn KI-Systeme können so gestaltet sein, dass sie im Laufe der Zeit ihre Parameter verändern. Auch die Umwelt, in welcher KI-Systeme eingesetzt werden, kann sich verändern. Aus diesem Grund ist laufendes Monitoring der Entwicklung unabdinglich.

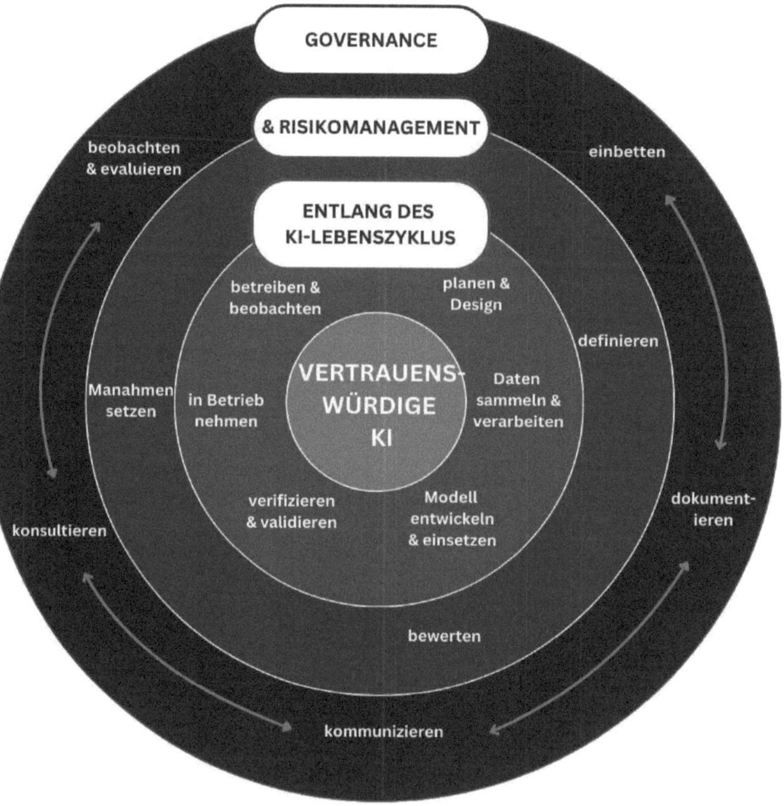

Bild 10.1 Lebenszyklus eines KI-Systems [2]

10.2.2 Risiken erkennen und adressieren

Die KI-VO ist eine risikobasierte Regulierung mit zwei Besonderheiten: Erstens erfolgt die wesentlichste Risikoeinschätzung im Gesetzestext selbst, indem Anwendungsbereiche bestimmten Risiken zugeordnet werden. Es ist daher nicht das Produkt selbst, sondern der Anwendungsbereich, welcher erweiterte Verpflichtungen rechtfertigt. Zweitens enthält die KI-VO keine Anweisungen für die Risikoabschätzung. Standardisierung wird sicherlich in diesen Bereich folgen, jedoch bestehen bereits manche Werkzeuge und Initiativen, die bei einer Risikoeinschätzung und beim Risikomanagement unterstützen können.

10.2.2.1 Annäherungen an Risiken, Vorfälle, Unfälle und Betroffenheiten

Zunächst ist es wichtig, einige Grundbegriffe zu klären. Es gibt abweichende Definitionen von Risiken, Schäden, Vorfällen, Unfällen und auch Betroffenheiten. Dieser Abschnitt dröselt die Definitionen in der KI-VO – sofern vorhanden – auseinander und reichert sie mit etablierter Forschung an.

Risiken werden in der KI-VO in Artikel 3 Abs. 2 KI-VO als die Kombination aus der Wahrscheinlichkeit des Auftretens eines Schadens und der Schwere dieses Schadens definiert. Die Definition von Risiken der KI-VO ist daher prozessorientiert bzw. methodologischer Natur und legt keine Kriterien für Risikobereiche fest, die in einer Risikobewertung betrachtet werden müssen. Diese Festlegung erfolgt lediglich im Zusammenhang mit Pflichten für bestimmte Systeme, welche für Hochrisiko-KI-Systeme in Anhang I KI-VO und Anhang III KI-VO und gewisse KI-Systeme mit Transparenzpflichten festgelegt werden.

Art. 9 KI-VO enthält Anforderungen für einen Risikomanagementprozess für KI-Systeme mit hohem Risiko, den Entwickler und Entwicklerinnen bereitstellen müssen (Anwender und Anwenderinnen sind nur dazu verpflichtet, dieses Risikomanagementsystem zu befolgen). Im Wesentlichen legt dieser Artikel fest, dass ein laufendes Risikomanagement während des gesamten Lebenszyklus eines KI-Systems hinweg notwendig ist, welches vorhersehbare Risiken gegen Grundrechte, Gesundheit oder Sicherheit bei fachgerechter Anwendung des KI-Systems identifiziert und analysiert. Diese Risiken sollen geschätzt und bewertet werden, sowohl in Hinblick auf fachgerechte Nutzung als auch auf vorhersehbare falsche Anwendungen. Unter anderem müssen negative Auswirkungen auf Menschen unter 18 Jahren oder andere schutzbedürftige Gruppen („Vulnerable Groups“) evaluiert werden. Ein wesentlicher Teil des Risikomanagements stellt auch das System zur weiteren Beobachtung nach dem Inverkehrbringen (Post-Market Monitoring System) in Artikel 72 KI-VO dar. Die in diesem Zusammenhang gewonnenen Informationen sollen in weiterer Folge im Risikomanagement bedacht werden. Dieses wiederum muss auf einem Plan basieren und soll Informationen systematisch und aktiv sammeln, dokumentieren und analysieren, die entweder von Anwenderinnen und Anwendern zugetragen oder anderweitig abgerufen werden.

Aufbauend auf dieser Risikoanalyse sollen geeignete und zielgerichtete Risikomanagementmaßnahmen entwickelt werden, um den identifizierten Risiken entgegenzuwirken. Etwaiges verbleibendes Risiko muss als akzeptabel gelten, und geeignete Maßnahmen zur Mitigation und Kontrolle müssen getroffen werden. Aber Achtung: Nur jene Risiken sollen adressiert werden, welche durch die Entwicklung oder die Konzeption des KI-Systems mit hohem Risiko oder durch die Bereitstellung technischer Dokumentation gemindert oder behoben werden können. Maßnahmen müssen auf Basis von Tests getroffen werden, die auch unter realen Bedingungen (Artikel 60 KI-VO) stattfinden können. Diese Tests müssen jedenfalls auf probabilistischen Schwellenwerten und zuvor etablierten Metriken aufbauen. Anbieter, welche sektorspezifischen Anforderungen an das Risikomanagement unterliegen, können die Anforderungen in Art. 9 KI-VO als Teil des bereits bestehenden Risikomanagements oder in Kombination mit diesem aufsetzen.

Abgesehen von den Verpflichtungen im Zusammenhang mit KI-Systemen mit hohem Risiko besteht auch die Möglichkeit, dass Marktüberwachungsbehörden KI-Systeme prüfen und korrektive Maßnahmen verlangen, wenn ein Risiko festgestellt wurde (Art. 79 KI-VO). Daher ist es ratsam, Risikomanagement unabhängig von der Einstufung eines Systems als KI-System mit hohem Risiko zu implementieren.

In der KI-VO werden schwere Vorfälle als Vorfälle oder Fehler von KI-Systemen definiert, die direkt oder indirekt zu Tod oder schweren gesundheitlichen Beeinträchtigungen einer Person, einer schwerwiegenden und nicht mehr wieder rückgängig machbaren Unterbrechung des Managements und Betriebs kritischer Infrastrukturen, zur Verletzung rechtlicher Pflichten im Zusammenhang mit Grundrechten oder zu schwerem Schaden von Besitz oder Umwelt führen (Art. 3 Abs. 44 KI-VO). Unfälle werden nicht definiert, allerdings lässt die vorbereitende Arbeit der OECD [25] darauf schließen, dass in absehbarer Zeit eine Definition entwickelt wird, die in das Risikomanagement einfließen kann. Unfälle im Zusammenhang mit KI-Systemen könnten z.B. durch Versagen der Robustheit (unerwartete Eingaben führen zu Störungen), der Spezifikation (der Zweck des KI-Systems weicht von den Absichten der Entwicklerinnen bzw. Entwickler oder Betreibern ab) oder der Governance entstehen (unzureichendes Monitoring oder Kontrolle während des Betriebs). [3]

Die KI-VO kennt zwar das Konzept der betroffenen Person(en), jedoch führt sie nicht aus, welche Arten von Betroffenheiten es geben kann. Dadurch erschwert sich die Einschätzung der Betroffenheit in der Risikoabschätzung, denn für Überlegungen zu Risiken kann es hilfreich sein, unterschiedliche Grade der Betroffenheit zu betrachten. Die Unterscheidung zwischen First Party Victims (Betroffene ersten Grades) und Fourth Party Victims (Betroffene vierten Grades) hilft nämlich bei der Orientierung, wo z.B. Stakeholder-Einbindung möglich ist oder welche Maßnahmen für unterschiedliche Formen der Betroffenheit getroffen werden müssen: Eine Einwilligung in den Prozess,

Transparenz zum KI-System und Einschulungen sind für Betroffene ersten Grades möglich und sinnvoll, während sie für Betroffene zweiten Grades im besten Fall anders gestaltet werden müssen und bereits Betroffene dritten Grades dadurch keinen Schutz genießen. In diesem Zusammenhang ist es auch wichtig, die eigene Rolle in der Wertschöpfungskette zu kennen, denn durch das Angebot von KI-Systemen an andere Organisationen können diesen gegenüber vertragliche Verpflichtungen bestehen. [2]

Tabelle 10.1 Typologie der Betroffenheit [22]

Betroffene...	Bezieht sich auf
... ersten Grades	Direkt am Geschehen Beteiligte, z. B. Entwickler, Betreiber und Aufsichtsbeauftragte eines KI-Systems
... zweiten Grades	Indirekt am Geschehen Beteiligte, z. B. Nutzerinnen und Nutzer eines Dienstes, in dem ein KI-System integriert ist
... dritten Grades	Vom KI-System Betroffene ohne direkte Beteiligung, z. B. Menschen, die in einem Gebiet leben, in dem biometrische Überwachung durch KI-Systeme eingeführt wird
... vierten Grades	Zukünftige Generationen, die ohne direkte Beteiligung vom KI-System betroffen sind, z. B. wenn die Klassifikation der Eltern dazu herangezogen wird, um deren Kinder an bestimmte Schulen zu schicken

10.2.2.2 Risiken messen

In der KI-VO werden Risiken als die Kombination der Wahrscheinlichkeit des Auftretens von Schaden und des Schweregrads dieses Schadens definiert (Art. 3 Abs. 2 KI-VO). Um die Beschäftigung mit Risiken und die Entwicklung von Maßnahmen zu operationalisieren, muss innerhalb einer Organisation (oder auch innerhalb eines Sektors) ein gemeinsames Verständnis von Risiken und Schwellenwerten entwickelt werden. Dazu gehört auch die Festlegung, wann welche Stufen (oder Schweregrade) erreicht und welche Maßnahmen dafür zu treffen sind. Außerdem sollte klargestellt werden, ob das KI-System von der Organisation selbst entwickelt oder von externen Quellen bezogen oder sogar betrieben wird, denn dadurch ergeben sich jeweils andere Handlungsmöglichkeiten und auch Verantwortlichkeiten.

Ähnlich wie bei HACCP, dem Risikomanagementsystem für Nahrungsmittel und Gastronomie, sollten Risiken im Zusammenhang mit KI-Systemen auf einer detaillierten Analyse des operativen Einsatzbereiches sowie einer Umweltanalyse beruhen. Dafür könnte z. B. ein Bedrohungsmodell[1)] erstellt oder eine Bedrohungsanalyse durchgeführt werden. Hilfreich ist auch der Governance Guide: Model Development Lifecycle

---

1 *https://owasp.org/www-community/Threat_Modeling*

[19], in dem eine Risikobewertung (basierend auf Wahrscheinlichkeit und Auswirkungen des Eintretens eines Risikos) anhand einer Matrix durchgeführt wird. In Abschnitt 9.2 wird überdies das AI Risk Management Framework des US-Amerikanischen Nationalen Instituts für Standardisierung und Technologie (NIST) thematisiert. Viele Risiken, die bereits im Zusammenhang mit Corporate Due Diligence [20] identifiziert wurden, können bei Einführung eines KI-Systems neu evaluiert werden: Wird durch das KI-System ein Risiko, z. B. negative Auswirkungen auf die Umwelt, verringert? Werden andere Risiken, z. B. gegenüber Arbeitnehmern, verstärkt? Solche Überlegungen können direkt in Corporate Due Diligence Reporting aufgenommen werden.

Aufbauend auf dieser Risikobewertung können sich sehr unterschiedliche Szenarien ergeben, auf die eine Organisation reagieren möchte. OpenAI ist z. B. zum Schluss gekommen, dass die Ausrichtung (Alignment) ihrer KI-Systeme zu einem der wesentlichsten Risiken zählt, und hat daher eine Reihe an Maßnahmen zur Vorbeugung eingeführt.[2)] Damit priorisiert OpenAI ganz klar Betroffene vierten Grades in der Risikobewertung, führt gleichzeitig aber wenig empirische und kontextspezifische Evidenz für diese Risiken an. Dieser Ansatz wird für den Großteil der Organisationen unpassend sein: Stattdessen ist es in der Regel sinnvoller, im Dialog mit Betroffenen Risiken und Schwellenwerte für unterschiedliche Risikokategorien zu entwickeln.

Ein wichtiges Element beim Messen von Risiken ist das Messen von Fehlern bzw. Störungen. Dafür können Konzepte aus dem Bereich Reliability Engineering wie Mean Time to Failure, Mean Time Between Failures oder Reliability Function herangezogen werden [16]. Solche Messwerte tragen dazu bei, ein gemeinsames Verständnis dafür zu entwickeln, wie die Performance eines KI-Systems beobachtet und verglichen werden kann.

10.2.2.3 Verantwortung bei Vorfällen und Unfällen

Für KI-Systeme mit hohem Risiko legt die KI-VO fest, dass Anbieter einen Rahmen für Verantwortlichkeiten von Führungskräften und anderem Personal im Kontext des Qualitätsmanagements festlegen; außerdem müssen Reporting-Prozesse im Zusammenhang mit schweren Vorfällen geklärt werden (Art. 17 KI-VO). Falls die Konformität des Hochrisiko-KI-Systems mit der KI-VO nicht mehr gegeben ist oder sein könnte, müssen Anbieter, Händler und Betreiber umgehend korrektive Maßnahmen setzen – insbesondere dann, wenn ein Risiko im Sinne des Art. 79 Abs. 1 KI-VO festgestellt wurde (Art. 20 KI-VO). In letzterem Fall müssen die Ursachen sofort geklärt und die Marktüberwachungsbehörde informiert werden.

Verantwortung kann erst dann übernommen werden, wenn Verantwortlichkeiten geklärt sind. Das ist besonders in Hinblick auf Haftungsfragen relevant, die im schlimmsten Fall vor Gericht ausgefochten werden; aber lange davor noch können klare Verantwortlichkeiten dazu beitragen, Risiken zu vermeiden oder zu vermindern. Im

---

[2] *https://openai.com/safety/preparedness*

Governance Guide: Model Development Lifecycle [19] wird empfohlen, Risiken auf jeder Ebene der Entwicklung von einer verantwortlichen Person abzunehmen. So wird sichergestellt, dass zumindest eine Person aufgrund ihrer detaillierten Kenntnisse über das KI-System, den Einsatzbereich und die getroffenen Risikomaßnahmen für verbleibende Risiken die Verantwortung übernehmen kann. Einen ähnlichen Ansatz verfolgt VERA[3)], ein Online-Tool, das bei der Formulierung von Verantwortlichkeiten im Zusammenhang mit AI unterstützen kann [1].

Sollte sich doch ein Vorfall oder Unfall ereignen, sollten so rasch wie möglich qualifizierte Expertinnen und Experten herangezogen werden, um einen Überblick über die Situation zu erhalten. Dazu müssen zuerst Fragen zu folgenden Aspekten beantwortet werden können:

1. Ausmaß des Ereignisses: Was ist passiert? Worauf wirkt es sich aus? Welche Systeme oder Prozesse haben zu dem Ereignis beigetragen? Welche Auswirkungen hat ein Herunterfahren oder Aussetzen des KI-Systems?
2. Vom Ereignis Betroffene: Von Betroffenen welchen Grades müssen wir ausgehen? Wie können diese Betroffenen erreicht werden (Information, Maßnahmen ...)? Welche Konsequenzen hat das Ereignis für die Betroffenen?
3. Rechtliche Lage: Welche Meldepflichten bestehen (Versicherungen, Behörden ...)? Welche Maßnahmen können getroffen werden?

Im Idealfall setzen sich die Expertinnen und Experten aus einer heterogenen Gruppe zusammen, in der jene, die täglich mit dem System arbeiten, ebenso repräsentiert sind wie jene, die vom Vorfall oder Unfall betroffen sind.

10.2.2.4 Unbekanntes wahrnehmen und kontrollieren

Einige Risiken können bereits im Vorfeld entdeckt und durch geeignete Maßnahmen adressiert werden, aber eine abschließende Aufschlüsselung aller Risiken im Vorfeld wird niemals möglich sein [2]. Um dennoch ein möglichst breites Wahrnehmungsfeld für Risiken zu haben, bieten sich z. B. Red Teaming oder der Austausch mit Challengers an. Red Teaming bedeutet, ein KI-System einer möglichst systematischen und gründlichen Fehlersuche zu unterziehen, die vorzugsweise von Externen übernommen wird und das KI-System sowie organisatorische Prozesse bzw. Maßnahmen umfasst. Challengers hingegen sind Stakeholder, welche dem Projekt voraussichtlich negativ gegenüberstehen. Diese können früh in ein Projekt als Kritikgeberinnen und Kritikgeber eingebunden werden, um die Robustheit des Anwendungsfalles durch die Entwicklung angemessener Gegenmaßnahmen zu erhöhen. In beiden Fällen hilft die Einbindung von möglichst diversen Perspektiven bei der Identifikation und Bewertung von Risiken und stabilisiert Erkenntnisprozesse.

[3] *https://wien.arbeiterkammer.at/interessenvertretung/arbeitdigital/DataPolitics/Algorithmen_in_der_Entscheidungsfindung.html*

Im Umgang mit dem Unbekannten bevorzugen Menschen oft Vorsicht (nach dem sogenannten Precautionary Principle). Das heißt nicht unbedingt, dass Widerstand gegen Veränderung eine Ablehnung von Technologien bedeutet – oft werden Einwände aus ernst zu nehmenden Gründen geäußert und können mit gut durchdachten Maßnahmen gut adressiert werden. Responsible Innovation spielt in der Forschung bereits seit über einem Jahrzehnt eine wichtige Rolle und wird durch Rechtsakte wie der Corporate Due Diligence Directive und der Corporate Sustainability Reporting Directive nach und nach auch im Unternehmenskontext wichtiger. Die unterschiedlichen Ansätze, die in diesem Bereich entwickelt wurden, können Organisationen dabei unterstützen, mit unbekannten Risiken und unterschiedlichen Ansätzen zur Minimierung von Risiken verantwortungsbewusst umzugehen.

10.2.3 Menschliche Aufsicht

Wenn Organisationen KI-Systeme mit hohem Risiko einsetzen, müssen sie dafür Sorge tragen, dass menschliche Aufsicht von Personen mit den notwendigen Kompetenzen, dem Training und der Autorität durchgeführt wird und diese auf die erforderliche Unterstützung zurückgreifen können – sowohl wenn die Aufsichtsprozesse von Anbietern festgelegt wurden, als auch wenn sie diese selbst gestalten (Art. 26 KI-VO).

Oft fallen KI-basierte Prozesse auf Menschen zurück, um Fehler abzuwenden oder zu beheben. Dafür gibt es unterschiedliche Modelle wie z.B. Human-in-the-Loop, Human-on-the-Loop oder Human-in-Command [11].

1. Human-in-the-Loop steht dabei für ein Modell, in dem menschliche Intervention in jedem Stadium des KI-Systems möglich ist.
2. Human-on-the-Loop bezeichnet ein Modell, in dem menschliche Intervention während der Designphase und während der Betriebsphase vorgesehen ist.
3. Human-in-Command hingegen stellt ein Modell dar, in dem Menschen über die Aktivität des KI-Systems Aufsicht behalten und darüber entscheiden, ob, wann und wie ein KI-System in einzelnen Situationen eingesetzt werden soll. Das beinhaltet die Entscheidung, das KI-System nicht einzusetzen, ebenso wie die Entscheidung, menschliche Interventionsmöglichkeiten während des Betriebs vorzusehen oder Entscheidungen des KI-Systems anzufechten und rückgängig zu machen.

Art. 14 KI-VO legt die Rahmenbedingungen für menschliche Aufsicht von KI-Systemen mit hohem Risiko fest und stellt klar, dass diese Systeme auf eine Art und Weise gestaltet und entwickelt sein müssen, die effektive menschliche Aufsicht während der Nutzungsphase ermöglicht. Menschliche Aufsicht soll dazu dienen, Risiken für Gesundheit, Sicherheit oder Grundrechte im fachgerechten Betrieb oder bei vorhersehbarem Missbrauch zu verhindern oder zu minimieren. Diese Aufsichtsmöglichkeiten müssen auf die Risiken, den Grad der Autonomie und den Kontext des KI-Systems angepasst sein. Zu diesem Zweck sollten Maßnahmen getroffen werden, die vor der Bereitstellung am Markt oder der Inbetriebnahme von Anbietern identifiziert und wenn möglich im KI-System eingebaut werden, und/oder Maßnahmen, die vor der Bereitstellung am Markt oder der Inbetriebnahme von Anbietern identifiziert und von Anwendern implementiert werden. Für KI-Systeme für die biometrische Überwachung soll zusätzlich sichergestellt werden, dass Anwender keine weiteren Schritte setzen, bevor die Ergebnisse des KI-Systems von zwei unterschiedlichen Menschen bestätigt werden, welche aufgrund ihrer Eignung, Ausbildung und Funktion dazu in der Lage sind. Aufsichtsmaßnahmen sollten Menschen dazu befähigen:

1. die Fähigkeiten und Grenzen von KI-Systemen mit hohem Risiko zu kennen und den Betrieb dieser Systeme zu überwachen, u. a. um Anomalien, Fehler und unerwartete Ergebnisse zu erkennen
2. wachsam gegenüber der Gefahr von Automation Bias zu bleiben (besonders dann, wenn das System Informationen oder Empfehlungen bereitstellt)
3. die Ergebnisse des KI-Systems mit hohem Risiko richtig zu interpretieren, unter Heranziehung der bereitgestellten Interpretationswerkzeuge und -methoden
4. eine Entscheidung gegen die Nutzung eines KI-Systems mit hohem Risiko zu treffen oder das Ergebnis nicht zu berücksichtigen, zu verändern oder rückgängig zu machen
5. in den Betrieb des KI-Systems mit hohem Risiko einzugreifen oder ihn durch einen „Stopp-Knopf" zu unterbrechen, der zum sicheren Abschalten des KI-Systems führt

Wir können grundsätzlich davon ausgehen, dass Human-in-Command in der Variante Organisation-in-Command praktiziert wird – immerhin treffen Organisationen Entscheidungen darüber, ob KI-Systeme eingesetzt werden und wofür sie (nicht) eingesetzt werden sollten. Wenngleich es in der Praxis Abweichungen gibt, ist die Gesetzeslage sehr klar, dass Organisationen für den Einsatz von KI-Systemen im Zusammenhang mit Tätigkeiten im Rahmen dieser Organisation haften. Arbeiterinnen und Arbeiter sowie Angestellte können hingegen nicht immer darüber entscheiden, ob sie KI-Systeme einsetzen wollen und wofür sie diese verwenden möchten. Beim Einsatz von KI-Systemen ist es daher wichtig, zu etablieren und zu dokumentieren, auf welcher Ebene Entscheidungen zu diesem Einsatz getroffen werden und welche Handlungsmöglichkeiten sich daraus für unterschiedliche Positionen in den Organisationen ergeben.

Es ist außerdem wichtig zu unterscheiden zwischen Hochrisikoanwendungen und KI-Systemen in Anwendungen mit geringem oder mittlerem Risiko [13]. Bei Hochrisikoanwendungen müssen Aufsichtsmöglichkeiten bereits bei der Entwicklung vorgesehen werden, die von Betreibern implementiert werden müssen; darüber hinausgehende Maßnahmen sind begrüßenswert, aber nicht zwingend erforderlich.

Der Fokus der hier genannten Maßnahmen liegt darauf, dass sie unabhängig von Herstellervorgaben getroffen werden können. Ziel ist es dabei, unterschiedliche Zwecke menschlicher Aufsicht zu erschließen und eine sorgfältige Auseinandersetzung mit verschiedenen Aufsichtsmodellen zu ermöglichen. Genauso wie KI-Systeme nicht als Technologie für sich genommen werden können, sondern immer im Kontext ihrer Entwicklung und ihres Einsatzes stehen, gibt es keine alleinstehenden Aufsichtsmodelle, die für jeden Fall herangezogen werden können. Umso wichtiger ist es, ein gutes Verständnis der Logik und Dynamik unterschiedlicher Aufsichtsmodelle zu entwickeln.

10.2.3.1 Aufsicht aufschlüsseln

Aber was ist eigentlich gemeint, wenn von Aufsicht gesprochen wird? In der Regel wird damit menschliche Aufsicht gemeint, die letztlich mit der Verantwortung im Schadensfall einhergeht. Diese kann individuell, organisatorisch oder gesellschaftlich verankert sein. Während die KI-VO eine gesellschaftliche Aufsichtsmaßnahme darstellt, indem sie Erwartungen rechtlich festschreibt, müssen Organisationen eigene Aufsichtsmaßnahmen ergreifen, um diesem rechtlichen Rahmen zu entsprechen.

Bei der Entwicklung von Aufsichtsmaßnahmen kann es hilfreich sein, den kontrafaktischen sowie den korrektiven Einfluss einer Aufsichtsmaßnahme zu klären. Wenn direkter kontrafaktischer Einfluss auf die Ausgaben eines KI-Systems besteht, dann werden diese Ausgaben erst wirksam, wenn sie von Menschen umgesetzt werden. Das ist im medizinischen Bereich oft der Fall: Die Ärztin erhält eine Einschätzung des KI-Systems, ob ein Befund auf Brustkrebs hinweist, und entscheidet dann, ob und, wenn ja, welche weiteren Schritte sie auf Basis dieser Einschätzung tätigen möchte. In hochautomatisierten Bereichen wie in der Telekommunikation werden hingegen häufig KI-Systeme eingesetzt, die nur indirekte kontrafaktische Aufsicht einsetzen, z. B. wenn Mobilfunkzellen bei hoher oder niedriger Auslastung Verkehr weiterleiten. Korrektive Aufsicht hingegen besteht dann, wenn im Nachgang die Entscheidung eines KI-Systems verändert werden kann.

Tabelle 10.2 Typologie der Aufsicht [13]

	Art des kontrafaktischen Einflusses	Art des Prozesses	Zeitpunkt des Eingreifens	Gesetzlich erforderlich
Aufsicht ersten Grades	Direkt kontrafaktisch – Ergebnis hängt von menschlicher Entscheidung ab	Teilweise automatisiert	Jederzeit, auch korrektiv	nein?
Aufsicht zweiten Grades	Indirekt kontrafaktisch – Ergebnis hängt von Schwellenwerten ab	Vollständig automatisiert	Vor der Einführung des KI-Systems oder korrektiv nach der Entscheidung	ja

Hier wird auch deutlich, dass Aufsicht in der Praxis von unterschiedlichen Stellen ausgehen kann. Korrektive Aufsicht kann z. B. in der Organisation selbst verankert sein, derzeit oft in Kombination mit ähnlichen Verantwortlichkeiten wie etwa Datenschutz oder IT-Themen. Externe Aufsicht wird eventuell von Zertifizierungs- oder Konformitätsbewertungsstellen ausgeübt, die – wenn auch unabhängig von der Organisation – doch in einer wirtschaftlichen Beziehung mit ihr stehen. Behördliche Aufsicht hingegen bezieht sich nahezu ausschließlich auf den rechtlichen Rahmen, aus dem sie sich ergibt. Kontrafaktische Aufsicht muss viel tiefer im Prozess bzw. „näher" am KI-System verankert sein, um effektiv zu wirken.

10.2.3.2 Aufsichtskompetenzen entwickeln und beibehalten

Unser Training und unsere Ausbildung tragen wesentlich dazu bei, unser Einschätzungsvermögen der Ergebnisse eines KI-Systems zu stärken. Dazu gehört KI-Kompetenz, also vertiefte Kenntnisse der Art und Weise, wie KI-Systeme funktionieren, sowie Datenkompetenz bzw. ein gutes Verständnis dafür, wie Daten gesammelt, strukturiert, bearbeitet und interpretiert werden können. Ausbildungen im Bereich Data Science können hilfreich sein, um Daten- und KI-Kompetenz zu erwerben und zu entwickeln. Die KI-VO verlangt übrigens von allen Akteuren in der Wertschöpfungskette eines KI-Systems, dass die mit Betrieb und Nutzung des Systems befassten Personen über entsprechende Kenntnisse verfügen (Art. 4 KI-VO) – diese Verpflichtung gilt wohlgemerkt für alle KI-Systeme und beschränkt sich nicht lediglich auf Systeme mit hohem oder mittlerem Risiko, wie es bei dem Großteil der anderen Anforderungen der Fall ist.

Bei der Aufsicht über KI-Systeme ist es jedoch gleichermaßen wichtig, dass Expertise im Einsatzgebiet vorhanden ist. Sogenannte Domänenexpertinnen und -experten können auf Erfahrungswerten aufbauen, um die Leistung von KI-Systemen in bestimmten Kontexten zu evaluieren. Damit spielen sie eine Schlüsselrolle bei der Vorbeugung gegen Unfälle und können oft die Auswirkungen bestimmter Fehler besser abschätzen und zielgerichtet bei Problemen eingreifen. Auch Data Scientists benötigen dieses domänenspezifische Wissen, um mündig und verantwortungsvoll mit KI-Systemen umzugehen.

Im Zusammenhang mit KI-Systemen stellt sich wie in anderen hochautomatisierten Bereichen das Problem, wie Menschen, deren Arbeit von Systemen übernommen wurde, weiterhin fähig bleiben, im Notfall eingreifen zu können [18]. Übung macht Meisterinnen und Meister, und dies nicht nur sprichwörtlich, sondern auch praktisch: Je mehr Erfahrung Menschen im Betrieb sammeln können, desto schneller und sicherer können sie im Ernstfall eingreifen. Wenn daher der Einsatz eines KI-Systems dazu führt, dass Schlüsselfähigkeiten in gewissen Bereichen nicht mehr entwickelt werden können, müssen Organisationen Vorkehrungen dafür in ihrer Karriereplanung und in ihren internen Ausbildungsprozessen treffen. Eine Möglichkeit ist z. B. die Einführung von Simulationsprozessen oder regelmäßigen Erneuerungen der Qualifikationen, etwa durch Seminartätigkeit oder Prüfungen.

10.2.3.3 Aufsicht kontextsensibel gestalten

Menschliche Aufsicht über KI-Systeme kann nur effektiv sein, wenn das System auf eine Art und Weise gestaltet ist, dass Aufseherinnen und Aufseher genügend Informationen haben, um Entscheidungen zu kontestieren, und das Design des Systems ihre Entscheidungen möglichst wenig steuert oder zu bestimmten Entscheidungen verleitet [18]. Das bedeutet, dass KI-Systeme in bestehende Entscheidungskontexte eingebettet werden und Aufsichtsmöglichkeiten auf die Fähigkeiten und Kenntnisse der Aufseherinnen und Aufseher zugeschnitten sein müssen. In vielen Bereichen, z. B. im medizinischen Kontext, ist es außerdem notwendig, Entscheidungsmöglichkeiten für eine Gruppe von Aufseherinnen und Aufsehern aus unterschiedlichen Disziplinen zu schaffen, denn Diagnosen oder Heilpläne werden von einem multidisziplinären Team entwickelt. Diese Teams benötigen Aufsichtsmöglichkeiten, die unterschiedlichen Anforderungen, Kenntnissen und Voraussetzungen gerecht werden, um eine Einbettung in die bestehende klinische Praxis zu erlauben.

Diese Anforderungen zeigen auf, wie wichtig eine detaillierte Auseinandersetzung mit bestehenden Aufsichtsregelungen in einem bestimmten Anwendungsbereich ist [18]. Bestehende Regelungen beeinflussen nämlich auch die Erwartungshaltung an das KI-System selbst: Medizinerinnen und Mediziner z. B. erwarten von KI-Systemen für klinische Anwendungen, dass sie die gleichen Tests bestehen – inklusive Randomised Controlled Trials, systematischen Tests und Peer Reviews – wie andere medizinische Geräte, Heilbehelfe oder diagnostische Werkzeuge, um sie als kompetente Werkzeuge einzusetzen.

Gleichzeitig verdeutlicht dieses Beispiel aber auch, dass KI-Systeme niemals einfach nur so eingeführt werden können, sondern von organisatorischen Maßnahmen begleitet werden müssen [18]. Das kann bedeuten, eine oder einen Data Scientist oder gleich mehrere einzustellen und sicherzustellen, dass geeignete Prozesse für die Zusammenarbeit zwischen Mitarbeitenden mit unterschiedlichen Funktionen und Qualifikationen entwickelt werden. Das kann aber auch bedeuten, alternative Entwicklungspfade zu schaffen, damit Teilbereiche bestehender Berufe, die von KI-Systemen ausgeführt werden, nicht zu einer Aushöhlung des Berufes oder zu unüberwindbaren Hindernissen im beruflichen Fortkommen führen, indem z. B. bestimmte Qualifikationen nicht mehr entwickelt werden können.

10.2.3.4 Externe bei der Aufsicht einbinden

Viele Aufsichtsprozesse werden in Organisationen selbst verankert sein. Es kann aber sinnvoll sein, Externe in die Aufsicht einzubinden. Ein berühmtes Beispiel ist das Facebook Oversight Board, welches jedes Jahr eine kleine Anzahl an strittigen Fällen untersucht und darauf aufbauend Präzedenzen für den Umgang mit ähnlichen Fällen schafft. Externe Aufsicht kann bspw. auch durch sektorale Aufsichtsbehörden oder Zertifizierungen für bestimmte Standards eingeholt werden.

Standards spielen eine wichtige Rolle bei Governance-Prozessen, da sie Erwartungen an den Prozess kodifizieren und Musterprozesse schaffen. Dadurch wissen einerseits alle Organisationen (und ihre Rechtsabteilungen), dass rechtliche Anforderungen zu einem ausreichenden Maß eingehalten werden. Gleichzeitig können neue Mitarbeitende leichter eingeschult werden, wenn diese mit einem bestimmten Standard vertraut sind, der in der Organisation eingesetzt wird.

ISO/IEC 42001:2023[4)] ist der erste Standard, der ein Managementsystem für KI-Systeme festlegt. Er bezieht sich nicht auf Qualitätsmanagement in Hinblick auf die Ergebnisse eines KI-Systems, sondern führt aus, wie Organisationen KI-Systeme verantwortungsbewusst entwickeln und nutzen können und welche organisatorischen Maßnahmen dafür getroffen werden könnten. Alle Kriterien in diesem Standard sind derzeit als Empfehlungen klassifiziert, nicht als Anforderungen für die Zertifizierung, weshalb mit einem weiteren Standard spezifisch für Hochrisikosysteme gemäß KI-VO zu rechnen ist. Allerdings bietet ISO/IEC 42001 in allen anderen Anwendungsbereichen eine hilfreiche Orientierung für Organisationen, die Governance-Prozesse aufsetzen wollen.

Für Qualitätsmanagement entwickeln sich derzeit mehrere Zertifizierungsangebote. So bietet TÜV Austria mit Trusted AI[5)] eine Zertifizierung an, welche die Güte, Sicherheit und Eignung von KI-Anwendungen belegt. Der Zertifizierungsprozess umfasst dabei funktionale Kriterien (z. B. zu Daten und Modell), Sicherheit (inklusive Risikobewertung), ethische Anforderungen (inklusive Grundrechte und Barrierefreiheit) sowie Datenschutz. Das externe Audit wird von TÜV Austria durchgeführt, wodurch Objektivität bei der Prüfung der Anforderungen sichergestellt wird.

In vielen Fällen ist es jedoch sinnvoll, Externe – allen voran Betroffene – vor der Entwicklung eines KI-Systems einzubinden, um die Gestaltung eines Projektes zu beaufsichtigen. Diese Art der Aufsicht zweiten Grades hat Auswirkungen auf die Schwellenwerte, anhand derer ein KI-System Klassifikationen und Kategorisierungen vornimmt, und kann besonders in sensiblen Bereichen wie der Verwaltung, Personalführung bzw. -verwaltung, Bildung, Medizin oder Justiz ausschlaggebend für die gesellschaftliche Robustheit einer KI-Anwendung werden. Ansätze wie Inclusive Design[6)] zielen darauf ab, möglichst breite Einbindung zu schaffen [21]. Gleichermaßen kann es bei laufender Betroffenheit von Menschen – egal, ob z. B. Angestellte oder Außenstehende – sinnvoll sein, Beschwerdemechanismen und Feedbackschleifen einzurichten und sie damit auch in die laufende Mitgestaltung des KI-Systems und Beobachtung von Risiken einzubinden.

---

[4] S. im Detail unter *https://www.iso.org/standard/81230.html*

[5] S. im Detail unter *https://www.tuv.at/trusted-ai-by-tuev-austria/*

[6] Inclusive Design ist ein Ansatz, der danach strebt, so viele Bedürfnisse von Nutzerinnen und Nutzern wie möglich durch ein Produkt erfüllen zu können. Dazu gehört auch Barrierefreiheit, wobei Barrieren nicht nur als für Menschen mit Behinderungen problematisch gesehen werden; vielmehr geht Inclusive Design davon aus, dass jeder Mensch in bestimmten Situationen Barrieren erfährt und diese Barrieren möglichst niedrig gehalten werden sollten.

10.2.3.5 Menschliche Aufsicht: Für und Wider

Es gibt gute Gründe, warum Menschen nicht dafür geeignet sind, Aufsicht über KI-Systeme zu praktizieren [10]. Ganz schwierig ist z.B. Automation Bias, also die unbewusste Neigung, automatisierten Entscheidungen mehr zu vertrauen als unserer eigenen Erfahrung. Complacency bzw. die Neigung, gut funktionierende Systeme später nicht mehr zu hinterfragen, führt auch zu ineffektiver menschlicher Aufsicht. Gleichzeitig gibt es aber auch Algorithm Aversion, die Ablehnung algorithmischer Entscheidungen, auch wenn diese richtig bzw. schlüssig sind. Schließlich können algorithmische Empfehlungen die Herangehensweise an bestimmte Fragen beeinflussen: Dabei ist die Neigung gemeint, jenen Faktoren, die algorithmisch bewertet werden, mehr Gewicht zuzuschreiben und andere Arten von Informationen nicht mehr in Erwägung zu ziehen.

Vertrauen ist also ein zweischneidiges Schwert. Wir können zu viel Vertrauen in Technologie haben und auch zu wenig – und in jenem Moment, wo wir Entscheidungen treffen, ist es schwierig zu unterscheiden, auf welcher Seite die Münze zu liegen gekommen ist. Aber Gleiches gilt auch für die Entwicklerinnen und Entwickler von Technologien und für jene, die aus der Ferne die Technologie steuern. Das ist ein sehr wichtiger Punkt, denn oft nehmen wir automatisch an, dass jene, die in den Betrieb involviert sind, eher zu viel oder zu wenig Vertrauen in die Technologie hegen als diejenigen, welche die Technologie oder ihren Einsatz geplant haben. Das stimmt so leider nicht, denn Distanz alleine feit uns nicht gegen Fehler.

Tatsächlich gibt es wichtige Gründe, warum menschliche Aufsicht in automatisierten Kontexten wesentlich bleibt. In hochkritischen Bereichen wie z.B. Atomkraftwerken oder in der Raumfahrt genauso wie in weniger lebensbedrohlichen Bereichen wie Lagerhäusern zieht sich ein Muster durch: Es kann viel schiefgehen, obwohl das Design Unfälle verhindern sollte. Besonders dann, wenn Prozesse von hoher komplexer Interaktivität geprägt sind, kann es zu unvorhergesehenen Interaktionen zwischen Inhalten, Komponenten oder Einzelteilen sowie mit der Umgebung kommen. Manchmal sind genau jene Komponenten, die Unfälle verhindern sollten, für Katastrophen verantwortlich. Wenn diese Prozesse noch dazu eng gekoppelt sind, reduzieren sich die Möglichkeiten des Eingreifens, denn in eng gekoppelten Prozessen breiten sich Interaktionen schnell aus, und diese Geschwindigkeit erschwert in Notsituationen rechtzeitiges Handeln.

Menschen sind erstaunlich gut darin, schlimme Folgen abzuwenden. Dafür müssen Menschen allerdings auch in einer Position sein, die ein Eingreifen erlaubt. Bei Prozessen, die zunehmend komplex-interaktiv (wo viele Komponenten zusammenspielen und eine Fehleranalyse im Moment daher erschwert ist) und eng gekoppelt sind, bestehen jedoch konträr laufende Anforderungen an den Aufbau von Aufsichtskompetenzen: Eng gekoppelte Prozesse erfordern Zentralisierung, während komplex-interaktive Prozesse besser dezentralisiert aufgebaut sind [22]. Wenn die Einführung eines KI-Systems zu engerer Koppelung und erhöhter komplexer Interaktivität führt, ist daher Vorsicht in Bezug auf die Organisation von Aufsicht und Entscheidungskompetenz geboten. Vor allem in kritischen Bereichen sollten Aufsichtsprozesse von Anfang an gemeinsam mit der Einführung eines KI-Systems unter besonderer Berücksichtigung der jeweiligen Anforderungen an die Aufsicht mitentwickelt werden.

10.2.4 Fazit

Die KI-VO stellt hohe Anforderungen an Governance, die Organisationen in unterschiedlichen Bereichen erfüllen müssen. Eine dieser Anforderungen – ausreichende Schulung von Personal – betrifft alle Organisationen, unabhängig von dem Risikograd der Anwendung. Der Großteil der Anforderungen an Governance sind rechtlich erforderlich für KI-Systeme mit hohem Risiko, bleiben aber für Anwendungen mit geringem oder mittlerem Risiko sinnvoll, da sie die Verwirklichung ethischer und humanistischer Prinzipien fördern und auch andere Gesetze ein Maß an Kontrolle und Rechenschaftspflichten einfordern (wie z. B. die DSGVO).

Bei Governance geht es nicht darum, die Technologie zu kontrollieren – denn Kontrolle ist immer kontextspezifisch und ausreichend Kontrolle, um jeden Fall abzudecken, kann niemals erreicht werden. Vielmehr geht es darum, die Wirkung einer Technologie zu lenken. Wie wirken sich KI-Systeme auf die Welt aus, und wie gehen wir damit um? Eine gute Governance-Strategie kann diese Fragen für die jeweiligen konkreten Anwendungsfälle beantworten. So gesehen sind KI-Systeme nicht viel anders als Autos, für die wir sowohl Produktsicherheitsanforderungen als auch Verkehrsregeln und auch Anforderungen an die Qualifikationen der Anwenderinnen und Anwender haben; oder wie die Biotechnologie, für welche wir ethische Normen als auch berufliche Qualifikationsprozesse eingeführt haben. Das heißt, dass Governance kontextsensibel und mit breiter Einbindung der handelnden Personen entwickelt werden muss – und dadurch ergibt sich die interdisziplinäre Herausforderung von KI-Systemen.

Aus diesem Grund ist auch die Kommunikation der Governance-Maßnahmen zentral. Governance schafft Vertrauen in die Fähigkeiten einer Organisation, mit einer Technologie umzugehen. Dieser vertrauensstiftende Aspekt funktioniert dann am besten, wenn Governance-Maßnahmen für Außenstehende nachvollziehbar sind und von Expertinnen und Experten geprüft wurden [2]. Damit können Organisationen auch vorsorglich ihren Pflichten z. B. gegenüber Aufsichtsräten nachkommen.

Quellen

[1] Adensamer, Angelika; Gsenger, Rita; Klausner, Lukas Daniel: „Computer says no": Algorithmic decision support and organisational responsibility. In: Journal of Responsible Technology Bd. 7 – 8 (2021), S. 100014

[2] Advancing accountability in AI: Governing and managing risks throughout the lifecycle for trustworthy AI, OECD Digital Economy Papers (OECD Digital Economy Papers Nr. 349). Bd. 349, 2023

[3] Arnold, Zachary; Toner, Helen: AI Accidents: An Emerging Threat. What Could Happen and What to Do (CSET Policy Brief): Center for Security and Emerging Technology – Georgetown University, 2021

[4] Bertelsmann Stiftung; VDE: From Principles to Practice: An interdisciplinary framework to operationalise AI ethics, [object Object] (2020)

[5] Biegelbauer, Peter; Lackinger, Caroline; Schlarb, Sven; Subak, Edgar; Weinlinger, Pia: Leitfaden Digitale Verwaltung und Ethik: Praxisleitfaden für KI in der Verwaltung, Version 1.0. Wien: Bundesministerium für Kunst, Kultur, öffentlichen Dienst und Sport (BMKÖS) Sektion III – Öffentlicher Dienst und Verwaltungsinnovation, 2023

[6] Dainow, Brandt; Brey, Philip; Kuyumdzhieva, A. (Hrsg.): Ethics By Design and Ethics of Use Approaches for Artificial Intelligence. Brussels: European Commission, 2021

[7] ETAPAS Consortium: ETAPAS toolkit. URL *https://joinup.ec.europa.eu/collection/govtechconnect/solution/etapas?f%5B0%5D=solution_content_bundle%3Adocument* – abgerufen am 17. 03. 2024

[8] European Commission. Directorate General for Communications Networks, Content and Technology.: The Assessment List for Trustworthy Artificial Intelligence (ALTAI) for self assessment. LU: Publications Office, 2020

[9] Gebru, Timnit; Morgenstern, Jamie; Vecchione, Briana; Vaughan, Jennifer Wortman; Wallach, Hanna; Daumé III, Hal; Crawford, Kate: Datasheets for Datasets, arXiv (2021) – arXiv:1803.09010 [cs]

[10] Green, Ben: The Flaws of Policies Requiring Human Oversight of Government Algorithms. In: SSRN Electronic Journal (2021)

[11] Hochrangige Expertengruppe für KI: Ethik-Leitlinien für eine vertrauenswürdige KI. Brüssel: Europäische Kommission, 2019

[12] Kaminski, Margot E; Malgieri, Gianclaudio: Algorithmic impact assessments under the GDPR: producing multi-layered explanations. In: International Data Privacy Law Bd. 11 (2021), Nr. 2, S. 125 – 144

[13] Laux, Johann: Institutionalised Distrust and Human Oversight of Artificial Intelligence: Toward a Democratic Design of AI Governance under the European Union AI Act. In: SSRN Electronic Journal (2023)

[14] Mäntymäki, Matti; Minkkinen, Matti; Birkstedt, Teemu; Viljanen, Mika: Defining organizational AI governance. In: AI and Ethics Bd. 2 (2022), Nr. 4, S. 603 – 609

[15] Minkkinen, Matti; Mäntymäki, Matti: Discerning Between the „Easy" and „Hard" Problems of AI Governance. In: IEEE Transactions on Technology and Society Bd. 4 (2023), Nr. 2, S. 188 – 194

[16] Mishra, Saurabh; Aria, Amin; Renda, Andrea: Ensuring AI's trustworthiness: reliability engineering meets data-driven risk management. URL *https://oecd.ai/en/wonk/reliability-engineering-data-driven-risk-management* – abgerufen am 17. 03. 2024

[17] Mitchell, Margaret; Wu, Simone; Zaldivar, Andrew; Barnes, Parker; Vasserman, Lucy; Hutchinson, Ben; Spitzer, Elena; Raji, Inioluwa Deborah; u. a.: Model Cards for Model Reporting. In: Proceedings of the Conference on Fairness, Accountability, and Transparency, 2019 – arXiv:1810.03993 [cs], S. 220 – 229

[18] Morgan, Deborah; Hashem, Youmna; Straub, Vincent J.; Bright, Jonathan: „Team-in-the-loop" organisational oversight of high-stakes AI, arXiv (2023) – arXiv:2303.14007 [cs]

[19] Nicholson Consulting; Ministry of Social Development: Governance Guide: Model Development Lifecycle (Nr. A13094818), 2021

[20] OECD: OECD Due Diligence Guidance for Responsible Business Conduct, 2018

[21] Park, Tina M.: Making AI Inclusive: 4 Guiding Principles for Ethical Engagement (White Paper): Partnership on AI, 2022

[22] Perrow, Charles: Normal Accidents: Living with High Risk Technologies. Princeton: Princeton University Press, 2011 – ISBN 978-1-4008-2849-4

[23] Poretschkin, Maximilian; Schmitz, Anna; Akila, Mara; Adilova, Mara; Becker, Daniel; Cremers, Armin B.; Hecker, Dirk; Houben, Sebastian; u. a.: Leitfaden zur Gestaltung vertrauenswürdiger Künstlicher Intelligenz: Fraunhofer-Institut für Intelligente Analyse- und Informationssysteme IAIS, 2021

[24] Society Inside; European Center for Not-for-Profit Law: Framework for meaningful engagement: ECNL

[25] Stocktaking for the development of an AI incident definition, OECD Artificial Intelligence Papers (OECD Artificial Intelligence Papers Nr. 4). Bd. 4, 2023

[26] UNESCO: Recommendation on the Ethics of Artificial Intelligence. Paris: UNESCO, 2021

[27] UNESCO: Ethical impact assessment. A tool of the Recommendation on the Ethics of Artificial Intelligence: UNESCO, 2023

10.3 Daten- und Wissensmanagement

Veronica Cretu

In den letzten zwei Jahrzehnten gab es wohl keinen einzigen Experten auf dem Gebiet der Data Governance, der nicht den eingängigen Satz „Daten sind das neue Öl“ gehört hätte. Er wurde von Clive Humby, einem britischen Mathematiker, im Jahr 2006 eingeführt [12]. Dieser Begriff wurde seitdem von zahlreichen Führungskräften und Branchenexperten aufgegriffen. Einen breiten Diskurs entfachte er jedoch erst nach einem Artikel in The Economist [11] aus dem Jahr 2017 mit dem Titel „The world's most valuable resource is no longer oil, but data.“ Seitdem ist dieses Schlagwort zum Sinnbild für die vierte industrielle Revolution geworden.

In gewisser Hinsicht verdeutlicht diese Analogie den immensen Wert von Daten in der heutigen digitalen Wirtschaft und der sich ständig verändernden Governance-Landschaft. Vergleichbar mit der zentralen Rolle des Erdöls in der jüngeren Geschichte, verleiht diese digitale Ressource Unternehmen die Macht, Ergebnisse und Realitäten zu gestalten, und spiegelt den Einfluss wider, den einst die Herren der Ölreserven ausübten.

Im Mittelpunkt der modernen Geschäftsstrategie und der betrieblichen Effizienz steht heute die Frage, wie Unternehmen eine ordnungsgemäße Datenverwaltung, -sicherheit und -nutzung gewährleisten können. Die Frage ist, wie sollten Daten so verwaltet werden, dass sie Innovationen fördern, die Einhaltung von Vorschriften gewährleisten und das Wachstum fördern?

Heute wird deutlich, dass im Gegensatz zu Öl, das die Motoren der Vergangenheit antrieb, Daten die Algorithmen der Zukunft antreiben. Sie sind nicht nur eine Ware, sondern ein dynamischer Katalysator, der, wenn er richtig verwaltet und gesteuert wird, zu Fortschritten und Lösungen führen kann, die auf die sich abzeichnenden Bedürfnisse zugeschnitten sind und schnell umgesetzt werden. Dieser Perspektivenwechsel ist entscheidend für Unternehmen, die florieren wollen, und für Regierungen, die eine Politik entwerfen wollen, die ihre Bürgerinnen und Bürger schützt, ihnen dient und sie befähigt. Dieses sich entwickelnde Gut erfordert ein Verwaltungsmodell, das ebenso anpassungsfähig und zukunftsorientiert ist wie die Technologie, die es regelt.

Data Governance entwickelte sich im Laufe der Zeit weg von einer primären IT-Funktion, während mit dem Aufkommen der digitalen Transformation und der Big-Data-Ära Unternehmen begannen, das Potenzial zu erkennen, das sie aus ihren vielfältigen Datenbeständen schöpfen können, was zu Data Governance 2.0 führte. In dieser Phase lag der Schwerpunkt auf der Zusammenarbeit, dem Aufbrechen von Silos und der Verbreitung von Verantwortlichkeiten.[10]

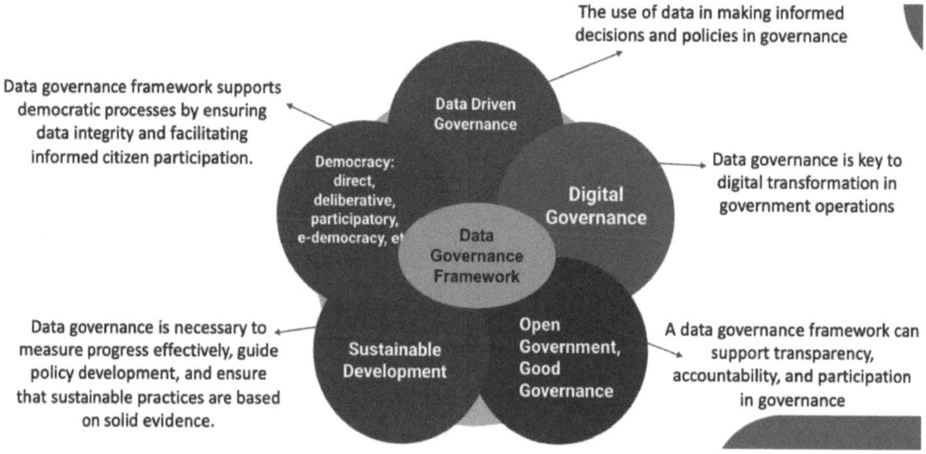

Bild 10.2 Rahmenbedingungen für Data Governance

Ein solider Data-Governance-Rahmen ist für die Unterstützung demokratischer Prozesse und anderer neuer Governance-Rahmenwerke entscheidend. Er gewährleistet die Integrität der Daten, was wiederum eine informierte Beteiligung der betroffenen Menschen erleichtert. Durch das Pflegen genauer und zuverlässiger Daten tragen solche Rahmenbedingungen zu den direkten, prüfenden und partizipativen Dimensionen der Demokratie bei, auch im Bereich der E-Demokratie. Data Governance spielt eine entscheidende Rolle bei der Förderung einer datengesteuerten und -getriebenen Governance. Dies wird durch die Verwendung von Daten erreicht, um fundierte Entscheidungen und Strategien zu treffen, was zunehmend als grundlegender Aspekt einer kompetenten Verwaltung anerkannt wird. Solche datengesteuerten Entscheidungsfindungsprozesse verbessern die Wirksamkeit und Relevanz von Regierungsmaßnahmen.

Darüber hinaus ist ein Rahmen für Data Governance von entscheidender Bedeutung für die nachhaltige Entwicklung und die Verwirklichung der SDGs (Sustainable Development Goals). Er ermöglicht die effektive Messung von Fortschritten, leitet die Entwicklung fundierter politischer Maßnahmen und stellt sicher, dass nachhaltige Praktiken durch solide Nachweise gestützt werden. Dieser faktengestützte Ansatz ist der Schlüssel zur Verwirklichung langfristiger Entwicklungsziele. Data Governance wird als eine der wichtigsten Säulen für die digitale Transformation der Verwaltungstätigkeit angesehen. Sie untermauert die Modernisierung und Effizienz öffentlicher Dienstleistungen und stellt sicher, dass digitale Strategien auf zuverlässigen Daten beruhen.

Ein Data-Governance-Rahmen unterstützt die Grundsätze der offenen Verwaltung und der guten Regierungsführung, und nationale und lokale Regierungen, die der Open Government Partnership (OGP, vgl.) angehören, haben systematisch nationale oder lokale Verpflichtungen in Bezug auf Daten für eine bessere Verwaltung übernommen. Sie untermauern Transparenz, Rechenschaftspflicht und Bürgerbeteiligung, die allesamt von zentraler Bedeutung für den Aufbau von Vertrauen zwischen der Öffentlichkeit und der Regierung sind. Indem Daten zugänglich gemacht werden und Regierungsprozesse transparenter werden, werden die Bürgerinnen und Bürger gestärkt und die demokratischen Prozesse gefördert.

Daher ist die Datenverwaltung nicht nur eine technische Notwendigkeit, sondern ein grundlegendes Element für die Förderung demokratischer Werte, nachhaltiger Entwicklung, digitaler Innovation und transparenter Verwaltung.

Exkurs: Der entstehende Bedarf an konsolidierter Data Governance im öffentlichen Sektor

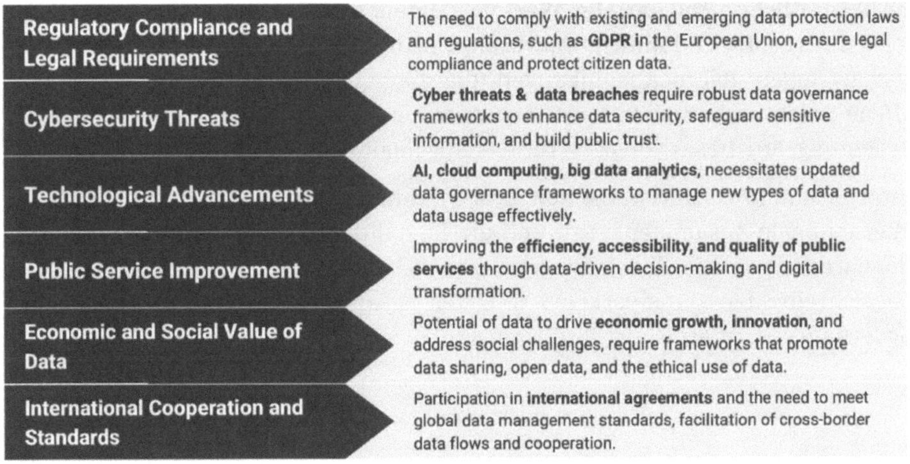

Bild 10.3 Data Governance im öffentlichen Sektor

Die Data Governance im öffentlichen Sektor wird aufgrund verschiedener neuer Anforderungen zunehmend zu einer Notwendigkeit:

- **Einhaltung von Vorschriften und gesetzlichen Anforderungen:** Angesichts von Datenschutzgesetzen und -vorschriften wie der Datenschutz-Grundverordnung (GDPR) in der Europäischen Union besteht die dringende Notwendigkeit, die Einhaltung von Rechtsvorschriften zu gewährleisten und die Daten der Bürger zu schützen. Data-Governance-Rahmenwerke helfen Organisationen des öffentlichen Sektors, diese rechtlichen Anforderungen einzuhalten und personenbezogene Daten zu schützen.
- **Bedrohungen der Cybersicherheit:** Die steigende Zahl von Cyberbedrohungen und Datenschutzverletzungen erfordert robuste Data-Governance-Rahmenwerke, die die Datensicherheit verbessern, sensible Informationen schützen und das Vertrauen der Öffentlichkeit fördern. Diese Rahmenbedingungen helfen, den unbefugten Zugriff auf sensible Daten zu verhindern.
- **Technologischer Fortschritt:** Fortschritte in den Bereichen KI, Cloud Computing und Big-Data-Analytik machen die Einführung robuster Data-Governance-Rahmenwerke erforderlich. Diese Rahmenwerke sind entscheidend für die Verwaltung neuer Datentypen und gewährleisten, dass sie sicher und effektiv genutzt werden, insbesondere wenn sich die Technologien weiterentwickeln.
- **Verbesserung des öffentlichen Dienstes:** Die Datenverwaltung verbessert die Effizienz, Zugänglichkeit und Qualität öffentlicher Dienstleistungen. Durch die Ermöglichung einer datengesteuerten Entscheidungsfindung und einer digitalen Transformation können öffentliche Dienstleistungen effizienter erbracht und besser auf die Bedürfnisse der Bürgerinnen und Bürger eingegangen werden.
- **Wirtschaftlicher und sozialer Wert von Daten:** Daten haben das Potenzial, Wirtschaftswachstum und Innovation voranzutreiben und soziale Herausforderungen zu bewältigen. Rahmenbedingungen, die die gemeinsame Nutzung von Daten, offene Daten und eine ethische Datennutzung fördern, sind von entscheidender Bedeutung, um dieses Potenzial für das Allgemeinwohl zu nutzen.
- **Internationale Zusammenarbeit und Standards:** Data Governance ist für die internationale Zusammenarbeit und die Einhaltung globaler Datenverwaltungsstandards unerlässlich. In einer vernetzten Welt hängt die Erleichterung des grenzüberschreitenden Datenverkehrs und der Zusammenarbeit von gemeinsamen Governance-Standards und -Praktiken ab.

Definition von Data Governance

Derzeit gibt es keine einheitliche Definition von Data Governance, die ein einzelnes Fachgebiet zusammenfassen könnte.

- Data Governance (OECD) [3]: Data Governance bezieht sich auf verschiedene Vereinbarungen, einschließlich technischer, politischer, regulatorischer oder institutioneller Bestimmungen, die sich auf Daten und deren Zyklus (Erstellung, Sammlung, Speicherung, Nutzung, Schutz, Zugang, gemeinsame Nutzung und Löschung) über politische Bereiche und organisatorische und nationale Grenzen hinweg auswirken.
- Data Governance (Davies, 2022) [5]: Data Governance betrifft die Regeln, Prozesse und Verhaltensweisen im Zusammenhang mit der Erhebung, Verwaltung, Analyse, Verwendung, gemeinsamen Nutzung und Entsorgung von Daten – personenbezogenen und/oder nicht personenbezogenen Daten. Eine gute Data Governance sollte in jeder Phase der relevanten Datenzyklen sowohl den Nutzen fördern als auch den Schaden minimieren.

Mehrere andere Ansätze zur Definition von Data Governance können unter Informing the Global Data Future abgerufen werden: Benchmarking von Data Governance-Rahmenwerken [9]

Aufkommende Trends bei der Einführung von Data Governance Frameworks

Die Landschaft der Data-Governance-Rahmenwerke ist heute durch ihre Vielfalt und Anpassungsfähigkeit gekennzeichnet. Ein einheitlicher Ansatz ist nicht praktikabel, wie die in den letzten Jahren beobachteten unterschiedlichen Einführungspraktiken zeigen. Data Governance wurde auf verschiedenen Ebenen eingeführt, von regierungsweiten Initiativen über lokalisierte kommunale Strategien bis hin zu sektorspezifischen Vorschriften und innerhalb einzelner Institutionen.

- **Gesamtstaatliche Ebene:** Ein zentraler Ansatz für Data Governance ist entscheidend. Dies umfasst die Einführung einheitlicher Data-Governance-Rahmenwerke und -Richtlinien für die gesamte Regierung. Durch die Festlegung einheitlicher Datenstandards und -praktiken und die Implementierung regierungsweiter Plattformen für Datenanalyse und -management werden gemeinsame Anstrengungen unternommen, um die Entscheidungsfindung und die Erbringung von Dienstleistungen in allen Bereichen und Funktionen der Regierung zu verbessern. Die Regierung von Singapur beispielsweise setzt auf eine regierungsweite Applikationsanalyse und verbessert so die staatlichen Dienstleistungen mithilfe von Daten [13].
- **Lokale/kommunale Ebene:** Die Datenverwaltung wird auf den spezifischen Kontext und die Bedürfnisse der Kommunen zugeschnitten. Dies beinhaltet einen Schwerpunkt auf die Entwicklung intelligenter Städte und intelligenter Dörfer durch die Integration von Data-Governance-Praktiken, die lokale Dienstleistungs-

initiativen unterstützen und darauf abzielen, die Dienstleistungserbringung effizienter und reaktionsschneller zu gestalten und auf die besonderen Merkmale der lokalen Bevölkerung abzustimmen. Die Data-Excellence-Strategie der Stadt Wien sieht beispielsweise vor, alle notwendigen Maßnahmen zu ergreifen, die eine zeitnahe Bereitstellung von zuverlässigen, qualitativ hochwertigen Daten gewährleisten, um die Stadt zu einer „datenexzellenten" Datenhauptstadt zu machen [2].

- **Branchenspezifische Ebene:** Bestimmte Sektoren, die spezielles Wissen erfordern oder bestimmte Vorschriften einhalten müssen – wie das Gesundheitswesen [7], Finanzdienstleistungen und das Bildungswesen –, verwenden häufig spezielle Data-Governance-Modelle. Diese Modelle sind so konzipiert, dass sie die besonderen Datenschutz-, Sicherheits- und ethischen Erwägungen jedes Sektors berücksichtigen und sicherstellen, dass die sektorspezifischen Vorschriften und Anforderungen mit Präzision und Sorgfalt erfüllt werden.
- **Organisatorische Ebene:** Innerhalb einzelner Organisationen oder Unternehmen hat Data Governance einen internen Schwerpunkt. Es werden Richtlinien entwickelt, um den größtmöglichen Nutzen aus den Daten zu ziehen, indem sie als wichtiger Unternehmenswert behandelt werden. Dieser Ansatz beinhaltet oft detaillierte Vorschriften für den Umgang mit Daten innerhalb der Einrichtung, um die internen Abläufe zu verbessern und die Daten zur Unterstützung der Unternehmensziele und -strategien zu nutzen. Einige Unternehmen investieren in die Verbesserung der Datenkompetenz, damit ihre Mitarbeitenden Daten effektiv und verantwortungsbewusst verstehen, interpretieren und nutzen können, wie es Airbnb mit seiner internen Bildungsinitiative getan hat [1].

Zusammen gewährleisten diese Ebenen der Datenverwaltung, dass Daten von den höchsten Regierungsebenen bis hinunter zu den Kommunen und einzelnen Sektoren effektiv und ethisch korrekt verwaltet werden, wobei der vielschichtige Charakter von Daten als Ressource für das öffentliche Wohl, das Wirtschaftswachstum und die soziale Entwicklung anerkannt wird.

Verbindung zwischen Data und Knowledge Governance

Das Vorhandensein eines robusten Data-Governance-Rahmens erleichtert den effizienten und sicheren Übergang von Daten, wie in der DIKW-Pyramide [8] beschrieben. Es stellt sicher, dass die Daten korrekt, zugänglich und zuverlässig sind, und bildet die Grundlage für die Erstellung von Informationen. Durch die Festlegung von Richtlinien, Standards und Verfahren stellt Data Governance sicher, dass Daten ordnungsgemäß erfasst, gespeichert und verwaltet werden, was eine effektive Umwandlung von Rohdaten in aussagekräftige Informationen ermöglicht.

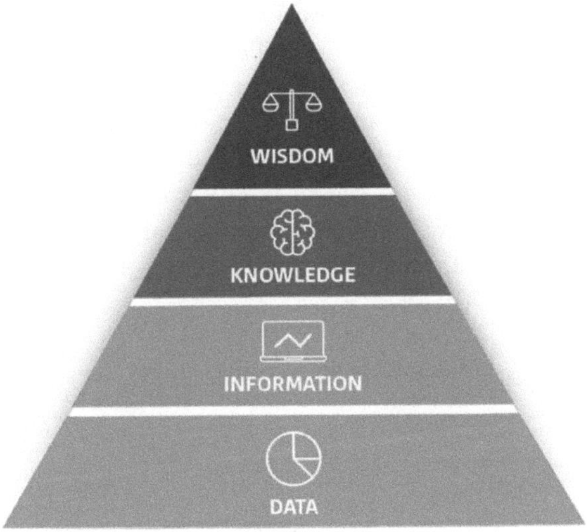

Bild 10.4 DIKW-Pyramide

Auf der Grundlage einer soliden Datenbasis (basierend auf dem Data Governance Framework) werden die Informationen dann systematisch analysiert, um Muster zu extrahieren und Wissen zu generieren. Diese Phase ist von entscheidender Bedeutung, da Data Governance dafür sorgt, dass die Informationen konsistent, gut dokumentiert und gepflegt sind, sodass das Unternehmen genaue Einblicke gewinnen und die Implikationen der Informationen verstehen kann.

Data Governance unterstützt die Umsetzung dieses Prozesses in Wissen, indem sie sicherstellt, dass das Wissen mit ethischen und rechtlichen Überlegungen, der Einhaltung von Vorschriften und den Unternehmenszielen in Einklang gebracht wird. Sie bietet einen strukturierten Ansatz für die Entscheidungsfindung, indem sie die aus dem Wissen gewonnenen Erkenntnisse in den breiteren Kontext der Strategie und der Werte der Organisation stellt. Mit einer umfassenden Data-Governance-Strategie können Unternehmen und Behörden nicht nur Daten sammeln, sondern diese auch nutzen, um kluge, zukunftsorientierte Entscheidungen zu treffen, die ethisch vertretbar und auf ihre langfristigen Ziele ausgerichtet sind.

10.3.1 Säulen des Data Governance Frameworks

Es gibt keine Einheitsgröße, wenn es um die Entwicklung eines funktionierenden Data-Governance-Rahmens geht, dennoch gibt es bestimmte Säulen und Komponenten, die berücksichtigt werden sollten, um einen ausgewogenen Ansatz zu gewährleisten, denn der Data-Governance-Rahmen funktioniert optimal, wenn ein Gleichgewicht zwischen seinen Kernsäulen besteht – jede Komponente ist entscheidend und muss gebührend berücksichtigt werden, um ein harmonisches und effektives System zu schaffen. Das vorgeschlagene Rahmenwerk baut auf grundlegenden Säulen auf – Verwaltung und Institutionen, Werte, Vertrauen, Grundlagen und Fähigkeiten –, die jeweils wichtige Unterkomponenten enthalten, die ein umfassendes Verständnis von Data Governance ermöglichen. Dieser Rahmen wurde auf der Grundlage der Empfehlungen des WDR21-Berichts [14], der Methodik des Global Data Barometer [6], der Empfehlungen der OECD [4] und anderer entwickelt. Er kann bzw. muss angepasst und auf die spezifischen Bedürfnisse oder Anforderungen abgestimmt werden.

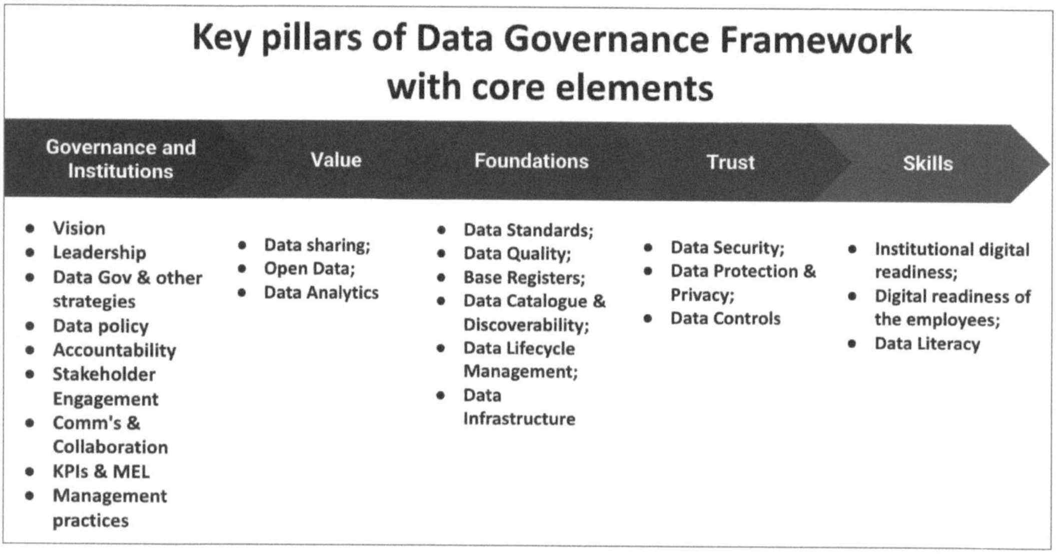

Bild 10.5 Säulen eines Data-Governance-Rahmenwerks

Die Säule **Governance und Institutionen** ist der Eckpfeiler eines Data-Governance-Rahmens. Sie schreibt klare Regeln, Strategien und Verfahren vor, um sicherzustellen, dass die Daten auf offene und transparente Weise verwaltet, gemeinsam genutzt und geschützt werden. Governance-Strukturen untermauern und fördern die Festlegung dieser Vorgaben und erleichtern ihre ordnungsgemäße Umsetzung und laufende Überwachung. Diese müssen jedoch mit der Flexibilität einhergehen, sich an die sich entwickelnden Datenlandschaften und technologischen Fortschritte anzupassen, um sicherzustellen, dass die Governance die Innovation nicht behindert.

Beispiele für mögliche strategische Maßnahmen zur Entwicklung dieser Säule sind folgende:

- **Einrichtung einer Arbeitsgruppe für Data Governance:** Die Hauptaufgaben der Arbeitsgruppe für Data Governance bestehen darin, strategische Entscheidungen im Zusammenhang mit Data Governance zu treffen und die Umsetzung von Data-Governance-Strategien und -Praktiken sicherzustellen.

- **Definition eines Data-Governance-Rahmens:** Dies beinhaltet die Festlegung einer klaren Vision und einer genau definierten Reihe von längerfristigen Zielen, die Identifizierung der wichtigsten Interessengruppen (Stakeholder), die Definition von Rollen und Verantwortlichkeiten und die Einrichtung von Governance-Strukturen und -Prozessen zur Erreichung dieser Ziele.
- **Ernennung eines Chief Data Governance Officer (CDGO):** Der CDGO und sein Team sind für die Festlegung von Prioritäten, die Organisation der Finanzierung und die Einführung von Richtlinien, Verfahren und Standards im Zusammenhang mit Data-Governance-Initiativen verantwortlich. Der CDGO spielt eine Schlüsselrolle bei der Förderung einer Kultur der datengesteuerten Entscheidungsfindung.
- **Schaffung klarer Kommunikations- und Kooperationswege:** Die Kommunikation muss als kritische Funktion priorisiert werden, und es müssen angemessene finanzielle und personelle Ressourcen zur Unterstützung ihrer Umsetzung bereitgestellt werden. Regelmäßige Bewertung und Evaluierung der Wirksamkeit der Kommunikationsbemühungen anhand von Kennzahlen wie Reichweite, Engagement und Wirkung ist erforderlich. Auf diese Weise können öffentliche Einrichtungen und Unternehmen ihre Kommunikationsstrategien zu Fragen der Data Governance kontinuierlich verbessern.
- **Entwicklung und Umsetzung einer internen Data Governance Scorecard:** Die Scorecard könnte ein internes Online-Berichtstool sein, das sowohl die Visualisierung als auch das Verständnis der Art und Weise ermöglicht, wie die zuständigen Bereiche oder Abteilungen bei der Erreichung der Ziele ihrer Data-Governance-Agenda vorankommen. Die Ergebnisse werden durch Zahlen ausgedrückt (numerische Werte der Indikatoren), die zur Berechnung der Gesamtbewertung der Fortschritte bei den ausgewählten Indikatoren verwendet werden.

Die Säule **Wert** gewährleistet die umfassende Nutzung und gerechte Aufteilung der Benefits von Daten. Sie widmet sich der Nutzung von Daten als strategische Ressource, der Erleichterung einer fundierten Entscheidungsfindung und der Stärkung des Risikomanagements und der Einhaltung von Vorschriften. Diese Säule konzentriert sich darauf, das Potenzial von Daten zu nutzen und gleichzeitig die mit ihrer Governance verbundenen Risiken und Kosten zu verringern. Die Gewinnung von Werten aus Daten treibt die Ziele des Rahmens voran, aber dieses Streben muss mit ethischen Überlegungen abgeglichen werden. Die Maximierung des Datennutzens geht Hand in Hand mit der Wahrung der individuellen Rechte und der Förderung des kollektiven Nutzens.

Beispiele für mögliche strategische Maßnahmen zur Entwicklung dieser Säule sind:

- Festlegung von Data-Governance-Richtlinien: Dazu gehören klare Richtlinien und Rahmenwerke, die Data-Governance-Grundsätze, Datenstandards und Protokolle für die gemeinsame Nutzung von Daten festlegen. So kann sichergestellt werden, dass die Daten auf einheitliche und transparente Weise erfasst, verwaltet und gemeinsam genutzt werden.

- Durch die gemeinsame Schaffung einer Kultur der gemeinsamen Nutzung von Daten sowohl innerhalb von Behörden als auch mit externen Partnern wird der Austausch von Daten und Erkenntnissen erleichtert.
- Verbesserung der Datenanalysefähigkeiten und Investitionen in die Entwicklung von Datenanalysefähigkeiten, wie maschinelles Lernen und künstliche Intelligenz, um Erkenntnisse aus Daten zu gewinnen und Entscheidungen zu treffen.
- Förderung und Unterstützung der Freigabe offener Daten, auf die Bürgerinnen und Bürger, Unternehmen sowie Forscherinnen und Forscher zugreifen und die sie nutzen können, um Transparenz und Rechenschaftspflicht zu fördern.

Die Säule **Grundlagen** dient als Fundament für solide Data-Governance-Praktiken und umfasst wesentliche Elemente wie grundlegende Register, Datenkataloge, Infrastruktur, Lebenszyklusmanagement, Qualität und Standards. Ein solides Fundament fördert einen einheitlichen Ansatz für die Datenverwaltung, verbessert die Konsistenz, Zugänglichkeit und Organisation und verhindert so Fragmentierung und Ineffizienz. Diese Säule bildet das Fundament für Datenpraktiken. Ein ausgewogener Ansatz bedeutet hier, dass in eine solide Dateninfrastruktur und solide Data Governance investiert wird, während man gleichzeitig flexibel genug ist, um neue Datentypen und -quellen zu berücksichtigen.

Beispiele für mögliche strategische Maßnahmen zur Entwicklung dieser Säule sind:

- Stärkung der Dateninfrastruktur, die Hardware, Software und Netzwerke zur Unterstützung der Datenerfassung, -speicherung, -verarbeitung und -analyse umfasst.
- Verbesserung der Datenstandards und -definitionen, um die Konsistenz und Interoperabilität von Daten zwischen verschiedenen Abteilungen, Behörden und Systemen im öffentlichen Sektor zu gewährleisten, insbesondere bei neuen Systemen.
- Verbesserung der Datenqualität, einschließlich Richtlinien, Verfahren und Kontrollen zur Messung, Überwachung und Verbesserung der Datenqualität in allen Organisationen.
- Verbesserung des Datenlebenszyklus-Managements, um sicherzustellen, dass die Daten in jeder Phase ihres Lebenszyklus angemessen verwaltet und gesichert werden.
- Erstellung von Datenkatalogen, die ein umfassendes Verzeichnis der in den öffentlichen Einrichtungen verfügbaren Datenbestände enthalten.
- Einrichtung von Basisregistern, um sicherzustellen, dass die Daten kohärent, genau und für alle Beteiligten zugänglich sind. Festlegung von Verfahren und Vorschriften für die Nutzung von Basisregistern durch öffentliche Einrichtungen, mit klaren Rollen der Dateneigentümer und Datenverwalter.

Die Säule **Vertrauen** ist das ethische Rückgrat der Datenverwaltung, das den Schutz der Privatsphäre und die Sicherheit der Daten sowie deren ethische Nutzung gewährleistet. Diese Säule ist von zentraler Bedeutung für den Aufbau und die Aufrechterhaltung des Vertrauens zwischen Einzelpersonen, Institutionen und der Gesellschaft durch die Förderung verantwortungsvoller, ethischer und transparenter Datenmanagementpraktiken. Vertrauen muss dynamisch aufrechterhalten und nicht nur aufgebaut werden. Dies erfordert eine ständige Auseinandersetzung mit den Interessengruppen, um ihre Bedenken und sich entwickelnden Erwartungen zu verstehen.

Beispiele für mögliche strategische Maßnahmen zur Entwicklung dieser Säule sind:

- Verbesserung der Datensicherheitsrichtlinien und -verfahren, um die Vertraulichkeit, Integrität und Verfügbarkeit von Daten zu gewährleisten. Dies kann Datenverschlüsselung, Zugangskontrollen und die Überwachung von Bedrohungen umfassen.
- Sicherstellung der Einhaltung von Datenschutzbestimmungen: Sicherstellung der Einhaltung einschlägiger Datenschutzbestimmungen auf der Grundlage bestehender Vorschriften wie der DSGVO.
- Stärkung der Cybersicherheitsmaßnahmen durch Investitionen in Firewalls, Systeme zur Erkennung und Verhinderung von Eindringlingen und regelmäßige Sicherheitsaudits zum Schutz vor Cyberangriffen und Datenschutzverletzungen.
- Durchführung von Datenschutzschulungen und Sensibilisierungsprogrammen für Mitarbeitende, um sicherzustellen, dass sie die Bedeutung des Datenschutzes und der Privatsphäre verstehen, und um eine Kultur des Datenschutzes zu fördern.
- Einrichtung wirksamer Datenkontrollen, wie z. B. Datenzugriffskontrollen, Datenaufbewahrungsrichtlinien und Datenentsorgungsverfahren, um sicherzustellen, dass die Daten nur für den vorgesehenen Zweck verwendet und ordnungsgemäß aufbewahrt und entsorgt werden.

In der Säule **Fertigkeiten** erweisen sich digitale Kompetenzen als entscheidend für eine solide Datenverwaltung. Da das Datenvolumen in öffentlichen Einrichtungen zunimmt, ist es unerlässlich, dass die Mitarbeitenden über die für die Datenverwaltung und -nutzung erforderlichen digitalen Kompetenzen verfügen. Dazu gehören nicht nur technische Kenntnisse und Fähigkeiten im Umgang mit Daten, sondern auch Soft Skills wie effektive Kommunikation und Zusammenarbeit, die sicherstellen, dass Daten ethisch korrekt, sicher und im Einklang mit den einschlägigen Standards genutzt werden. Es befähigt die Mitarbeitenden, die Integrität und Zugänglichkeit von Daten aufrechtzuerhalten, und stärkt damit bewährte Verfahren der Data Governance. Qualifikationen befähigen die Mitarbeitenden zum angemessenen Umgang mit Daten. Diese Säule auszubalancieren bedeutet, Schulungen für die neuesten digitalen Tools anzubieten und gleichzeitig ein Umfeld zu schaffen, in dem Soft Skills wie kritisches Denken und Zusammenarbeit gefördert werden.

Beispiele für mögliche strategische Maßnahmen zur Entwicklung dieser Säule sind:

- Entwicklung von Schulungsprogrammen zur Verbesserung der digitalen Fähigkeiten von Mitarbeitenden, einschließlich Schulungen zu digitalen Werkzeugen und Plattformen sowie zur digitalen Sicherheit.
- Bereitstellung von Schulungsprogrammen zur Verbesserung der Datenkompetenz von Mitarbeitenden, einschließlich Datenanalyse, -interpretation und -visualisierung.
- Entwicklung eines umfassenden Plans zur Verbesserung der digitalen Bereitschaft von Institutionen, einschließlich der Entwicklung digitaler Strategien, Verfahren und Governance-Rahmen.
- Aufbau von Partnerschaften mit anderen Organisationen des privaten bzw. öffentlichen Sektors, akademischen Einrichtungen und anderen Akteuren, um Best Practices, Wissen und Ressourcen auszutauschen. Einrichtung von Praxisgemeinschaften (Communities of Practice, CoP) zur Erleichterung der laufenden gegenseitigen Unterstützung und der beruflichen Entwicklung im Bereich Data Governance.

Zusammenfassend lässt sich sagen, dass ein ausgewogener Data-Governance-Ansatz sicherstellt, dass keine Säule eine andere überlagert, und so ein Umfeld gefördert wird, in dem Daten nicht nur sicher sind und den Vorschriften entsprechen, sondern auch umsetzbar und ein Motor für Innovation und öffentliches Vertrauen sind.

Quellen

[1] 5 Data Governance Examples: Case Studies, Takeaways & More. URL *https://atlan.com/data-governance-examples/* – abgerufen am 20. 04. 2024

[2] Data Excellence Strategie der Stadt Wien.

[3] Data governance – OECD. URL *https://www.oecd.org/digital/data-governance/#:~:text=Data%20governance%20refers%20to%20diverse,and%20organisational%20and%20national%20borders* – abgerufen am 20. 04. 2024

[4] Data Governance in the Public Sector.

[5] Davies, Tim: Data governance and the Datasphere Literature Review (2022). Tim Davies

[6] Global Data Barometer. URL *https://globaldatabarometer.org/* – abgerufen am 20. 04. 2024 – Global Data Barometer

[7] IT, Brian Eastwood Twitter Brian Eastwood is a freelance writer with more than 15 years of experience covering healthcare; Delivery, Healthcare; IT, enterprise; Technology, Consumer; leadership, I. T.; Education, Higher: What Is the Role of Data Governance in Healthcare? URL *https://healthtechmagazine.net/article/2023/04/data-governance-in-healthcare-perfcon* – abgerufen am 20. 04. 2024 – Technology Solutions That Drive Healthcare

[8] Jain, Manas: The Pyramid of Data, Information, and Knowledge: A Guide for Better Decision Making. URL *https://medium.com/@manas.jain/the-pyramid-of-data-information-and-knowledge-a-guide-for-better-decision-making-d74f271bdd0d* – abgerufen am 20. 04. 2024 – Medium

[9] Marcucci, Sara; Alarcón, Natalia González; Verhulst, Stefaan G.; Wüllhorst, Elena: Informing the Global Data Future: Benchmarking Data Governance Frameworks. In: Data & Policy Bd. 5 (2023), S. e30

[10] The Effects of Data Governance in Theory and Practice. URL *https://www.compact.nl/articles/the-effects-of-data-governance-in-theory-and-practice/* – abgerufen am 20. 04. 2024 – Compact

[11] The world's most valuable resource is no longer oil, but data. In: The Economist

[12] Watson, Poppy: Why data is the new oil. URL *https://futurescot.com/why-data-is-the-new-oil/* – abgerufen am 20. 04. 2024 – FutureScot

[13] Whole-of-Government Application Analytics (WOGAA) – Improve Government Services with Data. URL *https://www.developer.tech.gov.sg/products/categories/analytics/wogaa/overview.html* – abgerufen am 20. 04. 2024 – Singapore Government Developer Portal

[14] World Development Report 2022: FINANCE for an Equitable Recovery. URL *https://www.worldbank.org/en/publication/wdr2021* – abgerufen am 20. 04. 2024

10.4 Audit von künstlicher Intelligenz

Gabriele Bolek-Fügl

KI-Systeme sind in der Lage, große Datenmengen zu analysieren, Markttrends vorherzusagen und sogar Kundeninteraktionen zu automatisieren. Diese Technologien können Unternehmen einen erheblichen Wettbewerbsvorteil bringen, aber mit dem Erfolg kommen auch **neue Verantwortlichkeiten**.

Ein gutes Beispiel dafür ist der Rechtsfall Moffatt gegen Air Canada (2024 BCCRT 149[1]). Das kanadische Gericht British Columbia Civil Resolution Tribunal befasste sich mit der **Haftung eines Unternehmens für Fehlinformationen, die von seinem KI-Chatbot bereitgestellt wurden**. Diese Entscheidung vom 14. Februar 2024 zeigt, was Unternehmen bei der Integration von KI in kundenorientierte Abläufe bedenken müssen.

In dem Fall ging es um den Kläger Jake Moffatt, der sich auf der Website von Air Canada bei dem KI-Chatbot der Fluggesellschaft über Tarife für Trauerfälle erkundigte. Der Chatbot teilte ihm fälschlicherweise mit, dass er innerhalb von neunzig Tagen nach dem Kauf seines Tickets rückwirkend einen Trauerfalltarif beantragen könne. Der Chatbot verlinkte auch die Website dazu, auf der die Informationen zum Abruf bereitstehen, die der Kunde jedoch im Vertrauen auf die Aussage des Chatbots nicht aufrief und einen Flug kaufte. Hätte er die Website aufgerufen, wäre ihm aufgefallen, dass die Aussage des Chatbots falsch war. Später beantragte er eine Teilrückerstattung. Air Canada lehnte seinen Antrag jedoch mit der Begründung ab, dass die Unternehmensrichtlinien keine rückwirkenden Ansprüche auf Trauerfalltarife zuließen, was der Antwort des KI-Chatbots widersprach.

Das kanadische Gericht entschied nun für den Kläger. Zur Begründung schreibt es, Air Canada sei haftbar für die Aussage des Chatbots, die mit Beschreibungen auf der Website des Unternehmens gleichzusetzen und verbindlich sind. Das Urteil verdeutlicht die rechtlichen und ethischen Verpflichtungen von Unternehmen, die KI-Technologien einsetzen.

Dieser Fall bezieht sich zwar auf kanadische Rechtsprechung, soll aber KI in die Geschäftsprozesse eines Unternehmens integriert werden, stellen sich zentrale Fragen:

- Wie kann die Unternehmensführung sicher sein, dass diese KI-Systeme nicht nur effektiv, sondern auch ethisch und gesetzeskonform arbeiten?
- Wie kann garantiert werden, dass die Entscheidungen, die die KI trifft, richtig, fair, transparent und nachvollziehbar sind?
- Und wie wird sichergestellt, dass das Kunden- und Kundinnenvertrauen in das Unternehmen nicht durch fehlerhafte oder voreingenommene Algorithmen gefährdet wird?

Eine mögliche Antwort liegt im Audit von KI-Systemen. Ein systematischer und gründlicher Prüfprozess ist der erste Schritt zur Sicherstellung, dass die KI-Modelle ordnungsgemäß implementiert und kontinuierlich überwacht werden. Ein solcher Audit umfasst sowohl die technische Überprüfung als auch die Bewertung der Datenqualität, die Prüfung der Modellinterpretierbarkeit, die Analyse der ethischen Implikationen, die Einhaltung gesetzlicher Vorschriften und die Angemessenheit der Prozesse rund um den Betrieb der KI.

10.4.1 Grundsätzliches zum Audit

Ein Audit oder eine Prüfung ist eine systematische, unabhängige und nachvollziehbare Untersuchung mit dem Ziel, festzustellen, ob bestimmte Aktivitäten, Prozesse, Produkte oder Systeme den festgelegten Anforderungen, Standards oder Vorschriften entsprechen. Audits sind ein fester Bestandteil der Unternehmensrealität und werden in vielen Bereichen durchgeführt, bspw. bezüglich der Finanzberichterstattung, der Qualitätssicherung, des Umweltmanagements und der IT-Sicherheit.

Zu den wesentlichen Merkmalen eines Audits gehören:

1. **Prüfungsziel:** Das definierte Prüfungsziel beschreibt den genauen Zweck oder den Hintergrund des Audits. Es legt fest, welche Aspekte, Prozesse, Systeme oder Organisationseinheiten geprüft werden sollen und welche Fragen das Audit beantworten soll. Das Prüfungsziel bestimmt somit die Richtung und den Umfang der Prüfung und stellt sicher, dass das Audit auf die relevanten Bereiche fokussiert ist.

1. **Systematik:** Ein Audit folgt einer strukturierten und methodischen Vorgehensweise. Es gibt einen klaren Prüfungsplan und eine definierte Vorgehensweise, um die notwendigen Informationen zu erheben, zu sammeln und zu analysieren.

2. **Unabhängigkeit:** Ein Audit muss von einer unabhängigen Person oder Einheit durchgeführt werden, die nicht direkt in die zu prüfenden Aktivitäten involviert ist, damit die Ergebnisse, Feststellungen und Empfehlungen objektiv und unvoreingenommen sind.

3. **Nachvollziehbarkeit:** Alle Schritte des Audits sowie die Ergebnisse und Schlussfolgerungen müssen dokumentiert werden. Dies dient sowohl der Nachvollziehbarkeit als auch der Transparenz des Prüfungsprozesses. Als Abschluss wird ein Prüfungsbericht erstellt, der die Vorgehensweise, Bewertungsmethodik und alle Ergebnisse des Audits enthält.
4. **Überprüfung der Konformität:** Das Hauptziel eines Audits ist es, zu prüfen, ob die zu untersuchende Prozesse, Produkte oder Systeme den Vorgaben aus Unternehmensrichtlinien, ausgewählten Standards und gesetzlichen Anforderungen entsprechen oder gegebenenfalls einem Best Practice folgen. Abweichungen zu den Vorgaben werden als Feststellung behandelt und im Prüfungsbericht dokumentiert.
5. **Bewertung und Empfehlung:** Basierend auf den Audit-Ergebnissen werden oft Empfehlungen ausgesprochen, um festgestellte Abweichungen zu beheben oder Verbesserungen vorzunehmen.
6. **Regelmäßigkeit:** Audits können einmalig oder regelmäßig durchgeführt werden, je nach den Anforderungen und Zielen der Organisation. Regelmäßige Audits sind häufig Teil eines kontinuierlichen Verbesserungsprozesses.

Audits von KI-Systemen können erst durchgeführt werden, wenn es im Unternehmen definierte Vorgaben dafür gibt. Einzelne Aspekte, wie die Konformität zu bestimmten gesetzlichen Anforderungen, können gegebenenfalls auch bereits während des Umsetzungsprojektes geprüft werden.

10.4.2 Audit-Team

Es liegt in der Verantwortung der Geschäftsführung, den Auditprozess zu initiieren und sicherzustellen, dass er gründlich und regelmäßig durchgeführt wird. Dies kann sowohl durch eine unternehmenseigene Prüfungseinheit erfolgen als auch durch ein externes Team von Expertinnen und Experten.

Die Beauftragung von externen Auditorinnen und Auditoren hat dabei mehrere Vorteile:

- Unabhängigkeit gegenüber der Geschäftsführung und dem umsetzenden Projektteam
- Unabhängige Perspektive auf die KI-Systeme
- Erfahrung aus anderen Audit-Projekten
- Aktuelles Wissen zur Regulierung
- Kenntnisse von verschiedenen Prüfungsmethoden und Best Practices
- Umfassende Berichterstattung zu den identifizierten Risiken

Der Aufbau eines internen Teams zur Prüfung und Sicherstellung der Konformität von KI-Systemen bringt ebenfalls Vorteile mit sich:

- Gute Kenntnisse der internen Prozesse, spezifischen technischen Details und den zugrunde liegenden Datenstrukturen
- Möglichkeit einer kontinuierlichen Überwachung und Verbesserung mit wechselnden Schwerpunkten anstatt einer punktuellen Prüfung
- Schutz sensibler Unternehmensdaten, von Betriebsgeheimnissen und des geistigen Eigentums
- Ein internes Team lebt und versteht die Unternehmenskultur und die Werte des Unternehmens und integriert dies in seine Prüfung.

Bezüglich der Kosten zum Aufbau eines internen Teams sollten die Investitionen gegen die langfristige Einsparung durch regelmäßige Prüfungen und die Unabhängigkeit von externen Anbietern abgewogen werden. Externe Prüferinnen und Prüfer erfordern möglicherweise höhere kurzfristige Ausgaben, bieten jedoch spezialisierte Expertise, Erfahrung und Objektivität.

10.4.3 Unterschied Risikomanagement und Audit

Das KI-Risikomanagement und der KI-Audit haben beide zum Ziel, das Unternehmen sicher und gesetzeskonform zu halten. Sie helfen, Risiken frühzeitig zu erkennen und zu kontrollieren sowie die Einhaltung von Vorschriften sicherzustellen. Der Hauptunterschied zwischen ihnen liegt in ihren Zielen, Methoden und dem Zeitpunkt, wann sie durchgeführt werden.

Tabelle 10.3 Unterschiede zwischen KI-Risikomanagement und KI-Audit

Kriterium	KI-Risikomanagement	KI-Audit
Ziel	Identifikation, Bewertung und Minderung von Risiken	Prüfung und Bewertung der Einhaltung von Richtlinien Standards und Vorschriften
Fokus	Proaktive und kontinuierliche Überwachung von Risiken	Retrospektive Bewertung der Einhaltung von Vorgaben und der Wirtschaftlichkeit
Methoden	Kontinuierliche Risikoanalyse, Szenarienplanung, Implementierung von Kontrollmaßnahmen	Systematische Untersuchung und Bewertung der Befolgung definierter Richtlinien, Kontrollen und Prozesse

Kriterium	KI-Risikomanagement	KI-Audit
Zeitpunkt der Durchführung	Kontinuierlich, während des gesamten Lebenszyklus desKI-Systems	Zeitpunktbezogen und nach festgelegtem Audit-Plan
Anwendung	In jeder Phase der KI-Entwicklung und Implementierung	Nach der Entwicklung der KI oder zu festgelegten Intervallen

Das Risikomanagement zielt darauf ab, Risiken zu identifizieren, bevor sie für die Organisation zu einem Problem werden, und geeignete Maßnahmen zur Risikominderung zu finden und zu implementieren. Die abgeleiteten technischen und organisatorischen Maßnahmen zu den Risiken werden Teil des internen Kontrollsystems des Unternehmens und regelmäßig durch die Audit-Einheit geprüft.

Der KI-Audit ist die retrospektive Bewertung, ob das KI-System in Übereinstimmung mit regulatorischen Anforderungen, Unternehmensrichtlinien und ethischen Standards entwickelt wurde und betrieben wird. Der Audit kann auch die Effektivität der Risikomanagementmethode bewerten.

Audits sind immer auf einen definierten Zeitraum und ein festgelegtes Ziel ausgerichtet. Dabei werden vergangene Handlungen geprüft und anhand der relevanten Vorgaben in diesem Zusammenhang bewertet.

10.4.4 Hilfreiche Audit-Checklisten

Es gibt Checklisten und Standards, die speziell darauf abzielen, die Angemessenheit, Richtigkeit, Sicherheit und ethische Vertretbarkeit von KI-Systemen zu bewerten. Jede dieser Vorgaben fokussiert ein etwas anderes Themengebiet, und jede Organisation muss selbst bestimmen, welchen Schwerpunkt sie setzen will. Hier sind einige der wichtigsten Checklisten und Standards, die Sie nutzen können. Checklisten, die bereits in anderen Kapiteln vorgestellt wurden, beispielsweise beim Risikomanagement oder Datenschutz, werden hier nicht mehr aufgeführt:

Ethics Guidelines for Trustworthy AI (EU) [2]

Herausgeber: Europäische Kommission

Land: EU

Veröffentlichungsdatum: 2019

Für die Prüfung der Ethikrichtlinie, die in Abschnitt 10.1 detailliert vorgestellt wurde, kann folgendes Dokument verwendet werden:

Assessment List for Trustworthy Artificial Intelligence (ALTAI) for self-assessment

Veröffentlichungsdatum: 2020

Anwendungszweck: Sicherstellung, dass KI-Systeme vertrauenswürdig und im Einklang mit europäischen Werten entwickelt und eingesetzt werden.

Inhalt: Audit-Fragen zu den sieben zentralen Anforderungen aus den Ethik-Leitlinien der EU, darunter Transparenz, Sicherheit, Fairness und Datenschutz. Die ALTAI-Checkliste enthält sehr detaillierte und praxisbezogene Hinweise zur Implementierung einer vertrauenswürdigen KI. Folgt man dieser Checkliste, kann man keine Bereiche vergessen.

Einsatz: Grundsätzlich für jede Organisation geeignet, die vertrauenswürdige KI-Systeme entwickeln oder betreiben will.

AI4People Ethical Framework [4]

Herausgeber: AI4People Initiative

Land: EU (internationaler Einfluss)

Veröffentlichungsdatum: 2018

Anwendungszweck: Sicherstellung, dass KI-Systeme im Einklang mit ethischen Prinzipien stehen, die das Wohl der Gesellschaft fördern. Unter können weitere unterschiedliche Forschungsergebnisse rund um den Einsatz von KI gefunden werden.

Inhalt: Rahmenwerk, das Prinzipien wie Wohltätigkeit, Nichtschaden, Autonomie und Gerechtigkeit in den Mittelpunkt stellt

Einsatz: Geeignet für alle Organisationen, die ethische KI-Entwicklung umsetzen. Bietet eine umfassende ethische Grundlage, die weit über technische Anforderungen hinausgeht.

Ethical AI Checklists [8] [3] [6] [5]

Herausgeber: Verschiedene Technologieunternehmen wie Microsoft und Google veröffentlichen ihre eigenen Checklisten, die auch von anderen Unternehmen genutzt werden können

Land: International

Veröffentlichungsdatum: Seit 2019

Anwendungszweck: Unterstützung von Unternehmen bei der Implementierung ethischer Richtlinien für die Entwicklung und den Einsatz von KI

Inhalt: Praktische Checklisten und Berichterstattung zum eigenen Umgang mit KI-Systemen, die verschiedene Aspekte wie Fairness, Transparenz und Datenschutz abdecken

Einsatz: Leicht anwendbar und oft speziell auf die Bedürfnisse von Entwicklerinnen und Entwicklern und Unternehmen zugeschnitten. Einzelne Sachverhalte können sich auf die spezifischen Interessen der herausgebenden Organisation konzentrieren und möglicherweise nicht alle ethischen Aspekte umfassend abdecken. Beispielsweise erläutert Google im Mai 2022 ausführlich die Fortschritte bei der Erkennung von Menschen mit unterschiedlicher Hautfarbe „Improving skin tone evaluation in machine learning".

IDW PS 861 [7]

Herausgeber: Institut der Wirtschaftsprüfer (IDW)

Land: Deutschland

Veröffentlichungsdatum: 2023

Anwendungszweck: Anleitung zur Prüfung von Algorithmen und KI-Systemen im Rahmen der Abschlussprüfung von Unternehmen

Inhalt: Leitlinien zur Bewertung der Ordnungsmäßigkeit und Angemessenheit von KI-Systemen, insbesondere in Bezug auf deren Einsatz in Finanzprozessen

Einsatz: Bietet einen klaren Standard für Wirtschaftsprüfer und -prüferinnen, um die Konformität und Angemessenheit von KI-Systemen zu bewerten. Speziell auf den Fokus Abschlussprüfung zugeschnitten, was die Anwendung in anderen Bereichen einschränken kann.

IIA's Updated AI Auditing Framework [9]

Herausgeber: The Institute of Internal Auditors (IIA)

Land: International (Hauptsitz in den USA)

Veröffentlichungsdatum: 2023

Anwendungszweck: Das Framework ist darauf ausgelegt, interne Auditoren mit den notwendigen Werkzeugen und Richtlinien auszustatten, um KI-Systeme umfassend zu prüfen. Es konzentriert sich darauf, sicherzustellen, dass KI-Anwendungen in Organisationen robust, sicher, ethisch und konform sind.

Inhalt: Das Framework bietet eine strukturierte Vorgehensweise zur Prüfung von KI-Systemen, einschließlich der Bewertung der Governance, des Risikomanagements, der Modellvalidierung, der ethischen Implikationen und der Einhaltung regulatorischer Anforderungen. Es enthält spezifische Checklisten, Leitfäden und Best Practices, um Auditorinnen und Auditoren bei der Identifikation und Minderung von Risiken in KI-Systemen zu unterstützen.

Es werden in den nächsten Monaten und Jahren weitere Checklisten für die Prüfung von KI-Systemen entstehen und veröffentlicht werden. Insbesondere, um die Konformität mit der KI-VO abzubilden. Wichtig ist, darauf zu achten, dass die verwendete Checkliste immer von vertrauenswürdigen Organisationen entwickelt wurde und zum eigenen Prüfungsziel passt.

10.4.5 Praktisches Beispiel einer einfachen KI-Audit-Checkliste

Die nachfolgende KI-Audit-Checkliste kann als Basis für die eigene KI-Audit-Planung hergenommen werden und enthält Fragestellungen, die unabhängig von einem bestimmten KI-System sind. Für die eigene Prüfungsplanung empfehlen wir die Ergänzung weiterer Prüfungshandlungen aus den oben angeführten Checklisten.

1. **Prüfung der Governance-Struktur für KI-Systeme**
   - Gibt es dokumentierte, klare Verantwortlichkeiten und Entscheidungsprozesse?
   - Werden die getroffenen Entscheidungen und Maßnahmen nachvollziehbar dokumentiert?
   - Gibt es Richtlinien für die Implementierung und Überwachung von KI-Projekten?
   - Wurde eine Definition von ethischen und rechtlichen Standards erstellt?
   - Gibt es Vorgaben für die Beurteilung von KI-Algorithmen?
   - Werden Änderungen der rechtlichen Anforderungen überwacht und gegebenenfalls in die Prozesse integriert?
   - Gibt es ein internes Kontrollsystem für die KI-Use Cases?
   - Wird regelmäßig eine externe Meinung (außerhalb des Teams) eingeholt?
2. **Prüfung der Ethik und Compliance-Vorgaben**
   - Gibt es Mindestvorgaben und eine Vorgehensweise für die ethischen Abwägungen?
   - Wer ist verantwortlich für die Durchführung?
   - Wird die Abwägung von einem diversen Team durchgeführt?
   - Wie werden die Ergebnisse dokumentiert?
   - Wurden Richtlinien mit Verweis auf die ethische Nutzung des KI-Tools erstellt?
   - Gibt es einen KI-Verhaltenskodex/Code of Conduct zur richtigen Nutzung von KI?
   - Welche Definition von Fairness wird für die KI-Systeme verwendet, und wie wird sie gemessen/nachgewiesen?
   - Wie wird mit Transparenz, Diskriminierung und Datenschutz bei den KI-Systemen umgegangen?
   - Wie und von wem wird der ordnungsgemäße Betrieb der KI-Anwendung überwacht?
   - Wird die Fachabteilung/der Domain User angemessen in KI-Projekte und Betrieb eingebunden?
3. **Prüfung zur Auswahl der KI-Anwendungen (Use Cases)**
   - Ist der Entscheidungsprozess zur Auswahl des Use Cases nachvollziehbar und plausibel?
   - Sind ausreichend ausgebildete Personen Teil des Auswahlprozesses, des Projektes und des Betriebs?
   - Wurden alle Stakeholder für den Use Case identifiziert?
   - Wurde ein State of the Art-KI-Tool ausgewählt bzw. KI-Modell entwickelt?

- Wurden alle notwendigen gesetzlichen Anforderungen identifiziert?
- Wurden die richtigen Beurteilungen bzgl. Rolle und Risiko laut KI-VO getroffen?

4. **Prüfung zur Auswahl der KI-Komponenten**
   - Ist eine Zertifizierung/Meldung für das KI-Tool notwendig?
   - Wurden Vorgaben für vertrauenswürdige KI-Systeme bei der Entwicklung eingehalten?
   - Werden die Vorgaben für erklärbare KI/explainable AI eingehalten?
   - Wurden die Betroffenen/Stakeholder des KI Use Cases erhoben?
   - Wurde ein angemessenes Risikomanagement für die KI-Anwendung umgesetzt?
   - Wurden die Best Case-/Worst Case-Szenarien und KPIs für den Use Case identifiziert?
5. **Prüfung zur Technologie & Infrastruktur**
   - Auf welcher Grundlage wurde die Entscheidung getroffen, die KI selbst zu entwickeln oder zu kaufen?
   - Gibt es im Unternehmen ausreichend ausgebildete Personen bzw. Erfahrung zur Durchführung des Projektes und des Betriebs?
   - Wurden für die Projektphasen und den Betrieb des KI-Tools eine angemessene Infrastruktur konzipiert?
   - Wurde für die Trainingsphase die Nutzung von Cloud-Funktionalität beurteilt?
   - Passt die geplante KI-Systemumgebung in die bestehende Infrastruktur?
   - Wurden Leistungsdaten in der Konzeptionsphase berücksichtigt?
6. **Prüfung zur Datenstrategie**
   - Wie wurden die benötigten Daten für das KI-Tool ausgewählt?
   - Sind die benötigten Daten im Unternehmen vorhanden oder müssen diese beschafft werden?
   - Gibt es für die personenbezogenen Daten eine „Zustimmung“ oder einen legitimen Zweck?
   - Wenn personenbezogene Daten verarbeitet werden, wurde die KI-Anwendung richtig ins Datenverarbeitungsregister eingetragen?
   - Gibt es Anforderungen an die Qualität der Daten und ist festgelegt, wie diese gemessen und überwacht wird?
   - Wer ist für die verschiedenen Daten und Datenarten verantwortlich? Wurde bereits eine verantwortliche Person bestimmt?
   - Gibt es implementierte Sicherheitsmaßnahmen, Überwachungstools und Kontrollmaßnahmen für die Daten?

7. **Prüfung zum Talent und Kompetenzaufbau**
   - Wurden die benötigten Kompetenzen und Fähigkeiten identifiziert, definiert und dokumentiert?
   - Ist das Projektteam/Team für den Betrieb ausreichend divers zusammengestellt?
   - Wird ein Wissenstransfer von externen zu internen Personen sichergestellt?
   - Verfügt das Team über die notwendigen Erfahrungen?
   - Kennen die beteiligten Personen die Ziele und die KI-Strategie des Unternehmens?
   - Werden die Kompetenzen regelmäßig bewertet und gegebenenfalls ergänzt?
   - Wie wird eine kontinuierliche Weiterbildung, insbesondere für ethische Aspekte, sichergestellt?
8. **Prüfung zum Betrieb der KI-Anwendung**
   - Wird eine kontinuierliche Messung und Bewertung der Risiken sichergestellt?
   - Wird die anfängliche Bewertung regelmäßig hinterfragt?
   - Werden die Ergebnisse des KI-Tools nachvollziehbar überwacht?
   - Sind die überwachenden Personen ausreichend geschult und in die Funktionsweise eingeführt?
   - Sind die Zielwerte der Ergebnisse bekannt?
   - Gibt es im Unternehmen ausreichende Kenntnisse, um unangemessene Ergebnisse zu eliminieren?
   - Sind die User/Administratoren/Sachbearbeiter*innen und überwachenden Personen über die ethischen Implikationen/Risiken für Stakeholder informiert?
   - Wie werden neue Erkenntnisse in den KI Use Case eingearbeitet?
   - Wurde der Use Case den Betroffenen in verständlicher Sprache erläutert?
   - Können Betroffene nachfragen, gegen ein Ergebnis Einspruch erheben oder sich beschweren?
   - Werden die relevanten Interessensgruppen regelmäßig informiert?
   - Wird aktiv Feedback von den Betroffenen eingeholt?
   - Wie wird das Feedback verarbeitet und werden dabei auch ethische Bedenken adressiert?

Bei der jeweiligen KI-Prüfung müssen nicht immer alle diese Bereiche auditiert werden. Es sollten bei jedem Audit Schwerpunkte gesetzt und die einzelnen Fragestellungen in der Tiefe geprüft werden.

Quellen

[1] Air Canada's Chatbot case: More questions than answers – Law360 Canada. URL *https://www.law360.ca/ca/articles/1815402/air-canada-s-chatbot-case-more-questions-than-answers* – abgerufen am 16. 08. 2024.

[2] Assessment List for Trustworthy Artificial Intelligence (ALTAI) for self-assessment | Shaping Europe's digital future. URL *https://digital-strategy.ec.europa.eu/en/library/assessment-list-trustworthy-artificial-intelligence-altai-self-assessment* – abgerufen am 16. 08. 2024.

[3] Empowering responsible AI practices | Microsoft AI. URL *https://www.microsoft.com/en-us/ai/responsible-ai* – abgerufen am 16. 08. 2024.

[4] Floridi, Luciano: AI4People Ethical Framework (2018) URL *https://ai4people.org/PDF/AI4People_Ethical_Framework_For_A_Good_AI_Society.pdf* – abgerufen am 16. 08. 2024.

[5] Google: KI-Grundsäzte – Ziele für die Entwicklung nutzbringender künstlicher Intelligenz. URL *https://ai.google/static/documents/DE-AI-Principles.pdf* – abgerufen am 16. 08. 2024.

[6] Google AI Principles. URL *https://ai.google/responsibility/principles/* – abgerufen am 16. 08. 2024 Google AI.

[7] IDW PS: Prüfung von KI-Systemen (IDW PS 861 (03. 2023). URL *https://shop.idw-verlag.de/IDW-PS-Pruefung-von-KI-Systemen-IDW-PS-861-03.2023/20685* – abgerufen am 16. 08. 2024 – IDW Verlag.

[8] Microsoft: Responsible AI Transparency Report (2024). URL *https://query.prod.cms.rt.microsoft.com/cms/api/am/binary/RW1l5BO* – abgerufen am 16. 08. 2024.

[9] The IIA's Updated AI Auditing Framework. URL *https://www.theiia.org/en/content/tools/professional/2023/the-iias-updated-ai-auditing-framework/* – abgerufen am 16. 08. 2024.

10.5 Verhaltenskodex/Code of Conduct

Gabriele Bolek-Fügl

Ein Verhaltenskodex, oder engl. Code of Conduct (CoC), ist ein Dokument, in dem die ethischen Grundsätze und Richtlinien für das Verhalten und Entscheiden von Menschen, Systemen oder Organisationen definiert sind. Ziel ist es, die ethische Integrität und professionelles Verhalten im Geschäftsgebaren zu stärken sowie Risiken und Fehlverhalten vorzubeugen.

Die Idee eines Verhaltenskodex ist schon sehr alt und lässt sich in verschiedenen Formen durch die Geschichte zurückverfolgen. In vielen Kulturen gab es moralische und ethische Richtlinien, die das Verhalten des Einzelnen innerhalb einer Gemeinschaft regelten. Im geschäftlichen Kontext begannen Unternehmen und Berufsverbände im 20. Jahrhundert, formale Verhaltenskodizes zu entwickeln, um ethische Standards festzulegen, die den wachsenden Erwartungen der Gesellschaft, der Kunden und der Belegschaft entsprachen. Der erste formelle Verhaltenskodex für Unternehmen wurde 1937 vom International Chamber of Commerce (ICC) verfasst mit dem Ziel, den Unternehmenswettbewerb zu regulieren und zu verhindern, dass dieser der Umwelt und der Gesellschaft Schaden zufügt [1].

Verhaltenskodizes wurden in einer Vielzahl von Kontexten und für unterschiedliche Zwecke erstellt, lange bevor künstliche Intelligenz in der Geschäftswelt eine Rolle spielte. Einige der traditionellen Anwendungsbereiche sind:

- die Werte einer Organisation zu kommunizieren
- im Sport, Fairplay, Respekt und Integrität zu fördern, sowohl auf dem Spielfeld als auch außerhalb
- im akademischen Umfeld Integrität zu gewährleisten und ein sicheres, respektvolles Umfeld für alle Mitglieder der Bildungsgemeinschaft zu schaffen
- bei NGOs ethische Fundraising-Praktiken, Transparenz und die effektive Verwendung von Ressourcen zu gewährleisten

Ein Verhaltenskodex zielt unabhängig vom jeweiligen Anwendungskontext darauf ab, eine Kultur der Integrität und von ethischen Handlungsweisen in einer Organisation oder Gemeinschaft zu etablieren. Er fungiert als Instrument zur klaren Definition von Erwartungshaltungen, zur Stärkung des Vertrauens der Stakeholder und dient als Orientierungshilfe für die Entscheidungsfindung.

> In Fällen, in denen ethische Dilemmata oder Unsicherheiten auftreten, erweist sich der Verhaltenskodex als unverzichtbare Ressource, die Menschen befähigt, fundierte Entscheidungen zu treffen.

Im Standard DIN ISO 19600 Compliance Management System wird ein Kodex generell definiert als eine Bezeichnung von Praktiken, die intern oder von einer externen Branchenorganisation entwickelt wurden (siehe Ziff. 3.20 DIN ISO 19600 CMS). Ein Verhaltenskodex ist dagegen ein Dokument, das zentrale Pflichten und Werte einer Organisation auf der Basis einer freiwilligen Selbstverpflichtung vorgibt.

Grundsätzlich gibt es für die Erstellung eines Verhaltenskodex keine Formvorgaben. Es handelt sich um eine Vereinbarung von einem Urheber, meist eine Organisation oder Interessensvertretung, die sich an einen oder mehrere Stakeholder richtet und zu deren Einhaltung sich der Herausgeber freiwillig verpflichtet hat [2]. Es ist jedoch sinnvoll, wenn das Dokument der Corporate Identity, bspw. in Bezug auf andere Unternehmensrichtlinien, Strategiedokumente oder Unternehmensbroschüren, entspricht.

Mit dem fortschreitenden Einzug der künstlichen Intelligenz in die Geschäftsprozesse und die Entscheidungsfindung, dehnt sich der Geltungsbereich von Verhaltenskodizes aus, um den spezifischen Herausforderungen und ethischen Betrachtungen bei der Implementierung von KI-Technologien gerecht zu werden.

> Die Zielsetzung eines Code of Conduct bei Einsatz von KI in der Organisation ist es, Verantwortungsbewusstsein, Transparenz und ethisches Handeln bei der Belegschaft zu fördern und die beabsichtigten Verhaltensweisen an die Stakeholder und Zielgruppen zu kommunizieren.

In der folgenden Betrachtung werden die spezifischen Aspekte behandelt, die beim Einsatz von künstlicher Intelligenz oder anderer komplexer Technologien, wie Robotik etc., durch einen Verhaltenskodex resultieren sollten. Hierbei wird eine Unterscheidung zwischen externen und internen Effekten für die Zielgruppen dargestellt, um ein umfassendes Verständnis der verschiedenen Perspektiven und Anforderungen zu erhalten:

Table 10.4 Aspekte für einen Verhaltenskodex

Aspekt	Interne Effekte	Externe Effekte
Vertrauensbildung & Beziehungen	Signalisiert Mitarbeitenden die Wichtigkeit in Bezug auf potenzielle Risiken und ethische Implikationen von KI. Stärkt das Vertrauen in die Technologie, senkt Ängste und fördert die Akzeptanz. Fördert ein inklusives Arbeitsumfeld, in dem sich Mitarbeitende wertgeschätzt fühlen und aktiv an ethischen Überlegungen und Entscheidungen beteiligt sind.	Kundinnen, Kunden, Partnerinnen und Partner und die Öffentlichkeit gewinnen Vertrauen in den Technologieeinsatz des Unternehmens. Dies ist wichtig in Bezug auf den Schutz persönlicher Daten und die Fairness von Prozessen. Stärkt die Kundinnen- und Kundenbindung durch transparente Kommunikation und ethisches Handeln, wodurch sich das Kundinnen- und Kundenvertrauen in Produkte und Dienstleistungen erhöht.
Risikomanagement, rechtliche Compliance & globale Standards	Unterstützt bei der Identifikation, Minimierung und Steuerung von KI-bezogenen Risiken wie Datenschutzverletzungen und unfairen Entscheidungsfindungen. Stellt sicher, dass die Belegschaft definierte Gesetze und Vorschriften für den Einsatz von KI erfüllt und internationale Standards einhält, damit Fehler und Reputationsschäden vermieden werden. Unterstützt die Harmonisierung von Verhaltensstandards über Grenzen hinweg, erleichtert internationale Zusammenarbeit und Kooperationen.	Durch die Transparenz, wie mit gesetzlichen und ethischen Auflagen umgegangen wird, können (potenzielle) Geschäftspartner das Unternehmen besser einschätzen; bspw. welche Managementsysteme genutzt werden [3]. Fördert globale Partnerschaften und Vertrauen zwischen Unternehmen, Branchen und Ländern durch die Einhaltung international anerkannter (ethischer) Standards.

Table 10.4 Aspekte für einen Verhaltenskodex *(Fortsetzung)*

Aspekt	Interne Effekte	Externe Effekte
Förderung der Innovation	Schafft ein Umfeld, das Innovation fördert, indem es klare Leitlinien für den ethisch verantwortungsvollen Umgang mit KI vorgibt. Lenkt Forschung und Entwicklung in ethisch vertretbare Bahnen.	Ein Unternehmen, das als Innovationsführer wahrgenommen wird, verbessert sein Image bei Kundinnen, Kunden, Partnerinnen, Partnern und innerhalb der Branche. Damit wird es sich als attraktiver Geschäftspartner positionieren und seine Verhandlungsposition stärken.
Talentgewinnung und -bindung	Ein klarer Verhaltenskodex kann talentierte Individuen anziehen, die Wert auf ethische Standards und Unternehmenskultur legen, und hilft, diese Talente langfristig im Unternehmen zu halten.	
Wettbewerbsvorteil	Förderung einer Kultur des kontinuierlichen Lernens und der Anpassung an neue (ethische) Herausforderungen, die durch technologische Entwicklungen entstehen.	Verschafft einen Vorteil gegenüber Wettbewerbern, indem Transparenz, ethisches Handeln und soziale Verantwortung demonstriert werden, was von Kunden und Partnern geschätzt wird [4].
Nachhaltigkeit & Krisenmanagement	Motiviert zu nachhaltigeren Geschäftspraktiken und Technologieeinsatz, unterstützt Umwelt- und Sozialverantwortung. Verbessert die Fähigkeit des Unternehmens, auf ethische Dilemmata und Krisen effektiv zu reagieren, indem vorab klare Richtlinien und Prozesse etabliert werden.	Verbessert das Unternehmensimage und fördert positive Beziehungen zu Umweltgruppen und der breiten Öffentlichkeit. Kann das Vertrauen der Öffentlichkeit in Krisenzeiten stärken, indem gezeigt wird, dass das Unternehmen proaktiv ethische Überlegungen in seine Reaktionen einbezieht.

Die Inhalte eines effektiven KI-Verhaltenskodex erfordert die Zustimmung der obersten Führungsebene, da ausschließlich die Geschäftsleitung in der Lage ist, den Einsatzbereich und die angemessene Nutzung von KI-Systemen innerhalb des Unternehmens festzulegen.

> In einer Ära, in der KI-Tools oft zu geringen Kosten oder sogar kostenlos erhältlich sind, ist es unerlässlich, dass es nicht der Belegschaft überlassen wird, sondern die Unternehmensleitung die Entscheidungen darüber trifft, wie und welche KI-Anwendungen genutzt werden dürfen.

Es gibt mehrere Unternehmen, die ihren KI-Verhaltenskodex auch veröffentlichen. Gute Beispiele und Ideengeber dafür sind die folgenden Organisationen:

- KI-Leitlinien der Deutsche Telekom AG, Bonn [5]
- KI-Kompass der Stadt Wien, Österreich [6]
- KI-Strategie der Stadt Linz, Österreich [7]
- KI-Leitlinien der APA – Austria Presse Agentur, Wien [8]
- Handlungsleitfaden des Ministeriums für Schule und Bildung des Landes Nordrhein-Westfalen, Düsseldorf [9]

Es ist nicht unbedingt notwendig, einen eigenen KI-Verhaltenskodex zu erstellen. Ein bestehender Code of Conduct kann einfach um Sachverhalte der digitalen Technologien erweitert werden. Ein Beispiel dafür stellt The European Code of Conduct for Research Integrity [10] dar.

Die 2023 aktualisierte Fassung des Europäischen Verhaltenskodex für Forschungsintegrität wurde überarbeitet, um seine fortlaufende Relevanz und Anwendbarkeit über alle Disziplinen hinweg, einschließlich neuer Forschungsfelder und -methoden, zu gewährleisten. Die Europäische Kommission würdigt diesen Kodex als maßgebliches Referenzwerk für die Integrität in der Forschung, insbesondere für Projekte, die mit EU-Mitteln gefördert werden. Zudem wird der Europäische Verhaltenskodex immer mehr zum Vorbild für Organisationen und Forschende in ganz Europa und darüber hinaus [11].

10.5.1 Beispiel eines Code of Conduct für den Einsatz von künstlicher Intelligenz im Unternehmen

Aus den nachfolgenden Formulierungen können einzelne Aspekte ausgewählt werden, die beim Einsatz von künstlicher Intelligenz in einer Organisation in einem Verhaltenskodex Berücksichtigung finden könnten. Natürlich müssen Anpassungen sowie Erweiterungen der Beschreibungen an das Unternehmen, für die konkreten KI-Anwendungsfälle und den Umfang des Einsatzes vorgenommen werden.

Präambel oder Vorwort

Dieser Verhaltenskodex (Code of Conduct/KI-Leitlinien) legt die Einsatzweise und Verpflichtungen fest, die unsere Organisation bei der Entwicklung, Implementierung und Nutzung von künstlicher Intelligenz (KI) verfolgt. Unser Ziel ist es sicherzustellen, dass unsere KI-Systeme verantwortungsvoll, transparent und zum Wohle [Nennung der Stakeholder] eingesetzt werden.

Wir formulieren nicht nur die ethischen Ansprüche, die wir an unsere eigene Arbeit mit KI stellen, sondern auch die Erwartungen, die wir an unsere Partner und alle Beteiligten im Umfeld der KI-Technologien richten. Wir werden von Geschäftspraktiken Abstand nehmen, die den Grundsätzen dieses Kodex zuwiderlaufen. Gleichzeitig begrüßen wir es, wenn unsere [Nennung Stakeholder] sich durch ähnliche ethische Vorgaben und Werte leiten lassen.

Dieser Verhaltenskodex ist der ethische Rahmen für den Einsatz von KI in unserem Geschäftsumfeld und stärkt unser Bestreben, Technologie zum Wohle der Gesellschaft und im Einklang mit unseren Werten einzusetzen.

Jede Person in unserer Organisation trägt die Verantwortung, diesen Verhaltenskodex im Umgang mit KI und den damit verbundenen Geschäftsaktivitäten zu leben. Bei Unsicherheiten oder Fragen zur Anwendung der Richtlinie in spezifischen Situationen stehen Führungskräfte und [dedizierte Ansprechpartner] für ethische Fragen rund um KI zur Verfügung.

Werden Sie mit einer Situation konfrontiert, die potenziell gegen unseren Kodex verstößt oder ein Risiko für die Integrität unserer KI-Initiativen darstellt, dann ermutigen wir Sie, dies über unser Hinweisgebersystem zu melden. Damit wird gewährleistet, dass Transparenz, Sicherheit und ethische Verantwortung in allen unseren KI-Aktivitäten stets im Vordergrund stehen und das Vertrauen unserer [Kundinnen, Kunden, Mitarbeitenden und der Gesellschaft] gestärkt und erhalten wird.

[Geschäftsführung/dezidierte Ansprechpartner]

Geltungsbereich

Der Verhaltenskodex richtet sich an alle Mitarbeiterinnen und Mitarbeiter der [Organisation und verbundene Unternehmen], unabhängig von ihrer Position oder Abteilung, sowie an unsere [Aufzählung der Stakeholder, wie Partner, Lieferanten] und jegliche Dritte, die im Namen der [Organisation] KI-Technologien einsetzen oder damit interagieren.

Die Richtlinien gelten für sämtliche Aktivitäten und Prozesse, in denen KI-Systeme entwickelt, implementiert oder genutzt werden. Dies umfasst, ist aber nicht beschränkt auf, die Forschung und Entwicklung, den Einsatz von KI in unseren Produkten und Dienstleistungen, die Analyse von Daten durch KI-Systeme sowie jegliche Interaktionen mit KI-gestützten Schnittstellen, die im Rahmen unserer Geschäftstätigkeiten zum Einsatz kommen.

Verstöße gegen diesen Kodex werden ernst genommen und können zu Maßnahmen führen, die je nach Schweregrad des Verstoßes variieren.

1. Verantwortung und Rechenschaftspflicht

Die Verantwortung für jeden Einsatz von KI-Systemen in unserer Organisation und der Verwendung von KI-generierten Resultaten trägt ein Mensch. Alle KI-Systeme werden mit klar definierten Zielen und unter Berücksichtigung ihrer potenziellen Auswirkungen auf Individuen und die Gesellschaft entwickelt und in Betrieb genommen.

Während des gesamten Betriebs eines KI-Systems werden Entscheidungen, die von KI-Systemen getroffen werden, klar ausgewiesen und die Verantwortlichkeit für die Überwachung der Richtigkeit von KI-Ergebnissen einer Abteilung/Position zugewiesen. Es muss ein Mechanismus für die Überprüfung und Anpassung von KI-Systemen etabliert werden, um unbeabsichtigte Schäden oder Vorurteile zu minimieren.

Um in immer anspruchsvolleren Szenarien im beruflichen Umfeld sachgerechte Entscheidungen zu treffen, können die nachstehenden Leitfragen dafür Orientierung bieten:

1. Entspricht mein Handeln den gesetzlichen Bestimmungen und den Richtlinien der [Organisation]?
2. Verfüge ich über alle notwendigen und ausreichenden Informationen sowie Kenntnisse, um eine Entscheidung gemäß den Vorgaben der [Organisation] treffen zu können?
3. Entspricht meine Entscheidung den Werten und ethischen Richtlinien der [Organisation]?
4. Kann ich meine Entscheidung und mein Vorgehen gegenüber Kolleginnen, Kollegen, Führungskräften, anderen Stakeholdern, Behörden und der Öffentlichkeit offen darlegen und verteidigen?
5. Würde ich mich wohlfühlen, wenn mein Handeln innerhalb oder außerhalb der Organisation öffentlich, etwa in den Medien, zur Diskussion stünde?

Bei Unsicherheiten oder Zweifeln ist es wichtig, proaktiv Unterstützung bei Führungskräften, den zuständigen Themenverantwortlichen oder über andere vorgesehene Kanäle zu suchen.

2. Transparenz und Erklärbarkeit

Wir stehen für Vertrauenswürdigkeit, und daher werden wir Nutzerinnen, Nutzer und Betroffene über den Einsatz von KI-Systemen bei der Bearbeitung ihrer [Anfrage, spezifischer Service, Produkt oder Dienstleistung] informieren und Zugang zu Informationen über deren Funktionsweise gewähren.

Die Beschreibung zur Funktionsweise und Entscheidungsfindung von KI-Systemen sollte verständlich und nachvollziehbar für die jeweilige Zielgruppe gestaltet sein. Dabei soll klar kommuniziert werden, wann Entscheidungen von KI-Systemen getroffen werden und auf welche Weise oder mit welchen Kriterien diese getroffen wurden. Dies gilt besonders für die Verarbeitung von Informationen in kritischen oder sensiblen Bereichen (Gesundheit, Kreditvergabe, Bewerbungen etc.).

Die durch KI getroffenen Entscheidungen müssen zuverlässig in unserem vorab definierten Erwartungskorridor liegen und müssen regelmäßig bewertet werden.

3. Fairness und Nicht-Diskriminierung

Unsere KI-Systeme sollen so gestaltet und überwacht werden, dass sie eine faire Verarbeitung der Daten unserer [Benennung der Stakeholder] gewährleisten und Diskriminierung aufgrund von Alter, Geschlecht, Rasse, Religion, Behinderung oder anderen Merkmalen, die für das Ergebnis relevant sein könnten, vermeiden.

Es werden regelmäßige Überprüfungen der Ergebnisse der KI-Systeme während des Betriebs stattfinden, um sicherzustellen, dass die KI-Systeme keine unbewussten Vorurteile oder diskriminierende Muster aufweisen. Wo dies technisch unvermeidbar ist, werden andere organisatorische Maßnahmen gesetzt, um unangemessene Folgen für die [Benennung der Stakeholder] zu minimieren.

4. Datenschutz und Datensicherheit

Wir bekennen uns zum Datenschutz. Grundsätzlich werden in unserer Organisation keine personenbezogenen Daten ohne zugehörige Rechtsgrundlage verarbeitet. Der Schutz von personenbezogenen Daten und die Gewährleistung der Datensicherheit sind bei der Entwicklung und Nutzung von KI-Systemen von höchster Priorität.

Es werden angemessene Maßnahmen ergriffen, um die Vertraulichkeit, Integrität und Verfügbarkeit von Daten zu schützen. Die Verarbeitung personenbezogener Daten und die Schutzmechanismen werden in unserer Datenschutzerklärung erläutert [alternativ kann die Beschreibung auch hier erfolgen]. Bei spezifischen Fragen und neuen Datenverarbeitungen muss der bzw. die Datenschutzbeauftragte konsultiert werden [Angabe Kontaktdaten].

Grundsätzlich muss beim Einsatz von Daten auf die Qualität und Richtigkeit der benötigten Informationen geachtet werden. Kommen veraltete oder inkonsistente Daten für eine Berechnung oder ein KI-Training zum Einsatz, dann werden die Resultate mit hoher Wahrscheinlichkeit enttäuschen. Es ist wichtig, Maßnahmen zu implementieren, die eine gleichbleibend angemessene Datenqualität gewährleisten.

5. Schulung und Weiterbildung unserer Belegschaft

Um die Bedeutung und die Einhaltung unseres KI-Verhaltenskodex zu gewährleisten, bieten wir unserer Belegschaft ein umfassendes Programm zur Schulung und Weiterbildung an. Dieses Programm ist darauf ausgerichtet, allen Mitarbeiterinnen und Mitarbeitern – von der Führungsebene bis zu den fachlichen Teams – das notwendige Wissen und die erforderlichen Fähigkeiten zu vermitteln, um ethische, rechtliche, soziale und technische Implikationen des KI-Einsatzes zu verstehen und verantwortungsvoll zu handhaben.

Die Schulungsinitiativen umfassen:

- Einführungsveranstaltungen für neue Mitarbeiterinnen und Mitarbeiter, um sie von Beginn an mit den Grundlagen und Richtlinien dieses KI-Verhaltenskodex vertraut zu machen
- Regelmäßige Kurse und Veranstaltungen, die sich mit aktuellen Themen im Bereich KI, Ethik, Datenschutz und Sicherheit befassen, um die Aufmerksamkeit für potenzielle Risiken und die Bedeutung verantwortungsvoller Entscheidungsfindung zu vertiefen
- Spezifische Trainingsmodule für Teams, die direkt mit der Entwicklung und Implementierung von KI-Systemen befasst sind, um sicherzustellen, dass technische Entscheidungen stets im Einklang mit unserem Kodex und den Organisationswerten stehen
- Fortlaufende Bildungsangebote, die es allen Beteiligten ermöglichen, sich kontinuierlich weiterzuentwickeln und auf dem neuesten Stand der Technik sowie der ethischen Diskussion zu bleiben

Wir erkennen an, dass die Landschaft der künstlichen Intelligenz sich rasch weiterentwickelt, und verpflichten uns daher, unsere Schulungs- und Weiterbildungsprogramme regelmäßig zu evaluieren und anzupassen. Dies stellt sicher, dass unsere Mitarbeiterinnen und Mitarbeiter nicht nur die Fähigkeiten und das Wissen besitzen, um mit KI verantwortungsvoll umzugehen, sondern auch, dass sie befähigt werden, diese Technologien zum Wohle [Benennung Stakeholder] und der Gesellschaft insgesamt einzusetzen.

Die aktive Teilnahme an diesen Bildungsinitiativen ist für die Belegschaft der [Organisation] verpflichtend, um unser gemeinsames Ziel, den ethisch verantwortungsvollen Einsatz von KI zu fördern, zu unterstützen.

6. Zusammenarbeit und Stakeholder-Engagement

Unsere Organisation fördert die Zusammenarbeit mit anderen Organisationen, Regulierungsbehörden und der Öffentlichkeit, um Best Practices für den Einsatz von KI zu fördern und unsere Erkenntnisse zu teilen. Wir streben danach, die Perspektiven und Bedenken unserer [Benennung Stakeholder] in Bezug auf KI-Systeme zu verstehen und zu berücksichtigen.

Unsere Abteilung [Ansprechpartner und Kontaktdaten] unterstützt Sie bei allen Fragestellungen.

10.5.2 Weitere Betrachtungen zum KI-Verhaltenskodex

Ein KI-Verhaltenskodex/Code of Conduct ist ein lebendiges Dokument, das in kurzen Abständen überprüft und aktualisiert werden muss, um mit den technologischen Entwicklungen und gesellschaftlichen Erwartungen Schritt halten zu können. Derzeit kommen wöchentlich neue KI-Tools auf den Markt, und die großen Hersteller aktualisieren ihre KI-Systeme zumindest halbjährlich. Auch die Auslegung von ethischen Anforderungen und die Bewertung von Risiken passen sich diesem Change-Rhythmus an. Dies erfordert die Festlegung eines kurzen Beurteilungszeitraums zur Bewertung, ob die Leitlinien noch angemessen die Geschäftsgebaren unterstützen oder angepasst werden müssen.

Aus diesem Grund ist es empfehlenswert, konkrete und detaillierte Handlungsanweisungen für die Belegschaft in einem Format zur Verfügung zu stellen, das einerseits einfach durch die Verantwortlichen aktualisiert werden kann und andererseits für die Zielgruppe leicht zugänglich ist. Für die folgenden Themenbereiche könnten aktuelle Informationen und Entwicklungen beispielsweise im Intranet veröffentlicht werden:

- Verantwortung des Benutzers für die richtigen Ergebnisse bei der Verwendung generativer KI in den Arbeitsprozessen
- Auflistung der von der Organisation explizit freigegebenen (generativen) KI-Tools, inklusive Versionsbezeichnung und gegebenenfalls Verweis auf die Lizenz
- Ausführungen zum richtigen Umgang mit den freigegebenen (generativen) KI-Tools und Hinweis auf die Risiken, bspw. „Halluzinieren“ oder „nicht zielführendes Prompting“, und wie diese vermieden oder minimiert werden können
- Hinweis zum rechtskonformen Umgang (Datenschutz, Urheberrecht, Nutzungsrechte) mit sensiblen beziehungsweise personenbezogenen Daten und Geschäftsgeheimnissen
- Darstellung der Kennzeichnungspflicht bei der Verwendung von KI-erstellten Resultaten, bspw. bei Bildern, Videos oder Texten
- Prüfungsverpflichtung und kritisches Hinterfragen von erhaltenen Informationen von Dritten oder gesehenen Daten im Internet
  - bezieht sich auf Texte, Sprachnachrichten/Telefonate, Bilder und Videos
  - Anhaltspunkte, wie diese Informationen etwa auf Falschnachrichten (KI-generierte Deepfakes) geprüft werden können

Diese Themenbereiche sind natürlich nicht vollständig, müssen zum jeweiligen Unternehmen passen und berücksichtigen auch nicht die zukünftigen Entwicklungen in Bezug auf die KI-Technologie. Daher muss das Angebot an KI-Tools regelmäßig bewertet werden, inklusive einer Einschätzung, wie sich das auf die täglichen Arbeiten der Belegschaft auswirken könnte.

Quellen

[1] Mamic, Ivanka, in *Implementing Codes of Coduct*, (2004) International Labour Organization, Genf, S. 36

[2] Mamic, Ivanka, in *Implementing Codes of Coduct*, (2004) International Labour Organization, Genf, S. 13

[3] Gyamfi, Sandra, in *Verhaltenskodizes im UWG, Corporate Social Responsibility Standards und Rahmenwerke für die nichtfinanzielle Erklärung nach HGB* (2022) LIT Verlag Münster, S. 29

[4] Gyamfi, Sandra, in *Verhaltenskodizes im UWG, Corporate Social Responsibility Standards und Rahmenwerke für die nichtfinanzielle Erklärung nach HGB* (2022) LIT Verlag Münster, S. 37

[5] Deutsche Telekom AG, *https://www.telekom.com/de/konzern/digitale-verantwortung/details/ki-leitlinien-der-telekom-523904* am 18. 03. 2024

[6] Stadt Wien, *https://www.telekom.com/de/konzern/digitale-verantwortung/details/ki-leitlinien-der-telekom-523904">https://www.telekom.com/de/konzern/digitale-verantwortung/details/ki-leitlinien-der-telekom-523904* am 18. 03. 2024

[7]Stadt Linz, *https://www.linz.at/digitaleslinz/ki-strategie.php* am 12. 02. 2024

[8] APA – Austria Presse Agentur, *https://www.linz.at/digitaleslinz/ki-strategie.php">https://www.linz.at/digitaleslinz/ki-strategie.php* am 12. 02. 2024

[9] Ministerium für Schule und Bildung des Landes Nordrhein-Westfalen, *https://www.schulministerium.nrw/system/files/media/document/file/handlungsleitfaden_ki_msb_nrw_230223.pdf* am 18. 03. 2024

[10] ALLEA All European Academies, *The European Code of Conduct for Research Integrity*, (2023) ALLEA, Berlin

[11] ALLEA Secretariat (Berlin-Brandenburg Academy of Sciences and Humanities), *https://allea.org/portfolio-item/european-code-of-conduct-2023/* am 18. 03. 2024

10.6 KI und Nachhaltigkeit

Klaudia Zotzmann-Koch

Der Schutz der Umwelt vor schädlichen Auswirkungen von KI-Systemen ist in der Zieldefinition der KI-Verordnung festgeschrieben. Art. 1 Abs. 1 KI-VO verweist dabei auf das in der Charta der Grundrechte verankerte **Grundrecht auf Umweltschutz**:

„Zweck dieser Verordnung ist es, das Funktionieren des Binnenmarkts zu verbessern und die Einführung einer auf den Menschen ausgerichteten und vertrauenswürdigen künstlichen Intelligenz (KI) zu fördern und gleichzeitig ein hohes Schutzniveau in Bezug auf Gesundheit, Sicherheit und die in der Charta verankerten Grundrechte, einschließlich Demokratie, Rechtsstaatlichkeit und Umweltschutz, vor schädlichen Auswirkungen von KI-Systemen in der Union zu gewährleisten und die Innovation zu unterstützen." (Art. 1 Abs. 1 KI-VO)

Entsprechend stellen laut Art. 3 Z 49 KI-VO **schwere Sach- oder Umweltschäden** einen schwerwiegenden Vorfall dar, der zu entsprechenden Konsequenzen führen muss (zur Meldepflicht siehe Art. 73 KI-VO). Darüber hinaus steht **Umweltkriminalität** neben Terrorismus, Menschenhandel, Mord und illegalem Handel mit Waffen (und einigen mehr) in der „Liste der Straftaten gemäß Art. 5 Abs. 1 Z. 1 lit h sublit iii" (Anhang II KI-VO).

Dass Umweltschutz und Nachhaltigkeit in der KI-VO einen so zentralen Stellenwert bekommen, soll die Entwicklung und den Betrieb ethischer und vertrauenswürdiger KI-Lösungen vorantreiben, sodass sich umweltverträgliche Standards, Interoperabilität und Normung der Systeme von Europa aus in der Welt verbreiten. Die KI-VO fordert hier eine Normung im Einklang mit dem Stand der Technik, die die Hersteller auch nachweisen müssen (siehe ErwG 121 KI-VO). Die Entwicklung der Normen soll „unter Einbeziehung aller relevanten Interessenträger, insbesondere KMU, Verbraucherorganisationen sowie ökologischer und sozialer Interessenträger" (ErwG 121 K-VO) geschehen.

Durch die Erarbeitung und Einhaltung einheitlicher Standards für Entwicklung und Betrieb umweltschonender KI-Lösungen wird auf mittlere bis langfristige Sicht der Wirtschaftsstandort Europa als Quelle ethischer und umweltverträglicher KI-Lösungen gestärkt.

10.6.1 ESG – Environmental, Social and Corporate Governance

Festgelegte Regeln in den Bereichen Umwelt-, Sozial- und Unternehmensführung sind ebenso zukunftsweisend wie einheitliche Standards für KI-Lösungen. ESG-Kriterien und Rahmenbedingungen sind ein nicht mehr wegzudenkender Bestandteil aller Unternehmens-, Behörden- und Regierungsstrategien. In der KI-VO ziehen sich ESG-Kriterien implizit durch, wenn von **Gerechtigkeit, ethischen Lösungen, Inklusion oder ökologischer Nachhaltigkeit** die Rede ist. Es geht immer darum, dass die Anforderungen aller Interessengruppen mitbedacht werden.

> „Soziales und ökologisches Wohlergehen bedeutet, dass KI-Systeme in nachhaltiger und umweltfreundlicher Weise und zum Nutzen aller Menschen entwickelt und verwendet werden, wobei die langfristigen Auswirkungen auf den Einzelnen, die Gesellschaft und die Demokratie überwacht und bewertet werden. Die Anwendung dieser Grundsätze sollte, soweit möglich, in die Gestaltung und Verwendung von KI-Modellen einfließen. Sie sollten in jedem Fall als Grundlage für die Ausarbeitung von Verhaltenskodizes im Rahmen dieser Verordnung dienen. Alle Interessenträger, einschließlich der Industrie, der Wissenschaft, der Zivilgesellschaft und der Normungsorganisationen, werden aufgefordert, die ethischen Grundsätze bei der Entwicklung freiwilliger bewährter Verfahren und Normen, sowie angebracht, zu berücksichtigen." (ErwG 27 KI-VO)

Die Einhaltung von ESG-Kriterien führt mittel- und langfristig zu einer Stärkung der wirtschaftlichen Position des jeweiligen Unternehmens wie auch Europas als Wirtschaftsstandort. Wer sich auf dem Aktienmarkt auskennt, dem wird die positive wirtschaftliche Entwicklung von Unternehmen, die ESG-Kriterien befolgen, sowie von nachhaltigen Fonds und ETFs über die letzten Jahre aufgefallen sein.

10.6.2 Diversität, Inklusion, Gerechtigkeit

Die KI-VO setzt neben Regulierungen auch auf den Faktor der Freiwilligkeit in Form von Verhaltenskodizes, unter anderem in Bezug auf Ethikleitlinien und ökologische Nachhaltigkeit (ErwG 165 KI-VO). In diesem Zusammenhang wird auch auf inklusive und diverse Entwicklungsteams sowie Barrierefreiheit verwiesen. Diese tragen dazu bei, dass inklusive ethische KI-Systeme entwickelt und betrieben werden, die über viele Jahre Bestand haben und Grundlage weiterer Entwicklungen sein können. Ein nicht inklusives System mit einer Schieflage (Bias) in den Trainingsdaten beispielsweise wird absehbar nur kurze Zeit im Einsatz sein und auf mittlere Sicht mehr Kosten verursachen, als hätte man von Beginn an auf Inklusion und möglichst diverse Trainingsdaten geachtet und die Betroffenen in den Entscheidungsprozess mit einbezogen, vgl. folgendes Beispiel.

Beispiel für Zusammenhänge, die über die Trainingsdaten hinausgehen

Ein Verkehrsunternehmen verwendet ein KI-System, das eine **Auslastungsanalyse** der im ländlichen Raum eingesetzten Verkehrsmittel durchführt. Trainiert wurde es anhand der Auslastungsinformationen der vergangenen 15 Jahre. Die Daten, die in dieser Zeit gesammelt wurden, bilden allerdings nur den Status quo ab, dass beispielsweise eine Buslinie in Richtung Stadt A wenig ausgelastet war. Die Bahnlinie in Richtung Stadt B war über die Jahre mittel ausgelastet, die Bahn in Richtung Stadt A war ebenfalls mittel ausgelastet und die Autobahnauffahrt Richtung Stadt B durchgehend gut ausgelastet. Die Informationen sagen allerdings nichts über den Grund dafür aus. So hat in unserem Beispiel ein großes Unternehmen in Stadt A kurz vor dem Start der Messung geschlossen, und die Menschen aus der Region haben sich Arbeit in weiteren umliegenden Orten wie Stadt B gesucht. Eine Buslinie zum Bahnhof gibt es nicht, und die Autobahnauffahrt liegt vom Dorf her näher als der Bahnhof und hat nur eine sehr begrenzte Parkplatzkapazität.

Würde das KI-System nun errechnen, dass es effizienter wäre, die Buslinie in Richtung Stadt A zu streichen und die Autobahn Richtung Stadt B auszubauen, wäre das aus den vorliegenden Daten zwar folgerichtig, aber weder nachhaltig im Sinne der anzustrebenden ökologischen Verkehrswende, noch träfe es die Bedürfnisse der Menschen, die im ländlichen Bereich wohnen und in einer der Städte oder auch dazwischen liegenden Orte arbeiten. Ein barrierefreier Umbau des Bahnhofs, dichter getakteter Bahnverkehr, Wiedereröffnung einer ausgelassenen Haltestelle in einer Kleinstadt auf halbem Weg in Richtung Stadt B und eine Buslinie zum Bahnhof könnten zu deutlich mehr Zufriedenheit führen. Gegen den Autobahnausbau und den nicht barrierefreien Bahnhof mit zu wenigen Parkplätzen können die Menschen der Region jederzeit klagen. Dann wären sowohl das KI-System als auch die daraus folgenden Investitionskosten fehlinvestiert gewesen. Dazu kämen dann noch die Gerichtskosten sowie die Kosten für neue Planungen und die Baukosten am Bahnhof.

Systeme von Beginn an inklusiv und ethisch zu konzipieren und zu entwickeln und mit **möglichst diversen (statt einfach nur mehr) Trainingsdaten zu trainieren**, ist dementsprechend sowohl kostengünstiger als auch nachhaltiger und somit im Sinne des grünen Wandels. Zudem macht es Sinn, sich nicht nur auf Prognosen und Vorhersagen einer KI zu verlassen (da diese immer auf Daten aus der Vergangenheit beruhen), sondern die Bürger direkt zu fragen, was ihnen helfen würde.

10.6.3 Nutzen für die Umwelt

In der KI-VO wird davon ausgegangen, dass die Entwicklung von KI auch einen Nutzen für die Umwelt haben soll. So ist beispielsweise die Rede von *„Umweltüberwachung, Bewahrung und Wiederherstellung der Biodiversität und der Ökosysteme sowie Klimaschutz und Anpassung an den Klimawandel“* (ErwG 4 KI-VO).

Dass KI-Systeme für die Umwelt einen Nutzen bringen, kann allerdings erst gelingen, wenn der Wasser- und Energieverbrauch von KI-Systemen selbst erheblich reduziert und überdies durch erneuerbare Energien sichergestellt wird. Zum Zeitpunkt der Veröffentlichung der KI-VO geht der Trend allerdings in die entgegengesetzte Richtung: Neue Atomkraftwerke werden für den Betrieb von KI-Lösungen in Betracht gezogen [1]. Dies ermöglicht langfristig keinen nachhaltigen Betrieb von KI-Systemen, denn die Entsorgung des anfallenden radioaktiven Materials ist ein Problem, das angesichts stärkerer Unwetter und Überschwemmungen voraussichtlich immer schwerer zu lösen sein wird.

Die KI-VO ist insgesamt mit Blick auf mittel- bis langfristige Entwicklungen verfasst. Umweltschutz und Nachhaltigkeit sind in der Verordnung zentrale Forderungen, die in den Erwägungsgründen aus verschiedenen Blickwinkeln diskutiert werden. Formulierungen wie „nachhaltige und verantwortungsvolle Datenverarbeitung“ oder auch „ökologisches Wohlergehen“ zeigen deutlich, wohin die Reise gehen soll – und muss, wenn wir unseren eigenen Lebensraum erhalten, oder besser: zurückgewinnen wollen. In Anbetracht der enormen **Rechenleistung**, die zwangsläufig mit KI-Systemen verbunden ist und damit der Mengen an Energie, ausgestoßenem CO_2 und vor allem auch Wasser für die Kühlung der Rechenzentren, ist der Blick auf die Nachhaltigkeit der Produktentwicklung nur konsequent.

Vor allem ist es notwendig, spezialisierte KI-Modelle zu entwickeln, statt für alle Anwendungsfälle Large Language Models (LLM) zu verwenden. Von OpenAI liegen wenig Zahlen zum Energieverbrauch ihrer ChatGPT-Modelle vor. Open-Source-Hersteller wie Hugging Face sind in Bezug auf ihr Modell Bloom auskunftsfreudiger [3]. Während eine einfache Google-Suchanfrage 0,3 Wattstunden verbraucht, liegt eine Textanfrage an Bloom beim Zehnfachen, also drei Wattstunden [5]. Das summiert sich massiv; Google etwa hat neun Milliarden Suchanfragen pro Tag. (Die Zahl bezieht sich noch auf die Suchanfragen an die datenbankbasierte Google-Suche vor der Einführung KI-gestützter Google-Suche.)

Das Training von OpenAIs ChatGPT verbrauchte 1280 Megawattstunden. Ausgehend von den Zahlen von Bloom entstehen allerdings Betriebskosten von 500 Megawattstunden pro Tag. Diese Zahlen werden voraussichtlich weiter steigen, denn das Generieren von Bild- und Videomaterial durch generative Modelle verbraucht zehn bis 15 Wattstunden pro Anfrage [4], also noch einmal drei- bis fünfmal mehr als Textanfragen an LLMs.

Angesichts dieser sich addierenden Megawattstunden ist es wenig verwunderlich, dass in der KI-VO explizit **energieeffizientes Programmieren** gefordert ist (siehe KI-Leitlinien, Art. 95 ff. KI-VO).

Daher eignet sich der Bereich der Nachhaltigkeit besonders für das Einbringen von Forschungsgeldern, um Innovationen für den umweltfreundlichen und nachhaltigen Betrieb von KI-Systemen zu ermöglichen.

Die Mitgliedstaaten sind dazu angehalten, *„KI-Lösungen, die zu sozial und ökologisch vorteilhaften Ergebnissen beitragen, zu unterstützen und zu fördern"* (ErwG 148 KI-VO). Darunter fallen explizit *„KI-gestützte Lösungen für mehr Barrierefreiheit für Personen mit Behinderungen, zur Bekämpfung sozioökonomischer Ungleichheiten oder zur* ***Erreichung von Umweltzielen****"*. Gefördert werden sollen Projekte, die *„auf dem Grundsatz der interdisziplinären Zusammenarbeit zwischen KI-Entwicklern, Sachverständigen in den Bereichen Gleichstellung und Nichtdiskriminierung, Barrierefreiheit und Verbraucher-, Umwelt- und digitale Rechte sowie Wissenschaftlern beruhen"* (ErwG 148 KI-VO). Dies alles sind Bereiche, die dazu beitragen, Vertrauen aufseiten der Menschen gegenüber den Unternehmen, Behörden und NGOs zu schaffen.

10.6.4 Hochrisiko-KI-Systeme

Für Hochrisiko-KI-Systeme ist vorgesehen, dass Anbieter ein **Monitoring** („System zur Beobachtung nach dem Inverkehrbringen") betreiben, um das jeweilige System durchgehend im Auge zu behalten. Dies soll auch eine Analyse der Interaktion mit anderen KI-Systemen sowie anderer Geräte und Software umfassen. Insbesondere bei Systemen, die im laufenden Betrieb dazulernen, muss eine effiziente und zeitnahe Reaktion sichergestellt werden.

Außerdem besteht eine **Meldepflicht** für bestimmte schwere Vorfälle. Anbieter sollten hierzu ein System einrichten, über das sie Vorfälle schnell und effizient an Behörden melden. Dies bezieht sich ausdrücklich auch auf Vorfälle oder Fehlfunktionen, die **schwere Sach- oder Umweltschäden verursachen** (ErwG 155 KI-VO).

Auf ein hinreichend **begründetes Ersuchen und aus außergewöhnlichen Gründen** der öffentlichen Sicherheit, des Schutzes des Lebens und der Gesundheit von Personen, des **Umweltschutzes** oder des Schutzes wichtiger Industrie- und Infrastrukturanlagen sollen Aufsichtsbehörden die Inbetriebnahme bestimmter Hochrisiko-KI-Systeme genehmigen dürfen. Hier gibt es nun in den Erwägungsgründen und im finalen Gesetzestext abweichende Angaben. Während es in ErwG 130 KI-VO freier klingt, dass nämlich die Aufsichtsbehörden „das Inverkehrbringen oder die Inbetriebnahme von KI-Systemen, die keiner **Konformitätsbewertung** unterzogen wurden, genehmigen könnten" (ErwG 130 KI-VO), ist die Konformitätsbewertung in Art. 46 Z. 1 KI-VO eindeutig gefordert. Hier folgt auf die Möglichkeit der Genehmigung die Ergänzung: *„Diese Genehmigung wird auf die Dauer der erforderlichen Konformitätsbewertungsverfahren befristet, wobei den außergewöhnlichen Gründen für die Ausnahme Rechnung getragen wird. Der Abschluss dieser Verfahren erfolgt unverzüglich."* (Art. 46 Z. 1 KI-VO). (siehe Abschnitt 3.5)

Sollten rechtmäßig **für andere Zwecke erhobene personenbezogene Daten** vorliegen, die im KI-Reallabor weiterverwendet werden sollen, um ein KI-System zu entwickeln, zu trainieren oder zu testen, ist dies zwar möglich, allerdings an strikte Bedingungen geknüpft. Allerdings ist auch *„die Verbesserung der Umweltqualität, Schutz der biologischen Vielfalt, Schutz gegen Umweltverschmutzung, Maßnahmen für den grünen Wandel sowie Klimaschutz und Anpassung an den Klimawandel"* einer der Bereiche, für den diese Ausnahmeregel angewendet werden kann (Art. 59 KI-VO). Das bedeutet, dass es für die Entwicklung von KI z.B. zum Schutz gegen Umweltverschmutzung möglich ist, rechtmäßig für andere Zwecke erhobene personenbezogene Daten im KI-Reallabor zu verwenden.

10.6.5 Lieferketten

Bezüglich der Nachhaltigkeit lohnt ein Blick über den Tellerrand der KI-VO hinaus auf das Lieferkettengesetz der EU (auch **Corporate Sustainability Due Diligence Directive**, CSDDD bzw. CS3D [2]). Darin geht es darum, sowohl soziale als auch ökologische Standards entlang globaler Lieferketten zu verbessern. Unternehmen, NGOs und Behörden sind angehalten, **potenzielle negative Auswirkungen auf Menschenrechte und auch auf die Umwelt** festzustellen, zu beenden, zu mildern und nach Möglichkeit ganz zu verhindern; und zwar nicht nur im eigenen Unternehmen, sondern auch in Tochtergesellschaften und bei Geschäftspartnern. Diese Sorgfaltspflichten betreffen auch die Lieferketten von KI-Lösungen. Es ist also Teil des Geschäftsprozesses, auf Menschenrechtsverletzungen und auch Umweltbelastungen in Subunternehmen und auch bei Zulieferern zu achten und diese zu adressieren.

10.6.6 Fazit

KI-VO und auch das EU-Lieferkettengesetz messen dem Umweltschutz große Bedeutung bei. Unternehmen und Organisationen sind angehalten, auch im Bereich KI nachhaltige Lösungen zu erarbeiten. Mit Blick auf die wirtschaftliche Entwicklung von Unternehmen, die ESG-Kriterien verfolgen, ist diese Maßgabe nicht nur bloße Auflage, sondern auch ökonomisch zukunftsweisend, entwickelt sich der Wert aktiennotierter Unternehmen mit ESG- bzw. SRI-(Socially Responsible Investing-)Standards über Zeit positiver als der von Unternehmen, die diese Werte nicht vertreten. Aber auch für Behörden und NGOs sind ethische und inklusive Rahmenbedingungen wichtig, um auf Dauer eine Vertrauensgrundlage für die Menschen zu etablieren. Am Ende liegt es bei den europäischen Unternehmen, NGOs und Behörden, KI-Systeme zu erarbeiten und zu etablieren, die auf Umweltverträglichkeit, Energieeffizienz und Minimierung der schädlichen Auswirkungen auf die Umwelt und das soziale Wohlergehen setzen, um damit weltweite Standards zu etablieren und die technische Entwicklung nachhaltig zu beeinflussen.

Quellen

[1] *AI is exhausting the power grid. Tech firms are seeking a miracle solution.* URL *https://www.msn.com/en-us/money/technology/ai-is-exhausting-the-power-grid-tech-firms-are-seeking-a-miracle-solution/ar-BB1oDl5z* – abgerufen am 20. 07. 2024

[2] Directive (EU) 2024/1760 of the European Parliament and of the Council of 13 June 2024 on corporate sustainability due diligence and amending Directive (EU) 2019/1937 and Regulation (EU) 2023/2859Text with EEA relevance., 2024

[3] LUCCIONI, ALEXANDRA SASHA; JERNITE, YACINE; STRUBELL, EMMA: Power Hungry Processing: Watts Driving the Cost of AI Deployment? In: *The 2024 ACM Conference on Fairness, Accountability, and Transparency*, 2024 – arXiv:2311.16863 [cs], S. 85 – 99

[4] *Making an image with generative AI uses as much energy as charging your phone.* URL *https://www.technologyreview.com/2023/12/01/1084189/making-an-image-with-generative-ai-uses-as-much-energy-as-charging-your-phone/* – abgerufen am 20. 07. 2024 – MIT Technology Review

[5] DE VRIES, ALEX: The growing energy footprint of artificial intelligence. In: *Joule* Bd. 7 (2023), Nr. 10, S. 2191 – 2194

11 Die Autorinnen

Mag. Natascha Windholz, MSc, hat Rechtswissenschaften in Wien und Informationssicherheitsmanagement in Krems studiert. Nach langjähriger Tätigkeit als Datenschutzbeauftragte ist sie nunmehr als Senior Information Security Officer für ein NIS-Unternehmen tätig. Sie ist aktives Mitglied von Women in AI Austria, hält regelmäßig Vorträge und publiziert zu den Themen Datenschutz, Informationssicherheit und KI. Außerdem unterreichtet sie an der Universität für Weiterbildung Krems sowie an der Fachhochschule IMC Krems.

https://www.linkedin.com/in/natascha-windholz-96464a18b/

Kristina Altrichter, LL.M, studierte Rechtswissenschaften und ist als Universitätsassistentin (prae doc) bei Prof.^{in} Karin Bruckmüller an der Sigmund Freud Privatuniversität tätig. Ihre eigenständige und gemeinsame Forschungstätigkeit bezieht sich insbesondere auf die Bereiche des Medizinstrafrechts sowie der Opfer- und Beschuldigtenrechte. Neben ihrem Studium absolvierte sie die Ausbildung zur Mediatorin gem. ZivMediatG und ist ao. Mitglied des österreichischen Mediationsverbands.

Gabriele Bolek-Fügl ist Gründerin und CEO der Compliance 2b GmbH und der PaiperOne GmbH, die sich mit der konformen Abbildung von Gesetzen in Unternehmen befassen. Sie ist Lektorin an der FH St. Pölten und der FH Krems und Diplom-Wirtschaftsmathematikerin mit über 22 Jahren Berufserfahrung bei internationalen Wirtschaftsprüfungsfirmen in der IT-Compliance- Prüfung und im Risikomanagement. Zu ihren Veröffentlichungen zählt ein Buch zu den rechtlichen Aspekten des HinweisgeberInnenschutzgesetzes.

Ihre Expertise liegt in der Entwicklung und Implementierung von Compliance- und Risikomanagementsystemen. Als Vize-Präsidentin von Women in AI Austria fördert sie aktiv die Sichtbarkeit von Frauen in der Künstlichen Intelligenz. Mit Carina Zehetmaier entwickelte sie die Methode AI Design Sprint Legal & Ethics für ethischen und gesetzeskonformen KI-Einsatz und entwickelte außerdem einen vertrauenswürdigen KI-Algorithmus, den sie für Kunden betreibt. Als gefragte Expertin und Rednerin hält sie Vorträge auf internationalen Konferenzen zu IT Compliance, Risikomanagement und KI.

Kontakt: *gabriele.bolek-fuegl@compliance2b.com*

Dr. Karin Bruckmüller studierte Rechtswissenschaften und ist Strafrechtlerin an der Sigmund Freud Privatuniversität in Wien und an der Johannes Kepler Universität in Linz. Ihr Schwerpunkt in Forschung und Lehre ist das Medizin- und Pflegerecht in Verbindung mit Ethik-Fragen. Sie ist hält regelmäßig Vorträge auf wichtigen Pflegekongressen und -tagungen, wie dem Pflegekongress 2019 in Wien.

Copyright: Natascha Unkart und Isabelle Köhler

Mag. Alexandra Ciarnau ist Rechtsanwältin bei DORDA Rechtsanwälte GmbH in den Bereichen IT/IP- und Datenschutz, Co-Leiterin der Digital Industries Group und Head of Metaverse. Die mehrfach ausgezeichnete Juristin begleitet Unternehmen bei der Umsetzung innovativer Geschäftsmodelle, insbesondere zu KI. Zudem trägt sie an diversen Universitäten vor und ist Autorin zahlreicher Beiträge und Werke.

www.linkedin.com/in/alexandra-ciarnau

Veronica Cretu ist Expertin für Governance und Data4Development, Beauftragte des Open Government Partnership, Mitglied des Ausschusses für Künstliche Intelligenz und der Access Info Group beim Europarat und Mitbegründerin der Moldova4EU Diaspora Task Force.

Mit über 20 Jahren Erfahrung ist Veronica eine treibende Kraft in den Bereichen Open Government, Data Governance, KI, Internet Governance sowie der Entwicklung der Zivilgesellschaft und Geschlechtergleichstellung. Ihre Arbeit in diesen Bereichen hat Auswirkungen unter anderem auf die EU, die Östliche Partnerschaft, Zentralasien, Südasien, den westlichen Balkan, Afrika und Lateinamerika.

Darüber hinaus spielte sie eine entscheidende Rolle bei der Förderung der Open-Government-Initiativen der Republik Moldau und hat aktiv in globalen Ausschüssen wie dem Lenkungsausschuss der Open Government Partnership mitgewirkt.

Julia Eisner, BA MA, studierte Soziologie an der Universität Wien und promoviert derzeit mit einem Schwerpunkt auf generativer KI in Corporate Communication. Sie ist Dozentin an der Fachhochschule Wiener Neustadt und ist in nationalen und internationalen Forschungsprojekten aktiv. Ihre Expertise liegt in einer sozio-technischen Perspektive auf KI, mit besonderem Fokus auf ethischen und sozialverantwortlichen Aspekten. Darüber hinaus hält sie Vorträge und Workshops in verschiedenen Branchen zum Thema AI Literacy und engagiert sich im Verein *Women in AI.*

https://at.linkedin.com/in/juliaeisner

Julia Fuith ist studierte Juristin und Slawistin und hat sich auf den Bereich Europarecht spezialisiert. Nach zahlreichen Auslandsaufenthalten in London und Brüssel ist sie seit drei Jahren in der Abteilung des Bundeskanzleramts (vorher Bundesministerium für Finanzen) tätig, die unter anderem für die Verhandlung von EU-Rechtsakten im Digitalbereich zuständig ist. Dort war und ist das Thema KI und die KI-Verordnung ihr Fokus, die sie als Teil des österreichischen Verhandlungsteams mitverhandelt hat.

Die wissenschaftlichen Beiträge von Julia Fuith spiegeln nicht (zwingend) die Meinung des Bundeskanzleramtes wider.

Copyright:
Benita Donschachner

Valerie Hafez setzt ihre Expertise aus der Anthropologie und Technikforschung dazu ein, praxisorientierte Ansätze für den Umgang mit Technologie voranzutreiben. Als Policy Lead von Women in AI Austria hat sie Stellungnahmen zum AI Act und anderen Gesetzesvorschlägen vorangetrieben und dabei innovative Ansätze wie die Posterserie und das Briefing zum AI Act entwickelt. Mit über fünf Jahren Erfahrung in der Telekomregulierung arbeitet sie nun an der strategischen Entwicklung des Themas AI im Bundeskanzleramt.

Die wissenschaftlichen Beiträge von Valerie Hafez spiegeln nicht (zwingend) die Meinung des Bundeskanzleramtes wider.

Dr. DI. Mag. rer. soc. oec. Isabella Hinterleitner M.Sc. hat sich als Wissenschaftlerin auf maschinelles Lernen spezialisiert und verfügt über Fachwissen in den Bereichen Reinforcement Learning, Empfehlungssysteme, neuronale Netze und Wissensgraphen in der Anwendung.

2020 gründete sie die TechMeetsLegal GmbH, einen alternativen Rechtsdienstleister, der juristische Dienstleistungen für interdisziplinäre Projekte anbietet und Funktions-Prototypen für nationale und internationale F&E-Initiativen entwickelt. TechMeetsLegal fokussiert sich auf Innovationen im Bereich der Mobilität der Zukunft (vernetzte Fahrzeuge, automatisierte Fahrzeuge, Teleoperation u.v.m.) und unterstützt bei der Einhaltung rechtlicher Rahmenbedingungen.

Manuela Machner, Touristikerin spezialisiert auf KI. Sie begleitet touristische Unternehmen, Destinationen und Anbieter auf ihrem Weg KI optimal einzusetzen. Ihr Schwerpunkt liegt in der praktischen Anwendung von KI im Arbeitsalltag der Menschen. Sie hat für Einsteiger ein humorvolles Buch „Künstliche Intelligenz – Interview mit ChatGPT" geschrieben, indem sie das KI-Modell in einem Interview über die Möglichkeiten der Künstlichen Intelligenz befragt. Mit einem digitalen Psychologen veröffentlicht sie auch wöchentlich einen Podcast zu KI-Themen, in dem die beiden sehr niederschwellig über KI plaudern. Sie hat das Unternehmen *KiNET.ai* gegründet und bringt auf ihren Social-Media-Kanälen und -Plattformen das Thema Künstliche Intelligenz den Menschen auf einfache Art und Weise näher. Kontakt: *www.kinet.ai*

Mag. Renate Rechinger hat das Studium der Rechtswissenschaften und den Lehrgang *Rechnungswesen für JuristInnen* in Graz absolviert. Sie ist nach ihrer langjährigen Tätigkeit als Rechtsanwältin im Bereich IT-Recht nunmehr als IT-Juristin in einem IT-Unternehmen angestellt und hat sich auf KI-Themen auf dem Gebiet des Arbeitsrechts und des Versicherungssektors spezialisiert. Darüber hinaus ist sie externe Datenschutzbeauftragte für europaweit tätige Unternehmen. Sie hält Vorträge und ist Lehrbeauftragte in der Erwachsenenbildung im Bereich Recht & Ethik.

Copyright: Karin Winter

Sabine Singer ist Pionierin des Standards ISO/IEC/IEEE 24748: 7000 und hat die Methodik zur Entwicklung von KI-Strategien und Datenprojekten weiterentwickelt. Als erfahrene Digitalstrategin und autorisierte Bildungspartnerin von Austrian Standards bietet sie Certified VbE Ambassador- und Certified KI-Manager-Trainings an. Sie unterstützt Unternehmen beim Aufbau von AI Awareness und Literacy sowie bei der Entwicklung individueller, ethisch fundierter KI-Strategien, die mit dem EU AI Act konform sind.“

Mag. Merve Taner ist bei der Erste Bank der oesterreichischen Sparkassen AG in der Rechtsabteilung im Team „Produkte und Prozesse“ tätig. Dort ist sie insbesondere für die rechtliche Beurteilung von KI-Produkten im operativen Geschäft sowie KI-Prozessen, beispielsweise zur internen Prozessoptimierung, zuständig. Gleichzeitig steht sie der Erste Digital GmbH sowie der Erste Group Bank AG bei KI-rechtlichen Fragestellungen wie der Etablierung der KI-Governance rechtsberatend zur Seite. Im Rahmen eines KI-Schulungsprojektes ist sie für die Fortbildung der Jurist:innen der Erste-Gruppe auf diesem Rechtsgebiet verantwortlich und hält Vorträge zum Thema.

Während ihrer Ausbildung zur Rechtsanwältin war sie bei verschiedenen renommierten Rechtsanwaltskanzleien, tätig, unter anderem bpv Hügel Rechtsanwälte GmbH im Bereich M&A, Gesellschaftsrecht und Wirtschaftsrecht sowie HASCH & Partner Anwaltsgesellschaft mbH im Bereich Immobilienrecht, Zivil- und Zivilprozessrecht sowie zuletzt als selbstständige Rechtsanwältin im Wirtschaftsrecht.

Derzeit promoviert sie an der Universität Wien zum Einsatz von KI-Anwendungen im Banksektor.

www.linkedin.com/in/merve-taner

Mag.a Theresa Tisch ist als Universitätsassistentin (prae doc) bei Univ.-Prof. (SFU) Dr. Konrad Lachmayer an der Sigmund Freud Privatuniversität tätig. Im Rahmen ihrer Tätigkeit wirkt sie an mehreren seitens des BMK im Rahmen des Programms „Digitale Transformation in der Mobilität 2022" in Auftrag gegebenen Forschungsprojekten mit. Sie absolvierte ihr Studium an der Universität Wien und verfasst aktuell ihre Dissertation am Institut für Umweltrecht an der JKU Linz.

Carina Zehetmaier ist Keynote-Sprecherin, KI-Entrepreneurin, Juristin und Expertin für Menschenrechte und Demokratisierung. Nachdem sie die Europäische Union und Österreich in den Vereinten Nationen in Genf repräsentiert hatte, gründete sie 2019 ihr erstes KI Unternehmen. Heute ist sie Geschäftsführerin der Paiper.One, einer Plattform, die Unternehmen bei KI- Strategieentwicklung und Compliance unterstützt und bei KI-Change-Prozessen begleitet. Sie ist ebenfalls CEO der AI-Lands GmbH, wo sie AI Business Leader Bootcamps in Österreich und Teneriffa organisiert und Unternehmen bei der Entwicklung vertrauenswürdiger KI hilft. Als Präsidentin des Vereins „Women in AI Austria", einem interdisziplinären Netzwerk von KI-Expertinnen, setzt sie sich für die Entwicklung und Verwendung von Künstlicher Intelligenz zum Wohle der Gesellschaft und im Sinne der Menschenrechte ein. Seit Jahresbeginn ist sie zudem Mitglied im Advisory Board der österreichischen Bundesregierung.

Klaudia Zotzmann-Koch, M. A., studierte Philosophie und Anglistik in Hannover und beschäftigt sich seit den 1990er-Jahren mit Web-Technologien und den gesellschaftlichen Auswirkungen des Internets. Sie legte eine Doktorarbeit in Philosophie an der Universität Wien für den Vollzeitjob als Projektmanagerin Webentwicklung in die Schublade und studierte jüngst noch ein Jahr Creative Nonfictional Writing in Cambridge. Das Thema KI betrachtet sie sowohl von der kreativen Seite als auch aus dem Blickwinkel der IT-Sicherheit. Sie arbeitet freiberuflich als Autorin, Datenschutzexpertin und Vortragende für IT-Security Awareness, KI- und Medienkompetenz.
https://www.zotzmann-koch.com/

Index

A

B

L

M

N

O

P

Q

R